L'

DE]

NOUVELLE CLIO
L'HISTOIRE ET SES PROBLÈMES

COLLECTION FONDÉE PAR ROBERT BOUTRUCHE ET PAUL LEMERLE
ET DIRIGÉE PAR JEAN DELUMEAU ET CLAUDE LEPELLEY

L'AFRIQUE NOIRE
DE 1800 À NOS JOURS

CATHERINE COQUERY-VIDROVITCH

ANCIENNE ÉLÈVE DE L'ÉCOLE NORMALE SUPÉRIEURE
PROFESSEURE À L'UNIVERSITÉ DE PARIS VII - DENIS-DIDEROT

HENRI MONIOT

MAÎTRE DE CONFÉRENCES À L'UNIVERSITÉ DE PARIS VII - DENIS-DIDEROT

OUVRAGE PUBLIÉ AVEC LE CONCOURS
DU CENTRE NATIONAL DU LIVRE

PRESSES UNIVERSITAIRES DE FRANCE

La première partie est une œuvre commune.

La deuxième partie a été rédigée par C. Coquery-Vidrovitch, sauf les rubriques A et B du chapitre IV (*Évolution des peuples africains au XIXe siècle,* Soudan et Afrique orientale).

La section II de la troisième partie *(De l'anthropologie à l'histoire)* est de H. Moniot, les sections I *(Les sociétés africaines : dynamisme et blocage)* et III *(Problèmes actuels)* de C. Coquery-Vidrovitch. Dans la section IV, la partie A du chapitre XVI, méditée en commun, a été rédigée par H. Moniot, les parties B et C du chapitre XVI et le chapitre XVII ont été rédigés par C. Coquery-Vidrovitch.

ISBN 2 13 053666 2
ISSN 0768-2379

Dépôt légal — 1re édition : 1974
5e édition mise à jour : 2005, avril

Avant-propos

Le terme chronologique de ce livre n'a guère besoin de justifications. Mais pourquoi partir de 1800 – date ronde ?

Au début du XIXe siècle, ce qui était déjà la détermination externe majeure de l'histoire africaine connaît un changement décisif. Depuis trois siècles, des sociétés noires étaient touchées par les interventions des Européens, commerciales avant tout, et par la création d'une « économie-monde » – touchées principalement par l'insertion dans le système atlantique de cette économie où l'Afrique fournissait les esclaves. Désagrégations, mais aussi adaptations, et créations de structures politiques et de formules sociales nouvelles en avaient résulté. Après 1800, l'Europe a bientôt ses raisons d'abolir et de traquer le trafic des hommes, de construire son commerce sur d'autres produits et sur d'autres bases, d'intervenir avec d'autres sentiments (les trois C : Commerce, Christianisme, Civilisation), mais aussi beaucoup plus loin, avec beaucoup plus de curiosité et, bientôt, de résolution. Modification des conditions commerciales sur les côtes et pénétration européenne constamment élargie signalent un tournant dans l'histoire des sociétés africaines ; le dire n'est pas leur imposer une fois de plus les cadres chronologiques et idéaux d'une histoire étrangère, mais simplement reconnaître, dans leur propre histoire, le jeu d'une causalité externe renouvelée.

Un certain nombre de révolutions ou de rénovations sociales et politiques frappent, autour de 1800, par leur simultanéité (à travers le Soudan, chez les Zulu...). Ces concordances, dans une histoire continentale encore largement fragmentée, et bien qu'elles puissent être grossies par une illusion d'optique dans la mesure où l'on connaît plus mal ce qui précède, fournissent aux auteurs de manuels une borne commode.

Enfin, les XIXe et XXe siècles tranchent sur les siècles précédents par le volume, la variété et le degré d'accessibilité plus grands des sources disponibles : les traditions orales sont plus diverses, plus largement et fréquemment conservées que sur des profondeurs de temps plus fortes ; les sources écrites européennes deviennent plus nombreuses, et surtout d'une extension géographique beaucoup plus large, avec le grand mouvement d'exploration de l'intérieur lancé au tournant des XVIIIe et XIXe siècles, et avec le développement progressif des activités missionnaires, commerçantes et diplomatiques, ethnographiques bientôt, finalement administratives et militaires ; ces deux types de sources peuvent alors unir leurs avantages complémentaires.

Plus que les significations possibles de la date de départ compte la durée retenue pour la période précoloniale, qu'il fallait suffisamment longue.

La sujétion totale et généralisée de l'Afrique à la fin du XIXe siècle a largement dénaturé, et artificiellement unifié, l'évolution des sociétés soumises ; elle les a manipulées de l'extérieur, selon des inspirations radicalement étrangères. Elle a aussi, à certains égards, gelé, ou forcé à la dérobade, bien des manifestations de la vie africaine. Elle n'a pourtant pas annulé ces sociétés : en chacune, les déstructurations, les transformations inspirées, les réactions et les adaptations ont été dessinées d'abord par ce qu'elle était auparavant, à l'héritage d'une histoire. Pour toutes ces raisons, une étude des sociétés colonisées qui s'enfermerait dans la seule période coloniale en aurait une vue déformée ou masquée, elle en éluciderait trop mal les ressorts ; une référence à l'époque antérieure est nécessaire.

Une histoire postcoloniale seule est inévitablement portée à se faire dans les termes occidento-centriques et, malgré les apparences, a-historiques, d'un débat entre une « modernité », dont les signes, le sens et les processus seraient évidents, et une « tradition » univoque, qui est un fourre-tout d'éléments télescopés et le résumé aplati du passé. Il faut pouvoir discerner les survivances fossiles ou d'inertie, les conservations fonctionnelles ou délibérées, les emprunts plaqués et les adoptions durables, les réinterprétations, les innovations créatrices... repérer les prolongements, les reviviscences et les séquelles des époques coloniale et précoloniale, et où sont les ruptures avec elles.

La connaissance des temps précoloniaux, enfin, pourrait malaisément se passer, à l'inverse, de celle des temps plus récents. L'exploitation et la critique des sources y appellent une connaissance familière et synthétique des réalités socioculturelles, que l'anthropologie n'a procurée que plus récemment, à partir de l'étude de sociétés vivantes ; c'est vrai, qu'il s'agisse des sources écrites étrangères, porteuses d'observations plus ou moins fragmentaires et ethnocentriques, ou des sources orales africaines, conservées par des gens qui vivent en société, pour des raisons qui ne sont pas neutres, et au service de fonctions sociales. Toute histoire trop mal connue, comme celle de l'Afrique, s'éclaire si elle use de la démarche remontante, qui va d'un temps postérieur à un temps plus ancien, du plus largement disponible au plus fragmentairement accessible. Et les crises, les déstructurations entraînées par la domination coloniale en de nombreuses sociétés africaines ont joué, du point de vue froid des sciences sociales, le rôle d'un révélateur de la réalité précoloniale, elles ont mis à nu les lignes de force et de faiblesse, les agencements et les ressorts de chacune, de façon différentielle et grossissante.

L'historien de l'Afrique doit s'habituer à la confrontation permanente des « strates » précoloniale, coloniale et actuelle[1] ; elle sera d'ailleurs, au contraire de certaines craintes, sa meilleure défense contre l'anachronisme, et l'une de ses défenses contre les sollicitations idéologiques. Dans cet ouvrage, en tout cas, il n'était pas de trop de remonter jusqu'à 1800, sur deux ou trois générations d'histoire avant la sujétion massive. Pour que cette étude ne paraisse pas une simple préface à l'impérialisme, et montre au contraire les étapes et les formes pré-impérialistes des rapports avec l'Europe. Pour qu'elle révèle bien la variété et la multiplicité des histoires africaines, que la colonisation a uniformisées ou redécoupées sur d'autres patrons, et qu'à son tour la « négritude » – *senso latu* – a tendu à effacer, dans sa réponse globale au mépris global des Noirs diffusé par l'Occident. Pour qu'elle manifeste les rythmes, les dynamismes de sociétés stoppées par l'impérialisme dans leur évolution, quel que fût le modèle de celle-ci, plutôt créateur ou plutôt répétitif, quelle que fût alors leur conjoncture, ascendante ou défavorable... et pour combattre ainsi l'image reçue d'un « état traditionnel » des sociétés africaines, séculaire et statique, référence à partir de laquelle on conçoit parfois le « développement » et la modernisation, après la parenthèse ou la préparation coloniale : tableau illusoire et vidé de son vrai contenu social. Avant que l'homme blanc n'en fasse son « fardeau », l'Afrique n'attendait pas, impassible et immuable, le progrès des autres et les experts en « décollage », la photo de famille et la reconnaissance de ses valeurs, et l'heure d'être, enfin, « historique ». Elle vivait, tout simplement, portant, sur des modes divers, cette propriété générale de toute vie en société qu'est la dialectique de la continuité et du changement. Le pari de l'historien – étudier son mouvement, au long du temps – n'est pas déraisonnable, ni désespéré.

Mais c'est un pari récent. S'il s'agit bien de l'histoire des sociétés africaines, et non de celle de l'action européenne en Afrique, on doit remarquer que la recherche, sous une forme organisée, critique et publique, est jeune. Pourquoi et comment ce retard ?

En rendre compte mènerait loin, du côté des aspects intellectuels, idéologiques, psychologiques – plus modestement universitaires – de l'évolution des sociétés occidentales, aux temps où elles découvrent et manipulent le reste du monde, où elles développent une science historique et des sciences sociales en général. On peut au moins indiquer les schémas par lesquels la méconnaissance du passé africain s'est exprimée, justifiée, nourrie. D'abord,

1. On doit à G. Balandier, dès les années 1950, la justification et la diffusion les plus vigoureuses des remarques qui viennent d'être faites.

une idée simple : les peuples africains n'ont rien fait de notable ni produit de durable avant l'arrivée des Blancs – la sauvagerie comme préhistoire anonyme et fruste ; plus ou moins grosssière, mais largement et longtemps diffuse, l'idée était inhibitrice de la curiosité historique. Les inspirations non péjoratives, ou plus savantes, pourraient se ramener, au prix d'amalgames et de simplifications outrancières, à deux propositions :

a) L'histoire africaine est inaccessible faute de sources, c'est la malchance des peuples sans écriture ; les traditions orales sont indignes de créance et les constatations ethnographiques ne permettent que de vagues conjectures.

b) Les sociétés de ce genre ne sont pas dans l'histoire, elles sont répétitives, statiques, froides, le changement au sens fort leur est étranger, elles relèvent de l'ethnologie comparée.

Pourtant, l'historiographie africaniste ne manque pas de pionniers. Au jeu rituel des « précurseurs », on lui trouverait des ancêtres aussi aisément que pour d'autres[1]. Il est arbitraire de dire quand l'histoire-science naît d'une activité partiellement élaborée et critique qui la prépare. Après Barth et quelques autres voyageurs, l'historien-pionnier se rencontre, à partir de la fin du XIXe siècle, dans un petit lot de militaires, d'administrateurs et de missionnaires qui recueillent traditions et manuscrits, les exploitent pour débrouiller l'écheveau des anciens royaumes et des migrations, publient des monographies et les premières synthèses régionales. Il faut ajouter qu'à partir de la seconde moitié du XIXe siècle beaucoup d'ethnographes ou d'anthropologues ont recueilli une grosse quantité de matériaux, souvent d'intérêt historique virtuel, et parfois perçu comme tel, de façon précieuse quand les auteurs étaient peu marqués par les rigidités théoriques de leur discipline. Ainsi Rattray, témoin fécond de l'héritage ashanti. Au reste, les écoles de type historico-culturel, vigoureuses en pays de langue allemande et aux États-Unis, ont délibérément tenté de reconstituer l'histoire des cultures successives, les diffusions et les emprunts des traits culturels ; et plus récemment les études sur l' « acculturation », qui visent à saisir les processus mêmes des contacts culturels et non pas seulement leurs résultats stratifiés, ont pu conduire ainsi à des reconstitutions quelque peu historiennes. Indirect et limité, cet apport d'ethnologue l'est pourtant moins que celui de l'histoire coloniale si longtemps européocentrique.

Rendre justice à ces pionniers ne doit pas cacher les limites de leur contribution. Ces historiens étaient de formation, d'esprit et de valeur très hété-

1. Du côté africain, l'Éthiopien Bahrey par exemple, qui rédigea au XVIe siècle une *Histoire des Galla* dont la problématique sociologique est fort précoce, ou certaines traditions orales qui, par réalisme ou par goût, témoignent d'un entretien attentif du passé. Par ailleurs, des auteurs musulmans, au Moyen Âge, et européens, du XVe au XIXe siècle, ont fait œuvre peu ou prou historienne. Mais tout cela est devenu aujourd'hui document beaucoup plus que travail de collègue.

roclites ; leur mode de communication des documents laisse à désirer, leurs reconstructions personnelles se mêlent trop indistinctement aux données des sources ; ils étaient isolés, sans public, sans support universitaire, sans liens avec le reste de la recherche historique... partant, leurs travaux sont inégaux et hétérogènes, il faut les utiliser avec autant de vigilance critique que de gratitude admirative. L'apport des ethnologues-anthropologues est équivoque, quand les matériaux recueillis sont situés dans un état « traditionnel » mal daté et temporellement syncrétiste, ou quand leur démarche met l'histoire entre parenthèses au profit de l'analyse « structurale-fonctionnelle » ; les reconstitutions historico-culturelles sont osées dans leurs procédures et mettent en scène des entités culturelles construites, non des groupes sociaux réellement retrouvés ; les études d' « acculturation », trop souvent mécanistes et hypersensibles aux aspects psychologiques, oublient alors les caractères sociaux des groupes en contact et la nature de leur rapport, et ont trop négligé les fondements économiques de leur organisation. Notons enfin la quasi-absence des Africains (à quelques rares exceptions) dans cette activité historienne ; on en devine les implications négatives aussi bien que les raisons.

Les conditions ont changé dans les années 1940. La profonde évolution générale des rapports entre colonisateurs et colonisés a secoué fortement les stéréotypes admis, et ceux qui les remplacent pour mieux s'adapter au nouveau style des rapports inégaux dans le monde sont moins inhibiteurs de la curiosité historique. Peu à peu les universités se sont ouvertes plus sensiblement aux Africains, et à l'africanisme. L'ethnologie-anthropologie aussi s'est ouverte à l'étude du changement et des dynamismes socio-économiques : des chercheurs ont vu leur objet d'étude non plus comme sociétés-reliques ou comme « équilibres » anciens, mais comme sociétés colonisées en crise profonde, manifestant déstructurations et reprises d'initiative... et cette considération du changement et du mouvement des sociétés a gagné l'âge précolonial des peuples africains – façon efficace de « lancer » l'histoire africaine[1], parallèlement aux tentatives plus orthodoxes d'historiens, au même moment.

Le *take-off* de l'histoire africaine se place en Angleterre dans les années 1950. Les trois conférences réunies à la *School of Oriental and African Studies* (Londres) en 1953, 1957 et 1961 ont beaucoup fait pour transformer des efforts, des velléités ou des virtualités dispersés en une confrontation internationale continue, à effets cumulatifs, et pour répandre le goût si nécessaire de l'examen de conscience méthodologique. La parution, à partir

1. Voir par exemple la nouveauté, à des titres divers, de M. Gluckman, Analysis of a social situation in modern Zululand, *Bantu Studies*, 1940, XIV, 2, et *African Studies*, 1942 (articles réimprimés sous le même titre, Rhodes-Livingstone Papers, n° 28, 1958) ; G. Balandier, *Sociologie actuelle de l'Afrique noire*, 1954 ; J. A. Barnes, *Politics in a Changing Society*, 1954.

de 1960, de l'excellent *Journal of African History* (Londres) a prolongé efficacement ce rôle d'animation. Le mouvement anglais a vite fait tache d'huile dans quelques pays africains de colonisation anglaise et aux États-Unis ; il gagne bien d'autres pays, en Afrique et hors d'Afrique, soit comme un nouveau venu, soit en rajeunissant de couleurs historiennes une tradition africaniste vénérable. On dira plus loin les moyens de cette histoire, déjà reconnus par les « pionniers ».

Cet ouvrage porte évidemment les marques de telles conditions historiographiques, en chacun des trois volets qui caractérisent la « Nouvelle Clio » : moyens du travail historique, état des connaissances, directions de recherche.

La bibliographie comporte une dose forte, inhabituelle, d'études qui relèvent, par leur étiquette, de l'ethnologie, de l'anthropologie ou de la sociologie, des sciences politiques et de l'économie. C'est beaucoup moins un pis-aller que la reconnaissance du fait que, depuis un siècle, le terrain africaniste a été parcouru et organisé par d'autres que les historiens, que les matériaux, les cadres d'analyse et les outils conceptuels ont été souvent élaborés par les représentants d'autres traditions intellectuelles. C'est loin d'être toujours gênant, parce que les clivages entre les sciences sociales, au nombre desquelles est l'histoire, sont plus pittoresques que fondamentaux, et qu'aucune n'a le monopole de la validité critique.

L'état des connaissances est acrobatique et précaire. Une production aussi jeune mais active – au moins en pays de langue anglaise – que celle de la recherche historique africaniste actuelle renouvelle très vite sa matière, et le petit nombre de manuels et de synthèses tentés depuis quelques décennies sont érodés à grande allure. En deuxième lieu, une présentation des connaissances, aussi fidèle qu'elle soit à son propos introductif, se réfère toujours plus ou moins allusivement, si elle doit être condensée, à un état minimal diffus du savoir historique ; pour l'histoire européenne, cet état minimal est assuré par des générations de manuels et de programmes scolaires ; ici, non, et pourtant cette sorte d'allusion au premier degré n'a pu être toujours évitée. Enfin, le morcellement de l'histoire africaine précoloniale imposait, certes, un tri, donc des choix, mais aussi le refus de coupes trop larges et trop arbitraires, et conseillait un ordre d'exposition géographique plus propre à les éviter, et plus commode à consulter.

L'époque coloniale en revanche avait trop de traits communs dans l'ensemble du continent pour supporter cet itinéraire ; on a préféré, bien sûr, suivre ses aspects majeurs, directement introductifs à l'histoire des sociétés africaines, plutôt que les politiques coloniales des divers colonisateurs. Car celles-ci, dont les historiens « coloniaux » avaient eu précisément tendance à privilégier les particularismes locaux dans un climat de nationalisme occidental exacerbé, recouvraient une unité de fait autrement contraignante : l'entrée du continent africain, tout entier dominé, dans le système économique mondial. D'où le caractère décisif de la mutation subie dans la première moitié du XXe siècle – pourtant relativement négligée aussi bien par les ethnologues, soucieux de retrouver le passé « authentique » de l'Afrique précoloniale, que par les économistes pour qui le cas africain aurait tendance à se poser seulement avec la décolonisation : l'analyse de cette tranche d'histoire africaine permet de mesurer l'ampleur du traumatisme imposé aux peuples aujourd'hui confrontés au drame du sous-développement, et l'histoire des jeunes indépendances se comprend seulement à la lumière des contradictions issues de ce double héritage précolonial et colonial.

Confrontées à des données complexes, les « Directions de recherches » ont puisé dans les problèmes placés au premier plan par un siècle d'ethnologie et surtout par l'essor tout neuf d'une histoire officiellement telle, par les développements cousins et parallèles de l'anthropologie « dynamique » et par la rénovation, plus récente encore, de la problématique de l'impérialisme.

Ce livre ne peut être ainsi qu'hétéroclite et fragile. Il suffirait qu'il fût provisoirement utile[1].

AVERTISSSEMENT
DEUXIÈME ÉDITION

En dix ans, le progrès des recherches en histoire, de l'Afrique noire a été si contenu, la production si importante, l'enrichissement ou le renouvellement des problématiques si profond que la tâche de mise à jour de cet ouvrage ne peut pas avoir le sens qui est habituellement le sien pour un manuel de ce genre et dans un délai de cet ordre. À l'épuisement du premier tirage, il n'y avait alors que deux solutions recevables :

— écrire un livre entièrement nouveau, avec d'autres développements, d'autres découpages, d'autres accentuations, d'autres partis d'écriture... et laisser la première version prendre le statut d'objet témoin d'un état passé de la recherche et de la divulgation. Ni les auteurs, ni l'éditeur, pour des raisons différentes, ne peuvent envisager, à court terme, cette solution ;

1. On s'est résolu à exclure Madagascar et les îles voisines, dont l'histoire précoloniale est très largement originale. Mais on ne s'est pas privé de faire référence à quelques études portant sur la Grande Île, quand leur valeur et leur contenu leur donnaient une portée plus large.

— réimprimer le livre en l'état (sauf certains amendements de détails) et, pour lui permettre de rendre encore des services, l'augmenter de références bibliographiques nouvelles, de compléments, de commentaires en discordance éventuelle avec ce qu'ils prolongent. C'est la solution que nous avons en définitive adoptée, en insistant surtout sur le renouvellement de la bibliographie, très largement de langue anglaise ; les nouvelles voies ouvertes à la recherche sont aussi évoquées (notamment sur l'histoire des mouvements sociaux – ruraux et urbains – et l'histoire conceptuelle) ; c'est une utilisation en deux étapes qui s'imposera de ce fait au lecteur, honnêtement prévenu de cette composition désaccordée ; il pourra en tirer, en retour, une certaine leçon d'historiographie.

Une solution intermédiaire – des remaniements substantiels mais partiels – s'est montrée, à l'examen, sans limite raisonnable.

AVERTISSEMENT CINQUIÈME ÉDITION

Ce livre, publié en 1974, a été conçu et écrit en un temps où l'historiographie de l'Afrique noire venait seulement, sur une vingtaine d'années, d'être très progressivement installée et reconnue dans le champ académique et universitaire international. Depuis, ce jeune domaine d'étude s'est constamment développé et diversifié. Et les contextes vitaux, les ressorts et les inspirations d'une telle historiographie se sont enrichis et renouvelés au long des évolutions africaines et mondiales de la fin du XXe siècle.

Il était nécessaire de relever les positionnements et les traits forts qui sont aujourd'hui spécifiques de cette historiographie. En outre, si les thèmes choisis en 1974 au titre des « problèmes et directions de recherche » conservent tout leur intérêt et trouveront donc à leur place propre les compléments qui les concernent, les thèmes nouveaux de la recherche devaient aussi être signalés et soulignés d'une façon directe et manifeste. Enfin, dans le cas d'un ouvrage qui traite son sujet de 1800 « à nos jours », il y avait lieu d'esquisser l'état le plus contemporain de l'histoire et du devenir de l'Afrique noire. Et nous avons aussi apporté une courte information pratique pour l'interrogation des diverses ressources documentaires aujourd'hui informatisées (« Internet et l'Afrique »). Ces développements nouveaux nous ont semblé propres à clore l'ouvrage, dans une sorte d'état global des lieux (chap. XVI et XVII qui présentent chacun une sous-section bibliographique distincte).

PREMIÈRE PARTIE

Les moyens de la recherche

Sources et bibliographie

PRINCIPALES ABRÉVIATIONS

ARSC	Académie royale des sciences coloniales (Bruxelles)
BIFAN-B	*Bulletin de l'IFAN,* série B
CARDAN	Centre d'analyse et de recherche documentaire pour l'Afrique noire
CEA	*Cahiers d'Études africaines* (Paris)
CIS	*Cahiers internationaux de sociologie* (Paris)
CRISP	Centre de recherche et d'information sociopolitique (Kinshasa et Bruxelles)
IAI	International African Institute (Londres)
IFAN	Institut fondamental (ex-français) d'Afrique noire (Dakar)
JAH	*Journal of African History* (Londres)
MRAC	Musée royal d'Afrique centrale (Tervuren, Belgique)
ORSTOM	Institut français de recherche scientifique pour le développement en coopération (nouvelle dénomination)
OUP	Oxford University Press (Londres, etc.)
PUF	Presses Universitaires de France (Paris)
RFHOM	*Revue française d'histoire d'Outre-Mer* (Paris)
SOM	Section Outre-Mer des Archives nationales

Berkeley, Cambridge, Stanford, etc. : Berkeley, Cambridge (ou Stanford, etc.). University Press.

Dans les notes infrapaginales, les chiffres entre crochets renvoient aux titres de la bibliographie.

INSTRUMENTS DE TRAVAIL

Peut-être parce que le domaine africain constitue la conquête toute récente d'une recherche particulièrement dynamique en sciences sociales, les instruments de travail se sont multipliés ces dernières années et, si l'on se trouve assez dépourvu pour ce qui précède 1960, on commence à disposer, en revanche, d'excellents outils sur les travaux contemporains (sur les ressources informatiques, voir 3e partie, section IV, chap. XVI, p. 334).

Un inventaire des sources de l'histoire de l'Afrique noire jusqu'en 1850 a été dressé par MM. Glénisson, Mauny et Randles (XIIe Congrès international des sciences historiques, Vienne, 1965). Les résultats en ont été partiellement publiés dans le *Bulletin de l'IFAN* (n° 3-4, 1966, p. 927-965). Voir le rapport (H. Moniot *et al.*), in *Rapports,* II, Vienne, 1965, p. 177-232.

Nous insisterons donc (ci-dessous p. XVII-XLIII) sur l'apport d'ailleurs assez considérable des matériaux rassemblés après cette date.

BIBLIOGRAPHIES ANCIENNES

Elles sont nombreuses mais rarement consacrées spécifiquement à l'histoire. On aura toujours intérêt, en première analyse, à se reporter aux bibliographies données en annexe des études scientifiques particulières.

On consultera surtout les fichiers-matières régulièrement tenus à jour pour une série de périodiques spécialisés à la Bibliothèque du Centre des archives Outre-Mer des Archives nationales (CAOM, Aix-en-Provence).

BIBLIOGRAPHIES GÉNÉRALES

Faute de place, nous n'énumérons pas les ressources en bibliographies générales, abondantes mais ou anciennes, ou débordant très largement du cadre historique proprement dit. On se contentera de renvoyer à : P. Brasseur et J.-F. Maurel, *Les sources bibliographiques de l'Afrique de l'Ouest et de l'Afrique équatoriale d'expression française,* Bibliothèque de l'Université de Dakar, 1970, 88 p., et de rappeler, pour les publications récentes, la nécessité de consulter les comptes rendus bibliographiques des revues spécialisées. En France, on se référera utilement au bulletin publié sans périodicité régulière dans la *Revue historique* par H. Brunschwig, qui présentait, entre autres, l'intérêt de commenter longuement les ouvrages en langue allemande.

L'inventaire le plus systématique et le plus international des titres parus était encore récemment celui du bulletin *Afrique contemporaine* (1962 →), avec une brève analyse de contenu, utile mais parfois discutable. La qualité des comptes rendus approfondis assurés par les deux revues d'histoire – *The Journal of African History* (Londres, 1960 →), et *African Historical Studies* devenu *International Journal of African Historical Studies* (Boston, 1967 →) – est très supérieure. On pourra les prolonger par les recensions plus éclectiques, à tendance généralement anthropologique, de périodiques tels que *Africa* (devenu, depuis 1971, *International African Bibliography*) ou le *Journal de la Société des Africanistes* (2e livraison annuelle, 1931 →).

Les articles ont été analysés régulièrement dans des bibliographies périodiques, telles que *Analyses africanistes* (1967-1972), édition française des *African Abstracts* (1950 →) ; *Fiches analytiques,* CARDAN (1960 →) ; O. Boone, *Bibliographie ethnographique...,* Tervuren, MRAC, annuel (1945 →). Enfin, sur les méthodes de l'histoire, les analyses de *History in Africa* (Madison) sont indispensables.

SÉLECTION DE BIBLIOGRAPHIES RÉGIONALES : L'OUEST AFRICAIN

Bibliographies générales

JONES (R.), *West Africa,* Londres, IAI, 1958, 116 p.
JOUCLA (E.-A.), complété par B. Maupoil, *Bibliographie de l'AOF,* Paris, 1937 (1re éd., 1912).

Bibliographies par État

Côte-d'Ivoire

Bibliographie annuelle (1970 →), Bibl. nat. ivoirienne.
Essai d'une bibliographie sur la Côte-d'Ivoire, OCDE, 1956.

Dahomey

DA SILVA (G.), Contribution à la bibliographie du Dahomey, *Études dahoméennes,* XII, 2, 1968, 130 p. ; 3, 1969, 169 p.

Gambie

GAMBLE (D. P.), *Bibliography of the Gambia,* Bathurst, 1967, 154 p.

Ghana

CARDINALL (A. W.), *A Bibliography of the Gold Coast,* Accra, 1932, complétée par :
JOHNSON (A. F.), *A Bibliography of Ghana,* Londres, Longmans, 1964, 210 p., et :
BROKENSA (D.) et KOTEI (S. J. A.), A bibliography of Ghana, 1958-1964, *Africana Studies,* X, 2, 1967, p. 35-79.

Guinée

— *Bibliographie sur la Guinée,* OCDE, 1965, 47 p., ronéot.

Guinée-Bissau

TEXEIRA DA MOTA (A.), *Guiné Portuguesa,* Lisbonne, 1954, II, p. 251-286.

Haute-Volta

IZARD (F.), *Bibliographie générale de la Haute-Volta (1956-1966),* 1967, 300 p. (Recherches voltaïques, n° 7).

Liberia

HOLAS (B.), *Mission dans l'Est libérien,* IFAN-Dakar, 1952, p. 477-533.
HOLSOE (S. E.), *A Bibliography on the Liberia,* Newark, Delaware, t. I, 1971.

Mali

BRASSEUR (P.), *Bibliographie générale du Mali,* IFAN-Dakar, 1964, 461 p.

Mauritanie

TOUPET (Ch.), Orientation bibliographique sur la Mauritanie, *BIFAN*-B, XXI, 1959, p. 201-203, et XXIV, 1962, p. 494-613.

Niger

Bibliographie sommaire de la République du Niger, *Études et Documents,* n° 18, 1969, 22 p.

Nigeria

ITA (Nduntei O.), *Bibliography of Nigeria,* Londres, F. Cass, 1971, XXXV-273 p.

Sénégal

PORGÈS (L.), *Bibliographie des régions du Sénégal,* Dakar, Min. du Plan, 1967, 705 p.
BECKER (Ch.) et DIOUF (M.), Histoire de la Sénégambie. Une bibliographie des travaux universitaires, *Journal des Africanistes,* 58 (2), 1988, p. 163-209.

Sierra Leone

LUKE (Sir H.), *A Bibliography of Sierra Leone,* Oxford, 1925.
WILLIAMS (G. J.), *A Bibliography of Sierra Leone, 1925-1967,* New York, Africana Publ. Co, 1971, 209 p.

L'AFRIQUE CENTRALE ET ORIENTALE

Bibliographies générales

BRUEL (G.), *Bibliographie de l'AEF,* Paris, 1914, 326 p.
JONES (R.), *East Africa...,* Londres, IAI, 1960, 62 p.
MARCUS (H. G.), *The Modern History of Ethiopia and the Horn of Africa : A Select and Annotated Bibliography,* Stanford, 1972, 641 p.

Bibliographies par État

Angola

BORCHARDT (P.), *Bibliographie de l'Angola 1500-1910,* Bruxelles, 1912.

Congo (Brazzaville)

PERROT (Cl.) et SAUVALLE (H.), *Répertoire bibliographique,* BDPA, 1965, 112 p., ronéot.

Congo (ex-Zaïre)

BUSTIN (E.), *Congo-Kinshasa, guide bibliographique,* Bruxelles, Cahiers du CEDAF, 2 fasc., 1971.
VELLUT (J.-L.), *Bibliographie historique du Zaïre à l'époque coloniale (1880-1960). Travaux publiés 1960-1996,* Louvain-la-Neuve, 1996.
WALRAET (M.), *Bibliographie du Katanga,* 3 vol., Bruxelles, ARSC, 1954, 1956 et 1960.
WAUTERS (A. J.), *Bibliographie du Congo, 1880-1895,* Bruxelles, 1895.
Bibliographie nationale courante..., trim. (1971 →).

Éthiopie

CHOJNACKI (S.) et coll., *Register of Current Research on Ethiopia and the Horn of Africa,* Université H.-Sélassié, 1963, 44 p.
YIFRU (A. K.), *Bibliography of Ethiopia,* Addis-Abéba, 1969, 46 p.

Gabon

PERROT (Cl.), *Répertoire bibliographique... Sc. humaines,* BDPA, 1962, 40 p., ronéot.

Kenya

WEBSTER (J.), *A Bibliography on Kenya,* New York, Syracuse University, 1967, 462 p.

Mozambique

COSTA (M.), *Bibliografia general de Moçambique,* Lisbonne, 1946.

RCA

JEAN (S.), *Bibliographie relative aux sciences humaines,* BDPA, 1968, 53 p., ronéot.

Ruanda et Burundi

CLÉMENT (J.), *Essai de bibliographie du Ruanda-Burundi,* s.l., 1959.
D'HERTEFELT (M.) et de LAME (D.), *Société, culture et histoire du Ruanda. Encyclopédie bibliographique 1863-1980,* Tervuren, MRAC, 1987, 2 vol., 1 849 p.
NAYAHO (S.), Contribution à la bibliographie... Burundi, *Genève-Afrique,* X, 2, 1971, p. 100-111.
WALRAET (M.), *Les sciences au Ruanda : bibliographie (1894-1965),* Bruxelles, 1966, suivi de :
WILLOT (P.), *Complément à la bibliographie ruandaise...,* Bruxelles, 1968, 52 p.

Somalie

Bibliografia Somala, Mogadiscio, Camera di Comercio, 1958.

Soudan

HILL (R. L.), *A Bibliography of the Anglo-Egyptian Sudan from the Earlier Times to 1937,* Oxford, 1939.
EL NASRI (A. R.), *A Bibliography of the Sudan, 1938-1958,* Londres, 1962.

Tanzanie

DECALO (S.), *An Introduction Bibliography,* University of Rhode Island, 1968, 56 p., ronéot.

Tchad

Bibliographie du Tchad (Sciences humaines), Fort-Lamy, Ét. et Doc. tchad., 1968, 243 p. (rééd. 1972).

L'AFRIQUE MÉRIDIONALE

Namibie (Sud-Ouest africain)

CORNEVIN (R.), Chronique..., *RFHOM,* n° 190-191, 1966, p. 108-118.
DECALO (S.), *South West Africa, 1960-1968 : An Introduction Bibliography,* University of Rhode Island, 1968, 20 p.
JAGER (Th. de) et KLAAS (B.), *South West Africa,* Pretoria, 1964, 216 p.

Afrique du Sud

À retenir, parmi les bibliographies anciennes : S. Mendelssohn, 1910, 2 vol., réimpr., Boston, 1957.

Signalons également :

A Survey of Bibliographies and Bibliographical Work, Hamden, Conn., 1970.
JONES (R.), *South East Central Africa and Madagascar*, Londres, IAI, 1961, 53 p.
MULLER (C. F. J.) et coll., *A Select Bibliography of South African History*, Pretoria, 1966, 215 p.
THOMPSON (L.) et coll., *Southern African History before 1900 : A Select Bibliography of Articles*, Stanford, 1971, 102 p.
South African National Bibliography, Pretoria, 1959 → ; formule ancienne, 1933 →.

Sur les Bantoustans : J. B. Webster et P. Mohome, Univ. of Syracuse (Bechuanaland, Lesotho et Swaziland, 1966-1969) ; J. A. Kalley, Boston, Hall, 1980, 218 p. (Transkei, 1877-1978).

Enfin, sur Madagascar, le grand classique est :

GRANDIDIER (G.), *Bibliographie de Madagascar*, t. I (en 2 vol.), Paris, 1905 et 1906 ; t. II, Paris, 1935 ; t. III, Tananarive, 1957.
Bibliographie annuelle de Madagascar, Tananarive, 1966 →.

BIBLIOGRAPHIES THÉMATIQUES

On pourra aussi se référer aux 19 fascicules publiés par le Centre de documentation économique et sociale africaine (CEDESA, Bruxelles) sur les sujets les plus divers. À signaler, en outre :

Colonisation

Française

GARDINIER (D. E.), French colonial rule in Africa : A bibliographical essay, *in* P. Gifford et W. R. Louis (éd.), *France and Britain in Africa*, New Haven, Conn., 1971, p. 787-950.
Guide bibliographique sommaire d'histoire militaire et coloniale française, Paris, Min. des Armées, 1969, 522 p.

Britannique

WINKS (R. W.) (ed.), *The Historiography of the British Empire-Commonwealth*, 1966.

Allemande

BRIDGMAN (J.) et CLARKE (D. E.), *German Africa. A Select Annotated Bibliography*, Stanford, 1965, 110 p.

Italienne et hispano-portugaise

PÉLISSIER (R.), *Africana. Bibliographies sur l'Afrique luso-hispanophone (1800-1980)*, Orgeval, 1982, 202 p.
VARLEY (D. H.), *A Bibliography of Italian Colonisation in Africa*, Londres, 1936.

Littérature orale

GOROG (V.), Bibliographie analytique sélective..., *CEA,* n°s 31 et 45, 1968 et 1972, p. 453-501 et 174-192.

Art

GASKIN (L. J. P.), *A Bibliography of African Art,* Londres, IAI, 1965, 132 p.

Ethnographie. Anthropologie

FONTVIELLE (J.), *Guide bibliographique du Monde noir (littérature, ethnologie),* Université de Yaoundé, 1971, 1 173 p.

Problèmes religieux

STREIT (R.) et DINDINGER (J.), *Afrikanische Missionsliteratur,* Fribourg, 1951-1954, 6 vol. (t. XV à XX de la Bibliotheca Missionum).

TURNER (H. W.) et MITCHELL (B. C.), *A Comprehensive Bibliography of Modern African Religious Movements,* Northwestern University, 1966, 132 p., complétée par :

TURNER (H. W.), *Bibliography of New Religious Movements in Primal Societies,* I : *Black Africa,* Boston, G. K. Hell & Co., 1977, 278 p.

Syndicalisme et classes sociales

Outre le fascicule du CEDESA sur l'Ouest africain francophone (1965, 115 p.) :

FRIEDLAND (W.), *Unions, Labor and Industrial Relations in Africa,* Cornell University, 1965, 159 p.

VERHAEGEN (B.), *Bibliographie sur les classes sociales en Afrique,* Bruxelles, CRISP, 1965, 70 p.

Démographie

AJAEGBU (H. T.), *Bibliographie démographique (1945-1964)... États africains d'expression française,* INSEE, 1965, 36 p.

— *African Urbanization,* Londres, IAI, 1972.

SIMMS (R. P.), *Urbanization in West Africa, a Review of Current Literature,* Northwestern University, 1965, 109 p.

SKAPA (B. A.), *A Select Preliminary Bibliography on Urbanism in Eastern Africa (1950-1960),* Syracuse University, 1967, 42 p.

TRAVAUX ET THÈSES EN LANGUES DIVERSES

France

DINSTEL (M.), *List of French Doctoral Dissertations on Africa, 1884-1961,* Boston, Hall, 1966.

ORSTOM, *Liste bibliographique des travaux,* 1958 et 1962 à 1964, 4 vol. ronéot.

RUPP (B.) et ROSSET (A.), Inventaire des thèses et mémoires africanistes de langue française (depuis 1966), *Bulletin d'information et de liaison,* CARDAN, 1969 → (9 numéros parus). Le même *Bulletin* a consacré 4 numéros à la « Bibliographie française sur l'Afrique au sud du Sahara » (parutions 1968 à 1971).

Grande-Bretagne

UK Publications and Theses on Africa, annuel, Cambridge, 1963 →.

Amérique du Nord

US and Canadian Publications and Thesis on Africa, P. Duignan (éd.), annuel, Stanford, 1961 →.

Allemagne

Afrika Schrifttum, 2 vol., Wiesbaden, 1966 et 1971, 688 et 295 p.
KOLHER (J.), *Deutsche Dissertationen über Afrika... 1918-1959,* Bonn, 1962 (sélection de 795 thèses).

URSS

Bibliographia Afriki, Moscou, Nauka, 1964, 276 p. (ouvrages en langue russe de la fin du XVIIIe siècle à 1961).
FRANZ (Z.) et STANCIOFF (S.), Bibliographie sur l'histoire de l'Afrique... de sources principalement soviétiques, *Bull. Acad. roy. Sc. O.-M.,* n° 2, 1965, p. 552-598.

Nigeria

Abstracts of Ibadan University. Theses and Dissertations, 1964-1975, Ibadan University Library, 1981, 643 p.

BIBLIOTHÈQUES, CENTRES DE RECHERCHES ET DE DOCUMENTATION

CENTRES INTERNATIONAUX

BOISARD (M.) et NOVEMBER (A.), *Répertoire des principales institutions s'intéressant à l'Afrique noire,* Genève, Institut africain, 1963.
WALRAET (M.), *Les études africaines dans le monde,* Bruxelles, CEDESA, 1971, 104 p.

À noter, parmi les établissements étrangers spécialisés dans l'enseignement africaniste :

— En Grande-Bretagne : les Universités de Londres (School of Oriental and African Studies) et de Birmingham (Centre of West African Studies).

— Aux États-Unis : les Universités de Berkeley, Boston, Madison, Northwestern et Stanford. On pourra se reporter, sur ce pays, aux guides de Duignan et de Schatz cités dans le chapitre suivant.

— À Genève : l'Institut africain.

EN AFRIQUE NOIRE

DADZIE (E. W.) et STRICKLAND (J. P.), *Répertoire des archives, bibliothèques et écoles de bibliothéconomie d'Afrique,* Unesco, 1966, 112 p. (508 rubriques).

En Afrique francophone, le chercheur aura toujours intérêt à s'adresser aux Centres IRD répartis dans un certain nombre de capitales ou de grandes villes, et surtout aux Instituts d'histoire des principales universités. Signalons, en outre, l'existence de divers centres spécialisés en sciences humaines, à Dakar (Institut fondamental d'Afrique noire), Ouagadougou (Centre voltaïque), Niamey (INRSH, Institut national de recherche en sciences humaines, et CELHTO, Centre d'études linguistique et historique par tradition orale rattaché à l'UA), Porto-Novo (Institut de recherche appliquée), Djamena (Institut national tchadien pour les sciences humaines) et le CICIBA (Centre international des civilisations Bantu) au Gabon.

EN FRANCE

Les centres de documentation sont nombreux et dispersés. Néanmoins, la plupart d'entre eux se trouvent dans la capitale.

À Paris

Les deux *bibliothèques* les plus spécialisées sont celles du CEDAOM (Centre d'études et de documentation sur l'Afrique et l'Outre-Mer, 31, quai Voltaire) qui possède un riche fonds ancien hérité du Comité de l'Afrique française, et la BDIC à Nanterre (après 1920).

La Bibliothèque du musée de l'Homme est davantage orientée vers l'anthropologie. Mais on y trouvera un grand choix de périodiques africains, y compris en langue étrangère, de même qu'au Centre d'études africaines de l'École des hautes études en sciences sociales (54, bd Raspail).

On pourra également se référer à la bibliothèque du Centre de recherches africaines de l'ex-Sorbonne (créée en 1960), et consulter celles, plus spécialisées, de l'École nationale des langues orientales vivantes et de l'Institut des sciences politiques dont il faut retenir le riche fonds de presse. Rappelons également l'existence d'Instituts tels que l'ex-CHEAM (Centre des hautes études administratives sur l'Afrique et l'Asie moderne) ou l'IIAP (Institut international d'administration publique), héritier de l'ancienne École coloniale (avenue de l'Observatoire) qui conservaient l'un et l'autre les mémoires de fin d'études de leurs étudiants, versés au CAOM. Enfin, l'IRD (Institut français de recherche scientifique pour le développement en coopération), le BDPA (Bureau pour le développement de la production agricole) ou le BIT (Bureau international du travail) détiennent toute une série de rapports d'enquêtes ronéotés. Spécialisé sur le RDA : l'ex-Centre de recherche et de documentation africaines (catalogue 1946-1960), transféré à la BDIC.

Pour compléter cette liste sélective, on se reportera au *Bulletin* du CARDAN déjà cité, notamment I, 1, 1969, et II, 3 et 4, 1970. Enfin, signalons qu'outre l'École des hautes études trois universités parisiennes dispensent un enseignement spécifique en histoire africaine : Paris I, Paris VII et Paris VIII.

En province

La Section Outre-Mer des Archives nationales est complétée par une bibliothèque très riche sur l'outre-mer français.

Les principaux centres universitaires spécialisés sont :

— à Aix-en-Provence, la Bibliothèque du Centre des archives d'Outre-Mer (CAOM) ;
— à Bordeaux, le Centre de géographie tropicale et le Centre d'étude d'Afrique noire de l'Institut d'études politiques ;
— à Pau, le Centre de recherches et d'études sur l'Afrique orientale (CREPAO).

PÉRIODIQUES

Il existe trois revues, toutes de langue anglaise, consacrées à l'histoire de l'Afrique noire : *The Journal of African History* (1960 →), *The International Journal of African History* (1967 →) et *History in Africa* (1974 →). Une revue régionale : *The Journal of Southern African Studies.* Côté français, se reporter à la *Revue française d'histoire d'Outre-Mer,* ex-*Revue d'histoire des Colonies* (1913 →), devenue *Outre-Mers. Revue d'histoire* (2001), aux *Cahiers d'Études africaines* (1960 →) et à la nouvelle revue *Afrique et Histoire* (2003, Éd. Verdier) ou, pour la géographie, aux *Cahiers d'Outre-Mer.*

Plusieurs périodiques sont, en effet, concernés par l'ensemble des Sciences humaines dans le domaine africain ou, plus généralement, dans les pays du Sud. Certains sont à dominante culturelle *(Présence africaine)* ou ethnographique *(Journal de la Société des africanistes, L'Homme),* d'autres se préoccupent des phénomènes politiques (*Le Mois en Afrique* et *Politique africaine*), juridiques *(Penant)* ou économiques contemporains *(Tiers Monde),* qu'il s'agisse de bilans statistiques (*Bulletin de l'Afrique noire* ; *Bulletins mensuels* de la Banque centrale des États de l'Afrique de l'Ouest, ou de l'Afrique équatoriale et du Cameroun), ou de publications surtout concernées par les entreprises outre-mer *(Europe - France - Outre-Mer ; Industries et travaux d'Outre-Mer ; Marchés tropicaux et méditerranéens).* Pour une liste exhaustive ancienne, on se reportera à l'inventaire des « Périodiques africanistes édités en France », *Bulletin d'information* du CARDAN, I, 1969, 4, p. 114-143.

Sur le plan international, on le complétera par *Études africaines, Liste mondiale des périodiques spécialisés,* Mouton, 1969, 214 p., et par *Sub-Saharan Africa : A Guide to Serials,* Washington, Library of Congress, 1970, 407 p., ... *Index to Periodical Literature 1900-1970,* 4 vol., *ibid.,* 1971, et *Répertoire de périodiques paraissant en Afrique au sud du Sahara* (Sc. soc. et hum.), CNRS, 1982, 89 p.

Parmi les revues de langue anglaise, on retiendra *Africa* (1928 →) pour l'anthropologie ; *The Journal of Modem African Studies* (1963 →), *African Affairs* et, pour les questions économiques, *Quarterly Economic Review* et *African Economic History,* et deux revues d'économie politique : *Race and Class* et *Review of African Political Economy.* Importance récente de *Africa Today.*

Qualité de la *Revue canadienne des Études africaines* et, sur l'histoire du Zaïre, des *Cahiers du CEDAF* (Bruxelles).

Enfin, divers États africains possèdent au moins une revue d'histoire ou de sciences sociales de qualité à dominante régionale, telle que le *Bulletin de l'IFAN,* Sénégal (1939 →, avec une série spécialisée Sciences humaines-B depuis 1954 ; *Abbia* (Cameroun, 1963 → ; *Études congolaises* et, depuis 1970, *Études d'histoire africaine* (Zaïre) ; *Ghana Notes and Queries* (1959 →) et *Transactions of the Historical Society of Ghana* (1953 →) ; *The African Historian, Tarikh* (1965 →), *Odu* (1955 →) et *The Journal of the Historical Society of Nigeria* (1956 →) ; *East African Studies* et *The East African Economics Review* (Kenya) ; *Tanzania Notes and Records* (1936 →) ; *African Studies* (Le Cap) ; *The Journal of Ethiopian Studies* (1963 →), etc. Excellence renouvelée de la revue de l'Association des historiens africains, *Africa Zamani* (Yaoundé, puis Dakar).

ANNUAIRES

On trouvera dans une série d'annuaires généraux ou spécialisés des renseignements sur la situation géographique ou politique, la population, les activités économiques, etc.

INVENTAIRES GÉNÉRAUX

Africa Contemporary Records, Annual Survey and Documents, 1969-1970, Colin Legum et J. Drysdale (éd.), Exeter (nouv. éd. 1979-1980), 1 200 p.

Africa South of the Sahara, 1971, Londres, 11e éd., 1981, 1 325 p.

COMHAIRE-SYLVAIN (S. et J.), *Le nouveau dossier Afrique,* Marabout, 1971, 381 p.

— La Documentation française a publié des *Notes et Études documentaires* consacrées à des thèmes africains.

AFRIQUE FRANCOPHONE

— Le premier bilan du genre à signaler est celui des *États africains d'expression française et République malgache,* Paris, Julliard, 1964 (2e éd.), 331 p.

— *Ediafric* (Paris, La Documentation africaine) a publié régulièrement, depuis 1968, des annuaires spécialisés.

— *Europe France - Outre-Mer* publiait annuellement un bilan de l'Afrique d'expression française et de Madagascar (300 p. environ). L'UAMCE a édité en 4 volumes une étude monographique de 31 pays africains, et *Marchés tropicaux et méditerranéens* a fait paraître un numéro spécial sur *L'Afrique de 1935 à 1970* (nov. 1970, 400 p.). Enfin, signalons l'*Annuaire des entreprises et organismes d'Outre-Mer,* Paris, Moreux, 1972, 1 500 p.

Annuaires spécialisés

Année africaine, 1963 →, Paris, Pedone (bilan événementiel annuel).
TAYLOR (S.), *The New Africans,* Londres, Hamlyn, 1967, 504 p. (600 biographies d'hommes politiques).
Annuaire de l'enseignement privé de l'Afrique occidentale, centrale, orientale et de Madagascar, Paris, SEDIG, 1964, 322 p.
Missions catholiques (Afrique francophone-Madagascar-DTOM), Annuaires 1966 et 1968-1969, Paris, ONPC, 594 et 1 398 p.
Annuaire général des administrateurs de la FOM, Paris, Acad. des Sc. d'O.-M., 2004, 2 vol.

CARTOGRAPHIE. ATLAS

Le fonds ancien le plus riche est celui du service cartographique du CAOM (Aix-en-Provence), qui se tient à jour en recevant les cartes de l'IGN. On pourra le compléter, pour la période contemporaine, par les cartes de l'IRD. Il existe, en outre, un certain nombre d'atlas spécialisés :

Atlas généraux

Le meilleur est : ADJAYI et CROWDER et coll., trad. et adapt. française par C. Coquery-Vidrovitch et G. Laclavère, *Atlas historique de l'Afrique,* Éditions du Jaguar, 1990.

À noter également :

Times Atlas of the World, IV : *Southern Europe and Africa* (Londres, 1956).
FAGE (J. D.), *An Atlas of African History,* Londres (1re éd., 1958).
FOSTER, MORGENTHAU et ROBINSON, *Illustrated Atlas of To-day's World,* IV : *Africa South of the Sahara,* New York, 1962.
Oxford Regional Economic Atlas of Africa, 1965.

Atlas spécialisés

Atlas de Côte-d'Ivoire, ORSTOM et Université d'Abidjan, 1971.
Atlas général du Congo [Zaïre], Bruxelles, Min. des Col., 1951.
Atlas international de l'Ouest africain, OUA et Ford, 1968 (parution partielle).
Atlas de Mozambique, Lourenço Marques, 1963, 45 p.
Atlas du Tchad, INTSH et IGN, 1972.
CLARKE (J. I.), *Sierra Leone in Maps,* Londres, 1966, 119 p.
GOLDTHORPE (J. E.) et WILSON (F. B.), *Tribal Maps of East Africa and Zanzibar,* Kampala, 1962, 14 p.
HILTON (T. E.), *Ghana Population Atlas,* 1959 (confronte les recensements de 1891 à 1948).

FROELICH (J.-Cl.), *Carte des populations de l'Afrique noire,* Paris, Dir. de la docum., carte n° 71 (Afrique occidentale et centrale).

MEILLASSOUX (Cl.), *13 cartes historiques d'Afrique occidentale (1802-1899),* Paris, Musée de l'Homme, 1970.

Cartes ethno-démographiques de l'Afrique occidentale, Dakar, IFAN, 5 fasc. parus, 1952-1964.

TRAVERSI (L.), *L'Italia in Africa, Storia della Cartografia coloniale italiana,* Rome, 1964, 294 p.

Noter la série des Atlas Jeune Afrique par État *(Cameroun, Congo, Côte-d'Ivoire, Haute-Volta, Mali, Mauritanie, Niger, Togo, Zaïre, Centrafrique).*

DOCUMENTS AUDIOVISUELS

Le musée de l'Homme anime une série de recherches sur l'*Ethnomusicologie et les littératures orales africaines,* et regroupe un *Comité du film ethnographique.* Il possède, en outre, une photothèque remarquable. Signalons, également, la photothèque du CEDID (31 quai Voltaire, Paris) et l'ouverture d'un Centre de documentation sur la coopération (7 *bis* rue Huysmans, Paris) comprenant une cinémathèque de 5 000 films consacrés à l'Afrique noire francophone et à Madagascar, avec service de prêt, et une photothèque de 20 000 photos noir et blanc et 2 000 diapositives récentes, plus un laboratoire-photo.

En Afrique, le service le plus remarquable est celui des Archives culturelles du Sénégal (IRD, Dakar), qui a entrepris la collecte systématique des traditions recueillies sur bandes magnétiques, avec transcription éventuelle – travail d'abord expérimenté au Gabon (bandes aujourd'hui déposées au musée des Arts et Traditions de Libreville).

SOURCES ET DOCUMENTS ORIGINAUX

En dépit de lacunes documentaires parfois redoutables, le domaine africain offre un champ d'exploration très vaste à la recherche historique, qui doit nécessairement recourir à un échantillonnage de sources exceptionnellement diversifié : documentation orale souvent très suggestive de peuples dont la plupart ont longtemps ignoré l'écriture, matériel hétéroclite interprété à la lumière de techniques particulières (archéologie, linguistique, anthropologie...), sources écrites, enfin, parfois autochtones (langues guèze en Éthiopie, bamoum au Cameroun, arabe au Soudan), le plus souvent d'origine étrangère (littérature arabe depuis l'époque médiévale, européenne depuis la découverte portugaise). Le maniement conjugué de ces différents instruments s'avère d'autant plus nécessaire que, sur la profondeur de temps qui nous intéresse ici, les recoupements sont souvent possibles même si de grandes plages vides subsistent encore (notamment sur l'histoire de l'intérieur du continent dans la première moitié du XIXe siècle et, paradoxalement, sur l'histoire des peuples sous la période coloniale qui, trop souvent, n'a encore été abordée que par les artisans de l'expansion). En revanche, l'affinement méthodologique exigé par un tel matériel commence d'être assez bien défini.

LES SOURCES ORALES

Une des clés majeures, et la condition indispensable du développement récent de la connaissance du passé africain, ce fut l'aveu généralisé que les traditions orales avaient qualité de sources, et la mise au point de leur utilisation critique, là où il n'y avait auparavant que travaux de pionniers isolés, pratiques improvisées ou refus, tour à tour irraisonné ou trop systématisé. Le tournant, mûri dans les années 1950, a été consommé avec le maître livre de Jan Vansina, *De la tradition orale,* Tervuren, 1961, 179 p., qui traitait pour la première fois l'ensemble de ce dossier constamment enrichi depuis lors (et qu'il a récemment renouvelé et précisé : *La légende du passé. Traditions orales du Burundi,* Tervuren, MRAC, 1972, 257 p.)[1].

Toute société a le besoin vital de la communication et de sa permanence. Une technique de communication ne peut être jugée, du point de vue documentaire, sur des caractères intrinsèques supposés permanents ; certes, l'une peut être plus efficace qu'une autre – et l'on peut croire l'écriture plus efficace que l'oralité seule –, mais selon que celle-là existe ou n'existe pas, celle-ci recevra une importance, un usage, des garanties d'attention et d'emploi, un « traitement » social... dont l'intensité et la valeur ne seront pas du tout semblables. Le point de vue de l'historien sur les sociétés africaines a changé à partir du moment où, au lieu d'opposer sources écrites et sources orales par référence « naturelle » à ce qu'est l'oralité dans les sociétés à écriture, et de se représenter des sociétés *sans* écriture, on a envisagé des sociétés de la parole, positivement, et la façon dont elles réglaient un problème réel : celui de leur communication et de sa conservation au long du temps. Alors, on a pu adapter à un matériau nouveau les préoccupations anciennes et les démarches exigeantes de la critique des sources, jusque-là trop souvent cavalièrement omises ou artificiellement invoquées.

La plupart des sociétés africaines ont été ces sociétés de la parole, et même celles qui ont usé de l'écriture n'ont pas renvoyé l'oralité à un usage mineur. Ainsi, pour elles, parmi ce qui survit du passé, presque tout ce qui émane de la communication des hommes entre eux relève de la tradition orale – ce qui est transmis par la mémoire et par la bouche. Que ce matériel oral subisse des pertes énormes au fil des générations, et que la critique ne retienne à son tour qu'une partie de ce qui reste (comme pour les autres matériaux), est certain ; la remarque la plus utile est, toutefois, que ce qui demeurait accessible naguère, au temps d'un certain nombre d'enquêtes, et ce qui le demeure encore aujourd'hui, est important et prometteur de connaissances nouvelles. Les traditions orales ont sur les sources écrites extérieures l'avantage capital de provenir des peuples dont il s'agit de faire l'histoire, ce qui, non seulement, donne la « vision des vaincus » ou celle du partenaire, pour les épisodes partagés avec l'étranger, mais propose aussi une organisation mentale et une représentation du passé incluses dans la réalité socioculturelle, au lieu de suivre les rubriques et les points de vue d'une pensée extérieure. Par nature, la tradition orale est omniprésente – même si elle est devenue regrettablement plus ou moins appauvrie –, alors que les sources écrites étrangères sont très inégalement disponibles dans l'espace. Dans le temps, notre période (XIXe-XXe siècle) est la plus favorable aux deux catégories de sources, permettant une confrontation qui peut apporter beaucoup plus qu'une simple addition.

Les remarques et les indications qui vont suivre se réfèrent quelquefois à des travaux tou-

1. Voir aussi, éd. par D. Laya, *La tradition orale. Problématique et méthodologie des sources de l'histoire africaine,* Niamey, 1972, 138 p.

chant des périodes antérieures à 1800, quand leur portée pratique et méthodologique les impose même pour la recherche historique plus récente.

Il est bon de se familiariser d'abord avec l'ensemble des traits propres aux sociétés orales, de saisir la place et les pouvoirs du langage quand il n'est pas doublé de l'écriture et, d'autre part, de cerner les déterminations sociales, culturelles et linguistiques de la production orale mémorisée et transmise. Ce qui déborde largement le problème documentaire de l'historien, mais lui donne un éclairage nécessaire. Une bonne introduction peut être trouvée dans F. N. Agblemagnon, *Sociologie des sociétés orales d'Afrique noire* ([46] et les titres suivants de la bibliographie), de même que dans M. Houis, *Anthropologie linguistique de l'Afrique noire,* Paris, PUF, 1971, 232 p.

Utiles aussi, indirectement, les réflexions sur la portée respective de l'oralité seule et du passage à l'écriture sur le type de culture : J. Goody et I. Watt, The consequences of literacy, *Comparative Studies in Society and History,* V, 3, avril 1963, p. 304-345, repris dans J. Goody (éd.), *The Literacy in Traditional Societies,* Cambridge, 1968, 350 p.

La tradition orale est d'abord un ensemble de « textes », d'œuvres, de matériaux qui sont délimités au moins quant au contenu, et, assez souvent aussi, fixes dans leur forme. Ces traditions se répartissent en genres, qu'on peut partager d'un point de vue synthétique extérieur, à la suite de J. Vansina, en formules (titulatures, devises, identificatrices d'un peuple, maximes juridiques...), en listes de personnes (généalogies, successions à une charge) et de lieux (droits fonciers et itinéraires de migration...), en récits (historiques, épiques, étiologiques et mythiques...), en productions poétiques (réglées de forme et à valeur esthétique), en commentaires... Mais chaque société a sa propre façon, instructive au premier chef, de distinguer et répartir les genres. On peut trouver une présentation d'ensemble de ces genres, pour une société donnée, entre autres dans l'ouvrage cité de F. N. Agblemagnon, dans J. Vansina, *L'évolution du royaume du Rwanda...* [418] et dans P. Alexandre, Protohistoire du groupe béti-bulufang [449].

Mais une autre partie de la tradition orale est faite de savoirs moins strictement délimités, connaissances répandues de façon plus ou moins diffuse, ou plus ou moins réservée, dans la société, informations plus libres et de volume variable. Il est enfin la masse des souvenirs, qui n'ont pas forcément donné lieu à une « tradition » préalable à leur recueil, des connaissances à valeur individuelle, qui ne relèvent pas tellement, sociologiquement parlant, de la tradition orale, mais qui, pour les temps récents, ont l'avantage d'être accessibles à la mesure de la disponibilité de leurs détenteurs ; l'histoire coloniale (P. C. Garlick), immédiatement précoloniale (Y. Person), l' « histoire immédiate » très contemporaine (B. Verhaegen) peuvent s'en nourrir, et l'usage des biographies peut être aménagé au-delà des histoires individuelles « typiques » (A. Laurentin), par exemple pour restituer les parcours et les ressorts des migrations (Ph. Haeringer). Ces deux dernières sortes de sources orales, par opposition à celle des traditions « constituées » – mais ces trois catégories sont approximatives – supposent une organisation active du recueil, la provocation de leur transmission selon une démarche construite sous la responsabilité du chercheur : longue intimité et conservations (comme chez A. H. Bâ au Macina), questionnaires appliqués de façon large mais relativement extensive et rapide (H. Deschamps au Gabon), ou intensive et systématique (M. Izard, enquête collective exhaustive sur l'histoire du peuplement de la Haute-Volta, touchant *tous* les villages), etc.

BÂ (A. H.) et DAGET (J.), *L'Empire peul du Macina...* [252].

DESCHAMPS (H.), *Traditions orales et archives au Gabon,* Paris, 1962, 172 p.

GARLICK (P. C.), The development of Kwahu business enterprise in Ghana since 1874, an essay in recent oral tradition, *JAH,* VIII, 3, 1967, p. 463-480.

HAERINGER (Ph.), L'observation rétrospective appliquée à l'étude des migrations africaines, *Cahiers de l'ORSTOM,* série Sc. hum., V, 2, 1968, p. 3-22.

IZARD (M.), *Traditions historiques des villages du Yatanga,* t. I, Paris, CNRS (Recherches voltaïques), 1965, 223 p., ronéo.

LAURENTIN (A.), Femmes Nzakara (République centrafricaine), dans D. Paulme (éd.), *Femmes d'Afrique noire* [41], p. 121-172.

PERSON (Y.), *Samori...* [270].

VERHAEGEN (B.), *Rébellions au Congo...* [521].

On ne peut que signaler, sans s'y arrêter, la grande variété des sources orales : selon leur genre, mais aussi selon les détenteurs (spécialisés ou non) et selon les groupes sociaux concernés et la « surface sociale » couverte.

La critique des traditions orales aux fins de leur emploi historique renvoie d'une part à une étude « textuelle », d'apparence plus classique, qui doit vérifier l'intégrité de son contenu (dans le cas de traditions « constituées »), par évaluation de ses conditions de transmission et de récitation, par critique interne et par critique externe... et assurer sa compréhension. Jan Vansina (*op. cit.,* 1961) en donne une vigoureuse présentation. Elle renvoie d'autre part à une critique « sociologique ». Celle-ci doit notamment observer la fonction remplie par ces traditions, qui sont toutes conservées pour des raisons sociales qui ne sont pas neutres : « chartes sociales » qui expriment l'ordre généalogique de la société dans les sociétés lignagères (L. Bohannan), récits qui justifient la répartition des pouvoirs et des droits (A. Richards, J. Van Velsen...), ou qui expriment le règlement d'un conflit (I. Wilks)... elles sont, normalement, exposées au remaniement quand change l'ordre social qu'elles sanctionnent ; leur référence au passé est éminemment « utile » ; on n'en doit pas cependant conclure à leur rejet immédiat, car il arrive aussi que le réalisme et la vérité crue soient fonctionnels (Cl. Meillassoux, 1963), qu'une société règle ses problèmes présents autrement que par la manipulation des traditions (I. M. Lewis) à laquelle toute tradition ne se prête pas de même façon, et c'est la mise à nu de la fonction remplie et de ses conditions d'exercice qui pourra indiquer, dans chaque cas particulier, s'il y a eu déformation ou invention et dans quel sens. L'origine et la position sociales du traditionniste éclairent aussi la valeur, les caractères et même la forme des traditions (Cl. Meillassoux, 1963 et 1967). Enfin, la critique sociologique doit prendre en compte les valeurs culturelles et les modes de représentation du temps et du passé. Pour les points qui précèdent, on peut consulter, outre toujours le livre de J. Vansina (1961), quelques études de cas :

BOHANNAN (Laura), A genealogical charter, *Africa,* XXII, 4, 1952, p. 301-315.

LEWIS (I. M.), Historical aspects of genealogies in Northern Somali social structure, *JAH,* III, 1, 1962, p. 35-48.

MEILLASSOUX (Cl.), Histoire et institutions du Kafo de Bamako... d'après la tradition des Niaré, *CEA,* IV, 14, 1963, p. 186-227.

MEILLASSOUX (Cl.), DOUCOURÉ (L.), SIMAGHA (D.), *Légende de la dispersion des Kusa (épopée soninké),* Dakar, 1967, 133 p.

RICHARDS (Audrey), Social mechanisms for the transfer of political rights in some African tribes, *Journal of the Royal Anthropological Institute,* XC, 2, 1960, p. 175-190.

VAN VELSEN (L.), Notes on the history of the Lakeside Tonga of Nyasaland, *African Studies,* XVIII, 3, 1959, p. 105-117.

WILKS (I.), Tribal history and myth, *Universitas* (Achimota), II, 3-4, 1956, p. 84-86 et 116-118.

La représentation du passé mérite une remarque particulière. Il faut en effet savoir si une tradition a été conçue selon un esprit plutôt « historiciste » ou plutôt « symboliste », si elle relève d'une analyse littérale ou structurale... Elle peut être « historiquement fausse » et « sociologiquement vraie », au sens où l'on réduirait la vérité de l'histoire à ses descriptions événementielles ; mais l'historien trouve aussi son bien à des témoignages portant sur les institutions, les représentations, les théories de la société du pouvoir (voir le chapitre X sur les idéologies, et T. O. Beidelman). Les traditions juxtaposent souvent plusieurs moments du temps, débranchés (ces traditions qui ont une fin, un début et pas de milieu, selon G. I. Jones), et plusieurs traitements du temps (temps linéaire, temps télescopé ou « aplati » des origines..., M. J. Tubiana et P. Alexandre, art. cité *supra* [449]). La « conscience historique », le type de mesure du temps et de rapport au passé, la « philosophie de l'histoire » des sociétés, les liens de l'idéologie historique et de la pratique sociale (cf. chapitre sur les idéologies) mériteraient une attention particulière, que certaines études ont déjà quelque peu manifestée, par exemple E. Evans-Pritchard (temps écologique et temps structural), W. d'Azevedo, Cl. Tardits, J. Vansina (*op. cit.,* 1962), Cl. Vidal (1967). Il est nécessaire enfin d'observer selon quels thèmes s'organise cette mémoire collective (souvent celui du peuplement, de l'installation et de l'organisation des droits et des groupes), quelle sorte d'histoire une société y privilégie (histoire politique des Nsenga, R. Apthorpe), autour de quels moments ou à quels niveaux sociaux se manifestent ces diverses sortes d'histoire (J. Barnes, I. Cunnison), quels blocages, propres à l'appréhension d'une société par ses membres ou aux événements contemporains, obturent la mémoire collective et selon quels chemins elle peut être réveillée (Cl. Vidal, 1971).

APTHORPE (R.), Problems of African history : The Nsenga of Northern Rhodesia, *Rhodes-Livingstone Institute Journal,* XXVIII, 1960, p. 47-67.
D'AZEVEDO (W. D.), Uses of the past in Gola discourse, *JAH,* III, 1, 1962, p. 11-34.
BARNES (J. A.), History in a changing society, *Rhodes-Livingstone Institute Journal,* XI, 1951, p. 1-9.
BEIDELMAN (T. O.), Myth, legend and oral history : A Kaguru traditional text, *Anthropos,* 65, 1970, p. 74-92.
CUNNISON (I.), *History on the Luapula,* Rhodes-Livingstone Papers, n° 21, 1951, 42 p.
DELUZ (Ariane), *Organisation sociale et tradition orale. Les Guro de Côte-d'Ivoire,* Paris, 1970, 196 p.
EVANS-PRITCHARD (E. P.), Nuer rime reckoning, *Africa,* XII, 2, 1939, p. 189-216.
EVANS-PRITCHARD (E. P.), *The Nuer,* Oxford, 1937, trad. fr., Paris, 1968, 312 p.
JONES (G. I.), Time and oral tradition with special reference to Eastern Nigeria, *JAH,* VI, 2, 1965, p. 153-160.
TARDITS (Cl.), Religion, épopée, histoire, *Diogène,* 37, 1962, p. 17-28.
TUBIANA (Marie-José), Un document inédit sur les sultans du Ouaddaï [495].
VIDAL (Cl.), Anthropologie et histoire, le cas du Rwanda, *CIS,* XLIII, 1967, p. 143-157.
VIDAL (Cl.), Enquête sur le Rwanda traditionnel : conscience historique et traditions orales [419].

La tradition orale ne propose pas sa datation. Aux recoupements possibles avec les données des sources écrites s'ajoutent, pour y procéder, les moyens internes fournis par des éléments récurrents de la structure sociale qui sous-tendent certaines traditions : généalogies, classes d'âge, listes de détenteurs de charges... Outre M. Izard [299], voir :

PERSON (Y.), Tradition orale et chronologie, *CEA,* II, 7, 1962, p. 462-476.
PERSON (Y.), Classes d'âge et chronologie, *Latitudes,* Paris, 1963, p. 68-83.

Dans une historiographie pourtant bien jeune, l'appréciation et l'usage des sources orales ont connu dans les années 1970 une sorte de deuxième phase, marquée tantôt par l'approfondissement des acquis et tantôt par une modification sensible des points de vue. Outre des bilans renouvelés (B. Bernardi, J. Miller...) et des monographies fondées sur la maîtrise de leur emploi (de la fresque de Cl.-H. Perrot à l'exercice de microhistoire de D. Cohen), on soulignera quelques traits : une extension de l'usage des savoirs populaires diffus et de la mémoire collective (ainsi J. Vansina, 1973, J.-P. Olivier de Sardan...), et des biographies (T. Ranger dans B. Bernardi, M. J. Tubiana...), amenuisant le privilège donné aux traditions constituées ; une critique vigoureuse, voire une hypercritique, des possibilités de datation (D. Henige) ; une attention profonde portée aux altérations subies par les savoirs oraux sous l'effet des savoirs écrits étrangers et des stratégies jouant sur les représentations, aux XIXe et XXe siècles (D. Henige, 1982, J.-P. Chrétien) ; une analyse plus fine des représentations africaines et notamment des modes de conscience historique (A. Délivré, P. Bonte et N. Echard, N. Echard, W. McGaffey, J. Vansina, 1978, R. Willis...) ; une vue très renouvelée des conditions de la transmission, plus recréatrice que mécanique, en culture orale (J. Goody, 1977) ; l'intérêt porté aux conditions de la production même des récits historiques (J. Bazin, J. Miller, deux références majeures) ; enfin la prise en compte de l'usage et de l'expression *pratiques* et singulières des savoirs oraux, aux dépens de leur réunion et de leur mise à part comme texte-objet de connaissance intellectuelle savante (J. Goody, 1979, et présentation de J. Bazin et A. Bensa).

BAZIN (J.), La production d'un récit historique, *CEA,* 73-76, 1979, p. 435-483.

BERNARDI (B.), PONI (C.), TRIULZI (A.) (a cura di), *Fonti orali / Oral sources / Sources orales - Antropologia e storia / Anthropology and history / Anthropologie et histoire,* Milan, 1978, 497 p.

BONTE (P.) et ECHARD (N.), Histoire et histoires. Conception du passé chez les Hausa et les Twareg Kel Gress de l'Ader (Niger), *CEA,* 61-62, 1976, p. 237-296.

CHRÉTIEN (J.-P.), Du hirsute au Hamite, les variations du cycle de Ruhatsi, fondateur du royaume du Burundi, *History in Africa,* 8, 1981, p. 3-41, repris dans son livre *Burundi. L'histoire retrouvée. 25 ans de métier d'historien en Afrique,* Paris, Karthala, 1993, p. 343-377.

COHEN (D. W.), *Womunafu's Bunafu : A Study of Authority in a XIXth Century African Community,* Princeton, 1977, 216 p.

DÉLIVRÉ (A.), *L'histoire des rois d'Imerina. Interprétation d'une tradition orale,* Paris, 1974, 447 p.

ECHARD (N.), *L'expérience du passé. Histoire de la société paysanne de l'Ader,* Niamey, 1975 232 p.

GOODY (J.), Mémoire et apprentissage dans les sociétés avec et sans écriture : la transmission du Bagre, *L'Homme,* XVII, I, 1977, p. 29-52.

GOODY (J.), *La raison graphique. La domestication de la pensée sauvage,* traduit et présenté par J. Bazin et A. Bensa, Paris, 1979, 275 p. (éd. orig., 1977).

HENIGE (D.), *The Chronology of Oral Tradition. Quest for a Chimera,* Oxford, 1974, 267 p. (c.-r. par Y. Person, *CEA,* 61-62, 1976, p. 405-407, par Cl.-H. Perrot et E. Terray, *Annales ESC,* mars-avril 1977, p. 326-331, par J.-P. Chrétien, *RFHOM,* 1978, 2, p. 262-265).

HENIGE (D.), Truths yet unborn ? Oral traditions as a casualty of culture contact, *JAH,* XXIII, 3, 1982, p. 395-412.

MCGAFFEY (W.), Oral tradition in Central Africa, *Intern. Journal of African Historical Studies,* 7, 1975, p. 417-426.

MILLER (J. C.) (éd.), *The African Past Speaks. Essays on Oral Tradition and History,* Folkestone et Hamden, 1980, 284 p.

OLIVIER DE SARDAN (J.-P.) (traduits et édités par), *Quand nos pères étaient captifs. Récits paysans du Niger,* Paris, 1976, 190 p.
PERROT (Cl.-H.), *Les Anyi-Ndenye...* [722].
TUBIANA (M.-J.), Un patriote toundjour : le faki Adam ab-Tisheka, Valbonne, 1981, 16 p., avec cassette enregistrée, ADAM AB TISHEKA, *Tarikh Hayati («Autobiographie»)* (Laboratoire Peiresc, CNRS).
VANSINA (J.), *The Tio Kingdom...,* 1973 [474].
VANSINA (J.), *The Children of Woot. A History of the Kuba People,* Madison, 1978, 394 p.
WILLIS (R.), *A State in the Making. Myth, History and Social Transformation in Precolonial Ufipa,* Bloomington, 1981, 322 p.

L'intérêt pour les sources orales perdure, aussi bien dans des appréciations globales, dans la présentation de terrains et dans des récits de vie.

BARBER (K.) et MORAES FARIAS (P. F. de) (éd.), *Discourse and its Disguises : The Interpretation of African Oral Texts,* Univ. of Birmingham, 1989, 209 p.
BELCHER (S.), *Epic Traditions of Africa,* Bloomington, Indiana UP, 1999, 276 p.
BOILLEY (P.), *Amidou Mariko, Mémoires d'un crocodile. Du sujet français au citoyen malien,* Bamako, Éd. Donniya, 2001, 198 p.
BONFIGLIOLI (A. M.), *Dudal. Histoire de famille et histoire de troupeau chez un groupe de Wodaabe du Niger,* Paris, MSH, et Cambridge UP, 1989, 293 p.
COHEN (D. W.), *Towards a Reconstructed Past : Historical Texts from Busoga, Uganda,* Oxford, OUP, 1986, 363 p.
DIAWARA (M.), *La graine de la parole. Dimensions sociale et politique des traditions orales du royaume de Jaara (Mali) du XVe s. au milieu du XIXe s.,* Stuttgart, Fr. Steiner V., 1990, 189 p.
IRWIN (P.), *Liptako Speaks. History from Oral Tradition in Africa,* Princeton UP, 1981, 221 p.
JEWSIEWICKI (B.) (dir.), M'BOKOLO (E.), NDAYWEL E NZIEM, KIVILU (S.), *Naître et mourir au Zaïre. Un demi-siècle d'histoire au quotidien,* Paris, Karthala, 1993, 255 p.
PERROT (Cl.-H.) (dir.), *Sources orales de l'histoire de l'Afrique,* Paris, CNRS, 1989, 228 p. (questions méthodologiques, vues sur 16 études de cas).
PERROT (Cl.-H.) (dir.), *Le passé africain par l'oralité / African History from Oral Sources,* Paris, La Documentation française, 1993, 304 p. (présente 75 études en français).
TADDIA (I.), *Autobiografie africane. Il colonialismo nelle memorie orali,* Milan, FrancoAngeli, 1996, 157 p.
VANSINA (J.), *Oral Tradition as History,* Londres, James Currey, 1985, 258 p.
YATTARA (Almamy M.) et SALVAING (B.), *Almamy. Une jeunesse sur les rives du fleuve Niger,* Brinon-sur-Sauldre, Éditions Grandvaux, 2000 et 2003, 2 vol.

LES SOURCES ÉCRITES AFRICAINES

Il y a d'abord les sources propres au monde éthiopien chrétien, depuis longtemps producteur d'œuvres en langue guèze ; mais, aux côtés de celle-ci, langue littéraire et liturgique, l'amharique, langue parlée, devient au XIXe siècle, après quelques exemples antérieurs déjà, langue écrite. En témoignent bien les trois chroniques de Théodore (courte note par

J. Tubiana, dans la *Rassegna di Studi Etiopici,* 1963, p. 155-156). Les études éthiopiennes sont à elles seules une province particulière de l'érudition. On peut consulter l'alerte et magnifique *Storia della letteratura etiopica,* d'E. Cerulli, Milan, 2e éd., 1961, 280 p., et connaître la *Bibliografia etiopica* de S. Zanutto, dont le tome II (Rome, 1932) est consacré aux manuscrits éthiopiens conservés hors d'Éthiopie[1].

Un certain nombre de sociétés africaines islamisées ont produit des textes écrits, en langue arabe d'une part, ou dans leur propre langue d'autre part, avec transcription en caractères arabes. Le Soudan et l'Afrique orientale sont riches ainsi de manuscrits dont la recherche, déjà pratiquée jadis extensivement par quelques voyageurs et administrateurs, est depuis les environs de 1960 menée de façon intensive et ordonnée (notamment à partir des universités nigérianes, de l'Université de Legon au Ghana, de Dakar...) ; le XIXe siècle, période faste de l'Islam au Soudan, a fourni une large part de cette production documentaire, préparée par plusieurs siècles d'activité intellectuelle. Ces sources sont, tour à tour, des textes d'inspiration directement historique (narrative, biographique...), des correspondances et des actes de pouvoirs souverains ou de personnalités, des écrits d'inspiration religieuse et juridique rédigés pour intervenir dans les combats et les problèmes du moment, des œuvres littéraires... Trois langues africaines surtout ont utilisé l'écriture arabe : le peul, le haoussa et le swahili.

On aura une première idée des matériaux dans V. Monteil, Les manuscrits historiques arabo-africains, *Bull. IFAN*-B, XXVII, 3-4, 1965, p. 531-542, et XXVIII, 3-4, 1966, p. 668-675 ; Th. Diallo, M. B. M'Backe, M. Trifkovic et B. Barry, *Catalogue des manuscrits de l'IFAN,* Dakar, 1966, 154 p. ; A. Samb, *Essai sur la contribution du Sénégal à la littérature d'expression arabe,* Dakar, 1972, 534 p. ; D. Robinson, Fulfulde literature in Arabie script, *History in Africa,* 9, 1982, p. 251-261 ; M. Hiskett, *A History of Hausa Islamic Verse,* Londres, 1975, 274 p. ; P. M. Holt, The Mahdist archives and related documents, *Archives,* V, 28, 1962, p. 193-200 ; Noureddine Ghali, Sidi Mohamed Mahibou et L. Brenner, *Inventaire de la Bibliothèque umarienne de Ségou,* Paris, CNRS, IRHT, 1987, 432 p. Voir aussi D. Robinson, Un historien et anthropologue sénégalais, Shaikh Musa Kamara, *CEA,* 109, 1988, p. 89-116.

Des éditions et traductions : Alfâ Ibrahima Sow, *La femme, la vache, la foi,* Paris, Julliard, 1966, 373 p., et *Chroniques et récits du Foutâ Djalon,* Paris, Klincksieck, 1968, 373 p. (sources peules) ; Sidi Mohamed Mahibou et J.-L. Triaud, *« Voilà ce qui est arrivé », Bayân mâ waqa'a, d'al Hajj 'Umar al Fûtî. Plaidoyer pour une guerre sainte en Afrique de l'Ouest au XIXe siècle,* Paris, CNRS (IRHT), 1983, 320 p. ; Shaykh Muusa Kamara, *Florilège au jardin de l'histoire des Noirs. Zuhûr al Basâtîn,* 1. *L'aristocratie peule et la révolution des clercs musulmans (vallée du Sénégal),* trad. de l'arabe par S. Bousbina, éd. par J. Schmitz, Paris, CNRS (IRHT), vol. 1, 1998, 460 p.

La recherche et l'étude des manuscrits arabes (Tombouctou, Mauritanie...) continuent, recevant notamment une nouvelle impulsion de l'Institute for the Study of Islamic Thought in Africa, Northwestern University. Ses deux directeurs assurent, dans les guides du *Handbuch der Orientalistik* (Leyde, Brill), la publication de la série *Arabic Literature of Africa,* vol. 1 : *The Writings of Eastern Sudanic Africa to c. 1900,* compil. by R. S. O'Fahey, 1994, 434 p. ; vol. 2 : *The Writings of Central Sudanic Africa,* compil. by John O. Hunwick, 1995, 732 p. ; le vol. 3 A, sur la Corne

1. Un cas original de source éthiopienne est constitué par l'*Epistolario del Debtera Aseggachègn di Uadlà,* publié par C. Conti Rossini, *Rendiconti della Reale Accademia dei Lincei,* s. VI, 1925, p. 449-490, correspondance des années 1860 et 1870, largement traduite en italien par L. Fusella dans la *Rassegna di Studi Etiopici,* XII, 1953, p. 80-95, et XIII, 1954, p. 20-30.

d'Afrique (au sein de l'« Eastern Africa »), par Sean O'Fahey, est annoncé pour 2002, et le vol. 4 : *The Writings of Western Sudanic Africa,* par John Hunwick, l'est pour 2003 ; sont prévus des vol. 5 (*Eastern Sudanic Africa from c. 1900*) et 6 *(Western Sahara).* Cf. aussi Biancamaria Scarcia Amoretti (éd.), *Islam in East Africa : New Sources... International Colloquium (Rome, 1999),* Rome, Herder, 2001, 469 p.

Les écritures européennes ont servi quelquefois à la transcription de textes en langues africaines, mais, surtout, à l'emploi par des Africains de langues européennes. Les Églises chrétiennes ont joué un rôle primordial dans l'extension de l'expression écrite, assurée déjà modestement dans quelques milieux par les liens commerciaux et les activités de la traite. On consultera par exemple :

Abbé David BOILAT, *Esquisses sénégalaises,* avec une introd. de Abdoulaye Bara Diop, Paris, Karthala, 1984, 530 p. (éd. originale, Paris, 1853).

BOULÈGUE (J.), À la naissance de l'histoire écrite sénégalaise : Yoro Dyao et ses modèles, *History in Africa,* 15, 1988, p. 395-405.

CURTIN (Ph. D.) (éd.), *Africa Remembered...* [69].

FORTUNE (G.), Seventy-five years of writing in shona, *Zambezia,* I, 1, 1969, p. 55-67.

LAW (R.), Early Yoruba historiography, *History in Africa,* 3, 1976, p. 69-90.

ROWE (J. A.), Myth, memoir and moral admonition : Luganda historical writing 1893-1969, *Uganda Journal,* XXXIII, I, 1969, p. 17-40, et XXXIII, 2, 1969, p. 217-219.

TWADDLE (M.), On Ganda historiography, *History in Africa,* I, 1974, p. 85-100.

VERGER (P.), Influence du Brésil au golfe du Bénin, dans *Les Afro-Américains* (Mémoires IFAN, n° 27), Dakar, 1952.

LES SOURCES ÉCRITES ÉTRANGÈRES

Elles se répartissent en trois grandes catégories : les archives, les récits de voyage et la presse. Leur origine implique la nécessité d'une critique historique particulièrement vigilante : il faut non seulement contrôler la véracité du témoignage, mais surtout dégager les éléments africains d'une gangue déformante, celle des préjugés ethnocentriques de l'auteur. Ceci posé, elles sont pour la période qui nous intéresse d'une très grande richesse, encore largement inexploitée, aussi bien dans le domaine des archives publiques (assez récemment ouvertes après 1940) que dans celui de la documentation privée où de nombreux témoins, aussi maladroits fussent-ils dans leur interprétation, se sont appliqués à noter minutieusement leurs observations, voire à transcrire des traditions orales précieuses car plus ou moins perdues depuis lors : un classique du genre est l'ouvrage de M. Delafosse, *Haut-Sénégal et Niger,* 1913 (rééd. Maisonneuve, 1972, 3 vol.) qui, malgré les apports et correctifs récents, reste irremplaçable.

LES ARCHIVES

LES DIVERS FONDS

En Afrique

On se reportera au *Répertoire* de Dadzie et Strickland (cité p. XXIII) qui énumère, par pays, les fonds d'archives et les bibliothèques, avec l'indication sommaire de l'adresse, des conditions de consultation, du cubage ou du nombre de volumes conservés et de la fourchette des dates concernées. On le complétera par l'inventaire ancien de Ph. Curtin, The Archives of Tropical Africa : A reconnaissance (Afrique méridionale exclue), *JAH,* I, 1, 1960, p. 129-147.

— *Du côté anglophone,* fonds abondants et assez bien répertoriés. Intérêt du microfilmage intégral *(Blue Books, Reports* et *Gazettes)* entrepris pays par pays par Microform Ltd (Wakefield, W. Yorkshire) et élargi par Clearwater Publ. Co., New York.

— *Du côté francophone,* le fonds de loin le plus riche est celui de l'ancien gouvernement général de l'AOF, conservé à Dakar et répertorié en une douzaine de volumes (J. Charpy et coll.).

En outre, plusieurs États ont conservé et relativement classé les archives héritées des anciens territoires coloniaux. On retiendra particulièrement les dépôts d'Abidjan (Côte-d'Ivoire), Bamako (Mali), Niamey (Niger), Porto-Novo (Bénin) et Conakry (Guinée), ce dernier rapidement analysé par Suret-Canale (*Archivum,* XI, 1961, p. 155-158), et surtout par D. d'Almeida, *Premier répertoire des Arch. nat. de Guinée,* séries A à N, 1720-1935, Conakry, 1962, 224 p.

Les archives du GG d'AEF ont été rapportées en France à la décolonisation. On trouvera l'inventaire sommaire de ce qui reste sur place (enrichi depuis lors) dans Coquery-Vidrovitch [129] et localement dans H. Deschamps, *Traditions orales et archives au Gabon, op. cit.* À noter les fonds de Djamena – où l'Institut de recherches tchadiennes s'est efforcé de regrouper tout ce qui subsiste dans les anciens postes de brousse –, de Libreville (Gabon) et de Yaoundé au Cameroun (Répertoires sommaires dactylogr., 1968, consultables au CAOM).

En France

La richesse des archives coloniales est considérable, conservées pour la plupart au CAOM d'Aix-en-Provence qui détient l'ensemble des documents rapatriés d'AEF. On peut également dépouiller à Aix et à Paris (Arch. nat., rue des Francs-Bourgeois) les microfilms des archives de Dakar (reproduction intégrale jusqu'en 1920, Rapports politiques et économiques seulement au-delà).

À côté du manuel plus rapide de P. Carson (*Guide... French Archives,* Londres, 1968, 170 p.), la parution d'un guide exhaustif sur les *Sources de l'histoire de l'Afrique au sud du Sahara dans les Archives et Bibliothèques françaises,* I : *Archives,* Inter Donc. Co., Zug, 1971, 960 p. (II : *Bibliothèques* ; III : *Index*) dispense de nous étendre sur ce thème. Un regret, cependant : la date limite de l'inventaire qui s'arrête en 1920 alors que les archives sont désormais consultables après trente ans. L'inventaire le plus récent est G. D. Westfall, *French Colonial Africa : A Guide to Official Sources,* Londres, Hans Zell Publ., 1992.

Voir aussi le chapitre très complet sur les « Sources et matériaux originaux » consacré par J. Chesneaux à l'Asie orientale (« Nouvelle Clio », n° 45), puisqu'il s'agit souvent de fonds communs à l'ensemble de l'Outre-Mer. On puisera également dans le chapitre « Sources » et dans la bibliographie très fournie de J. L. Miège (*Expansion européenne et décolonisation,* « Nouvelle Clio », n° 28).

À l'étranger

La même collection de *Guides to the sources of the History of Africa* (Zug) a déjà publié d'autres volumes, sur la Scandinavie, sur l'Allemagne fédérale (ce dernier d'un intérêt plus limité puisque la quasi-totalité des archives coloniales allemandes sont déposées en RDA), sur l'Italie, sur l'Espagne et le Saint-Siège.

Voir la collection plus sommaire des *Guides to Materials for West African History,* Londres, Athlone Press (Belgique et Hollande, Portugal, Italie).

Quant aux ressources offertes par la Belgique, elles sont désormais bien connues par les rapports de J. Stengers (*Bull. de l'IRCB,* Bruxelles) et les inventaires d'archives ministérielles de E. et M. Van Grieken, ARSC, 1955 et 1958, et E. de Vandewonde, 1965.

Enfin, les richesses américaines ont été inventoriées par :

DUIGNAN (P.), *Handbook of American Resources for African Studies,* Stanford, 1967, 218 p.
SCHATZ (W.), *Directory of Afro-American Resources,* New York, Bowker Co., 1970, 485 p.

LES PUBLICATIONS DE DOCUMENTS

Documents administratifs

Pour l'Afrique francophone, l'inventaire des archives imprimées est dressé dans le *Guide des Sources...,* Zug *(op. cit.),* p. 757-830. La plupart sont conservées rue Oudinot et, dans une moindre mesure, à la Bibliothèque nationale.

Par ailleurs, outre les grandes collections rappelées par Chesneaux et Miège *(op. cit.),* la Library of Congress, Washington, a consacré une série de 7 volumes à la liste des publications officielles des principaux territoires français et portugais et de l'Ouest africain anglophone. À retenir également, pour la Grande-Bretagne, parmi de nombreux *Parliamentary Papers : England Parliament Select Committee on Africa,* 1842 et 1865, Shannon, Irish University, 1968, 3 vol. ;

et sur le Natal :

CHASE (J. C.), *The Natal Papers. A reprint of all Notices and public Documents... 1498-1843,* Cape Town, 1968, 2 vol. (1re éd., 1843) ;

prolongé par :

LE CORDEUR (B. A.), *South African Archival Records. Natal 1843-1848,* Cape Town, 1960, 3 vol.

Annuaires statistiques

Là encore, on se reportera pour l'Afrique francophone au *Guide* Zug. Pour l'Afrique anglophone, on trouvera l'équivalent au Public Record Office *(Blue Books of Colonial Trade* et *Parliamentary Papers)* ;

et, sur le Ghana :

The Gold Coast Handbook (statistiques de 1923 à 1937), GC Government, 1937, 500 p.
The Political Economy of Colonialism in Ghana. A Collection of Documents and Statistics 1900-1960, G. B. Kay (éd.), Cambridge, 1972, 431 p.

Sélection de documents. Recueils divers

Ils sont trop nombreux pour être tous cités, surtout en langue anglaise.
Parmi d'autres :

CHARPY (J.), *La fondation de Dakar (1845-1857-1869)*, Paris, Larose, 1958, 596 p.

EYBERS (G. W.), *Select Constitutional Documents illustrating South African History (1795-1910)*, New York, Negro University, 1969, 582 p.

NEWBURY (C. W.), *British Policy towards West Africa. Selected Documents*, OUP, I : *1786-1874*, 1965, 700 p. ; II : *1875-1914*, 1971, 636 p.

OLIVEIRA (M. A. de) et MENDES DO COUTO (C. A.), *Angolana (Documentação sobre Angola)*, Lisbonne, Centre de Est. Hist. Ultr., 1971 (2 vol. publ. jusqu'en 1887).

PERHAM (M.), *Colonial Sequence 1930-1949*, Londres, Methuen, 1967, 345 p.

LES RÉCITS DE VOYAGE

Anciennement publiés ou récemment réédités, ils sont si nombreux qu'une énumération plus ou moins complète est ici hors de question. Nous nous contenterons de renvoyer à quelques ouvrages de synthèse, et de citer certains des plus importants ou des plus ignorés.

OUVRAGES D'ENSEMBLE

HALLETT (R.), *Records of the African Association (1788-1831)*, Londres, Nelson, 1954, 318 p. et *The Penetration of Africa to 1815*, Londres, Routledge & Kegan, 1965, 458 p.

LEYDEN (D.) et MURRAY (H.), *Histoire complète des voyages et découvertes en Afrique... jusqu'à ce jour*, Paris, Bertrand, 1821, 3 vol. et un atlas.

— Hachette a réédité sur microfiches tous les témoignages relatifs à l'Afrique extraits du *Tour du Monde*, 1860-1913.

— Les récits de langue anglaise sont très largement réédités par la maison Frank Cass (Londres), particulièrement dynamique en ce domaine, dont on aura intérêt à consulter le catalogue.

AFRIQUE OCCIDENTALE ET CENTRALE (SAHARA ET SOUDAN)

On se référera aux bibliographies dressées par :

COQUERY-VIDROVITCH (C.), *La découverte de l'Afrique... des origines au XVIIIe siècle*, Paris, Julliard, 1965, 252 p. ; rééd. L'Harmattan, 2004.

DESCHAMPS (H.), *L'Europe découvre l'Afrique... 1794-1900*, Paris, Berger-Levrault, 1967, 280 p.

Sur le Dahomey, très visité aux XVIIIe et XIXe siècles, on pourra se référer à la bibliographie publiée par Argyle [311] ou Coquery-Vidrovitch [313], complétée par Nardin (*CEA*, VII, 25, 1967).

AFRIQUE ÉQUATORIALE

Au début du XIXe siècle

VERBEKEN (A.) et WALRAET (M.) (éd.), *La première traversée du Katanga en 1806, Voyage des « Pombeiros » d'Angola aux Rios de Sena,* Bruxelles, IRCB, 1953, 135 p.

GAMITTO (A.), *O Muata Cazembe...*, Lisbonne, 1854, trad. angl. par I. Cunnison, *King Kazembe..., 1831-1832,* Lisbonne, 1960, 2 vol.

Les grandes explorations

Les récits les plus riches sont ceux de :

a) Dr LIVINGSTONE (3 vol. traduits chez Hachette).

Voir également :

SIMMONS (J.), *Livingstone and Africa,* New York, Collier Books, 1964, 160 p. (1re éd., 1955).

b) H. M. STANLEY.

Pour une bibliographie exhaustive à cette date des ouvrages de et sur Stanley, se reporter à M. Liniger-Goumaz et G. Hellinga, *H. M. Stanley. Bibliographie,* Genève, Éd. du Temps, 1972, 206 p.

Consulter également la précieuse biographie de Tippo Tib, Maisha ya Hamed... T. Tib, *East Afr. Swahili Committee, Journal Suppl.,* 28, 1958, II ; 29, 1959, I.

Sur les récits en langue française, on se reportera aux publications relatives aux explorations de Brazza [127] et [128] et aux bibliographies dressées par Sautter [446] et Coquery-Vidrovitch [129].

AFRIQUE ORIENTALE

On se référera au manuel de :

RICHARDS (Ch.) et PLACE (J.) (éd.), *East African Explorers,* OUP, 1960, 366 p.

AFRIQUE AUSTRALE

Sur Cecil Rhodes, se reporter à :

LOCKART (J. G.) et WOODHOUSE (C. M.), *Rhodes,* Londres, Hodder & Stoughton, 1963, 511 p.

Sur Le Cap et le Sud-Ouest, entre autres :

LICHTENSTEIN (H.), *Reisen im Südlichen Africa (1803-1806),* Stuttgart, Brickhaus, 1967, 2 vol., 685 et 661 p.

SERTON (P.) (éd.), *The Narrative and Journal of Gerald McKiernan in South-West Africa (1874-1879),* Cape T., V. Rieleck Society, 1954, 197 p.

VICTORIN (J. F.), *Travels in the Cap : The Years 1853-1855,* Cape T., Struik, 1968, 125 p.

Sur les Zulu, les premiers textes fondamentaux sont ceux de :

FYNN (H. F.), *The Diary of...* (C. 1833), J. Stuart et D. Mck Malcolm (éd.), Pietermaritzburg, Shuter & Shooter, 1950, 341 p. (rééd. 1969).

ISAACS (N.), *Travels and Adventures in Eastern Africa (1836),* L'Hermann (éd.), Cape T., rééd. C. Struik, 1970, 349 p.

PRESSE ET PÉRIODIQUES

EN FRANCE

Sur les périodiques métropolitains ou locaux, fort nombreux, de l'époque coloniale, consulter le fichier de la Bibliothèque du CAOM. Signalons la richesse particulière du *Bulletin du Comité de l'Afrique française* (devenu, à partir de 1909, *Bull. de l'Afr. fr.*) et de son supplément, *Renseignements coloniaux,* et l'intérêt de dépouiller le *Bulletin officiel des Colonies* et, localement, les *Journaux officiels* des Fédérations et des territoires.

On trouve également, à Aix-en-Provence, outre un dépôt de presse locale également répertorié assez bien fourni, le fonds SLOTFOM, soit un ensemble de 51 cartons rassemblant des coupures de presse d'opposition à la politique coloniale outre-mer entre les deux guerres.

AFRIQUE FRANCOPHONE

Quelques inventaires sont accessibles :

GUILLANEUF (R.), *La presse au Togo (1911-1966),* Mémoire Un. de Dakar, 1967.

RONSERT DE PINA, *État des périodiques conservés à la Bibl. de l'Université,* Dakar, 1962, 67 p. + 10 p.

THOMASSERY (M.), *Catalogue des périodiques d'Afrique noire francophone (1858-1962) conservés à l'IFAN,* Dakar, 1965, 117 p.

Et, sur la presse contemporaine :

Inventaire de la presse de langue française hors de France, Paris, Doc. fr., 1969 (Afrique : fasc. III, 27 p.).

L'APPORT DE L'ANTHROPOLOGIE

Si l'histoire de l'Afrique noire est si fortement tributaire de l'ethnologie-sociologie-anthropologie, c'est pour des raisons de fait et pour des raisons de fonds.

La raison de fait est que, depuis plus d'un siècle, ce sont les représentants d'une discipline – disons, pour faire court, l'ethnologie – qui ont « occupé » le terrain, étudié les sociétés africaines et leurs vestiges passés, réuni les matériaux, forgé les concepts et les classifications, construit les analyses sociologiques et culturelles, posé les problèmes clés... Les historiens, en nombre, ne se sont manifestés que très récemment ; ils doivent donc connaître et utiliser, de bon ou mauvais gré, un vaste héritage, aussi riche que souvent insatisfaisant à leurs yeux ; même sa critique la plus radicale ne peut partir que de sa fréquentation intime.

S'y ajoutent de solides raisons de fonds – dans la mesure où l'on garde à la distinction entre histoire et ethnologie-anthropologie une certaine valeur au moins historique – selon la répartition des tâches, des préoccupations, des démarches, des formations, des styles... qui s'est instituée jusqu'ici dans le monde universitaire et savant.

La première est qu'une des sources majeures de l'histoire africaine, la tradition orale, suppose pour son décel et son recueil d'abord, pour sa critique ensuite, une pratique de terrain et une enquête de type ethno-sociologique (cf. *supra*).

La deuxième est qu'une autre catégorie de sources réside dans la réalité sociale et culturelle elle-même. On peut en effet distinguer, parmi ce qui a valeur de sources, entre les documents qui émanent de la communication des hommes entre eux (expression orale, écrite...) et les autres ; de ces derniers, les uns, vestiges matériels, sont étudiés par l'archéologie[1], les autres sont inclus dans la vie sociale : tout ce qui, dans un état postérieur, témoigne sur un état antérieur. Voie difficile, si l'on veut des apports précis et convaincants. Georges Balandier a pu indiquer ainsi que les crises profondes de déstructuration subies par les sociétés colonisées révélaient, selon leur déroulement, les lignes de force et de faiblesse de l'état précolonial, dont elles affermissaient la connaissance. Bien des procédures d'utilisation historique des données ethnologiques, notamment par l'observation de leur répartition différentielle, ont été employées, dont la force de conviction est assez limitée, et qui construisent moins des témoignages que des hypothèses (présentation par Jan Vansina, 1971). Suggestive aussi est la constitution de « modèles diachroniques » (J. Vansina, 1964). Mais donner à l'ethnologie un arrière-plan historique suppose précaution et rigueur (J. Tubiana).

La troisième raison est que l'histoire, pour quelque temps encore, risque d'être tributaire, pour ses concepts, ses catégories et sa problématique, des données d'un domaine social qu'elle connaît bien, l'Occident, et de les appliquer artificiellement ou vainement à d'autres domaines qu'en revanche l'ethnologie-anthropologie s'est précisément donné pour tâche propre de reconnaître, par dépaysement systématique. Pour limité que soit le succès de cet anti-ethnocentrisme – qu'on moque aujourd'hui pour ses complaisances idéologiques – la remarque n'est pas ici sans portée relative.

BALANDIER (G.), *Sociologie actuelle de l'Afrique noire* [478].

MERCIER (P.), Compénétration des méthodes ethnologiques et sociologiques, *in* G. Gurvitch (éd.), *Traité de sociologie,* II, Paris, 1960, p. 434-445.

TUBIANA (J.), Moyens et méthodes d'une ethnologie historique de l'Afrique orientale, *CEA,* II, 5, 1961, p. 5-11.

VANSINA (J.), The use of process-models in African history, in *The Historian in Tropical Africa,* Londres, 1964, p. 375-386.

VANSINA (J.), L'utilisation des données ethnographiques comme sources de l'histoire, *in* E. Mveng (présent.), *Perspectives nouvelles sur l'histoire africaine,* Paris, 1971, p. 73-101.

Qu'il s'agisse donc de recherche documentaire, ou plus largement de problématique, d'hypothèses de travail et de concepts, l'historien de l'Afrique doit fréquenter intimement la production anthropologique passée et présente.

Pour ce faire, il dispose, non seulement des nombreuses – et souvent inégales, ou largement personnelles – présentations de la science anthropologique (une somme commode figure dans l'*Encyclopédie de la Pléiade* (J. Poirier), avec notamment le chapitre « Anthropologie sociale » de P. Mercier), mais encore de quelques guides de l'enquête de terrain, dont les très vénérables et très détaillées *Notes and Queries...*, et, surtout, d'un grand choix de monographies.

1. La période contemporaine reçoit bien, en Afrique noire, des lumières de l'archéologie. Mais, relativement aux autres, cette source est marginale pour l'époque et celle-ci n'appelle à son égard aucune remarque pratique ou méthodologique importante. On renvoie donc aux ouvrages et périodiques spécialisés (*South African Archaeological Bulletin,* Le Cap, le *Journal of West African Archaeology* – à quoi s'ajoute la part archéologique substantielle de certaines revues comme le *Journal of African History,* le *Bulletin de l'IFAN, Azania,* etc.).

Il doit aussi se familiariser avec les étapes et les courants de la pensée anthropologique, dont la connaissance est si nécessaire à l'appréciation correcte et à l'utilisation critique des matériaux recueillis et de leur mise en œuvre, et sur lesquels P. Mercier a écrit une introduction lumineuse, dense et intelligente (voir aussi M. Augé, J. Lombard).

Enfin, au-delà de l'histoire proprement intellectuelle de l'anthropologie, il doit la replacer dans le contexte culturel, politique, idéologique et mental qui l'a fortement colorée et limitée (J.-L. Amselle, T. Asad, J. Copans, A. Kuper, G. Leclerc).

AMSELLE (J.-L.) (réuni par), *Le sauvage à la mode,* Paris, 1979, 262 p.

ASAD (T.) (éd.), *Anthropology and the Colonial Encounter,* Londres, 1973, 284 p.

AUGÉ (M.), *Symbole, jonction, histoire. Les interrogations de l'anthropologie,* Paris, 1979, 216 p.

COPANS (J.), *Critiques et politiques de l'anthropologie,* Paris, 1974, 148 p.

KUPER (A.), *Anthropologists and anthropology : The British School 1922-1972,* Londres, 1973, 256 p.

LECLERC (G.), *L'observation de l'homme. Une histoire des enquêtes sociales,* Paris, 1982, 240 p.

LOMBARD (J.), *L'anthropologie britannique contemporaine,* Paris, 1972, 260 p.

MERCIER (P.), *Histoire de l'anthropologie,* Paris, 1966, 222 p. (2e éd., 1971).

Notes and Queries on Anthropology, 1re éd., 1874, 6e éd., Londres, 1951, 403 p.

POIRIER (J.) (sous la dir. de), *Ethnologie générale,* Paris, Encyclopédie de la Pléiade, 1968, 1 907 p.

Pour de nouveaux points de vue anthropologiques, voir encore :

AMSELLE (J.-L.), *Logiques métisses. Anthropologie de l'identité en Afrique et ailleurs,* Paris, Payot, 1990, 257 p.

BONTE (P.), CONTE (E.), HAMES (C.), OULD CHEIKH (A. W.), *Al-Ansâb, la quête des origines. Anthropologie historique de la société tribale arabe,* Paris, Éd. de la MSH, 1991, 260 p.

BONTE (P.) et IZARD (M.) (dir.), *Dictionnaire des sciences anthropologiques,* Paris, PUF, 1990.

OLIVIER DE SARDAN (J.-P.), *Concepts et conceptions songhay-zarma. Histoire, culture et société,* Paris, Nubia, 1982.

OTTINO (P.), *L'étrangère intime. Essai d'anthropologie de la civilisation de l'ancien Madagascar,* Paris, Éd. des Archives contemporaines, 2 vol., 1986, ensemble 630 p.

TARDITS (Cl.) (dir.), *Princes et serviteurs du royaume. Cinq études de monarchies africaines,* Paris, Société d'ethnographie, 1987, 230 p.

À la jonction des intérêts portés aux sources orales, à l'historiographie et à l'anthropologie se situent, aujourd'hui, des études qui observent la renégociation continue des représentations du passé dans la vie sociale, autour des besoins d'identité et de légitimation, dans le jeu des mémoires et des diffusions de savoirs.

Quatre livraisons spéciales de revues font publication de la part africaine d'un colloque tenu en 1987 à Québec sur « Mémoires, histoires, identités, expériences de sociétés francophones », aux soins de l'Université Laval, de l'Université de Paris 7 et de l'EHESS :

Cahiers d'études africaines. Mémoires, histoires, identités, livraison triple, XXVII (3-4), 107-108, 1987, et XVIII (1), 109, 1988.

History in Africa, 15, 1988 (regroupement d'articles sur mémoire et histoire, écrit et oral, usages du passé...).

Revue de la Bibliothèque nationale, 34, hiver 1989, *Histoire de l'Afrique* (quatre articles sur les représentations historiques et l'imaginaire, l'identité, la légitimation politique...).

Revue canadienne des études africaines / Canadian Journal of African Studies, XXII, 1, 1988, « Art et politiques en Afrique noire », republié à part sous ce même titre, Sainte-Foy (Québec), Safi, 1989, 131 p.

Consulter aussi :

RAISON-JOURDE (F.), *Bible et pouvoir...* [923].
RAISON-JOURDE (F.) (dir.), *Les souverains de Madagascar...* [922].

Les « ethnies » sont souvent auscultées dans cette interrogation, de façon globale ou dans des études de cas.

AMSELLE (J.-L.) et M'BOKOLO (E.) (dir.), *Au cœur de l'ethnie*, Paris, Maspero, 1985.
BAXTER (P. T. W), HULTIN (J.) et TRIULZI (A.) (éd.), *Being and Becoming Oromo. Historical and Anthropological Enquiries*, Uppsala, Nordiska Africainstitutet, 1996, 311 p.
BOONZAIER (E.) et SHARP (J.) (éd.), *South African Keywords. The Uses and Abuses of Political Concepts*, Le Cap, Johannesbourg, David Philip, 1988, 197 p.
BRUIJN (M. de) et VAN DIJK (H.) (éd.), *Peuls et Mandingues. Dialectique des constructions identitaires*, Leyde, Afrika-Studiecentrum et Paris, Karthala, 1997, 286 p.
CAHEN (M.), *Ethnicité politique. Pour une lecture réaliste de l'identité*, Paris, L'Harmattan, 1994, 168 p.
CHRÉTIEN (J.-P.) et PRUNIER (G.) (dir.), *Les ethnies ont une histoire*, Paris, Karthala et ACCT, 1989, 439 p.
COPANS (J.), Ethnies et régions dans une formation sociale dominée : hypothèses à propos du cas sénégalais, *Anthropologies et Sociétés*, 2-1, 1978, p. 95-115.
DOZON (J.-P.), *La société Bété...* [873].
DROZ (Y.), *Migrations kikuyus. Des pratiques sociales à l'imaginaire*, Neuchâtel, Éd. de l'Institut d'ethnologie ; Paris, Éd. de la MSH, 1999, 462 p.
ELWERT (G.), Nationalismus, Ethnizität und Nativismus : über die Bildung von Wir-Gruppen, *in* G. Elwert et P. Waldmann (hg), *Ethnizität im Wandel*, Sarrebrück, Breitenbach, 1989, p. 21-60.
FAY (C.) (éd.), *Identités et appartenances dans les sociétés sahéliennes*, ORSTOM, Cahiers des Sciences humaines, vol. 31, n° 2, 1995, 553 p.
JENKINS (R.), *Rethinking Ethnicity : Arguments and Explorations*, Londres, Sage, 1997.
KALULAMBI PONGO (M.), *Être Luba au XXe siècle. Identité chrétienne et ethnicité au Congo-Kinshasa*, Paris, Karthala, 1998, 264 p.
LENTZ (C.), *Die Konstruktion von Ethnizität. Eine politische Geschichte Nord-West Ghanas, 1870-1990*, Cologne, Rûdiger Köppe Verlag, 1998, 690 p.
LEROY VAIL (ed.), *The Creation of Tribalism in Southern Africa*, Londres, James Currey, 1989, 422 p.
WEBB (J. L. A.), The evolution of the Idaw al-Hajj commercial diaspora, *CEA*, 138-139, 1995, p. 455-476.

Pour le faisceau entier des problèmes documentaires, méthodologiques, historiographiques, on peut consulter des vues d'ensemble :

CURTIN (Ph.), VANSINA (J.), FEIERMAN (S.) et THOMPSON (L.), *African History* [595].
KI ZERBO (J.) (sous la dir. de), *Histoire générale de l'Afrique*, vol. I, Paris, Unesco, 1980, 893 p. [593].

des présentations de cas :

BIOBAKU (S.), *Sources of Yoruba History,* Oxford, 1973, 268 p.
SPEAR (T.), *Kenya's Past. An Introduction to Historial Method in Africa,* 1982, 240 p.
et se reporter au nouveau chapitre XVI de ce livre, rédigé pour sa 5e édition, consacré à l'historiographie de l'Afrique noire des XIXe et XXe siècle aujourd'hui.

BIBLIOGRAPHIE

Toute bibliographie est arbitraire, à la fois par le choix des rubriques et celui des auteurs. La sélection est d'autant plus sévère que les impératifs de l'édition ont exigé de réduire de moitié le nombre de titres primitivement retenus. Ont été délibérément écartés les ouvrages trop succincts en raison de leur médiocrité ou de leur brièveté, sauf s'ils constituaient (comme c'est encore parfois le cas) la seule source disponible sur la question. Mais, faute de place, on a dû aussi renoncer à des travaux de qualité, généralement en raison de leur relative ancienneté ou de leur point d'impact limité. L'accent est évidemment mis sur l'histoire. Néanmoins, compte tenu de la complexité du domaine africain, place a été faite à un certain nombre d'ouvrages clés de sciences sociales voisines (géographie-anthropologie-économie) qu'il apparaît indispensable de pratiquer pour appréhender de façon satisfaisante l'évolution du continent.

ÉTUDES GLOBALES JUSQU'EN 1974

HISTOIRES GÉNÉRALES

La meilleure synthèse en langue française fut l'ouvrage collectif établi sous la direction de H. Deschamps dont le t. II couvre la période ici envisagée, et dont le t. I comprend une vaste introduction générale. Mais la multiplicité des auteurs lui donnait peu d'unité. Les ouvrages de R. Cornevin, bourrés de faits, ne sont pas dépourvus d'erreurs et manquent de cohésion interne. Important mais daté J. Ki-Zerbo. Cf. E. Mbokolo [909] et [958].

En anglais, le petit *Penguin book* d'Oliver et Fage fut une synthèse lumineuse (même si certaines propositions appellent discussion). Le manuel (traduit) d'Oliver et Atmore, plus européocentrique, a de bonnes cartes. Celui de J. D. Omer-Cooper et coll., également bien illustré, a sans doute été le précis le plus utile aux étudiants anglophones.

VUES D'ENSEMBLE

[1] CORNEVIN (R. et M.), *Histoire de l'Afrique (des origines à la deuxième guerre mondiale),* Paris, Payot, 1970, 437 p.
[2] CORNEVIN (R.), *Histoire de l'Afrique,* II : *Du tournant du XVIe au tournant du XXe siècle,* Paris, Payot, 1966, 640 p.

[3] DAVIDSON (B.), *Africa, History of a Continent,* Londres, Weidenfeld & Nicolson, 1966, 320 p.
[4] DESCHAMPS (H.) (sous la dir. de), *Histoire générale de l'Afrique noire,* Paris, PUF, II : *Des origines à 1800,* 1970, 576 p. ; II. *De 1800 à nos jours,* 1971, 720 p.
[4 *bis*] KI-ZERBO (J.), *Histoire de l'Afrique noire,* Paris, Hatier, 1972, 702 p.
[5] OLIVER (R.) et FAGE (J. D.), *A Short History of Africa,* Penguin, 1962, 280 p. (plusieurs rééditions).

XIXe ET XXe SIÈCLES

[6] ANENE (J. C.) et BROWN (G.) (éd.), *Africa in the XIXth and XXth Centuries,* Ibadan, 1968, 555 p. (1re éd., 1966).
[7] BRUNSCHWIG (H.), *L'avènement de l'Afrique noire, du XIXe siècle à nos jours,* Paris, Colin, 1963, 248 p.
[8] CORNEVIN (M.), *Histoire de l'Afrique contemporaine de la deuxième guerre mondiale à nos jours,* Paris, Payot, 1972, 428 p.
[8 *bis*] CORNEVIN (R.), *L'Afrique noire de 1919 à nos jours,* Paris, PUF, 1973, 252 p.
[9] DESCHAMPS (H.), GANIAGE (J.) et GUITARD (O.), *L'Afrique au XXe siècle,* Paris, Sirey, 1966, 908 p.
[10] OLIVER (R.) et ATMORE (A.), *L'Afrique depuis 1800,* Paris, PUF, 1970, 352 p. (trad. de l'anglais, 3e éd. anglaise, 1981).
[11] OMER-COOPER (J. D.), AYANDELE (E. A.), AFIGBO (A. E.) et GAVIN (R. J.), *The Making of Modern Africa,* I : *The XIXth Century to the Partition,* Londres, Longmans, 1969, 322 p. (1re éd., 1968).

HISTOIRES RÉGIONALES

On se reportera à la seconde partie de la bibliographie.

Les synthèses majeures relatives à une vaste portion de continent sont :

— pour l'Afrique occidentale, l'étude remarquablement dominée de Fage [207], plusieurs fois rééditée, et la *History of West Africa,* Ajayi et Crowder (éd.) (I : *Jusqu'en 1800,* Londres, Kegan Paul, 1972, et II : *Depuis 1800,* 1974, 764 p., rééd. 1985) ;
— pour l'Afrique occidentale et centrale (les pays colonisés par la France), l'étude de Suret-Canale, plus succincte mais très claire pour la période précoloniale [209], approfondie pour l'époque coloniale [210] et [211] ;
— pour l'Afrique orientale, la solide *Oxford History* [367], irremplaçable malgré un certain manque d'unité, et l'alerte *survey* intitulé *Zamani* [370] ;
— pour l'Afrique centrale, le tableau historique de Vansina [448], et le riche et suggestif ensemble réuni par Ranger [444] ;
— pour l'Afrique australe, la magistrale *Oxford History* récemment produite sous la direction de Wilson et Thompson [549], qui sait enfin, en ce domaine, mettre les peuples africains au premier plan de l'histoire.

OUVRAGES D'ENSEMBLE NON SPÉCIFIQUEMENT HISTORIQUES

ÉTUDES GÉNÉRALES SUR L'AFRIQUE NOIRE

[12] BALANDIER (G.), *Sens et puissance,* Paris, PUF, 1971, 334 p.

[13] BROKENSHA (D.) et CROWDER (M.) (éd.), *Africa in the Wider World,* Oxford, Pergamon Press, 1967, 291 p.

[14] DAVIDSON (B.), *Les voies africaines,* Paris, Maspero, 1965, 180 p. (trad. de l'anglais).

[15] LABOURET (H.), *Paysans d'Afrique occidentale,* Paris, Gallimard, 1941, 307 p.

[16] HAILEY (Lord), *An African Survey. A Study of Problems Arising in Africa South of the Sahara,* OUP, 1957, 1 680 p. (éd. révisée).

[17] HIERNAUX (J.), *La diversité humaine en Afrique subsaharienne. Recherches biologiques,* Bruxelles, Université libre, 1968, 262 p.

[18] MERLE (M.) (éd.), *L'Afrique noire contemporaine,* Paris, Colin, coll. « U », 1968, 456 p.

[19] MAQUET (J.-J.), *Afrique : les civilisations noires,* Paris, Horizons de France, 1962, 290 p. (216 photos).

SYNTHÈSES GÉOGRAPHIQUES

Les deux collections françaises « La Géographie universelle » (Colin) et « Magellan » (PUF) dont la première est devenue, en partie, une source d'histoire :

— « GU » :

[20] BERNARD (A.), *Afrique septentrionale et occidentale,* 2 vol., XI, 1937, 529 p.

[21] MAURETTE (F.), *Afrique orientale, équatoriale et australe,* XII, 1938, 398 p.

— « Magellan »

[22] BATTISTINI (R.), *L'Afrique australe et Madagascar,* 1967, 231 p.

[23] DENIS (J.), VENNETIER (P.) et WILMET (J.), *L'Afrique centrale et orientale,* 1971, 294 p.

[24] SECK (A.) et MONDJANNAGNI (A.), *L'Afrique occidentale,* 1967, 291 p.

[25] GOUROU (P.), *L'Afrique,* Paris, Hachette, 1970, 488 p.

THÈMES

LES SOCIÉTÉS. LES DOMAINES DE LA RÉALITÉ SOCIALE ET CULTURELLE

Démographie, anthropologie et histoire économique

[26] BOHANNAN (P.) et DALTON (G.) (éd.), *Markets in Africa,* Northwestern University, 1962, 762 p.

[27] CALDWELL (J. C.) et OKONJO (C.) (éd.), *La population de l'Afrique tropicale,* The Population Council, 1968, 624 p., Actes de la Ire Conférence africaine de la population, édition française publ. par G. Harcourt, 1971.

[28] COQUERY-VIDROVITCH (C.), Recherches sur un mode de production africain, *La Pensée,* n° 144, avril 1969, p. 67-78.

[29] *The Demography of Tropical Africa,* Princeton University, 1968, 540 p.

[30] GOODY (J.), *Technology, Tradition and the State in Africa,* IAI et OUP, 1971, 88 p.

[31] GRAY (R.) et BIRMINGHAM (D.) (éd.), *Precolonial African Trade (Essays on Trade in Central and Eastern Africa before 1900,* OUP, 1970, 306 p.

[32] HANCE (W.), *Population, Migration and Urbanization in Africa,* Columbia University, 1970, 450 p.

[33] HOPKINS (A. G.), *An Economic History of West Africa,* Longman, 1973, 337 p.

[34] MEILLASSOUX (Cl.) (éd.), *The Development of Indigenous Trade and Markets in West Africa,* Londres, IAI et OUP, 1971, 444 p. (ouvrage bilingue français-anglais).

[35] PÉLISSIER (P.) et SAUTTER (G.) (éd.), Terroirs africains et malgaches, *Études rurales,* n°s 37-38-39, janvier-septembre 1970, 555 p. (Introduction synthétique et études monographiques).

Voir aussi, notamment (outre les autres rubriques Économie) : MEILLASSOUX (Côte-d'Ivoire), COQUERY-VIDROVITCH [129] et REY (Congo), POLLET (Mali).

Parenté, organisation sociale, système politique

[36] BALANDIER (G.), *Anthropologie politique,* Paris, PUF, 1967, 240 p.

[37] EVANS-PRITCHARD (E. E.) et FORTES (M.) (éd.), *Systèmes politiques africains,* trad., Paris, PUF, 1964, 226 p. (1re éd. anglaise, 1940).

[38] GOODY (J.) (éd.), *Succession to High Office,* Cambridge, 1966.

[39] MAIR (Lucy), *Primitive Government,* Penguin, 1962, 288 p. (zone orientale interlacustre).

[40] PAULME (D.), La notion de parenté dans les sociétés africaines, *CIS,* XV, 1953, p. 150-173.

[41] PAULME (D.), *Femmes d'Afrique noire,* Paris, Mouton, 1960, 276 p.

[42] PAULME (Denise) (éd.), *Les classes d'âge en Afrique de l'Ouest,* Paris, Plon, 1971, 354 p.

[43] RADCLIFFE-BROWN (A. R.) et FORDE (D.) (éd.), *Systèmes familiaux et matrimoniaux en Afrique,* Paris, PUF, 1953, 521 p. (1re éd. anglaise, 1950).

[44] Les relations de dépendance personnelle en Afrique noire, numéro spécial, *CEA,* IX, 1969, n° 35, p. 345-507.

[45] STEVENSON (R. F.), *Population and Political Systems in Tropical Africa,* New York, Columbia University, 1968, 306 p.

Langues, littérature, expression orale, arts

[46] AGELEMAGNON (F.-N.), *Sociologie des sociétés orales d'Afrique noire. Les Évé du Sud Togo,* Paris, Mouton, 1969, 219 p.

[47] ALEXANDRE (P.), *Langues et langage en Afrique noire,* Paris, Payot, 1967, 170 p.

[48] CALAME-GRIAULE (G.), *Ethnologie et langage. La parole chez les Dogon,* Paris, Gallimard, 1965, 591 p.

[49] DELANGE (J.), *Arts et peuples de l'Afrique noire. Introduction à l'analyse des créations plastiques,* Paris, Gallimard, 1967, 275 p.
[50] LAUDE (J.), *Les arts de l'Afrique noire,* Paris, Livre de Poche, 1966, 384 p.
[51] LEIRIS (M.), *L'Afrique noire,* Paris, Gallimard, « L'Univers des Formes », 1967, 458 p.

Religions et représentations

Religions et pensée négro-africaine

[52] DESCHAMPS (H.), *Les religions de l'Afrique noire,* Paris, PUF, « Que sais-je ? », 1960, 128 p.
[53] DOUGLAS (M.), *De la souillure,* Paris, Maspero, 1971, 195 p. (trad. de l'anglais).
[54] FORDE (D.) (éd.), *African Worlds,* OUP, 1954, 243 p.
[55] FORTES (M.) et DIETERLEN (G.) (éd.), *African Systems of Thought,* OUP, 1965, 392 p.
[56] GRIAULE (M.), *Masques dogons,* Paris, Institut d'Ethnologie, 1938, 896 p.
[56 *bis*] RANGER (T. O.) et KIMAMBO (I.) (éd.), *The Historical Study of African Religion,* Los Angeles, University of California Press, 1972, 307 p.
[57] TEMPELS (R. P.), *La philosophie bantoue,* Paris, Présence africaine, 1re éd., 1949, 123 p. (cf. critique de F. E. Boulaga, *Présence africaine,* n° 66, 1968).
[58] VERGER (P.), *Dieux d'Afrique,* Paris, Hartmann, 1954, 192 p. (golfe du Bénin).
[59] ZAHAN (D.), *Religions, spiritualité et pensée africaines,* Paris, Payot, 1970, 244 p.

Christianisme

[60] BAËTA (C. G.) (éd.), *Christianity in Tropical Africa,* OUP, 1968, 449 p.

Islam

[61] FROELICH (J. C.), *Les musulmans d'Afrique noire,* Paris, Orante, 1962, 406 p.
[62] GOUILLY (A.), *L'Islam dans l'Afrique occidentale française,* Paris, Larose, 1952, 318 p.
[63] LEWIS (I. M.) (éd.), *Islam in Tropical Africa,* OUP, 1966, 470 p. (2e éd., 1969).
[64] MCCALL (D.) et BENNETT (N. R.) (éd.), *Aspects of West African Islam,* Boston University Papers on Africa, V, 1972.
[65] MONTEIL (V.), *L'Islam noir,* Paris, Le Seuil, 1964, 368 p.
[66] TRIMINGHAM (J. S.), *Islam in the Sudan,* Londres, F. Cass, 1949, 280 p.
[67] TRIMINGHAM (J. S.), *Islam in Ethiopia,* Londres, F. Cass, 1952, 299 p.
[68] TRIMINGHAM (J. S.), *Islam in East Africa,* Oxford, Clarendon Press, 1964, 198 p.

Pour les mouvements religieux nouveaux, voir ch. XII.

L'IMPACT EUROPÉEN. LA COLONISATION

La bibliographie sur ce thème est particulièrement abondante en raison, à la fois, de la relative accessibilité des sources et des tentations « européocentriques » des historiens occidentaux. Aussi, grâce à des publications récentes de qualité – redevables d'ailleurs, de plus en plus, à des historiens africains, surtout de langue anglaise – le thème est-il dorénavant assez bien élucidé, au moins jusqu'à la première guerre mondiale. Ensuite, en revanche, presque tout reste encore à faire.

La traite négrière, ses effets et la lutte contre l'esclavage

Le bilan quantitatif le plus à jour est celui de Curtin [70]. Le bref article de synthèse de Fage est excellent. La thèse de Williams, qui met en parallèle le destin de la traite et l'évolution économique de l'Occident du XVIIIe au XIXe siècle, est à connaître.

[69] CURTIN (Ph.), *Africa Remembered. Narratives by West Africans from the Era of the Slave Trade,* University of Wisconsin, 1968, 362 p.

[70] CURTIN (Ph.), *The Atlantic Slave Trade. A Census,* University of Wisconsin, 1969, 338 p.

[71] DESCHAMPS (H.), *Histoire de la traite des Noirs, de l'Antiquité à nos jours,* Paris, Fayard, 1972, 340 p.

[72] FAGE (J. D.), Slavery and the slave trade in the context of West African history, *JAH,* X, 3, 1969, p. 393-404.

[73] FISHER (A. et H.), *Slavery and Muslim Society in Africa. The Institution in Saharan and Sudanic Africa and the Trans-Saharan Trade,* Londres, Hurst, 1970, 182 p.

[74] LLOYD (Ch.), *The Navy and the Slave Trade. The Suppression of the African Slave in the XIXth Century,* Londres, F. Cass, 314 p. (1re éd., 1949).

[75] RENAULT (F.), *Lavigerie, l'esclavage africain et l'Europe (1868-1892),* Paris, Boccard, 1971, 2 vol., 433 et 506 p.

[76] VERGER (P.), *Flux et reflux de la traite des Nègres entre le golfe de Bénin et Bahia de Todos os Santos du XVIIe au XIXe siècle,* Paris, Mouton, 1968, 705 p.

[77] WILLLAMS (E.), *Capitalisme et esclavage,* Paris, Présence africaine, 1968, 354 p. (trad. de l'anglais, 1re éd., 1944).

Explorations. Pénétration précoloniale

[78] BOAHEN (A.), *Britain, the Sahara and the Western Sudan, 1788-1861,* OUP, 1964, 268 p.

[79] Le commerce des armes à feu en Afrique noire : numéros spéciaux, *JAH,* XII, 2, 1971, p. 170-338, et XII, 4, 1971, p. 517-577.

[80] GROVES (C. P.), *The Planting of Christianity in Africa,* 4 vol., Londres, Lutterworth Press, 1948-1960 (rééd. 1965).

[81] NØARREGÅID (G.), *Danish Settlements in West Africa, 1658-1850,* Boston University, 1966, 285 p.

[82] OLIVER (R.), *The Missionary Factor in East Africa,* Londres, Longmans, 1969, 302 p. (1re éd., 1952).

[83] SCHNAPPER (B.), *La politique et le commerce français dans le golfe de Guinée de 1838 à 1871,* Paris, Mouton, 1961, 283 p.

[84] VANSINA (J.), Long-distance trade-routes in Central Africa, *JAH,* III, 3, 1962, p. 375-390.

L'histoire coloniale. Synthèses et études d'ensemble

L'histoire générale éditée par Gann et Duignan présente le bilan le plus complet. Mais la valeur des communications, dont certaines sont remarquables, est inégale. Sur l'Afrique occidentale, le manuel de Crowder constitue une excellente synthèse de départ.

L'inventaire des investissements dressé par Frankel demeure, à ce jour, sans équivalent ; sur l'Empire français – pour lequel on se reportera à la rubrique « L'Empire français », p. 51 – il a été repris, commenté et complété dans trois lumineux articles de synthèse de Dresch ([111] à [113]), approfondi et prolongé par Suret-Canale [210] et [211].

L'ouvrage ancien de McPhee, récemment réédité avec une introduction du meilleur historien économiste anglais actuel de l'Afrique noire (A. G. Hopkins) [99], vaut toujours la peine d'être consulté sur l'économie de l'Ouest africain britannique. On l'enrichira des divers articles de Hopkins (voir à Nigeria).

Enfin, le réquisitoire de S. Amin, clair et précis, donne les chiffres et le bilan les plus récents.

Voir aussi, p. LIII-LIV, références [154] à [166] (Impérialisme et sous-développement).

[85] AMIN (S.), *L'Afrique de l'Ouest bloquée. L'économie politique de la colonisation, 1880-1970,* Paris, Éd. de Minuit, 1971, 322 p.

[86] BOSSCHÈRE (G. de), *Les deux versants de l'histoire,* Paris, A. Michel, I : *Autopsie de la colonisation,* 1967, 336 p. ; II : *Perspectives de la décolonisation,* 1967, 401 p.

[87] BRUNSCHWIG (H.), *Le partage de l'Afrique noire,* Paris, Flammarion, 1971, 181 p.

[88] CROWDER (M.), *West Africa under Colonial Rule,* Londres, Hutchinson, 1968, 540 p.

[89] CROWE (S. E.), *The Berlin West African Conference, 1884-1885,* Londres, Longmans, 1942, 249 p.

[90] FRANKEL (H. S.), *Capital Investment in Africa,* New York, Howard Fertig, 1969, 487 p. (1re éd., 1938).

[91] GANN (L. H.) et DUIGNAN (P.) (éd.), *Colonialism in Africa 1870-1960,* Londres, Cambridge Univ. Press, I : *The History and Politics of Colonialism, 1870-1914,* 1969, 532 p. ; II : *The History and Politics of Colonialism, 1914-1960,* 1970, 563 p. ; III : *Profiles of Change : African Society and Colonial Rule,* 1971, 455 p. ; IV : *The Economics of Colonialism,* 1972 ; V : *Bibliography and Guide to Relevant Archive Material,* 1975.

[92] GIFFORD et LOUIS (R.), *France and Britain in Africa : Imperial Rivalry and Colonial Rule,* Yale, 1971, 989 p.

[93] HARGREAVES (J. D.), *Prelude to the Partition of West Africa,* Londres, Macmillan, 1966, 385 p. (1re éd., 1963).

L'Empire britannique

[94] *Cambridge History of the British Empire,* 8 t., 9 vol.

[95] COUPLAND (R.), *The Exploitation of East Africa (1856-1890),* North-Western University, 1968, 507 p. (1re éd., 1939).

[96] ELIOT (Sir Ch.), *The East Africa Protectorate,* Londres, F. Cass, 1966, 334 p. (1re éd., 1905).

[97] GALBRAITH (J. S.), *Mackinnon and East Africa, 1878-1895. A Study in the « New Imperialism »,* Cambridge, 1972, 263 p. (Histoire de la East African Co.).

[98] LUGARD (Lord), *The Dual Mandate in British Tropical Africa,* Londres, F. Cass, 1965, 643 p. (1re éd., 1923).

[99] MCPHEE (A.), *The Economic Revolution in British West Africa,* introd. de A. G. Hopkins, New York, Negro Universities Press, 1970, 322 p. (1re éd., 1926).

[100] NEWBURY (C. W.), *The West African Commonwealth,* Duke University, 1964, 106 p.

[101] ROBINSON (R.) et GALLAGHER (J.), *Africa and the Victorians. The Official Mind of Imperialism,* Londres, Macmillan, 1967, 491 p. (1re éd., 1961) (La thèse anti-marxiste de l'impérialisme politique).

[102] SANDERSON (G. N.), *England, Europe and the upper Nile, 1882-1899,* Edinburgh University, 1965, 456 p.
[103] WOOLF (L.), *Empire and Commerce in Africa. A Study in Economic Imperialism,* Londres, Allen & Unwin, 1968, 375 p. (1re éd., 1920).

L'Empire français

Généralités

L'ouvrage de H. Brunschwig présente la meilleure approche de l'impérialisme français en Afrique à la fin du XIXe siècle. Sur l'Afrique coloniale du XXe siècle, on se reportera à la somme fondamentale de Suret-Canale [210] et [211].

[104] BETTS (R. F.), *Assimilation and Associatian in French Colonial Theory (1890-1914),* Columbia University, 1961, 224 p.
[105] BRUNSCHWIG (H.), *Mythes et réalités de l'impérialisme colonial français, 1871-1914,* Paris, Colin, 1960, 200 p. (éd. anglaise revue et complétée : *French Colonialism 1871-1914,* Londres, Pall Mall, 1966, 228 p.).
[106] DELAFOSSE (M.), AOF ; TERRIER (A.), AEF ; MARTINEAU (A.), La Côte des Somalis, *Histoire des colonies françaises et de l'expansion française dans le monde,* t. IV, Paris, Plon, 1931, 611 p.
[107] DELAVIGNETTE (R.), *L'Afrique noire française et son destin,* Paris, Gallimard, 1962, 207 p.
[108] MORTIMER (E.), *France and the Africans (1944-1960), a Political History,* Londres, Faber, 1969, 390 p.
[109] RIGOTARD (J.), De l'Union française à la Communauté, *Revue d'Économie politique,* 2e sem. 1959, p. 477-540.

Problèmes économiques

[110] BLOCH-LAÎNÉ (Fr.) (sous la dir. de), *La zone franc,* Paris, PUF, 1956, 512 p.
[111] DRESCH (J.), Sur une géographie des investissements de capitaux. L'exemple de l'Afrique noire, *Bull. Ass. Géogr. fr.,* n° 177-178, mars-avril 1946, p. 59-64.
[112] DRESCH (J.), Recherches sur les investissements dans l'Union française outre-mer ; leur répartition ; leurs conséquences, *ibid.,* n° 231-232, janvier-février 1953, p. 2-13.
[113] DRESCH (J.), Les investissements en Afrique noire, le travail en Afrique noire, *Présence africaine,* n° 13, 1952, p. 232-241.
[114] DURAND (H.), *Essai sur la conjoncture de l'Afrique noire,* Paris, Dalloz, 1957, 179 p.
[115] HOFFHER (R.), *La politique commerciale de la France,* Paris, Hartmann, 1939, 379 p.
[116] *Les investissements publics nationaux et extérieurs dans les pays francophones d'Afrique tropicale (1946-1960),* Paris, IEDES, 1964, 2 vol., 239 et 113 p.
[117] LEROY-BEAULIEU (P.), *De la colonisation chez les peuples modernes,* Paris, Alcan, 1882 (2e éd.), 675 p. (le théoricien de l'expansionnisme français).
[117 *bis*] MALDANT (B.) et HAUBERT (M.), *Croissance et conjoncture dans l'Ouest africain,* Paris, PUF, 1973, 350 p.
[118] POQUIN (J.-J.), *Les relations économiques extérieures des pays d'Afrique noire de l'Union française, 1925-1955,* Paris, Colin, 1957, 297 p.
[119] SARRAUT (A.), *La mise en valeur des colonies françaises,* Paris, Payot, 1923, 675 p.

AOF

[120] BOUCHE (D.), *Les villages de liberté en Afrique noire française (1897-1910)*, Paris, Mouton, 1968, 278 p.

[121] COSNIER (H.), *L'Ouest africain français, ses ressources agricoles, son organisation économique*, Paris, Larose, 1921, 253 p.

[122] FAUR (J.-C.), *La mise en valeur ferroviaire de l'AOF (1880-1939)*, Paris, Sorbonne, 1969, 357 p.

[123] HARGREAVES (J. D.), *The former French African States*, Prentice Hall, 1967, 180 p.

[124] KANYA-FORSTNER (A. S.), *The Conquest of Westem Sudan. A Study in French Military Imperialism*, Cambridge, 1969, 297 p.

[125] THOMPSON (V.) et ADLOFF (R.), *French West Africa*, Londres, Allen & Unwin, 1958, 626 p.

AEF

[126] BRUEL (G.), *La France équatoriale africaine. Le pays, les habitants, la colonisation, les pouvoirs publics*, Paris, Larose, 1935, 558 p. (1re éd., 1914).

[127] BRUNSCHWIG (H.), I : *Brazza explorateur. L'Ogooué, 1875-1879*, Paris-La Haye, Mouton, 1967, 218 p. ; II : *Les traités Makoko, ibid.*, 1972, 298 p.

[128] COQUERY-VIDROVITCH (C.), *Brazza et la prise de possession du Congo. La mission de l'Ouest africain (1883-1885)*, Paris-La Haye, Mouton, 1969, 502 p.

[129] COQUERY-VIDROVITCH (C.), *Le Congo au temps des grandes compagnies concessionnaires (1899-1930)*, Paris-La Haye, Mouton, 1972, 596 p.

[130] DENIS (Cdt M.), *Histoire militaire de l'AEF*, Paris, Impr. nat., 1931, 516 p.

[131] ÉBOUÉ (Félix), *La nouvelle politique indigène pour l'AEF*, Alger, 1945, 61 p.

[132] MICHEL (M.), *La mission Marchand*, Paris-La Haye, Mouton, 1972, 290 p.

[133] THOMPSON (V.) et ADLOFF (R.), *The Emerging States of French Equatorial Africa*, Stanford et Londres, 1960, 595 p.

[134] WEINSTEIN (B.), *Éboué*, OUP, 1972, 350 p.

Sur l'Afrique orientale, voir à Somalie.

Les autres dominations

[135] ANDERSON (P.), *Le Portugal et la fin de l'ultra-colonialisme*, Paris, Maspero, 1963, 165 p. (trad. de l'anglais).

[136] BRUNSCHWIG (H.), *L'expansion allemande outre-mer du XVe siècle à nos jours*, Paris, PUF, 1957, 208 p.

[137] CLENDENEN (Cl.), COLLINS (R.) et DUIGNAN (P.), *Americans in Africa*, Stanford, I : *Up to 1865*, 1964, 109 p. ; II : *1865-1900*, 1966, 132 p.

[138] CORNEVIN (R.), *Histoire de la colonisation allemande*, Paris, PUF, « Que sais-je ? », 1970, 128 p.

[139] DEL BOCA (A.), *La guerra d'Abissinia (1935-1941)*, Milan, Feltrinelli, 1965, 285 p.

[140] DUFFY (J.), *Portuguese Africa*, Harvard, 1961, 389 p.

[141] FIGUERAS (T. G.), *La acción africana de España en torno al 98 (1862-1912)*, Madrid, Cons. Sup. de Investigaciones cientificas, 1966, 2 vol., 315 et 482 p.

[142] HAMMOND (R. J.), *Portugal and Africa, 1815-1910*, Stanford, 1966, 384 p.

[143] HENDERSON (W. O.), *Studies in German Colonial History,* Londres, F. Cass, 1962, 150 p.
[144] HESS (R. L.), *Italian Colonialism in Somalia,* The University of Chicago, 1966, 234 p.
[145] LATOUR DA VEIGA PINTO (F.), *Le Portugal et le Congo au XIXe siècle. Étude d'histoire des relations internationales,* Paris, PUF, 1972, 343 p.
[146] MÜLLER (F. F.), *Deutschland, Zanzibar, Ost-Afrika. Geschichte einer Deutschen Kolonaleroberung 1884-1890,* Berlin, Rütten & Loening, 1959, 583 p.

Voir également la bibliographie régionale.

Décolonisation

[147] ALBERTINI (R. von), *Dekolonisation : die Diskussion über Verwaltung und Zukunft der Kolonien, 1919-1960,* Cologne, West Deutscher V., 1966, 607 p. (on se reportera au compte rendu détaillé de H. Brunschwig, *Annales,* n° 3, 1968, p. 690-693).
[148] GRIMAL (H.), *La décolonisation, 1919-1963,* Paris, Colin, « U », 2e éd., 1969, 408 p.

Sur le rôle du christianisme, on se reportera à Merle [196]. Enfin, sur l'Afrique orientale, une bonne analyse d'histoire politique :

[149] HORRUT (Cl.), *Les décolonisations est-africaines,* Paris, Pedone, 1971, 231 p.

Les résistances à la colonisation

[150] CROWDER (M.) (éd.), *West African Resistance : The Military Response to Colonial Occupation,* Londres, Hutchinson, 1971, 314 p.
[151] NAZI BONI, *Histoire synthétique de l'Afrique résistante. Les réactions des peuples africains face aux influences extérieures,* Paris, Présence africaine, 1972, 310 p.
[152] RANGER (T. O.), Connexions between « Primary Resistance » movements and modern mass nationalism in East and Central Africa, *JAH,* IX, 3 et 4, 1968, p. 437-454 et 631-642.
[153] ROTBERG (R. L.) et MAZRUI (A.) (éd.), *Protest and Power in Black Africa,* Oxford, 1970, 1 274 p.

LES ÉVOLUTIONS RÉCENTES, COLONIALES ET POSTCOLONIALES

Sous-développement et impérialisme

Le meilleur traité théorique fut celui de Samir Amin. Plus concret, celui d'Y. Lacoste est une remarquable base de départ. Le livre percutant de R. Dumont reste d'actualité, à compléter par le réquisitoire de Tibor Mende. L'ouvrage de Durand-Réville présente, en revanche, la thèse inverse, celle d'un plaidoyer en faveur du secteur privé.

Sur l'Afrique orientale, l'étude économique de Barber est un classique, mais nettement marqué par l'idéologie « multiraciale ». Meister, dans un ouvrage de synthèse utile pour les lecteurs de langue française, fit le procès de l'exploitation coloniale et néo-coloniale en Afrique orientale.

[154] AMIN (S.), *L'accumulation à l'échelle mondiale,* Paris, Anthropos, 1970, 590 p. (théorie de la dépendance de la « Périphérie » vis-à-vis du « Centre » au sein du système capitaliste mondial), édition revue et abrégée : *Le développement inégal,* Paris, Éd. de Minuit, 1973, 365 p.

[155] BARBER (W. J.), *The Economy of British Central Africa. A Case Study of Economic Development in a Dualistic Society,* Stanford, 1961, 271 p.
[156] BAUER (P. T.), *West African Trade. A Study of Competition, Oligopoly and Monopoly in a Changing Economy,* Londres, Routledge, 1965, 450 p. (1re éd., 1954).
[157] DUMONT (R.), *L'Afrique noire est mal partie,* Paris, Le Seuil, 1962, 287 p.
[158] DURAND-REVILLE (L.), *Les investissements privés au service du Tiers Monde,* Paris, France-Empire, 1970, 369 p.
[159] La Grande-Bretagne et l'Afrique, *Revue française d'Études politiques africaines,* n° 35, novembre 1968, p. 37-80.
[160] HILL (Polly), *Studies in rural Capitalism in West Africa,* Cambridge, 1970, 165 p.
[161] LACOSTE (Y.), *Géographie du sous-développement,* Paris, PUF, 1968, 285 p. (1re éd., 1965).
[161 *bis*] MENDE (T.), *De l'aide à la recolonisation,* Paris, Le Seuil, 1972, 316 p.
[162] MEISTER (A.), *L'Afrique peut-elle partir ?,* Paris, Le Seuil, 1966, 450 p.
[163] MORGAN (D. J.), *British Private Investment in East Africa,* ODI, 1965, 63 p.
[164] ROBINSON (E. A. G.) (éd.), *Economic Development for Africa South of the Sahara,* Londres, Macmillan, 1967, 740 p.
[165] RODNEY (W.), *How Europe underdevelopped Africa,* Londres et Dar es-Salam, Bocle-L'Ouverture, 1972, 314 p.
[166] WADE (A.), *Économie de l'Ouest africain,* Paris, Présence africaine, 1964, 371 p.

Évolution sociale, culturelle et religieuse

[167] BARRETT (D. B.), *Schism and Renewal in Africa : An Analysis of Six Thousand Contemporary Religiuns Movements,* OUP, 1968, 386 p.
[168] BENZ (E.) (her.), *Messianische Kirchen, Sekten und Bewegungen in heutigen Afrika,* Leyde, 1965, 128 p.
[169] BOVY (L.), *La nature du mouvement syndical ouest-africain d'expression française,* Bruxelles, ARSOM, 1967, 195 p.
[170] DELBARD (R.), *Les dynamismes sociaux au Sénégal,* Dakar, ISEA, 1966 (ronéot.).
[171] HOLY (L.) (éd.), *Social Stratification in Tropical Africa,* Prague, Academia, 1968, 204 p.
[172] LANTERNARI (V.), Syncrétismes, messianismes, néo-traditionalismes en Afrique noire, *Arch. de Sociol. des Religions,* n° 19, 1965, et n° 21, 1966, p. 101-110.
[173] LLOYD (P.) (éd.), *The New Elites of Tropical Africa,* IAI, 1966, 390 p.
[174] MEYNAUD (J.) et SALAH-BEY (A.), *Le syndicalisme africain. Évolution et perspectives,* Paris, Payot, 1963, 260 p.
[175] NOVEMBER (A.), *L'évolution du mouvement syndical en Afrique occidentale,* Paris-La Haye, Mouton, 1965, 282 p.
[176] SCHLOSSER (K.), *Propheten in Afrika,* Brunswick, 1949, 426 p.
[177] SINDA (M.), *Les messianismes congolais,* Paris, Payot, 1972, 392 p. [Matswa].
[178] SUNDKLER (B. G.), *Bantu Prophets in South Africa,* OUP, 1961 (1re éd., 1948), 381 p.
[179] VAN DER BERGHE (P. L.) (éd.), *Africa : Social Problems of Change and Conflict,* San Francisco, Chandler Pub., 1965, 549 p.

Évolutions politiques. Idéologie. Nationalisme

[180] BENOT (Y.), *Idéologies des indépendances africaines,* Paris, Maspero, 1969, 427 p.
[181] COLEMAN (G. J. S.) et ROSBERG (C. G.), *Political Parties and National Integration in Tropical Africa,* Berkeley, 1966, 730 p.
[182] CROWDER (M.) et OBARO IKIME (éd.), *West African Chiefs : Their Changing Status under Colonial Rule and Independence,* New York, Africana Publ. Co., 1970, 453 p.
[183] DECRAENE (Ph.), *Le panafricanisme,* Paris, PUF, « Que sais-je ? », 1970, 128 p. (1re éd., 1961).
[184] DEGRAENE (Ph.), *Tableau des partis politiques de l'Afrique au sud du Sahara,* Paris, Sc. pol., 1963, 137 p.
[185] FANON (Frantz), *Pour la révolution africaine (écrits politiques),* Paris, Maspero, 1964, 225 p.
[186] HIPPOLYTE (M.), *Les États du groupe de Brazzaville aux Nations Unies,* Paris, Colin, 1970, 334 p.
[187] HODGKIN (Th.), *Nationalism in Colonial Africa,* New York University, 1957, 216 p.
[188] HODGKIN (Th.), *African Political Parties,* Penguin, 1961, 217 p.
[189] GEISS (I.), *Panafrikanismus. Zur Geschichte des Dekolonisation,* Francfort, Verlagsanstalt, 1968, 491 p.
[190] JULY (R. W.), *The Origins of Modern African Thought. Its Development in West Africa during the XIXth and XXth Centuries,* Londres, Faber, 1968, 512 p.
[191] KOHN (H.) et SOKOLSKY (W.), *African Nationalism in the XXth Century,* Van Nostrand, 1965, 190 p.
[192] LOMBARD (J.), *Autorités traditionnelles et pouvoirs européens en Afrique noire. Le déclin d'une aristocratie sous le régime colonial,* Paris, Colin, 1967, 292 p.
[193] MABILEAU (A.) et MEYRIAT (J.), *Décolonisation et régimes politiques en Afrique noire,* Paris, Colin, 1967, 276 p.
[194] MARIOU (A.), *L'avènement du parti unique en Afrique noire : l'expérience des États d'expression française,* Paris, Droit et Jurisprudence, 1969, 421 p.
[195] MERCIER (P.), Remarques sur la signification du « tribalisme » actuel en Afrique noire, *CIS,* XXXI, 1961, p. 61-80.
[196] MERLE (M.), *Les Églises chrétiennes et la décolonisation,* Paris, Colin, 1967, 519 p.
[197] Les mouvements panafricains depuis 1958, *Notes et Études documentaires,* n° 3128, 1964.
[198] NDIAYE (J.-P.), *La jeunesse africaine face à l'impérialisme,* Paris, Maspero, 1971, 190 p.
[199] N'KRUMAH (K. W.), *Néo-Colonialism, the Last Stage of Imperialism,* Londres, Nelson, 1965, 280 p.
[200] PADMORE (G.), *Panafricanisme ou Communisme,* Présence africaine, 1960, 470 p. (trad. de l'anglais).
[201] POST (Ken), *The New States of West Africa,* Penguin, 1968, 229 p. (1re éd., 1964).
[202] RIVKIM (A.), *Nation building in Africa, Problems and Prospects,* Rutgers University, 1969, 300 p.
[203] SCHACHTER-MORGENTHAU (R.), *Political Parties in French-Speaking West Afrika,* OUP, 1964, 445 p.
[204] THOMAS (L. V.), *Le socialisme en Afrique,* Paris, Le Livre africain, 1966, I : *Essai sur le socialisme africain,* 207 p. ; II : *L'idéologie socialiste et les voies africaines du développement,* 300 p.

[205] WALLERSTEIN (I.), *Africa : The Politics of Independence,* New York, Vintage, 1961, 180 p.
[206] WARD (W. E. F.), *Government in West Africa,* Londres, Allen & Unwin, 1965, 262 p.
[206 *bis*] WODDIS (J.), *Africa, the Way Ahead,* 1963, 175 p.

BIBLIOGRAPHIE PAR ÉTAT

AFRIQUE OCCIDENTALE

OUVRAGES D'ENSEMBLE

Synthèse racée de J. D. Fage. Les trois volumes de J. Suret-Canale sont pratiques et documentés. Le manuel de Webster et Boahen est un bon instrument de travail.

[207] FAGE (J. D.), *An Introduction to the History of West Africa,* Cambridge, 1969, 232 p. (1re éd., 1955), Des origines à l'indépendance.
[208] FORDE (D.) et KABERRY (Ph.) (éd.), *West African Kingdoms in the XIXth Century,* IAI & OUP, 1969, 290 p. (1re éd., 1967).
[209] SURET-CANALE (J.), *Afrique noire (occidentale et centrale),* Paris, Éd. Sociales.
T. I : *Géographie, civilisations, histoire,* 1968, 355 p. (1re éd., 1958).
[210] T. II : *L'ère coloniale (1900-1940),* 1964, 359 p. (2e éd., 1971).
[211] T. III : *De la colonisation aux Indépendances (1945-1960),* 1972, 430 p.
[212] WEBSTER (J. B.) et BOAHEN (A. A.), *The Revolutionary Years. West Africa since 1800,* Londres, Longmans, 1968, 343 p. (1re éd., 1967).

MAURITANIE-SÉNÉGAMBIE

Mauritanie

[213] DÉSIRÉ-VUILLEMIN (G.), *Contribution à l'histoire de la Mauritanie,* Dakar, Clairafrique, 1962, 412 p.
[214] GERTHEINY (A. G.), *Mauritanie,* Londres, Pall Mall, 1967, 243 p.
[215] POULET (G.), *Les Maures de l'AOF,* Paris, Challamel, 1904, 170 p.
[216] PUJOS (J.), *Croissance économique et impulsion extérieure. Étude sur l'économie mauritanienne,* Paris, PUF, 1964, 314 p.
[217] MARTY (P.), *L'émirat des Trarzas,* Paris, Leroux, 1919, 483 p.

Sénégal

Le meilleur manuel est celui de Crowder. La thèse de géographie de Pélissier est fondamentale. Celle de Seck est également à retenir. Les monographies historiques de Barry et de Klein sont remarquables.

Pour l'Empire toucouleur, voir à Mali.

Voir aussi Delbard [170] et Quinn [237 *bis*].

[218] AMIN (S.), *Le monde des affaires sénégalais,* Paris, Éd. de Minuit, 1969, 204 p.
[219] BARRY (B.), *Le royaume du Waalo, 1659-1859,* Paris, Maspero, 1972, 393 p.
[220] CROWDER (M.), *Senegal. A Study of French Assimilation Policy,* Londres, Methuen, 1968 (1re éd., 1962), 151 p.
[221] CULTRU (P.), *Histoire du Sénégal du XVe siècle à 1870,* Paris, Larose, 1910, 376 p.
[222] DIAGNE (P.), *Pouvoir politique traditionnel en Afrique occidentale. Essai sur les institutions politiques précoloniales,* Paris, Présence africaine, 1967, 294 p.
[223] DIOP (A.-B.), *Société toucouleur et migration,* Dakar, IFAN, 1965, 232 p.
[224] DUBOIS (J.-P.), *L'émigration des Serer vers la zone arachidière orientale,* Paris, ORSTOM, 1971, 204 p.
[225] JOHNSON (G. W.), *The Emergence of Black Politics in Senegal : The Struggle for Power in the 4 Communes, 1900-1920,* Stanford, 1971, 260 p.
[226] KLEIN (M.), *Islam and Imperialism in Senegal. Sine Saloum, 1847-1914,* Stanford, 1968, 285 p.
[227] MONTEIL (V.), *Esquisses sénégalaises (Wâlo-Kayor-Dyolof-Mourides-Un visionnaire),* IFAN-Dakar, 1966, 243 p.
[228] PÉLISSIER (P.), *Les paysans du Sénégal. Les civilisations agraires du Cayor à la Casamance,* Saint-Yriex, 1966, 942 p.
[229] SECK (Assane), *Dakar, métropole ouest-africaine,* IFAN-Dakar, 1970, 516 p.
[230] VANHAEVERBEKE (A.), *Rémunération du travail et commerce extérieur. Essor d'une économie paysanne exportatrice et termes de l'échange des producteurs d'arachides au Sénégal,* Louvain, 1970, 253 p.
[231] WANE (Y.), *Les Toucouleurs du Fouta Toro (Sénégal),* IFAN-Dakar, 1969, 250 p.
[232] ZUCARELLI (Fr.), *Un parti politique africain : l'Union progressiste sénégalaise,* Paris, Droit et Jurisprudence, 1970, 401 p.

Sur le problème mouride, la meilleure synthèse, et la plus récente, est celle de :

[233] CRUISE O'BRIEN (D.), *The Mourides of Senegal. The Political and Economic Organization of an Islamic Brotherhood,* OUP, 1971, 321 p.
[234] COPANS (J.), COUTY (P.), ROCH (J.) et ROCHETEAU (G.), *Maintenance sociale et changement économique au Sénégal,* I : *Les Mourides,* Paris, ORSTOM, 1972, 274 p.
[235] SY (Cheikh T.), *La confrérie sénégalaise des Mourides,* Paris, Présence africaine, 1969, 354 p.

Gambie

[236] GAILEY (H. A.), *A History of the Gambia,* Londres, Routledge, 1964, 244 p.
[237] GRAY (J. M.), *A History of the Gambia,* Londres, F. Cass, 1966, 508 p. (1re éd., 1946).
[237 *bis*] QUINN (Ch. A.), *Mandingo Kingdoms of the Senegambia (Traditionalism, Islam and the European Expansion),* Evanston, Northwestern University, 1972, 211 p.

GUINÉES - SIERRA LEONE - LIBERIA

Guinée (République de)

[238] AMEILLON (B.), *La Guinée, bilan d'une indépendance,* Paris, Maspero, 1964, 205 p.
[239] ARCIN (A.), *Histoire de la Guinée française,* Paris, Challamel, 1911, 752 p.

[240] DIALLO (Thierno), *Les institutions politiques du Fouta Dyalon au* XIX*e siècle (Fii Laamu Alsilaamaaku Fauta Jaloo),* Dakar, IFAN, 1972, 277 p.
[240 *bis*] RIVIÈRE (Cl.), *Mutations sociales en Guinée,* Paris, M. Rivière, 1971, 418 p.
[241] SURET-CANALE (J.), *La République de Guinée,* Paris, Éd. Sociales, 1970, 432 p.

Guinée-Bissau

[242] CHALIAND (G.), *Lutte armée en Afrique,* Paris, Maspero, 1967, 167 p.
[243] DAVIDSON (B.), *Révolution en Afrique : la libération de la Guinée portugaise,* Paris, Le Seuil, 1969, 187 p.
[244] TEXEIRA DA MOTA (A.), *Guiné portuguesa,* Lisbonne, Ag. Ger. do Ultramar, 1954, 2 vol., 394 et 297 p.

Liberia

[245] DALTON (G.), *History, Politics and Economic Development in Liberia,* Northwestern University, 1965, p. 569-591.
[246] LIEBENOW (J. G.), *Liberia,* New York, Cornell University, 1969, 247 p.

Sierra Leone

À côté de l'ouvrage un peu lourd de Fyfe, le travail de Peterson a renouvelé la question. L'analyse de Kilson est stimulante.

[247] ASIEGHU (J. U. J.), *Slavery and the Politics of Liberation (1787-1861),* Londres, Longmans, 1969, 231 p.
[248] COX-GEORGE (N. A.), *Finance and Development in West Africa, the Sierra Leone Experience,* Londres, D. Dobson, 1961, 333 p.
[249] FYFE (C.), *A History of Sierra Leone,* Oxford, Clarendon, 1962, 773 p.
[250] KILSON (M.), *Political Charge in a West African State. A Study of the Modernization Process in Sierra Leone,* Harvard University, 1966, 301 p.
[251] PETERSON (J.), *Province of Freedom. A History of Sierra Leone 1787-1870,* Londres, Faber & Faber, 1969, 354 p.

MALI

Sur le Macina, importance du recueil de A. H. Bâ et de la remarquable étude géographique de J. Gallais. Y. Saint-Martin a fait avancer la connaissance de l'Empire toucouleur.

[252] BÂ (Amadou, Hampaté) et DAGET (J.), *L'Empire peul du Macina,* I : *1818-1853,* Paris, Mouton, 1962, 309 p. (1re éd., Bamako, 1955).
[253] BRASSEUR (G.), *Les établissements humains au Mali,* Dakar, IFAN, 1968, 550 p.
[254] GALLAIS (J.), *Le delta intérieur du Niger. Étude de géographie régionale,* Dakar, IFAN, 1967, 2 vol., 625 p.
[255] MARTY (P.), *Étude sur l'Islam et les tribus du Soudan,* 4 vol., Paris, Leroux, 1918 à 1920.
[256] MONTEIL (Ch.), *Les Bambara du Ségou et du Kaarta,* Paris, Larose, 1924, 404 p. (rééd., annotée par J. Bazin, Paris, Maisonneuve & Larose, 1977).

[257] MONTEIL (Ch.), *Djenné,* Paris, 1932 (rééd. Anthropos, 1971), 303 p.
[258] OLORUNTIMEHIN (B. O.), *The Segu-Tukulor Empire,* Londres, Longmans, 1972, 357 p.
[259] POLLET (E.) et WINTER (G.), *La société Soninke (Dyahu, Mali),* Université de Bruxelles, 1971, 566 p.
[260] SAINT-MARTIN (Y.), *L'Empire toucouleur, 1848-1897,* Paris, Le Livre africain, 1970, 192 p.
[261] TAUXIER (L.), *Histoire des Bambaras,* Paris, Geuthner, 1942, 227 p.

CÔTE-D'IVOIRE

Pour l'action de Samori et tout son contexte, l'ouvrage monumental d'Y. Person.

Quelques études anthropologiques de grande qualité sont utiles à la réflexion historique (Meillassoux, Augé et Terray). L'étude d'Amon d'Aby sur l'utilisation de la chefferie traditionnelle par la colonisation est remarquable. L'ouvrage de S. Amin a fait le point sans concession de la situation économique contemporaine. Du même auteur, voir [85].

[262] AMIN (S.), *Le développement du capitalisme en Côte-d'Ivoire,* Paris, Éd. de Minuit, 1967, 330 p.
[263] AMON D'ABRY (F.-J.), *Le problème des chefferies traditionnelles en Côte-d'Ivoire,* Abidjan, Université, 1968, 47 p. (1re éd., 1958).
[264] ATGER (P.), *La France en Côte-d'Ivoire de 1848 à 1893. 50 ans d'hésitations politiques et commerciales,* Dakar, Université, 1962, 204 p.
[265] AUGÉ (M.), *Le rivage alladian. Organisation et évolution des villages alladian,* Paris, ORSTOM, 1969, 264 p.
[266] DENIEL (R.), *De la savane à la ville. Essai sur la migration des Mossi vers Abidjan et sa région,* Paris, Aubier, 1968, 223 p.
[267] KOBBEN (A.), *Le planteur noir,* Abidjan, IFAN (Études éburnéennes, 5), 1956, 219 p. (Agni et Bété).
[268] MEILLASSOUX (Cl.), *Anthropologie économique des Gouro de Côte-d'Ivoire. De l'économie de subsistance à l'agriculture commerciale,* Paris, Mouton, 1970, 382 p. (1re éd., 1965).
[269] PERLOT (Cl.-H.), L'histoire dans les royaumes Agni de l'est de la Côte-d'Ivoire, *Annales,* XXV, 6, 1970, p. 1659-1677.
[270] PERSON (Y.), *Samori : une révolution dyula,* Dakar, IFAN, 1968-1975, 3 t., 2 372 p. (t. IV : cartographie, 1990).
[271] ROUGERIE (G.), *Les pays agni du sud-est de la Côte-d'Ivoire forestière,* Abidjan, IFAN (Études éburnéennes, 6), 1957, 212 p.
[272] SCHWARTZ (A.), *Tradition et changements dans la société Guéré,* ORSTOM, 1971, 259 p.
[273] TERRAY (E.), *L'organisation sociale des Dida de Côte-d'Ivoire,* Abidjan, Annales de l'Université, 1969, 375 p.
[274] WONDJI (Ch.), La Côte-d'Ivoire occidentale, période de pénétration pacifique, 1890-1908, *RFHOM,* L, 180-181, 1963, p. 346-381.

GHANA

Pour un précis d'histoire générale, on se reportera à Flint. Sur l'histoire des Ashanti, les meilleurs spécialistes sont I. Wilks et K. Arhin. La monographie familiale de M. Priestley est un excellent exemple de la formation de l'élite Fanti.

L'analyse des planteurs de cacao par P. Hill est désormais un classique. La reconstitution économique de Szereszewski est un bilan dont la méthodologie originale est à retenir. Enfin, sur le Ghana contemporain, à côté des ouvrages de base de Kimble et d'Austin, le manuel en langue française de Boyon est une bonne mise au point à compléter, sur l'évolution économique depuis l'indépendance, par S. Amin [85].

[275] APTER (D. E.), *Ghana in Transition,* New York, Atheneum, 1963, 432 p.
[276] ARHIN (Kw.), *Ashanti and the Northeast,* University of Ghana, 1970, 215 p.
[277] AUSTIN (D.), *Politics in Ghana, 1946-1960,* OUP, 1964, 461 p.
[278] BOYON (J.), *Naissance d'un État africain, le Ghana,* Paris, Colin, 1958, 274 p.
[279] BRAIMAH (I. A.) et GOODY (J. R.), *Salaga : The Struggle for Power,* Londres, Longmans, 1967, 222 p.
[280] CLARIDGE (W. W.), *The Gold Coast and Ashanti,* Londres, F. Cass, 1964, 2 vol., 649 et 638 p. (1re éd., 1945).
[281] COWAN (E. A.), *Evolution of Trade Unionism in Ghana,* Accra, Trade Union Congress, s.d., 203 p.
[282] FAGE (J. D.), *Ghana, a Historical Interpretation,* Madison, 1959, 122 p.
[283] FITCH (B.) et OPPENHEIMER (M.), *Ghana : End of an Illusion,* New York, Monthly Review, 1966, 130 p.
[284] FLINT (J. E.), *Nigeria and Ghana,* A Spectrum Book, Prentice Hall, 1966, 180 p.
[285] GARLICK (P. C.), *African Traders and Economic Development in Ghana,* OUP, 1971, 172 p.
[286] HILL (P.), *Migrant Cocoa-Farmers of Southern Ghana,* Cambridge, 1963, 265 p.
[287] IKOKU (S. G.), *Le Ghana de Nkrumah,* Paris, Maspero, 1971, 234 p.
[288] KIMBLE (D.), *A Political History of Ghana. The Rise of Gold Coast Nationalism, 1850-1928,* Oxford, Clarendon Press, 1963, 588 p.
[289] LEVTZION (N.), *Muslims and Chiefs in West Africa...,* Oxford, Clarendon Press, 1968, 228 p.
[290] METCALFE (G. E.), *Mac Lean of the Gold Coast. The Life and Times of G. Mac Lean, 1801-1847,* OUP, 1962, 344 p.
[291] PARSONS (R. T.), *The Churches and Ghana Society, 1918-1955...,* Leyde, Brill, 1963, 240 p.
[292] PRIESTLEY (M.), *West African Trade and Coast Society. A Family Study,* OUP, 1969, 210 p.
[293] SAMPSON (M. J.), *Gold Coast Men of Affaires (Past and Present),* Londres, Pall Mall, 1969, 224 p. (1re éd., 1937).
[294] SZERESZEWSKI (R.), *Structural Changes in the Economy of Ghana, 1891-1911,* Londres, Weidenfeld & Nicholson, 1965, 160 p.
[295] WARD (W. E. F.), *A History of Ghana,* Londres, Allen & Unwin, 1958, 434 p. (1re éd., 1948).
[296] WILKS (I.), *The Northern Factor in Ashanti History,* Accra, African Studies, 1961, 46 p.

HAUTE-VOLTA ET NIGER

Haute-Volta

Voir aussi Deniel [266].

[297] CAPRON (J.), *Anthropologie économique des populations bwa, Mali - Haute-Volta. Introduction à l'étude des communautés villageoises,* Paris, CNRS, 1965, 2 vol., 474 et 187 p.

[298] HÉBERT (J.), Révolte en Haute-Volta de 1914 à 1918, *Notes et Documents voltaïques,* III, 4, 1970, p. 373-389.
[299] IZARD (M.), *Introduction à l'histoire des royaumes mossi,* Paris-Ouagadougou, CNRS-CVRS, 1970, 2 vol., 434 p. (Recherches voltaïques, 12-13).
[300] KABORÉ (G. V.), *Organisation politique traditionnelle et évolution politique des Mossi de Ouagadougou,* Paris-Ouagadougou, CNRS-CVRS, 1966, 224 p. (Recherches voltaïques, 5).
[301] SKINNER (E. P.), *The Mossi of Upper Volta. The Political Development of a Sudanese People,* Stanford, 1964, 236 p.

Niger

[302] OLIVIER DE SARDAN (J.-P.), *Système des relations économiques et sociales chez les Wogo (Niger),* Paris, Musée de l'Homme, 1969, 234 p.
[303] PIAULT (M.-H.), *Histoire Mawri,* Paris, CNRS, 1970, 206 p.
[304] RAULIN (H.), *Techniques et bases socio-économiques des sociétés rurales nigériennes,* Niamey, IFAN-CNRS, 1964, 145 p. (Étues nigériennes, 12).
[305] ROUCH (J.), *Contribution à l'histoire des Songhay,* Dakar, 1953, Mémoires de l'IFAN, 29, p. 140-259.
[306] SALIFOU (A.), *Le Damagaram au Sultanat de Zinder au XIXe siècle,* Niamey, Centre de Rech. Sc. hum., 1971, 320 p.
[307] SÉRÉ DE RIVIÈRES (E.), *Histoire du Niger,* Paris, Berger-Levrault, 1965, 310 p. (médiocre).
[308] URVOY (Y.), *Histoire des populations du Soudan central,* Paris, Larose, 1936, 350 p.

DAHOMEY ET TOGO

Dahomey

Le meilleur ouvrage est celui d'Akinjogbin. Celui d'Argyle est utile dans la mesure où il évite de se reporter aux auteurs anciens systématiquement relus. L'étude de Newbury est exhaustive sur les rivalités commerciales au XIXe siècle. Il faut se méfier du manuel de Cornevin bourré d'erreurs de détail. Le traité d'anthropologie historique de Herskovits, un peu vieilli, reste néanmoins fondamental. L'essai économique de Polanyi, s'il est parfois discutable, est très stimulant. Enfin, l'ouvrage de Mercier est excellent.

[309] AKINDÉLÉ (A.) et AGUESSY (C.), *Contribution à l'étude de l'histoire de l'ancien royaume de Porto-Novo,* Dakar, IFAN, 1953, 168 p.
[310] AKINJOGBIN (I. A.), *Dahomey and its Neighbours, 1708-1818,* Cambridge, 1967, 234 p.
[311] ARGYLE (W. J.), *The Fon of Dahomey : A History and Ethnography of the Old Kingdom,* OUP, 1966, 210 p.
[312] BRASSEUR-MARION (P.) et BRASSEUR (G.), *Porto-Novo et sa palmeraie,* Dakar, IFAN, 1953, 132 p.
[313] COQUERY-VIDROVITCH (C.), La fête des Coutumes au Dahomey. Historique et essai d'interprétation, *Annales,* XIX, 4, 1964, p. 696-716.
[314] CORNEVIN (R.), *Histoire du Dahomey,* Paris, Berger-Levrault, 1962, 568 p.
[315] GLÉLÉ (M.-A.), *Naissance d'un État noir (l'évolution politique et constitutionnelle du Dahomey de la colonisation à nos jours),* Paris, Droit et Jurisprudence, 1969, 537 p.

[316] HERSKOVITS (M. J.), *Dahomey, an Ancient West African Kingdom,* New York, Augustin, 1938, 2 vol., 402 et 407 p.

[317] LE HERISSÉ (A.), *L'ancien royaume du Dahomey,* Paris, Larose, 1911, 384 p.

[318] LOMBARD (J.), *Structures de type «féodal» en Afrique noire. Étude des dynamismes internes et des relations sociales chez les Bariba du Dahomey,* Paris-La Haye, Mouton, 1965, 544 p.

[319] MAUPOIL (B.), *La géomancie à l'ancienne Côte des esclaves,* Paris, Institut d'Ethnologie, 1943, 688 p. (2e éd., 1961).

[320] MERCIER (P.), *Tradition, changement, histoire. Les Somba du Dahomey septentrional,* Paris, Anthropos, 1968, 538 p.

[321] NEWBURY (C. W.), *The Western Slave Coast and its Rulers. European Trade and Administration among the Yoruba and Adja-Speaking Peoples of South-Western Nigeria, Southern Dahomey and Togo,* OUP, 1961, 234 p.

[322] OBICHERE (B. I.), *West African States and the European Conquest. The Dahomey-Niger Hinterland, 1885-1898,* Yale University, 1971, 400 p.

[323] POLANYI (K.), *Dahomey and the Slave Trade. An analysis of an Archaic Economy,* University of Washington, 1966, 204 p.

[324] ROSS (D.), *The Autonomous Kingdom of Dahomey, 1818-1894,* Ph.D. Thesis, University of London, 1967.

[324 *bis*] TARDITS (Cl.), *Porto-Novo. Les nouvelles générations africaines entre leurs traditions et l'Occident,* Paris-La Haye, Mouton, 1958, 128 p.

Togo

Voir aussi Agblemagnon [46] et Froelich [450]. Sur les rivalités commerciales au XIXe siècle, se reporter à Newbury [321].

[325] CORNEVIN (R.), *Histoire du Togo,* Paris, Berger-Levrault, 1969, 554 p. (1re éd., 1959).

[326] DARKOH (M. B. K.), Togoland under the Germans : Thirty years of economic development, 1884-1914, *Nigerian Geographical Journal,* X, 2, 1967, p. 107-122 ; XI, 2, 1968, p. 153-168.

[327] FROELICH (J.-Cl.), ALEXANDRE (P.) et CORNEVIN (R.), *Les populations du Nord-Togo,* Paris, PUF, 1963, 200 p.

NIGERIA

Ouvrages généraux

Les manuels de base sont ceux de Crowder et de Flint [284].

[328] BURNS (A. C. M.), *History of Nigeria,* Londres, Allen & Unwin, 1969, 366 p. (1re éd., 1929).

[329] CROWDER (M.), *The Story of Nigeria,* Londres, Faber & Faber, 1966, 416 p. (1re éd., 1962).

Les Africains au XIXe et au début du XXe siècle

À côté de bonnes monographies d'origine occidentale (Jones, Ryder), une équipe d'historiens nigérians particulièrement dynamique fait du XIXe siècle africain une période remarquablement bien connue. Deux vues d'ensemble du Jihad et de l'Empire de Sokoto, agréable et solide par Johnston, approfondie et rigoureuse par Last. Se reporter également à Newbury [321].

[330] ADELEYE (R. A.), *Power and Diplomacy in Northern Nigeria, 1804-1906 : The Sokoto Caliphate and its Ennemies,* Londres, Longmans, 1971, 393 p.

[331] AJAYI (J. F. A.), *Christian Missions in Nigeria (1841-1891) : The Making of a New Elite,* Londres, Longmans, 1965, 317 p.

[332] AJAYI (J. F. A.) et SMITH (R.), *Yoruba Warfare in the XIXth Century,* Cambridge, 1964, 172 p. (rééd. 1971).

[333] AKINTOYE (S. A.), *Revolution and Power Politics in Yorubaland, 1840-1893,* Ibadan Expansion and the Rise of Ekitiparapo, Londres, Longmans, 1971, 278 p.

[334] ALAGOA (E. J.), *The Small Brave City-State : A History of Nembe-Brass in the Niger,* Ibadan, 1964, 173 p.

[335] AWE (B.), The Ajele system : A study of Ibadan imperialism in the XIXth century, *Journal of the Historical Society of Nigeria,* I, 3, 1964, p. 47-60.

[336] AYANDELE (E. A.), *The Missionary Impact on Modern Nigeria, 1842-1914 : A Political and Social Analysis,* Londres, Longmans, 1966, 393 p.

[337] BIOBAKU (S. O.), *The Egba and their Neighbours, 1842-1872,* Oxford, Clarendon Press, 1957, 128 p. (rééd. 1965).

[338] DIKE (K. O.), *Trade and Politics in the Niger Delta, 1830-1885,* Oxford, Clarendon Press, 1956, 250 p. (rééd. 1966).

[339] IKIME (O.), *Niger Delta Rivalry : Itsekiri-Urhobo Relations and the European Presence (1884-1936),* Londres, Longmans, 1969, 301 p.

[340] JOHNSTON (H. A. S.), *The Fulani Empire of Sokoto,* OUP, 1967, 312 p.

[341] JONES (G. I.), *The Trading States of the Oil Rivers. A Study of Political Development in Eastern Nigeria,* OUP, 1963, 262 p. (rééd. 1970).

[342] LAST (M.), *The Sokoto Caliphate,* Londres, Longmans, 1967, 280 p.

[343] LLOYD (P. C.), *The Political Development of Yoruba Kingdoms in the 18th and 19th Centuries,* Londres, Royal Anthropological Institute, 1971, 55 p.

[344] NADEL (S. F.), *A Black Byzantium : The Kingdom of Nupe in Nigeria,* OUP, 1942, 420 p. (trad. franç. : *Byzance noire,* Paris, Maspero, 1971, 615 p.).

[345] RYDER (A.), *Benin and the Europeans (1485-1897),* Londres, Longmans, 1969, 372 p.

[346] SMITH (M. G.), *Government of Zazzau, 1800-1950,* OUP, 1960, 371 p.

[347] SMITH (R. S.), *Kingdoms of the Yoruba,* Londres, Methuen, 1969, 226 p.

[348] URVOY (Y.), *Histoire de l'Empire du Bornou,* Paris, Larose, 1949, 166 p. (Mémoires de l'IFAN, 7).

L'ère coloniale et l'époque contemporaine

À côté de classiques (Flint), l'appréhension nouvelle des problèmes économiques (Hopkins) et les travaux des historiens nigérians autorisent une bonne connaissance du problème.

[349] ABOYADE (O.), *Foundations of an African Economy. A Study of Investment and Growth in Nigeria,* New York, Praeger, 1972, 367 p.

[350] AFIGBO (A. E.), *The Warrant Chiefs. Indirect Rule in Southeastern Nigeria, 1891-1929,* Londres, Longmans, 1972, 338 p.

[351] ANANABA (W.), *The Trade Union Movement in Nigeria,* Londres, Hurst, 1969, 336 p.

[352] ANENE (J. C.), *Southern Nigeria in transition, 1885-1906. Theory and Practice in a Colonial Protectorate,* Cambridge, 1966, 360 p.

[353] COLEMAN (J. S.), *Nigeria : Background to Nationalism,* Berkeley, 1958, 510 p. (rééd. 1972).

[355] FLINT (J. E.), *Sir John Goldie and the Making of Nigeria,* OUP, 1960, 340 p. (rééd. 1966).

[356] GRAHAM (S. F.), *Government and Mission Education in Northern Nigeria, 1900-1919,* Ibadan University, 1966, 192 p.

[357] HOPKINS (A. G.), Economic aspects of political movements in Nigeria and the Gold Coast, 1918-1939, *JAH,* VII, 1, 1966, p. 133-152.

[358] HOPKINS (A. G.), Economic imperialism in West Africa : Lagos, 1880-1892, *Economic History Review,* XXI, 3, 1968, p. 580-606.

[359] LUCKHAM (R.), *The Nigerian Military : A Sociological Analysis of Authority and Revolt, 1960-1967,* Cambridge, 1971, 376 p.

[360] MINERS (N. J.), *The Nigerian Army, 1956-1966,* Londres, Methuen, 1971, 290 p.

[361] NICOLSON (I. F.), *The administration of Nigeria, 1900-1960 : Men, Methods, and Myths,* Oxford, Clarendon Press, 1969, 326 p.

[362] OKPAKU (J.) (éd.), *Nigeria : Dilemma of Nationhood. An African Analysis of the Biafran Conflict,* New York, The Third Press, 1972, 426 p.

[363] SMYTHE (H. H. et M. M.), *The New Nigerian Elite,* Stanford, 1960, 196 p.

[364] YANNOPOULOS (T.), Lutte de classes et guerre nationale au Nigeria, *Revue française de Science politique,* XVIII, 3, 1968, p. 508-523.

AFRIQUE NORD-ORIENTALE ET ORIENTALE

OUVRAGES D'ENSEMBLE

Pour l'Afrique orientale, l'ouvrage fondamental est l'*History of East Africa,* malgré un certain manque d'unité. Excellent et pratique aussi est le recueil collectif de Ogot et Kieran, plus léger. Voir aussi Mair [39], Barber [155] et Meister [162], Trimingham [68] et Horrut [149], Oliver [82].

[365] BENNETT (N. R.), MCCALL (D. F.) et BUTLER (J.) (éd.), *Eastern African History,* Boston University Papers on Africa, III, New York, Praeger, 1969, 245 p.

[366] COUPLAND (R.), *The Exploitation of East Africa, 1856-1890 : The Slave Trade and the Scramble,* Londres, Faber & Faber, 1968, 507 p. (1re éd., 1939).

[367] *History of East Africa,* Oxford, Clarendon Press : t. I, R. Oliver et G. Mathew (éd.), 1963, 500 p. ; t. II : *1895-1960,* V. Harlow et E. M. Chilver (éd.), 1965, 736 p. (rééd. 1968) ; t. III : *Decolonization and Independence,* 1976.

[368] HUGHES (A. J.), *East Africa : Kenya, Tanzania, Uganda,* Penguin, 1969, 270 p. (1re éd., 1963).

[369] NICHOLLS (C. S.), *The Swahili Coast : Politics, Diplomacy and Trade on the East African Littoral, 1778-1856,* Londres, Allen & Unwin, 1971, 419 p.

[370] OGOT (B. A.) et KIERAN (J. A.) (éd.), *Zamani, a Survey of East African History,* Nairobi, 1968, 407 p.

— Sur le problème indien :

[371] GHAI (D. P. et Y. P.) (éd.), *Portrait of a Minority, Asians in East Africa,* OUP, 1972, 227 p. (éd. révisée de 1965).
[372] GREGORY (R. G.), *India and East Africa : A History of Race Relations within the British Empire (1890-1939),* OUP, 1972, 655 p.
[373] MANGAT (J. S.), *A History of the Asians in East Africa, c. 1886 to 1945,* OUP, 1969, 216 p.

SOUDAN. ÉTHIOPIE. SOMALIE

Soudan

Les ouvrages de départ sont ceux de P. M. Holt. Voir également, sur l'Islam, Trimingham [66].

[374] ABD AL-RAHIM (M.), *Imperialism and Nationalism in the Sudan. A Study in Constitutional and Political Development, 1899-1956,* Oxford, Clarendon Press, 1969, 275 p.
[375] BEDRI (B.), *The Memoirs of Babikr Bedri,* trad. angl. (avec introd. de P. M. Holt), OUP, 1969, 250 p.
[376] BESHIR (M. O.), *Educational Development in the Sudan, 1898-1956,* Oxford, Clarendon Press, 1969, 276 p.
[377] GRAY (R.), *A History of the Southern Sudan, 1839-1889,* OUP, 1961, 219 p.
[378] HENDERSON (K. D. D.), *Sudan Republic,* Londres, E. Benn, 1965, 256 p.
[379] HILL (R.), *Egypt in the Sudan, 1820-1881,* OUP, 1959, 188 p.
[380] HOLT (P. M.), *The Mahdist State in the Sudan, 1881-1898. A Study of its Origins, Development and Overthrow,* Oxford, Clarendon Press, 1958, 264 p.
[381] HOLT (P. M.), *A Modern History of the Sudan from Funj Sultanate to the Present Day,* Londres, Weidenfeld & Nicolson, 1961, 242 p.
[382] THEOBALD (A. B.), *Ali Dinar, the Last Sultan of Darfur, 1898-1916,* Londres, Longmans, 1965, 243 p.
[383] WARBURG (G.), *The Sudan under Wingate : Administration in the Anglo-Egyptian Sudan (1899-1916),* Londres, F. Cass, 1971, 245 p.

— Sur les Zandé :

[384] CALONNE-BEAUFAICT (A. de), *Azande. Introduction à une ethnographie générale des bassins de l'Ubangi-Uele et de l'Aruwimi,* Bruxelles, Institut de Sociologie Solvay, 1921, 280 p.
[385] EVANS-PRITCHARD (E. E.), *The Azande : History and Political Institutions,* Oxford, Clarendon Press, 1971, 444 p. (recueil de 17 articles).
[386] THURIAUX-HENNEBERT (A.), *Les Zandé dans l'histoire du Bahr-el-Ghazal et de l'Equatoria,* Bruxelles, Institut de Sociologie, 1964, 318 p. [1860-1906].

Éthiopie

Ullendorf servira de première introduction. Voir aussi Trimingham [67] et Del Boca [139].

[387] ABIR (M.), *Ethiopia, the Era of Princes. The Challenge of Islam and the Reunification of the Christian Empire, 1769-1865,* Londres, Longmans, 1968, 208 p.
[388] DORESSE (J.), *Histoire de l'Éthiopie,* Paris, PUF, « Que sais-je ? », 1970, 128 p.

[389] GREENFIELD (R.), *Ethiopia : A New Political History,* Londres, Pall Mall, 1965, 515 p.
[390] LEVINE (D. N.), *Wax and Gold. Tradition and Innovation in Ethiopian Culture,* University of Chicago, 1965, 315 p. (longs c.r. par G. Abraha, *Ethiopia Observer,* XI, 3, 1967, et T. Tamrat, *JAH,* VIII, 2, 1967).
[391] LEWIS (H. S.), *A Galla Monarchy, Jimma Abba Jifar, Ethiopia, 1830-1932,* University of Wisconsin, 1965, 148 p.
[392] PANKHURST (R.), *Economic History of Ethiopia (1800-1935),* Addis-Abéba, Haile Sellassie University, 1968, 772 p.
[393] PERHAM (M.), *The Government of Ethiopia,* Londres, Faber & Faber, 1958, 481 p.
[394] ULLENDORFF (E.), *The Ethiopians : An Introduction to Country and People,* OUP, 3e éd., 1973, 235 p. (1re éd., 1960).

Somalie. Afars et Issas

Très bonne synthèse pratique de I. M. Lewis. Voir également Hess [144].

[395] DRYSDALE (T.), *The Somali Dispute,* Londres, Pall Mall, 1964, 183 p.
[396] LEWIS (I. M.), *The Modern History of Somaliland : From Nation to State,* Londres, Weidenfeld & Nicolson, 1965, 234 p. ; éd. révisée, Oxford, James Currey, 2002, 347 p.
[397] OBERLÉ (Ph.), *Afars et Somalis : le dossier de Djibouti,* Paris, Présence africaine, 1971, 301 p.
[398] THOMPSON (V.) et ADLOFF (R.), *Djibouti and the Horn of Africa,* Stanford, 1968, 246 p.
[399] TOUVAL (S.), *Somali Nationalism,* Harvard, 1963, 215 p.

ZONE INTERLACUSTRE
(Anciens royaumes, Ruanda et Burundi, Ouganda)

[400] [Anonyme], *Historique et chronologie du Ruanda,* s.l.n.d. [Kabgayi, 1956].
[401] APTER (D. E.), *The Political Kingdom in Uganda. A Study in Bureaucratic Nationalism,* Princeton University, 1961, 498 p.
[402] BEATTIE (J.), *The Nyoro State,* OUP, 1971, 280 p.
[403] BOTTE (R.), DREYFUS (F.), LE PAPE (M.) et VIDAL (Cl.), Les relations personnelles de subordination dans les sociétés interlacustres de l'Afrique centrale, *CEA,* IX, 35, 1969, p. 350-401.
[404] CARTRY (M.), Tradition et changement dans le royaume du Bouganda, *Revue française de Science politique,* XIII, 1, 1963, p. 88-119.
[405] CHRÉTIEN (J.-P.), Une révolte au Burundi en 1934, *Annales,* XXV, 6, 1970, p. 1678-1717.
[406] CHRÉTIEN (J.-P.) et COIFARD (J.-L.), Le Burundi, *Notes et Études documentaires,* n° 3364, 1967, 44 p.
[407] D'HERTEFELT (M.), TROUBWORST (A. A.) et SCHERER (J. H.), *Les anciens royaumes de la zone interlacustre méridionale, Rwanda, Burundi, Buha,* Tervuren, MRAC, 1962, 247 p.
[408] DUNBAR (A. R.), *A History of Bunyoro-Kilara,* Nairobi, OUP, 1966, 253 p.
[409] FALLERS (L.), *Bantu Bureaucracy,* Cambridge, Heffer, 1956, 283 p. (rééd. Chicago, 1965) [Les Soga].
[410] INGRAMS (H.), *Uganda. A Crisis of Nationhood,* Londres, The Corona Library, 1960, 366 p.
[411] KARUGIRE (S. R.), *A History of the Kingdom of Nkore in Western Uganda to 1896,* Oxford, Clarendon Press, 1971, 280 p.

[412] KIWANUKA (M. S.), The empire of Bunyoro-Kitara : Myth or reality, *Canadian Journal of African Studies,* II, 1, 1968, p. 27-48.
[413] LEMARCHAND (R.), *Rwanda and Burundi,* New York, Praeger, 1970, 562 p.
[414] LOUIS (R.), *Ruanda-Urundi (1884-1919),* Oxford, Clarendon Press, 1963, 290 p.
[415] LOW (D. A.) et PRATT (R. C.), *Buganda and British Overrule, 1900-1955,* OUP, 1960, 348 p.
[416] MAIR (L.), *An African People in the XXth Century,* New York, Russel, 1965, 300 p. (1re éd., 1934, Impact européen sur un village du Buganda).
[417] MORRIS (H. F.), *A History of Ankole,* Kampala, East Afr. Lit. Bureau, 1962, 60 p.
[418] VANSINA (J.), *L'évolution du royaume Rwanda des origines à 1900,* Bruxelles, ARSOM, 1962, 101 p.
[419] VIDAL (Cl.), Enquête sur le Rwanda traditionnel : conscience historique et traditions orales, *CEA,* XI, 44, 1971, p. 526-537.

KENYA

[420] BENNET (G.), *Kenya, a Political History. The Colonial Period,* OUP, 1963, 190 p.
[421] BUIJTENHUIJS (R.), *Le mouvement Mau-Mau : une révolte paysanne et anticoloniale en Afrique noire,* Paris-La Haye, Mouton, 1971, 428 p.
[422] CAREY-JONES (N. S.), *The Anatomy of Uhuru, an Essay on Kenya's Independence,* Manchester University, 1966.
[423] MARRIS (P.) et SOMERSET (A.), *African Businessmen. A Study of Entrepreneurship and Development in Kenya,* Londres, Routledge & Kegan Paul, 1971, 288 p.
[424] MUNGEAM (G. H.), *British Rule in Kenya, 1895-1912,* Oxford, Clarendon Press, 1966, 329 p.
[425] OGOT (B. A.), *History of the Southern Luo,* Nairobi, East Afr. Publ. House, 1967, 250 p.
[426] ROSBERG (C.) et NOTTINGHAM (J.), *The Myth of « Mau-Mau » : Nationalism in Kenya,* Londres, Pall Mall, 1966, 427 p.
[427] SINGH (M.), *History of Kenya's Trade Union Movement to 1952,* Nairobi, East Afr. Publ. House, 1969, 332 p.
[428] SORRENSON (M. P. K.), *Land Reform in the Kikuyu Country. A Study in Government Policy,* OUP, 1967, 266 p.
[429] STAHL (K. M.), *History of the Chagga People of Kilimanjaro,* La Haye, Mouton, 1964, 394 p.

TANZANIE

[430] ABRAHAMS (R. G.), *The Political Organization of Unyamwezi,* Cambridge, 1967, 208 p.
[431] AUSTEN (R. A.), *Northwest Tanzania under German and British Rule. Colonial Policy and Tribal Politics, 1889-1939,* New Haven, Yale University, 1968, 307 p.
[432] BENNETT (N. R.), *Mirambo of Tanzania, 1840 ?-1884,* OUP, 1971, 191 p.
[433] GRAY (Sir J.), *History of Zanzibar from the Middle Ages to 1856,* OUP, 1952, 314 p.
[434] GOTTBERG (A.), *Unyamwezi,* Berlin, Akademie, 1971, 495 p.
[435] ILIFFE (J.), *Tanganyika under German Rule, 1905-1912,* Cambridge, 1969, 235 p.
[436] KIMAMBO (I. N.) et TEMU (A. S.) (éd.), *A History of Tanzania,* Nairobi, East Afr. Publ. House, 1969, 276 p.

[437] LISTOWEL (J.), *The Making of Tanganyika*, Londres, Chatto & Windus, 1965, 457 p.
[438] LOFCHIE (M. F.), *Zanzibar : Background to Revolution*, Princeton University, 1965, 316 p.
[439] NYERERE (J. K.), *Freedom and Unity / Uhuru na Umoja. A Selection from Writings and Speeches 1952-1965*, OUP, 1967, 366 p.
[440] ROBERTS (A.) (éd.), *Tanzania before 1900 : Seven Area Histories*, Nairobi, East Afr. Publ. House, 1968, 162 p.
[441] STEPHENS (H. W.), *The Political Transformation of Tanganyika, 1920-1967*, New York, Praeger, 1968, 225 p.
[442] THOMAS (P. A.), *Private Enterprise and the East African Company*, Dar es-Salaam, Tanzania Publ. House, 1969, 283 p.

AFRIQUE CENTRALE ET CENTRO-MÉRIDIONALE

GÉNÉRALITÉS

La vue d'ensemble la plus étendue est celle de J. Vansina qui suit, jusqu'à 1900, un ensemble allant du Loango et des Bateke jusqu'aux Bemba et aux Barotse. Aussi riche, sur les échanges, Gray et Birmingham [31].

La thèse magistrale de Sautter a valeur d'introduction majeure à l'histoire de l'ensemble Gabon-Congo. Les trois volumes de Suret-Canale envisagent tout ce qui correspond à l'ancienne AEF ([209] à [211]). Voir également Coquery-Vidrovitch [128] et [129].

[443] OMER-COOPER (J. D.), *The Zulu Aftermath : A 19th Century Revolution in Bantu Africa*, Londres, Longmans, 1966, 208 p.
[444] RANGER (T. O.) (éd.), *Aspects of Central African History*, Londres, Heinemann, 1968, 291 p.
[445] ROBERTS (A. D.), Tippu Tib, Livingstone and the chronology of Kazembe, *Azania*, II, 1967, p. 115-131.
[446] SAUTTER (G.), *De l'Atlantique au fleuve Congo. Une géographie du sous-peuplemenl, République du Congo, République gabonaise*, Paris, Mouton, 1966, 2 vol., 1 102 p.
[447] STOKES (E.) et BROWN (R.) (éd.), *The Zambesian Past. Studies in Central African History*, Manchester University, 1966, 427 p.
[447 *bis*] TINDALL (P.), *A History of Central Africa*, Londres, Longmans, 1967, 348 p.
[448] VANSINA (J.), *Les anciens royaumes de la savane*, University Lovanium, 1965, 250 p. (L'édition américaine, *Kingdoms of the Savannah*, Madison, 1966, est plus soignée.)

AFRIQUE ÉQUATORIALE

Cameroun

Le seul manuel est celui, succinct, de Mveng. Sur la colonisation allemande, le meilleur ouvrage est celui de Stoeker fondé sur les archives de la RDA et analysé par H. Brunschwig dans la *Revue historique*, n° 461, 1962, p. 222-226, et n° 501, 1972, p. 170-173. Voir aussi [488], [490], [491] et [493].

[449] ALEXANDRE (P.), Proto-histoire du groupe Beti-Bulu-Fang. Essai de synthèse provisoire, *CEA,* V, 20, 1965, p. 503-560.
[450] FROELICH (J.-C.), *Cameroun-Togo : territoires sous tutelle,* Paris, Berger-Levrault, 1956, 217 p.
[451] HUGON (Ph.), *Analyse du sous-développement en Afrique noire : l'exemple de l'économie du Cameroun,* Paris, PUF, 1968, 325 p.
[452] KIRK-GREENE (A. H. M.), *Adamawa, Past and Present,* Londres, Pull Mall, 1969, 230 p. (1re éd., 1958).
[453] KOM (D.), *Le Cameroun, essai d'analyse économique et politique,* Paris, Éd. Sociales, 1971, 334 p.
[454] KRAUSS (H.), *Die moderne Boden gesetzgebrung in Kamerun (1884-1964),* Berlin, Springer, 1966, 156 p.
[455] LACROIX (P.-F.), Matériaux pour servir à l'histoire des Peuls de l'Adamaoua, *Études camerounaises,* 37-38, 1952, p. 3-61, et 39-40, 1953, p. 3-40.
[456] LEMBEZAT (B.), *Le Cameroun,* Paris, Nouvelles Éditions latines, 1965, 157 p.
[457] LE VINE (V. T.), *The Cameroons : From Mandate to Independence,* Berkeley, 1964, 329 p.
[458] MOHAMADOU (E.), Introduction historique à l'étude des sociétés du Nord-Cameroun, *Abbia,* 12-13, 1966, p. 233-271.
[459] MVENG (E.), *Histoire du Cameroun,* Paris, Présence africaine, 1963, 535 p.
[460] NCHOUWAT-NJOYA (O.), *Système politique traditionnel et organisation municipale du Cameroun oriental (exemple Bamoum),* Valenton, chez l'auteur, 1971, 460 p.
[461] *La pensée de Um Nyobé,* Yaoundé, UPC, 1961, 78 p.
[462] TARDITS (Cl.), *Contribution à l'étude des populations bamiléké de l'Ouest-Cameroun,* Paris, Berger-Levrault, 1960, 139 p.
[463] ZANG-ATANGANA (J.-M.), Les partis politiques camerounais, *Penant,* n° 684, 1960, p. 681-708.

— Sur la colonisation allemande :

[464] HAUSEN (K.), *Deutsch Kolanialherrschaft in Afrika. Wirtschaftsinteressen und Kolonialverwaltung in Kamerun vor 1914,* Zurich, Atlantis, 1970, 340 p.
[465] MICHEL (M.), Note sur les plantations allemandes du mont Cameroun, 1885-1914, *RFHOM,* LVII, 207, 1970, p. 183-212.
[466] RUDIN (H. R.), *Germans in the Camerouns 1884-1914 : A Case Study in Modern Imperialism,* Hamden, Conn., Archor Books, 1968, 456 p. (1re éd., 1938).
[467] STOEKER (H.), *Kamerun unter deutscher Kolonialherrschaft,* Berlin, Rutten & Loening, 2 vol., I : *1960,* 288 p. ; II : *1968,* 273 p.
[467 *bis*] WIRTZ (A.), *Vom sklavenhandel zum Kolonialen Handel, vor 1914,* Zürich et Fribourg, Atlantis, 1972, 301 p.

République populaire du Congo

On se reportera d'abord à la thèse de Sautter [446] et à Balandier [478], on ne négligera pas la monographie de Frey. Le bilan économique est dressé par S. Amin.
Voir aussi Sinda [177].

[468] ALTHABE (G.), Problèmes socio-économiques du Nord-Congo, *Cahiers de l'ISEA,* 131, 1962, p. 189-282.

[469] AMIN (S.) et COQUERY-VIDROVITCH (C.), *Histoire économique du Congo, 1880-1965,* Paris, Anthropos, 1969, 204 p.
[470] FREY (R.), Brazzaville, *Encyclopédie mensuelle d'outre-mer,* n° 48-49, 1954, p. 17-138.
[471] MAZENOT (G.), *La Likouala-Mossaka. Histoire de la pénétration du Haut-Congo (1878-1920),* Paris-La Haye, Mouton, 1970, 455 p.
[472] REY (P.-Ph.), *Colonialisme, néo-colonialisme et transition au capitalisme. Exemple de la Comilog au Congo-Brazzaville,* Paris, Maspero, 1971, 526 p.
[473] SAUTTER (G.), Notes sur la construction du chemin de fer Congo-Océan, 1921-1934, *CEA,* VII, 26, 1967, p. 219-299.
[474] VANSINA (J.), *The Tio Kingdom of the Middle Congo, 1880-1892* [Batéké], Londres, IAI, 1972, 586 p.
[475] VENNETIER (P.), *Les hommes et leurs activités dans le nord du Congo-Brazzaville,* Paris, ORSTOM, 1965, 297 p.
[476] VENNETIER (P.), *Pointe-Noire et la façade maritime du Congo-Brazzaville,* Paris, ORSTOM, 1968, 458 p.
[477] WAGRET (J.-M.), *Histoire et sociologie politiques de la République du Congo (Brazzaville),* Paris, Droit et jurisprudence, 1963, 250 p.

Gabon

Outre la somme de Sautter [446], et Balandier qui compare Fang et Bakongo, le meilleur bilan historique est dressé par Deschamps, dont on lira aussi le recueil de sources orales, *Traditions orales et archives au Gabon, op. cit.,* p. 33. La bonne étude géographique de Lasserre relève dorénavant aussi de l'histoire. L'essai de Weinstein est remarquable.

Voir aussi Alexandre [449].

[478] BALANDIER (G.), *Sociologie actuelle de l'Afrique noire. Dynamique sociale en Afrique centrale,* Paris, PUF, 1971, 532 p. (1re éd., 1955).
[479] CUREAU (A.), *Les sociétés primitives de l'Afrique équatoriale,* Paris, A. Colin, 1912, 420 p.
[480] DESCHAMPS (H.), Quinze ans de Gabon (les débuts de l'établissement français, 1839-1853), *RFHOM,* 180-181, 1963, p. 283-345, et 186, 1965, p. 92-126.
[481] LASSERRE (G.), *Libreville, la ville et sa région. Étude de géographie humaine,* Paris, Colin, 1958, 347 p.
[482] WEINSTEIN (B.), *Gabon : Nation-Building on the Ogooué,* Cambridge, Mass., MIT Press, 1966, 278 p.

République centrafricaine

Les ouvrages de Dampierrre et de Kalck [485] sont de qualité. La thèse de ce dernier [486] est indigeste mais bourrée de renseignements.

[483] DAMPIERRE (E. de), *Un ancien royaume Bandia du haut Oubangui,* Paris, Plon, 1967, 601 p. (Étude critique des sources, p. 21-108).
[484] FLASSCH (A. H.), La République centrafricaine, *La Cité,* 1968, 96 p.
[485] KALCK (P.), *Réalités oubanguiennes,* Paris, Berger-Levrault, 1959, 356 p.
[486] KALCK (P.), *Histoire de la République centrafricaine,* Thèse Sorbonne, multigr., Université Lille III, 1973, 1 700 p. env.
[487] THOMAS (J. M. C.), *Les Ngbaka de la Lobaye : le dépeuplement rural chez une population forestière de la République centrafricaine,* Paris-La Haye, Mouton, 1963, 494 p.

Tchad

Voir aussi Urvoy [348].

[488] CABOT (J.), *Le bassin du moyen Logone,* Paris, ORSTOM, 1965, 327 p.
[489] DIGUIMBAYE (G.) et LANGUE (K.), *L'essor du Tchad,* Paris, PUF, 1969, 400 p.
[490] GENTIL (E.), *La chute de l'empire de Rabah,* Paris, Hachette, 1902, 308 p.
[491] LEBEUF (A.-M.), *Les principautés Kotoko. Essai sur le caractère sacré de l'autorité,* Paris, CNRS, 1969, 388 p.
[492] LE CORNEC (J.), *Histoire politique du Tchad de 1900 à 1962,* Paris, Durand-Auzias, 1963, 374 p.
[493] OPPENHEIM (M. von), *Rabah und das Tschadseegebiet,* Berlin, D. Reimer, 1902, 199 p.
[494] TUBIANA (M.-J.), *Survivances préislamiques en pays Zaghawa,* Paris, Institut d'Ethnologie, 1964, 229 p.
[495] TUBIANA (M.-J.), Un document sur les sultans du Wadday, *CEA,* I, 2, 1960, p. 49-112.

AFRIQUE CENTRALE

Angola

[496] ANDRADE (M. de) et OLLIVIER (M.), *La guerre en Angola, étude socio-économique,* Paris, Maspero, 1977, 161 p.
[497] BRASÍO (A.), *Angola,* Louvain, Nauwelaerts, I : *1596-1867,* 1967, 720 p. ; II : *1868-1881,* 1969, 760 p. ; III : *1882-1889,* 1969, 770 p. ; IV : *1890-1903,* 1971.
[497 *bis*] DAVIDSON (B.), *L'Angola au cœur des tempêtes,* Paris, Maspero, 1972, 347 p.
[498] EDWARDS (A. C.), *The Ovimbundu under two sovereignties,* OUP, 1962, 169 p.
[499] WHEELER (D. L.) et PÉLISSIER (R.), *Angola,* Londres, Pall Mall, 1971, 296 p.
[500] DA SILVA REBELO (M.), *Relaçoes entre Angola e Brasil (1808-1830),* Lisbonne, Agencia geral do Ultramar, 1970, 459 p.

Zaïre

Voir aussi [384] et [386].

Les travaux de J. Vansina sont de qualité. Très solides études de Randles (un peu antérieur à notre période) sur le royaume de Kongo et du géographe Nicolaï sur le Kwilu. Sur l'économie coloniale, la meilleure synthèse en langue française est celle de Merlier. Mais on consultera avec profit, entre autres, les travaux de Stengers et, en langue anglaise, les ouvrages de Neal Acherson, d'Anstey, de Cookey et de R. Slade.

Sur le bilan économique de la colonisation, l'ouvrage de Joye et Lewin est indispensable.

[501] ACHERSON (N.), *The King incorporated. Leopold II in the Age of Trust,* Londres, Allen & Unwin, 1963, 310 p.
[502] ANSTEY (R.), *Britain and the Congo in the 19th Century,* Oxford, Clarendon Press, 1962, 260 p.
[503] ANSTEY (R.), *King Leopold's Legacy : The Congo under Belgian Rule, 1908-1960,* OUP, 1966, 293 p.
[504] COOKEY (S. J. S.), *Britain and the Congo Question, 1885-1913,* Londres et Ibadan, Longmans, 1969, 340 p.

[505] CORNEVIN (R.), *Histoire du Congo-Kinshasa,* Paris, Berger-Levrault, 1966, 348 p. (1re éd., 1963).

[505 *bis*] GÉRARD-LIBOIS (J.), *Sécession au Katanga,* Bruxelles, CRISP, 1964, 364 p.

[506] JOYE (P.) et LEWIN (R.), *Les trusts au Congo,* Bruxelles, Société populaire d'Éditions, 1961, 320 p.

[507] LACROIX (J.-L.), *Industrialisation du Congo : la transformation des structures économiques,* Paris-La Haye, Mouton, 1966, 350 p.

[508] MERLIER (M.), *Le Congo de la colonisation belge à l'indépendance,* Paris, Maspero, 1962, 356 p. ; 2e éd. (fac-similé), sous le nom d'auteur de A. Maurel, Paris, L'Harmattan, 1999.

[509] NICOLAÏ (H.), *Le Kwilu, étude géographique d'une région congolaise,* Bruxelles, CEMUBAC, 1963, 472 p.

[510] PEEMANS (J.-Ph.), *Diffusion du progrès économique et convergence des prix. Le cas Congo-Belgique, 1900-1960. La formation du système des prix et salaires dans une économie dualiste,* Louvain, Nauwelaerts, 1968, 520 p.

[511] RANDLES (W. G. L.), *L'ancien royaume du Kongo des origines à la fin du XIXe siècle,* Paris, Mouton, 1969, 415 p.

[512] SARTRE (J.-P.), La pensée politique de Patrice Lumumba, *Présence africaine,* 3e trim., 1963, p. 18-58 (numéro spécial, 406 p.).

[513] SLADE (R.), *King Leapold's Congo,* OUP, 1962, 230 p.

[514] STENGERS (J.), *Belgique et Congo : l'élaboration de la Charte coloniale,* Bruxelles, Renaissance du Livre, 1963, 250 p.

[515] STENGERS (J.), *Combien le Congo a-t-il coûté à la Belgique ?,* Bruxelles, ARSC, 1957, 394 p.

[516] VANSINA (J.), *Introduction à l'ethnographie du Congo,* Bruxelles, CRISP, 1966, 228 p.

[517] VANSINA (J.), *Geschiedenis van de Kuba van Ongeveer 1500 tot 1904,* Tervuren, MRAC, 1963, 380 p. (Histoire des Bakuba).

[518] VAN WING (J.), *Études Bakongo : histoire et sociologie,* Bruxelles, Goemare, 1921, 319 p. ; rééd. Louvain, 2 vol., 1959.

[519] VERBEKEN (A.), *Msiri, roi du Garenganza,* Bruxelles, Cuypers, 1956, 262 p.

[520] VERHAEGEN (B.), *Abako 1950-1960,* Bruxelles, CRISP, 1962, 368 p.

[521] VERHAEGEN (B.), *Rébellions au Congo,* Bruxelles, CRISP, 2 vol., I : *1966,* 568 p. ; II : *1969,* 830 p.

[522] VERHAEGEN (B.), GÉRARD-LIBOIS (J.) *et al., Congo 1959 (... 1967),* Bruxelles, CRISP, un volume annuel, 500 p. env.

[523] YDEVALLE (Ch. d'), *L'Union minière du Haut-Katanga. De l'âge colonial à l'indépendance,* Paris, Plon, 1960, 179 p.

[524] YOUNG (Ch.), *Politics in the Congo : Decolonization and Independence,* Princeton University, 1965, 659 p.

AFRIQUE ZAMBÉZIENNE
(Malawi, Mozambique, Rhodésie, Zambie)

[525] ARRIGHI (G.), *The Political Economy of Rhodesia,* La Haye, Mouton, 1967, 60 p. (analyse marxiste percutante).

[526] BARNES (J. A.), *Politics in a Changing Society : A Political History of the Fort Jameson Ngoni,* Manchester University, 1967, 245 p. (1re éd., 1954).

[527] BECKER (P.), *Path of Blood. The Rite and Conquests of Mzilikazi, Founder of the Matabele,* Londres, Longmans, 1962, 289 p. (trad. franç., Paris, Plon, 1969).
[528] CLEMENTS (F.), *Rhodesia : The Course to Collision,* Londres, Pall Mall, 1969, 286 p.
[529] GANN (L. H.), *The Birth of a Plural Society : The Development of Northern Rhodesia under the British South Africa Company, 1894-1914,* Manchester University, 1958, 230 p. (réimpr. 1968).
[530] GANN (L. H.), *A History of Southern Rhodesia,* Londres, Chatto & Windus, 1965, 354 p.
[531] GANN (L. H.), *A History of Northern Rhodesia,* Londres, Chatto & Windus, 1964, 478 p.
[532] GLASS (St.), *The Matabele War,* Londres, Longmans, 1968, 308 p.
[533] GRAY (R.), *The two Nations : Aspects of the Development of Race Relations in the Rhodesias and Nyasaland,* OUP, 1960, 373 p.
[534] GUITARD (O.), *Les Rhodésies et le Nyasaland,* Paris, PUF, « Que sais-je ? », 1964, 128 p.
[534 *bis*] JONES (G.), *Britain and Nyasaland,* Londres, Allen & Unwin, 1964, 315 p.
[535] HALL (R.), *Zambia,* New York, Praeger, 1966, 265 p.
[536] HELLEN (J. A.), *Rural Economic Development in Zambia (1890-1964),* Munich, Weltforum, 1968, 300 p.
[537] MASON (Ph.), *The Birth of a Dilemma : The Conquest and Settlement of Rhodesia,* OUP, 1958, 366 p.
[538] MASON (Ph.), *Year of Decision : Rhodesia and Nyasaland in 1960,* OUP, 1960, 282 p.
[539] MONDLANE (E.), *The Struggle for Mozambique,* Penguin, 1969, 222 p.
[540] MULFORD (D. C.), *Zambia : The Politics of Independence, 1957-1964,* OUP, 1967, 362 p.
[541] PALMER (R. H.), *Aspects of Rhodesian Land Policy, 1890-1936,* Salisbury, 1968, 54 p.
[542] PIKE (J. G.), *Malawi : A Political and Economic History,* New York, Praeger, 1968, 248 p.
[543] RANGER (T. O.), *Revolt in Southern Rhodesia, 1896-1897 : A Study in African Resistance,* Northwestern University, 1956, 403 p.
[544] RANGER (T. O.), *The African Voice in Southern Rhodesia, 1898-1930,* Londres, Heinemann, 1970, 252 p.
[545] ROTBERG (R. I.), *Christian Missionaries and the Creation of Northern Rhodesia (1880-1924),* Princeton University, 1965, 256 p.
[546] ROTBERG (R. I.), *The Rise of Nationalism in Central Africa : The Making of Malawi and Zambia, 1873-1964,* Harvard, 1967, 380 p.
[547] TANGRI (R.), *The Rise of Nationalism in Colonial Africa : The Case of Colonial Malawi, Comparative Studies in Society and History,* X, 2, 1968, p. 142-161.
[548] WATSON (W.), *Tribal Cohesion in a Money Economy : A Study of the Mambwe People of Northern Rhodesia,* Manchester University, 1959, 246 p.

AFRIQUE AUSTRALE

OUVRAGES GÉNÉRAUX

Un ouvrage de base fut une synthèse de grande qualité qui pour la première fois mettait l'accent sur l'histoire des peuples bantu :

[549] WILSON (M.) et THOMPSON (L.) (éd.), *The Oxford History of South Africa,* OUP, I : *South Africa to 1870,* 1970, 502 p. ; II : *South Africa 1870-1966,* 1971, 584 p.

[550] DE KIEWIET (C. W.), *A History of South Africa, Social and Economic,* OUP, 1957, 292 p. (1re éd., 1941).
[551] LESOURD (J. A.), *La République d'Afrique du Sud,* Paris, PUF, « Que sais-je ? », 1968, 128 p. (1re éd., 1951).
[552] THEAL (G.), *History of South Africa, 1505-1884,* Londres, F. Cass, 1971, 11 vol. (1re éd., 1888 : un monument de l'historiographie blanche sud-africaine).
[553] THION (S.), *Le pouvoir pâle : essai sur le système sud-africain,* Paris, Le Seuil, 1969, 315 p.
[554] WALKER (E. A.), *A History of Southern Africa,* éd. rév., Londres, Longmans, 1965, 973 p. (1re éd., 1928).

L'HISTOIRE D'UNE DOMINATION RACIALE

[555] AUSTIN (D.), *Britain and South Africa,* OUP, 1966, 191 p.
[556] CARTWRIGHT (A. P.), *Golden Age. The Story of the Industrialization of South Africa and the Part Played in it by the Corner House Group of Companies, 1910-1967,* Le Cap, Purnell, 1968, 363 p.
[557] DOXEY (G. W.), *The Industrial Colour-Bar in South Africa,* Le Cap, OUP, 1961, 205 p.
[558] FEIT (E.), *African Opposition in South Africa : The Failure of Passive Resistance,* Stanford, 1967, 223 p.
[559] FIRST (R.), STEELE (J.) et GURNEY (Ch.), *The South African Connection. Western Investment in Apartheid,* Londres, Temple Smith, 1972, 352 p.
[560] HERD (N.), *1922, The Revolt on the Rand,* Johannesbourg, Blue Grant Books, 1966, 210 p.
[561] HUNTER (M.), *Reaction to Conquest : Effects of Contacts with Europeans on the Pondo of South Africa,* OUP, 1961, 596 p. (1re éd., 1936).
[562] KUPER (L.), *An African Bourgeoisie. Race, Class and Politics in South Africa,* Yale University, 1965, 452 p.
[563] LEENHARDT (M.), *Le mouvement éthiopien au sud de l'Afrique de 1896 à 1899,* Cahors, thèse théol., 1902, 128 p.
[564] LEGUM (C. et M.), *The Bitter Choice : 8 South Africans' Resistance to Tyranny,* New York, World Publ. Co., 1968, 208 p.
[565] NEAME (L. E.), *The History of Apartheid : The Story of the Colour Bar in South Africa,* Londres, Pall Mall, 1962, 200 p.
[566] NEUMARK (S. D.), *Economic Influences on the South African Frontier, 1652-1836,* Stanford, 1957, 195 p.
[567] SCHLOSSER (K.), *Eingeborenenkirchen in Süd- und Südwestafrika,* Kiel, 1958, 353 p.
[568] SILLERY (A.), *Founding a Protectorate : History of Bechuanaland, 1885-1895,* New York, Humanities Press, 1965, 267 p.
[569] SIMONS (H. J. et R. E.), *Colour and Class in South Africa, 1850-1950,* Penguin, 1969, 702 p.
[570] STEVENS (R.), *Lesotho, Botswana, Swaziland : The Former High Commission Territories in Southern Africa,* Londres, Pall Mall, 1967, 297 p.
[571] TABLER (E. C.), *The Far Interior, Chronicles of Pioneering in the Matabele and Mashona Countries, 1847-1875,* Le Cap, Balkema, 1955, 443 p.
[572] THOMPSON (L. M.), *The Unification of South Africa, 1902-1910,* Oxford, Clarendon Press, 1960, 549 p.

[573] VAN DEN BERGHE (P. L.), *South Africa, a Study in Conflict,* Berkeley, 1967, 371 p.
[574] VATCHER (W. H. Jr), *White Laager : The Rise of Afrikaner Nationalism,* Londres, Pall Mall, 1965, 309 p.
[574 *bis*] WILSON (F.), *Labour in the South African Gold Mines 1911-1969,* Cambridge, 1972, 218 p.

ZULU ET NATAL, BANTOUSTANS, NAMIBIE

Voir également Omer-Cooper [443]. Sur la Namibie, la meilleure synthèse est celle de R. First [582].

[575] BENNS (C. T.), *The Last Zulu King. The Life and Death of Cetswayo,* Londres, Longmans, 1936, 240 p.
[576] BLEY (H.), *Kolonialherrschaft und Sozialstruktur in Deutsch Südwestafrica, 1894-1914,* Hamburg, Leipzig V., 1968, 390 p.
[577] BROOKES (E. H.) et WEBB (C. de B.), *A History of Natal,* Pietermaritzburg, University Press, 1965, 371 p.
[578] BRYANT (A. T.), *Olden Times in Zululand and Natal,* Londres, 1929, 671 p. (reprod. : Le Cap, C. Struik, 1965).
[579] COATES (A.), *Basutoland,* Londres, Corona Library, 1966, 135 p.
[580] DRESCHSLER (H.), *Südwestafrika unter deutscher Kolonialherrschaft,* Berlin, Akademie V., 1966, 424 p.
[581] ESTERHUYSE (J. H.), *South West Africa, 1840-1894 : The Establishment of German Authority in South West Africa,* Johannesburg, 1968, 262 p.
[582] FIRST (R.), *South West Africa,* Penguin, 1963, 268 p.
[583] KUPER (H.), *The Swazi, a South African Kingdom,* New York, Holt, Rinehart & Winston, 1964, 87 p.
[584] MCCARTER (G.), KARIS (Th.) et STULTZ (N. M.), *South Africa's Transkei,* Londres, Heinemann, 1967, 200 p.
[585] MARKS (Sh.), *Reluctant Rebellion : The 1906-1908 Disturbance in Natal,* Oxford, Clarendon Press, 1970, 412 p.
[586] MORRIS (D. M.), *The Washing of the Spears : The Rise of the Zulu Nation under Shaka and its Fall in the 2nd War of 1879,* Londres, Cape, 1966, 655 p.
[587] MUNGER (E. S.), *Bechuanaland : Pan African Outpost or Bantu Homeland,* OUP, 1965, 114 p.
[588] PERROT (Cl.-H.), *Les Sotho et les missionnaires européens au XIXe siècle,* Abidjan, Université (Annales, sér. F), 1970, 191 p.
[589] SCHAPERA (I.), *Tribal Innovators. Tswama Chiefs and Social Change, 1795-1940,* Londres, Athlone Press, 1970, 278 p. (1re éd., 1943).
[590] SEGAL (R.) et FIRST (R.) (éd.), *South West Africa, Travesty of Trust,* Londres, A. Deutsch, 1967, 353 p.
[591] WELSH (D.), *The Roots of Segregation. Native Policy in Natal 1845-1910,* OUP, Cape T., 1971, 381 p.

BIBLIOGRAPHIE COMPLÉMENTAIRE, 1974-1983
(addendum 2ᵉ édition)

La bibliographie récente témoigne du dynamisme d'une science en passe d'accéder à l'âge adulte. En témoignent l'existence de deux collections d'histoire générale : [592] et [593], et la richesse de certains thèmes privilégiés : démographie, urbanisation et migration, travail et mouvements sociaux, indépendances.

THÈMES

Ouvrages généraux

[592] *Cambridge History of Africa,* t. V (1790-1870), t. VI à VIII (jusqu'en 1970), parution achevée en 1986 (un modèle d'érudition classique).

[593] *Histoire générale de l'Afrique,* Unesco, Jeune Afrique, 8 volumes, dont un de méthodologie, inégal, parfois daté, cependant irremplaçable, et 3 tomes sur le XIXᵉ et le XXᵉ siècle : 6, 7 et 8.

[594] COOPER (F.), Africa and the world economy, *The African Studies Review,* XXIV, 2-3, 1981, p. 1-86 (Le point exhaustif sur l'apport de la problématique marxiste et la périodisation de la dépendance).

[594 *bis*] COQUERY-VIDROVITCH (C.), *L'Afrique noire. Permanences et ruptures, XVIIIᵉ-XXᵉ siècle,* Paris, Payot, 1985.

[595] CURTIN (Ph.), FEIERMAN (S.), THOMPSON (L.) et VANSINA (J.), *African History,* Boston, Little & Brown, 1978, 612 p.

[596] DAVIDSON (B.), *Africa in Modern History. The Search for a New Society,* Londres, Allen Lane, Penguin Books, 1978, 431 p.

[596 *bis*] FAGE (J. D.), *A History of Africa,* Londres, 1978, 534 p.

[597] GUTKIND (P.) et WATERMAN (P.) (éd.), *African Social Studies, A Radical Reader,* Monthly Review Press, 1977, 480 p.

[598] Hallet (R.), *Africa to 1875,* University of Michigan Press, 1974, 516 p. ; *Africa since 1875,* 1975, 880 p., *ibid.*

[599] ALEXANDRE (P.), *Les Africains,* Paris, Lidis, 1981, 607 p.

Anthropologie, sociologie, idéologie, religions

[600] AUGÉ (M.) (sous la dir. de), *La construction du monde (religion/représentation idéologie),* Paris, Maspero, Dossiers africains, 1974, 136 p.

[601] AUGÉ (M.) (sous la dir. de), *Les domaines de la parenté,* Paris, Maspero, Dossiers africains, 1975, 134 p.

[602] AUGÉ (M.), *Génie du paganisme,* Paris, Gallimard, 1982, 336 p.

[603] BOND (G.), JOHNSON (W.), WALKER (Sh.), *African Christianity : Patterns of Religious Continuity,* New York, Academic Press, 1979, 175 p.

[604] COPANS (J.), *Anthropologie et impérialisme,* Paris, Maspero, 1975, 470 p.

[605] KARP (I.) et BIRD (Ch.) (éd.), *Explorations in African Systems of Thought,* Bloomington, Indiana UP, 1980, 337 p.

[606] *La notion de personne en Afrique noire,* Paris, CNRS, 1973.
[607] POUILLON (F.), *L'Anthropologie économique, courants et problèmes,* Paris, Maspero, 1976, 159 p.
[607 *bis*] TRAORÉ (A.), *Islam et colonisation en Afrique : Cheikh Hamahoullah, Homme de foi et résistant,* Paris, 1983, 278 p.

Démographie, migrations, urbanisation

Noter l'apport de l'histoire démographique [608] et le thème des migrations du travail : Amin [609], Amselle [610], Parkin [778]. Une approche novatrice de la croissance de la misère urbaine : Sandbrook [620] ; sur les villes, se reporter aussi à Gibbal [720], Kipre [721], Gouellain [742], et p. 266. Sur l'interaction Écologie/Histoire, voir Kjekshus [796 *bis*] et Webster [797 *bis*].

[608] *African Historical Demography,* 2 vol., 1977 et 1981, Centre of West African Studies, Edinburgh University, 465 et 800 p.
[609] AMIN (S.) (éd.), *Modern Migrations in Western Africa,* IAI, Oxford University Press, 1974, 425 p.
[610] AMSELLE (J. L.) (éd.), *Les migrations africaines, réseaux et processus migratoires,* Paris, Maspero et EHESS, 1976, 126 p.
[611] ABU LUGHOD (J.) et HAY (R.), *Third World Urbanization,* Londres, Methuen, 400 p. (Théorie et études de cas. Sur l'Afrique noire : colonisation en Tanzanie, p. 165-175 ; Nairobi, p. 225-243, 271-280 ; Kano, Nigeria, p. 281-290.)
[612] BAKER (P. H.), *Urbanization and Political Change : The Politics of Lagos, 1917-1967,* University of California Press, 1974.
[613] *La croissance urbaine en Afrique noire et à Madagascar* (colloque du CEGET), Paris, CNRS, 1972, 2 vol., 1 110 p.
[614] *La croissance périphérique des villes du Tiers Monde : le rôle de la promotion foncière et immobilière* (Table Ronde CEGET), Paris, CNRS, 1980, 570 p.
[615] DEBLE (I.) et HUGON (Ph.), *Vivre et survivre dans les villes africaines,* Paris, IEDES-PUF, 1982, 310 p.
[616] DRESCH (J.), Villes d'Afrique occidentale, *Cahiers d'Outre-Mer,* 1950, p. 200-230.
[617] FORD (J.), *The Role of the Trypanosomiases in African Ecology. A Study of the Tse-Tse Fly Problem,* Oxford Clarendon Press, 1971, 568 p.
[618] GUGLER (J.) et FLANOGAN (W. G.), *Urbanization and Social Change in West Africa,* Cambridge University Press, 1978, 235 p.
[618 *bis*] GUTKIND (P. C.), *Urban Anthropology. Perspectives on « Third World » Urbanization and Urbanism,* Assen, 1974, 272 p.
[619] HARTWIG (G. W.) et PATTERSON (K. D.) (éd.), *Disease in African History : An Introduction Survey and Case Studies,* Durham, NC, 1978, 258 p.
[619 *bis*] JANZEN (J. M.) et FEIERMAN (St.) (éd.), The social history of disease and medecine in Africa, numéro spécial, *Social Science and Medecine,* B, Medical Anthropology, XIII B, IV, 1979.
[619 *ter*] RATHBONE (R. J.) et MOSS (R. P.) (éd.), *The Population Factor in African Studies,* Londres, 1975, 240 p. (cf. J. D. FAGE, The effect of the export slave trade on African populations, p. 15-23).
[620] SANDBROOK (R.), *The Politics of Basic Needs. Urban Aspects of Assaulting Poverty in Africa,* Londres, Heinemann, 1982, 250 p.

[621] VENNETIER (P.), *Les villes d'Afrique tropicale,* Paris, Masson, 1976, 190 p.
[622] Villes africaines, *Cahiers d'Études africaines,* numéro spécial, XIII, 51, 1973, p. 397-605.
[623] Villes africaines au microscope, *Cahiers d'Études africaines,* numéro spécial, XXI, 1-3, n°s 81-83, 1981, 452 p.
[624] ZACHARIAH (K. C.) et CONDE (J.), *Migration in West Africa : The Demographic Aspects,* Oxford University Press, 1982.

Le problème de l'esclavage

Des vues renouvelées sur la question.

[625] INIKORI (J. I.) (éd.), *Forced Migrations : The Impact of the Export Slave Trade on African Societies,* Londres, Hutchinson, 1982, 347 p.
[625 *bis*] GEMERY (H.) et HOGENDORN (J.) (éd.), *The Uncommon Market : Essays in the Economic History of the Atlantic Slave Trade,* New York, 1979, 448 p.
[626] LOVEJOY (P.) (éd.), *The Ideology of Slavery in Africa,* Londres, Sage, 1981, 312 p.
[626 *bis*] LOVEJOY (P.), *Transformations in Slavery. The History of Slavery in Africa,* Cambridge University Press, 1983, 348 p.
[627] MEILLASSOUX (Cl.) (éd.), *L'esclavage en Afrique précoloniale,* Paris, Maspero, 1975, 583 p.
[628] MEILLASSOUX (Cl.), Rôle de l'esclavage dans l'histoire de l'Afrique occidentale, *Anthropologie et Sociétés,* II, 1, 1979, p. 117-148.
[629] MIERS (J.) et KOPITOFF (I.) (éd.), *Slavery in Africa,* Madison, 1977, 474 p.

Les femmes

Une approche encore trop limitée en français, mais explosion en langue anglaise.

[629 *bis*] BAY (Edna G.), *Women and Work in Africa,* Westview Press, États-Unis, 1982, 310 p.
[630] DIARA (F. A.), *Femmes africaines en devenir. Les femmes Zarma du Niger,* Paris, Anthropos, 1971, 310 p.
[631] Des femmes sur l'Afrique des femmes, *Cahiers d'Études africaines,* numéro spécial, XVII, 65, 1977, 208 p.
[632] HAFKIN (N. J.) et BAY (E. G.), *Women in Africa, Studies in Social and Economic Change,* Stanford University Press, 1976, 300 p.
[632 *bis*] LITTLE (K.), *African Women in Town. An Aspect of African Social Revolution,* Cambridge University Press, 1973.
[633] MBA (Nina M.), *Nigerian Women Mobilized : Women's Political Activity in Southern Nigeria, 1900-1965,* Berkeley, University of California, 1982, 344 p.
[634] MEILLASSOUX (Cl.), *Femmes, greniers et capitaux,* Paris, Maspero, 1975, 254 p.

Problèmes agraires

Excellence des études de cas dans Amin [636] et Palmer [641] et de l'apport de Klein [640]. Voir également Meillassoux [634].

[635] ASSOUMOU (J.), *Agriculture d'exportation et bataille du développement en Afrique tropicale : l'économie du cacao,* Paris, Delarge, 1977, 350 p.

[636] AMIN (S.) et coll., *L'agriculture africaine et le capitalisme,* Anthropos-IDEP, 1975, 380 p.
[637] BELLONCLE (G.), *Le chemin des villages. Formation des hommes et développement rural en Afrique,* Paris, L'Harmattan, 1979, 282 p.
[638] DERRIENIC (H.), *Famines et dominations en Afrique noire. Paysans et éleveurs du Sahel sous le joug,* Paris, L'Harmattan, 1977, 285 p.
[639] DUMONT (R.) et MOTTIN (M.-F.), *L'Afrique étranglée* (Zambie, Tanzanie, Sénégal, Côte-d'Ivoire, Guinée-Bissau, Cap-Vert), Paris, Le Seuil, 1980, 265 p.
[640] KLEIN (M. A.) (éd.), *Peasants in Africa, Historical and Contemporary Perspectives,* Londres, Sage, 1980, 320 p.
[641] PALMER (R.) et PARSONS (N.) (éd.), *The Roots of Rural Poverty in Central and South Africa,* Londres, Heinemann, 1977.
[642] *Qui se nourrit de la famine en Afrique ?,* Paris, Maspero, 1974, 278 p.
[643] SMITH (A. K.) et WELEH (Cl. E.), Peasants in Africa, *African Studies Review,* XX, 3, 1977, 127 p.

Travail et mouvements sociaux

Voir les bibliographies extensives dressées par P. W. Gutkind (p. 289-319) et J. Copans (p. 405-430), in *Cahiers d'Études africaines,* XXI, 81-83, 1981. La vision de l'esclavage repensée par Meillassoux [627] et [628]. Les travaux collectifs de langue anglaise ([647], [648] et [650]) défrichent ou renouvellent la question de la genèse du mouvement ouvrier. Intérêt de la synthèse de Cohen [646]. Voir également, entre autres et surtout, Van Onselen [816], Gordon [819], Perrings [811], Grillo [786], Cohen [730] et tout ce qui concerne le Kenya ([788] à [792]) et l'Afrique du Sud ([821], [822] et [834]).

[644] ANAMABA (W.), *The Trade-Union Movement in Africa. Promise and Performance,* New York, St-Martin's, 1979, 250 p.
[645] BELING (W. A.) (éd.), *The Role of Labor in African Nation Building,* New York, Praeger, 1968, 200 p.
[646] COHEN (R.), Resistance and hidden forms of consciousness among african workers, *Review of African Political Economy,* XIX, 1980, 8-22.
[647] COHEN (R.), GUTKIND (P.) et BRAZIER (P.) (éd.), *Peasants and Proletarians,* New York, Monthly Review Press, 1979, 505 p.
[648] SANDBROOK (R.) et COHEN (R.), *The Development of an African Working Class,* Londres, Longman, 1975. (Contient notamment des études sur : Les dockers de Dar-es-Salaam ; Le Trade-unionisme ghanéen ; Les travailleurs de Kano, Nigeria ; Le prolétariat de Lagos. La formation de la classe ouvrière au Kenya, etc.)
[649] DAVIES (I.), *African Trade Unions,* Penguin Book, 1966, 256 p.
[650] GUTKIND (P.), COHEN (R.) et COPANS (J.), *African Labour History,* Londres, Sage Publications, 2, 1978, 280 p. (Contient notamment des études sur : Les travailleurs de Lagos 1897-1939 ; Le travail forcé sur le chemin de fer du Nigeria du Nord, 1907-1912 ; La grève de 1922 sur le Rand ; La grève en AOF, 1947-1948 (édition anglaise de l'article de J. SURET-CANALE) ; Le trade-unionisme au Kenya, 1947-1952 ; Grèves à Tananarive en 1972 ; Grève au Botswana en 1975, etc.)
[651] PHIMINSTER (F.) et VAN ONSELEN (éd.), *Studies in the History of African Mine Labour in Colonial Zimbabwe,* Mambo Press, Harare, 1978.

[652] REY (P. Ph.) (éd.), *Capitalisme négrier, la marche des paysans vers le prolétariat,* Maspero, 1976, 215 p.
[653] SAMUEL (M.), *Le prolétariat africain noir en France,* Paris, 1978, 262 p.

Colonisation, impérialisme

Enfin de bonnes monographies d'entrepreneurs et d'entreprises (Fieldhouse [660], Davies [656] et un gros colloque [658]). L'importance de la guerre (Michel [667] et de la crise des années 30 [654]). Le rôle des Africains dans la colonisation [655].

[654] L'Afrique et la crise des années 30, numéro spécial, *Revue française d'Outre-Mer,* n°s 232-233, 2e sem. 1976, p. 375-780.
[655] BRUNSCHWIG (H.), *Noirs et Blancs dans l'Afrique noire française, ou comment le colonisé devint colonisateur (1870-1914),* Paris, Flammarion, 1983, 245 p.
[656] DAVIES (P. N.), *The Trade Makers. Elder Dempster in West Africa, 1852-1972,* Londres, Allen & Unwin, 1973, 526 p.
[657] DRESCH (J.), *Un géographe au déclin des empires,* Hérodote, Maspero, 1979.
[658] *Entreprises et entrepreneurs en Afrique, XIXe et XXe siècles,* Conférence internationale, Université de Paris VII, L'Harmattan, 2 vol., 1 000 p., 1983.
[659] FETTER (B.) (éd.), *Colonial Rule in Africa : Readings from Primary Sources,* University of Wisconsin Press, 1979, 223 p.
[660] FIELDHOUSE (D. K.), *Unilever Overseas, the Anatomy of a Multinational, 1895-1965,* Londres, Groom Helm, 1978, 620 p.
[661] FORBES-MUNROE (J.), *Africa and the International Economy, 1800-1960,* Londres, Dent and Sons, 1976, 230 p.
[662] GIFFORD (P.) et LOUIS (W. R.), *France and Britain in Africa. Imperial Rivalry and Colonial Rule,* Yale University Press, 1971, 985 p.
[663] HARGREAVES (J. D.), *West Africa Partitioned, I : The Loaded Pause, 1885-1889,* University of Wisconsin Press, 1974, 270 p.
[664] HARGREAVES (J. D.), *The End of Colonial Rule in West Africa. Essays in Contemporary Africa,* Londres, Macmillan, 1979, 141 p.
[665] KUM'A N'DUMBE III (A.), *Hitler voulait l'Afrique. Les plans secrets pour une Afrique fasciste, 1930-1945,* Paris, L'Harmattan, 1980, 390 p.
[666] MCGARRY (G.) (éd.), *Reaction and Protest in the West African Press,* Leiden, Afrika-Studiecentrum, 1978, 194 p. (documents).
[667] MICHEL (M.), *L'appel à l'Afrique : contribution et réactions à l'effort de guerre en AOF, 1914-1918,* Publ. de la Sorbonne, 1982, 568 p.
[668] NEWITT, *Portugal in Africa. The Last Hundred Years,* Londres, Hurst & Co., 1981, 278 p.
[669] UZOIGWE (G. N.), *Britain and the Conquest of Africa : The Age of Salisbury,* Ann Arbor, University of Michigan Press, 1974.

Le temps des indépendances

Un excellent précis des années précédant et suivant l'indépendance (Mbokolo [679]) et un utile inventaire (Jouve [678]). Des vues toujours stimulantes (Amin [672]). Un pamphlet acerbe et encore actuel [670].

[670] ADOTEVI (S. S.), *Négritude et négrologues,* Paris, Plon, « 10/18 », 1972, 306 p.
[671] AKINTOYE (S. A.), *Emergent African States. Topics in 20th Century African History,* Londres, Longman, 1976, 250 p.
[672] AMIN (S.) *et al., L'avenir industriel de l'Afrique,* Paris, L'Harmattan, 1980, 227 p.
[673] BIARNES (P.), *L'Afrique aux Africains, vingt ans d'indépendance en Afrique francophone,* Paris, Colin, 1980, 475 p.
[674] DAVIDSON (B.), *L'Afrique au XXe siècle. L'éveil et les combats du nationalisme africain,* Paris, Jeune Afrique, 1980, 445 p.
[675] DECRAENE (Ph.), *Vieille Afrique. Jeunes nations. Le continent noir au seuil de la troisième décennie des indépendances,* Paris, PUF, 1981, 304 p.
[675 *bis*] GIFFORD (P.) et LOUIS (W. R.), *The Transfer of Power in Africa. Decolonization 1940-1960,* Yale, UP, 1982, 653 p.
[676] GOSSELIN (G.), *L'Afrique désenchantée,* vol. I : *Sociétés et stratégies de transition en Afrique tropicale,* Paris, Anthropos, 1978 ; vol. II : *Théorie et politique du développement, ibid.,* 1980, republié, Paris, L'Harmattan, 2001, 374 et 347 p.
[677] GENTILI (A. M.), *Elites e Regimi Politici in Africa Occidentale,* Bologne, Mulino, 1974, 265 p.
[678] JOUVE (E.), *Relations internationales du Tiers Monde,* Paris, Berger-Levrault, 1976, 478 p.
[679] MBOKOLO (E.), *Le continent convoité (l'Afrique au XXe siècle),* Paris, Études vivantes, 1980, 280 p.
[680] *Le Tiers Monde et la CEE,* Paris, Berger-Levrault, 1978.

BIBLIOGRAPHIE PAR ÉTAT

Quelques pôles ont beaucoup progressé, surtout dans la problématique proposée (Afrique du Sud, Kenya).

Afrique occidentale

[681] AJAVI (J. F. A.) et CROWDER (M.), *History of West Africa,* vol. 2 (XIXth-XXth), Londres, Longman, 1974, 764 p. (2e éd. sous presse).
[682] BOUCHE (D.), *L'enseignement dans les territoires français de l'Afrique occidentale de 1817 à 1920 : mission civilisatrice ou formation d'une élite ?,* thèse d'État, Paris I, 1975, 2 vol., 945 p.
[683] BRYANT MUMFORD (W.) et ORDE-BROWNE (G. St J.), *Africans learn to be French,* New York, Negro Universities Press, 1970 (1re éd., 1936), 175 p.
[684] CROWDER (M.), *Colonial West Africa. Collected Essays,* Londres, F. Cass, 1978, 340 p.
[685] PEDLER (F.), *Main Currents of West African History, 1940-1978,* Londres, Macmillan, 1979, 300 p.
[686] WILSON (H. R.), *Origins of West African Nationalism,* Londres, Macmillan, 1969, 391 p.

Mauritanie, Mali, Haute-Volta, Niger

[687] *Introduction à la Mauritanie* (ouvrage collectif), Paris, CNRS, 1979, 421 p.
[688] PITTE (J. R.), *Nouakchott, capitale de la Mauritanie,* Paris, Publications de la Sorbonne, 1977, 195 p.
[689] STEWART (C. C. et E. K.), *Islam and Social Order in Mauritania, A Case Study from the 19th Century,* Oxford Clarendon Press, 1973, 204 p.

[690] AMSELLE (J.-L.), *Les négociants de la savane, histoire et organisation sociale des Kooroko,* Paris, Anthropos, 1977, 290 p.
[691] MAGASA (A.), *Papa-commandant a jeté un grand filet devant nous : les exploités des rives du Niger, 1902-1962,* Maspero, 1978, 170 p.
[692] GALLAIS (J.), *Pasteurs et paysans du Gourma. La condition sahélienne,* Paris, CNRS, 1975, 240 p.
[693] BAIER (S.), *An Ecomomic History of Central Niger,* Oxford Clarendon Press, 1980, 325 p.
[694] BERNUS (E.), *Touaregs nigériens. Unité culturelle et diversité régionale d'un peuple pasteur,* Paris, ORSTOM, 1981, 508 p.
[695] HAMANI (Dj.), Contributions à l'étude de l'histoire des États Haoussa, l'Adrar précolonial, *Études nigériennes,* n° 38, 1975, 277 p.
[696] KIMBA (I.), Guerres et sociétés. Les populations du Niger occidental au XIXe siècle et leurs réactions face à la colonisation (1896-1906), *Études nigériennes,* n° 46, 1981, 225 p.
[697] NICOLAS (G.), *Dynamique sociale et appréhension du monde au sein d'une société Hausa,* Paris, Institut d'Ethnologie, 1975, 661 p.
[698] NORRIS (H. T.), *The Touaregs. Their Islamic Legacy and its Diffusion in the Sahel,* Warminster, Aris & Philipps, 1975.

Sénégal et Gambie

Intérêt des études quantitatives de Curtin [704] et Pfeffermann [710]. Qualité de l'analyse de Lakroum [708] et de la thèse de Van-Chi [709].

[699] ANSON-MEYER (M.), *Mécanismes de l'exploitation en Afrique. L'exemple du Sénégal,* Paris, Cujas, 1974, 170 p.
[700] CHARLES (E. A.), *Precolonial Senegal : The Jolof Kingdom, 1800 to 1890,* African Studies Center, Boston University, 1977, 163 p.
[701] COPANS (J.), *Les marabouts de l'arachide,* Paris, Sycomore, 1980, 263 p.
[702] COULON (C.), *Le marabout et le prince. Islam et pouvoir au Sénégal,* Paris, Pedone, 1981, 317 p.
[703] CRUISE O'BRIEN (R.), *White Society in Black Africa. The French of Senegal,* Londres, Faber & Faber, 1972, 320 p.
[704] CURTIN (Ph.), *Economic Change in Precolonial Africa : Senegambia in the Era of the Slave Trade,* Wisconsin University Press, 1975, 2 vol.
[705] DIOP (A. B.), *La société wolof. Tradition et changement,* I : *Les systèmes d'inégalité et de domination,* Paris, Khartala, 1981, 358 p.
[706] FOUNOU-TCHUIGOUA (B.), *Fondements de l'économie de traite au Sénégal (la surexploitation d'une colonie de 1880 à 1960),* Paris, Silex, 1981, 173 p.
[707] GASTELLU (J. M.), *L'égalitarisme économique des Serer du Sénégal,* Paris, ORSTOM, 1981, 808 p.
[708] LAKROUM (M.), *Le travail inégal. Paysans et salariés sénégalais face à la crise des années 30,* Paris, L'Harmattan, 1983, 250 p.
[709] NGUYEN-VAN-CHI-BONNARDEL (R.), *Vie de relations au Sénégal. La circulation des biens,* Dakar, IFAN, 1978, 922 p.
[710] PFEFFERMANN (G.), *Industrial Labor in the Republic of Senegal,* New York, 1968, 325 p.
[711] ROBINSON (D.), *Chiefs and Clerics. The History of Abdul Bokar Kan and Futa Toro, 1853-1891,* Oxford Clarendon Press, 1975, 235 p.

[711 *bis*] ROCHE (C.), *Conquête et résistance des peuples de Casamance*, Dakar, NEA, 1979, 371 p.
[712] SNYDER (F. G.), *Capitalism and Legal Change, an African Transformation (Casamance)*, New York, Academic Press, 1982, 330 p.

Bénin, Togo, Côte-d'Ivoire, Ghana

La connaissance des Ashanti renouvelée par Wilks [727]. Une histoire quantitative du Bénin [714]. Une analyse magistrale du pouvoir précolonial : Perrot [722]. Sur la Côte-d'Ivoire contemporaine [719] et [721].

[713] AHANHANZO GLELE (N.), *Le Danxome*, Nubia, 1974, 282 p.
[714] MANNING (P.), *Slavery Colonialism and Economic Growth in Dahomey, 1640-1960*, Cambridge University Press, 1982, 446 p.
[715] WEN'SAA YAGLA, *L'édifice de la nation togolaise*, Paris, L'Harmattan, 1978, 215 p.
[716] AUGÉ (M.), *Théorie des pouvoirs et idéologie. Étude de cas en Côte-d'Ivoire*, Paris, Hermann, 1975, 440 p.
[717] BUREAU (R.), *Le prophète Harris et le harrisme*, Annales de l'Université d'Abidjan, F, série 3, 3, 1971, p. 30-196.
[718] CHAUVEAU (J.-P.), *Notes sur l'histoire économique et sociale de la région de Kokumbo (Baoulé Sud, Côte-d'Ivoire)*, Abidjan, ORSTOM, 1979, 227 p.
[719] GBAGBO (L.), *Économie et société à la veille de l'indépendance en Côte-d'Ivoire (1940-1960)*, Paris, L'Harmattan, 1982.
[720] GIBBAL (J. M.), *Citadins et villageois dans la ville africaine, l'exemple d'Abidjan*, Presses Universitaires de Grenoble / Maspero, 1974, 390 p.
[721] KIPRE (P.), *Les villes coloniales de Côte-d'Ivoire. Économie et Société, 1893-1940*, thèse de doctorat d'État ès lettres, Université de Paris VII, 1980, 3 vol. ronéotypés.
[722] PERROT (Cl.-H.), *Les Ani-Ndenye et le pouvoir aux XVIIIe et XIXe siècles en Côte-d'Ivoire*, Publ. de la Sorbonne, 1982, 352 p.
[723] SEMI-BI (Z.), *La politique coloniale des travaux publics en Côte-d'Ivoire, 1900-1940*, Annales de l'Université d'Abidjan, 1974, 360 p.
[724] WEISKEL (T. C.), *French Colonial Rule and the Baule Peoples. Resistance and Collaboration, 1889-1911*, Oxford Clarendon Press, 1980, 323 p.
[725] ARHIN (K.), *West African Traders in Ghana in the Nineteenth and Twentieth Century*, Londres, Longman, 1979, 146 p.
[726] GRAY (P. S.), *Unions and Leaders in Ghana : A Modal of Labor and Development*, New York, Conch Magazine Ltd., 1981, 228 p.
[726 *bis*] PATTERSON (K. D.), *Health in Colonial Ghana : Disease, Medicine and Socio-Economic Change, 1900-1955*, Crossroads Press, États-Unis, 1981, 189 p.
[727] WILKS (I.), *Asante in the 19th Century*, Cambridge UP, 1975, 795 p.

Nigeria

Importance de Cohen [730]. Originalité du champ exploré par Lovejoy [736] et Freund [732].

[728] ANAMABA (W.), *The Trade Union Movement in Nigeria*, New York, African Publishing Co., 1970, 320 p.
[729] BRENNER (L.), *The Shehus of Kawa*, Oxford Clarendon Press, 1973, 145 p.
[730] COHEN (R.), *Labour and Politics in Nigeria (1945-1971)*, Londres, Heinemann, 1974, 300 p.

[731] IKUNDARE (R. O.), *An Economic History of Nigeria, 1860-1960,* Londres, Methuen & Co., 1973, 458 p.
[732] FREUND (B.), *Capital and Labour in the Nigerian Tin Mines,* Londres, Longman, 1981, 265 p.
[733] HILL (P.), *Population, Prosperity and Poverty. Rural Kano 1900 and 1970,* Cambridge University Press, 1977, 240 p.
[734] LATHAM (A. J. H.), *Old Calabar 1600-1891. The Impact of the International Economy upon a Traditional Society,* Oxford Clarendon Press, 1973, 150 p.
[735] LAW (R.), *The Oyo Empire, c. 1600 - c. 1836. A West African Imperialism in the Era of the Atlantic Slave Trade,* Oxford Clarendon Press, 1977, 340 p.
[736] LOVEJOY (P.), *Caravan of Kola. The Hausa Kola Trade, 1700-1900,* A. Bello University Press, 1980, 180 p.
[737] NORTHRUP (D.), *Trade without Rulers : Precolonial Economic Development in South-Eastern Nigeria,* Oxford Clarendon Press, 1978, 269 p.
[738] SMITH (R. S.), *The Lagos Consulate, 1851-1861,* Londres, McMillan, 1981, 188 p.
[739] SMOCK (D. R.), *Conflict and Control in an African Trade Union : A Study of the Nigerian Coal Miners and Union,* Stanford, Hoover Institution Press, 1969, 170 p.
[740] WHITAKER (C. S.), *The Politics of Tradition : Continuity and Change in Northern Nigeria, 1946-1966,* NOK, 1981, 563 p.

Afrique équatoriale (Cameroun, Congo, Gabon, Tchad)

Enfin une histoire politique digne de ce nom [741]. Sur les Bamoum, une somme attendue [743]. Sur Douala, l'unique histoire urbaine [742]. De bons ouvrages sur le Gabon.

[741] BAYART (J.-F.), *L'État au Cameroun,* Paris, Presses Fondation Sc. Pol., 1979, 298 p.
[742] GOUELLAIN (R.), *Douala, ville et histoire,* Paris, Musée de l'Homme, 1975, 375 p.
[743] TARDITS (Cl.), *Le Royaume Bamoum,* Paris, Colin, 1980, 1 075 p.
[744] TARDITS (Cl.) (éd.), *Contribution de la recherche ethnologique à l'histoire des civilisations du Cameroun,* Paris, CNRS, 1981, 2 vol., 597 p.
[745] LABURTHE-TOLRA (Ph.), *Les seigneurs de la forêt. Essai sur le passé historique, l'organisation sociale et les normes éthiques des anciens Béti du Cameroun,* vol. I, Paris, Publ. de la Sorbonne, 1981, 494 p.
[746] BOUQUET (Ch.), *Tchad. Genèse d'un conflit,* Paris, L'Harmattan, 1982, 250 p.
[747] BUIJTENHUIJS (R.), *Le Frolinat et les révoltes populaires du Tchad, 1965-1976,* Paris, Mouton, 1978, 526 p.
[747 *bis*] CORDELL (D. D.), *Dar-el-kuti : Slavery, the State and Imperial Incursion,* Madison, Univ. of Wisconsin Press, 1985, 283 p.
[748] BABASSANA (H.), *Travail forcé, expropriation et formation du salariat en Afrique noire,* Paris, Presses Universitaires de Grenoble, 1978, 255 p. [Congo].
[749] DUPRÉ (G.), *Un ordre et sa destruction* (Les Nzabi), Paris, ORSTOM, 1982, 446 p.
[750] AMBOUROUÉ-AVARO (J.), *Un peuple gabonais à l'aube de la colonisation. Le Bas-Ogooué au XIXe siècle,* Karthala, 1981, 285 p.
[751] GAULME (F.), *Le pays de Cama. Un ancien état côtier du Gabon et ses origines,* Paris, Karthala, 1981, 270 p.
[752] MAGANGA-MOUSSAVOU (P.), *L'aide publique de la France au développement du Gabon depuis l'indépendance (1960-1978),* Paris, Sorbonne, 1982, 304 p.

[753] MARTIN (Ph.), *The External Trade of the Loango Coast 1576-1870 : The Effects of Changing Commercial Relations on the Vili Kingdom of Loango,* Oxford Clarendon Press, 1972, 193 p.
[754] MBOKOLO (E.), *Noirs et Blancs en Afrique équatoriale. Les sociétés côtières et la pénétration française, v. 1820-1874,* EHESS, 1981, 302 p.
[755] PATTERSON (K. D.), *The Mpangue and the Orungi of the Gabon Coast,* Oxford Clarendon Press, 1975.

Zaïre

D'excellents travaux d'économie politique. Voir aussi Perrings [811].

[756] BEZY (F.), PEEMANS (J. Ph.) et WAUTELET (J. M.), *Accumulation et sous-développement au Zaïre, 1960-1980,* Louvain, Presses Universitaires, 1981, 245 p.
[757] HARMS (R. W.), *River of Wealth, River of Sorrow, The Central Zaïre in the Era of the Slave and Ivory Trade, 1500-1891,* Yale University Press, 1981, 277 p.
[758] HUYBRECHTS (A.) *et al., Du Congo au Zaïre, 1960-1980,* Bruxelles, CRISP, 420 p.
[759] VELLUT (J.-L.), *Guide de l'étudiant en histoire du Zaïre,* Kinshasa-Lubumbaschi, Éd. du Mont-Noir, 1974, 207 p.
[760] WEISS (H.), *Political Protest in the Congo. The PSA during the Independance Struggle,* Princeton University Press, 1967, 327 p.
[761] *Zaïre. Le dossier de la recolonisation,* Paris, L'Harmattan, 1978, 295 p.

États lusophones (Guinée-Bissau, Angola, Mozambique) et Guinée équatoriale

Tous les ouvrages cités ici, à des titres divers, sont d'un grand intérêt. À compléter par : R. Pélissier, Nouveaux livres sur l'Ibéro-Africa, *Le mois en Afrique,* n° 207-208, 1983, p. 137-153, et n° 209, 1984.

[762] ANDRÉINI (J.-Cl.) et LAMBERT (M. L.), *La Guinée-Bissau d'Amilcar Cabral à la reconstruction nationale,* Paris, L'Harmattan, 1978, 214 p.
[763] BENDER (G.), *Angola under Portuguese : The Myth and the Reality,* Londres, Heinemann, 1978, 304 p.
[764] CLARENCE-SMITH (W. G.), *Slaves, Peasants and Capitalists in Southern Angola, 1840-1926,* Cambridge University Press, 1979, 132 p.
[765] PÉLISSIER (R.), *Les guerres grises : Résistance et révoltes en Angola (1845-1941),* Orgeval, chez l'auteur, 1977, 630 p. ; *La colonie du Minotaure, nationalisme et révoltes en Angola (1926-1961)* ; *ibid.,* 1978, 727 p.
[766] ISAACMAN (A. E.), *The Tradition of Resistance in Mozambique : Anti-Colonial Activity in the Zambesi Valley 1850-1921,* Londres, Heinemann, 1976, 232 p.
[766 *bis*] ISAACMAN (A. et B.), *Mozambique : From Colonialism to Revolution, 1900-1982,* Westview Press, États-Unis, 1983, 240 p.
[767] KATZENELLENBOGEN (S. E.), *South Africa and Southern Mozambique : Labour, Railways and Trade in the Making of a Relationship,* Manchester UP, 1982.
[768] VAIL (L.) et WHITE (L.), *Capitalism and Colonialism in Mozambique. A Study of Quelimane District,* Londres, Heinemann, 1981, 419 p.

[769] MONDLANE (E.), *Mozambique. De la colonisation portugaise à la libération nationale,* Paris, L'Harmattan, 1979, 256 p.

[770] LINIGER-GOUMAY (M.), *La Guinée équatoriale. Un pays méconnu,* Paris, L'Harmattan, 1980, 510 p.

Afrique centrale et orientale (zone interlacustre ; Rwanda)

[770 *bis*] ALPERS (éd.), *Ivory and Slaves in East Central Africa : Changing Patterns of International Trade to the Later 19th Century,* Londres, Heinemann, 1975, 296 p.

[771] BRETT (E. A.), *Colonialism and Underdevelopment in East Africa : The Politics of Economic Change, 1919-1939,* New York, NOK, 1973.

[772] *La civilisation ancienne des peuples des Grands Lacs,* Paris, Karthala, et Bujumbura, CCB, 1981.

[772 *bis*] CHRÉTIEN (J.-P.) (éd.), *Histoire rurale de l'Afrique des Grands Lacs,* Paris-Bujumbura, Afera, 1983, 285 p.

[773] COOPER (F.), *From Slaves to Squatters : Plantation Labor and Agriculture in Zanzibar and Coastal Kenya, 1890-1925,* New Haven, Yale University Press, 1980, 328 p.

[774] GREGORY (R. G.), *India and East Africa. A History of Race Relations within the British Empire, 1890-1939,* Oxford Clarendon Press, 1971, 555 p.

[775] LINDEN (I.), *Church and Revolution in Rwanda,* Manchester UP, 1977, 304 p.

[776] MWOROHA (E.), *Peuples et rois de l'Afrique des lacs,* Dakar, Les Nouvelles Éditions africaines, 1977, 352 p.

[777] NABUDERE (D.), *Imperialism in East Africa,* I : *Imperialism and Exploitation,* Londres, Zed Press, 1981, 132 p.

[778] PARKIN (D.), *Town and Country in Central and Eastern Africa,* Londres, IAI, 1975, 355 p.

[779] Le problème de la domination étatique au Rwanda. Histoire et économie, *Cahiers d'Études africaines,* numéro spécial 53, XIV, 1, 1974, 191 p.

[780] RANGER (T.), *Dance and Society in Eastern Africa, 1890-1970 : The Beni Ngoma,* Berkeley, University of California Press, 1975, 176 p.

Afrique centrale (Soudan, Ouganda, Kenya, Tanzanie)

Somme de Fawzy-Rossano [782]. La problématique du travail et des classes sociales renouvelée par Kitching [790] et Sandbrook [791].

[781] VAN ZWANENBERG (R. M. A.) et KING (A.), *An Economic History of Kenya and Uganda, 1800-1970,* Londres, 1975.

[782] FAWZY-ROSSANO (D. D.), *Le Soudan. Problèmes du passage de la création de l'État à la libération de la Nation,* thèse d'État, 1981, Paris VII - Lille III, 885 p.

[783] GRANDIN (N.), *Le Soudan nilotique et l'administration britannique (1898-1956),* Leyde, Brill, 1982, 348 p.

[7841 O'FAHEY, *State and Society in Dar Fur,* Londres, C. Hurst, 1980, 210 p.

[785] TUBIANA (J. et M. J.), *The Zaghawa from an Ecological Perspective,* Rotterdam, Balkema, 1977, 119 p.

[786] GRILLO (R. D.), *Race, Class and Militancy. An African Trade Union, 1939-1965* (Kampala, Ouganda), New York et Londres, Chandler Publishing Co., 1974, 150 p.

[787] JORGENSEN (J. J.), *Uganda : A Modern Hislory,* Londres, Croom Helm, 1981, 381 p.

[788] CLAYTON (A.) et SAVAGE (D. C.), *Government and Labour in Kenya, 1895-1963,* Londres, F. Cass, 1974, 481 p.
[789] KIPKORIR (B. E.) (éd.), *Biographical Essays on Imperialism and Collaboration in Colonial Kenya,* Nairobi, Kenya Literature Bureau, 1980, 247 p.
[790] KITCHING (G.), *Class and Economic Change in Kenya : The Making of an African petite bourgeoisie, 1905-1970,* Londres, Yale UP, 1980, 479 p.
[791] SANDBROOK (R.), *Proletarians and African Capitalism. The Kenyan Case, 1960-1972,* Cambridge University Press, 1975, 272 p.
[792] STICHTER (Sh.), *Migrant Labour in Kenya : Capitalism and African Response, 1895-1975,* Londres, Longman, 1982, 210 p.
[793] BOESEN (J.) et MOHALA (A. T.), *The « Success Story » of Peasant Tobacco Production in Tanzania : The Political Economy of a Commodity Producing Peasantry (1950-1977),* Uppsala, 1979, 169 p.
[794] COULSON (A.), *Tanzania 1800-1980, A Political Economy,* Oxford Clarendon Press, 1982, 394 p.
[795] HOGENDORN (J. S.) et SCOTT (K. M.), The East African groundnut scheme : Lessons of a large scale agricultural failure, *African Economic History,* n° 10, 1981, p. 81-115.
[796] ILIFFE (J.), *A Modern History of Tanganyika,* Cambridge UP, 1979, 616 p.
[796 *bis*] KJEKSHUS (H.) (éd.), *Ecology Control and Economic Development in East African History : The Case of Tanganyika, 1850-1950,* Londres, 1977, 190 p.
[797] SHIVJI (I. G.), *Class Struggles in Tanzania,* Monthly Review Press, 1976, 182 p.
[797 *bis*] WEBSTER (J. B.) (éd.), *Chronology, Migration and Drought in Interlacustrina Africa,* New York, Africana Publishing Co., 1979, 345 p.

La Corne de l'Afrique : Djibouti, Somalie, Éthiopie

[798] LANDOUZE (A.), *Djibouti, Nation-carrefour,* Paris, Karthala, 1982, 230 p.
[799] DECRAENE (Ph.), *L'expérience socialiste somalienne,* Paris, Berger-Levrault, 1977, 219 p.
[800] BATTAGLIA (R.), *La prima guerra d'Africa,* Turin, Einaudi, 1958, 822 p.
[801] HALIDAY (F.) et MOLYNEUX (M.), *The Ethiopia Revolution,* Londres, 1981 ; 2ᵉ éd., 1982.
[802] KOFI DARKWAH (R. H.), *Shewa, Menelik and the Ethiopian Empire, 1813-1889,* Londres, Heinemann, 1975, 256 p.
[803] LEFORT (R.), *Éthiopie. La révolution hérétique,* Paris, Maspero, 1981, 420 p.
[804] SBACCHI (A.), *Il Colonialismo Italiano in Etiopia, 1936-1940,* Milan, Marsia, 1980, 357 p.
[805] TRIULZI (A.), *Salt, Gold and Legitimacy. Prelude to the History of a No-Man's Land : Bela Shangul, Wallaggā, Ethiopia (ca 1800-1898),* Naples, Istituto Universitario Orientale, 1981, 212 p.
[806] TUBIANA (J.) (éd.), *L'Éthiopie moderne de l'avènement de Menelik II à nos jours,* Rotterdam, Balkema, 1980, 556 p.
[807] ZAWDE GABRE-SELLASSIE, *Yohannes IV of Ethiopia. A Political Biography,* Oxford Clarendon Press, 1975, 337 p.

Afrique australe : Zambie, Zimbabwe, Namibie

Excellence de l'analyse de Gordon [819] et de l'étude pionnière de Van Onselen [816]. Intérêt de la thèse d'Isaacman [815]. Voir aussi [651].

[808] OMER-COOPER (J. D.), *The Zulu Aftermath. A Nineteenth Century Revolulion in Bantu Africa,* Londres, Longman, 1966, rééd. 1978, 208 p.
[809] LINDEN (I.), *Catholics, Peasants and Chewa Resistance in Nyasaland, 1889-1939,* Londres, Heinemann, 1974, 224 p.
[810] MAKASA (K.), *March to Political Freedom* (Zambia), Nairobi, Heinemann, 1981, 162 p.
[811] PERRINGS (Ch.), *Black Mine Workers in Central Africa. Industrial Strategies and the Evolution of an African Proletariat in the Copperbelt, 1911-1941,* Londres, Heinemann, 1979, 302 p.
[812] ROBERTS (A. D.), *A History of the Bemba : Political Growth and Change in North-Eastern Zambie before 1900,* Londres, Longman, 1974, 420 p.
[813] ROBERTS (A. D.), *A History of Zambia,* Londres, Longman, 1977, 304 p.
[814] BEACH (D. N.), *The Shona and Zimbabwe, 900-1850,* Londres, Heinemann, 1980, 437 p.
[815] ISAACMAN (A.), Social banditry in Zimbabwe (Rhodesia) and Mozambique, 1894-1907 : An expression of early prisant protest, *Journal of Southern African Studies,* IV, 1, 1977, p. 1-30.
[816] VAN ONSELEN (Ch.), *Chibaro : African Mine Labour in Southern Rhodesia, 1900-1933,* Londres, Pluto Press, 1976, 326 p. (une thèse novatrice).
[817] CRONJÉ (G. et S.), *The Workers of Namibie,* Londres, International Defence and Aid Fund, 1979, 135 p.
[818] FRANKEL (P.), *Les Namibiens,* Éd. de l'Entente, 1974, 50 p.
[819] GORDON (R. J.), *Mines, Masters and Migrants : Life in a Namibian Compound,* Johannesburg, Raven Press, 1977, 250 p.
[820] MOORSON (R.), Underdevelopment, contract labour and worker consciousness in Namibia, 1915-1972, *Journal of Southern African Studies,* IV, 1, 1977, p. 52-87.

Afrique du Sud

La problématique de l'histoire ouvrière renouvelée par Bonner [821] et par Bozzoli [822].

[821] BONNER (P. L.) (éd.), *Working Papers in Southern African Studies (Histoire du travail),* Johannesburg, University of the Witwatersrand, 1977 (rééd., 1979), 342 p.
[822] BOZZOLI (B.) (éd.), *Labour, Township and Protest. Studies in the Social History of the Witwatersrand,* Johannesburg, Raven Press, 1979, 330 p.
[823] CORNEVIN (M.), *L'Afrique du Sud en sursis,* Paris, Hachette, 1977, 287 p.
[824] FIRST (R.), STEELE (J.) et GURNEY (Ch.), *The South African Connection. Western Investment in Apartheid,* Londres, Temple Smith, 1972, 352 p.
[825] GREENBERG (S. B.), *Race and State in Capitalist Development : South Africa in Comparative Perspective,* New Haven, Yale University Press, 1980, 489 p.
[826] MARKS (Sh.) et RATHBONE (R. J.) (éd.), *Industrialisation and Social Change. Essays on African Class Formation, Culture and Consciousness in South Africa; 1870-1930,* Londres, Longman, 1982.
[827] MARKS (Sh.) et ATMORE (A.) (éd.), *Economy and Society in Pre-Industrial South Africa,* Londres, Longman, 1980, 385 p.
[828] MEILLASSOUX (Cl.), *Les derniers Blancs : le modèle sud-africain,* Paris, Maspero, 1979, 310 p.
[829] PEIRES (J. B.) (éd.), *Before and after Shaka. Papers in Nguni History,* Inst. Soc. and Econ. Research, Afrique du Sud, 1981, 276 p.

[830] PAKENHAM (Th.), *The Boer War,* Londres, Weidenfeld & Nicolson, 1979, 655 p.
[831] PHILIPS (P.), *British Residents at the Cape, 1795-1819. Biographical Records of 4 800 Pioneers,* Afrique du Sud, 1981, 484 p.
[832] THOMPSON (L.) et PRIOR (A.), *South African Politics,* Londres, Yale University Press, 1982 (interdit en Afrique du Sud).
[833] DU TOIT (D.), *Capital and Labour in South Africa : Class Struggle in the 1970s,* Londres, Kegan Paul, 1981, 495 p.
[834] VAN ONSELEN (Ch.), *A Social History of the Witwatersrand,* Longman, 1992, 2 vol.

UNE SÉLECTION DE TRAVAUX, 1984-1993
(addendum 3e et 4e éditions)

À noter un tournant majeur : les travaux historiques de langue française sont devenus très riches en œuvres d'historiens africains. À la première génération parfois controversée de l'indépendance (Ki-Zerbo [4 *bis*], Cheikh Anta Diop, *Nations nègres et culture,* 1955) a succédé une deuxième génération qui s'est consacrée à la reconstitution de monographies régionales d'histoire surtout précoloniale (Loucou [901] ; Cissoko [855] ; Bathily [841]) ou celle des résistances à la colonisation (Metegue N'Nah [910] ; Nzabakomada [916]...). Certains ont ouvert la voie à des thèmes nouveaux, comme celui de la ville (y compris ses marginaux) défriché par Kipré [895], domaine également abordé par Bah [838] et Semi-Bi [723], ou celui de l'État (Mworoha [913]). Aujourd'hui, l' « école sénégalaise » (B. Barry, A. Bathily, I. Diagne, M. Diouf, M. Fall, M. Mbodj, Iba der Thiam, I. Thioub..., cf. thèses publiées à L'Harmattan ou à Karthala) est en plein essor. L' « école franco-burundaise » (cf. [912], [854]) est dynamique (et donc parfois controversée). D'autres suivent, en particulier Madagascar (F. Rajoanah-Esoavelomandroso, L. Rabearimana).

Ces travaux abordent dorénavant les contradictions des sociétés préexistantes, des mouvements nationalistes, et les désillusions qui ont suivi les indépendances. Malheureusement, la plupart sont de faible diffusion ou, pour les plus jeunes, non encore publiés (cf. J. A. Mbembé et M. Diouf, in *Revue de la Bibliothèque nationale,* n° 34, 1989, sur la relecture du passé colonial à travers le prisme de l'État-nation). Mais ce « regard croisé » des historiens des deux continents est devenu indispensable. À noter l'importance croissante de travaux collectifs internationaux : cf. *Colonisateurs et colonisés dans l'ex-AOF* (équipe franco-africaine coordonnée par C. Coquery-Vidrovitch [864]) ; ou bien encore les publications franco-burundaises (Karthala), ou l'ouvrage [959] sur *L'histoire des jeunes en Afrique,* L'Harmattan.

— Les nouveaux points forts ont été, d'abord, une histoire rurale revisitée (Amin et coll. [636] ; Chrétien (éd.), 1983, Jewsiewicki, 1984, Coquery-Vidrovitch (éd.), *Sociétés paysannes du Tiers Monde,* 1981, rééd. L'Harmattan, 1991), qui insiste non plus sur le passéisme du monde rural, mais sur sa capacité à inventer ses réponses face aux calamités qu'il a subies (traite, exactions coloniales). L'histoire des processus d'urbanisation démarre, à la fois spatiaux, fonciers et financiers, mais aussi sociaux et politiques (voir complément bibliographique, chap. XIII, p. 266, et addendum 5e éd., chap. XVI) ; enfin, au-delà de la question lancée naguère de façon provocante par Henri Brunschwig sur *Comment le colonisé devint colonisateur* [655], émerge l'histoire des métissages idéologiques, culturels, religieux (Mbembé [908] ;

Raison-Jourde [923]). L'histoire des modes populaires d'action politique se développe sous la forme privilégiée de la culture populaire (Jewsiewcki-Koss et Moniot [891]).

Sur la *décolonisation*, les acquis historiques sont plus classiques, dus à l'ouverture récente des archives. Le thème du premier festival *Histoire et Cinéma* organisé par la revue *Histoire* (Pessac, 1990) a été celui du cinéma colonial, et la table ronde majeure y fut intitulée : « Faut-il avoir honte de la colonisation ? »

Le changement fut rapide, marqué par la sortie d'une vaste fresque de synthèse sur *la France coloniale* qui déborde largement du seul domaine politique ([837]) ; et une histoire interne des territoires à l'époque coloniale [864]. Si l'on excepte l'entreprise internationale de l'Unesco sur l'*Histoire générale de l'Afrique,* 8 vol. c'est, dans l'univers francophone, un changement de méthode et de point de vue majeur : l'histoire coloniale apparaîtrait enfin quasi décolonisée... (cf. addendum 5e éd., chap. XVI).

[835] *L'Afrique subsaharienne. De la crise à une croissance durable. Étude de prospective à long terme,* Rapport de la Banque mondiale, 1989, 346 p.

[836] AGERON (Ch.-A.), *La décolonisation française,* Paris, Colin, 1991, 180 p.

[837] *Histoire de la France coloniale,* t. I : *Des origines à 1914,* par J. Meyer, J. Tarrade, A. Rey-Goldzeiger et J. Thobie, Paris, A. Colin, 1991, 846 p. ; t. II : *1914-1990,* par J. Thobie, G. Meynier, C. Coquery-Vidrovitch et Ch.-R. Ageron, *ibid.,* 1990, 654 p., rééd. 1996, Agora Pocket.

[838] BAH (Thierno), *Architecture militaire traditionnelle et poliorcétique dans le Soudan occidental du XVIIe à la fin du XIXe siècle,* Yaoundé, Clef/ACCT, 1985, 310 p.

[839] BAKER (W. J.) et MANGAN (James A.), *Sports in Africa. Essays in Social History,* Londres, Africana Publ. Co., 1987.

[839 *bis*] BIRMINGHAM (D.) et MARTIN (P.), *History of Central Africa,* Londres, Longman, 1983, 2 vol., 315 et 432 p.

[840] BARRY (B.), *Le royaume du Waalo. Le Sénégal avant la conquête* (rééd. révisée), Karthala, 1988, 421 p., et *La Sénégambie du XVe au XIXe siècle. Traite négrière, Islam et conquête coloniale,* Paris, L'Harmattan, 1989, 432 p.

[841] BATHILY (A.), *Les portes de l'or. Le royaume de Galam (Sénégal) de l'ère musulmane au temps des négriers (VIIe-XVIIIe siècle),* Paris, L'Harmattan, 1989, 375 p.

[842] BAYART (J.-F.), *L'État au Cameroun,* Paris, 2e éd. rév., Presses de la Fondation nationale des Sciences politiques, 1985, 348 p., et *L'État en Afrique. La politique du ventre,* Paris, Fayard, 1989, 439 p.

[843] BENOIST (J.-R. de), *Église et pouvoir colonial au Soudan français. Administrateurs et missionnaires dans la Boucle du Niger (1885-1945),* Paris, Karthala, 1987 545 p.

[844] BERMAN (B.), *Control and Crisis in Colonial Kenya. The Dialectic of Domination,* Londres, Ohio University Press et James Currey, 1990, 479 p.

[845] BERNARD-DUQUENET (N.), *Le Sénégal et le Front populaire,* Paris, L'Harmattan, 1985.

[846] BERRY (S.), *Fathers Work for their Sons. Accumulation, Mobility and Class Formation in an Extended Yoruba Community,* Berkeley, University of California Press, 1985, 270 p.

[847] BONNAFÉ (P.), *Histoire sociale d'un peuple congolais,* I : *La terre et le ciel* ; II : *Posséder et gouverner,* Paris, ORSTOM, 1987-1988.

[848] BOULÈGUE (J.), *Les Luso-Africains de Sénégambie, XVIe-XIXe siècle,* Lisboa, Instituto de Investigaçao Cientifica Tropical / Paris, CRA, 1989.

[849] BRIGAUD (F.) et VAST (J.), *Saint-Louis du Sénégal. Ville aux mille visages,* Dakar, Clairafrique, 1987.

[850] BUIJTENHUIS (R.), *Le Frolinat et les guerres civiles du Tchad (1977-1984). La révolution introuvable,* Paris, Karthala / Leyde, Afrikastudlecentrum, 1987, 479 p.

[851] CALLAWAY (H.), *Gender, Culture and Empire. European Women in Colonial Nigeria,* Macmillan, 1987.

[852] CAPELLE (J.), *L'éducation en Afrique noire à la veille des indépendances (1946-1958),* Paris, Karthala, 1990.

[853] CAMEIRO DA CUNHA, MARIANNO et VERGER (P.), *From Slave Quarters to Town Houses. Brazilian Architecture in Nigeria and the People's Republic of Benin,* São Paulo, Nobel Edusp, 1985.

[854] CHRÉTIEN (J.-P.) et coll., *La crise d'août 1988 au Burundi,* Paris, CRA-AFERA, 1989.

[855] CISSOKO (Mody), *L'histoire politique du Khasso dans le haut Sénégal des origines à 1854,* L'Harmattan, 1986, 415 p.

[856] CHANOCK (M.), *Law, Custom and Social Order. The Colonial Experience in Malawi and Zambia,* Cambridge University Press, 1985.

[857] COMAROFF (J.), *Body of Power, Spirit of Resistance. The Culture and History of a South African People,* Chicago University Press, 1985, 296 p.

[858] CONNAH (G.), *African Civilizations. Precolonial Cities and States in Tropical Africa : An Archaeological Perspective,* Cambridge University Press, 1987, 259 p.

[859] COOPER (F.), *On the African Waterfront. Urban Disorders and the Transformation of Work in Colonial Mombasa,* Yale University Press, 1987, 290 p.

[860] COPANS (J.), AGIER (M.) et MORICE (A.), *Classes ouvrières d'Afrique noire,* Paris, Karthala, 1987, 293 p.

[861] COQUERY-VIDROVITCH (C.), FOREST (A.) et WEISS (C.) (éd.), *Rébellions/Révolution au Zaïre, 1963-1965,* 2 vol., Paris, L'Harmattan, 1987, 183 et 208 p.

[862] COQUERY-VIDROVITCH (C.) et LOVEJOY (P.) (éd.), *The Workers of African Trade in Precolonial Africa,* Londres, Sage, 1985, 304 p.

[863] COQUERY-VIDROVITCH (C.), *Afrique noire. Permanences et ruptures,* Paris, Payot, 1985 (2e éd. rév. à L'Harmattan, 1993), 450 p.

[864] COQUERY-VIDROVITCH (C.) (dir.), *L'Afrique occidentale au temps des Français. Colonisateurs et colonisés, c. 1860-1960,* Paris, La Découverte, 1992, 462 p.

[865] COULON (C.) et MARTIN (D.) (éd.), *Les Afriques politiques,* Paris, La Découverte, 1991, 294 p.

[866] CRUMMEY (D.) (éd.), *Banditry, Rebellion and Social Protest in Africa,* Heineman, 1986, 405 p.

[867] CRUMMEY (D.), Society, state and nationality in the recent historiography of Ethiopia, *Journal of African History,* 31, 1990, p. 103-119.

[868] CURTIN (P.), *Death by Migration : Europe's Encounter with the Tropical World in the 19th Century,* Cambridge University Press, 1989, 251 p.

[869] DOMERGUE-CLOAREC (D.), *Politique coloniale française et réalités coloniales : la santé en Côte-d'Ivoire, 1905-1958,* Paris, Académie des Sciences d'outre-mer, 1986.

[870] DEWITTE (Ph.), *Les mouvements nègres en France, 1919-1939,* Paris, L'Harmattan, 1985, 257 p.

[871] DIOUF (Mamadou), *Le Cayor au XIXe siècle : pouvoir ceddo et conquête coloniale,* Karthala, 1988, 237 p.

[872] DIOP (M.) et DIOUF (M.), *Le Sénégal sous Abdou Diouf,* Paris, Karthala, 1990.

[873] DOZON (J.-P.), *La société Bété. Histoire d'une ethnie de Côte-d'Ivoire,* ORSTOM-Karthala, 1985, 367 p.

[874] DUPRÉ (G.), *Un ordre et sa destruction,* ORSTOM, 1982, 446 p., et *Les naissances d'une société. Espace et historicité chez les Beembé du Congo,* ORSTOM, 1985, 418 p.

[875] ECHENBERG (M.), *Colonial Conscripts. The « Tirailleurs Sénégalais » in French Western Africa, 1857-1960,* Londres, J. Currey, 1991, 236 p.

[876] FAGE (J. D.), *A History of Africa,* Londres, Hutchinson, 2e éd., 1988, 578 p.

[877] FEIERMAN (St.), *Pensants Intellecluals. Anthropology and History in Tanzania,* Madison, University of Wisconsin Press, 1990, 340 p.

[878] FIELDS (K.), *Revival and Rebellion in Colonial Central Africa,* Princeton University Press, 1985, 323 p.

[879] La femme noire dans la vie moderne. Images et réalités, *Présence africaine,* numéro spécial, n° 141-142, 1987.

[880] FIELDHOUSE (D.), *Black Africa 1945-1980 : Economic Decolonization and Arrested Development,* Londres, Allen & Unwin, 1986, 260 p.

[881] FUREDI (F.), *The Mau-Mau war in Perspective,* Londres, James Currey, 1989.

[882] GARCIA (L.), *Le royaume du Dahomey face à la pénétration coloniale. Affrontements et incompréhension (1875-1894),* Paris, Karthala, 1988.

[883] GIFFORD (P.) et LOUIS (R.) (éd.), *Decolonization and African Independence. The Transfers of Power, 1960-1980,* Yale University Press, 1988, 651 p.

[884] GOERG (O.), *Commerce et colonisation en Guinée (1850-1913),* Paris, L'Harmattan, 1986, 432 p.

[885] GUYER (J.) (éd.), *Feeding African Cities. Studies in Regional Social History,* Indiana University Press, 1987, 249 p.

[886] HAY (M.) et STICHTER (Sh.), *African Women South of the Sahara,* Londres, Longman, 1984, 227 p.

[887] ILIFFE (J.), *The African Poor. A History,* Cambridge University Press, 1987, 387 p.

[888] ILIFFE (J.), *Famine in Zimbabwe 1890-1960,* Gweru, Mambo Press, 1990.

[889] Institut d'Histoire du Temps présent, *Les chemins de la décolonisation de l'Empire colonial français, 1936-1956,* Paris, Éd. du CNRS, 1986, 565 p., et *Décolonisations européennes,* Aix-en-Provence, Publications de l'Université de Provence, 1995, 400 p.

[890] IZARD (M.), *Gens de pouvoir, gens de la terre. Les institutions politiques de l'ancien royaume du Yatenga,* Cambridge University Press / Paris, Éd. MSH, 1985.

[891] JEWSIEWICKI-KOSS (B.) et MONIOT (H.), *Dialoguer avec le léopard ? Pratiques, savoirs et actes du peuple face au politique en Afrique noire,* Paris et Québec, L'Harmattan et Safi, 1988, 439 p.

[892] JOSEPH (R.), *Le mouvement nationaliste au Cameroun. Les origines sociales de l'UPC* (trad. de l'anglais, 1977), Paris, Karthala, 1989, 414 p.

[893] JOSEPH (R.), *Democracy and Prebendal Politics in Nigeria. The Rise and Full of the Second Republic,* Cambridge University Press, 1987, 237 p.

[894] KEA RAY (A.), *Trade and Politics in the 17th Century Gold Coast,* Baltimore, Johns Hopkins University Press, 1983, 468 p.

[895] KIPRÉ (Pierre), *Histoire des villes en Côte-d'Ivoire, 1896-1940,* Abidjan, Nouvelles Éditions africaines, 2 vol., 1985, 240 et 290 p.

[896] KNIBIEIHLER (Yvonne) et GOUTALIER (Régine), *Femmes et colonisation,* Rapport au ministère de la Coopération, Institut d'Histoire des Pays d'outre-mer, n° 20, Aix, 1987, 356 p.

[897] KOPYTOFF (Igor) (éd.), *The African Frontier. The Reproduction of Traditional African Societies,* Indiana University Press, 1987, 288 p.

[898] LAST (Murray) et RICHARDS (Paul) (éd.), *Sierra-Leone, 1787-1987. Two Centuries of Intellectual Life,* Manchester University Press / IAI, 1987.

[899] LIAUZU (Claude), *Aux origines des tiers-mondismes. Colonisés et anti-colonialisme en France entre 1919 et 1939,* Paris, L'Harmattan, 1986, 276 p.

[900] LIEBENOW (J. Gus), *Liberia : The Quest for Democracy,* Bloomington, Indiana University Press, 1987.

[901] LOUCOU (Jean-Noël), *Histoire de la Côte-d'Ivoire,* I : *La formation des peuples,* Abidjan, CEDA, 1984, 208 p.

[902] LOVEJOY (Paul), *Salt of the Desert Sun. A History of Salt Production and Trade in the Central Sudan,* Cambridge University Press, 1985.

[903] LUBECK (Paul), *Islam and Urban Labor in Northern Nigeria : The Making of a Muslim Working Class,* Cambridge University Press, 1986, 353 p.

[904] LY TALL (Madina), *Un islam militant en Afrique de l'Ouest au XIXe siècle,* Paris, L'Harmattan, 1991, 480 p.

[905] MACGAFFEY (Janet), *Entrepreneurs and Parasites : The Struggle for Indigenous Capitalism in Zaire,* Cambridge University Press, 1987, 241 p.

[906] MACGAFFEY (W.), *Religion and Society in Central Africa. The Bakongo of Lower Zaire,* University of Chicago Press, 1986, 295 p.

[907] MARTIN (S. M.), *Palm-Oil and Protest. An Economic History of the Ngwa Region, South-Eastern Nigeria, 1800-1980,* Cambridge, CUP, 1988, 209 p.

[908] MBEMBE (Achille), *Afriques indociles. Christianisme, pouvoir et État en société post-coloniale,* Paris, Karthala, 1988, 222 p.

[909] MBOKOLO (E.), *L'Afrique au XXe siècle. Le continent convoité* (2e éd.), Paris, Le Seuil, 1985, 298 p.

[910] METEGUE N'NAH (Nicolas), *L'implantation coloniale au Gabon. Résistance d'un peuple,* Paris, L'Harmattan, 1981, 120 p.

[911] MICHEL (Marc), *Gallieni,* Paris, Fayard, 1989.

[912] MUDENGE (S. I. G.), *A Political History of Munhumutapa, c. 1400-1902,* Zimbabwe Publishing House, Londres, James Currey, 1988.

[913] MWOROHA (Émile) et coll., *Histoire du Burundi des origines à la fin du XIXe siècle,* Paris, Hatier, 1987, 352 p.

[914] NEWBURY (Catharine), *The Cohesion of Oppression : Clientship and Ethnicity in Rwanda, 1860-1960,* New York, Columbia University Press, 1988, 321 p.

[915] NIANE DJIBRIL (Tamsir), *Histoire des Mandingues de l'ouest. Le royaume de Gabou,* Paris, Karthala-Arsan, 1989.

[916] NZABAKOMADA (Raphaël), *L'Afrique centrale insurgée. La guerre du Kongo-Wara, 1928-1931,* Paris, L'Harmattan, 1986.

[917] PASQUIER (Roger), *Le Sénégal au milieu du XIXe siècle. La crise économique et sociale,* thèse d'État, Université de Paris IV, 1987, 7 vol.

[918] PHIMISTER (Ian), *An Economic and Social History of Zimbabwe, 1890-1948 : Capital Accumulation and Class Struggle,* Londres, Longman, 1988.

[919] PEEL (J. D.), *Ishejas and Nigerians,* Cambridge University Press, 1984.

[920] PIEL (Jean), *Esquisse d'une histoire comparée des développements dans le monde jusque vers 1850,* Nanterre, Érasme, 1989, 296 p.

[921] POURTIER (Roland), *Le Gabon*, I : *Espace, histoire, société* ; II : *État et développement*, Paris, L'Harmattan, 1989.

[922] RAISON (Françoise) (éd.), *Les souverains de Madagascar. L'histoire royale et ses résurgences contemporaines*, Paris, Karthala, 1983, 480 p.

[923] RAISON (Françoise), *Bible et pouvoir à Madagascar au XIX*e *siècle*, Paris, Karthala, 1991, 840 p.

[924] ROBERTSON (Claire), *Sharing the Same Bowl. A Socio-economic History of Women and Class in Accra*, Bloomington, Indiana University Press, 1984, 299 p.

[925] ROBERTSON (Claire) et MARTIN (Klein) (éd.), *Women and Slavery in Africa*, Madison, University of Wisconsin Press, 1984, 380 p.

[926] ROBINSON (D.), *La guerre sainte d'al-Hajj Umar. Le Soudan occidental au milieu du XIX*e *siècle*, Paris, Karthala, 1988, 415 p. (trad. de l'anglais, 1985).

[927] ROMERO (P.), *Life Histories of African Womem*, Ashfield Press, 1987, 200 p.

[928] ROSS (R.) et TELKAMP (G.) (éd.), *Colonial Cities. Essays on Urbanism in a Colonial Context*, 1985, 250 p.

[929] SAINT-MARTIN (Y.), *Le Sénégal sous le Second Empire. Naissance d'un empire colonial (1850-1871)*, Paris, Karthala, 1989, 675 p.

[930] SAMARIN (W. J.), *The Black Man's Burden : African Colonial Labor on the Congo and Ubangi Rivers, 1880-1900*, Boulder, Westview Press, 1989, 276 p.

[931] SANANKOUA (Bintou), *Un empire peul au XIX*e *siècle. La Diina du Masina*, Paris, Karthala/ACCT, 1990, 174 p.

[932] SHERIFF (Abdul), *Slaves, Spires and Ivory in Zanzibar. Integration of an East African Commercial Empire into the World Economy, 1770-1873*, Londres, James Currey, 1987.

[933] SHICK (Tom W.), *Behold the Promised Land, a History of Afro-American Settler Society in 19th Century Liberia*, Baltimore, Johns Hopkins University Press, 1980.

[934] STICHTER SHARON et PARPART (J.), *Patriarchy and Class : African Women in the Home and the Workplace*, Westview Press, 1988, 232 p.

[935] THOMPSON (Leonard), *A History of South Africa*, Londres et Yale University Press, 1990.

[936] TRAORÉ (Sekou), *La Fédération des Étudiants d'Afrique noire en France (FEANF)*, Paris, L'Harmattan, 1985, 102 p.

[937] TRIAUD (Jean-Louis), *Tchad, 1900-1902 : une guerre franco-libyenne oubliée ? Une confrérie musulmane, la Sanusiyya, face à la France*, Paris, L'Harmattan, 1988, 203 p.

[938] TRIAUD (Jean-Louis), *La légende noire de la Sanûsiyya. Une confrérie musulmane saharienne sous le regard français (1840-1930)*, Paris, Éd. de la Maison des Sciences de l'Homme, 1995, 2 vol., ensemble 1 151 p.

[939] VANSINA (Jan), *Paths in the Rainforest. Towards a History of Political Tradition in Equatorial Africa*, Londres, James Currey, 1990, 428 p.

[940] VAUGHAM (Megan), *The Story of an African Famine. Gender and Famine in 20th Century Malawi*, Cambridge University Press, 1987, 182 p.

[941] WARNIER (J.-P.), *Échanges, développements et hiérarchies dans le Bamenda précolonial (Cameroun)*, Stuttgart, Fr. Steiner V., 1985, 323 p.

[942] WATERMAN (Christopher Alan), *Juju : A Social History and Ethnography of an African Popular Music*, University of Chicago Press, 1990.

[943] WESTERN (John), *Outcast Cape Town*, University of Minnesota Press, 1981, 355 p.

[944] WHITE (Luise), *The Comforts of Home. Prostitution in Colonial Nairobi*, University of Chicago Press, 1990, 285 p.

[945] WILMSEN (Edwin N.), *Land Filled with Flies. A Political Economy of the Kalahari,* Chicago University Press, 1989, 402 p.
[946] WYSE (Akintola J. G.), *The Krio of Sierra Leone. An Interpretative History,* Londres, Hurst & Co., 1989, 156 p.
[947] AGERON (Charles-Robert) et MICHEL (Marc) (dir.), *L'Afrique noire. L'heure des indépendances,* CNRS, 1992, 721 p.
[948] D'ALMEIDA-TOPOR (Hélène), *L'Afrique au XXe siècle,* Paris, A. Colin, 1993.
[949] D'ALMEIDA-TOPOR (Hélène), CHANSON-JABEUR (Chantal) et LAKROUM (Monique) (dir.), *Les transports en Afrique,* Paris, L'Harmattan, 1992, 361 p.
[950] D'ALMEIDA-TOPOR (Hélène), COQUERY-VIDROVITCH (C.), GOERG (Odile) et GUITART (Françoise) (dir.), *Les jeunes en Afrique,* 2 vol., Paris, L'Harmattan, 1992, 571 et 526 p.
[951] D'ALMEIDA-TOPOR (Hélène), *Histoire économique du Dahomey/Bénin, 1890-1920,* Paris, L'Harmattan, 1994, 2 vol.
[952] BAYART (J.-Fr.), MBEMBE (Achille) et TOULABOR (Comi), *Le politique par le bas en Afrique noire. Contributions à une problématique de la démocratie,* Paris, Karthala, 1992, 268 p.
[953] BLANCHARD (Pascal) et CHATELIER (Armelle) (dir.) *Images et colonies,* Syros/Achac, 1993, 158 p.
[954] *Exposition « Images et colonies (1880-1962) »,* BDIC et ACHAC, 1993.
[955] BOILLEY (Pierre), BERNUS (Edmond), CLOZEL (Jean) et TRIAUD (Jean-Louis), *Nomades et commandants. Administrateurs et sociétés nomades dans l'ex-AOF,* Paris, Karthala, 1993, 246 p.
[956] COQUERY-VIDROVITCH (C.) (éd.), *Histoire africaine du XXe siècle. Sociétés-villes-cultures,* Paris, L'Harmattan, 1993, 266 p.
[957] IZARD (Michel), *L'odyssée du pouvoir. Un royaume africain, État, société, destin individuel,* EHESS, 1992, 156 p.
[958] M'BOKOLO (Elikia) (dir.), *Afrique noire. Histoire et civilisations,* II : *XIXe-XXe s.,* Hatier-Aupelf, 1992.
[959] MICHEL (Marc), *Décolonisations et émergence du Tiers Monde,* Paris, Hachette, 1993.
[960] THIAM (Iba der), *Histoire politique et syndicale du Sénégal,* Paris, L'Harmattan, 1992.
[961] VIDAL (Claudine), *Sociologie des passions (Côte-d'Ivoire, Rwanda),* Paris, Karthala, 1991, 181 p.

BIBLIOGRAPHIE COMPLÉMENTAIRE POUR LA 5e ÉDITION

UNE SÉLECTION DE TRAVAUX, 1992-2004

[962] AKPO-VACHÉ (C.), *L'AOF dans la seconde guerre mondiale,* Paris, Karthala, 1996, 336 p.
[963] ANDARGACHEW TIRUNEH, *The Ethiopian Revolution, 1974-1987 : A Transformation from an Aristocratic to a Totalitarian Autocracy,* Cambridge UP, 1993.
[964] BADO (J.-P.), *Médecine coloniale et grandes endémies en Afrique, 1900-1960 : lèpre, trypanosomiase humaine et onchocercose,* Paris, Karthala, 1996, 432 p.
[965] BAH (Thierno Mouctar) (éd.), *Acteurs de l'histoire au Nord-Cameroun, XIXe et XXe siècles,* numéro spécial de *Ngaoundere-Anthropos, Revue de Sciences sociales,* vol. III, 1998, Université de Ngaoundere et Université de Tromso (Norvège), 2002, 304 p.
[966] BAHRU (Zewde), *A History of Modern Ethiopia (1855-1991),* Londres, James Currey, 1991, 300 p. ; 2e éd., 2001.

[967] BARRY (Ismaël), *Le Fuuta-Jaloo face à la colonisation (Conquête et mise en valeur de l'administration en Guinée),* thèse, Université de Paris 7, 1992 ; édité à Paris, L'Harmattan, 1997, 2 vol., 965 p.

[968] BEAVOGUI (Facinet), *Les Toma (Guinée et Liberia) au temps des négriers et de la colonisation française (XVIe-XXe s.),* Paris, L'Harmattan, 2001, 206 p.

[969] BECKER (Ch.), MBAYE (S.) et THIOUB (I.) (dir.), *AOF : réalités et héritages. Sociétés ouest-africaines et ordre colonial, 1895-1960,* Dakar, Direction des Archives du Sénégal, 1998, 2 vol., 1 273 p.

[970] BERHANOU (Abebe), *Histoire de l'Éthiopie d'Axoum à la révolution (c. IIIe s. avant notre ère - 1974),* Paris, Maisonneuve & Larose, 1998, 238 p.

[971] BIERSCHENK (Th.), CHAUVEAU (J.-P.) et OLIVIER DE SARDAN (J.-P.), *Courtiers en développement. Les villages africains en quête de projets,* Paris, Karthala, Mayence, APAD, 2000, 318 p.

[972] BONNEUIL (C.), *Mettre en ordre et discipliner les tropiques : les sciences du végétal dans l'empire français 1870-1940,* thèse de l'Université de Paris 7, REHSEIS, 1997 (microfiches Université de Lille III, 1998).

[973] BOTTE (R.), BOUTRAIS (J.), SCHMITZ (J.) (dir.), *Figures peules,* Paris, Karthala, 1999, 539 p.

[974] BOUBRIK (Rahal), *Saints et société en Islam. La confrérie ouest-saharienne Fâdiliyya,* Paris, Éd. du CNRS, 1999, 208 p.

[975] BRENNER (L.), *West African Sufi. The Religious Heritage and Spiritual Search of Cerno Bokar Saalif Taal,* Londres, Hurst, 1984, 215 p.

[976] BRENNER (L.), *Controlling Knowledge. Religion, Power and Schooling in a West African Muslim Society,* Londres, Hurst, 2000, 343 p.

[976 *bis*] CANTIER (J.) et JENNINGS (É.), *L'Empire colonial sous Vichy,* Paris, Odile Jacob, 2004, 398 p.

[976 *ter*] Centenaire de l'AOF, numéro spécial *Cahiers de l'IFAN,* 1999.

[977] CHRÉTIEN (J.-P.), *L'Afrique des grands lacs. Deux mille ans d'histoire,* Paris, Aubier, 2000, 411 p.

[978] COMAROFF (Jean et John L.), *Of Revelation and Revolution,* vol. I : *Christianity, Colonialism and Consciousness in South Africa,* University of Chicago Press, 1991, 414 p. ; vol. II : *The Dialectics of Modernity on a South African Frontier,* 1997, 588 p.

[979] CONKLIN (A. L.), *A Mission to Civilize. The Republican Idea of Empire in France and West Africa, 1895-1939,* Stanford University Press, 1997, 367 p.

[980] COQUERY-VIDROVITCH (C.), *L'Afrique et les Africains au XIXe siècle. Mutations, révolutions, crises,* Paris, A. Colin, 1999, 320 p.

[981] COULON (Ch.), *Les musulmans et le pouvoir en Afrique noire. Religion et contre-culture,* Paris, Karthala, nouv. éd., 1988, 182 p.

[982] CRUMMEY (D.), *Land and Society in the Christian Kingdom of Ethiopia. From the Thirteenth to the Twentieth Century,* Oxford, James Currey, 2000, 373 p.

[983] CZEKANOWSKI (Jan), *Carnets de route au cœur de l'Afrique. Des sources du Nil au Congo,* trad. du polonais, Paris, Éd. Noir sur Blanc, 2001, 458 p.

[983 *bis*] DAVENPORT (T. R. H.) et SAUNDERS (Christopher), *South Africa. A Modern History,* London, Macmillan, 2000, 807 p. (5e éd. rév.).

[984] DIOUF (Mamadou), *Histoire du Sénégal. Le modèle islamo-wolof et ses périphéries,* Paris, Maisonneuve & Larose, 2001, 250 p.

[984 *bis*] DOZON (J.-P.), *Frères et sujets : la France et l'Afrique en perspective,* Paris, Flammarion, 2003, 350 p.

[985] DUPERRAY (A.-M.), *Les Gourounsi de Haute-Volta. Conquête et colonisation, 1896-1933,* Wiesbaden, Franz Steiner Verlag, 1984, 282 p.

[986] ECHENBERG (M. J.), *Black Death, White Medecine : Bubonic Plague and the Politics of Public Health in Colonial Senegal, 1914-1945,* Portsmouth, Heinemann, 2002, 303 p.

[987] GAYIBOR (N. L.) (dir.), *Histoire des Togolais,* t. 1 : *Des origines à 1984* ; t. 2 : *De la colonisation à l'indépendance,* Lomé, Presses de l'Université, 1996 et 1997, 443 p.

[988] GEBRU TAREKE, *Ethiopia : Power and Protest. Peasants Revolts in the Twentieth Century,* Cambridge, CUP, 1991.

[989] HAMILTON (Carolyn) (éd.), *The Mfecane Aftermath. Reconstructive Debates in Southern African History,* Johannesburg, Witwatersrand UP et Pietermaritzburg, University of Natal Press, 1995, 493 p.

[990] HAMILTON (Carolyn) (éd.), *Terrific Majesty : The Power of Shaka Zulu and the Limits of Historical Invention,* Harvard UP, 1998, 278 p.

[991] HEADRICK (R.), *Colonialism, Health and Illness in French Equatorial Africa, 1885-1935,* Atlanta, African Studies Association Press, 1994, 495 p.

[992] HUGON (A.), *L'Afrique des explorateurs,* I : *Aux sources du Nil* ; II : *Vers Tombouctou,* Paris, Gallimard, « Découvertes », 1991 et 1994, 176 p.

[993] ILIFFE (John), *Les Africains. Histoire d'un continent* (trad.) Paris, Flammarion, 1997 ; repris dans la coll. « Champs », 2002, 459 p.

[994] JOLY (V.), *L'Europe et l'Afrique de 1914 aux années 1960,* Presses Universitaires de Rennes, 1994, 386 p. (l'un des meilleurs manuels nés de la question d'agrégation).

[995] LEVTZION (N.) et POUWELS (R. L.) (éd.), *The History of Islam in Africa,* Athens, Ohio UP, Oxford, James Currey et Le Cap, David Philip, 2000, 591 p.

[995 *bis*] LIAUZU (Cl.) dir., *colonisation : droit d'inventaire,* Paris, A. Colin, 2004, 352 p. (L'Afrique noire est traitée par Vincent JOLY, Madagascar par Solofo RANDRIANJA.

[996] MABEKO-TALI (M.), *Dissidências e poder de estado. O MPLA perante si proprio (1962-1977). Ensaio de Historia politica,* Luanda, 2001, 2 vol., 472 et 334 p. (trad. rév. du français, thèse, Université de Paris 7, 1996).

[997] MAC CASKIE (T. C.), *State and Society in Precolonial Asante,* Cambridge UP, 1995, 492 p.

[998] MAC CASKIE (T. C.), *Asante Identities. History and Modernity in an African Village, 1850-1950,* Edinburgh, Edinburgh UP, Bloomington et Indianapolis, Indiana UP, 2000, 277 p.

[998 *bis*] MADIÉGA (G.) et OUMAROU NAO (éd.), *Burkina-Faso. Cent ans d'Histoire, 1895-1995,* Paris, Karthala, 2003, 2 vol.

[999] MAMDANI (M.), *Citoyen et sujet. L'Afrique contemporaine et l'héritage du colonialisme tardif,* Paris, Karthala-Sephis, 2004, 420 p.

[1000] MARE (G.), *Ethnicity and Politics in South Africa,* London, New Jersey, Zed Books, 1993, 125 p.

[1001] MASSA (G.) et MADIEGA (Y. G.) (dir.), *La Haute-Volta coloniale. Témoignages, recherches, regards,* Paris, Karthala, 1995, 677 p.

[1002] MEUNIER (Olivier) (dir.), *Éducations, diversités culturelles et stratégies politiques en Afrique subsaharienne,* Paris, L'Harmattan, 2001, 248 p.

[1003] NDAYWEL E NZIEM (Isidore), *Histoire générale du Congo. De l'héritage ancien à la République démocratique,* Paris et Bruxelles, De Boeck & Larcier, 1998, 955 p.

[1004] OHADIKE (Don C.), *Anioma. A Social History of the Western Igbo People,* Ohio University Press, 1994, 248 p.

[1005] OTAYEK (R.) (éd.), *Le radicalisme islamique au sud du Sahara. Da'wa, arabisation et critique de l'Occident,* Paris, Karthala, Talence, Maison des Sciences de l'Homme d'Aquitaine, 1993, 264 p.

[1006] PEEL (JohnD. Y.), *Religious Encounter and the Making of the Yoruba,* Bloomington, Indiana UP, 2000, 420 p.

[1007] *Revue Tiers Monde,* n° 159, XL, juillet-septembre 1999, *Afrique du Sud : les débats de la transition* (dir. Jean Copans et Roger Meunier).

[1008] ROBINSON (D.), *Paths of Accomodation. Muslim Societies and French Colonial Authorities in Senegal and Mauritania, 1880-1920,* Athens, Ohio UP et Oxford, James Currey, 2000, 361 p.

[1009] SALVAING (B.), *Les missionnaires à la rencontre de l'Afrique au XIXe siècle (Côte des esclaves et pays yoruba, 1840-1891),* Paris, L'Harmattan, 1994, 344 p.

[1010] SANDGREN (D. P.), *Christianity and the Kikuyu. Religious Divisions and Social Conflict,* New York, Peter Lang, 2000, 193 p. (1re éd., 1989).

[1011] SUNDKLER (B.) et STEED (C.), *A History of the Church in Africa,* Cambridge UP, 2000, 1 232 p.

[1011 *bis*] THOMPSON (L.), *A History of South Africa,* London, Yale University Press, 1990, 288 p.

[1012] TUBIANA (J.) (éd.), *La révolution éthiopienne comme phénomène de société,* Paris, L'Harmattan, 1990.

[1013] VERSCHAVE (F.-X.), *Noir silence : qui arrêtera la Françafrique ?,* Paris, Les Arènes, 2000, 597 p.

[1014] VINCK (H.), Manuels scolaires coloniaux : un florilège, & L'enseignement de l'histoire au Congo Belge : deux textes contradictoires, *Annales Aequatoria,* 19, 1998, p. 3-166 et 167-230.

[1015] WESSELING (H.), *Le partage de l'Afrique, 1890-1914,* trad. (éd. orig. Amsterdam, 1992), Paris, Denoël, 1996, 572 p. ; rééd. Gallimard, « Folio Histoire », 2002, 840 p.

[1016] WORDEN, NIGEL, *The Making of Modern South Africa : Conquest, Segregation and Apartheid* (3e éd.), Oxford, Blackwell Publishers, 2000, 194 p.

LES HORIZONS ET LES PENSÉES DE L'HISTORIOGRAPHIE
(bibliographie du nouveau chapitre XVI, section A, p. 323)

[1017] AGGARWAL (K.), *Amadou Hampâté Bâ et l'africanisme. De la recherche anthropologique à l'exercice de la fonction auctoriale,* Paris, L'Harmattan, 1999, 266 p.

[1018] AMSELLE (J.-L.) et SIBEUD (E.) (dir.), *Maurice Delafosse. Entre orientalisme et ethnographie : l'itinéraire d'un africaniste (1870-1926),* Paris, Maisonneuve & Larose, 1998, 319 p.

[1018 *bis*] AMSELLE (J.-L.), *Branchements. Anthropologie de l'universalité des cultures,* Paris, Flammarion, 2001, 265 p.

[1019] APPADURAI (A.), *Après le colonialisme. Les conséquences culturelles de la globalisation,* trad., Paris, Payot, 2001, 322 p. (l'édition originale a pour titre *Modernity at Large. Cultural Dimensions of Globalization,* 1996, University of Minnesota Press).

[1020] APPIAH (K. A.), *In My Father's House : Africa in the Philosophy of Culture,* New York et Oxford, OUP, 1992, 225 p.

[1021] APTER (A.), *Black Critics and Kings. The Hermeneutics of Power in Yoruba Society,* Chicago et Londres, The University of Chicago Press, 1992.

[1022] AUGÉ (M.), *Pour une anthropologie des mondes contemporains,* Paris, Aubier, 1994, 197 p.

[1023] BARRY (B.), Écrire l'histoire dans l'Afrique post-indépendante. Le cas de l'École de Dakar, in *Mélanges d'archéologie, d'histoire et de littérature offerts au doyen Oumar Kane,* Université Cheikh Anta Diop de Dakar, Presses Universitaires de Dakar, 2000, p. 227-252.

[1024] BATES (R. H.), MUDIMBE (V.) et O'BARR (J.) (éd.), *Africa and the Disciplines,* Chicago et Londres, University of Chicago Press, 1993, 245 p.

[1025] BATHILY (A.), Aux origines de l'africanisme. Le rôle de l'œuvre ethnohistorique de Faidherbe dans la conquête française du Sénégal, dans *Le mal de voir, Cahiers Jussieu,* n° 2, Paris, UGE, Christian Bourgois, 1976, p. 77-107.

[1026] BAYART (J.-F.), *L'illusion identitaire,* Paris, Fayard, 1996, 307 p.

[1027] BAYART (J.-F.) (dir.), *Religion et modernité politique en Afrique noire. Dieu pour tous et chacun pour soi,* Paris, Karthala, 1993, 312 p.

[1028] BAZIN (J.), Interpréter ou décrire. Notes critiques sur la connaissance anthropologique, *in* J. Revel et N. Wachtel, *Une École pour les sciences sociales,* Paris, Éd. du Cerf et EHESS, 1996, p. 401-420.

[1029] BAZIN (J.), L'anthropologie en question : altérité ou différence ?, *in* Y. Michaud (dir.), Université de tous les savoirs, vol. 2 : *L'Histoire, la sociologie et l'anthropologie,* Paris, Éd. Odile Jacob, « Poches », 2002, p. 77-91.

[1030] BAZIN (J.) et TERRAY (E.) (textes rassemblés et présentés par), *Guerres de lignages et guerres d'États en Afrique,* Paris, Éd. des Archives contemporaines, 1982, 537 p.

[1031] BERMAN (B.) et LONSDALE (J.), *Unhappy Valley. Conflict in Kenya and Africa,* I : *State and Class,* 223 p. ; II : *Violence and Ethnicity,* 504 p., Londres, James Currey, 1992.

[1032] BERNAULT (F.), *Démocraties ambiguës en Afrique centrale. République gabonaise, République du Congo, 1945-1980,* Paris, Karthala, 1996, 423 p.

[1033] BERNAULT (F.), L'Afrique et la modernité des sciences sociales, *Vingtième Siècle. Revue d'Histoire,* 70, avril-juin 2001, p. 127-138

[1034] BLANCKAERT (Cl.) (dir.), *Politiques de l'anthropologie. Discours et pratiques en France (1860-1940,)*, Paris, L'Harmattan, 2001, 493 p.

[1035] BOILLEY (P.), *Les Touaregs Kel Adagh : dépendances et révoltes du Soudan français au Mali contemporain,* Paris, Karthala, 1999, 644 p.

[1036] *Cahiers d'Études africaines,* 141-142, 1996, 324 p., livraison sur le thème *Images.*

[1037] *Cahiers d'Études africaines,* 155-156, 1999 ; *Prélever, exhiber. La mise en musées,* 1 026 p.

[1038] CHANSON-JABEUR (Ch.) et COQUERY-VIDROVITCH (C.) (éd.), *L'histoire africaine en Afrique (Recensement analytique des travaux universitaires inédits soutenus dans les universités francophones d'Afrique noire*), Paris, L'Harmattan, 2 vol. : *Cahiers « Afrique noire »,* (Labo Sedet, Université de Paris 7), n° 16, 1995, 245 p., et n° 21, 2004, 372 p.

[1039] CHOQUET (C.), DOLLFUS (O.), LE ROY (E.) et VERNIÈRES (M.), *État des savoirs sur le développement. Trois décennies de sciences sociales en langue française,* Paris, Karthala, 1993, 232 p. (une édition révisée est prévue pour 2005).

[1040] CHRÉTIEN (J.-P.) et TRIAUD (J.-L.) (dir.), *Histoire d'Afrique. Les enjeux de mémoire,* Paris, Karthala, 1999, 503 p.

[1041] COHEN (D. W.) et ATIENO-ODHIAMBO (E. S.), *Siaya, the Historical Anthropology of an African Landscape,* Londres, J. Currey, 1989.

[1042] COPANS (J.), *La longue marche de la modernité africaine,* Paris, Karthala, 1990, 406 p.

[1043] COQUERY-VIDROVITCH (C.), L'anthropologie ou la mort du phénix ?, *Le Débat,* 90, 1996, p. 114-128.

[1044] COQUERY-VIDROVITCH (C.), GOERG (O.), TENOUX (H.) (textes rassemblés par), *Des historiens africains en Afrique. Logiques du passé et dynamiques actuelles, ibid.,* cahier n° 17-18, 1998, 360 p.

[1045] COQUERY-VIDROVITCH (C.), The rise of francophone African social science : From colonial knowledge to knowledge of Africa, *in* W. G. MARTIN et M. O. West (éd.), *Out of One, Many Africas, Reconstructing the Study and Meaning of Africa,* Urbana et Chicago, University of Illinois Press, 1999, p. 39-53.

[1046] COQUERY-VIDROVITCH (C.), De l' « africanisme » vu de France. Le point de vue d'une historienne, *Le Débat,* 118, 2002, p. 34-48.

[1047] DIOUF (M.), Représentations historiques et légitimités politiques au Sénégal (1960-1987), *Revue de la Bibliothèque nationale,* 34, 1989, p. 14-23.

[1048] DIOUF (M.), *L'historiographie indienne en débat. Colonialisme, nationalisme et sociétés postcoloniales,* Paris, Karthala, 1999, 472 p.

[1049] DIOUF (M.), Sortir de la parenthèse coloniale. Un défi fondateur pour les historiens africains, *Le Débat,* 118, janvier-février 2002, p. 59-65.

[1050] FAUVELLE-AYMAR (F.-X.), *L'invention du Hottentot. Histoire du regard occidental sur les Khoisan (XVe-XIXe siècle),* Paris, Publications de la Sorbonne, 2002, 415 p.

[1050 *bis*] FAUVELLE-AYMAR (F.-X.) *et al.* (éd.), *Afrocentrismes. L'histoire des Africains entre Égypte et Amérique,* Paris, Karthala, 2000, 402 p.

[1051] FEIERMAN (St.), African histories and the dissolution of the world history, *in* R. H. Bates, V. Mudimbe et J. O'Barr (éd.) [1024], p. 167-212.

[1052] GOLAN (D.), *Inventing Shaka. Using History in the Construction of Zulu Nationalism,* Boulder et Londres, Lynne Rienner Publ., 1994, 171 p.

[1053] HOUNTONDJI (P. J.), *Combats pour le sens. Un itinéraire africain,* Cotonou, Éd. du Flamboyant, 1997, 300 p.

[1054] HOUNTONDJI (P. J.) (dir.), *Les savoirs endogènes : pistes pour une recherche,* Dakar, Codesria, diffusion Karthala, 1994, 352 p.

[1055] JEWSIEWICKI (B.) et NEWBURY (D.) (éd.), *African Historiographies. What History for which Africa ?,* Beverly Hills, Sage, 1985, 320 p.

[1056] JEWSIEWICKI (B.), African historical studies : Academic knowledge as « usable past » and radical scholarship, *African Studies Review,* 32, 3, 1989, p. 1-76.

[1057] JEWSIEWICKI (B.), La mémoire, *in* Ch. Coulon et D. Martin [865], p. 59-71.

[1058] JEWSIEWICKI (B.), MBUYAMBA (F.-K.) et MWADI WA NGOMBU (M. D.), Du témoignage à l'histoire, des victimes aux martyrs : la naissance de la démocratie à Kinshasa, *CEA,* 137, 1995, p. 209-237.

[1059] JEWSIEWICKI (B.), Pour un pluralisme épistémologique en sciences sociales, *Annales. Histoire, sciences sociales,* mai-juin 2001, p. 625-641.

[1060] JEWSIEWICKI (B.), De la vérité de mémoire à la réconciliation. Comment travaille le souvenir ?, *Le Débat,* 122, novembre-décembre 2002, p. 63-77 (à propos de l'Afrique du Sud aujourd'hui).

[1061] KALULAMBI PONGO (M.), De l'argumentation politique à la mémoire collective : le passé récent revisité à la Conférence nationale souveraine du Zaïre, *in* B. Jewsiewicki et J. Letourneau (dir.), *L'histoire en partage. Usages et mises en discours du passé,* Paris, L'Harmattan, 1996, p. 103-127.

[1062] KI-ZERBO (J.), L'histoire : levier fondamental, *Présence africaine,* 1961, XXXVII, 2, p. 144-147.

[1062 *bis*] KI-ZERBO (J.), *À quand l'Afrique. Entretien,* Paris, L'Aube, 2003, 198 p.

[1063] KI-ZERBO (J.), (dir.), *La natte des autres : pour un développement endogène en Afrique,* Dakar, Codesria, diffusion Karthala, 1992, 504 p.

[1064] KUPER (A.), Comment nommer les éléments ? Les catégories anthropologiques en Afrique du Sud, *Revue de Synthèse,* juillet-décembre 2000, p. 265-290.

[1065] L'ÉTOILE (B. de), Science de l'homme et « domination rationnelle ». Savoir ethnologique et politique indigène en Afrique coloniale française, *Revue de Synthèse,* juillet-décembre 2000, p. 291-323.

[1066] LONSDALE (J.), States and social processes in Africa : An historiographical survey, *African Studies Review,* 24, 2-3, juin-septembre 1981, p. 139-225.

[1067] LONSDALE (J.), Le passé de l'Afrique au secours de son avenir, *Politique africaine,* 39, septembre 1990, p. 135-154

[1068] MARTIN (D.-C.), *Tanzanie. L'invention d'une culture politique,* Paris, Presses de la Fondation nationale des sciences politiques et Karthala, 1988, 318 p.

[1069] MBEMBE (A.), Le spectre de l'État, des dimensions politiques de l'imaginaire historique dans le Cameroun postcolonial, *Revue de la Bibliothèque nationale,* 34, 1989, p. 2-13.

[1070] MBEMBE (A.), Notes sur le pouvoir du faux, *Le Débat,* 118, janvier-février 2002, p. 49-58.

[1071] MBEMBE (A.), *De la postcolonie, essai sur l'imagination politique dans l'Afrique contemporaine,* Paris, Karthala, 2000, 293 p.

[1072] M'BOKOLO (E.), Historicité et pouvoir d'État en Afrique noire, *Relations internationales,* 34, été 1983, p. 197-213.

[1073] MEMEL-FOTÊ (H.), Des ancêtres fondateurs aux Pères de la nation. Introduction à une anthropologie de la démocratie, *CEA,* 123, 1991, p. 263-285.

[1074] MUDIMBE (V.), *The Invention of Africa, Gnosis, Philosophy and the Order of Knowledge,* Bloomington, Indiana UP, et Londres, James Currey, 1988, 241 p.

[1075] MUDIMBE (V.), *Parables and Fables : Exegesis, Textuality and Politics in Central Africa,* Madison, University of Wisconsin Press, 1991, 238 p.

[1076] MUDIMBE (V.) (éd.), *The Surreptitious Speech. « Présence Africaine » and the Politics of the Otherness,* Chicago et Londres, University of Chicago Press, 1992.

[1077] MUDIMBE (V.), *The Idea of Africa,* Bloomington et Indianapolis, Indiana UP et Londres, James Currey, 1994, 234 p.

[1078] MUDIMBE (V.), *Les corps glorieux des mots et des êtres. Esquisse d'un jardin africain à la bénédictine,* Montréal, Humanitas et Paris, Présence africaine, 1995, 229 p.

[1079] MUDIMBE (V.) et JEWSIEWICKI (B.) (éd.), *History Making in Africa,* Middletown, Wesleyan University, Beiheft 32 de la revue *History and Theory,* 1993, 125 p.

[1080] OLIVIER DE SARDAN (J.-P.), L'unité épistémologique des sciences sociales, in *L'histoire entre épistémologie et demande sociale,* Actes de l'Université d'été des IUFM de Créteil, Toulouse et Versailles, 1994, p. 7-24.

[1081] PIAULT (M.), (dir.), *La colonisation : rupture ou parenthèse ?,* Paris, L'Harmattan, 1987.

[1082] PIRIOU (A.) et SIBEUD (E.) (dir.), *L'africanisme en questions,* Paris, EHESS, « Dossiers africains », 1997, 121 p.

[1083] PONDOPOULO (A.), La construction de l'altérité ethnique peule dans l'œuvre de Faidherbe, *CEA,* 143, 1996, p. 421-441.

[1084] POUCHEPADASS (J.), Les *Subaltern Studies,* ou la critique postcoloniale de la modernité, *L'Homme,* 156, 2000, p. 161-185.

[1085] *La recherche en histoire et l'enseignement de l'histoire en Afrique centrale francophone,* Actes du colloque international organisé par les Universités de Yaoundé I, de Buea, d'Aix, de Bangui, à Aix en avril 1995, Aix-en-Provence, Publication de l'Université de Provence, 1997, 42 p.

[1086] SIBEUD (E.), *Une science impériale pour l'Afrique ? La construction des savoirs africanistes en France (1878-1930),* Paris, EHESS, 2002, 357 p.

[1087] SUREMAIN (M.-A. de), *L'Afrique en revues : le discours africaniste français, des sciences coloniales aux sciences sociales (anthropologie, ethnologie, géographie humaine, sociologie), 1919-1964,* thèse, Université de Paris 7, 2001.

[1088] TAI LI-CHUAN, *L'ethnologie française entre colonialisme et décolonisation (1920-1960),* thèse EHESS, 2001.

[1089] TERRAY (E.) (dir.), *L'État contemporain en Afrique,* Paris, L'Harmattan, 1987, 420 p.

[1090] TERRAY (E.), *Une histoire du royaume abron du Gyaman. Des origines à la conquête coloniale,* Paris, Karthala, 1995, 1 058 p.

[1091] THIOUB (I.), L'espace dans les travaux des historiens de l' « École de Dakar » : entre héritage colonial et construction nationale, *in* J.-Cl. Waquet, O. Goerg et R. Rogers (dir.), *Les espaces de l'historien,* Presses Universitaires de Strasbourg, 2000, p. 91-110.

[1092] TRIAUD (J.-L.), L'islam et le monde arabo-musulman au regard de l'historiographie française : autour d'un déni d'historicité, *in* H. Moniot et M. Serwanski (dir.), *L'explication en histoire. Problèmes historiographiques et didactiques,* Poznan, Instytut Historii, Université Adam-Mickiewicz, 1996, p. 87-103, publié aussi sous le titre L'Islam vu par les historiens français, dans *Esprit,* octobre 1998, p. 110-132.

NOUVELLES DIRECTIONS DE LA RECHERCHE

(bibliographie du nouveau chapitre XVI, section B, p. 329)

[1093] AKYEAMPONG (E. K.), *Drink, Power and Cultural Change. A Social History of Alcohol in Ghana,* Portsmouth, Heineman, 208 p.

[1094] ALMEIDA-TOPOR (H. d'), Commerce et publicité en AOF : les réclames dans les Journaux officiels (1906-1937), *in* Bonin et Cahen (éd.), [1108], p. 201-209.

[1095] ALMEIDA-TOPOR (H. d') et LAKROUM (M.), *L'Europe et l'Afrique. Un siècle d'échanges économiques,* Paris, Colin, 1994, 235 p.

[1096] ANDERSON (D. M.) et RATHBONE (R.) (éd.), *Africa's Urban Past,* Oxford, James Currey, 2000, 310 p.

[1097] ANTOINE (P.), OUEDRAOGO (D.) et PICHE (V.) (éd.), *Trois générations de citadins au Sahel. Trente ans d'histoire sociale à Dakar et Bamako,* Paris, L'Harmattan, 1999, 282 p.

[1097 *bis*] AWENENGO (S.), BARTHÉLÉMY (P.) et TSHIMANGA (C.) (éd.), *Écrire l'histoire de l'Afrique autrement ?,* Paris, L'Harmattan, 2004, 282 p.

[1098] BAKER (J.) (éd.), *Rural-Urban Dynamics in Francophone Africa,* Uppsala, Nordiska Afrikainstitutet, 1997, 198 p.

[1099] BANCEL (N.), *Entre acculturation et révolution. Mouvements de jeunesse et sports dans l'évolution politique et institutionnelle de l'AOF (1945-1960),* thèse, Université de Paris I, 1999 (sous presse, Paris, Karthala).

[1100] BARNES (T.), *We Women worked so Hard. Gender, Urbanization and Social Reproduction in Colonial Harare, Zimbabwe, 1930-1956,* Oxford, James Currey, 2000, 204 p.

[1101] BARTHÉLÉMY (P.), *Le salariat féminin en Afrique de l'Ouest coloniale,* thèse, Université de Paris 7, 2004.

[1102] BAYART (J.-F.), Africa in the world : A history of extraversion, *African Affairs,* 99, 2000, p. 217-267.

[1102 *bis*] BEALL (Jo), CRANKSHAW (Owen) et PARNELLE (Susan), *Uniting a Divided City : Governance and Social Exclusion in Johannesburg,* London, Sterling, VA, Earthscan Publication, 2002, 237 p.

[1103] BERGER (I.) et WHITE (F.), *Women in Sub-Saharan Africa. Restoring Women to History,* Bloomington, Indiana University Press, 1999, 169 p.

[1104] BERNAULT (Fl.), Archaïsme colonial, modernité sorcière et territorialisation du politique à Brazzaville, 1959-1995, *Politique africaine,* n° 72, 1998, p. 34-50.

[1105] BERNAULT (Fl.) (dir.), *Enfermement, prison et châtiments en Afrique du XIXe siècle à nos jours,* Paris, Karthala, 1999, 510 p.

[1106] BERNAULT (Fl.), BOILLEY (P.) et THIOUB (I.), Pour une histoire du contrôle social dans les mondes coloniaux : justice, prisons et enfermement de l'espace, numéro spécial de la *Revue française d'histoire d'Outre-Mer,* 1999, 2e sem., n° 324-325.

[1107] BERNAULT (Fl.) et TONDA (J.) (dir.), Pouvoirs sorciers, numéro spécial de *Politique africaine,* n° 79, 2000.

[1108] BONIN (H.) et CAHEN (M.) (éd.), *Négoce blanc en Afrique noire. L'évolution du commerce à longue distance en Afrique noire du XVIIIe au XIXe siècle,* Publ. de la Société française d'histoire d'outre-mer / Alterna, 2001, 422 p.

[1109] BOONE (C.), *Merchant Capital and the Roots of State Power in Senegal : 1930-1985,* Cambridge University Press, 1992, 299 p.

[1110] BURKE (T.), *Lifebuoy Men, Lux Women : Consumption, Commodification, and Cleanliness in Modern Zimbabwe,* Durham, Duke University Press, 1996, 298 p.

[1111] *Cahiers d'Études africaines,* numéro spécial *Disciplines et déchirures. Les formes de la violence,* 150-152, XXXVIII-2-4, 1998, p. 215-728.

[1112] CHALÉARD (J.-L.), *Temps des villes, temps des vivres. L'essor du vivrier marchand en Côte-d'Ivoire,* Paris, Karthala, 1996, 661 p.

[1113] CHARTON (H.), *La formation des jeunes Kényans à l'époque coloniale,* thèse, Université de Paris 7, 2002.

[1114] CHEVRIER (J.) (textes recueillis par), *Les Blancs vus par les Africains,* Lausanne, Favre, 1998, 213 p.

[1115] COOPER (B.), *Marriage in Maradi. Gender and Culture in a Hausa Society in Niger, 1900-1989,* Oxford, James Currey, 1997, 228 p.

[1116] COOPER (F.), *Struggle for the City : Migrant Labor, Capital and the State in Urban Africa,* Beverley Hills, Sage, 1983, 319 p.

[1117] COOPER (F.), *Décolonisation et travail en Afrique : l'Afrique britannique et française, 1935-1960,* Paris, Karthala-SEPHIS, 2004, 578 p.

[1118] COOPER (F.) et STOLER (A.) (éd.), *Tensions of Empire. Colonial Culture in a Bourgeois World,* Berkeley, University of California Press, 1997, 470 p.

[1119] COQUERY-VIDROVITCH (C.), Villes coloniales et histoire des Africains, *Vingtième siècle. Revue d'Histoire,* 1988 (20), p. 47-68.

[1120] COQUERY-VIDROVITCH (C.), La ville coloniale : lieu de colonisation et métissage culturel, *Afrique contemporaine,* 1993 (168), p. 11-22.

[1121] COQUERY-VIDROVITCH (C.), Le syndicalisme en Afrique noire des origines à nos jours : naissance tardive et difficultés face aux régimes autoritaires, *in* J. Sagnes (éd.), *Histoire du syndicalisme dans le monde des origines à nos jours,* Toulouse, Privat, 1994, p. 463-492, 526-527 et 536-538.

[1122] COQUERY-VIDROVITCH (C.), *Les Africaines. Histoire des femmes d'Afrique noire du XIXe au XXe siècle,* Paris, Desjonquères, 1994, 395 p.

[1123] COQUERY-VIDROVITCH (C.) (dir.), Femmes d'Afrique, numéro spécial *Clio. Histoire, Femmes et Sociétés,* n° 6, 1996, p. 7-200.

[1124] COQUERY-VIDROVITCH (C.), Afrique noire : de la colonisation à la recolonisation ?, *Économie appliquée. An International Journal of Economic Analysis,* numéro spécial *La mondialisation : perspectives historiques,* t. LV, n° 2, 2002, p. 207-224.

[1125] COQUERY-VIDROVITCH (C.), ALMEIDA-TOPOR (H. d') et SENECHAL (J.) (éd.), *Interdépendances villes-campagnes en Afrique. Mobilité des hommes, circulation des biens et diffusion des modèles depuis l'indépendance,* Paris, L'Harmattan, 1996, 294 p.

[1126] COQUERY-VIDROVITCH (C.) et GOERG (O.) (éd.), *La ville européenne outre mers : un modèle conquérant ?(XVe-XXe siècle),* Paris, L'Harmattan, 1996, 302 p.

[1127] COQUERY-VIDROVITCH (C.), GOERG (O.), MANDE (I.) et RAJAONAH (F.) (éd.), *Être étranger et migrant en Afrique au XXe siècle. Enjeux identitaires et modes d'insertion,* Paris, L'Harmattan, 2004, 2 vol.

[1128] CORDELL (D. D.), GREGORY (J. W.) et PICHÉ (V.), *Hoe and Wage. A Social History of a Circular Migration System in West Africa,* Boulder, Westview Press, 1996, 384 p.

[1129] DAVIDSON (B.), *The Black Man's Burden : Africa and the Curse of the Nation State,* Londres, 1992, 355 p.

[1129 *bis*] DIMIER (V.), *Le gouvernement des colonies, regards croisés franco-britanniques,* Éd. de l'Université de Bruxelles, 2004, 288 p.

[1130] DUBRESSON (A.), *Villes et industries en Côte-d'Ivoire : pour une géographie de l'accumulation urbaine,* Paris, Karthala, 1989, 845 p.

[1131] DULUCQ (S.), *La France et les villes d'Afrique noire francophone. Quarante ans d'intervention (1945-1985),* Paris, L'Harmattan, 1997, 430 p.

[1131 *bis*] DULUCQ (S.) et ZYTNICKI (C.) (dir.), *Décoloniser l'histoire ? De l'« histoire coloniale » aux histoires nationales en Afrique et en Amérique latine (XIXe-XXe s.),* Paris, Publ. de la Société d'histoire d'outre-mer, 2003, 176 p.

[1132] DUMETT (R. E.), *El Dorado in West Africa : Gold Mining Frontier, African Labour, and Colonial Capitalism in the Gold Coast 1875-1900,* Oxford, J. Currey, 1998, 396 p.

[1133] EGG (J.) et HERRERA (J.) (éd.), *Échanges transfrontaliers et intégration régionale en Afrique subsaharienne,* Autre Part, *Cahiers des sciences humaines,* n° 6, ORSTOM, 1998, 210 p.

[1133 *bis*] FALOLA (T.) et SALM (S.) (éd.), *Urbanization and African Cultures,* Durham, NC, Carolina Academic Press, 2005, 464 p.

[1133 *ter*] FALOLA (T.) et SALM (S.) (éd.), *African Urban Spaces in Historical Perspective,* Rochester, NY, University of Rochester Press, 2005.

[1134] FOURCHARD (L.), *De la ville coloniale à la cour africaine. Espaces, pouvoirs et sociétés à Ouagadougou et à Bobo-Dioulasso (Haute-Volta), fin XIXe siècle - 1960,* Paris, L'Harmattan, 2001, 427 p.
[1135] FROST (D.), *Work and Community Among West African Migrant Workers since the Nineteenth Century,* Liverpool University Press, 1999, 278 p.
[1136] GERVAIS-LAMBONY (Ph.), *De Lomé à Harare. Le fait citadin,* Paris, Karthala, 1994, 478 p.
[1137] GESCHIERE (P.), *Sorcellerie et politique en Afrique : la viande des autres,* Paris, Karthala, 1995, 300 p.
[1138] GLASSMAN (J.), *Feasts and Riots. Revelry, Rebellion, and Popular Consciousness on the Swahili Coast, c. 1856-1888,* Portsmouth, Heinemann, 1995, 304 p.
[1139] GOERG (O.), *Pouvoir colonial, municipalités et espaces urbains : Conakry-Freetown des années 1880 à 1914,* Paris, L'Harmattan, 1997, 2 vol., 720 et 535 p.
[1140] GOERG (O.) (dir.), *Fêtes urbaines en Afrique. Espace, identités et pouvoirs,* Paris, Karthala, 1999, 352 p.
[1140 *bis*] GOERG (O.) (dir.), Villes africaines dans l'histoire, numéro spécial *Le Mouvement social,* 2003.
[1141] GONDOLA (D.), *Villes miroirs. Migrations et identités urbaines à Kinshasa et Brazzaville, 1930-1970,* Paris, L'Harmattan, 1996, 249 p.
[1142] GUEYE (Abdoulaye), *Les intellectuels africains en France,* Paris, L'Harmattan, 2001, 272 p.
[1143] GUILLAUME (Ph.), *Johannesburg. Géographies de l'exclusion,* Paris, Karthala, 2001, 392 p.
[1144] HARDING (L.) *et al..*, *Les opérateurs économiques et l'État au Sénégal,* Hambourg, LIT Verlag, 1998.
[1145] HARRIS (P.), *Work, Culture, and Identity. Migrants Laborers in Mozambique and South Africa, c. 1860-1910,* Londres, J. Currey, 1994, 305 p.
[1146] HODGSON (D. L.) (éd.), *Rethinking Pastoralism in Africa : Gender, Culture and the Myth of the Patriarchal Pastoralist,* 2000, 272 p.
[1147] HOPKINS (A. G.) (éd.), *Globalization in World History,* Londres, Pimlico, 2002, 278 p. (notamment J. Lonsdale, A view from « the Hopeless continent », p. 194-219).
[1148] HOUSE-MIDAMBA (B.) et EKECHI (F.), *African Market Women and Economic Power. The Role of Women in African Economic Development,* Londres, Greenwood Press, 1995, 211 p.
[1148 *bis*] HUGON (A.) (éd.), *Histoire des femmes en situation coloniale. Afrique et Asie, XXe siècle,* Paris, Karthala, 2004, 240 p.
[1149] HUNT (N. R.), *A Colonial Lexicon : Of Birth Ritual, Medicalization, and Mobility in the Congo, Durham,* Duke University Press, 1999, 475 p.
[1150] JAGLIN (Sylvy), *Gestion urbaine partagée à Ouagadougou. Pouvoir et périphéries (1983-1991),* Paris, Karthala, 1995, 658 p.
[1151] JALLOH (A.) et FALOLA (T.) (éd.), *Black Business and Economic Power,* Rochester, Rochester University Press, 2002, 628 p.
[1152] JANSSENS (P.-G.), KIVITS (M.) et VUYLSTEKE (J.-P.) *Médecine et hygiène en Afrique centrale de 1885 à nos jours,* Bruxelles, Fondation Roi-Beaudouin, 1992.
[1153] JEATER (D.), *Marriage, Perversion and Power. The Construction of Moral Discourse in Southern Rhodesia, 1894-1930,* Oxford, Clarendon Press, 1993, 281 p.
[1153 *bis*] JÉZÉQUEL (H.), *Les mangeurs de craies. Sociohistoire d'une catégorie lettrée à l'époque coloniale. Les instituteurs diplômés de l'École normale William-Ponty (c. 1900 - c. 1960),* thèse de l'EHESS, 2003.
[1154] KONARÉ (Adam Ba), *Dictionnaire des femmes célèbres du Mali. Des temps mythico-légendaires au 26 mars 1991, précédé d'une analyse sur le rôle et l'image de la femme dans l'histoire du Mali,* Bamako, Jamana, 1993, 529 p.

[1155] KRIGER (C.), *Pride of Men : Ironworking in XIXth Century West Central Africa,* Portsmouth, Heineman, 1998, 220 p.

[1155 *bis*] LAW (R.), *Ouidah. The Social History of a West African Slaving Port 1727-1892,* Oxford, James Currey, 2004, 308 p.

[1156] LE PAPE (M.), *L'énergie sociale à Abidjan. Économie politique de la ville en Afrique noire, 1930-1995,* Paris, Karthala, 1997, 166 p.

[1157] LUNN (J.), *Capital and Labour on the Rhodesian Railway System 1888-1947,* Oxford Macmillan, 1996, 353 p.

[1158] LYNN (M.), *Commerce and Economic Change in West Africa : The Palm Oil Trade in the 19th Century,* Cambridge University Press, 1997, 270 p.

[1159] MAC GAFFEY (J.) et BAZENGUISSA-GANGA (R.), *Congo-Paris : Transnational Traders on the Margins of the Law,* Londres, James Currey, 2000, 190 p.

[1160] MANCHUELLE (F.), *Les diasporas des travailleurs Soninké (1848-1960). Migrants volontaires,* Paris, Karthala, 2004, 350 p.

[1161] MANDÉ (I.), *Les migrations du travail en Haute-Volta (actuel Burkina Faso). Mise en perspective historique (1919-1960),* thèse, Université de Paris 7, 1997.

[1162] MARFAING (L.) et REINWALD (B.) (éd.), *Afrikanische Beziehungen, Netzwerke und räumliche Dimensionen – Spatial Dynamics, Exchange and Networks in Africa – Dynamiques spatiales, réseaux et échanges africains,* Hambourg, LIT Verlag, 2001, 459 p.

[1163] MLAMBO (A. S.), PANGETI (E. S.) et PHIMISTER (I.), *Zimbabwe : A History of Manufacturing, 1890-1995,* Zimbabwe University Publications, 2000, 132 p.

[1164] NÉDELEC (Serge), *Jeunesses, État et société au Mali au XXe siècle,* thèse, Université de Paris 7, 1994.

[1165] NORTHROP (D.), *Africa's Discovery of Europe 1450-1850,* Oxford University Press, 2002, 200 p.

[1166] ONANA (J.-B.), *L'aménagement urbain en Afrique du Sud, 1948-1995. Entre Apartheid et pauvreté,* Paris, L'Harmattan, 1996.

[1167] OUÉDRAOGO (D.) et PICHÉ (V.) (éd.), *L'insertion urbaine à Bamako,* Paris, Karthala, 1995, 206 p.

[1168] OYEWUMI (Oyeronke), *The Invention of Women. Making an African Sense of Western Gender Discourse,* Londres et Minneapolis, University of Minnesota Press, 1997, 229 p.

[1169] PÉROUSE DE MONTCLOS (M.-A.), *Violence et sécurité en Afrique du Sud et au Nigeria. Durban, Johannesburg, Kano, Lagos et Port Harcourt,* thèse, Institut des Sciences politiques, 1995.

[1170] RAISON-JOURDE (F.) et RANDRIANJA (S.) (éd.), *La nation malgache au défi de l'ethnicité,* Paris, Karthala, 2002, 442 p.

[1171] ROBERTSON (C.), *Trouble Showed the Way : Women, Men, and Trade in the Nairobi Area, 1890-1990,* Bloomington, Indiana University Press, 1997, 341 p.

[1172] RONDEAU (Ch.), *Les paysannes du Mali. Espaces de liberté et changements,* Paris, Karthala, 1995, 362 p.

[1173] SAVINEAU (D.), *La famille en AOF et la condition de la femme. Rapport au gouverneur général de l'AOF, 1938,* Paris, Dossiers et recherches de l'INED, 2001, 211 p.

[1174] SEYNI NDIONE (E.), *L'économie urbaine en Afrique. Le don et le recours,* Paris, Karthala, 1994, 214 p.

[1175] SHELDON (K.), *Courtyards, Markets, City Streets. Urban Women in Africa,* Boulder, Westview Press, 1996, 342 p.

[1176] SINOU (A.), *Comptoirs et villes coloniales du Sénégal. Saint-Louis, Gorée, Dakar,* Paris, Karthala, 1993, 365 p.

[1177] SINOU (A.), *Le comptoir de Ouidah, une ville africaine singulière.* Paris, Karthala, 1995, 191 p.

[1178] SISSAO (Cl.), *Urbanisation et rythme d'évolution des équipements à Ouagadougou et dans l'ensemble du Burkina Faso (1947-1985),* thèse, Université de Paris 7, 1992.

[1179] SOTINDJO (S.), *Cotonou, l'explosion urbaine d'une capitale économique (1945-1985,),* thèse, Université de Paris 7, SEDET, 1995.

[1180] SUAD (J.) (général éd.), *Encyclopedia of Women in African Cultures,* Leyden, Brill, 2003, 3 vol.

[1181] TSHIMANGA (Ch.), *Jeunesse, formation et société au Congo-Kinshasa, 1890-1960,* Paris, L'Harmattan, 2001, 440 p.

[1181 *bis*] WALKER (C. E.), *L'impossible retour. À propos de l'africanisme,* Paris, Karthala, 2004, 225 p.

[1182] WEBB (James L. A.), *Desert Frontier. Ecological and Economic Change along the Western Sahel 1600-1850,* Madison, University of Wisconsin Press, 1995, 227 p.

[1183] WHITE (L.), *Speaking with Vampires. Rumor and History in Colonial Africa,* Berkeley/Los Angeles/London, University of California Press, 2000, 344 p.

[1184] WHITE (O.), *Children of the French Empire : Miscegenetion and Colonial Society in French West Africa, 1895-1960,* Oxford University Press, 1999, 200 p.

[1185] WILLIS (J.), *Potent Brews : A Social History of Alcohol in East Africa 1850-1999,* Londres, James Currey, 2002, 212 p.

[1186] ZELEZA (P. T.), *A Modern Economic History of Africa,* I : *The Nineteenth Century,* New York/Dakar, CODESRIA, 1993, 501 p.

L'AFRIQUE NOIRE AU SEUIL DU IIIe MILLÉNAIRE
(suggestions bibliographiques propres au nouveau chapitre XVII)

[1187] AGERON (Ch.-A.) (dir.), Institut d'Histoire du temps présent, *Les chemins de la décolonisaton de l'empire colonial français,* colloque 1984, Paris, Éd. du CNRS, 1986, 564 p.

[1188] BIRMINGHAM (D.), *The Decolonization of Africa,* University College of London Press, 1985, 109 p.

[1189] BRAECKMAN (C.), *Rwanda. Histoire d'un génocide,* Paris, Fayard, 1994, 345 p.

[1190] BRAUN (J. von), TESFAYE (T.) et WEBB (P.), *Famine in Africa. Causes, Responses, and Prevention,* Baltimore, Johns Hopkins University Press, 1999, 219 p.

[1191] BRUNET-JAILLY (J.) (éd.), *Innover dans les systèmes de santé. Expériences d'Afrique de l'Ouest,* Paris, Karthala, 1997, 435 p.

[1192] CAINS (P. J.) et HOPKINS (A. G.), *British Imperialism,* Londres, Longman, I : *Innovation and expansion, 1688-1914,* 1993, 504 p. ; II : *Crisis and Deconstruction, 1914-1990,* 1993, 337 p.

[1193] CARRIN (G.) et VEREECKE (M.), *Strategies for Health Care Finance in Developing Countries. With a Focus on Community Financing in Sub-Saharan Africa,* New York, St Martin's Press, 1992, 192 p.

[1194] CHEMILLIER-GENDREAU (M.), COQUERY-VIDROVITCH (C.), ENGELHARD (P.), GENDREAU (F.), NJAMI (S.), ROUX (J.) et YENGO (P.), *Peut-on être vivant en Afrique ?,* Paris, PUF, 2000, 93 p.

[1195] CHRÉTIEN (J.-P.), *Le défi de l'ethnisme. Rwanda et Burundi, 1990-1996,* Paris, Karthala, 1997, 400 p.

[1196] CHRÉTIEN (J.-P.) et MUKURI (M.) (sous la dir. de), *Burundi. La fracture identitaire. Logiques de violence et certitudes « ethniques »,* Paris, Karthala, 2002, 468 p.

[1196 *bis*] COOPER (F.), *Africa since 1940 : The Past of the Present,* Cambridge, Cambridge University Press, 2002, 236 p.

[1197] COQUERY-VIDROVITCH (C.), De la nation en Afrique noire, *Le Débat,* n° 84, 1995, p. 121-138.

[1198] CROUZEL (Y.), La Renaissance africaine : un discours sud-africain ?, *Politique africaine,* n° 77, 2000, p. 171-182.

[1199] DELPECHIN (J.), *De l'État indépendant du Congo au Zaïre contemporain,* Éd. du CODESRIA, 1996, 232 p.

[1200] ELA (J.-M.), *Innovations sociales et renaissance de l'Afrique noire,* Paris, L'Harmattan, 1998, 425 p.

[1201] ESSEX (M.) *et al., Aids in Africa,* New York, Raven Press, 1994, 728 p.

[1202] FERNANDEZ DE OLIVEIRA (Mario A.) *et al., A Descolonizãceo portugesa : aproximacao a um estudio,* Lisbonne, 1983, 2 vol.

[1203] GUICHAOUA (A.) (dir.), *Crises politiques au Burundi et au Rwanda (1993-1994),* Université de Lille, diffusion Karthala, 1995, 768 p.

[1204] HJORT AF ORNÄS (A.) et SALIH (M. A. Mohamed), *Ecology and Politics. Environmental Stress and Security in Africa,* Scandinavian Institute of African Studies, Uppsala, 1989, 255 p.

[1205] HOCHSCHILD (A.), *Les fantômes du roi Léopold II : un holocauste oublié,* Paris, Belfond, 1998, 439 p.

[1206] LEMARCHAND (R.), *Burundi : Ethnocide as Discourse and Practice,* Cambridge University Press, Washington (DC), Woodrow Wilson Center Press, 1995, 206 p.

[1207] MAC QUEEN (N.), *The Decolonization of Portuguese Africa. Metropolitan Revolution and the Dissolution of Empire,* Londres, Longman, 1997, 266 p.

[1208] MAMDANI (M.), *When Victims become Killers. Colonialism, Nativism and the Genocide of Rwanda,* Oxford, James Currey, 2001, 364 p.

[1209] MANDELA (N.), *Un long chemin vers la liberté,* Paris, Fayard, 1995, 658 p.

[1210] MAZRUI (A.) et WONDJI (Ch.) (éd.), *Histoire générale de l'Afrique,* vol. 8 : *L'Afrique depuis 1935,* Paris, Unesco, 1998, 1 190 p.

[1211] NGOUPANDÉ (J.-P.), *L'Afrique sans la France. Histoire d'un divorce consommé,* Paris, Albin Michel, 2002, 395 p.

[1212] NYAMBAL (E.), *Afrique : quels changements après la faillite ?,* Ivry-sur-Seine, Éd. Nouvelles du Sud, 1994, 166 p.

[1213] PÉAN (P.), *L'argent noir,* Paris, Fayard, 1988, 278 p.

[1214] PERRY (Donna L.), African diaspora. Rural ideologies and urban imaginings : Wolof immigrants in New York City, *Africa Today,* vol. 44, 2, 1997, p. 229-260.

[1215] POURTIER (R.), *Afriques noires,* Paris, Hachette, 2001, 255 p.

[1216] PRUNIER (G.), *Rwanda 1959-1996, histoire d'un génocide,* trad., Paris, Éd. Dagomo, 514 p.

[1217] SAHN (David E.), DOROSH (Paul A.) et Youger (Stephen D.), *Structural Adjustment Reconsidered. Economic Policiy and Poverty in Africa,* Cambridge University Press, 1997, 304 p.

[1218] SALIH (M. A. Mohamed), *Environmental Politics and Liberation in Contemporary Africa,* Dordrecht et Londres, Kluwer Academic Publishers, 1999, 186 p.

[1219] TARVER (James D.), *The Demography of Africa,* London, Praeger, 1996, 268 p.

[1220] *Temps modernes,* numéro spécial sur Les politiques de la haine, Rwanda, Burundi, 1994-1995, coordonné par Claudine Vidal, n° 583, juillet-août 1995, 315 p.

[1221] TOURÉ (M.) et FAYODAMI (T. O.) (éd.), *Migrations, Development and Urbanization Policies in Sub-Saharan Africa,* Oxford et Dakar, CODESRIA Books series, 1992, 317 p.

[1222] TURSHEN (M.), *Privatizing Health Services in Africa,* New Brunswick et Londres, 1999, 185 p.

[1223] YAMGNANE (K.), *Nous grandirons ensemble,* Paris, R. Laffont, 2002, 275 p.

Note : Se reporter également aux addenda 3e à 5e éditions à la fin des chapitres VII à XV de la 3e partie et aux nouveaux chapitres XVI et XVII.

Pour la Chronologie, on se reportera à H. Deschamps, *Histoire générale de l'Afrique noire* [4], II, p. 668-686.

DEUXIÈME PARTIE

L'état des connaissances

CHAPITRE I

L'évolution des peuples africains au XIXe siècle

Si le XXe siècle colonial reste encore étonnamment peu étudié, sinon au travers des récits fragmentaires et partiaux des bâtisseurs d'Empire et sous l'angle de l'histoire métropolitaine, en revanche le XIXe siècle, depuis quelques années, s'est enrichi d'une longue série d'études monographiques qui mettent en œuvre, à côté de la documentation écrite traditionnelle, les techniques les plus diversifiées de l'histoire « globale » contemporaine – qu'il s'agisse de l'analyse des traditions et des souvenirs oraux, des fouilles archéologiques ou de la reconstitution, au travers des vestiges culturels décelables dans les sociétés actuelles, des croyances et des coutumes de naguère. Un travail de patience nécessité par l'émiettement des travaux de première main, souvent étroitement localisés, permet finalement de reconstituer de façon à peu près satisfaisante les divers éléments de la mosaïque africaine.

Il était évidemment exclu de faire de ce petit volume un ouvrage exhaustif. Aussi avons-nous, autant que faire se peut, choisi nos exemples avec le souci de ne pas négliger les sources et les pays anglophones mal connus des étudiants français, bien que la recherche en langue anglaise ait non seulement acquis une très large avance, mais soit en passe de devenir au premier chef, du moins au nord de l'Équateur, le fait d'historiens africains.

Autant la période coloniale, qui s'efforça de gommer les disparités régionales, justifie une approche synthétique des événements et des problèmes plutôt que l'analyse systématique de leurs cristallisations locales (qu'il s'agisse des origines du partage de l'Afrique ou de ses objectifs économiques, du choix des formules politiques ou de la réponse des peuples dominés), autant le XIXe siècle précolonial se prête à l'analyse régionale. Car, en dépit d'un fonds culturel et social qui présente une unité incontestable, les solutions politiques adoptées, au sein de zones soumises aux mêmes contraintes géo-économiques (domaine soudanais tourné vers le Maghreb, côte atlantique dominée par la traite, cuvette forestière et savanes intérieures...), frappent par la diversité de leurs structures et par la variété des réponses apportées à des sollicitations analogues. C'est pourquoi nous avons tenté, au cours de ce chapitre, de faire le point des différents ensembles régionaux plus ouverts qu'on ne le pense généralement, dès le début de la période, aux influences venues d'ailleurs, et sans doute capables d'accéder par des voies originales à la modernité, n'eût été la rupture imposée par l'Occident dans la deuxième moitié du siècle.

La diversité des formules sociopolitiques, les impacts occidentaux tour à tour absents ou très différemment et très inégalement présents, le fractionnement de sociétés dont les histoires, alors, ne sont pas « contemporaines »... font qu'un tableau de l'Afrique vers 1800 eût été plus rituel qu'utile. L'examen régional successif de l'évolution des peuples au XIXe siècle en inclut les données, et suggère par lui-même la comparaison.

A – LE SOUDAN OCCIDENTAL ET CENTRAL

Le Soudan conserve au XIXe siècle ses caractères distinctifs multiséculaires : l'aisance et l'intensité relative des relations à grande distance, l'importance des liaisons transsahariennes, qui ne se dément pas jusqu'à la conquête européenne, la présence de l'islam, qui connaît une nouvelle phase d'essor. Une série de bouleversements sociopolitiques, d'expression souvent musulmane, le secoue de bout en bout au long de la période.

SÉNÉGAL ET MAURITANIE

Les sociétés sénégambiennes et mauritaniennes retiennent d'abord par le degré d'élaboration de leur stratification sociale apparente (« ordres » et « castes ») et du système des institutions et règles qui régissent la désignation et l'activité des souverains et des détenteurs de charges politiques, et par le lien complexe de ces deux registres. Ainsi les royaumes *Wolof* (Djolof, Cayor, Wâlo, Baol...), où se distinguent nobles, hommes libres, artisans castés, captifs... chaque strate elle-même différenciée ou hiérarchisée. Ainsi les sociétés *sérères* (royaumes du Siné et du Saloum...). Ainsi, moindrement, les petits royaumes *mandingues* de Gambie. Ainsi, différemment, les Maures, dont la stratification générale – guerriers, marabouts, pasteurs, artisans, griots, affranchis, esclaves – se manifeste dans le cadre de tribus, signalées chacune par la présence à sa tête de l'un ou l'autre des deux groupes supérieurs, voire seulement du troisième, les tribus « guerrières » ayant le pouvoir politique (émirats), les tribus « maraboutiques » le primat religieux et intellectuel dans une société ici toute musulmane.

Les Européens avaient fait Saint-Louis et Gorée, villes originales de Français, métis, Noirs libres et esclaves, et trafiquaient sur le fleuve et sur les côtes, acquérant la gomme et les esclaves. Dans les sociétés sénégambiennes, les couches dirigeantes païennes s'étaient réservé la capture et la vente des esclaves, laissant le contrôle du commerce intérieur aux éléments maraboutiques, par ailleurs appréciés pour leur savoir et leur entregent.

L'affaissement de la demande esclavagiste sur la côte, laissant ouvert le seul débouché maure, fit baisser le prix des esclaves et les revenus des aristocraties, portées alors à accroître leurs prises, leurs exactions et leurs luttes armées, aux dépens de leurs sujets paysans avec qui la tension devint très vive. Et quand la paysannerie put s'insérer dans un commerce européen de substitution, elle y trouva les moyens de s'acheter des armes pour appuyer son opposition. Dans ces conjonctures, les milieux maraboutiques étaient en mesure d'inspirer et d'encadrer aussi bien la reconversion économique possible (pratique commerciale, main-d'œuvre des *talibe*...) que la lutte pour la subversion de l'ordre établi, et, dans un pays déjà perméable à l'Islam et à leur rayonnement, de faire de celui-là, dans la crise sociale et politique, l'idéologie de rechange, qui mobilise. Tout au long du siècle des « révoltes de marabouts » répètent un même combat contre les autorités anciennes et contre leurs soldats *(tiedos)* oppressifs et buveurs, et l'Islam s'étend très fortement[1]. Il fournit encore souvent, dans la seconde moitié du siècle, l'idéologie de la résistance à la domination européenne, moulée cependant sur les conflits sociopolitiques. Au reste, sur cette ligne générale, les réalités locales, le nombre des partenaires et des enjeux brodent des variations : dans deux royaumes mandingues de Gambie, la révolte sociale est surtout peule, vers 1867, et le nouvel ordre qu'elle bâtit, sous Musa Molo, trouve ses ennemis chez ses voisins musulmans prosélytes. Lat Dior, célèbre *damel* du Cayor, ne survit sur la scène politique qu'en épousant la cause musulmane alors animée par Ma Bâ, au Rip, mais ne dirige son pays qu'au prix d'une entente avec les Français et d'entorses à la solidarité musulmane ; il réussit parce qu'il dirige lui-même la révolution sociale, assurant du même coup le succès de l'islamisation, mais il bute sur l'opposition de ceux qu'il dépouille et sur la dure réalité des intérêts français.

1. Sont importantes les études de B. Barry [219], M. Klein [226], Ch. A. Quinn [237 *bis*], les articles de V. Monteil [227], A.-B. Diop, Lat Dior..., *BIFAN*-B XXVIII, 1-2, 1966, p. 493-539, et de L. Colvin, Islam and the state of Kajoor..., *JAH*, XV, 4, 1974, p. 587-606.

L'action coloniale devient un facteur majeur au milieu du siècle. Après plusieurs échecs de « colonisation agricole » et le repli sur le commerce de la gomme, la culture et l'exportation de l'arachide se développent en Gambie dès les années 1860, à partir des années 1840 au Sénégal dont elles animent désormais l'essor économique. Le commerce européen prend le relais des « habitants », touchés par la crise et l'abolition de l'esclavage en 1848, et la métropole et Faidherbe assurent le soutien politique et militaire nécessaire à son développement. L'histoire progressive des conquêtes, protectorats et soumissions, achevée au Sénégal en 1900, et qui s'ouvre ensuite tardivement en Mauritanie, est mieux racontée que celle de l'établissement de l'administration française et de ses effets sur les structures locales : une étude récente montre, au Siné, que le réalisme, contre la théorie, fait pratiquer l'administration indirecte[1]. Une économie coloniale, qui repose toujours sur le modèle de la traite, une société coloniale, urbanisée, ont bientôt sur le Sénégal une emprise plus précoce, et qui restera plus intense qu'ailleurs dans l'Afrique française.

LES DEUX FOUTA

L'état social, politique et intellectuel du Fouta-Dyalon vers 1800 est le fruit d'une transformation radicale commencée un siècle plus tôt, mûrie et parachevée au long du XVIIIe siècle. Auparavant vivaient sur ces hauts plateaux, en hôtes de Dyalonké majoritaires et plus anciennement installés, des Peuls, païens comme eux, mais pasteurs, dans une complémentarité économique qui n'effaçait pas leur situation dominée. L'arrivée croissante de nouveaux Peuls et de quelques éléments mandingues, venus du Nord, le développement, autour d'eux, de noyaux de prosélytisme musulman, la demande plus forte, par le commerce côtier, de produits que les Peuls, plus que les Dyalonke, sont en état de livrer (peaux, esclaves)... donnent à ceux-là des perspectives, des moyens virtuels, et le sentiment avivé des obstacles qui viennent de leur position inférieure. L'Islam peut être le cadre idéologique d'une mobilisation et d'une construction aux horizons politiques, sociaux et intellectuels fortement élargis. La guerre sainte, clairement manifestée dès le premier quart du siècle, assure progressivement la subversion totale de l'ordre ancien et la création d'une entité politique unifiée – d'allure oligarchique et fédérale.

Neuf provinces sont groupées sous l'autorité d'un *almami*. Aux niveaux central, provincial, villageois, assemblées et conseils insèrent dans les structu-

1. M. Klein, *op. cit.*

res politiques les droits des hommes libres, essentiellement des grandes familles peules. Un héritage durable des combats est la rivalité de partis autour d'individualités, de groupes familiaux et régionaux, entre style « puriste » et style « terrestre » de la lutte politique... ce qui joue notamment pour la reconnaissance de l'*almami*. Celui-ci est élu par un conseil de sept personnages représentant des groupes de province ; après 1784, le principe est retenu de l'alternance au pouvoir de deux grandes familles (deux élus, le second « sommeille » tant que l'autre règne) ; mais il n'empêche pas les conflits, longtemps, et n'est accepté normalement qu'à partir de 1837.

La société est fortement hiérarchisée et différenciée, globalement et à chaque niveau : une aristocratie privilégiée de guerriers (ceux « du sabre et de la lance ») et de lettrés (« ceux de la plume et de l'encrier »), au sommet de laquelle sont neuf grandes familles dirigeantes ; dans sa mouvance, des familles « moyennes » ; le monde des artisans castés, des paysans et pasteurs libres, enfin les travailleurs asservis, les vaincus. Cette main-d'œuvre servile est capitale, dont la production nourrit les maîtres et leur permet des ventes ; le nouvel ordre protège tous ses membres de l'exportation esclavagiste. Il a reporté sur les sociétés voisines cette menace, par ses propres soins ; les influences délétères venues du commerce côtier, il les a donc prises de vitesse, captées et rationalisées à son profit, en partenaire autonome.

Les anciens maîtres vaincus sont assimilés et parlent peul. La haute société est instruite, entretenant un Islam pieux et savant, et la production et la diffusion d'une littérature variée, en langue peule, écrite en caractères arabes.

Menace fréquente pour ses voisins païens, en liaison serrée avec les autres États peuls musulmans (Bondu, Fouta-Toro, Macina), le Fouta-Dyalon connaît au milieu du siècle une redoutable révolte intérieure, dont les ressorts sociaux sont suggérés par l'union des assujettis et de vieilles lignées peules laissées en marge, et dont les thèmes religieux manifestent la rivalité confrérique alors en œuvre au Soudan – au nom de la tradition qadiri contre la poussée tidjane. Une crise politique, autour du pouvoir central, précède la colonisation[1].

Le Fouta-Toro[2], sur le moyen Sénégal, présente avec le Fouta-Dyalon quelques parentés extérieures. Dans ce pays de vieille islamisation, mais plusieurs fois remanié dans son peuplement et dans son encadrement politique, il y a eu, en 1776, substitution, à une dynastie peule plus ou moins païenne, d'un pouvoir théocratique nouveau, incarné par un *almami*,

1. Analyse détaillée et renouvelée des institutions dans T. Diallo [240]. L'activité intellectuelle est présentée par les publications de A. I. Sow, avec appareil critique (voir 1re partie, « Les sources écrites africaines », p. XXXIV).

2. Étude majeure par D. Robinson [711].

appuyé sur un fort parti musulman. Mais la nature et les ressorts de la substitution sont mal cernés ; l'Islam avait déjà largement gagné la population Toucouleur par l'action des marabouts, au point que le changement est autant une ratification qu'une subversion. La vigueur prosélyte de la couche supérieure maraboutique, la constitution d'une société nettement stratifiée en « castes », la faiblesse de l'entité politique qui est surtout juxtaposition de pouvoirs locaux variés sous l'apparente direction de l'*almami* caractérisent un ensemble que les Français démembrent dès 1859, annexent en 1881 et brisent finalement dix ans plus tard.

Le Bondu, entre Fouta-Toro et Fouta-Dyalon, est une autre entité musulmane ayant son *almami*.

LES PAYS VOLTAÏQUES

Les bassins des Volta, jusqu'à leur confluent, à l'écart du grand axe de circulation de la vallée du Niger et distincts physiquement de la forêt, dont les sépare même un bref *no man's land,* ont constitué un ensemble historique à part et, grossièrement, une aire linguistique et culturelle – pourtant riche d'une grande variété interne de types sociaux : communautés lignagères et villageoises, monarchies[1].

Beaucoup de ces monarchies sont parentes, fruits échelonnés d'un même flux historique qui a porté là des cavaliers conquérants, et leur a fait créer vers le XVe siècle le royaume du Mamprusi, puis ceux du Dagomba et du Nanumba vers le sud, les royaumes Mossi vers le nord, dans lesquels un des principes de l'organisation sociale oppose ces « envahisseurs », maîtres du pouvoir politique, aux « autochtones » – par ailleurs très variés –, détenteurs du pouvoir religieux. Le royaume *Gourmantche,* à l'est, n'a pas ce trait, son pouvoir est d'un type nettement moins centralisé, et la nature de ses rapports primitifs de parenté avec les royaumes précédents n'est pas élucidée. Le processus de constitution des États voltaïques a continué aux XVIe-XVIIe siècles, le Dagomba essaimant les royaumes de Bouna et de Wa, les États Mossi se démultipliant par la fission et par la conquête territoriale. Ainsi n'y a-t-il pas un « Empire Mossi », mais une vingtaine de royaumes très inégaux. Le plus important est celui de Ouagadougou, sur une bonne part duquel le pouvoir royal s'exerce par le relais de chefs de province, et dont l'influence politique couvre une série de royaumes périphériques ; au nord est l'autre entité majeure, le Yatenga, plus centralisé, qui, au

1. *Colloque sur les cultures voltaïques* (Sonchamp, 1966), coll. « Recherches voltaïques », Paris et Ouagadougou, 1967, 188 p., volume plein de matériaux bruts décousus, mais nouveaux.

XIXe siècle, écarte fermement le Risiam du contrôle politique des régions septentrionales ; à l'est, le Bousouma... Le système politique Mossi est affronté au problème du maintien du pouvoir central au cours de l'extension territoriale (délégation pyramidale de l'autorité, ou fission), à celui de la succession royale de frère à frère avant qu'elle passe de père à fils, qui multiplie les rivalités, à l'opposition entre le groupe des *Nakomse* (groupe supérieur des descendants de chefs), dont le roi est issu mais dont il s'éloigne, et celui des dignitaires et serviteurs, sur lesquels il fonde son pouvoir. D'où une histoire intérieure agitée ; après une période de renforcement du souverain aux dépens des Nakomse au XVIIIe siècle, on décèle au XIXe siècle, dans les deux grands royaumes, des signes d'une tendance contraire, et des conflits aigus de prétendants. Les royaumes Mossi n'en restent pas moins, relativement, stables, assez isolés, peu ouverts aux innovations, peu menacés. Frappante est, dans la seconde moitié du siècle, la grave faiblesse passagère du royaume de Ouagadougou, servi par ses institutions et sa cavalerie traditionnelles, devant les ravages d'un groupe politique de circonstance, mais usant des armes à feu et d'une organisation moderne, les Zaberma ; ces mercenaires *Zerma,* passés à leur compte après leur emploi par le *Dagomba,* s'étaient incrustés au flanc sud du Mossi, pratiquant contradictoirement parmi les populations *Gourounsi* l'intermariage et l'encadrement social d'une part, le pillage et la prise d'esclaves d'autre part ; le souverain Mossi les ayant imprudemment appelés à l'aide dans une épreuve intérieure, ils furent une grave menace pour son pouvoir et un fléau pour ses provinces.

Les pays du sud sont plus ouverts, parce que branchés sur les routes commerciales du Nord-Ouest (depuis Djenne) et du Nord-Est (depuis le Haoussa) vers la forêt et la côte. Là sont nés d'autres États encore que ceux de la souche voltaïque majeure, ainsi le royaume *Abron* et le *Gonja,* autour des places de ce trafic. Mais au XVIIIe siècle, ceux-ci, comme le Dagomba, sont passés sous la tutelle du puissant État forestier de l'Ashanti. Plus contrôlé à l'est, plus libre à l'ouest, le Gonja est constitué, sous l'autorité de son souverain, d'une quinzaine de provinces, chacune fortement cohérente autour de sa capitale et de ses institutions, et répétant les distinctions sociales qui « stratifient » ce royaume[1].

C'est à partir des communautés marchandes d'origine Mandé et Haoussa que l'Islam, ses pratiques et ses savoirs se sont assuré une place dans ces royaumes, dans les cités et à la cour des souverains ; ceux-ci peuvent le reconnaître, l'utiliser, y adhérer plus ou moins personnellement parfois, mais ne modifient pas en sa faveur les fondements juridiques, rituels et

1. J. Goody, The over-kingdom of Gonja, *in* [208].

moraux de leur État et de leur société. Cette islamisation pacifique et très partielle a été plus forte et plus ancienne au Gonja, moins étranger par sa composition ethnique originelle et très lié aux routes commerciales, elle a gagné ensuite le Dagomba ; elle touche Ouagadougou au tournant du XVIIIe et du XIXe siècle. Ce style d'islamisation persiste au XIXe siècle, malgré les échos, ici modestes, de prédications et de réalisations autrement exigeantes, si nombreuses alors dans tout le Soudan[1].

L'activité des routes commerciales croît encore au début du siècle, et notamment sur l'axe nord-est à partir de l'Ashanti ; entre autres facteurs, ce royaume voit changer le type de trafic européen sur la côte et diminuer son intérêt ; le Soudan en revanche demande toujours plus la kola dont il est producteur. Les marchands soudanais se fixent plus nombreux dans les villes-marchés aux lisières de la savane, où la nouvelle venue, Salaga, dans le Gonja oriental, prend la première place[2], et jusqu'à Kumasi même. Ils furent exclus de cette ville dans le milieu du siècle, et la participation des marchands Ashanti d'une part, le contrôle du pouvoir Ashanti d'autre part indiquent un des ressorts essentiels du trafic qui échange la kola, et secondairement les produits européens acquis au Sud, contre les produits bruts et ouvrés des savanes, et secondairement les esclaves.

En 1874, la défaite subie par les Ashanti devant les Anglais libère Dagomba et Gonja, mais ces deux États ne réussissent pas à prendre en main le commerce direct avec la côte, ni à régler leurs rapports avec les communautés marchandes, et c'est une place située en pays Ashanti, Kitampo, qui prend le relais de Salaga décadente.

LA « RÉVOLUTION DYULA »

Entre les Volta et le Fouta-Dyalon, les migrations de Malinké animistes avaient jadis recouvert les savanes ; en leur sein, comme dans le môle Sénoufo qu'ils avaient respecté, s'était établi un réseau de marchands Dyoula islamisés, monde de traitants et colporteurs actifs entre Niger et forêt, dont ils exportaient la kola. À l'est, tôt branché sur les trafics côtiers, ce réseau, qui pourvoyait d'armes à feu ses animateurs, avait dès le XVIIIe siècle servi de fondement au grand Empire méridien de Kong ; mais hétéroclite et très étiré, il était déjà, vers 1800, fragmenté en petits États Sénoufo ou Dyula, qui survivent au long du siècle ; Kong reste une ville

1. N. Levtzion, *Muslims and Chiefs...* [289].
2. N. Levtzion, Salaga, a XIXth century trading town in Ghana, *Asia and African Studies*, II, 1966, p. 211.

marchande et religieuse, mais sans grand rôle politique. L'élément le plus vigoureux est le Kenedugu, au milieu du siècle et de nouveau après 1875, autour de sa nouvelle capitale Sikasso, partenaire coriace de Samori, puis des Français.

À l'ouest sont les bouleversements majeurs. Longtemps adossée à la forêt, la région s'est ouverte au XVIIIe siècle au trafic côtier, par l'axe Kankan-Côte des rivières, et progressivement la prolifération consécutive des échanges, l'appât des armes à feu, l'accroissement ou le réveil des éléments Dyula, l'écho des transformations politico-religieuses voisines vont la changer profondément. Dès les environs de 1800, Kankan devient une grande métropole marchande et religieuse, et plus tard politique, des Dyula. À partir du deuxième quart du siècle, une série de tentatives se développent (dans le Konyan, autour d'Odienne, etc.), animées par des chefs qui se forgent et s'attachent personnellement une armée efficace, pour construire des entités politiques nouvelles. Elles sont de deux types, selon leur historien, Y. Person. « Dans le premier... le gros des troupes était formé par des étrangers, ou aventuriers... le prétexte religieux passait au premier plan et l'action visait à détruire la société indigène. Dans le second... les leaders étaient plus ou moins enracinés et les troupes recrutées sur place. Le prétexte religieux s'estompait alors ou disparaissait, car l'intention était de réformer, non de détruire l'ancienne société. Fait d'une minorité agressive, le premier type n'a jamais pu se stabiliser sans passer au second type... La société animiste ne pouvait se résigner à disparaître devant l'agression Dyula, mais elle était trop sclérosée pour trouver les réponses appropriées. La seule issue consistait... à transformer l'ordre ancien en cherchant un sauveur parmi les Dyula autochtones, assez ouverts au monde extérieur pour savoir le combattre, mais assez liés au milieu animiste pour travailler à son salut et non à sa destruction. »

De cette « révolution Dyula », Samori donne la réalisation la plus spectaculaire et la plus élaborée. Il se forge dans les années 1860 une armée et les moyens d'un jeu politique personnel ; c'est chose faite entre 1870 et 1875 ; il s'installe à Bisandugu et dirige un État nouveau. Mais il élimine ses rivaux et partenaires, soumet les vallées du Milo et du haut Niger et reste seul maître de la révolution Dyula, dominant en 1881 un empire moulé sur les routes du commerce dont il assure la liberté. Il rencontre alors au nord l'obstacle français et, ayant achevé vers le sud le contrôle des pays préforestiers, il passe à l'ouest, pour avoir la disposition de la route de Freetown, et vers l'est, terres plus libres et nouvel accès aux chevaux soudanais. Mais il se heurte à Sikasso en 1887-1888, et ce revers, le poids des guerres, la théocratie musulmane qu'il construit depuis 1884 en rupture avec ses attitudes antérieures entraînent des révoltes. Il revient à une politique plus « enracinée » et défensive, mais voit pourtant son empire détruit par les Français. Il tient la scène plusieurs années encore en le reconstituant beaucoup plus à l'est, en pays Sénoufo, Abron et Gonja, avant que les Européens l'éliminent. Son empire reposait, à une échelle nouvelle, sur une organisation efficace de l'espace qui assurait le contrôle direct des pays soumis, par des gouvernements territoriaux administrés par les chefs des armées qui les définissaient. Cette armée comprenait une puissante infanterie (les *sofas*), la réserve des conscrits, les détachements fournis par les chefs en tutelle, la cavalerie, et fut remarquable par son adaptation successive aux conditions de recrutement, d'approvisionnement et de terrain ; la production des armes à feu s'ajoutait aux achats soigneusement assurés.

LE SOUDAN NIGÉRIEN

Vers 1800, l'axe antérieur du Niger, et les pays qui vont jusqu'au haut Sénégal sont dominés par deux États Bambara « païens », solides constructions politiques héritées des XVIIe-XVIIIe siècles, celui de Ségou et celui du Kaarta (Nioro), qu'affectent leurs luttes mutuelles[1]. Au sud-est vient de s'organiser un royaume Dyalonké, autour de Tamba. Au nord, dans la boucle du fleuve et les marges sahéliennes, la mainmise des Touareg est croissante sur ce qui fut contrôlé jadis, après la chute de l'Empire Songhaï, par les pachas de Tombouctou ; le dernier de ceux-ci disparaît en 1780, et les Touareg dominent la cité, mais aussi Gao, et maintes populations sédentaires sur la rive droite du fleuve.

Le premier renouvellement majeur se passe au Macina, pays peul dont la couche dirigeante animiste s'accommodait de la tutelle de Ségou. Un homme pieux et d'origine modeste, Ahmadu Lobbo, affilié à la Qadiriya, attire de nombreux disciples, et les frictions de son groupe avec un pouvoir méfiant débouchent sur la guerre sainte, en 1816-1817 ; le gros du peuple la suit, en fait une révolution sociale et politique, et le nouveau régime se libère des Bambara. De toutes les constructions similaires au Soudan, c'est la plus radicalement neuve par rapport à ce qu'elle remplace, la plus théocratique, la plus orthodoxe dans son administration, sa justice et sa fiscalité. Remarquable est l'organisation politique, économique et militaire du pays, qui s'étoffe de l'Issa-Ber et des confins sud-est jusqu'à Hombori et aux pays Mossi ; des deux villes complémentaires qui commandent le trafic trans-

1. Voir l'ouvrage classique de Ch. Monteil [256], mais aussi l'étude institutionnelle et sociale de Cl. Meillassoux, Histoire et institutions du Kafo de Bamako..., *CEA*, IV, 14, 1963, p. 186-227, et J. Sauvageot, *Contribution à l'histoire du royaume Bambara de Ségou*, th. compl., Sorbonne, ronéo., 1965, 433 p.

saharien, Dienné est soumise, Tombouctou plus médiatement contrôlée. Le long règne de « Sheku » Ahmadu (1818-1844) maintient l'austérité et la ferveur des débuts, et ses deux successeurs administrent l'héritage.

Parallèlement s'étend la puissance Dyalonké de Tomba, qui s'assure l'or du Bouré et contrôle les caravanes joignant la côte à l'axe nigérien. C'est un autre recul pour Ségou. L'État Bambara n'en reste pas moins solide et reprend même au milieu du siècle, momentanément, sa vigueur conquérante vers le sud, tandis que celui du Kaarta peine à maintenir son empire sur les peuples du Sahel.

La nouvelle force peule du Macina a libéré Tombouctou du contrôle exclusif des Touareg. La vieille cité, où confluent et s'atténuent les deux mouvances rivales, y gagne une autonomie relative sous la direction efficiente, intelligente, des Arabes Kounta, représentés notamment au milieu du siècle par le cheikh al Bekkay, et maintient son activité commerciale. En revanche les Touareg se confortent encore sur la rive droite du fleuve.

Au milieu du siècle cependant, toutes ces évolutions sont remises en cause, la carte politique et les sociétés sont profondément bouleversées par l'entreprise d'al Hajj Umar. Oumarou Saidou Tall était Toucouleur, originaire du Fouta-Toro, homme érudit et savant tôt affilié à la Tijaniya dont il devint le représentant pour l'Afrique occidentale au cours d'un long séjour en Orient (Arabie, Égypte, Jérusalem...) ; les relations, l'expérience et les connaissances qu'il y accumule s'accroissent encore à chaque étape d'un non moins long retour (Bornou, Sokoto, Macina...). Vers 1840 il s'installe au Fouta-Dyalon, où les disciples affluent ; une tournée, plus tard, au pays natal lui procure encore des partisans, non la faveur des dirigeants. Ceux du Fouta-Dyalon l'invitent à partir et il s'établit à Dinguiraye, dans le royaume de Tomba. C'est désormais le chef politique et militaire d'un groupe actif, acquéreur d'armes et patron d'esclaves affectés aux cultures ; le royaume hôte est assujetti, et déjà la nouvelle puissance gagne au nord sur les Bambara. En 1852 commence la guerre sainte ; les pays mandingues sont soumis, le Kaarta écrasé ; mais, à partir de 1855, tout progrès vers l'ouest est bloqué par la France, dont Faidherbe anime alors l'expansion au Sénégal ; al Hajj Umar recrute intensivement chez ses congénères, mais ne s'y installe pas. C'est à l'est qu'il s'élance : le royaume de Ségou est brisé en 1861, le Macina vaincu en 1862. Le conquérant y trouve la mort en combattant les révoltes de 1864. Cette construction politique était animée par des partisans opposés à l'ordre établi de leur pays d'origine, mobilisés par l'idéologie universaliste de l'islam, sans doute soutenus dans leur espoir de rénovation radicale par l'esprit égalitaire de la Tijaniya, mais qui s'imposent brutalement comme une ethnie dominante et étrangère à des populations variées. À la mort du chef reste un État énorme, hétéroclite et fraîchement bâti, que son fils Ahmadu doit maintenir par l'intermédiaire d'une aristocratie guerrière divisée de rivalités ; il y a, en fait, trois ensembles malaisément réunis (le Sud avec Dinguiraye et les pays mandingues entre Kangaba et Kita, le Ségou et le Macina, le Sahel de Nioro). Des foyers permanents de révolte habitent les pays conquis sur les Bambara et les Peuls ; cette lutte violente et organisée (attaque des caravanes, refus des impôts, insécurité...) paralyse l'économie et affaiblit la force militaire d'Ahmadu. Tombouctou retombe sous le contrôle des Touareg et son commerce décline. Au Macina s'aiguise le conflit de la Qadiriya, dominante depuis un demi-siècle, et de la Tijaniya, diffusée par le nouveau pouvoir. La France tire profit de ces luttes et soumet finalement un empire dont la survie, dans ces conditions, témoigne de la vigueur de ses ressorts.

À l'est de la boucle du Niger, le fait saillant de la seconde moitié du siècle est, sur la rive gauche, le réveil et la réunification des Zerma, en un État vigoureux, inspiré d'un Islam relativement discret mais utile.

LE SOUDAN CENTRAL

L'ensemble Haoussa était, depuis des siècles, partagé en de nombreuses cités-États, autonomes et rivales, économiquement actives par leur artisanat et leur rôle d'aboutissement caravanier du commerce transsaharien. L'islam y était présent partiellement, accepté, toléré ou utilisé selon la conjoncture par les souverains, entretenu par les milieux lettrés. Des communautés peules, hôtes à certains égards largement et anciennement intégrés, à d'autres maintenues distinctes, économiquement complémentaires et intellectuellement utiles, au reste variées de condition, de religion (musulmans ou païens) et de genre de vie (sédentaires ou pasteurs), occupaient une partie du paysage social.

Un de ces Peuls sédentaires et musulmans, pieux, savant, et longtemps au service de la cour du Gobir, Osman dan Fodio, prend aux environs de 1775, et pour un quart de siècle, un rôle de prédicateur de l'islam dans une grande partie des pays Haoussa. L'accroissement continu de ses disciples et la résonance d'un enseignement appelant à l'orthodoxie, à la conviction et à la justice gênent progressivement le souverain du Gobir, qui, en 1801, tente de réduire ce groupe, tandis que la communauté d'Osman cristallise, autour d'une revendication religieuse, les mécontentements sociaux. C'est la guerre sainte en 1804, qui s'étend vite à tout le pays Haoussa, avec deux camps distincts des clivages ethniques : celui de l'ordre établi, autour des souverains et de l'aristocratie Haoussa, celui d'Osman – le *Shehu* – où des Peuls – mais non pas tous – sont l'élément moteur

– mais bien d'autres les rejoignent. Dès 1808, le pays Haoussa est aux mains des combattants de l'islam, pour l'essentiel. Le nouveau pouvoir s'attaque au Bornou, sans grand succès, mais s'étend largement vers le sud-est (vallée de la Bénoué, Diamare) et le sud (Bautchi, Nupé) et rayonne loin vers l'ouest. Le Shehu confie la moitié ouest de cet empire à son frère Abdallah (capitale Gwandu), la moitié est à son fils Muhammad Bello (Sokoto). La subversion de l'ordre social et politique est totale, quand meurt Osman en 1816. Une série d'émirats se sont dessinés, à l'intérieur des deux grands ensembles où Sokoto prend et conservera position supérieure : sous une unité morale, et partiellement politique, réelle, une large décentralisation s'affirme ainsi, imposée par l'immensité du domaine et la faiblesse relative des techniques de domination de l'espace, par les héritages historiques absorbés, par les appétits des grands auxiliaires du Shehu dans le combat. En fait, l'ordre nouveau va progressivement s'imprégner de culture Haoussa ; une couche dirigeante, largement peule, mais haoussisée et dont le lien majeur est l'islam, reprend la fiscalité, les prestiges et les signes de celle qu'elle a remplacée ; des ressorts du jihad subsiste pleinement l'orthodoxie, beaucoup moins les thèmes de justice sociale qu'elle nourrissait contre les princes Haoussa. Les conquêtes continuent après 1816 vers le sud, et au long du siècle dans l'Adamaoua[1], où Peuls et Islam progressent ici en terre nouvelle, et de façon largement autonome. Sous la direction exceptionnelle de Muhammad Bello (1817-1847), le régime est remarquable d'organisation, d'efficacité et de dynamisme. Ses successeurs sont plus ternes, moins heureux face à des révoltes et à des voisins plus redoutables. Mais le « déclin » est très relatif, d'un ensemble qui reste économiquement et intellectuellement vigoureux, tenu bien en main jusqu'à sa conquête, et que les Anglais s'attacheront à « conserver » en l'état sous leur contrôle.

L'empire du Bornou, vieux centre musulman, mais dont le souverain manifesta un manque de solidarité coupable, aux yeux d'Osman dan Fodio, avec la guerre sainte surgie en pays Haoussa, subit en conséquence deux vagues d'assaut redoutables en 1807-1810 et 1811-1812. La résistance et la contre-attaque organisées, non par le *maï*, mais par Muhammad al Kanemi, mirent au premier plan ce personnage, qui prit la réalité du pouvoir, laissant au souverain sa capitale, ses prestiges et ses apparats, et s'en donnant d'autres parallèlement. L'homme, remarquable par ses qualités personnelles, intellectuelles et politiques, par ses expériences et ses relations lointaines, fut le vrai chef du Bornou jusqu'à sa mort (1845), animant une poli-

1. Histoire progressivement éclairée par les matériaux recueillis et publiés, de façon encore partielle et provisoire (Niamey, 1970 ; Yaoundé, 1972, multigr.), par E. Mohammadou (et, sous le titre *Ray ou Rey-Bouba*, Paris, CNRS, et Garoua, ONAREST, 1979). Voir aussi les études de S. Abubakar et M. Njeuma citées p. 217-218.

tique extérieure active, sinon toujours heureuse (relations avec Tripoli et le Ouaddaï, interventions sur toutes les marges du pays). Son fils lui succéda au pouvoir réel, écarta en 1846 la vieille dynastie, confirma la centralisation et l'efficacité de l'administration centrale amorcées par le père et, laissant à l'aristocratie des dignitaires ses titres et ses apparats, confia les fonctions importantes à des hommes nouveaux, hommes libres représentant des groupes ethniques, ou esclaves. Mais la seconde moitié du siècle voit un déclin – ici bien réel – d'un pouvoir qui se dilue et se rétrécit, parallèlement à des agitations de palais.

Les pays plus septentrionaux sont le domaine des nomades, Touareg (Aïr) et Toubou (Tibesti et marges), rivaux au long des puits de la route du Fezzan au Kaouar... À ces vieux partenaires s'ajoutent au cours du siècle les Ouled Sliman, impitoyablement expulsés du Fezzan en 1852 par les Turcs réinstallés à Tripoli, et dont l'exode vers le sud trouble les pays situés du Kanem au Borkou.

Les perspectives politiques du Baguirmi, au flanc sud-est du Bornou, demeurent barrées, au long du XIXe siècle, par les deux puissances supérieures du Bornou et du Ouaddaï, dont il est tour à tour tributaire, et plusieurs fois les armées étrangères le pénètrent rudement.

Un aventurier esclavagiste originaire des régions nilotiques, Rabeh, est amené vers 1880 à fuir loin vers l'ouest ; il parcourt longtemps les régions méridionales du Soudan tchadien (Dar Fertit, Dar Kouti, pays Sara...), où il razzie et recrute. Puis en 1893 il écrase le Baguirmi, le Bornou en 1894, où il installe sa capitale, Dikoa, soumettant le vieil Empire. Il troque la figure de l'aventurier prédateur et vagabond pour celle du chef d'État efficace, réorganisant l'administration et la fiscalité ; la conquête française ne laisse pas à cette nouvelle expérience sociopolitique le temps de se développer et de s'éprouver.

Le Ouaddaï, qui s'était affirmé au XVIIIe siècle, trouve son souverain le plus glorieux vers 1805-1815, avec Saboun, qui affirme le contrôle des confins nord ; la route commerciale vers l'Égypte, par le Darfour, étant gênée par la conjoncture politique, il ouvre une route très difficile, mais directe, Warra-Benghazi, par Koufra, qui restera active au long du siècle. Après des règnes plus obscurs, le sultan Ali (1858-1872) étend vers le sud et vers l'est la puissance ouaddaïenne, ouvre de nouveau largement son pays aux commerçants, et développe les activités artisanales. À la fin du siècle, à la veille de la conquête française, une force d'une autre nature s'implante en ces régions, la Sanusiya, confrérie dont le chef se fixe même à Gouro (versant sud du Tibesti) en 1899 ; elle rayonne sur le Tchad septentrionnal, et le souverain ouaddaïen Yusuf (1872-1898) lui était acquis.

B – L'AFRIQUE DU NORD-EST ET DE L'EST

La région qu'on envisage ici réunit un certain nombre d'originalités ethno-culturelles : populations de langues sémitiques et couchitiques, civilisation Swahili, « pays des fleuves » des savanes centrafricaines... Son histoire, au XIXᵉ siècle, a en propre la présence égyptienne dans la haute vallée du Nil et à ses marges, l'activité d'éléments arabes à partir du littoral oriental, une recherche particulièrement pesante des esclaves et de l'ivoire et, tardivement, la renaissance d'une puissance éthiopienne.

LE SOUDAN ORIENTAL

Quant à l'histoire de la bande plus méridionale des savanes qui vont des confins de l'Adamaoua au Nil blanc, longtemps et encore si mal connue, ne trouvant pas à s'organiser par décantation autour de quelques États anciens et cproducteurs de sources écrites, morcelée au contraire entre de nombreux peuples, elle est le plus souvent sacrifiée dans les manuels et le sera ici encore, puisqu'on ne peut survoler l'ensemble des ethnies qui l'occupent et s'y transforment au XIXᵉ siècle, depuis les nombreux Sara du bassin du Chari jusqu'aux Dinka et aux Shilluk du Bahr el-Ghazal[1]. Commerce à longue distance par relais, migrations de peuples et remaniements sociopolitiques liés à ces deux facteurs donneront cependant à l'historien, dans une région longtemps négligée, des matériaux instructifs. Un des traits majeurs du siècle est ici le dépeuplement sensible provoqué par les razzias des aventuriers orientaux et européens opérant depuis le haut Nil, et dont les entreprises audacieuses et les constructions politiques plus ou moins éphémères reposent sur la seule économie prédatoire ; elles amplifient en volume et en surface, au milieu du siècle, les chasses plus classiques que pratiquent, dès le début, sur leurs confins, les Baguirmi, le Bornou, le Ouaddaï et, à partir de leur installation, les Peuls de l'Adamaoua.

Vers 1800, le sultanat des Funj, centré sur Sennar et le Nil bleu, n'avait plus que l'ombre de son ancienne splendeur militaire, économique et intellectuelle ; le Kordofan lui échappait au profit du Darfour, les tribus arabes du Nil s'étaient rendues autonomes, et la réalité même du pouvoir

1. Depuis peu on dispose enfin d'un chapitre détaillé et synthétique par P. Kalck, t. II de l'*Histoire...* de H. Deschamps [4], de la thèse d'E. de Dampierre [483] et du recueil d'articles dispersés d'E. E. Evans-Pritchard [385].

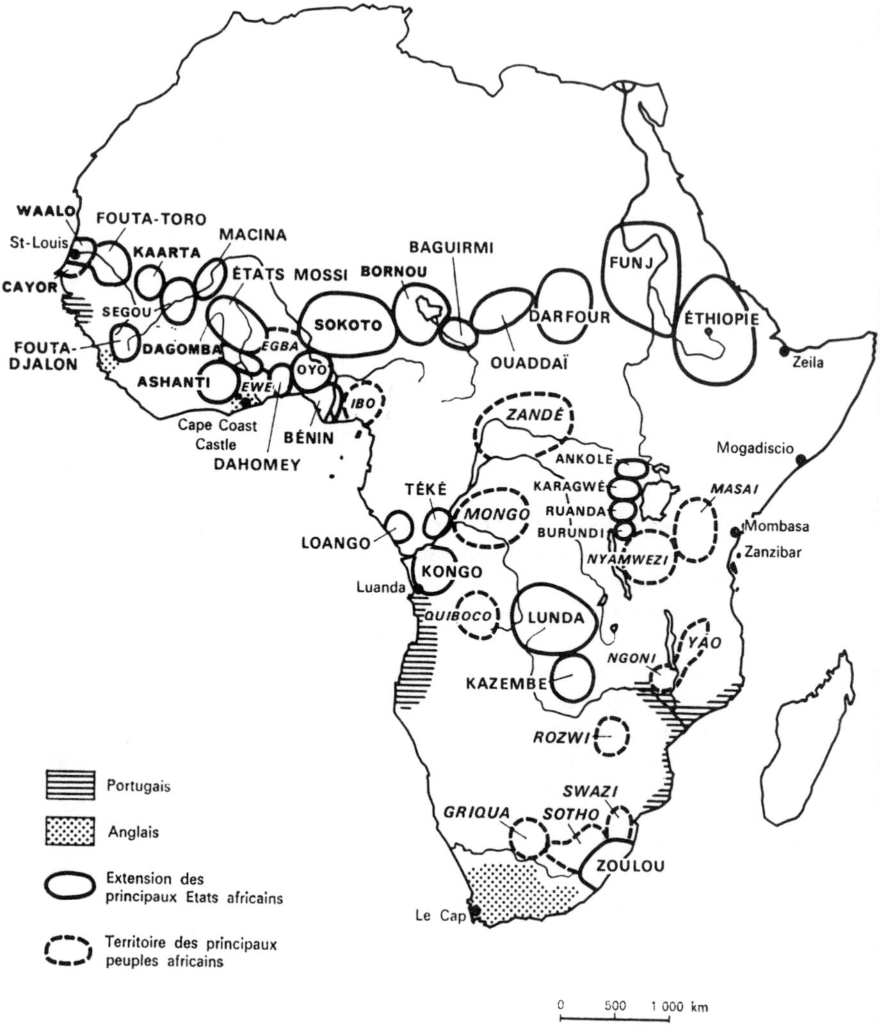

Fig. 1. – L'Afrique noire au début du XIXe siècle

s'émiettait en son centre, le commerce de la mer Rouge était devenu ténu. La toute nouvelle puissance égyptienne, forgée par Méhémet Ali, occupe ce vide politique : le pays Funj est soumis en 1821, Khartoum fondée en 1824, le Soudan nilotique passe sous administration égyptienne, et cette organisation efficace du pays, comme le contrôle de la mer Rouge et de ses confins par la même autorité assurent un renouveau des activités, cependant dominées par la recherche des esclaves aux confins sud. Vers 1840 l'obstacle constitué par le royaume Shilluk (Nil Blanc) saute, et la puissance égyptienne s'ouvre un nouveau domaine plus méridional où triomphe la quête de l'ivoire. Les formes commerciales font bientôt place aux razzias organisées par quelques grands entrepreneurs-aventuriers. Au Soudan même, Ismaïl (1863-1879) réforme l'administration du pays, dont l'équipement et les activités s'accroissent. Il n'en s'agit pas moins d'une administration, qu'elle soit économique ou intellectuelle, inspirée par l'Égypte.

En 1874, le sultanat du Darfour, vieux partenaire et « cousin historique » du Ouaddaï, vigoureux au début du siècle, et qui avait jusque-là sauvegardé son indépendance, est conquis pour le compte de l'Égypte ; des sultans occultes animent des révoltes.

Les mécontentements cristallisent quand, en 1881, Muhammad Ahmad se proclame *Mahdi* et prêche pour la restauration d'un Islam pur. Des ralliements massifs et rapides suivant ses premiers succès, Khartoum est prise en 1885, le Soudan passe à un nouveau pouvoir, issu du pays, que Abd Allah, successeur du mahdi mort la même année, organise de façon rigoureuse et réaliste. Ce nouvel état dure treize ans, et sa fin n'est consommée que par l'intervention résolue de l'Angleterre.

Au Darfour, Ali Dinar restaure alors le sultanat, en 1898, sous une dépendance nominale à l'égard du condominium anglo-égyptien installé à Khartoum ; il établit une autocratie militaire inspirée du régime mahdiste. Son attitude favorable aux Ottomans pendant la Première Guerre mondiale donne aux Anglais, en 1916, l'occasion de supprimer cette dernière entité africaine autonome.

L'ÉTHIOPIE

Ce qui est devenu l'Éthiopie est, vers 1800, multiple. C'est d'abord, du Tigré au Shoa, la vieille Éthiopie chrétienne, elle-même variée, mais entité politique et culturelle multiséculaire, autour de sa royauté et de son idéologie, de son Église, d'une langue liturgique et littéraire, le guèze, distincte des divers parlers. C'est aussi, à l'est et au sud, une série de principautés et de populations musulmanes (émirat de Harar, notamment). L'affrontement dramatique de ces deux Éthiopies, au XVIe siècle, avait tourné court dans leur épuisement réciproque, et facilité l'arrivée des Galla, venus du Sud, dont les migrations puissantes et renouvelées les ont pénétrées, et plus encore ont recouvert les populations païennes plus méridionales.

L'Éthiopie chrétienne s'est fermée sur elle-même dès le XVIIe siècle, autour d'une nouvelle capitale, Gondar, régionalismes et pouvoirs locaux se sont accrus, et la décomposition politique est au plus fort entre 1784 et 1851, où ne se comptent pas moins de 27 empereurs, parfois rivaux, et sans pouvoir. C'est le « temps des princes » ou, selon une réminiscence biblique, le « temps des juges » ; sous une continuité historique purement morale, trois régions au moins sont politiquement distinctes : le Tigré, branché sur le trafic de la mer Rouge devenu fort restreint à la fin du XVIIIe siècle ; les provinces autour de Gondar, très isolées ; le Shoa, branché par relais sur le commerce du golfe d'Aden. Le renouveau progressif de ces commerces au cours du siècle va permettre la consolidation de certains pouvoirs locaux, et préparer une rénovation à plus grande échelle. C'est déjà vrai pour les deux autres Éthiopies, quand, à partir de la mer Rouge prise en main par l'Égypte, et à partir de l'émirat de Harar et du sultanat de Zeila, les marchands musulmans répandent à la fois les produits matériels efficaces (armes) et l'ouverture à des modèles politiques et idéologiques nouveaux ; ainsi, dans le Sud-Ouest Galla largement conservateur de structures peu centralisées, se développent de nouvelles monarchies, au côté de deux plus anciennes, et cette refonte sociale et institutionnelle, dans la première moitié du siècle, est liée à la présence active des commerçants islamisés[1].

En 1855, un chef remarquable saisit les virtualités de rénovation de l'Éthiopie chrétienne et remobilise l'idéologie unitaire ; il se fait couronner empereur, sous le nom de Théodore, s'attache les provinces centrales, soumet quelques régions Galla, le Tigré, et, difficilement et provisoirement, le Shoa déjà renaissant. Artisan passionné de la réunification et de la modernisation du pays, il demande à l'étranger armes et experts, il réforme l'armée et l'administration, il restaure l'influence de l'Église. Mais cet effort novateur n'a pas de bases sociales et institutionnelles pour durer et s'étendre, Théodore se conduit en autocrate capricieux, le Tigré et le Shoa lui échappent largement de nouveau, il se retourne violemment contre une Église dont il ne saisit pas l'importance propre et le besoin de rénovation[2].

1. Cf. M. Abir, Ethiopia, *The Era of the Princes...* [387], notamment chap. IV, et déjà son article, The emergence..., *JAH,* VI, 2 1965, p. 205-220.

2. Pour l'évaluation du règne, du moment de l'histoire éthiopienne qu'il représente et de la société à cette époque, cf. M. Morgan, Continuities and traditions in Ethiopia history... : An investigation of the reign of Tewodros, *Ethiopia Observer,* XII, 4, 1969, p. 244-269 ; D. Crummey, Tewodros as reformer and modernizer, *JAH,* X, 3, 1969, p. 457-469 ; C. Jesman, La situazione religiosa... in Etiopia durante il regno di Teodoro, *Africa* (Rome), XXIV, 2-3, 1969, p. 157-181.

L'échec intérieur est déjà certain quand, en 1867, l'empereur se suicide, une forte colonne anglaise venant clore quelques années de malentendu diplomatique.

Il y a compétition pour la succession. Le maître du Tigré, grâce aux armes reçues des Anglais, l'emporte et devient l'empereur Yohannès IV. Il doit bientôt faire face à l'offensive politique et militaire de l'Égypte en mer Rouge, en Érythrée, dans les sultanats de Zeila et de Harar qu'elle coiffe, sur la frontière soudanaise... mais il vainc les troupes d'Ismaïl et capture beaucoup de ces armes dont le blocus égyptien le privait. Il ressent ensuite la présence et les prétentions croissantes de l'Italie en Érythrée, mais surtout, dès le début, la rivalité du souverain du Shoa, autonome depuis 1865-1868, un temps prétendant au trône impérial avant d'y renoncer provisoirement, qui a tôt acquis les armes modernes si convoitées et s'impose à de larges pans de l'Éthiopie méridionale, et même à Harar en 1887.

C'est ce Ménélik qui succède à Yohannès, mort en 1889 dans une riposte victorieuse à l'attaque des mahdistes du Soudan. Il reconnaît à l'Italie la possession de l'Érythrée, importe massivement des armes, contrôle fermement l'ensemble de ses domaines réunis. Les prétentions italiennes croissantes débouchent sur l'invasion du Tigré en 1895 ; Ménélik inflige à l'ennemi le désastre d'Adoua. L'Éthiopie est sauvée du partage colonial ; mieux, Ménélik garde sa liberté d'action en équilibrant ses nombreuses relations avec les puissances européennes, et c'est l'Éthiopie qui s'étend vers le sud, commercialement par la chasse à l'ivoire, politiquement par la soumission de territoires musulmans et païens et par le refoulement des Somali de Harar et de l'Ogaden. Utilisant conseillers, auxiliaires et capitaux des diverses nations, Ménélik amorce activement la modernisation économique et institutionnelle, jusqu'à sa mort en 1913. Dès le début de son règne, le choix d'Addis-Abeba pour capitale nouvelle avait souligné ses objectifs d'extension vers le sud et d'unification des pays éthiopiens.

LA CÔTE ORIENTALE

Le littoral africain de l'océan Indien portait depuis des siècles des cités marchandes largement ouvertes sur l'extérieur, dont la population et la culture s'étaient renouvelées d'apports successifs, et où s'était forgée une civilisation africaine nouvelle, la civilisation Swahili. Sur ces villes, partiellement autonomes, animées par une couche dirigeante arabo-swahili, Mombasa exerçait vers 1800 un leadership qui fut bientôt contesté, d'abord par Lamu vers 1810, puis, surtout, par les interventions décidées de Sayyid Saïd, sultan d'Oman. Celui-ci réactive des droits anciens de sa maison sur la côte africaine, soutient d'autres villes, comme Pate, Pemba, dans leur effort pour se libérer de la tutelle de Mombasa dans les années 1820, soumet enfin cette cité même et transfère sa capitale à Zanzibar vers la fin des années 1830. Cette politique et la « phase zanzibarite » de l'histoire côtière est-africaine qu'elle ouvre désormais se sont nourries d'une mutation économique majeure qu'elles confortent et entretiennent : le développement d'un grand commerce et son extension vers l'intérieur. Sur la côte, la demande soutenue est celle des esclaves, d'une part, lancée au XVIIIe siècle au profit des colonies européennes, maintenue ici quelque temps au XIXe siècle, et relayée par les besoins de Zanzibar et de Pemba quand Saïd y introduit les girofliers et attire des planteurs arabes, activité vite florissante et consommatrice de main-d'œuvre ; c'est d'autre part celle de l'ivoire, si réclamé par l'Europe au XIXe siècle. À l'intérieur du continent, la demande est celle des armes à feu. Le sultanat de Zanzibar abrite et favorise un trafic maritime croissant, et les riches Indiens qu'il accueille financent des caravanes arabes loin vers les profondeurs de l'arrière-pays. Les trafics régionaux s'étendent et se fondent en un grand réseau. La vitalité du sultanat est à son sommet dans les années 1870, et peut-être, sous la protection anglaise, se serait-il affirmé politiquement et militairement dans l'intérieur. Mais les initiatives coloniales allemandes des années 1880 déclenchent ici l'inévitable partage entre puissances européennes. Les Arabes ripostèrent à ce changement de relations par une attitude désormais hostile, et la Qadiriya, notamment par sa branche dirigée par le shaykh Uways, contribua largement à cette résistance, et à une nouvelle extension de l'Islam, dans toute l'Afrique de l'Est.

C'est encore autour d'un leader musulman, mais d'une confrérie rivale, que se cristallise et s'organise plus au nord la rébellion à l'emprise européenne. Le peuple Somali, dont l'identité culturelle et morale était clairement définie, fut, à partir des années 1880, partagé par l'intervention des puissances (Italie, Angleterre, France) et par la progression éthiopienne vers le sud. En 1899, Muhammad Abdallah Hasan (dit le « Mad Mullah », par les Européens) dirige la révolte au nom de l'islam dans le protectorat britannique ; il tiendra jusqu'en 1920 ; son action encourage vite des dissidences plus méridionales, en pays italien, et inspire des migrations de populations.

La diffusion du grand commerce vers l'intérieur fut plus modeste dans les régions kenyanes, largement troublées par les guerres entre tribus Masaï[1]. Les seuls intermédiaires marchands entre les Kikuyu et la côte furent les Kamba, dont les Arabes ne défont le monopole que vers 1880.

1. J. M. Weatherby, Nineteenth century wars in Western Kenya, *Azania,* II, 1967, p. 133-144.

C – LE GOLFE DU BÉNIN

Si la zone soudanaise était, comme la façade orientale de l'Afrique, en contact avec le monde arabe depuis le IXe siècle au moins, c'est depuis la découverte portugaise que des relations régulières avaient été nouées entre l'Europe et l'ensemble des populations côtières ou sub-côtières. Mais au XIXe siècle, marqué par le progrès rapide des échanges commerciaux et culturels avec l'outre-mer, la configuration des peuples et des États de l'Afrique atlantique connut une phase de consolidation et d'épanouissement des courants amorcés dans les siècles précédents. Quelques États mirent à profit le nouveau contexte économique pour renforcer leur cohésion (Dahomey, Ashanti) ; d'autres, au prix de luttes incessantes, accrurent leurs zones d'influence (cités Egba) au détriment des vieux Empires affaiblis (États Yoruba, royaume du Bénin). Car certains, en revanche, incapables de s'adapter au monde nouveau qui s'organisait autour d'eux, virent leur décadence s'accélérer.

Les modifications de structure furent particulièrement nettes dans cette zone parce qu'elle fut, plus tôt que les autres, en voie de basculer dans le champ économique mondial. L'action de l'Europe s'était jusqu'alors presque exclusivement manifestée par la traite négrière. Du côté occidental, c'était le domaine réservé des marchands ; du côté africain, le commerce triangulaire avait été soutenu par l'adhésion des royaumes négriers de la côte ; leurs structures politiques, sociales et militaires avaient été affectées par le marché atlantique et par la pression d'un système cohérent et stable durant près de trois siècles. Mais, en raison du caractère très spécialisé du négoce (gomme du Sénégal, or de la Gold Coast et, surtout, esclaves), en raison également de la délimitation des zones de recrutement, le pays avait davantage subi localement ce commerce qu'il n'y avait participé dans son ensemble.

À partir de la fin du XVIIIe siècle, les Africains commencèrent de jouer un rôle de plus en plus actif au sein d'une organisation commerciale en pleine mutation de part et d'autre : on passa, en effet, au cours du XIXe siècle, de la traite des esclaves à la traite dite « licite » de produits agricoles (huile de palme, arachides, bois...) fournis par des États ou des peuples courtiers plus nombreux, mais toujours attentifs à sauvegarder leur indépendance.

En définitive, les Africains furent contraints de s'adapter à la demande européenne dont nous pouvons assurer, avec le recul de l'histoire, qu'elle fut déterminante. Mais nombreux furent alors ceux qui assumèrent apparemment de leur plein gré leur option économique, tout en faisant la preuve de remarquables qualités d'adaptation : il est révélateur que le passage de l'économie négrière à l'économie de traite de la fin du siècle se fit sans heurt majeur ; il n'y eut pas, du moins jusqu'à la prise en main radicale des commandes par l'autorité coloniale, un bouleversement brutal des structures, mais une progression d'ajustements répondant à l'accroissement du volume et de la rentabilité des échanges.

LE DAHOMEY

Le meilleur exemple en fut probablement offert par le Dahomey, qui prit vers la fin du XVIIIe siècle le parti de bâtir sa puissance sur le seul trafic des esclaves, érigé en monopole royal sous le règne de Tegbessou (1740-1789). Le pays n'en connut pas moins alors une longue période de dépression ; l'armée, négligée par un roi peu guerrier, rendit l'approvisionnement difficile ; la vente souffrit aussi de la guerre d'Indépendance américaine puis de la Révolution française. Le système traditionnel des « forts » de commerce avait fait son temps ; seul le fort portugais conservait une garnison de principe, à demi oubliée.

L'assassinat d'Agonglo (1797) et la chute d'Adandozan (1818) confirmèrent la gravité de la crise[1]. La situation fut énergiquement redressée par la prise de pouvoir de Ghézo, qui régna quarante ans (1818-1858) et se révéla un grand homme d'État. Faut-il voir, dans son avènement, le triomphe du souverain sur ses grands « vassaux », et celui d'une monarchie à base territoriale sur l'organisation tribo-patriarcale préexistante ? Toujours est-il que le roi, chef politique et religieux au pouvoir despotique, entretenait dans sa capitale d'Abomey, isolée au-delà des marais de la Lama, une cour relativement nombreuse, assistée de ses principaux dignitaires (cabécères) dont, à Ouidah, le *Yovoghan,* chargé des affaires concernant les Européens. Pour évincer son parent, Ghézo avait reçu l'appui financier de Francisco Felix da Souza, le plus éminent représentant du milieu négrier des « Brésiliens » (métis portugais ou anciens esclaves affranchis revenus au pays), qui fut récompensé par le titre de « Cha-Cha » et le privilège du commerce royal. Le roi eut, surtout, l'intelligence de participer aux innovations proposées par un négociant de Marseille,

1. Akinjogbin, *Dahomey and its Neighbours...* [310].

Régis, qui s'établit en 1843 dans l'ancien fort français et ouvrit à l'huile de palme le marché métropolitain.

La prospérité de la monarchie était glorifiée par la célébration annuelle de la fête des Coutumes en l'honneur des ancêtres royaux, occasion pour le roi d'étaler ses richesses aux yeux du peuple et d'en redistribuer une grande partie[1] ; les sacrifices humains qui l'accompagnaient déchaînèrent, à la veille de la conquête, la vindicte des « philanthropes » européens.

Le résultat du régime fut de libérer le pays de la tutelle d'Oyo et d'offrir une alternative au commerce négrier combattu par l'escadre britannique (blocus de 1851 et de 1878) et compromis par les défaites essuyées par les troupes dahoméennes contre les Egba (échecs cuisants de 1851 et de 1864 devant Abéokuta).

Bien qu'avec un succès moindre, le roi Glélé (1860-1889) poursuivit la même politique. Mais, plus belliqueux et moins soucieux des questions économiques, il eut surtout la malchance d'intervenir à une époque où s'accentuait la pression des négociants européens mécontents d'une fiscalité alourdie et d'une concurrence de plus en plus âpre contre les Britanniques. Il dut s'incliner devant les Français qui lui imposèrent en 1863 le protectorat sur Cotonou, devenu effectif en 1879. Le protectorat sur Porto-Novo (1883) préfigurait la conquête du pays, malgré la résistance acharnée du roi Béhanzin (1890-1892).

FANTI ET ASHANTI

Les Fanti étaient, comme les Ashanti, originaires d'une vague de migration Akan qui avait essaimé depuis le XVIe siècle en une vingtaine de petits États guère plus grands qu'un village. Au XVIIIe siècle, la constitution de l'État Ashanti autour de Koumassi les incita à constituer une alliance militaire pour protéger les routes du commerce, avec l'accord des Anglais qui craignaient l'hégémonie politique du royaume intérieur.

Depuis longtemps, en effet, comme partout sur la côte, le trafic négrier avait engendré un milieu d'affaires mêlé. Les « forts », devenus des établissements privés, dépendaient des localités avoisinantes pour les vivres et la main-d'œuvre. Peu à peu se constituèrent de grandes familles d'origine métisse, dont l'une des plus en vue jusqu'au XXe siècle fut celle des Brew, descendants d'un actif négrier hollandais du XVIIIe siècle[2].

1. C. Coquery-Vidrovitch, La fête des Coutumes au Dahomey [313].
2. I. Wilks, *Ashanti in the XIXth Century* [719], et M. Priestley, *West African Trade...* [292].

En 1807, l'interdiction de la traite par les Britanniques ruina les négociants sans qu'ils pussent trouver dans l'immédiat un produit de remplacement, tandis que s'accentuait la pression Ashanti. Ceux-ci firent une descente victorieuse sur la côte en 1806, renouvelée à plusieurs reprises jusqu'en 1826 (attaque au cours de laquelle fut tué Sir Charles Mac Carthy, gouverneur du Sierra Leone). En dépit de son objectif de neutralité commerciale, le gouvernement britannique se trouvait dans une impasse. À partir de 1828, il abandonna le soin d'assurer l'administration commerciale à un Comité de marchands présidé par le gouverneur Mac Lean.

Le royaume Ashanti devint la force africaine dominante. Situé à un carrefour marchand, le pays était pourvoyeur d'or, d'ivoire et de kola qu'il exportait aussi bien vers la côte que vers le Niger ou le pays Haoussa. L'influence soudanaise se fit suffisamment sentir pour inciter vers 1800 le roi Osei Kwame, en conflit avec les chefs traditionnels, à tenter une expérience islamique. Après sa destitution, la réorganisation de l'empire fut néanmoins reprise par le grand roi Osei Bonsu (v. 1801-1824).

Localement, le pouvoir, limité au domaine militaire et à la perception du tribut, restait aux mains des chefs traditionnels contrôlés par un dignitaire de la capitale. De nombreux responsables à charge naguère héréditaire furent nommés par le roi qui avait la haute main sur les ressources du pays. Ainsi s'élabora une « classe administrative » où prévalut la règle patrilinéaire, tandis que l'assimilation systématique des esclaves ou des immigrants libres favorisa l'essor privilégié de la capitale. Les Ashanti « riches », susceptibles de constituer à terme une menace pour la monarchie, étaient lourdement taxés pour laisser le commerce aux mains des étrangers, souvent musulmans et totalement dépendants du souverain.

L'économie diversifiée du royaume lui permit de survivre à la suppression de la traite, puisque l'or continuait d'autoriser l'achat des fusils nécessaires. En partie grâce au traité finalement négocié en 1831 avec Mac Lean, qui mettait fin aux escarmouches incessantes depuis le début du siècle, le commerce quintupla dans la décennie suivante. Pour assurer son application, les Britanniques improvisèrent dans la zone maritime une juridiction favorablement accueillie par les Fanti gagnés à l'Occident sous l'influence conjointe du commerce et des missions. Le tout aboutit à l'élaboration d'un protectorat informel sanctionné par le *Foreign Juridiction Act* (1843), étrange document autorisant à traiter en colonie un territoire étranger.

L'équilibre fut pourtant provisoire. Les Anglais furent progressivement incités à accentuer leur présence sur la côte. Inquiets, les Ashanti descendirent à nouveau en 1863. Cette invasion, à laquelle les Fanti voulurent répondre par une ébauche de confédération, conduisit les Britanniques à repenser le problème politique et amorça la marche irréversible vers l'annexion (sac de Koumassi en 1874 ; protectorat Ashanti en 1897).

SIERRA LEONE ET LIBERIA

À l'ouest du golfe, deux petits pays apparurent, dés le début du XIXe siècle, comme des émanations directes de l'Occident. Le Sierra Leone fut la première application du fameux triptyque anglo-saxon : Commerce, Christianisme et Colonisation.

En 1787, les philanthropes britanniques avaient acquis, auprès des chefs locaux, quelques miles le long de la presqu'île du Sierra Leone pour accueillir les premiers esclaves libérés en Angleterre, puis les Noirs américains loyalistes réfugiés en Nova Scotia (1792), enfin les « Marrons » libres de Jamaïque déportés après la conquête britannique (1796-1800). En 1807, la *Sierra Leone Co.* moribonde fit place à une colonie de la Couronne. Freetown devint le centre d'accueil des esclaves libérés sur les navires de traite. Le gouverneur Mac Carthy (1814-1824), heurté par la situation misérable des captifs, codifia leur installation en paroisses regroupées autour des établissements de la *Church Missionary Society*. En dépit des conditions très dures de la colonisation à ses débuts (révolte de 1794), les Africains (2 000 en 1807, 11 000 en 1825, 40 000 en 1850) comptèrent parmi les plus actifs propagateurs de l'influence européenne, d'autant que beaucoup, regagnant leur pays de naissance, essaimèrent à travers l'Afrique occidentale. Vers 1839, dix d'entre eux furent assez riches pour racheter d'anciens navires de traite. Freetown devint un centre de négoce. 3 000 Sierra-Léonais furent à l'origine de la nouvelle cité Egba d'Abéokuta.

Sur place, les tentatives agricoles (coton, canne à sucre) échouèrent faute de savoir technique et de main-d'œuvre ; mais le pays, agissant comme un creuset, donna naissance à une civilisation « créole » vivante qui s'épanouit après 1850 (hommes d'affaires, juristes, médecins, missionnaires parmi lesquels l'évêque Samuel Crowther). Le premier collège d'enseignants, Fourah Bay (1827), fut érigé en université en 1876.

Mais l'extension du protectorat sur l'arrière-pays (1893) provoqua la révolte farouchement réprimée des Temne-Mende de l'intérieur (1898). Le rôle des créoles comme médiateurs entre les deux cultures, significatif des efforts du XIXe siècle, devint intenable. Ils furent rejetés par l'autorité coloniale britannique.

Autre expérience, l'entreprise américaine du Liberia (1822) fut viciée à la base par l'équivoque entretenue entre les Sudistes, qui visaient à débarrasser les États-Unis d'un surplus d'affranchis, et les baptistes bostoniens partisans de christianiser le continent, l'objectif commun restant d'assurer l'expansion commerciale américaine[1].

Aux débuts lents du Sierra Leone s'opposa le démarrage plus rapide du Liberia où les émigrés, quatre fois plus nombreux (12 000), avaient importé des États-Unis un certain savoir technique et social. Ils se heurtèrent néanmoins pour l'acquisition des terres à la fois à l'opposition des chefs locaux et au paternalisme arrogant de l'*American Colonization Society*.

Une réforme devenue inévitable dota le pays, en 1839, d'une relative autonomie. L'indépendance fut proclamée en 1847. Les Américano-Libériens organisèrent sur la côte des Krou le commerce de l'huile et des plantations de café et de canne. Mais l'influence des « princes marchands » mulâtres, dénoncée par les précurseurs de la négritude (E. W. Blyden), déclina avec l'intervention occidentale directe. Le prix de la liberté fut la faiblesse économique et politique. À la veille de la Première Guerre mondiale, les firmes allemandes dominaient, les États-Unis contrôlaient les finances et l'armée du pays.

LES GUERRES YORUBA

À l'est du Dahomey, l'évolution interne fut, elle aussi, redevable aux mutations économiques ambiantes. Suivant la tradition, la décomposition de l'empire d'Oyo se serait affirmée vers 1793, lorsque l'*alafin* Aole eut commis le sacrilège de vouloir s'attaquer à la ville d'Apomu qui relevait d'Ifé, centre religieux traditionnel et berceau des Yoruba. Répudié, il se suicida vers 1796 ; il s'ensuivit un interrègne d'une vingtaine d'années, période d'instabilité politique et de déséquilibre économique (1797-1817)[2].

En fait, les troubles avaient des causes profondes qui résultaient à la fois des transformations politiques du nord et des nouvelles conditions économiques du sud.

Au nord, l'islam fut à l'origine d'une révolution politico-religieuse majeure. Les éleveurs peuls nomades, qui progressaient vers l'est depuis plusieurs siècles, firent cause commune avec les Foulbé érudits des villes contre les Haoussa sédentaires. Le soulèvement remporta ses premiers succès en 1804 dans l'État de Gobir et gagna le Nupe, sous la conduite du réformateur Ousman dan Fodio, et de là le pays Yoruba septentrional. La

1. J. D. Hargreaves, African colonization in the 19th century : Liberia and Sierra Leone, *Boston University Papers*, I, 1954, p. 55-76.
2. Curtin, *Africa Remembered* [69], p. 194.

zone, où l'islam devint religion d'État, fut partagée en émirats dépendants de Sokoto. La prise d'Ilorin (1832) entraîna la désagrégation de l'empire d'Oyo. La barrière peule fermait la principale source d'esclaves et les razzias intestines achevèrent de plonger le pays dans la confusion. La population, contrainte d'émigrer en masse, alla s'installer aux abords immédiats de la forêt à Nouvel-Oyo (vers 1837).

Au sud, la situation n'était pas moins critique. Les Egba commençaient de secouer le joug d'Oyo. Les Ijebu développèrent, comme Lagos, un commerce intensif avec les négriers européens. Alliés aux gens d'Ife et aux réfugiés d'Oyo, ils triomphèrent de l'État d'Owu jusqu'alors dominant (1818-1825). Les Egba refoulés vers le sud-ouest se rassemblèrent à Ibadan, appelé à devenir en peu d'années le plus gros centre urbain de l'Afrique précoloniale[1]. Une partie d'entre eux continuèrent de progresser vers le sud où ils créèrent Abeokuta (1830). Les deux villes qui se disputaient le contrôle du trafic avec la côte vécurent dorénavant dans un état d'hostilité chronique, tandis que les Anglais, partisans d'Ibadan, s'assuraient le contrôle de Lagos (1861).

LE ROYAUME DU BÉNIN

Immédiatement à l'est de la zone Yoruba, on assistait, depuis la fin du XVIe siècle, au resserrement progressif de la zone tributaire du Bénin qui, plus proche des peuples Ibo de l'Est, entretenait néanmoins des liens dynastiques mythiques avec Ifé. Isolé par la forêt, le royaume eut du moins la chance de rester relativement à l'abri des guerres voisines et de l'infiltration européenne. Au XIXe siècle, l'État manifesta une remarquable capacité de résistance, redevable au prestige de la monarchie et à la fermeté de son organisation. Face aux nobles héréditaires au rôle déclinant (les *Uzama*), le pouvoir administratif relevait des trois associations du Palais *(Otu)* dont l'autorité était contrebalancée par le pouvoir civil des chefs de ville contrôlant le tribut, le travail et les troupes de l'*Oba*. Comme au Dahomey, mais dans une moindre mesure, la prospérité dépendait du commerce étatisé. Le roi contrôlait étroitement les activités de l'élite dirigeante, mais aux dépens de la vitalité économique du royaume – contradiction que révélait le redoublement des difficultés entre le Palais d'une part, les Européens et les traitants Itsekiri de l'autre, irrités par le poids de règles commerciales périmées.

1. Flint [284], p. 108.

Plus que le prétexte officiel (la lutte contre les sacrifices humains), ce malaise fut à l'origine d'une expédition de conquête relativement tardive (1897) dans une zone entrée de longue date dans l'orbite britannique[1].

LES RIVIÈRES DE L'HUILE

À la différence des précédents, les États lagunaires du delta du Niger, à demi amphibies, étaient constitués de petites cités caractérisées par leur individualisme politique. On peut distinguer deux groupes : les monarchies (Bonny ou Nouveau-Calabar) et les centres commerciaux à faible structure politique (Vieux-Calabar, Brass, Cameroons) où l'assemblée des hommes libres, à la fois notables politiques et chefs d'entreprise, assurait une autorité limitée au maintien de leurs intérêts.

Bien que ces formations ne fussent pas nées de l'intervention outre-Atlantique, les mutations furent accélérées par l'apparition du commerce européen[2]. Les courants d'échange est-ouest avaient été supplantés par les échanges nord-sud pourvoyeurs d'esclaves et de vivres pour la traversée atlantique. Dans l'arrière-pays, le courtage était aux mains des Aro, dont les cités assuraient la paix commerciale aux principaux carrefours terrestres ou fluviaux, et dont l'oracle Chuku, craint par tous les Ibo, fut « détruit » par les Anglais en igoi seulement.

Au tournant du XIXe siècle, l'abolition de la traite marqua un tournant décisif. La crise économique fut surmontée par la reconversion des chefs côtiers qui organisèrent les marchés de l'huile dans la zone de production. L'initiateur en fut le roi « Opubu le Grand » de Bonny (1792-1830) qui, quelques années avant le Dahomey, prit la même initiative de mener de front la traite de l'huile et des esclaves, et dont la prospérité reposait sur une flotte de vastes pirogues armées de petits canons. Le cas n'était pas rare non plus de voir d'anciens esclaves prendre la direction des affaires, tels vers 1860 Okojimbo et Jaja de Bonny, ce dernier fondateur du royaume d'Opobo.

Après la découverte des bouches du Niger (1830), la domination de l'intérieur par les peuples courtiers fut progressivement battue en brèche par la progression européenne. Habile politique prêt à toutes les concessions pour éviter un affrontement direct, le roi de Bonny William Dappa Pepples dut promettre, en 1837, de protéger les intérêts commerciaux bri-

1. Ph. A. Igbafe, The fall of Benin : A reassessment, *JAH*, XI, 3, 1970, p. 385-400.
2. E. J. Alagoa, Long distance trade and states in the Niger Delta, *JAH*, XI, 3, 1970, p. 319-329.

tanniques sur la rivière, et en 1839 de renoncer à la traite des esclaves moyennant un cadeau annuel. Malgré le peu d'effet immédiat de la mesure, cet accord marquait le triomphe des « commerçants légitimes » favorables à l'influence britannique. Celle-ci devint définitive avec l'installation progressive du protectorat (1884-1900).

D – L'AFRIQUE CENTRALE

Plus nettement encore que l'Afrique de l'Ouest, l'Afrique centrale connut au XIXe siècle un profond remaniement interne lié au bouleversement des grands courants d'échange.

On peut distinguer trois phases principales : dans le premier tiers du siècle, la vie se poursuivit, *grosso modo,* comme par le passé. Mais entre 1840 et 1875 l'essor du grand commerce, fondé sur l'importation des armes à feu, affecta l'ensemble des formations politiques préexistantes. Sur l'Atlantique, la suppression de la traite paracheva la décomposition des royaumes côtiers ; en revanche, elle favorisa l'essor du groupe Chokwe qui s'appuya sur l'exportation de richesses nouvelles (ivoire, plus tard caoutchouc) pour intensifier les marchés d'esclaves intérieurs et encourager, par contrecoup, l'hémorragie vers l'est.

C'est de l'Est, en effet, des Arabes, des Swahili, des Nyamwezi, que vinrent les impulsions majeures. Celles-ci, responsables de la destruction des modes de vie traditionnels, amorcèrent une véritable révolution politique et culturelle. De ces troubles naquirent de nouveaux États. Ce sont eux, et non les empires séculaires, qui à la fin du siècle s'opposèrent avec le plus de vigueur aux puissances coloniales.

LE ROYAUME DU KONGO

À proximité de l'Atlantique, le royaume du Kongo n'était plus qu'un souvenir. São Salvador était redevenu un village comme les autres, où le roi, toujours traditionnellement couronné par un missionnaire, ne représentait guère plus qu'un symbole[1]. Mais il serait imprudent de parler de déca-

1. L. Jadin, Les survivances chrétiennes au Congo au XIXe siècle, *Études d'histoire africaine,* I, Lovanium, 1970, p. 137-185.

dence. En effet, sur toute la côte, le système sociopolitique reposait traditionnellement sur le processus de fragmentation lié au grand commerce. Tout homme riche en esclaves s'efforçait de rompre avec son *Infante* (chef qui se réclamait du lignage royal), ce qui entretenait un état permanent d'insécurité et un afflux constant de prisonniers de guerre[1].

La fin de la traite porta au Kongo le coup de grâce : le roi Henrique II aurait demandé en 1856 la protection du roi du Portugal. São Salvador fut occupé en 1860.

L'ANGOLA

La colonie portugaise voisine de l'Angola ne s'en trouvait pas moins en crise. Au XVIIIe siècle, la prospérité de Loanda avait été tributaire des courants d'esclaves contrôlés par trois groupes d'économie-relais : au nord les Kongo, qui assuraient la liaison avec le Pool, au centre les Mbundu, où la suprématie des Imbangale du Casanje était assurée par leur vitalité démographique et la possession exclusive d'armes à feu, au sud, secondairement, le groupe Songo[2].

Au début du XIXe siècle, les Portugais réussirent à briser l'écran du Cassanje. Deux métis Pombeiros établirent la liaison avec le Mozambique (1806-1811). Des émissaires du Mwata Yamvo, chef de l'Empire Lunda, visitèrent Loanda. Mais le Casanje résista longtemps (1850-1861). La suppression du monopole royal sur l'ivoire (1834), puis surtout de la traite (1836 par mer, 1854 par terre) et de l'esclavage (devenue effective en 1878) engendra un marasme qui ne fut guère soulagé par la tentative de créer des substituts agricoles (coton, café...). Déchue de son ancienne splendeur, la ville délabrée de Loanda ne comptait plus guère, en 1880, qu'une dizaine de milliers d'habitants, dont quelques centaines de Portugais.

LE GRAND COMMERCE CONGOLAIS

Aux vastes formations politiques, fréquentes en pays de savane, qui établissaient leur domination sur les grands carrefours commerciaux – tels l'Empire Lunda ou le royaume du Buganda –, s'opposaient en forêt de

1. J. Vansina, *Les anciens royaumes de la savane* [448], p. 148-149.
2. J.-L. Vellut, Relations internationales du moyen Kwango et de l'Angola dans la deuxième moitié du XVIIIe siècle, *Études d'histoire africaine, op. cit.*, p. 92-135.

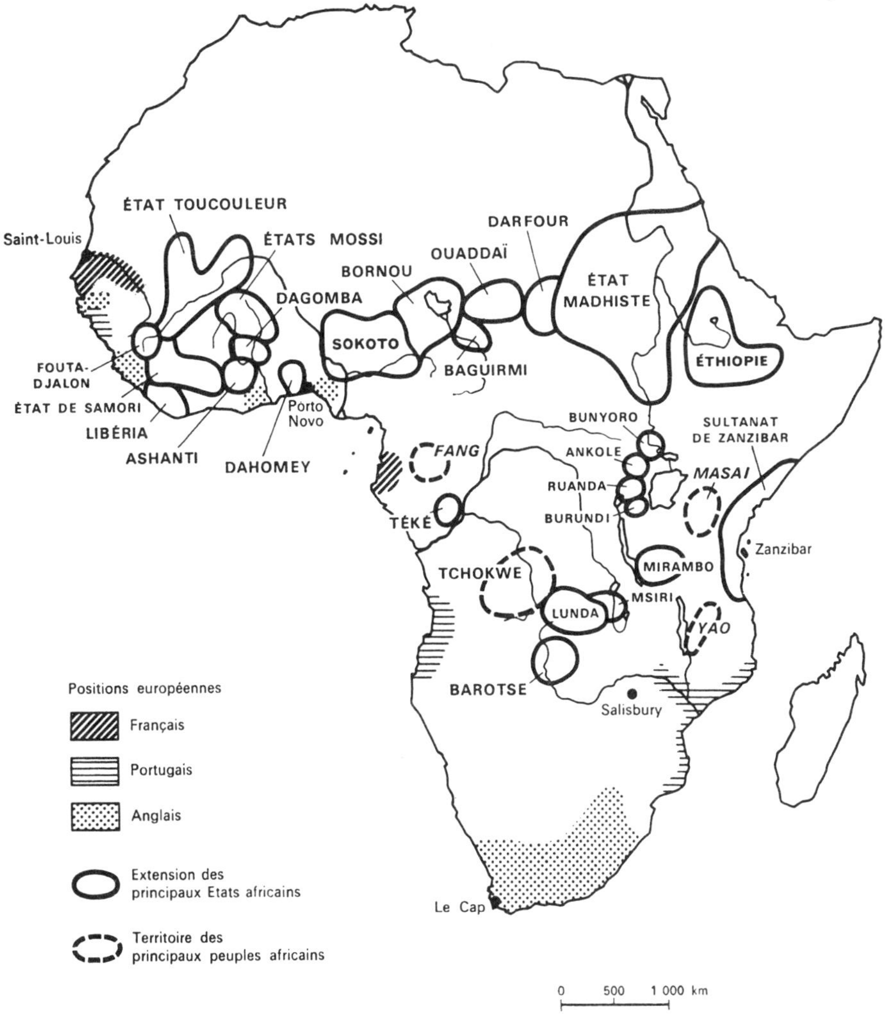

Fig. 2. – L'extension des peuples et des Empires à la veille de l'impérialisme

petites unités ou chefferies très dispersées et d'autant plus difficiles à pénétrer que chacune défendait âprement son privilège de courtage sur une portion réduite de territoire généralement situé le long d'un cours d'eau, hors duquel nul ne pouvait s'aventurer sinon au risque de sa vie ou de sa liberté.

Au nord, depuis le rivage atlantique, les marchandises européennes remontaient par voie de terre jusqu'au Pool, et de là pénétraient par le cours navigable du Congo et de ses affluents jusqu'au cœur de la cuvette forestière. De grands marchés jalonnaient la voie fluviale. Autour du Pool, les Bakongo assuraient le transit côtier. En amont, ils étaient relayés par les Boubangui, descendus au plus tôt vers 1780, qui s'assurèrent progressivement le contrôle du « Pays des Rivières » où ils combinaient le grand commerce des esclaves, de l'ivoire et des bois de teinture au trafic régional du manioc et du poisson séché. Ce peuple segmentaire, installé dans une zone impropre aux cultures, vivait en effet exclusivement de la pêche et du courtage dont il avait, vers 1878, définitivement ravi le monopole aux Tyo du plateau Batéké. La prospérité des Boubangui, révélée par leurs énormes pirogues et leurs agglomérations à demi amphibies qui pouvaient regrouper plusieurs milliers d'individus, fut brisée par la conquête coloniale[1].

LES CHOKWE

Au sud de la forêt, l'Empire Lunda du Katanga était encore à son apogée au tournant du XIXe siècle, grâce à son évidente supériorité militaire et à la souplesse d'adaptation de son système de gouvernement qui s'était diffusé au loin, sur près d'un millier de kilomètres, d'autant plus aisément que la savane n'offrait pas d'obstacle naturel. Mais il était constitué, à l'image des monarchies de l'Ouest africain, de provinces où l'autorité du centre devenait d'autant plus floue qu'elles étaient plus éloignées d'un noyau bien contrôlé malgré la relative autonomie de chefs lignagers toujours susceptibles d'engendrer des troubles de succession ; l'Empire fut ruiné par la perte du marché négrier qui rendait caduque l'autorité du Mwata Yamvo fondée sur le paiement d'un tribut en esclaves. Le rôle des Chokwe devint progressivement déterminant.

Autour des sources du Kasaï et du Kwango, ceux-ci, périodiquement razziés, se contentaient jusqu'alors de vivre des produits de la cueillette ou de la chasse (cire et ivoire) que la suppression de la traite haussa au rang de substituts d'exportation. La disparition du monopole portugais libéra le prix

1. G. Sautter [446], p. 215-325, et C. Coquery-Vidrovitch [128], p. 105-129.

de l'ivoire, qui fit un bond de 300 %. Les profits des Chokwe leur permirent d'acquérir les femmes qui garantissaient leur expansion démographique et les fusils qui allaient assurer leur prééminence tout en accélérant la destruction des éléphants. Ils se mirent à chasser chez les autres, dans les forêts-galeries Lunda, où le Mwata Yamvo mit ses chasseurs à leur service pour continuer d'assurer son approvisionnement en marchandises européennes. Vers 1860, l'épuisement de l'ivoire du haut Kasaï incita les Chokwe à pousser vers le nord-est, chez les Luba où, se muant en courtiers, ils organisèrent un trafic d'échange, cédant aux peuples de l'intérieur des esclaves contre le caoutchouc et l'ivoire qui garantissaient l'obtention des fusils. De proche en proche, la demande d'esclaves, encouragée par la baisse des prix consécutive à la perte du marché atlantique, gagna les Kuba et les autres peuples du nord-est. Les entrepreneurs de caravanes de la zone orientale mirent à leur tour à profit ces nouveaux marchés d'approvisionnement.

Vers l'ouest, les courtiers Chokwe firent leur apparition en Angola en 1877. Vers 1890, ils envoyaient jusqu'au nord du Kasaï des caravanes de plusieurs centaines de porteurs. À la fin du siècle, le boom du caoutchouc entraîna finalement la migration vers le nord de villages entiers dont les vagues successives achevèrent de submerger l'Empire Lunda (1885-1896)[1].

LE KAZEMBE

Vers l'est, le royaume Lunda du Kazembe, vaguement tributaire du Mwata Yamvo, occupa de 1750 à 1850, au centre de l'Afrique, une place privilégiée, maîtresse à la fois de la route commerciale occidentale et de l'accès vers l'est par le couloir Nyassa-Tanganyika. Assurant, contre le paiement d'un lourd tribut, la sécurité des populations locales menacées jusqu'alors par les incursions Luba du nord, il se trouvait au centre d'un réseau commercial régional : poisson et sel du lac Mweru, fer du lac Tanganyika méridional, bétail du pays Mambwe à l'est, tabac et coton du sud du lac Ruanda, cuivre du Katanga[2].

L'agriculture de subsistance constituait néanmoins la base de la survie ; il ne semble avoir existé ni commerçants traditionnels, ni marchés réguliers comparables à ceux que vit Livingstone au Maniema. Les Lunda n'en participaient pas moins au commerce lointain, de l'Atlantique au bas Zam-

1. J. C. Miller, in *Precolonial African Trade* [31], p. 175-201.

2. J. Vansina, *Les anciens royaumes de la savane* [448], p. 134-135, et C. St. John, Kazembe and the Tanganyika-Nyassa Corridor, 1800-1890, *in* [31], p. 202-227.

bèze, par l'intermédiaire du Mwata Yamvo à l'ouest et des Bisa à l'est, et envoyèrent à trois reprises une ambassade aux Portugais (1798, 1814 et 1830). À partir de 1840, la région fut sillonnée par les traitants arabes et nyamwezi. Là encore, l'essor du grand commerce bouleversa les données politiques. Mal préparés eux-mêmes à substituer au système autoritaire du tribut la libre entreprise de traitants réguliers, les gens du Kazembe durent s'incliner devant les nouveaux arrivants. Ceux-ci, que ne retenait pas le respect des coutumes ancestrales, se conduisirent plus en pillards qu'en négociants, ébranlant irrémédiablement l'organisation préexistante. L'évolution fut précipitée par l'intervention du Nyamwezi Msiri (1858) et de l'Afro-Arabe Tippou Tib qui, après 1870, constitua vers le nord, en pays Tetela, un État capable de résister à la pression Baluba. Tippou Tib n'était, lui-même, que le plus hardi représentant d'une série de trafiquants qui, dans tout le Kasaï oriental, s'alliaient aux chefs locaux puissants pour combattre les autres et razzier les esclaves à partir de leurs bases fortifiées[1]. Avant même l'intervention européenne qui chercha dans un premier temps à les utiliser (Tippou Tib accompagna Stanley dans sa descente du Lualaba en 1877, avant d'être écrasé par les forces de l'État indépendant du Congo), leur action contribua à disloquer un peu partout les structures traditionnelles.

LES ROYAUMES INTERLACUSTRES

Au nord-est du bassin du Congo se succédaient une série de petits royaumes (Garda, Burundi, Nyoro, Ruanda, Nkole, Avongara) ou de chefferies dont la plupart ne prirent guère leur forme définitive avant le XVIIIe ou le début du XIXe siècle. On retrouvait partout le même type de structure politique, fondée sur l'autorité relativement ferme d'un roi assisté de gouverneurs de province nommés, donc révocables, chargés de lever des tributs assez considérables[2]. Malgré cette tendance à une bureaucratie centralisée, il ne faudrait pas exagérer l'emprise directe de ces souverains ni abuser du terme de « féodalité », parfois utilisé pour qualifier des rapports sociaux plus ou moins déformés par l'optique occidentale des premiers observateurs. Certes des liens de dépendance personnelle unissaient les clients à leur patron. Mais le souverain, comme l'aristocratie dont il s'entourait, était généralement étranger au groupe dominé (cas des Tutsi du Ruanda ou des

1. Vansina, *Les anciens royaumes de la savane* [448], p. 179.
2. *Les relations personnelles de subordination dans les royaumes interlacustres* [403].

Hima du Nkole). Tout au plus peut-on évoquer la référence à une société plus ou moins castée, où une population paysanne se trouvait au service de chefs claniques ou politiques qui contrôlaient la terre (royaume Ganda) ou le bétail (Ruanda ou Burundi), sans qu'en principe les deux groupes fussent perméables l'un à l'autre, par mariage ou glissement de fonction. Encore faut-il être prudent car, sur le terrain, la distinction est loin d'être toujours tranchée, même dans le cas limite des Tutsi et des Hutu, aussi bien du point de vue ethnique que de celui de la répartition des taches. Il est probable qu'en ce domaine, comme ce fut souvent le cas ailleurs, la catégorie privilégiée sut momentanément tirer parti de l'intervention européenne pour renforcer les inégalités institutionnelles, par la confiscation légalisée du pouvoir et la codification de la division du travail (cas du royaume Ganda, examiné ultérieurement)[1].

LES NYAMWEZI

À l'extrémité orientale de la zone, le courtage du grand commerce était depuis le début du siècle aux mains d'un groupe politiquement peu structuré, les Nyamwezi, installés entre les lacs Tanganyika et Victoria. Jusqu'alors, le seul produit mis en circulation avait été le sel qui assurait l'approvisionnement en fer, rare dans la région. La chasse à l'ivoire se développa au début du XIXe siècle. Les premiers contacts directs avec la côte furent établis aux alentours de 1800. Vers 1811, l'ivoire des Nyamwezi était bien connu à Zanzibar. Si la route méridionale continua d'être préférée jusque vers 1840, la route directe, à travers le pays Gogo, l'emporta ensuite. Tabora, où des Arabes s'installèrent en 1852, devint le plus grand entrepôt du pays, carrefour des pistes conduisant vers le lac Tanganyika (Ujiji), le Katanga et les royaumes interlacustres.

Plus encore que chez les Chokwe, le trafic de l'ivoire suscita dans toute la zone une véritable révolution socio-économique et politique. L'exportation de ce produit localement inutile permit non seulement d'obtenir les marchandises d'outre-mer, mais aussi d'intensifier la production et la consommation intérieures. Elle donna une impulsion nouvelle aux anciens échanges entre le sel et le fer – ce dernier utilisé comme monnaie d'échange contre les vivres exigés par des caravanes qui pouvaient atteindre plusieurs milliers d'individus. Vers 1880, l'acquisition des armes à feu stimula également le commerce des esclaves, soit qu'ils fussent vendus à la

1. Chap. VI, p. 162-163.

côte, soit surtout qu'ils fussent utilisés sur place (chasse, portage ou travail des salines qui attirait en saison sèche quelque 20 000 personnes)[1].

La diffusion vers l'intérieur du riz, du maïs et du manioc, en assurant une production excédentaire, stimula la mobilité commerciale et l'apparition d'activités autres que celles exigées par l'économie de subsistance. L'accumulation de richesses qui s'ensuivit eut néanmoins une portée limitée, les entrepreneurs Nyamwezi cherchant seulement à l'exploiter en termes politiques au lieu de l'utiliser à des fins productives. Les plus fameux d'entre eux furent Mirambo, qui se créa un empire commercial au nord de Tabora (1871-1884) et surtout Msiri du Katanga (1860-1891), qui s'établit à l'ouest du Kazembe ; ses conquêtes comptèrent sans doute moins que l'expansion commerciale fondée sur l'exploitation du cuivre et de l'ivoire, l'alliance avec les Swahili et les Arabes (1875) et le contrôle d'un négoce orienté aussi bien vers la côte orientale que vers le rivage de l'Atlantique. Cependant les limites du système le rendirent, dès 1886, incapable de résister à l'ingérence européenne.

LES YAO

Au sud des Nyamwezi, le pays était dominé par les trois royaumes Kazembe, Bemba et Lozi, fondés sur le système de parenté et d'autant plus secoués par les crises dynastiques qu'il s'agissait d'une zone-carrefour, minée par le commerce de traite qui drainait l'ivoire, le cuivre ou les esclaves sous l'influence accrue des Swahili et des Arabes du Nord, des Portugais et métis de la côte du Mozambique (les *Chikunda*) et des Yao du Sud qui avaient, depuis le milieu du siècle, mis à profit leurs contacts commerciaux avec la côte pour essaimer leurs caravanes tout autour du lac Malawi.

Comme les Nyamwezi, les Yao du Mozambique constituaient une société marchande où dominait le processus d'atomisation des lignages en villages dont l'unité était plus sociale que politique. Si, en revanche, ils avaient du grand commerce une expérience plus ancienne puisqu'elle remontait à la découverte portugaise, c'est aussi parallèlement à l'essor du trafic de l'ivoire et des esclaves qu'ils amorcèrent la révolution de leurs structures politiques. L'accumulation des marchandises, et surtout des fusils, aux mains des chefs leur assura une clientèle de plus en plus nombreuse et leur permit d'accroître, par commerce ou par razzia, le nombre de leurs femmes. D'où la constitution de chefferies territoriales et la formation de

1. A. Robert, Nyamwezi Trade, *in* [31], p. 39-74.

gros villages, voire de centres urbains de plus de mille habitants progressivement gagnés à la culture Swahili puis, après 1880, en réponse à l'impact colonial, à l'islam[1].

SHONA, NGONI ET NDEBELE

Entre Zambèze et Limpopo, le pays était encore dominé, au début du siècle, par les peuples de langue Shona. Tout incite à penser que la dynastie Rozwi de Changamire vivait encore entre les murailles de Zimbabwe, continuant de contrôler les mines d'or et de pratiquer le commerce avec les cités portugaises du bas Zambèze. Mais son « empire » n'avait jamais constitué un système politique fortement centralisé. Des groupes continuaient de se faire et de se défaire. Bons agriculteurs et artisans habiles, ils pratiquaient tous un actif commerce régional, échangeant entre eux leurs objets de fer, leurs tissus et leur tabac. Mais, vers 1830, la société Shona subit la pression dévastatrice des guerriers fugitifs chassés du Natal par la montée de l'Empire Zulu de Chaka.

Ceux-ci relevaient d'une civilisation d'un style tout différent. Les Ngoni de Soshangane (dits Gaza), de Zwangendabe et de Nxaba constituaient des états guerriers où l'organisation militaire tenait lieu de système politique. Cette solide armature leur permettait de vivre non du commerce, mais des razzias lancées contre les tribus voisines. Ils mirent à sac Zimbabwe et détruisirent les vestiges de la culture Rozwi avant de progresser à nouveau vers le nord, emportant dans leurs rangs un nombre considérable de captifs Shona, appelés de ce fait à jouer un rôle influent dans l'histoire ultérieure du Malawi et de la Tanzanie[2].

En dépit de la remarquable capacité de survivance de la culture et des croyances Shona, ils avaient fait place nette pour la dernière vague d'envahisseurs venus du sud, les Ndebele chassés en 1837 du Transvaal par les commandos boers. Leur chef Mzilikazi mit en place un état démarqué de celui des Zulu, fortement centralisé et concentré sur un espace limité, dont la discipline lui permit de l'emporter sur des systèmes préexistants pourtant plus élaborés : les Ndebele se désintéressèrent de l'exploitation minière et fondèrent leur économie sur une petite agriculture diversifiée doublée d'une activité de pillage qui assurait leur approvisionnement en bétail, en vivres et en hommes tout en maintenant l'ardeur guerrière des

1. E. A. Alpers, Trade, state and society among the Yao in the 19th century, *JAH*, X, 3, 1969, p. 405-420.

2. T. O. Ranger, The 19th century in southern Rhodesia, *in* [444], p. 120.

troupes. Ils ne furent éliminés qu'à l'extrême fin du siècle, sur l'initiative de Cecil Rhodes, non sans avoir animé aux côtés des Shona une violente révolte (1896-1897).

E – L'AFRIQUE AUSTRALE

Plus que toute autre partie du continent, l'Afrique du Sud connut au XIXe siècle une révolution de ses structures, que l'on peut décomposer en trois phases :

— Dans un premier temps, l'impulsion vint de l'intérieur. De vigoureuses chefferies se firent jour qui tendirent à imposer leur hégémonie à leurs voisins. Mais le processus n'eut pas le temps de donner sa mesure, brisé comme il le fut par l'intrusion des Voortrekkers.

— Ceux-ci vinrent à bout des deux plus puissants royaumes – celui de Ndebele (1837-1838) et celui des Zulu (1838-1840) – pour prendre leur place sur la côte orientale et dans le haut Veld intérieur.

— C'est alors que l'intervention britannique (annexion du Natal, 1843) orienta définitivement l'avenir du pays, dorénavant dominé par les antagonismes Africains-Boers-Anglais exacerbés par le brassage des peuples et des cultures[1].

LES SOTHO

La transition avec l'Afrique centrale était assurée par les peuples pasteurs Sotho qui vivaient en gros villages concentrés dans les zones exemptes de tsé-tsé dans une ère comprise entre Limpopo et Orange, limitée à l'est par le désert et à l'ouest par la chaîne du Drakensberg. Ces anciens mineurs de cuivre et de fer du Transvaal, probablement apparentés, en raison de leurs similitudes techniques et culturelles, aux Shona de Rhodésie (les anciens bâtisseurs de pierre), étaient restés réputés pour leur travail des métaux et leurs activités commerciales lointaines spécialisées dans l'échange entre bétail et produits artisanaux (fer et cuivre, cuirs, bois et ivoires), à l'exclusion du commerce des hommes.

1. Sauf référence explicite à un autre ouvrage, l'essentiel de ce chapitre est construit à partir des données rassemblées par M. Wilson, in *The Oxford History of South Africa,* I [549].

Aussi les plus grosses agglomérations étaient-elles situées sur les terres les plus arides de l'Ouest, zone de transit entre ressources complémentaires. La capitale regroupait autour du chef ses principaux clients qui venaient en commerçant contribuer à sa richesse. Cependant la région ne vit pas l'essor de grands empires du négoce comparables à ceux du Soudan occidental. Les habitants restaient fondamentalement des éleveurs de bétail sans division notable du travail.

Ils montrèrent néanmoins une aptitude remarquable à s'adapter au commerce des armes au XIXe siècle. C'est alors que s'organisa, en particulier, le Lesotho (Basutoland), nouvel État créé dans la montagne par le chef Moshweshwe à partir de groupes Sotho déracinés, bousculés par les dissidents de la révolution Zulu (Mzilikazi). Vers 1840, Moshweshwe était sans doute le chef d'Afrique du Sud le mieux pourvu en chevaux et en fusils. En 1852, il aligna contre les Britanniques, sur le plateau Berea, environ 6 000 cavaliers, tous porteurs d'armes à feu. En dépit des restrictions anglaises et grâce à la contrebande boer, ce trafic s'étendit dans les vingt années suivantes au nord du pays. Mais l'écart s'accroissait entre la qualité de l'armement européen et les mauvais fusils à pierre cédés aux Africains. Les guerres contre l'État libre d'Orange (1858 et 1865) devinrent de plus en plus meurtrières : plusieurs milliers de Sotho périrent entre 1865 et 1868, contre seulement une centaine d'Afrikaners et autant de leurs alliés locaux. En 1871, Le Cap finit par annexer le pays qui fut ensuite directement rattaché au *Colonial Office*. Les Sotho n'en continuèrent pas moins de s'armer en faisant rémunérer par des fusils le travail des jeunes sur les chantiers ferroviaires[1]. À la suite d'une nouvelle guerre Xhosa, les Anglais prescrivirent alors, par le *Peace Preservation Act* (1878), le désarmement du pays. Le chef Moorosi du Lesotho méridional répondit par la révolte. Après sa mort, la *Gun War* n'en reprit pas moins en 1880. De l'autre côté de l'État de l'Orange, Le Cap, qui avait annexé le sud du Bechuanaland en 1895, finit par renoncer à gouverner la région qui ne fut jamais désarmée : une nouvelle tentative, en 1896, s'était en effet soldée par la révolte des Tlhaping du chef Galeshiwe et des Tlharo du chef Toto : la « rébellion Langeberg », l'une des plus graves de la fin du siècle, tint le pays en campagne huit mois durant, et prit seulement fin à la suite de la peste. Deux mille soldats coloniaux furent tués et peut-être 15 000 Sotho (la plupart Tswana) périrent[2].

Les caractères originaux du pays Sotho, où les bourgades de 5 000 habitants ou plus ne semblent pas avoir été rares, posent le problème de savoir s'il s'agissait d'un phénomène isolé, ou qui aurait participé d'une zone culturelle plus vaste, englobant l'ensemble des royaumes miniers d'Afrique centrale et méridionale : la capitale des Kololo, Linyanti, sur le Chobe, un tributaire du Zambèze, ne comptait-elle pas également 6 000 à 7 000 habitants en 1853, et

1. A. Atmore et P. Sanders, Sotho Arms and Ammunition in the 19th century, *JAH,* XII, 4, 1971, p. 535-544.

2. H. Saker et J. Aldridge, The origins of the Langeberg Rebellion, *JAH,* XII, 2, 1971, p. 299-317.

Lunda, qui s'allongeait sur plus de 3 km au bord du lac Mofwé (Zambie actuelle), ne possédait-elle pas une place centrale où pouvaient se rassembler les quelque 6 000 hommes de l'armée du Kazembe[1] ? Sinon où, vers le nord et vers l'ouest, apparaissaient les villes commerçantes, et jusqu'où s'étendait le commerce du Sotho ? Autant de questions restées à ce jour sans réponse.

LES ZULU

La formation la plus originale de la région fut, durant la première moitié du XIXe siècle, le petit royaume Zulu[2]. Celui-ci, au nord du Tukela, relevait du vaste groupe linguistique Nguni au même titre qu'au sud les Xhosa de la frontière orientale du Cap. Chasseurs et agriculteurs, ils étaient aussi des pasteurs habiles à se déplacer au gré des pâturages, à la faveur d'un habitat dispersé en hameaux de 20 à 40 cases au plus disposées en demicercle autour d'une aire de bétail circulaire.

À la différence des Sotho, le royaume Zulu parait s'être constitué sur des bases relativement indépendantes du grand commerce. Certes, il est probable que l'extension Zulu a correspondu au désir de monopoliser le trafic du pays Nguni septentrional – tel celui de l'ivoire et du bétail avec le fort portugais de Delagoa Bay ; néanmoins, les activités de Lourenço Marques étaient encore limitées à la fin du XVIIIe siècle : le seul article d'exportation intensive, les esclaves, ne provenait guère du pays Nguni. Mais la pression démographique a sans doute atteint vers cette époque un seuil critique au-delà duquel une faim de terre inconnue jusqu'alors a imposé de modifier le système politique antérieur fondé sur des cellules autonomes en fission permanente. Ainsi le cas Zulu ne fut qu'un élément de mouvements Nguni généralisés de ce fait, et en raison de l'essor de la traite négrière interne.

Le grand innovateur fut Dingiswayo qui accéda au pouvoir vers la fin du XVIIIe siècle. En dépit de la thèse européenne suivant laquelle il aurait subi un choc majeur en recevant un cheval en présent du premier Blanc qu'il eût rencontré, la révolution Zulu fut d'abord une révolution interne. Le génie de Dingiswayo fut de confondre deux institutions jusqu'alors distinctes : l'éducation et l'art militaire. Il enrôla tous les jeunes gens dans une armée aux régiments regroupés par classe d'âge. À sa mort, vers 1818, il

1. *The Oxford History of South Africa* [549], I, p. 180-181, d'après Gamitto, *King Kazembe*, Lisbonne, 1960, II, p. 17, 19 et 110.

2. Ce développement doit beaucoup au cours professé en 1971-1972 par W. G. L. Randles à l'EPHE. Le savoir sur Shaka a été depuis lors renouvelé par C. Hamilton [989] et [990].

avait imposé son autorité sur une Confédération de chefferies qui s'étendaient depuis le Mfolozi au nord jusqu'au Tukela au sud sur 100 à 130 km de profondeur.

C'est sous la protection de Dingiswayo que le jeune guerrier Shaka prit la tête de la petite chefferie Zulu (peut-être 2 000 individus). Il se fixa à Gubuluwayo et, à la mort du souverain, prit la tête de la Confédération, fondant véritablement la « nation » Zulu. Devenu l'homme le plus riche du royaume, possédant des milliers de têtes de bétail et commandant des milliers de guerriers et des centaines de femmes, il gouvernait avec un petit groupe de conseillers, mais prenait lui-même les décisions essentielles. Imposant à ses hommes, à qui il interdit le mariage (sauf aux réservistes plus âgés), un entraînement intensif et une discipline de fer, il révolutionna surtout l'art de la guerre par une tactique souple et mobile grâce à deux innovations techniques majeures : l'attaque en forme de cornes *(horn)*, mouvement tournant en pointe de part et d'autre de la « poitrine » *(chest)* des troupes de choc, et le corps à corps imposé par l'usage du bouclier et de la sagaie courte substituée à l'ancienne arme de jet.

Souverain guerrier réputé pour sa rigueur (tout suspect de lâcheté ou de déloyauté était exécuté), Shaka (dont la cruauté fut exagérée par les Boers), transforma le sud du Tukela (Natal) en *no man's land* qui l'isolait de la colonie du Cap. Mais certains chefs indociles fuirent son autorité. Le premier, vers 1821 ou 1823, fut Mzilikazi qui, autour de sa capitale, Bulawayo, laissa son empreinte sur la Rhodésie méridionale. Il fut bientôt suivi par Shoshangane qui tailla son royaume de Gaza entre Delagoa Bay et le bas Zambèze avant de traverser le fleuve en 1835 pour fonder le royaume Ngoni sur la rive occidentale du lac Malawi. Enfin Zwangendaba, qui remonta jusqu'au Nyasaland, acheva de détruire la vieille civilisation du Monomotapa par l'importation des techniques guerrières Zulu. De ces formations divergèrent à leur tour des groupes migrants qui, en une génération, remontèrent de plus de 3 000 km, à mi-chemin entre le pays Zulu et Méroé. Ils furent à l'origine de profonds remaniements politiques provoqués par la diffusion d'une conception militaire de l'État irréductible à celle des empires commerciaux traditionnels.

Si la désintégration de l'Empire Zulu fut accélérée par l'intervention européenne, le despotisme précocement intolérable de Shaka l'avait amorcée antérieurement. Il fut assassiné en 1826, à peine deux ans après l'installation à Durban d'un petit groupe d'aventuriers anglais, dont le rôle politique immédiat fut moindre que la valeur de leur témoignage car ils laissèrent sur le pays les premiers écrits de qualité[1].

C'est sous Dingane, successeur de Shaka (1828-1840), que Durban devint progressivement un port de traite de plus en plus impliqué dans la

1. Henry Francis Fynn (arrivé au Natal en 1824) et Nathaniel Isaacs (1825). Voir chap. II, p. 44.

politique interne du pays du fait de l'attraction exercée sur les transfuges de l'emprise Nguni. Le tournant décisif fut pris à l'arrivée des Boers qui, dès 1837, refoulèrent Mzilikazi du Transvaal, puis chassèrent Moshweshwe dans les montagnes du Basutoland (passé sous protection britannique en 1838). Enfermés dans leurs États mal organisés de l'Orange et du Transvaal, les Boers entreprirent alors de descendre sur le Natal à travers le Drakensberg. Dingane, d'abord accueillant, prit peur devant leur afflux massif et, le 16 décembre 1838, signa l'arrêt de mort de son pays en ordonnant de massacrer ces émissaires encombrants. En dépit d'une victoire surprise à Weenen, il fut refoulé par les Boers, et épargné seulement grâce à l'intervention britannique qui, à l'issue d'une très dure campagne, fonda la colonie du Natal (1843).

Mais la nation Zulu n'avait pu éviter la scission interne. Mpande, à la tête de 10 000 bêtes et d'une armée considérable, s'allia aux Boers pour s'installer au sud du Tukela, aux portes de Durban. Il triompha de Dingane et lui succéda (1840-1873). Son autorité, de plus en plus chancelante, fut ébranlée par les factions rivales de Mbulazi et de Cetshwayo ; ce dernier finit par devenir le principal personnage de l'État (1856) et fut ultérieurement couronné par le commissaire britannique (1873-1879).

C'est pourtant sous son règne qu'éclata la guerre coloniale Zulu. En cette occasion, l'Empire démontra une dernière fois sa formidable puissance de résistance, notamment par l'écrasement à Isandlwana de la colonne britannique. Mais, soucieux d'obtenir un règlement pacifique, Cetshwayo ne sut pas exploiter sa victoire. C'est que, pour la première fois, les Zulu combattaient sur leur propre sol, et la formule du peuple en armes se retournait contre eux. Au lieu de harceler les chariots britanniques lourdement chargés, éloignés de leur base et dangereusement malmenés par les pistes du pays, les hommes avaient tendance après chaque rencontre à se replier chez eux, où femmes, enfants et bétail se trouvaient également menacés, d'autant que les non-combattants réduisaient les troupes à la famine en fuyant les zones troublées. La grande faiblesse des Zulu restait surtout, à la différence des Sotho, leur conservatisme militaire[1]. Déjà Shaka, confiant dans la loi du nombre et dans la tactique du raid offensif qui avait fait ses preuves avant l'intervention européenne, s'était peu intéressé aux fusils. Même après leur adoption (vers 1875-1877, une moyenne annuelle de 20 000 armes, dont 400 à tir rapide, et 10 000 tonneaux de poudre passait par le Mozambique, dont les trois quarts à destination du pays Zulu), la rigidité du système social s'opposa à une rénovation de la stratégie. Les hommes continuaient d'attaquer en force en s'exposant au feu britannique, et se révélèrent particulièrement vulnérables face à l'artillerie moderne. Les Anglais ne vinrent pourtant à bout de la résistance qu'après quatre ans de campagne, grâce aux renforts de l'armée des Indes et à l'apparition du fusil à répétition. Malgré le

1. J. J. Guy, A note on Fire arms in the Zulu kingdom with special reference to the Anglo-Zulu War, 1872, *JAH*, XII, 4, 1971, p. 557-570.

battage fait autour de la bataille d'Ulundi, celle-ci fut une médiocre victoire militaire. La vérité était que, de part et d'autre, l'on souhaitait mettre fin à une lutte épuisante. La paix fut obtenue par Wolseley au prix de l'intégrité des terres Zulu. Le pays fut néanmoins divisé en treize chefferies ; mais, d'abord exilé, Cetshwayo fut provisoirement rétabli jusqu'à sa mort (1883-1884). Le pays, devenu protectorat britannique en 1887, garda tardivement son autonomie, détruite seulement à la suite d'un soubresaut tardif de résistance (soulèvement de Bambata, 1906)[1], dont les derniers relents engendrèrent le mouvement messianique de Shembé I (l'Église des Nazarites), ultime tentative pour ranimer l'héritage de Shaka[2].

LA RÉGION DU CAP

Au sud du pays Zulu, entre les rivières Kei et Gamtoos, l'histoire des Xhosa (les « Cafres » des Blancs) se confond, dès le début du XIXe siècle, avec celle de la colonie du Cap et de l'extension de la « frontière », au prix d'une interaction à la fois guerrière et pacifique. Très tôt, en effet, la pénétration prit des formes économiques. L'instrument essentiel fut le commerce du bétail, destiné à approvisionner en viande les navires de passage, grâce auquel les Xhosa obtenaient le métal, les perles, les alcools, les tissus et surtout les fusils et les chevaux qu'ils convoitaient[3]. En 1817, les Britanniques établirent une foire bi-annuelle à Grahamstown, à laquelle les Xhosa furent autorisés à participer. Sept ans plus tard, elle avait lieu trois fois par semaine. Attirés par l'appât d'un salaire, les hommes partaient aussi s'engager comme bergers chez les fermiers. Les missionnaires suivirent de peu le commerce ; la première mission régulière de la *Church Missionary Society* en pays Xhosa s'installa en 1816 sur la rivière Kat. Sept stations méthodistes suivirent de 1823 à 1845 étudiant la langue, imprimant les Évangiles et créant des écoles de village. En 1834 fut créé le séminaire d'enseignants appelé à devenir le fameux collège mixte de Lovedale.

Mais les Xhosa luttèrent aussi farouchement pour conserver leurs terres. Malgré les efforts britanniques pour éviter une interaction irréversible entre colons et Africains, la frontière se déplaça progressivement vers l'est. On dénombre entre six et neuf guerres qui se soldèrent finalement, après un siècle de conflits incessants, par l'annexion de la Kaffraria (1848).

Le déclin définitif des Xhosa fut entériné par la violente révolte du désespoir de 1857 ; ce mouvement millénariste laissa le pays affamé et

1. Shula Marks [585].
2. B. G. M. Sundkler, *Bantu Prophets* [179].
3. S. D. Neumark, *Economic Influences on the South African Frontier* [566].

exsangue, désormais hors d'état de s'opposer à son incorporation dans la société blanche[1].

Celle-ci était déjà chose faite au sein de la colonie du Cap. Le pays avait été, à l'origine, peuplé d'éleveurs Khoikhoi (Hottentots) et, dans les zones montagneuses, de chasseurs Twa, Roa et San le long de l'Orange et du Drakensberg (les Bushmen ou Bochimans des Blancs). Toute collectivité d'éleveurs avait, sous sa protection, des groupes complémentaires vivant de chasse et de cueillette. Mais dès l'arrivée des colons hollandais s'ouvrit la compétition pour les pâturages. Occupant les vallées fertiles, les Blancs repoussèrent progressivement vers l'intérieur les populations réfractaires qui résistèrent pied à pied. Des milliers furent tués de 1715 à 1862 ; beaucoup furent aussi décimés par la variole.

Quant à ceux, peu nombreux, restés sur place (le recensement du Cap de 1805 dénombrait seulement 20 000 Hottentots, y compris les métis et les Bochimans), ils prirent l'habitude de vivre en symbiose avec les Blancs, comme domestiques ou interprètes, servant d'intermédiaires privilégiés auprès des peuples Xhosa voisins auxquels les liaient toute une série d'interférences linguistiques, techniques et culturelles.

CONCLUSION

Un demi-siècle au moins avant le reste du continent, les populations d'Afrique du Sud étaient ainsi victimes d'une évolution qui présente partout des traits analogues : aux formations politiques préexistantes, fondées sur des relations complémentaires entre éleveurs, chasseurs et agriculteurs, où le grand commerce, de préférence à la guerre, servit de catalyseur à des formes étatiques élaborées, succéda une phase de bouleversements consécutifs à l'intrusion de l'économie occidentale.

Le XIXe siècle fut un siècle de contrastes et de révolutions. Il s'ouvrit et se ferma sur des calamités écologiques majeures provoquées par des périodes tragiquement prolongées de sécheresse. Au début du siècle, les sociétés autochtones étaient pour leur quasi-totalité encore indépendantes (sauf quelques comptoirs comme la ville de Cape-Town au sud, Loanda en Angola ou Saint-Louis du Sénégal). Mais la crise était déjà à son paroxysme : au nord, le monde musulman méditerranéen avait plongé dans la dépression ; à l'ouest, jamais la traite atlantique n'avait à ce point affaibli les peuples ; à l'est l'Afrique continentale était en passe d'être colonisée par

1. Voir chap. V, p. 101-102.

le sultanat d'Oman ; au sud, les Xhosa avaient déjà été rejetés par les colons néerlandais au-delà de la « frontière ».

Entre 1820 et 1850, les sociétés africaines ont pour la plupart, au prix de multiples adaptations politiques, religieuses, économiques, réussi à redresser la barre. Des formations nationales avaient commencé d'émerger, comme les petits royaumes interlacustres, l'État zulu de Shaka et ses voisins Nguni, ou les royaumes négriers côtiers qui apparaissent au XIXe siècle au faîte de leur pouvoir.

Le milieu du siècle connut en effet une phase d'accalmie écologique qui favorisa un notable accroissement de la population ; celui-ci servit à son tour de catalyseur politique, rendant possible le déferlement de groupes conquérants – Peuls à l'ouest ou Nguni en Afrique australe. Mais, un demi-siècle plus tard, l' « impérialisme colonial » provoquait la perte quasi généralisée d'autonomie sociale et d'indépendance politique. Pour les Africains, le siècle qui s'était ouvert par une série de remises en questions fondamentales se terminait sur un drame.

Entre-temps, de multiples bouleversements avaient transformé l'ensemble des sociétés africaines.

Malgré la remarquable capacité d'absorption ou de résistance des peuples concernés, la pénétration européenne finit par provoquer une mutation irréversible, amorcée bien avant la conquête coloniale. Partout, dès le milieu du XIXe siècle, les structures coutumières étaient définitivement ébranlées, et les croyances ancestrales commençaient de se dévaloriser. Au Natal, la révolution Zulu avait déjà échoué. En Afrique centrale, les empires d'antan avaient fait place à des entreprises déjà modernisantes de chefs mi-guerriers, mi-trafiquants plus ou moins islamisés. En Afrique occidentale, enfin, les interminables guerres Yoruba et le grignotage, par les Britanniques ou les Français, des États les plus solides (Ashanti, Dahomey) révélaient la profondeur de la crise issue des transformations de la traite.

Tout se tenait, du nord au sud et de l'est à l'ouest, d'une façon bien plus précise que les monographies régionales ne le laissent supposer. La liaison était faite du Maroc au Niger, du Sénégal à l'Arabie, du Niger au Caire et de l'Atlantique à Zanzibar, par le mouvement des hommes, la religion (le pèlerinage), l'économie, les échanges politiques et culturels. Ainsi Rabah, originaire du Soudan, était-il connu dans les années 1880-1890 en Égypte comme du sultan du nord du Nigeria, ou du négrier zanzibarite Tippu Tip qui opérait sur le haut Congo. Par comparaison, dans le premier XXe siècle colonial puis à nouveau dans les vingt premières années de l'indépendance caractérisées par les régimes militaires et le parti unique, il y a eu renfermement à l'intérieur des frontières coloniales, et régression assez généralisée de l'inventivité des sociétés antérieures, même s'il ne faut pas enjoliver non plus celles-ci.

Car le XIXe siècle fut aussi le siècle majeur de l'esclavage et des traites internes activées par la suppression du marché atlantique ; conjuguée à l'introduction de la modernité capitaliste, l'accumulation interne de la main-d'œuvre servile constitua un atout majeur des nouveaux empires conquérants qui se développèrent un peu partout (cf. chap. XI). L'expansion de l'islam, phénomène autant politique que religieux, était alors un acteur autrement puissant que l'impact occidental, et les autocraties musulmanes esclavagistes opposèrent à l'intrusion européenne une résistance tenace, d'autant que la « découverte » fut longtemps réduite à peu d'individus apparemment inoffensifs porteurs de marchandises et de bonne parole (cf. chap. X et XI).

La fin de la traite atlantique permit néanmoins au christianisme de commencer un travail de transformation interne des mentalités. L'échelle sociale se diversifia, entrecroisant des valeurs anciennes souvent exacerbées (aristocraties religieuses, chefferies, dépendances, esclavage) et des activités en vigoureux essor sous des formes innovantes : caravaniers, porteurs, chasseurs, soldats, producteurs en tout genre de biens primaires d'exportation. D'où l'émergence d'une vie urbaine nouvelle, encore très minoritaire mais exerçant néanmoins une influence déterminante sur l'environnement et sur l'évolution des cultures (cf. chap. XIII).

En somme, les Africains, au XIXe siècle plus encore que dans le reste de leur histoire, ont dû faire face à la nécessité de réagir à deux problèmes majeurs : organiser leur survie en dépit d'un environnement dans l'ensemble difficile et en phase longue d'assèchement, tout en résistant de la façon la plus efficace possible aux sollicitations et aux agressions extérieures venues de zones du monde moins défavorisées. Le XIXe siècle a été le siècle du plus grand métissage culturel des sociétés, en un moment où elles conservaient l'illusion que, comme bien d'autres civilisations de l'histoire, elles pourraient en exploiter elles-mêmes les fruits dans un avenir rapproché. Une histoire culturelle de l'Afrique du XIXe siècle reste à faire. Il serait réducteur de limiter à un « art traditionnel » figé des chants, des danses, de l'art religieux, dont l'évolution est évidente au cœur de sociétés en si grande effervescence. Malheureusement, on n'en sait pas grand chose, sinon que le passé fut alors fortement reconstruit sur place à travers le prisme de l'islam (Afrique de l'Ouest et de l'Est) ou de la colonisation (Afrique du Sud), tandis que le passage de l'oral à l'écrit était en train de se faire.

L'achèvement du partage de l'Afrique brisa net cet élan. En 1900, seuls l'Éthiopie et le petit Libéria restaient indépendants. Le siècle fut lourd de transformations et d'héritages dans lesquels vont ensuite s'engluer les sociétés du XXe siècle.

Certes, il est vain de s'interroger sur ce qui serait advenu du continent, à supposer qu'il n'eût pas été submergé en fin de siècle par le raz de marée européen (hypothèse d'ailleurs absurde, compte tenu de la conjoncture économique mondiale dominée par l'avance technologique et l'expansionnisme occidentaux). Un fait, du moins, est sûr : l'ordre ancien était révolu. Tout au plus peut-on présumer que, n'eût été le choc colonial, la mutation des structures socio-économiques et politiques aurait pu suivre un processus mieux adapté aux exigences internes des sociétés africaines. Mais ceci relève du domaine de la spéculation.

CHAPITRE II

De l'exploration à la conquête

En 1800, en dépit de trois siècles d'échanges, les relations entre l'Afrique et l'Europe étaient en principe établies sur un pied d'égalité.

Les Blancs étaient seulement tolérés comme pourvoyeurs des marchandises manufacturées devenues dorénavant indispensables. Mais le bouleversement des mentalités européennes consécutif à la révolution industrielle rompit cet équilibre instable. Dans une Europe en pleine expansion à la recherche de nouveaux marchés, les motivations économiques, scientifiques et morales se conjuguèrent pour soutenir l'action des « philanthropes » adversaires de la traite négrière et des « coutumes barbares ». Depuis le XVIIIe siècle, le progrès des techniques et l'éveil des philosophes avaient donné aux découvertes une impulsion nouvelle.

A – LES EXPLORATIONS

En 1788 fut créée à Londres l'*African Association,* destinée à promouvoir l'exploration du continent noir pour y développer le commerce et l'autorité politique de l'Angleterre. C'est en 1795, après un voyage périlleux où l'hostilité des populations musulmanes s'ajoutait aux obstacles naturels, que l'Écossais Mungo Park découvrait à Ségou le Niger, connu seulement jusqu'alors des Arabes.

Dans la première moitié du siècle, presque toutes les expéditions furent le fait des Anglais, sauf celle de Mollien au Sénégal (1819) et de René Caillé, qui fut en 1828 le second Européen à pénétrer dans la ville légendaire mais déchue de Tombouctou (après Gordon Laing, assassiné en 1826).

La plupart des voyages procédèrent à travers le Sahara au départ de Tripoli. En 1822-1824, Oudney, Denham et Clapperton furent favorablement accueillis par le cheikh al Kanemi du Bornou et le sultan Bello de Sokoto. Mais l'entreprise majeure fut celle de l'Allemand Barth qui, pour le compte du *Foreign Office,* rapporta sur l'ensemble du Soudan central une œuvre scientifique exceptionnelle (1850-1855), complétée par celles de ses compatriotes Gérard Rohlfs au Bornou (1865) et Nachtigal au Ouadaï (1869). Malgré certains accidents redevables aux préjugés religieux de l'Islam, les élites locales accueillirent volontiers les premiers voyageurs, dont elles attendaient un renouveau prometteur des échanges et parfois aussi une aide militaire et technique (Bello réclama un médecin et un consul ; plus tard, Samori demanda à Binger l'appui des Français contre Tieba...)[1].

Sur la côte de Guinée, en revanche, la pénétration fut longtemps entravée par un climat meurtrier. Dès 1830, les frères Lander avaient découvert les bouches du Niger. Mais l'expédition lancée par un jeune amateur de Liverpool, Mac Gregor Laird, pour reconnaître la voie fluviale fut un désastre (1832-1834). En 1841, la tentative de créer au confluent de la Bénoué un entrepôt en même temps qu'une ferme modèle subit le même sort. L'entreprise réussit seulement en 1851, grâce à l'utilisation révolutionnaire de la quinine à titre préventif. Deux ans plus tard, le gouvernement britannique conclut avec l'*African Steamship Co.* de Laird un contrat de transports sur le Niger. Dès lors, les Anglais supprimèrent leurs consulats du désert (1860) abandonnés aux initiatives françaises et reportèrent sur le Sud leurs ambitions commerciales.

Fondée sur des traditions commerciales séculaires le long de la côte, et sur la conviction de la richesse du Soudan transmise par les auteurs arabes, l'exploration de l'Ouest africain se présenta donc, avant tout, comme une aventure économique.

B – LES MISSIONNAIRES

Mais le mouvement fut bientôt repris par la propagande humanitariste, pressée de mettre fin à la traite négrière en prônant le « commerce licite » des produits agricoles. On a déjà cité, à ce propos, le rôle de diffusion des Sierra-Léonais christianisés. Ce type d'influence fut surtout sensible en Afrique orientale, où les premiers explorateurs furent tous des missionnaires, attirés là par la volonté de lutter contre un trafic d'esclaves qui, à l'opposé de l'Afrique occidentale, s'intensifia rapidement dans la seconde moitié du siècle. Après l'Allemand Krapf qui, en 1837, à partir de Zanzibar, explora le Kenya et rapporta la première carte faisant état d'un

1. H. Deschamps, *L'Europe découvre l'Afrique,* Paris, 1967, p. 252.

énorme lac intérieur, Charles Niew établit en arrière de Mombasa la première station méthodiste. Mais le plus célèbre fut Livingstone qui, de 1842 à 1872, sillonna l'Afrique centrale du Cap à l'Angola, du Kazembe à la région des lacs et du pays Nyamwezi au Maniema. Mû par le désir de faire progresser la science géographique autant que par la volonté de lutter contre la traite en ouvrant le pays à de nouvelles activités, mais pris le plus souvent en charge par des caravanes de négriers, il fut en 1848 nommé consul de « la côte orientale et de l'intérieur inexploré d'Afrique »[1]. En fait, son entreprise débouchait directement sur la conquête puisque Stanley, envoyé à sa recherche, devait peu après, par sa traversée d'est en ouest du bassin congolais (1877), contribuer à provoquer la réunion de la Conférence de Berlin, prélude au partage définitif (1885).

Ce serait cependant une erreur de voir l'expansion missionnaire comme l'expression d'une volonté délibérée de conquête. L'opinion générale restait, en Angleterre, que la création des colonies était une mauvaise affaire : il valait mieux s'assurer le concours des États existants. À partir de 1841, le renoncement du sultan de Zanzibar à la traite fut l'objectif majeur, atteint en 1873. Le sultan Bargash devenait, du même coup, susceptible de dominer l'Afrique orientale au profit des explorateurs, des missionnaires et des marchands britanniques. Le résultat fut, entre 1860 et 1880, un effort missionnaire intense dans la région des lacs, l'objectif étant de créer des établissements modèles où les esclaves libérés seraient formés à la culture des produits d'exportation. Dans le climat violemment compétitif de l'époque, l'activité des protestants stimula celle des catholiques. Les Spiritains fondèrent en 1868 une station à Bagamayo (Tanzanie actuelle). Ils furent relayés à partir de 1878 par les Pères blancs du cardinal Lavigerie. Au total, vers 1885, 300 missionnaires environ étaient installés dans le pays[2].

Avec la prise en main du commerce intérieur, l'action des missionnaires préparait, en fait, les conditions de l'expansion. Celle-ci finit par apparaître comme l'aboutissement légitime du mouvement humanitaire : puisque ni la diplomatie, ni l'évangélisation ne parvenaient à triompher des échanges ni des croyances traditionnels, la conviction se répandit du « devoir de l'homme blanc » chargé, fût-ce par la force, de délivrer les peuples du joug de leurs potentats et de leur enseigner à exploiter leurs propres richesses[3]. Ce n'est pas un hasard si l'on vit se multiplier, dans le dernier tiers du siècle, les réquisitoires contre le « trafic honteux » ou le rituel des sacrifices

1. *East African Explorer,* OUP, 1960, p. 71.
2. Flint, *History of East Africa* [367], I : *The Background to Partition,* p. 355.
3. L'idée fut exprimée dès 1821 par James McQueen, *A Geographical and Commercial View of Northern and Central Africa.*

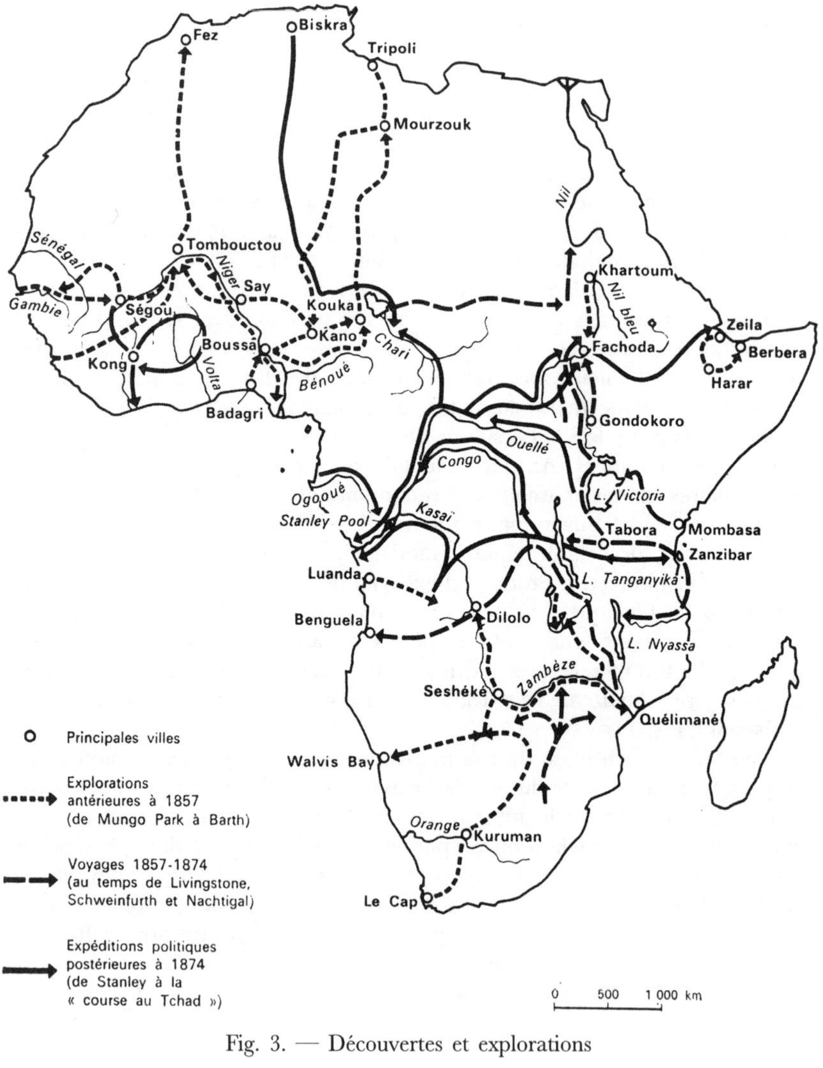

Fig. 3. — Découvertes et explorations

humains, et c'est tout récemment que les chercheurs ont commencé de montrer le faible poids de cette motivation officielle[1].

En même temps, surtout en Afrique orientale, les méthodes maladroites des missionnaires rendirent difficile le maintien du statu quo. Faute de trouver prise sur l'Islam, faute surtout d'essayer d'adapter le message chrétien à la culture traditionnelle où l'on voyait, tout au plus, des « coutumes », l'impact spirituel resta superficiel, sauf dans certains cas privilégiés (Buganda ou Ibo). À Mombasa, l'accueil des esclaves fugitifs locaux envenima les rapports de la *Church Missionary Society* avec les tribus voisines. Là où la pulvérisation politique livrait les habitants à l'anarchie ou aux raids d'esclaves, les missionnaires furent tout au plus accueillis comme des puissants à l'abri desquels on pouvait se ranger. L'exemple de la Rhodésie est significatif : les établissements succombèrent sous le poids des excès auxquels les entraîna l'exercice du pouvoir temporel qui, en l'absence d'une aide financière métropolitaine, faisait agir les missionnaires à la manière de seigneurs médiévaux sur leurs fiefs (assistance obligatoire aux offices ; travailleurs embrigadés, soumis aux *capitas* et aux châtiments corporels)[2]. L'évangélisme restait inséparable de l'esprit d'entreprise, et ils firent de leurs villages des postes fortifiés et des centres de négoce et d'artisanat, suscitant des besoins nouveaux et diffusant autour d'eux l'idéologie occidentale.

C – L'EXPANSION POLITIQUE

Dans toute l'Afrique, l'ébauche des empires coloniaux fut bien antérieure à la période dite « impérialiste ». Le processus fut partout analogue : tôt ou tard, les négociants se heurtaient aux structures préexistantes. Ils appelaient à la rescousse les forces de l'État, qui finissait par s'emparer des points stratégiques nécessaires à la protection des intérêts locaux. Le mécanisme s'était d'abord enclenché en Afrique du Sud, où la présence de colons plus nombreux et rivaux eut plus tôt qu'ailleurs des incidences politiques et militaires.

1. Par exemple : P. A. Igbafe, The fall of Benin, a reassessment, *JAH,* XI, 3, 1970, p. 385-400.
2. N. R. Bennet, The Church Missionary Society at Mombasa, 1873-1897, et R. I. Rotberg, Missionaries as chiefs and entrepreneurs : Northern Rhodesia, 1882-1924, *Boston University Papers,* I, 1964, p. 157-216.

L'AFRIQUE DU SUD

La colonie du Cap avait été occupée en 1795 par les Anglais à seule fin défensive, pour empêcher les Français de mettre la main sur un jalon de la route des Indes. Mais la pression des Boers posa de façon permanente le problème de la « frontière » (guerres Xhosa incessantes de 1779 à 1878). Le problème devint aigu à la suite du Grand Trek, exode des fermiers Afrikaners vers l'intérieur (1836). Les missionnaires britanniques multiplièrent dès lors, au nom de la protection des peuples Bantu, les appels à l'intervention directe. En moins d'un demi-siècle, jusqu'à l'incorporation du pays Cafre (1865) à la colonie du Cap, la quasi-totalité des terres situées à l'ouest de la Kei tomba aux mains des Blancs. À l'est, après l'écrasement des Zulu, les Anglais évincèrent les Boers au Natal (1843). La révolution minière rendit inévitable l'annexion des Républiques boers de l'Orange et du Transvaal : la zone diamantifère de Kimberley, découverte en 1867, fut incorporée à la colonie du Cap en 1880 ; l'exploitation de l'or du Witwatersrand, commencée en 1886, fut également prise en main par les immigrants anglo-saxons *(uitlanders)*. Quant à l'occupation de l'Afrique centrale, elle fut abandonnée à la Compagnie britannique d'Afrique du Sud animée par Cecil Rhodes, violent adversaire de la politique boer de Kruger parce que convaincu, comme de nombreux victoriens de sa génération, que l'ordre, la prospérité et la « civilisation » de l'Afrique dépendaient de l'expansion britannique.

À la suite de l'échec du raid Jameson lancé par Rhodes contre le Transvaal (1895), les forces politiques et économiques impliquées dans la *Realpolilik* se heurtèrent dans la sanglante guerre anglo-boer de 1899-1902. L'œuvre de réconciliation entreprise par Milner aboutit, en 1910, à la formation de l'Union, qui constitua avec la Rhodésie et les territoires sous protectorat une seule zone douanière.

L'AFRIQUE OCCIDENTALE BRITANNIQUE

Bien qu'en Afrique occidentale les Anglais eussent, au contraire, manifesté jusqu'au dernier moment leurs réticences, l'annexion eut lieu à peu près en même temps. En 1865 encore, à la suite de la descente des Ashanti sur la côte, un *Select Committee* envoyé en inspection par le Parlement avait conclu à la nécessité de donner un coup de barre à la politique d'intervention : en opposant la prospérité des Rivières de l'Huile, pourtant indépendantes, au marasme de la Gold Coast, il invoquait la liberté du commerce pour émettre l'avis de remettre partout, sauf au Sierra Leone, l'exercice du pouvoir aux Africains. C'était faire peu de cas d'une évolution désormais irréversible. Car les Fanti eux-mêmes, inquiets de la défection britannique, s'efforcèrent alors de renforcer et de moderniser leur système politique en lançant l'idée d'une Confédération Fanti (1867-1873) regroupée autour d'une constitution, avec une Assemblée nationale des chefs et un Parlement exécutif chargé de promulguer les lois et de lever les impôts. Ce fut précisément cette remarquable tentative pour harmoniser les vues de la vieille aristocratie et de la nouvelle élite qui accéléra l'intervention : sans saisir l'intérêt du projet, le gouverneur jeta en prison les délégués qui venaient se placer tout naturellement sous la protection britannique. L'annexion fut décidée tandis qu'il ne restait plus à l'élite ulcérée qu'à cultiver les ferments du futur nationalisme ghanéen.

À la suite de l'occupation de Lagos (1851) érigée en colonie dix ans plus tard, l'annexion du Nigeria ne tarda pas à suivre. Dans ce cas particulier, la grande dépression (1873-1895) eut, paradoxalement, un effet dynamique sur l'expansion : l'exaspération des rivalités commerciales conduisit les marchands et les administrateurs locaux à promouvoir un nouvel équilibre politique[1].

De 1851 à 1881, le prix de l'huile de palme tomba de £ 40 à 22 la tonne. Face à la réduction de leurs marges bénéficiaires, les firmes de Lagos (12 en 1880, 5 seulement en 1892) étaient confrontées à deux objectifs contradictoires : augmenter la masse du produit tout en haussant le prix des marchandises d'échange. La crise entraîna une guerre commerciale non seulement entre Anglais et Français, mais entre Européens et Africains. Les États producteurs usèrent de mesures de rétorsion. Des deux côtés, la fraude augmenta ; la fermeture des routes commerciales devint de plus en plus fréquente. En même temps, la recrudescence des guerres entre Ibadan et les Egba (1877-1893) révélait la profondeur de la crise d'adaptation des États Yoruba. Leurs structures militaires restaient conditionnées par le commerce négrier de contrebande. Lorsque celui-ci devint impraticable, les chefs de l'intérieur recoururent tout naturellement à leurs moyens traditionnels : le pillage des vassaux et le tribut. Mais, tandis que John Goldie fondait en 1879 sur le Niger l'*United African Co.*, leurs pratiques apparaissaient de plus en plus anachroniques dans le monde moderne du capitalisme international. D'où la montée du mouvement interventionniste : les négo-

1. A. G. Hopkins, Economic imperialism in West Africa : Lagos, 1880-1892 [358].

ciants réclamèrent une protection inutile tant que les affaires avaient été prospères. La Chambre de commerce de Lagos, liée à celles des ports de métropole, rejeta sur les chefferies de l'intérieur la responsabilité du marasme. Les firmes étaient soutenues par les administrateurs locaux qui, inquiets de voir les Français progresser dans les régions voisines et soucieux de pallier la médiocrité du budget colonial par l'extension vers l'arrière-pays de recettes douanières, étaient souvent enclins à placer la métropole devant le fait accompli. Le tournant décisif fut pris en 1891-1893 : les Anglais codifièrent leur protectorat sur les Rivières de l'Huile, prirent parti dans la guerre contre les Ijebu et conclurent des traités avec Ilorin, Oyo et Ibadan. Le tout aboutit en 1901 au protectorat du Nigeria méridional.

LES GUERRES FRANÇAISES DE CONQUÊTE

Du côté des Français qui avaient récupéré Saint-Louis du Sénégal en 1818, la politique de « grignotage » n'était pas moins ancienne. Mais les premières expériences de pénétration commerciale ou de colonisation agricole du Walo, entravées par la montée du mouvement d'El Hadj Omar, furent décevantes.

Ce fut l'arrivée de Faidherbe (1854) qui transforma les perspectives. Ses campagnes contre les Maures Trarza (1858) et le damel du Cayor (1861) autorisèrent la création d'une série de postes fortifiés. En même temps, colonisateur fidèle aux idéaux humanitaires du XIXe siècle, il s'efforça d'associer l'élite aux affaires du pays en développant l'enseignement et en jetant les bases de l'organisation économique (banque du Sénégal, travaux publics, essor de l'arachide). Bien que Gallieni eût encore tenté, en 1880, de renouer avec sa politique de pénétration pacifique vers le Niger en négociant avec Ahmadou, leur action fut désavouée par les ambitions expansionnistes du colonel Archinard qui, de son propre chef, attaqua de front, en 1889, à Kouka puis à Ségou, l'Empire de Samori, principal obstacle à l'expansion. La pression française contribua sans aucun doute à faire de l'entreprise mandingue, orientée d'abord vers la constitution d'un empire commercial intérieur, une machine de guerre condamnée à toujours accroître son domaine et renforcer son oppression pour assurer, par conquête ou par tribut, l'approvisionnement en soldats et en esclaves monnayés contre les chevaux et les armes. D'où, à la surprise française, une résistance qui se prolongea dix ans, jusqu'à ce que Samori, progressivement chassé vers l'est, fût capturé en 1898. Entre-temps, une autre violente campagne s'était soldée par la conquête du Dahomey (1890-1893). La résistance monarchique (animée par Béhanzin), mais aussi nationale, traduisait la réaction désespérée d'un pays qui avait joui jusqu'alors d'un régime politique stable et d'une économie marchande prospère et relativement intégrée.

C'est que les officiers du Soudan ne ressentaient guère la nécessité de procéder par des voies pacifiques ; l'occupation française fut généralement brutale au départ, à la différence de l'action britannique qui, plus attentive à la pression des milieux d'affaires, se traduisit par des opérations militaires plus tardives, souvent à l'initiative des entrepreneurs (Goldie ou Rhodes). En revanche, les explorations commerciales qui doublèrent la conquête française furent le fait d'aventuriers médiocres dont les plans grandioses ne correspondaient guère à la réalité : ainsi en allait-il de Paul Soleillet, qui préconisa la construction d'un chemin de fer transsaharien (1878) et rêva d'installer à Obock une base rivale de celle d'Aden (1881), du Dr Colin, qui prospecta les exploitations aurifères du Bambouk (1882-1883), d'Olivier Pastré de Sanderval, commerçant marseillais qui finit par se constituer une principauté personnelle au Kahel (1880-1888), ou même du négociant Verdier de La Rochelle dont les moyens limités rendaient inévitable, en Côte-d'Ivoire, l'échec de la Compagnie de Kong[1] : l'exploration était devenue le fait des officiers d'Afrique dont le plus célèbre fut Binger, qui rapporta de la boucle du Niger une série de traités de protectorat (1887-1888) et devint en 1893 le premier gouverneur de Côte-d'Ivoire.

On chercherait en vain, dans le « mirage du Soudan », la « course au Tchad » ou le mythe de la richesse du haut Nil, des arguments économiques convaincants. C'est que l'Empire français fut surtout redevable à l'esprit d'initiative de personnalités que pouvait guider une conception élevée de leur mission (Brazza), mais aussi des ambitions personnelles moins avouables, telles que l'assurance, garante d'avancement, d'une gloire relativement facile en raison de l'inégalité des forces en présence.

Presque unique en son genre, la prise en main du Congo fut à peu près pacifique. Face à la hargne des militaires, elle incarnait, en effet, les conceptions de la nouvelle vague des expansionnistes coloniaux, axée sur la rentabilité plutôt que sur la politique traditionnelle des points d'appui stratégiques. Brazza, soucieux de féconder les circuits économiques existants par le grand commerce européen et d'ailleurs contraint à la patience par son manque de moyens (au même titre que Stanley au Congo belge), prit soin de ne pas heurter de front les populations qui affluèrent volontiers vers les postes de colonisation. Les déceptions vinrent seulement plus tard, quand les exigences de la progression vers le nord et les rigueurs de l'exploitation concessionnaire exercèrent des contraintes toujours plus meurtrières[2].

1. H. Brunschwig, Politique et économie dans l'Empire français d'Afrique noire, *JAH*, XI, 3, 1970, p. 401-418.
2. C. Coquery-Vidrovitch, *Brazza et la prise du Congo* [128].

La fin de l'expansion française fut à nouveau marquée par deux retentissantes opérations militaires, où les méthodes autoritaires de troupes considérables tenues de faire vivre les hommes sur le pays et d'imposer à leurs porteurs des tâches insupportables furent à l'origine de violences graves : à travers le Congo, les sultanats négriers de l'Oubangui et les marais désolés du Bahr el-Ghazal, Marchand fut lancé sur le haut Nil où il dut finalement céder la place aux Britanniques (Fachoda, 1898), non sans avoir réprimé sans douceur la révolte Loango qui souleva pendant deux ans la piste caravanière de Brazzaville (1896-1897)[1]. Quant à la marche au Tchad, elle fut l'œuvre conjointe de trois colonnes expéditionnaires à but politico-militaire, parties du Saham (Foureau-Lamy), du Congo (Gentil) et du Soudan (Voulet-Chanoine). Cette dernière, encouragée par la furie dévastatrice de chefs brutaux, poussa les excès à leur paroxysme. Harcelées par des populations exaspérées, les troupes massacraient tout sur leur passage. La mission d'enquête (Klobb Joalland-Meynier) envoyée à la rescousse dut finalement prendre sa place, non sans s'être opposée par les armes aux responsables[2].

Après une bataille meurtrière qui détermina la fin de l'Empire de Rabah (Kousseri, 22 avril 1900), la jonction des trois colonnes marqua l'achèvement du partage.

LE PROBLÈME DE L'EXPLOITATION COLONIALE

On ferait erreur, cependant, en pensant que l'adhésion fut unanime : acquérir des colonies, d'accord. Mais y investir, c'était une autre affaire. Jusqu'alors seuls quelques efforts avaient été tentés au Cap, où la présence d'un important colonat blanc à tradition rurale avait encouragé la plantation de vignobles remplacés, après la perte de la préférence impériale, par l'élevage des moutons mérinos espagnols dont la première importation remontait à 1789 (vers 1865, le troupeau ovin comptait 10 millions de têtes et la laine assurait les trois quarts du revenu des exportations).

Mais, à la fin du siècle, le coup d'envoi fut donné par les pays miniers : diamant du Cap, or du Transvaal et de Rhodésie rendirent possible la constitution des fortunes colossales d'un Barney Barnato ou d'un Cecil Rhodes. Quant aux hommes politiques, leur premier souci restait de ménager les deniers de l'État. Il fallut l'énorme fortune personnelle et le rêve grandiose de Léopold pour investir, quinze années durant, à fonds perdus dans un domaine qui l'entraîna, à deux reprises, au bord de la faillite (1890 et 1895). C'est que tous se réclamaient du même axiome fondamental : les colonies ne

1. M. Michel, *La mission Marchand* [132].
2. Voir le détail de cet épisode dramatique *in* Suret-Canale [209], I, p. 296-304.

devaient rien coûter à la métropole. Au contraire, leur bien-fondé était précisément d'être une source de profit. En France, la majorité, incrédule, s'efforça d'année en année de rogner sur le budget colonial, jusqu'à ce qu'en 1901 la loi sur l'autonomie financière des colonies, supposées se suffire à elles-mêmes, supprimât le principe de la subvention métropolitaine.

La Grande-Bretagne et l'Allemagne étaient animées du désir identique de mettre le pays en valeur aux moindres frais. On crut trouver la solution en ressuscitant le vieux système des compagnies à charte, vastes entreprises à dessein politique et patriotique, dotées de privilèges commerciaux et miniers et de droits souverains les autorisant à lever les impôts et à entretenir une force armée qui, dans les quinze dernières années du siècle, agirent davantage comme des machines de guerre que comme des entreprises économiques.

LES COMPAGNIES À CHARTE

L'Angleterre, la première, mit à profit les initiatives de ses nationaux pour leur abandonner la charge d'assurer le contrôle politique des territoires à exploiter. En Afrique, le pionnier fut George Goldie Taubman qui avait, depuis 1879, absorbé les firmes concurrentes sur le Niger et prévu, dès 1882, d'accepter pour son entreprise (devenue la *National African Co.*) l'octroi de droits souverains. En 1886, le gouvernement, jusqu'alors réticent, lui accorda volontiers la charte de la *Royal Niger Co.*, moyen inespéré de tenir aux moindres frais l'engagement pris à Berlin de contrôler la navigation sur le Niger. La Compagnie qui fut même à deux doigts d'obtenir le protectorat sur les Rivières de l'Huile – n'eût été l'opposition des firmes de Liverpool – mena une politique agressive, revendiquant, traités en main, de vastes territoires dans la moitié nord du pays. Ses campagnes contre le Nupe et Ilorin (1897) marquèrent le déclin d'une entreprise finalement incapable d'établir des réseaux commerciaux sérieux, et hors d'état d'assumer une véritable guerre de conquête à la fois contre les émirats Foulbé et les ambitions françaises. Rachetée en 1900, elle fit place au protectorat du Nigeria du Nord.

En 1888, Cecil Rhodes se fit accorder à son tour la charte de la *British South Africa Co.* (BSA) qui recevait tous les pouvoirs du Transvaal au Congo et de l'Angola au Mozambique. Il avait pris soin de se faire reconnaître auparavant, par le chef des Ndebele (Lobengula, successeur de Mzilikazi), le privilège d'exploiter les mines de son territoire, à commencer par le Mashonaland, contre la promesse verbale de tenir le reste du pays à l'abri des

Blancs. En fait, malgré l'habileté politique du chef Ndebele, tenu d'utiliser la protection britannique contre la menace des Boers du Transvaal et attentif à éviter toute confrontation militaire, la cohabitation s'avéra impossible.

Les pionniers invoquèrent la menace des raids contre les Shona qui refusaient de payer le tribut. C'était, du même coup, nier les fondements de l'organisation socio-économique Matabele. En outre, les prospections minières avaient été décevantes et les colons préconisaient l'extension de leurs activités au reste du pays. En 1893, ils lancèrent l'attaque contre la capitale Bulawayo qu'ils incendièrent au prix de lourdes pertes Ndebele. Ceux-ci, privés de leur bétail, chassés des meilleures terres et contraints au travail de la mine, réagirent en 1895 par une violente révolte, prolongée jusqu'en 1897 par la farouche résistance des Shona qui, exclus du commerce de poudre d'or et soumis au paiement de l'impôt, firent cause commune avec leurs anciens conquérants à la surprise des missionnaires et des colons. Mais cela n'aboutit qu'à les parquer dans les Réserves et à cristalliser définitivement l'opposition raciale.

Entre-temps, la Compagnie avait obtenu, au nord, la concession minière du Barotseland (1890), défini, au nord-est, les limites de la zone d'influence allemande, et négocié un accord frontalier avec les Portugais (1891). En revanche, Rhodes échoua au Katanga où une expédition belge vint à bout de Msiri. Restait à faire admettre sa domination par les Africains et les commerçants Swahili et arabes, au prix de campagnes prolongées jusqu'en 1900. Car, si les communautés agricoles acceptèrent sans trop de peine une domination encore peu contraignante qui ne lésait pas directement leurs intérêts, il n'en alla pas de même des peuples dont le négoce ou la vocation guerrière étaient directement visés. Néanmoins la Compagnie, secondée depuis 1898 par un résident britannique, maintint son contrôle politique jusqu'en 1923[1].

La prospection commerciale en Afrique orientale fut à partir de 1872 le fait d'un armateur de Glasgow, William Mackinnon, qui, malgré son échec devant les Allemands, obtint en 1888 la charte de l'*Imperial British East Africa Co.* (IBEA). Celle-ci, mal conçue et très insuffisamment dotée, fut de loin la moins réussie des Compagnies à charte africaines. En 1895, elle céda la place au protectorat britannique.

C'est par imitation de l'Angleterre que Bismarck avait pensé échapper, par le même système, aux responsabilités politiques et financières impliquées par la conquête. Mais les sociétés allemandes, dépourvues d'argent, de prestige et de support national, échouèrent rapidement. La Compagnie de l'Est africain, accordée en 1887 à Carl Peters qui arguait d'une série de traités passés avec les chefs locaux, en fut un exemple lamentable. Dans un pays jusqu'alors dépendant de Zanzibar, où l'autorité du sultan ne se manifestait guère que par la perception de droits sur le commerce, elle se heurta à la violente résistance des Swahili et des Yao animée par le chef arabe

1. Sauf au Nyassaland passé sous protectorat britannique en 1891.

Abushiri. Quelque 10 000 hommes tinrent en respect, six mois durant, les forces de la compagnie qui voulait leur imposer des taxes et confisquer les terres démunies d'un acte de propriété – c'est-à-dire leur quasi-totalité. Après encore deux ans de résistance finalement brisée par une intervention brutale qui n'exigea pas moins de dix bateaux de guerre, l'Allemagne établit son contrôle direct sur le pays (1890)[1].

Quant à la Compagnie de Colonisation du Sud-Ouest africain, créée en 1885 par Lüderitz, elle refusa les droits souverains pour se cantonner à la côte[2]. Paralysée par l'hostilité des Herero, la Compagnie céda dès 1889 son privilège à l'Allemagne. En imposant aux Herero une frontière qui protégeait les fermes des colons et en obligeant les Nana à renoncer aux razzias sur le bétail, l'administration allemande ruinait les bases économiques et sociales de leur existence. Ils furent contraints à la révolte, les premiers en 1897, les seconds en 1904-1907. Sous la pression des colons, les survivants (25 % des Herero et 50 % des Nana) furent rejetés dans le désert et réduits à un état voisin de l'esclavage[3].

Le procès des compagnies privilégiées, déconsidérées par les excès de leurs dirigeants, la dilapidation de capitaux insuffisants et leur incapacité à administrer les vastes territoires placés sous leur contrôle, était fait. Le système fut pourtant repris et adapté par la Belgique et par la France en Afrique équatoriale. Il donna lieu, dans la première moitié du XXe siècle, à un régime particulièrement meurtrier, qui ne le cédait en rien aux excès pratiqués au sud de l'Équateur.

L'échec des Compagnies à charte n'en marquait pas moins, dans l'ensemble, la fin de l'impérialisme conquérant. Elles avaient été aux mains des métropoles un instrument commode de transition entre les techniques coloniales traditionnelles et les formes nouvelles de l'impérialisme économique. À l'aube du XXe siècle commençait de se poser le problème majeur : celui de l'aménagement des empires, préalable nécessaire à la mise en valeur.

1. R. D. Jackson, Resistance to the german invasion of the Tanganyika Coast, 1888-1891, *Protest and Power in Black Africa* [153], p. 37-79.
2. H. Brunschwig, *L'expansion allemande outre-mer* [136], p. 131-132.
3. H. Bley, *Kolonialherrschaft... in Deutsch-Südwestafrica* [576], c. r. par H. Brunschwig, *Revue historique*, n° 496, 1970, p. 378-380.

CHAPITRE III

Les systèmes politiques coloniaux jusqu'en 1945

Schématiquement, la politique coloniale se répartit entre deux options principales : la domination directe et le gouvernement indirect *(Indirect Rule)*. Bien que les thèses pussent apparaître radicalement divergentes, les résultats sur le terrain suivirent dans l'ensemble, au moins jusqu'à la Seconde Guerre mondiale, une évolution sensiblement parallèle. En effet, la domination directe telle qu'elle s'exerça en Afrique du Sud ou au Kenya n'excluait pas l'octroi, sur les « réserves », d'une relative autonomie des chefs. Lorsqu'elle relevait, comme dans l'Afrique française ou portugaise, d'un idéal imprécis et lointain d' « assimilation », elle n'empêcha pas, surtout dans la première période coloniale, de suppléer à la pénurie de personnel administratif par le recours aux autorités établies. Quant à l'*Indirect Rule* expérimentée par les Britanniques, elle finit par dénaturer les institutions traditionnelles en utilisant le truchement des autorités locales pour promouvoir un style de gouvernement fondamentalement nouveau dans ses modalités et dans ses objectifs.

A – LES SYSTÈMES POLITIQUES

LE GOUVERNEMENT DES BLANCS

Nous n'insisterons pas sur les colonies « blanches » (*Highlands* du Kenya et Union sud-africaine) où la domination coloniale consista à éliminer le facteur politique « indigne ». La colonie du Cap avait pourtant admis, au siècle précédent, la formation d'une élite africaine qui pouvait accéder au suffrage censitaire. Mais, à partir de 1887, les titres de propriété tribale ne furent plus pris en compte ; en 1892 le test d'alphabétisation devint obligatoire. Hors du Cap, des limitations draconiennes furent imposées (en 1909, le Natal comptait seulement 6 électeurs africains) et les Républiques boers exclurent les Noirs de la franchise. Dès lors, l'histoire politique fut celle de la codification de la *Colour Bar* qui élimina progressivement les Africains du droit au travail (*Mines and Work Act,* 1911, amendé en 1926), à la propriété (*Natives Land Act,* 1913) et jusqu'à la liberté de se déplacer (*Natives Urban Areas Act,* 1923 ; *Native Administration Act,* 1927 ; *Native Service Contract Act,* 1932).

LE MYTHE DE L'« ASSIMILATION » : L'AFRIQUE PORTUGAISE

Depuis plusieurs siècles, hors des ports de la côte, la quasi-totalité de la population ne représentait pour les Portugais qu'une « marchandise » virtuelle ou, au mieux, une force de travail. Soldats et négociants dispersés en brousse suivant un précaire *modus vivendi* se contentaient de « pacifier » les circonscriptions organisées au début du siècle et de commercer avec les quelques notables. L'*Acte colonial* de Salazar, en 1930, codifia l'unification de l'administration et des finances soumises au contrôle direct de la métropole par l'intermédiaire d'un gouverneur général, placé au sommet d'une hiérarchie administrative paperassière et d'une réputation souvent douteuse dont le chef de village *(Regulo)* représentait, tout au bas de l'échelle, le seul élément « indigène », chargé d'exécuter les exigences coloniales. 98 % de la population était soumise au régime de l'indigénat (impôt, travail obligatoire, châtiments corporels, passeport ou *cadernato*). Les autres (Blancs, métis et « assimilés ») jouissaient, en principe, des mêmes droits. Mais ils n'étaient encore, en 1950, que 30 000 sur 4 millions d'individus en Angola, 4 300 sur près de 6 millions au Mozambique[1]. En dépit des affirmations officielles sur la Communauté nationale incluant les « provinces » d'outre-mer (1951), le taux de métissage (0,6 %) restait même inférieur à celui d'Afrique du Sud, et le sous-développement de la métropole se reflétait dans la misère des équipements coloniaux.

1. J. Duffy, *Portugal in Africa,* Penguin, 1962, p. 155-160.

LE MYTHE DE L'« ASSIMILATION » : L'AFRIQUE FRANÇAISE

Convaincus de la supériorité de la civilisation occidentale et de la portée universelle de la culture française, les coloniaux lancèrent dès le XIXe siècle l'idée confuse d'un Empire qui, sous la « paix française », viserait à transcender la contradiction entre démocratie et colonisation par la transformation de quelque 100 millions de sujets en autant de citoyens aux valeurs et aux droits métropolitains. Mais le paradoxe fut que les théoriciens de l'assimilation n'étaient disposés ni à en assumer les charges, ni surtout à en admettre les conséquences qui eussent, entre autres, singulièrement modifié la composition des organismes représentatifs du gouvernement central.

En Afrique, le seul essai d'assimilation fut ébauché dans les quatre communes libres du Sénégal (Saint-Louis, Gorée, puis Dakar et Rufisque) qui élisaient un député à l'Assemblée française depuis 1848, furent dotées d'institutions municipales à l'instar de celles de France (1872 et 1879) et dont les habitants reçurent la faculté d'acquérir la nationalité française à condition de se soumettre à ses lois. Mais cette mesure fut aussi mal accueillie par les colons menacés dans leurs prérogatives que par les Africains, qui récusaient le postulat implicite de leur infériorité culturelle et raciale. Grâce à l'action de Blaise Diagne, premier député africain (et non créole comme son prédécesseur François Carpot), les « habitants » obtinrent collectivement leur naturalisation sans avoir à répudier l'islam (1916)[1]. Dès lors, et jusqu'en 1946, toutes les luttes politiques de l'Afrique française furent grevées par ce problème de la citoyenneté revendiquée par le reste des Africains au grand dam de l'administration.

Celle-ci avait, en effet, substitué à la thèse de l'assimilation celle, moins dangereuse, de l'association, qui n'était pas sans présenter quelque analogie avec l'*Indirect Rule*. En fait, la doctrine coloniale continua d'être profondément imprégnée de la tendance assimilatrice et centralisatrice de l'administration directe : du chef de village au gouverneur général, en passant par l'administrateur de subdivision, l'administrateur de cercle et le gouverneur de la colonie, l'identité du système pyramidal incarnait l'unité de l'Empire, quel que fût le point du globe envisagé : Indochine, AOF (1895) ou AEF (1908).

Cette centralisation fédérale, imposée pour servir les intérêts français et seulement indirectement ceux des différents territoires, répondait au souci d'une unité *franco-africaine* plutôt qu'*interafricaine*, destinée à assurer bilatérale-

1. Cf. M. Crowder, *Senegal. A Study of French Assimilation Policy* [220], et G. Wesley Johnson, *The Emergence of Black Politics in Senegal* [225].

ment la sécurité des relations politiques, commerciales et financières (zone franc). Créées pour remédier au risque d'instabilité et de confusion impliqué par la diversité des formations politiques préexistantes, les fédérations, création française, se démantelèrent presque d'elles-mêmes lorsque, après la guerre, leur rôle eut perdu son utilité pour la France et sa raison d'être pour les colonies[1].

Si l'idéal était de supprimer les grands chefs en faveur de fonctionnaires français et de réduire si possible la portée de leur autorité au niveau du village, les faits restèrent plus nuancés. L'administration commença par se servir du pouvoir traditionnel chaque fois que les structures locales s'y prêtaient : le roi Agoliagbo du Dahomey fut conservé jusqu'en 1900 ; l'autorité coloniale utilisa volontiers, dans le haut Oubangui, le pouvoir des sultans maintenus dans leurs prérogatives pour obtenir plus aisément la corvée et Hetman fut reconnu jusqu'à sa mort en 1940[2]. L'Empire Mossi, d'abord morcelé, fut finalement replacé sous l'autorité du Moro Naba utilisé comme cheval de bataille contre le radicalisme d'Houphouët-Boigny (1947).

Cette politique fut particulièrement sensible en milieu musulman, parce qu'elle recouvrait la conviction implicite, répandue depuis Faidherbe fortement influencé par l'Algérie, que l'islam représentait un jalon utilisable entre le « barbarisme » et la culture française. Bien que la crainte du « panislamisme » fût une constante de l'administration coloniale (une circulaire de 1908 interdit même l'introduction de toute presse en arabe, à l'exclusion du Coran et des livres « strictement religieux »), les musulmans, qui présentaient l'avantage d'être lettrés et dont la loi écrite paraissait plus accessible que les « coutumes » locales, furent volontiers utilisés comme intermédiaires favorisés (interprètes, enseignants ou chefs). L'école des otages de Saint-Louis fut transformée en 1906 en collège franco-arabe et d'autres *medersas* entreprirent de former l'élite musulmane aux tâches subalternes de l'administration[3].

Le meilleur exemple de cette version française de l'*Indirect Rule* fut offert par l'essor de la secte Mouride au Sénégal, fondée par le cheikh Amadou Bamba (v. 1850-1927), ancien notable du damel Lat Dior. D'abord combattu par les Français (qui l'exilèrent de 1895 à 1907), il comptait à sa mort quelque 100 000 fidèles. En utilisant à leur profit cette force paysanne, ses successeurs organisèrent autour de Diourbel et de Touba un véritable État centralisé fondé sur la production arachidière, dont ils garantirent la survie par un loyalisme à toute épreuve qui leur assurait la protection de l'administration. Celle-ci passa dorénavant par l'autorité quasi féodale des marabouts pour transmettre ses directives. C'est, notamment, leur ralliement qui décida en 1958 de l'adhésion du Sénégal à la Communauté (dite le « oui des marabouts »)[4].

1. W. A. E. Skurnik, France and fragmentation in West Africa, *JAH*, VII, 2, 1967, p. 317-334.
2. E. de Dampierre, *Un ancien royaume Bandia du haut Oubangui* [483], p. 520.
3. D. Cruise O'Brien, Towards an islamic policy in French West Africa, *JAH*, VIII, 2, 1967, p. 303-316.
4. D. Cruise O'Brien, *The Mourides of Senegal* [233], p. 275-276.

L'intervention coloniale n'en avait pas moins profondément transformé la notion du pouvoir. Ce fut encore plus net en pays animiste où, après avoir, dans un premier temps, travaillé à éliminer les chefs récalcitrants, l'administration songea à pallier la pénurie de ses effectifs en s'attachant leur concours, sans pour autant renoncer au gouvernement direct incarné, depuis 1910, par le Code de l'indigénat, qui permettait à l'administrateur de statuer seul sur les délits mineurs (jusqu'à quinze jours de prison et 100 F d'amende).

Ces nouveaux « chefs administratifs » de canton ou de village différaient totalement des chefs de naguère. Choisis, en principe, en fonction de leur rang, mais surtout de leur docilité, et transformés en petits fonctionnaires mal payés, ils devaient se contenter d'assurer la transmission entre le commandant de cercle et les populations dont ils exigeaient des contributions jusqu'alors inconcevables. Méprisés et haïs par les villageois, ils furent parfois « doublés » par l'héritier véritable et clandestin de la tradition, là où le niveau de désagrégation de la société le permettait encore. Mais surtout, ignorants et rétrogrades, ils entrèrent en conflit, après la guerre, avec la nouvelle génération de l'élite instruite qui réclama leur suppression au profit de réelles réformes institutionnelles et politiques[1].

L'*INDIRECT RULE*

Le Buganda

Bien que le cas du Nigeria du Nord soit le plus communément évoqué, c'est au Buganda qu'en 1890 Lugard, alors agent de l'IBEA, pressentit l'intérêt de cette formule de gouvernement qui connut là sa plus grande réussite. Les conditions les plus favorables étaient réunies : par son étendue et sa population, par le caractère relativement différencié de son économie liée au grand commerce arabe et par l'efficacité de son système administratif, le royaume Ganda présentait déjà les caractéristiques essentielles d'un « État-nation ». Au lieu de s'y opposer, la domination britannique accentua le modèle précolonial figé sous une forme pseudo-féodale qui permit à cette société paysanne de préserver jusqu'à nos jours son nationalisme traditionaliste[2].

1. F.-J. Amon d'Aby, *Le problème des chefferies traditionnelles en Côte-d'Ivoire* [263].
2. Les études sur l'évolution politique du Buganda sont nombreuses et de qualité. La meilleure synthèse française est celle de M. Cartry [404].

Comme dans les autres monarchies africaines, deux systèmes politiques apparemment hétérogènes y coexistaient ; mais l'organisation lignagère vénérée des *Bataka,* qui garantissait une certaine autonomie locale, était battue en brèche par l'administration territoriale placée sous l'autorité indiscutée du *Kabaka,* qui nommait les dignitaires et choisissait les chefs de territoires (ou *Saza*) chargés de lever tributs et soldats.

À la veille de l'intervention britannique, le Buganda avait, grâce à l'introduction des armes à feu et du christianisme, effectué une véritable mutation idéologique et politique qui, en renforçant le caractère centralisé et hiérarchisé de l'État, le rendait particulièrement apte aux innovations coloniales. Progressivement étendu depuis 1894, le protectorat se contenta de se couler dans les structures traditionnelles en institutionalisant en conseil politique l'Assemblée jusqu'alors informelle des chefs. Mais il introduisait, par l'*Agreement* de 1900, une réforme profonde du système foncier, en répartissant plus de la moitié des terres du royaume entre les fonctionnaires permanents de la monarchie érigés en une véritable classe sociale dominant les paysans sans terre. Le clivage économique, atténué par le démembrement progressif des grands domaines, les mesures de protection envers la paysannerie (1927) et le maintien des relations de clientèle, ne franchit pas le seuil de rupture. Au contraire, les autorités traditionnelles, qui avaient prouvé leur exceptionnelle capacité d'assimiler la culture et les techniques européennes, prirent la tête du mouvement nationaliste avec, comme seule force d'opposition, celle encore plus traditionaliste des anciens chefs de lignage. Si, depuis l'*Agreement* de 1955, le Kabaka (déposé par les Anglais deux ans auparavant) était devenu une sorte de monarque constitutionnel, il restait la figure centrale de l'État et le guide spirituel des Ganda ; c'est derrière lui qu'ils boycottèrent les élections de 1961 et animèrent le mouvement du *Kabaka Yekka,* destiné à garantir l'intégrité du royaume au sein de l'État ougandais indépendant (1962).

L'Ashanti

Le cas du royaume Ashanti offre un exemple analogue de continuité politique favorisée par l'*Indirect Rule* ; mais au traditionalisme bloquant la modernisation politique de l'un, il substitue le traditionalisme vaincu par le modernisme de l'autre[1]. Cette tendance réformatrice plus accusée fut en partie redevable à l'intermède préalable de l'autoritarisme colonial : les chefs comprirent que la reprise en compte des mutations survenues entretemps était la condition de leur survie.

1. D. E. Apter, The role of traditionalism in the political modernization of Ghana and Uganda, *World Politics,* octobre 1960, p. 45-68.

En 1900, la dissolution de la Fédération et la déportation de l'Asantehene Prempeh avaient marqué le début d'une politique de désintégration de l'État. En même temps, sur le plan socio-économique, l'essor du cacao favorisa la formation d'une bourgeoisie agricole qui contredisait le système coutumier de dépendance interpersonnelle *(akoa)*, notamment en privilégiant la migration des planteurs détachés du « siège » de leurs ancêtres et en développant, aux dépens des biens matrilinéaires traditionnels, la filiation patrilinéaire favorable à la transmission de la propriété privée.

C'est en partie pour freiner ce modernisme contraire aux intérêts de la Grande-Bretagne que celle-ci recourut en 1935 à l'*Indirect Rule* en rappelant l'Asantehene auquel fut restitué le « Siège d'Or ». Or, seule autorité juridique reconnue par les Ashanti, il avait seul le pouvoir d'entériner le bouleversement intervenu ; il sut préserver son audience tout en modernisant les structures de l'État aux dépens de son archaïsme sacré : ainsi furent légitimées la succession patrilinéaire (1942) puis la citoyenneté territoriale (1946). Enfin, l'Association traditionnelle du peuple évolua vers une institution démocratique et profane ouverte à la nouvelle élite : l'*Indirect Rule*, créée dans une intention conservatrice, avait finalement fonctionné à l'encontre de ses promoteurs[1].

Le Nigeria du Nord

Plus proche du système mouride sénégalais, l'*Indirect Rule* expérimentée depuis 1900 en Nigeria du Nord laissa les émirs musulmans libres de gérer les territoires à leur guise tant qu'ils remplissaient les exigences financières de l'administration coloniale, transmises par des « conseillers » résidents. Plus encore qu'au Buganda, le système encouragea l'immobilisme politique du pays, car les Anglais y découragèrent l'enseignement missionnaire au nom du respect de la tradition et de l'islam. Lorsque les services techniques coloniaux commencèrent de progresser (chemins de fer, postes, etc.), les effectifs très restreints de la nouvelle élite contraignirent de recruter les cadres nécessaires parmi les populations côtières occidentalisées (Ibo). Ainsi se trouvait accentuée l'animosité régionale et ethnique opposant à l'isolement du Nord le dynamisme des gens du Sud, source future de conflits meurtriers.

Zanzibar

Le même effet stabilisateur fut exercé par l'*Indirect Rule* à Zanzibar, par sa complaisance à l'égard de la minorité arabe qui renforça même le système bureaucratique de l'oligarchie en place. Le sultan devint président du

1. A. Zajaczkowski, La structure du pouvoir chez les Ashanti..., *CEA*, I, 4, 1960, p. 458-473.

Conseil de protectorat en 1914 et seuls les Arabes furent représentés aux Conseils législatif et exécutif instaurés en 1926, à l'instar des territoires continentaux.

Le Tanganyika

L'*Indirect Rule* pratiquée par Cameron au Tanganyika (1925-1931), si elle n'exclua pas la création d'un Conseil législatif exclusivement européen (à l'exception de deux Indiens), correspondit davantage à la mission impliquée par le mandat de conduire les Africains sur la voie de l'autonomie. Mais la destruction préalable, par les Allemands, des chefferies traditionnelles d'ailleurs le plus souvent très réduites exigea, de la part d'administrateurs généralement dénués de tout savoir ethnographique, d'avoir à redécouvrir, voire à recréer le pouvoir de chefs que l'on encouragea, en outre, à se fédérer. Néanmoins, leur relative autonomie exécutive, judiciaire et surtout financière, si elle leur permit souvent d'accentuer à leur profit l'exploitation des masses rurales, favorisa aussi timidement la mise en œuvre des premiers travaux d'intérêt local.

CONSERVATISME ET AUTORITARISME

Dans l'ensemble, là où les systèmes politiques traditionnels étaient dispersés à l'extrême (Rivières de l'Huile), ou bien depuis longtemps déjà imprégnés d'occidentalisme (pays Yoruba et surtout Fanti), l'*Indirect Rule* fut un échec. Les populations réfutèrent l'autorité des « Warrant Chiefs » (Nigeria oriental), « Paramount Chiefs » (Ghana) ou « Official Headmen » (Kenya) – étrangement analogues aux chefs de cantons de l'administration française – investis par la puissance coloniale de pouvoirs que la coutume ne leur avait jamais reconnus. Les élites reprochèrent aux chefs traditionnels (*Obas* Yoruba ou chefs Akan du Ghana) d'incarner les intérêts de la fraction la plus inculte et la plus rétrograde de l'aristocratie, et à l'*Indirect Rule* de prôner le respect des coutumes dans le seul but de maintenir la barrière raciale : au Ghana par exemple où, dès 1927, le niveau économique et culturel du pays avait incité les Anglais à admettre trois élus au Conseil législatif, 614 seulement des 2 471 agents locaux du gouvernement avaient, en 1945, reçu quelque instruction[1]. Trois ans plus tard, le gouverneur n'en

1. Webster et Boahen, *West Africa since 1800* [212], p. 266.

opposait pas moins encore à l'influence politique exagérée des citadins les mérites du « bon sens paysan ».

Directe ou indirecte, respectueuse ou non des traditions locales, la domination coloniale dénatura partout en profondeur les structures politiques. Et, malgré l'opposition radicale des doctrines volontiers soulignée par les coloniaux de l'époque, et pour cette raison reprise à satiété par les historiens européens impressionnés par cette abondance d'ouvrages théoriques, les seules différences tangibles, sur le terrain, aux yeux des Africains, entre l'*Indirect Rule* et l'*Assimilation* ne furent sans doute ni économiques, ni même politiques, mais culturelles : à l'impérialisme culturel français s'opposait le mot d'ordre britannique d'avoir à respecter l'intégrité des valeurs traditionnelles. C'est parce que les francophones se sentirent directement menacés dans leur être même (« Faites que chaque enfant – recommandait-on aux instituteurs –... soit un vrai Français de langue, d'esprit, de vocation »)[1], qu'ils réagirent par un mouvement de nationalisme culturel né de la volonté d'opposer à l'universalisme français l'affirmation de leur identité à prétention également universelle : la *Négritude.* Et c'est sans doute parce que les anglophones ne souffrirent pas de la même aliénation qu'ils accueillirent unanimement le courant avec un scepticisme sans indulgence (« Un tigre ne proclame pas sa tigritude », ironisa l'auteur nigérian Wole Soyinka).

Mais pour la masse de la population paysanne qui réduisait traditionnellement au minimum les contacts avec la hiérarchie – que son porte-parole fût blanc ou noir – et pour qui le chef, dans les États les plus centralisés, avait toujours incarné la pérennité du groupe garantie par son rôle éminent de gardien des coutumes et d'intercesseur auprès des ancêtres, sans interférer outre mesure avec le niveau de l'autosubsistance villageoise, le nouveau régime se traduisit partout par les mêmes exigences : la collecte accrue ou nouvelle des produits, du travail ou de l'argent. Les modalités diverses de l'exercice du pouvoir eurent finalement une importance mineure face à ce fait d'évidence : les vrais chefs (et le chef noir le savait tout le premier) étaient désormais les Blancs[2].

LE CHEF BLANC

Seules comptaient les contraintes nouvelles par lui imposées qui furent, à peu de chose près, les mêmes partout, seul il décidait du sort de tous. La

1. L'adaptation de l'enseignement aux colonies, *Congrès intercolonial de l'enseignement,* 25-27 septembre 1931, p. 293.
2. R. Delavignette, *Les vrais chefs de l'Empire,* Paris, 1939.

clef de voûte du système colonial fut, en effet, l'administrateur de brousse que le paysan africain, ne s'y trompant pas, surnomma en territoire français le « commandant ». Même dans les zones les plus attachées à l'*Indirect Rule*, comme au Nigeria, ou celles où l'administrateur se désintéressait de la vie quotidienne en brousse, comme au Congo belge, le progrès de l'occupation et des techniques se traduisit par la multiplication des chefs blancs – administrateurs, agronomes, ingénieurs ou médecins. Car, à de rares exceptions près, jusqu'au lendemain de la Seconde Guerre mondiale nulle part les Africains ne furent admis, sauf exception, aux grades supérieurs du service colonial. Or le « broussard » détenait en droit (sur les territoires français, portugais ou belges) ou en fait (comme conseiller contraignant des chefs de l'*Indirect Rule*) tous les pouvoirs (administration, police, justice) sur plusieurs milliers d'individus dont il était le seul lien avec l'autorité supérieure.

Même si l'on organisa une justice indigène chargée de tenir compte des lois coutumières (tribunaux de premier degré français présidés par un notable, tribunaux de chefferies et de territoire belges composés de juges africains, tribunaux indigènes au Kenya), l'administrateur, généralement président d'office, conserva le droit d'intervenir. Et cette justice officielle imprégnée du Code européen ne s'inspirait que de très loin du droit coutumier, aussi bien par les cas qui lui étaient soumis que par la façon de les trancher. En outre, même en Nigeria du Nord où les émirs jouirent de privilèges judiciaires exceptionnels, le président exerçait un contrôle indirect en confirmant les nominations et les sentences[1]. Mais surtout, chargé de recenser la population imposable, de faire percevoir les tributs, de recruter les prestataires et d'assurer la production des biens d'exportation, l'administrateur exerçait une tâche redoutée. Or il était dangereux d'investir de pouvoirs presque illimités et difficilement contrôlables des hommes, certes, souvent capables, mais fréquemment aussi dépourvus de la formation suffisante et des qualités d'esprit requises pour exercer une autorité fondée sur la contrainte. Surtout dans la première partie du siècle, le système engendra de multiples abus (mépris du Noir, châtiments corporels brutaux, exécutions sommaires, voire concussion) dont certains firent scandale (campagne anticongolaise, 1900-1905 ; travail forcé en Angola, etc.).

Malgré l'évidente bonne volonté d'un certain nombre de cadres soucieux de s'attirer la bienveillance de leurs administrés par des tournées en brousse « désintéressées » et la pratique d'une « politique indigène » éclairée, les administrateurs de brousse, symbole de l'arbitraire colonial, furent radicalement éliminés par les gouvernements indépendants qui n'hésitèrent pourtant pas à continuer d'utiliser, par ailleurs, la compétence d'agents techniques ou administratifs européens hérités de la période coloniale.

Il serait injuste de faire de l'administration coloniale un bilan exclusivement négatif. Mais le fait est qu'avant guerre les populations rurales n'étaient

1. M. Crowder, The white chiefs of Tropical Africa, *Colonialism in Africa* [91], II, p. 341-343.

guère en mesure d'en percevoir les éléments positifs. L'expansion agricole et monétaire des années 1920 s'était écroulée à la crise. La misère était à son comble. Le *Colonial Development Act* britannique de 1929, première et timide tentative d'aide au développement, mais toujours orientée dans la perspective de l'intérêt métropolitain, se solda par un apport total outre-mer – trop restreint pour exercer une quelconque influence – de 6 millions et demi de livres dont près de la moitié en prêts, ce qui ne fit qu'aggraver les problèmes financiers des colonies en alourdissant le service de la dette[1]. Du côté français, le vaste programme d'irrigation entrepris par l'Office du Niger (1932) fut un fiasco. Malgré des réalisations encore très modestes, la seule note d'optimisme était offerte par l'œuvre sanitaire et éducative.

B – L'ŒUVRE SANITAIRE

Le premier tiers du siècle s'était traduit par une série de catastrophes démographiques dont l'essor coïncida avec la mise en place du système colonial. Celui-ci, en effet, par le portage, les grands chantiers ferroviaires, miniers ou forestiers, puis la migration vers les villes, favorisa la mobilité des populations et, avec elle, la diffusion des épidémies à une échelle sans doute ignorée jusqu'alors. Dans les zones forestières, la maladie du sommeil progressa au rythme de la pénétration : signalée au Buganda en 1901, elle y avait déjà fait cinq ans plus tard au moins 200 000 morts[2]. L'épidémie meurtrière qui avait débuté sur la route des portages du Niari (Congo-Brazzaville) en 1898 se prolongea jusqu'en 1912, détruisant la moitié de la population, et se propagea ensuite le long des grands axes jusqu'au cœur du pays.

Là où l'élevage était possible, il fut la proie de la peste bovine qui, introduite en 1888 par le pays Somali, détruisit deux ans plus tard le troupeau des Masaï. Aux confins de l'Ouganda et du Nil le cheptel, attaqué à la fin du siècle, fut à nouveau détruit dans sa quasi-totalité en 1906 ; celui d'Afrique du Sud subit le même sort en 1896 et en 1904. Les peuples éleveurs, déjà soumis aux aléas des grandes années de sécheresse (surtout à partir de 1897), furent décimés par les famines qui les rendirent particulièrement réceptifs aux endémies (la moitié des Masaï succomba ainsi à la variole).

1. G. C. Abbott, A re-examination of the 1929 colonial development act, *Economic History Review*, XXIV, 1, 1971, p. 68-81.
2. A. D. Low, Uganda..., *History of East Africa* [367], II, p. 111-112.

À peine ces calamités connaissaient-elles une accalmie que l'épidémie de grippe espagnole gagna, à son tour, l'Afrique en 1919-1921. Elle semble avoir sévi partout. Les survivants, affaiblis, devinrent la proie de la variole ou de la fièvre jaune qui existaient à l'état latent (une très violente épidémie de fièvre jaune avait notamment ravagé le Sénégal en 1900), tandis que progressaient aussi rapidement tuberculose et maladies vénériennes. Aucune indication ne permet malheureusement de se faire une idée des pertes encourues dans leur ensemble. Mais nul doute que leur recrudescence n'ait répondu à la première phase coloniale – 1890-1920 – et qu'elle n'ait contribué à achever de désorganiser une vie traditionnelle d'autosubsistance déjà très dégradée.

La population grevée par une mortalité en hausse eut, dans le même temps, à satisfaire les exigences accrues de la colonisation. De nombreuses régions avaient atteint un niveau tel de sous-peuplement qu'elles furent incapables de maintenir le fragile équilibre vivrier. Des famines éclatèrent, d'une ampleur probablement inconnue dans le passé (telle celle du pays Fang au Gabon, qui se prolongea jusqu'en 1925 au moins).

Jusqu'à l'entre-deux-guerres, l'administration fut à peu près impuissante. L'usage de la quinine restait le privilège des Européens. Le chemin de fer permit ensuite de remédier aux famines les plus graves. La thérapeutique de la maladie du sommeil (attribuée à la tsé-tsé depuis 1902) fut mise au point au Cameroun dans les années 1930[1]. C'est seulement à cette époque que les premiers efforts sanitaires, malgré l'insuffisance de personnel et de crédits, amorcèrent un démarrage démographique spectaculaire. En Ouganda, par exemple, l'ensemble du budget Travaux publics - Agriculture - Éducation - Services médicaux passa, entre 1919 et 1938, de 24,2 % à 50,7 % des ressources totales du Protectorat : c'était le signe d'une modification radicale des esprits ; jusqu'alors, en effet, on n'avait guère songé que la politique sanitaire eût été le meilleur remède à la « paresse » et à la faible productivité indigènes dont se lamentaient tous les colons.

Bien qu'encore très limité, l'effort médical français animé par des médecins militaires (180 en AOF, une soixantaine en AEF en 1938) fut l'un des plus sérieux. Les hôpitaux (11 en AOF, 6 en AEF) pouvaient alors s'enorgueillir d'avoir examiné près de 4 millions d'individus, soit environ le cinquième de la population. Mais le nombre de lits réservés aux Africains restait ridiculement faible, surtout en Afrique britannique où sévissait plus fortement la ségrégation médicale : environ 1 pour 4 000 en Ouganda, 1 pour 6 000 en Gold Coast, 1 pour 12 000 seulement au Nigeria. Autant dire que les soins en brousse étaient, au mieux, assurés par des postes de fortune (d'où la portée de l'hôpital Schweitzer installé au Gabon depuis 1913). Seules les sociétés belges avaient mis sur

1. Par le Dr Eugène Jamot (au Cameroun de 1922 à 1932).

pied, dans leurs camps de travail, un équipement qui les plaçait au premier rang de la politique sociale africaine (6 millions et demi de malades traités en 1955).

Quant au personnel africain spécialisé, il était encore rare : 186 médecins auxiliaires formés à Dakar, mais 14 au Nigeria, 8 en Gold Goast, 1 seulement au Tanganyika (depuis 1940 !). À la veille de la Seconde Guerre mondiale, le niveau sanitaire restait déplorable ; les trois quarts de la population souffraient de malnutrition. Contentons-nous de citer l'exemple d'Ufipa (Tanganyika) où, en 1940, 1 conscrit sur 3 fut récusé pour raison médicale, d'Uba, où 9 sur 10 furent refusés[1], ou même de Banchi (Nigeria) où, encore en 1961, les médecins militaires rejetèrent à vue 380 des 500 candidats, parmi lesquels 5 seulement furent en fin de compte déclarés bons pour le service[2]...

C – LA FORMATION DE L'ÉLITE

LE RÔLE DES MISSIONNAIRES

Jusqu'à la Première Guerre mondiale, à de rares exceptions près (Sénégal, Tanganyika allemand), l'enseignement fut entièrement le fait des missionnaires, et le resta au XXe siècle dans les pays où dominait une idéologie paternaliste (Congo belge) ou ségrégationniste (Afrique australe et orientale) pour qui l'apport missionnaire, préoccupé au premier chef d'inculquer les préceptes religieux et la vertu du travail, paraissait assurer le maintien de valeurs garantes de conservatisme et d'ordre social : en 1958 les missions belges, placées sous le contrôle de l'État depuis le Concordat de 1906 et soutenues par des allocations de terre (200 ha par établissement) et des subventions scolaires, déclaraient 5,4 millions de chrétiens (dont 80 % de catholiques) encadrés, outre 6 000 missionnaires européens, par un personnel remarquablement africanisé de 500 prêtres et de 25 500 catéchistes.

L'œuvre missionnaire fut néanmoins, dans certains cas, plus novatrice que ne l'aurait souhaité le gouvernement colonial. On a vu comment l'action de la *Church Missionary Society* au Sierra Leone (depuis 1803), celle de la *Basel Mission* (1827) et des Wesleyens (1833) en pays Fanti avaient déjà

1. M. L. Bates, Tanganyika : Changes in African life, 1918-1945, *History of East Africa* [367], II, p. 628.
2. M. Crowder, *West Africa under Colonial Rule* [88], p. 328.

contribué à former une élite acculturée qui propagea dans tout l'Ouest africain la religion et l'idéologie occidentales (Samuel Crowther, le premier évêque anglican noir, fonda en 1857 la Mission du Niger dont il fut seulement écarté en 1890, sous la pression de l'opposition raciste caractéristique de la première phase coloniale). En Afrique du Sud, la *London Missionary Society,* introduite au Cap dès 1799 et établie en pays Xhosa depuis 1816, multiplia les écoles de village. L'absence de ségrégation raciale pratiquée au Cap contrastait avec la politique des Églises réformées néerlandaises, dont le Synode institua en 1857 des congrégations distinctes pour les non-Blancs. Mais le célèbre séminaire mixte de Lovedale, collège d'enseignants créé en 1841 avec 11 Africains et 9 Blancs, après avoir même envisagé sa transformation en université dès 1878, résista à la *Colour Bar* jusqu'en 1926.

Si les musulmans furent, dans l'ensemble, réfractaires à l'évangélisation, de même que certains peuples animistes qui lui opposèrent un renouveau de leurs cultes ancestraux (tel le mouvement Bwiti au Gabon), d'autres, en revanche, embrassèrent volontiers la nouvelle religion.

Le cas des Ibo du Nigeria qui, peu sensibles auparavant à l'effort missionnaire entrepris pourtant depuis 1857, répondirent au régime colonial par une conversion rurale massive, est exemplaire : ce peuple réceptif aux innovations eut tôt fait de saisir le traitement préférentiel réservé aux villages chrétiens (exemptés de patrouilles ou de recrutement forcé). S'ils optèrent pour les Pères catholiques, c'est qu'ils trouvèrent dans leurs écoles, à l'opposé de celles des méthodistes, moins un instrument d'évangélisation (en langue vernaculaire) que l'assurance d'une formation à l'occidentale (en langue anglaise) garante d'avantages sociaux à long terme[1].

Cette réceptivité à l'éducation liée à l'acceptation du christianisme se retrouvait chez les Ganda qui avaient effectué leur révolution religieuse avant même l'institution du protectorat. Au XXe siècle, les écoles missionnaires faisaient, au Buganda, partie intégrante de la vie rurale. Entre les deux guerres, Ganda et missionnaires, d'un commun accord, réagirent vivement au parti pris malthusien de l'administration qui limita son aide à 50 établissements, voulut restreindre l'enseignement classique secondaire au profit d'une formation pratique plus appropriée aux besoins de la colonisation et idéologiquement moins risquée et imposa, dans cet esprit, l'enseignement en Swahili à toute l'Afrique orientale (1927).

Au Kenya, en revanche, où les missions incarnaient la suprématie blanche, Masaï et Kikuya s'unirent, en 1928-1933, pour résister au mouvement lancé par la CMS contre la clitoridectomie. Refusant d'envoyer les enfants aux écoles missionnaires, le groupe des évangélisés décida d'orga-

1. F. K. Ekechi, Colonisation and christianity in West Africa : The Igbo case, *JAH,* XII, 1, 1971, p. 103-115.

niser non seulement une Église, mais aussi des écoles indépendantes. L'expérience révélait, au-delà de la querelle culturelle, l'éveil d'une prise de conscience politique (formation de la *Maasai Association* en 1930), en même temps qu'une soif très réelle d'instruction (constitution de deux associations Kikuyu d'enseignement)[1].

LES EFFECTIFS SCOLAIRES

L'enseignement, dont le but avoué était la conquête intellectuelle et morale des peuples qui venaient d'être soumis par la force, visait seulement à doter d'un embryon d'instruction les auxiliaires de la colonisation et redoutait, par-dessus tout, de semer dans les esprits des idées subversives. Il fut, dans l'ensemble, rudimentaire et inadapté[2].

En 1939, l'instruction restait le fait d'une infime minorité. L'Afrique occidentale britannique représentait un cas privilégié. L'école primaire, laissée aux mains des missionnaires, y était, conformément aux principes de l'*Indirect Rule,* assurée en langue vernaculaire (d'où l'importance de l'œuvre linguistique des missionnaires protestants). Chaque territoire possédait plusieurs écoles secondaires et l'on comptait, dans la seule Afrique occidentale, trois établissements d'enseignement supérieur : Fourah Bay au Sierra Leone (depuis 1877), Achimota College en Gold Coast et Yaba Higher College fondé en 1934 à Lagos. C'était une densité remarquable, d'autant que les seuls autres établissements formant des maîtres en Afrique noire se limitaient au Liberia College de Monrovia (1833), à l'École William Ponty d'AOF[3], au Collège de Makerere en Ouganda (1933, auparavant école technique érigée en université en 1939), au Kenya Teacher Training College (1939) et à l'Overtown Institution de Khondove, fondée par la *Livingstonia Mission* dès 1894.

En raison de la séparation de l'Église et de l'État, les écoles missionnaires jouèrent en territoire français (sauf dans les mandats à forte tradition missionnaire allemande) un rôle beaucoup plus limité (5 000 élèves en AOF et guère plus de 1 000 en AEF, contre 20 000 pour la seule Gold Coast en 1920). En 1938, l'enseignement public comptait en AOF 70 000 enfants (pour quelque 12 millions d'habitants) et à peine 10 000 en AEF (pour 5 mil-

1. K. King, The Kenya a Maasai and the contest phenomenon, *JAH,* XII, 1, 1971, p. 117-137.
2. Cf. D. Bouche, Autrefois, notre pays s'appelait la Gaule..., *CEA,* VIII, 29, 1968, p. 100-122.
3. Nom pris en 1916 par l'École nationale d'instituteurs fondée en AOF en 1903, héritière du *Collège des Fils des Chefs et des Interprètes,* installée à Saint-Louis en 1893 dans les locaux de l'ancienne *École spéciale pour les otages* (1861).

lions). Il existait huit écoles primaires supérieures (1 000 élèves) et seulement deux établissements secondaires, tous deux au Sénégal : héritière des efforts du XIXe siècle, cette colonie – plus précisément les quatre communes – resta très privilégiée avec, en 1938, le quart de la population scolaire pour seulement 12 % de la population totale d'AOF.

Non que les autres enfants ne reçussent aucune instruction. Le milieu coutumier continuait d'enseigner aux jeunes générations, par une initiation ponctuée de complexes rites de passage, le savoir des Anciens sur l'environnement villageois, les techniques agricoles, artisanales ou commerciales en usage et l'héritage culturel transmis par voie orale. Les pays musulmans ne connaissaient pas seulement les écoles coraniques (en AOF, 80 000 enfants en 1945) dont les Occidentaux raillaient les procédés mnémotechniques ; des marabouts célèbres, émules d'Ousman dan Fodio, regroupaient des disciples venus de loin étudier les sciences traditionnelles de l'islam. L'érudition transmise par les lettrés rend compte de l'accumulation des documents arabes conservés à travers toute la zone soudanaise. Mais cet héritage souffrit à la fois des réticences coloniales et de la séduction exercée par l'éducation occidentale, seul moyen d'accéder aux responsabilités sociales et politiques prônées par les nouveaux chefs de l'Afrique.

LA NOUVELLE ÉLITE

De ces effectifs déjà très limités une élite extrêmement restreinte se détacha, profondément acculturée, gagnée au mode de vie et de penser européen. Inexistante dans les colonies portugaises ou belges (où 6 Africains seulement avaient, à l'indépendance, accédé à des titres universitaires), elle fut en Afrique française suffisamment réduite pour être, jusqu'à la Seconde Guerre mondiale, absorbée sans danger par le système colonial, tout en contribuant à répandre autour d'elle le culte du diplôme.

Dans l'Ouest africain britannique où l'opportunité d'aller à l'école, voire de partir à l'étranger achever sa formation était moins exceptionnelle, l'élite, admise dans les services techniques coloniaux, mais exclue du monde des affaires et légalement écartée des responsabilités administratives au profit des chefs coutumiers, ressentit plus durement sa frustration. Elle se réfugia dans les professions libérales (juristes, médecins, enseignants, publicistes), lança dès le XIXe siècle une presse dynamique et les premiers ferments du nationalisme (J. A. Horton, J. H. Brew et E. W. Blyden) et, coupée de la masse, devint le modèle de la réussite culturelle et sociale. Ces hommes étaient appelés à jouer dans la genèse des mouvements nationalistes puis après l'Indépendance un rôle fondamental (de même que la plupart des nouveaux présidents des États francophones étaient sortis de l'École W. Ponty, sans même citer le cas de L. Senghor, formé en France).

Cependant, avant la Seconde Guerre mondiale, leur portée fut sans doute moindre que celle de la masse des salariés (« cols blancs », instituteurs, artisans qualifiés et petits commis de l'administration et du commerce). Dans certains cas (Afrique centrale), ceux-ci représentaient même la totalité de l' « élite » (moins de 40 000 au Congo belge en 1947, soit le seizième des hommes ayant quitté leur village et 0,3 % de la population totale)[1]. Cette classe moyenne, plus nombreuse en Afrique britannique qui forma davantage de petits techniciens (10 000 à Cape Coast seul en 1920 contre 11 000 pour l'ensemble de la Côte-d'Ivoire en 1962)[2], exerça une influence déterminante grâce à sa mobilité sociale et à son rôle d'intermédiaire entre, d'une part, le milieu européen et l'élite africaine et, d'autre part, la paysannerie exaspérée par sa misère et aussi, dans les centres urbains en formation, sur les chantiers et dans les mines, la masse détribalisée et prolétarisée. Familiarisée avec la bureaucratie et l'économie modernes tout en gardant le contact avec la brousse, la classe moyenne en formation fut, notamment, à la base des premières organisations professionnelles qui fleurirent un peu partout entre 1920 et 1940. En Afrique française, elle participa aux comités exécutifs de notables et siégea aux conseils des Sociétés de prévoyance. En Afrique britannique, elle anima les premiers regroupements de mineurs ou d'agriculteurs ; ces *Welfare Associations* furent utilisées, après la Seconde Guerre mondiale, pour seconder au Nigeria ou en Rhodésie du Nord les autorités coutumières incapables de mettre sur pied les services sociaux nécessaires. Enfin, elle assura les cadres des partis nationalistes naissants sous la direction de l'élite intellectuelle. Ce sont ces hommes, parcimonieusement formés par la colonisation, qui allaient assurer la relève.

1. J. Van Wing, La formation d'une élite noire au Congo belge, Centre d'étude des problèmes sociaux indigènes, *Bulletin*, n° 5, 1947-1948, et R. Anstey, Belgian rule in the Congo, *Colonialism in Africa* [91], II, p. 196.
2. M. Kilson, Emergent elites of Black Africa, 1900 to 1960, *ibid.*, II, p. 351-398.

CHAPITRE IV

L'économie coloniale

En dépit de l'action des philanthropes et des ambitions des expansionnistes coloniaux, le continent africain ne répondit guère, dans son ensemble, aux espoirs qu'il avait suscités. C'est qu'attendre d'une colonie qu'elle constitue, dès sa période de fondation, une source de profit pour l'État métropolitain représentait une gageure qui fut rarement tenue.

L'Afrique du Sud fut, sur le continent, un cas pionnier dont la portée fut considérable car il servit de modèle de référence. Malgré sa réussite relative, l'Union présentait encore, à la veille de la Seconde Guerre mondiale, certains des traits caractéristiques de toute l'économie africaine : la dépendance d'un nombre très restreint de produits d'exportation susceptibles d'intéresser le marché mondial impliquait une économie extravertie, où les premiers investissements eurent pour objet, non d'élaborer sur place des activités productrices, mais de razzier les richesses potentielles.

Les autorités coloniales affrontaient un continent vaste, malsain et peu organisé. L'exploitation supposait la mise en place d'une solide infrastructure. Mais ce serait une erreur de penser que les métropoles firent de l'Afrique un domaine privilégié d'expansion. Elles se contentèrent d'assurer l'ouverture progressive du pays par des voies ferrées, des pistes et des ports, afin d'évacuer les ressources minérales ou, à défaut, les produits tropicaux fournis par des populations clairsemées, affaiblies par les endémies et désorientées par le bouleversement de leurs structures sociales.

LES INVESTISSEMENTS

En l'absence quasi totale de tout investissement d'origine interne, une bonne appréciation des efforts consentis peut être fournie par la mesure du financement extérieur. Or celui-ci fut et demeura exceptionnellement faible.

Total des investissements étrangers en Afrique noire (£ 1 million) (1)

	1870-1900	*1870-1913* (2)	*1870-1936*		
			Capitaux publics	*Capitaux privés*	*Total*
Union sud-africaine		380 (3)	224	298	523
Reste Afrique australe			61,4	72,7	134
Afrique occidentale britannique		37	50,8	65,8	116,7
Afrique orientale britannique		30	112,1	44,2	156,5
Divers		23		10,9	10,9
Total Afrique britannique	235	460	448,8	492	941
France :					
Togo-Cameroun			11,3	7,2	18,6
AOF			16,4	13,9	30,4
AEF			15,2	6	21,2
Total France		25	43	27,2 (4)	70,3
Colonies allemandes		85			
Portugal :					
Angola		Très peu	10,1	21,7	31,9
Mozambique			8,4	26,3	34,7
Total Portugal			18,5	47,9 (4)	66,7
Belgique (Congo et Ruanda-Burundi)		40	35,8	107,4	143,3
Total Afrique non britannique	40	150	97,5	183	280,3
Total général	275	610	546	675	1 221,6

(1) D'après Frankel [90], p. 149-159 (autant que possible, non compris les dépenses militaires).
(2) Estimations de Paish, *The Statist*, février 1914.
(3) Dont Rhodésie du Nord : 50 millions.
(4) Chiffre sous-estimé, seules ayant été prises en compte les sociétés cotées en Bourse. D'après Dresh [111], il faudrait multiplier ce chiffre au moins par deux pour la France.

Avant 1900, il est probable que le total des investissements étrangers en Afrique sud-saharienne n'excédait pas 275 millions de livres[1], pour leur quasi-totalité d'origine britannique et surtout détenus par l'Afrique du Sud, qui assurait à elle seule 72,4 % de la valeur totale des exportations du continent :

Le commerce extérieur de l'Afrique en 1897 (£ 1 million)

	Importations	*Exportations*
Afrique du Sud	23,9	20,4
Afrique occidentale britannique	2,9	2,9
Afrique orientale britannique	0,9	0,6
Total Afrique britannique	27,8	24
Afrique portugaise	5,3	1,4
Afrique française	2,1	1,7
Afrique allemande	1,1	0,5
État indépendant du Congo	0,9	0,5
Total Afrique non britannique	9,5	4,3
Total général	37,3	28,3

De 1900 à 1909, le flux des capitaux doubla, toujours en faveur de l'Afrique du Sud, à la suite notamment de l'effort de reconstruction consécutif à la guerre anglo-boer. Il continuait néanmoins de représenter une part infime des investissements extérieurs des grandes puissances (à peine plus du dixième pour la Grande-Bretagne, moins de 2 % pour la France)[2]. C'est seulement entre les deux guerres que le reste du continent bénéficia, à son tour, d'un financement d'origine étrangère. Mais le total des capitaux placés en Afrique noire représentait encore à peine plus du quart des investissements extérieurs britanniques. Quant à la France, elle avait investi au moins dix fois plus au Maghreb[3].

Le tableau ci-après, qui s'efforce de résumer l'analyse en pourcentages, appelle immédiatement un certain nombre de commentaires essentiels pour la compréhension de l'ensemble.

1. £ 1 = 25,22 F-or. Nous avons généralement conservé l'expression en livres qui permet de confronter les chiffres d'avant et d'après guerre en éludant le problème des dévaluations du franc. Les chiffres donnés sont tirés de l'ouvrage remarquable de Frankel [90], malheureusement peu pratiqué en France.

2. Total en 1914 des investissements extérieurs britanniques : 4 milliards de livres. Français : 45 milliards de francs.

3. 800 millions de livres au Maghreb, contre environ 80 en Afrique noire, D'après Picquemal, Les exportations de capitaux français dans les colonies, *Économie et politique*, août-septembre 1957, p. 21-33.

Investissements et commerce en Afrique noire en 1936 (1)

	Capital investi (% capital total en AN)	Investissement public (% investissement total du territoire)	Commerce (% commerce total AN) 1928	Commerce (% commerce total AN) 1935	Superficie (% superficie totale)	Population (% total AN)	Population blanche (% total AN)	Capital investi par tête d'habitant (£)
Union sud-africaine	42,8	42,8	47,3	54,7	5,9	8,6	89,6	55,8 (2)
Rhodésie et Bechuanaland	8,3	37,8	4,8	6,7	8,9	2,9	3	38,4
Afrique orientale britannique	12,8	71,6	11,4	9,6	22,5	19,7	1,6	8,1
Afrique occidentale britannique	9,5	43,5	18	12,4	5,6	24,2	0,38	4,8
Total Afrique britannique	77,0	47,7	83,4	84,7	43,6	57,7	96	17,5
AOF	2,5	53,9	5,9	5,8	22,8	14,6	0,85	2,1
AEF		71,6	0,8 (AEF et Cameroun)					
Cameroun	1,7	60,7		1,4	10,9	3,3	0,19	6,1
Total Afrique française	5,7	61,1 (3)	8	8,3	34,5	21	1,1	3,3 (4)
Congo belge	11,7 (5)	24,9	4,6	4,1	11,6	10,9	0,8	13 (5)
Colonies portugaises :								
Angola	2,6	27,7	1,3	1,1	6,1	2,7	1,3	9,8
Mozambique	2,8		2,1	1,4	3,7	4	0,4	

(1) D'après Frankelt [90], p. 170 et 202-203.
(2) Union et Sud-Ouest africain.
(3) Pourcentage surestimé.
(4) Sous-estimé.
(5) Y compris Ruanda-Burundi.

Outre l'importance relative de l'Union sud-africaine et la prépondérance écrasante des investissements (77 %) et du commerce (toujours supérieur à 80 %) des territoires britanniques, on constate que seuls les pays miniers ont attiré les capitaux, ainsi qu'on peut le vérifier par l'indice du capital investi par tête d'habitant. Enfin, on est frappé par l'importance des capitaux publics, qui représentaient près de la moitié du total des investissements en territoire britannique, et plus de la moitié du côté français[1] (le cas particulier des possessions portugaises s'explique par les faibles capacités de la métropole, relayée par les investisseurs anglais ; celui du Congo belge par le système des concessions très favorables aux capitaux privés). À l'opposé, la part de l'État était écrasante en Afrique orientale et en AEF, c'est-à-dire précisément dans les colonies les plus démunies. Ce n'est pas un hasard : ce rôle moteur de l'État dans l'économie était révélateur d'un continent pauvre, qui n'inspirait pas encore confiance et où le secteur privé avait pris, de longue date, l'habitude de laisser à la puissance publique la charge des énormes dépenses d'équipement.

Selon les périodes et les régions, on peut distinguer schématiquement quatre types d'exploitation : jusqu'à la Première Guerre mondiale prévalut ce que nous appellerons l'*économie de pillage*. Seule l'Afrique du Sud fit exception, en raison de ses *richesses minières* qui déterminèrent également, au XXe siècle, le mode d'exploitation des Rhodésies, du Congo belge et, dans une moindre mesure, de l'Angola et de la Gold Coast. L'Afrique orientale, déshéritée mais relativement salubre, connut une médiocre *économie de plantation* animée par les colons, tandis qu'en Afrique occidentale se poursuivit jusqu'à nos jours une *économie de traite* liée à la petite production « indigène »[2]. Partout, cependant, l'impact colonial se traduisit par un bond des exportations et par la crise d'adaptation des structures traditionnelles. Partout les Africains, entrés de gré ou de force dans l'économie mondiale, participèrent à la révolution économique, touchés par l'expansion du numéraire, la généralisation du salariat et l'afflux vers les nouveaux centres urbains.

L'ÉCONOMIE DE PILLAGE

C'est en AEF, mieux encore qu'au Congo belge, que l'économie de pillage atteignit les limites de l'absurde. Dans cette zone où, à la fin du

1. Encore que ces derniers chiffres soient discutés par des travaux plus récents. Cf. chap. XV, p. 283.

2. Sur la répartition approximative de ces différents types d'exploitation, et notamment l'extension du domaine des Compagnies à charte et des Compagnies concessionnaires, consulter la carte publiée *in* Oliver et Atmore, *L'Afrique depuis 1800* [10], p. 152-153.

XIXe siècle, la survie des Européens était encore précaire, le problème était d'exploiter au moindre coût un territoire immense, en grande partie forestier, difficilement pénétrable et qui offrait, en revanche, des richesses naturelles abondantes, rémunératrices et immédiatement exploitables : l'ivoire et le caoutchouc. Pour attirer le grand capital français tout en évitant d'assurer lui-même les charges de l'équipement, l'État partagea près de 700 000 km entre 40 énormes concessions (1899). Nous n'insisterons pas sur les détails de cette vaste escroquerie analysée dans notre thèse[1]. Un capital global appelé d'à peine 40 millions de francs-or apparaissait dérisoire face aux énormes investissements nécessaires en hommes, en argent et en travaux d'infrastructure. Ces sociétés, protégées par un cahier des charges d'une négligence incroyable, se révélèrent à l'usage comme des affaires exclusivement commerciales préoccupées de tirer le maximum de profit dans le court terme. L'objectif, dont le monopole garantissait l'impunité, était d'importer les marchandises les plus médiocres et les plus surévaluées possible contre des produits à peine rémunérés. Les Africains, qui refusèrent d'intervenir de leur plein gré, y furent contraints par le travail forcé imposé par le biais d'un impôt de capitation payable en nature, c'est-à-dire précisément en produits de cueillette.

La distorsion entre la rigueur de l'exploitation et la médiocrité des résultats fut soulignée par l'échec financier des firmes, qui compensaient par des marges bénéficiaires démesurées la médiocrité du volume des échanges (2 000 t de caoutchouc – soit moitié moins qu'en AOF – exportées en 1907, année de pointe, alors que le kilo était acheté, au mieux, 1 F au producteur et coté au moins 15 F sur le marché mondial). La déprédation la plus méthodique fut exercée dans la zone tristement privilégiée de l'Oubangui-Chari, où fut intégralement exercée cette économie de pillage que l'on peut définir avec précision : il s'agissait d'entreprises

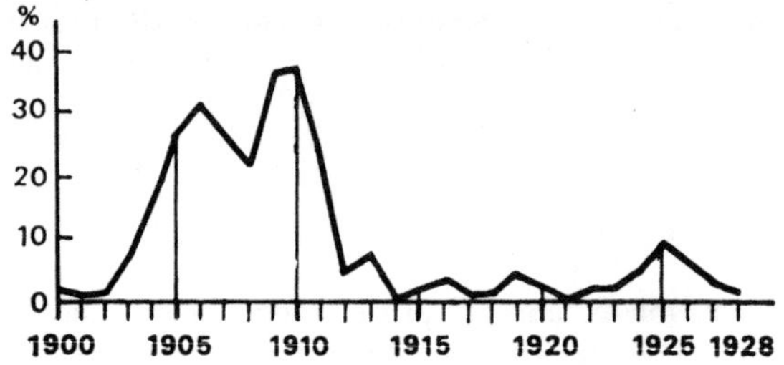

Fig. 4. – Taux de profit global des 18 sociétés concessionnaires les plus actives en AEF

1. C. Coquery-Vidrovitch, *Le Congo au temps des grandes Compagnies concessionnaires* [129].

strictement commerciales, qui ne firent aucun investissement d'aucune sorte (sinon des frais minimes de « premier établissement »), qui n'avaient donc rien à amortir et ne pratiquèrent aucun autofinancement : les bénéfices étaient, chaque année, à peu près intégralement distribués aux actionnaires ; l'activité pouvait donc être arrêtée du jour au lendemain avec un minimum de pertes. C'est d'ailleurs ce qui se produisit dès que les super-profits d'avant guerre furent révolus.

Face au manque de capitaux et à l'insuffisance du peuplement, le seul recours avait été la contrainte, avec toutes ses séquelles : régime de terreur (dénoncé de la mission Brazza –1905 – au *Voyage au Congo* de Gide – 1927 – et prolongé jusqu'en 1935 sur l'immense territoire de la Compagnie forestière Sangha-Oubangui), famines, passivité ou révoltes de villageois hors d'état, l'auraient-ils voulu, de répondre à ce que l'on exigeait d'eux. Malgré le démarrage en flèche, entre les deux guerres, de l'okoumé au Gabon, la colonie, exsangue, ne put sortir de sa médiocrité que le jour où la technicité accrue permit le développement spectaculaire d'activités adaptées au sous-peuplement. Ce ne fut guère avant la décolonisation.

Le Congo léopoldien fut beaucoup plus rentable. Une des raisons en fut le rôle personnel du roi, qui investit jusqu'en 1895 à fonds perdus dans son rêve africain : au moins 25 millions, auxquels il faut ajouter les 32 millions prêtés par la Belgique et les 25 millions de la Compagnie du chemin de fer du Congo (groupe Thys-Urban). Entre 1890 et 1898, l'ouverture de la ligne Matadi-Léopoldville, au prix d'énormes pertes humaines, correspondit au boom du caoutchouc (30 t en 1887 ; 6 000 t en 1901). Léopold, qui avait imposé son monopole du commerce des produits de cueillette, en fut le premier bénéficiaire sur le « domaine privé ». Mais il concéda également 16 millions d'hectares à de vastes sociétés (dont l'*Anversoise* et l'*ABIR*). En 1900, celle-ci avait déjà réalisé plus de 20 fois son capital versé[1].

La « réussite » du système belge tenait à l'unité de sa direction : l'agent territorial était chargé, à la fois, du pouvoir administratif et de la récolte des produits, et recevait un avancement et des primes proportionnels à l'importance de la cueillette, qu'il organisait à sa guise grâce à l'impôt en travail (sans limitation légale jusqu'en 1905) et au travail forcé (codifié en 1892).

Les campagnes de la *Congo Reform Association* contre le « caoutchouc rouge » et les découvertes minières (1892 à 1907) conduisirent à révolutionner le système de production du pays cédé par le roi à la Belgique en 1908. La liberté commerciale fut rétablie, l'impôt en argent instauré, et le travail forcé en principe condamné. En fait, il se maintint tardivement, tandis que la politique d'expropriation des terres et la pratique des cultures obligatoires amorçaient un développement agricole et minier accéléré par la prolétarisation[2].

1. *Mise en valeur du Congo français. Les grandes concessions,* Paris, 1900, 14 p.
2. M. Merlier, *Le Congo de la colonisation belge à l'indépendance* [508], p. 32 et 37.

LES CHEMINS DE FER

Avant 1914, la quasi-totalité des capitaux furent investis dans l'équipement ferroviaire et son complément, l'aménagement portuaire.

En 1872, seuls existaient, au sud du Sahara, les 93 kilomètres construits au Cap et les 8 km du Natal. Ce fut l'époque où les ingénieurs, inspirés par le courant saint-simoniste et encouragés par le percement du canal de Suez et l'achèvement des premiers transcontinentaux américains, multiplièrent les projets de transafricains ou de transsoudaniens à financer par le grand capital international sollicité par des souscriptions publiques, et destinés, pensait-on, à féconder le pays par la seule vertu du commerce[1]. Pourtant, vingt-cinq ans plus tard, avec moins de 3 000 km, l'Afrique se trouvait encore loin derrière l'Australie (20 000 km) ou même l'Inde (6 500 km). C'est que les seules voies créées correspondaient à des objectifs précis : excepté quelques tronçons à mobile stratégique ou administratif (tels, à l'origine, le Dakar-Saint-Louis (1882-1885), puis surtout la jonction Sénégal-Niger (1883-1898), ou les voies de pénétration du Kenya et de l'Ouganda), la plupart des chemins de fer furent expressément construits pour assurer l'évacuation des produits miniers.

Cette politique fut inaugurée en Afrique du Sud où la voie ferrée atteignit Kimberley en 1886. L'or du Rand, surtout, facteur déterminant de la prospérité de l'Union, imposa de briser l'isolement du lointain et misérable Transvaal intérieur relié au Cap en 1892. Parallèlement, les Boers négocièrent avec la *Netherlands South African Co.* la liaison avec Lourenço Marques. Plus de 15 000 km furent construits en soixante ans. Ce fut aussi la richesse minière congolaise puis, après 1926, la découverte des réserves géantes du Copperbelt qui déterminèrent l'achèvement du réseau intérieur assurant dorénavant la jonction entre Katanga, Rhodésies et Transvaal et, du même coup, la vocation de transit international des colonies portugaises (au total, 53 000 km en 1936, soit les deux tiers du réseau d'Afrique noire). Partout ailleurs, le tracé bien connu de tronçons ferroviaires réduits et isolés révélait leur vocation limitée de collecteurs des richesses exportables de l'arrière-pays immédiat.

Partout aussi, l'administration, qui avait à l'origine tenté de confier la construction à des investisseurs privés, en concession ou en régie, dut se résoudre à reprendre à son compte ces entreprises malaisées, qui non seulement exigeaient d'énormes capitaux (60 % des capitaux publics investis par la Grande-Bretagne en 1939), mais aussi d'importants délais avant de les rémunérer. Partout, enfin,

1. H. Brunschwig, Notes sur les technocrates de l'impérialisme français en Afrique noire, *RFHOM,* LIV, 194-197, 1967, p. 171-187.

l'erreur fut commise de traiter en entrepreneur de travaux publics ce qui n'aurait dû être qu'une société de transports, et surtout d'en attendre le financement de la mise en valeur : d'où l'octroi de terrains immenses à des groupes financiers qui en paralysèrent l'exploitation et, surtout au début, une politique de tarifs excessifs qui entrava le développement économique[1].

L'EXPLOITATION MINIÈRE

Par sa précocité et sa rentabilité, la révolution minière d'Afrique du Sud détermina l'orientation définitive de l'exploitation coloniale de l'ensemble du continent. De 1867 à 1936, la valeur de la production diamantifère de l'Union (plus de 320 millions de livres) excéda celle de tous les autres minerais africains réunis, malgré la modicité des apports de capitaux étrangers (moins de 20 millions de livres)[2] : non seulement les investissements furent assurés par autofinancement, mais une partie considérable des profits servit à équiper les mines d'or du Witwatersrand. Or celles-ci furent le moteur de la modernisation du pays. À la différence du diamant, l'exploitation aurifère (qui fournit, de 1886 à 1965, un total de £ 6 milliards or) impliquait, dans l'État le plus rétrograde de l'Union, la mise en place d'une industrie à haute technicité exigeant en abondance capitaux, main-d'œuvre, équipement et moyens de transport.

Depuis l'origine aux mains d'un groupe restreint d'investisseurs, l'exploitation minière avait, dès avant la fin du siècle, pratiqué une politique d'absorption et de concentration financière qui détermina la constitution de sociétés géantes ; celles-ci, telles la *De Beers* ou la *Goldfields,* non seulement contrôlaient le marché mondial, mais pratiquaient une politique systématique de participation aux prospections des territoires voisins (Rhodésie et Congo belge). Enfin l'État, qui exerçait sur le Rand une ponction fiscale très lourde (il perçut de 1910 à 1937 plus de 100 millions de livres, somme équivalente au capital étranger investi), prit l'habitude de financer par ce moyen l'ensemble de l'économie : d'abord l'agriculture, restée archaïque et peu rentable, ultérieurement l'industrie (passée de 13 à 25 % du revenu national entre 1920 et 1965). À partir de 1932, en effet, le premier grand boom de l'or (le second correspondit aux années 1960) détermina le « décollage » de l'épargne, des investissements et de l'emploi. Entre les deux guerres, le pourcentage des actions détenues sur place passa de 14,5 % à 40 %, et le nombre d'emplois industriels de moins de 100 000 à près de 1 million.

1. Frankel, *op. cit.,* p. 374-420, et D. H. Houghton, Economic development, 1865-1965, *in* [549], II, p. 1-48.
2. Frankel, *op. cit.,* p. 53.

Exportation des principaux produits africains [1]

	Millions de livres												*%*					
	Union sud-africaine			*Tous territoires britanniques autres que l'Union*			*Tous territoires non britanniques*			*Total tous territoires*			*% des exportations totales*			*Union % sud-africaine Total*		
	1913	*1929*	*1935*	*1913*	*1929*	*1935*	*1913*	*1929*	*1935*	*1913*	*1929*	*1935*	*1913*	*1929*	*1935*	*1913*	*1929*	*1935*
Or	37,5	45	71,5	4,5	3,6	9,1	0,2	0,5	2,7	42,4	49,1	83,4	40,9	27,5	46,7	88,4	91,6	85,7
Diamant	12	12	2,9	2,6	2,1	1,5	0,02	1,3	1,3	14,7	15,6	5,8	14,2	8,7	3,3	81,6	77	50
Cuivre	0,4	0,6	0,3	0,05	0,09	4	0,3	3,3	1,8	0,8	4,9	6,2	0,8	2,8	3,5	50	12,2	4,8
Laine	?	14,5	9,5	?	0,1	0,1	?	?	0,06	5,7	14,7	9,7	5,5	8,2	5,4	?	98,6	97,9
Maïs	0,08	2,8	2,9	0,1	0,7	0,4	?	0,4	0,2	0,1	3,9	3,6	0,2	2,2	2	80	71,8	80,5
Coton	0	0,01	0,03	0,9	10	7,2	0,03	1,2	1,6	0,9	11,4	9	0,9	6,4	5	0	0,8	0,3
Huile de palme et palmistes	0	0	0	6,3	9,1	4,6	0,7	3,6	2	6,7	12,7	6,5	6,7	7,2	3,7			
Cacao	0	0	0	3	12	6,8	0,2	1,3	1,2	3,2	13,4	8	3,1	7,5	4,5			
Caoutchouc	0	0	0	0,6	0,2	0,08	2,4	0,1		3	0,3	0,02	2,9	0,2	0,04			
Arachide	0	0	0	0,8	3,4	2,7	0,08	4,8	5,3	0,9	8,2	8	0,9	4,6	4,5			
Total	55,8	75,2	87,4	19	42,4	36,7	4	16,8	16,4	79	134,5	140,2	76,2	75,3	78,7	70,6	55,9	62,2

[1] D'après Frankel, *op. cit.*, p. 208.

Partout, les métropoles cherchèrent fiévreusement à imiter le développement sud-africain. L'industrie extractive représentait à la veille de la Seconde Guerre mondiale plus de la moitié des exportations africaines.

En moins de dix ans, la Rhodésie du Nord (Zambie) connut également, entre les deux guerres, un développement minier spectaculaire, qui suscita l'intervention décisive des capitaux américains et coïncida avec la reprise des charges administratives de la BSA par le *Colonial Office*. Malgré la chute dramatique du cours du cuivre entre 1931 et 1933, la production de ce pays presque vide surpassa bientôt celle du Congo belge et lui permit de mettre sur pied, autour de concentrations urbaines ultramodernes, une exploitation d'une technicité considérée dès lors comme le modèle du genre en zone tropicale. On a calculé qu'avant guerre les diverses taxes perçues sur le *Copperbelt* par la Grande-Bretagne (qui lui avait accordé seulement £ 136 000 de subventions) avaient atteint 24 millions de livres[1]. Le cuivre (16 000 t en 1931, 255 000 en 1938, et plus de 700 000 aujourd'hui) reste la base de la prospérité de la Zambie actuelle dont il assure 90 % des exportations, 60 % des recettes publiques et 40 % du revenu national.

L'ÉCONOMIE DE PLANTATION

Avant 1914, les expériences les plus positives de colonisation agricole furent celles des Allemands au Cameroun, où l'activité des sociétés de plantation créées à la fin du siècle (28 000 ha défrichés en 1913) contrastait avec l'échec de leurs compagnies concessionnaires voisines[2].

Au Congo belge, groupes financiers et sociétés minières entreprirent une politique de grande colonisation sur les vastes territoires qui leur avaient été impartis. Les premiers domaines viables furent créés par Lever en 1911 pour assurer l'approvisionnement de la firme en palmistes ; le trust *Unilever* exploite aujourd'hui près de 1 million d'hectares. La *Société générale* reprit les concessions du groupe Thys issues de la période léopoldienne et la *Forminière* planta hévéas, cacaoyers et palmiers sur ses immenses possessions foncières. Quant à l'élevage, il fut pratiqué sur une vaste échelle sur les steppes du Lomani, du Katanga et du Kasaï.

Mais la situation devint dramatique à la suite de la grande crise. L'indice du cours des produits coloniaux, très sensible aux fluctuations mon-

1. A. Roberts, The political history of the 20th century Zambia, *in* [444], p. 165.
2. M. Michel, Note sur les plantations allemandes du mont Cameroun, 1885-1914 [465].

diales, tomba en 1934 (sur la base 100 en 1927-1929) à 18,3 pour l'huile de palme et 10,4 pour le caoutchouc. La valeur totale des exportations congolaises chuta de près des deux tiers (1 511 millions de francs en 1930, 658 seulement en 1933). On préféra, pour un temps, comme en AEF, se rabattre sur le système du métayage qui confiait aux Africains l'entretien et la cueillette des plantations, à charge pour eux de subir seuls le contrecoup à l'achat de la détérioration des prix.

Ce fut dans les pays à fort colonat blanc que l'économie de plantation connut sa plus grande expansion. Là encore, l'Afrique du Sud avait donné l'exemple. Mais si les Boers pratiquèrent systématiquement la spoliation des terres en rejetant les Africains dans les réserves (vers 1874, au Natal, 8 000 Blancs seulement possédaient près de 2,5 millions d'hectares ; il n'était pas rare de trouver au Transvaal des exploitations de l'ordre de 100 000 ha), leur agriculture resta tournée vers l'autosubsistance. Le manque de capitaux paralysa la modernisation nécessaire au profit d'une exploitation extensive à faible rendement. Quant aux colonies portugaises, en dépit de l'effort décevant pour en faire l'exutoire du paysanat pauvre de la métropole, elles restaient le domaine d'une agriculture d'exportation mixte, pratiquée à la fois par les Africains (maïs et coton, café d'Angola ou arachide du Mozambique), les colons et les vastes compagnies concessionnaires qui s'étaient partagé la côte orientale.

Seul le Kenya, dépourvu de toute autre ressource, consacra dans les années 1920 une masse de capitaux relativement considérable à la mise en valeur intensive de ses vastes plantations de maïs, de caféiers et de sisal. D'où l'extrême dissymétrie entre un secteur traditionnel particulièrement défavorisé, où plus de 2 millions d'Africains (du moins les non-salariés) relégués dans les réserves assuraient moins de 20 % des exportations du pays, et un colonat restreint de 17 000 Européens, dont 2 000 à peine détenteurs des terres les plus fertiles (les *European Highlands*)[1].

Après l'intermède catastrophique de la grande crise, les progrès de l'agriculture africaine (maïs) et la pénétration accrue de l'économie de marché dans le secteur traditionnel contribuèrent à durcir la position des colons. Ils imposèrent un dualisme politique d'autant plus rigoureux qu'il correspondait de moins en moins à la réalité économique. La ségrégation foncière, amorcée par l'ordonnance de 1918 qui n'autorisait les Africains à résider sur la terre d'un Blanc qu'à la condition de lui fournir cent quatre-vingts journées de travail par an, fut officialisée par l'exclusion légale du droit à la propriété noire sur les Highlands.

1. C. C. Wrigley, Kenya : The patterns of economic life, 1902-1945, *in* [367], II, p. 209-264.

L'ÉCONOMIE DE TRAITE

Le contraste entre les structures agraires du Kenya et celles de la colonie voisine de l'Ouganda illustre bien la capacité des Africains à participer, sous un régime différent, à la vie économique du territoire.

Dans ce dernier pays, où le nombre des agriculteurs blancs n'excédait pas une centaine vers 1920, la production des *cash crops* (coton, puis café après la Seconde Guerre mondiale) reposa exclusivement sur le paysanat africain et, malgré la modicité des apports financiers extérieurs, connut entre les deux guerres un essor remarquable.

Mais nulle part mieux qu'en Afrique occidentale ne fut exercé ce que le géographe Jean Dresch a défini sous le vocable d'« économie de traite » :

> « Terme magique en terre africaine, car la traite règle toute l'activité économique, fait circuler les hommes et l'argent, anime les marchés, les villes, les factoreries et les boutiques pendant les mois qui suivent la fin de la période pluvieuse et les récoltes. Traite des produits de cueillette ; traite des produits cultivés : arachides, sisal ou coton de la zone soudanaise ; café, cacao de la zone forestière. Le producteur reste toujours essentiellement l'Africain... On installe des comptoirs et des escales où ces produits sont rassemblés et où le Noir pourvu d'argent achète la pacotille d'importation...
>
> « Économie singulièrement primitive et paresseuse... la traite consiste donc à rassembler et drainer vers les ports les produits du pays qui sont exportés bruts, à répartir en échange les produits fabriqués. »[1]

On comprend, dès lors, la médiocrité des capitaux mis en œuvre (moins de 15 % du total d'Afrique noire) aussi bien par les firmes « expatriées » d'import-export que par les petits commerçants et transporteurs. Ceux-ci se recrutèrent, dans un premier temps surtout, parmi les Africains héritiers des populations courtières – Dyula, Haoussa, Bamiléké ou Dahoméennes – puis, de plus en plus, chez des Portugais, Grecs et surtout Libano-Syriens qui s'emparèrent à l'ouest du contrôle du commerce de détail comme les Indiens en Afrique orientale[2].

Quelques firmes géantes établirent sur de vastes territoires, par absorption ou par accord tacite, un monopole de fait qui leur permit d'imposer des prix d'achat dérisoires et la médiocrité d'articles d'importation fournis par leurs seules boutiques, et laissa les paysans désarmés tant qu'ils ne tentèrent pas de s'organiser. Telles furent et demeurent l'*United African Co.*, branche africaine d'*Unilever*, constituée en 1929 par la fusion entre la *Niger Co.* et l'*African and Eastern Trading Corpo-*

1. J. Dresch, Sur une géographie des investissements de capitaux, l'exemple de l'Afrique noire [249], p. 63, et Les investissements en Afrique noire [113], p. 232.
2. Sur les Libano-Syriens, voir Crowder, *West Africa...* [88], p. 293-298.

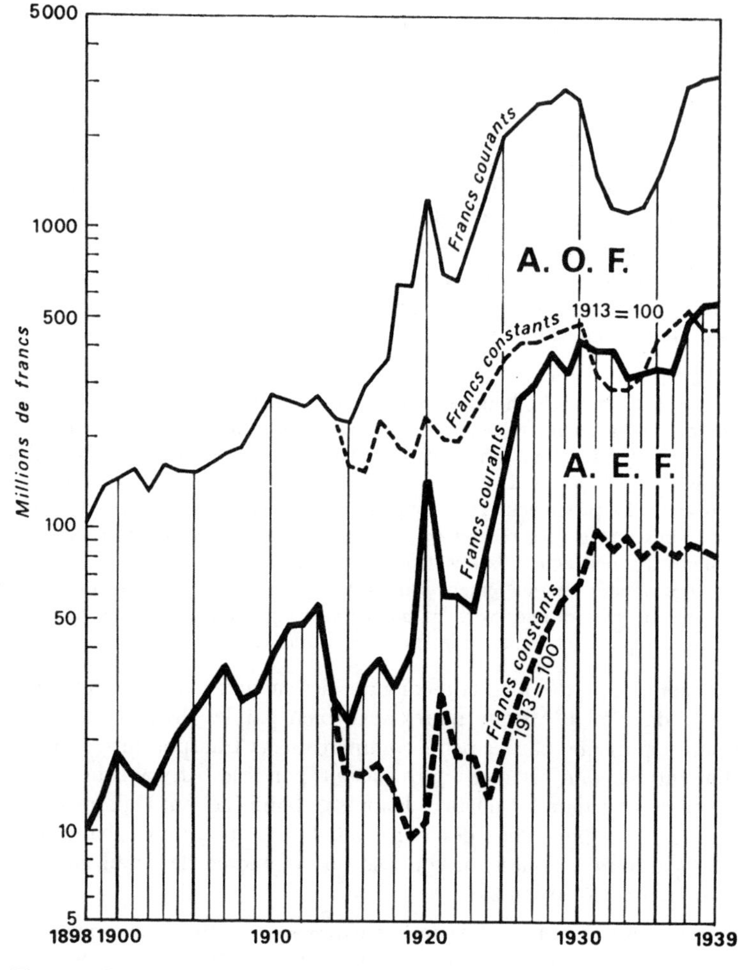

Fig. 5. – Le commerce extérieur des Fédérations françaises d'Afrique noire jusqu'à la Seconde Guerre mondiale[1]

1. Le calcul en francs constants, effectués sur la base 100 = 1913, à partir de l'indice métropolitain du prix de gros des 45 articles, n'a évidemment ici qu'une valeur indicative.

ration qui, en 1940, assurait 40 % du commerce extérieur du Nigeria ou, du côté français, la CFAO et la SCOA fondées au tournant du siècle qui, à elles deux, représentaient en 1945 plus de la moitié du total de la capitalisation boursière de l'Afrique noire française et 84,4 % de celle des firmes commerciales[1]. Le *Niger français* fondé en 1909 (devenu une branche française d'*Unilever*) démarra, après des débuts difficiles, au lendemain de la Seconde Guerre mondiale.

Le seul effort fut porté sur l'infrastructure d'évacuation des produits. Dans ce but, l'AOF fut autorisée à contracter une série d'emprunts (200 millions de francs-or avant 1914, 2 650 millions courants entre les deux guerres)[2]. Le résultat fut d'alourdir exagérément le service de la dette (40 % des dépenses ordinaires du budget général) au moment précis où la chute des cours paralysait les ressources de la Fédération fondées sur le revenu des taxes douanières. En effet, le mouvement des exportations, dont l'essor fut spectaculaire en tonnage et en valeur dès le début du siècle en Afrique anglophone et, à un moindre degré, dans la décennie précédant la grande crise en AOF, connut ensuite une phase prolongée de stagnation due à l'effondrement des prix.

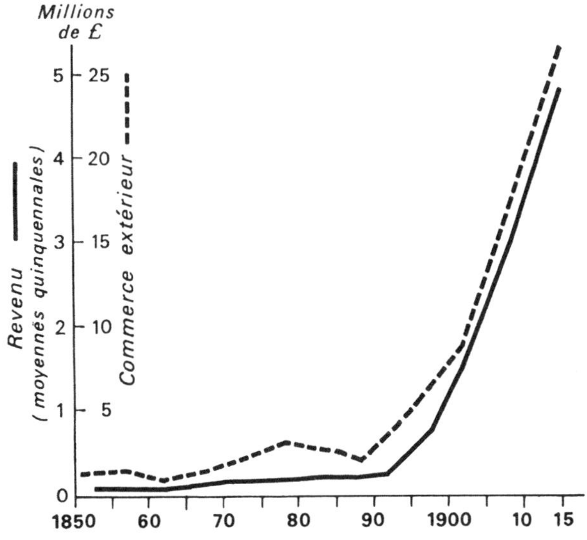

Fig. 6. – Le démarrage du commerce extérieur de l'Afrique occidentale britannique au tournant du XXe siècle

Source : McPhee [99], p. 314.

1. P. Valdant, *Marchés coloniaux*, n° 19, 23 mars 1946, p. 269.
2. Contre 23 et 1 906 millions à l'AEF dans le même temps.

La situation soulignait les risques de la dépendance exclusive vis-à-vis du marché mondial, dans le cadre de la monoculture la mieux adaptée à chaque territoire aux dépens même de la production vivrière. Échappaient seuls aux risques les plus graves, grâce à leurs ressources minières, le Sierra Leone (diamant) et surtout la Gold Coast (premier exportateur mondial de cacao depuis 1911) dont l'or assurait, en 1936, 44 % de la valeur des exportations.

BANQUES ET MONNAIE

Le boom commercial général en Afrique, lié aux nouveaux marchés ouverts par la conquête et par la construction des voies ferrées, alla de pair avec l'expansion de l'économie monétaire. L'apparition des banques jalonna le développement inégal des divers territoires : la première banque commerciale avait été établie dès 1837 au Cap où se fit, dans le dernier quart du siècle, l'ouverture sur le capital et le marché de Londres. L'*African Banking Corporation* (ancêtre de la *Bank of British West Africa*) ouvrit une succursale à Lagos en 1881. La *Banque d'Afrique occidentale* reprit l'ancienne Banque du Sénégal en 1901. Mais les premiers comptoirs bancaires s'ouvrirent en 1925 seulement à Bangui.

La rapide expansion du volume monétaire mis en circulation en Afrique de l'Ouest imposa de résoudre les problèmes posés par la confrontation entre le système métropolitain et une économie traditionnelle dorénavant inadaptée. Certes, l'économie de traite du XIXe siècle avait déjà dépassé le stade du simple troc. Les Européens pratiquaient largement avec les traitants le système des avances en nature, et diverses monnaies de compte étaient en usage (« barre » de fer, « once de traite », « paquet » ou assortiment de marchandises...). Mais à travers le pays cohabitait toute une série de monnaies primitives : houes de fer, barrettes ou manilles de cuivre, thalers en argent et surtout cauris – petits coquillages importés depuis le Moyen Âge des îles Maldives et utilisés jusqu'au XXe siècle ; maniables, faciles à stocker et impossibles à contrefaire, ils étaient bien adaptés aux menues transactions des marchés vivriers intérieurs. Un approvisionnement restreint avait garanti, durant plusieurs siècles, leur relative stabilité. Mais la découverte des cauris de Zanzibar et les progrès de la navigation à vapeur provoquèrent des importations massives qui entraînèrent la dépréciation rapide du coquillage dans la deuxième moitié du siècle (à Lagos, le cauri passa de près de 5 sh. en 1851 à seulement 6 d. vers 1900). Dès 1880, le recours à un nouveau moyen d'échange était devenu indispensable. Ce fut, en AOF, la pièce de 5 F puis les billets émis par la BAO, et en zone britannique le sterling d'argent. Pour faire face à la demande monétaire croissante des colonies d'Afrique occidentale (presque égale à celle de la métropole) qui menaçait la stabilité financière du Royaume-Uni, celui-ci mit en place, en 1911, le *West African Currency Board* suivi, en 1919, d'un établissement analogue en Afrique orientale[1].

Dans cette région, en effet, avait été reconnue en 1906 la circulation de la roupie indienne en argent et, depuis 1918, en billets. Après la guerre la création du florin (= 2 sh. = 1 roupie), puis la surévaluation et finalement la démonétarisation sans préavis de la roupie dont les Africains, désorientés, continuèrent de faire usage, ne firent qu'accroître la confusion jusqu'à l'adoption de la monnaie sterling (1922)[2].

Ainsi, bon gré mal gré, les Africains durent entrer dans le système monétaire mondial. Mais ils manifestèrent une défiance durable à l'égard des billets de banque. L'évolution se serait accomplie plus tôt si l'administration avait davantage propagé la monnaie de billon, très vite adoptée pour les petites transactions quotidiennes. Mais le dixième de penny en nickel apparut seulement en 1908 (en même temps que les premiers billets en Nigeria du Sud). Du côté français, où l'on saisit l'occasion de la guerre pour imposer le cours forcé des billets, on pratiquait encore en 1924, faute de monnaie divisionnaire, le paiement groupé des créanciers africains[3]. À partir de 1920, les « jetons-monnaies » mis en circulation par les Chambres de commerce, véritable « franc colonial » frappé à un titre inférieur, remplacèrent les espèces d'or ou d'argent. Mais on tolérait encore, en 1939, le paiement en nature ou en cauris de l'impôt qui vidait périodiquement le pays de son numéraire[4].

ÉCONOMIE AFRICAINE ET CONJONCTURE MONDIALE[5]

Avec l'émergence en Occident du mode de production capitaliste né de la révolution industrielle, l'articulation entre « centre » européen et « périphérie » africaine devint évidente ; la dépendance fut renforcée par l'emprise coloniale. L'exemple français suggère une forte corrélation entre phases de récession économique prolongée au « centre » et restructuration de l'exploitation : surtout en cas de retournement de tendance de longue durée, les difficultés économiques internes de la métropole, en même temps

1. A. G. Hopkins, The currency revolution in South West Nigeria in the late XIXth century, *Journal of the Historical Society of Nigeria,* III, 3, 1966, p. 471-483.

2. G. Ehrlich, The Uganda economy 1903-1945, *in* [367], II, p. 430-431.

3. Commissaire de la République au chef de la circonscription de Garoua, 8 avril 1924, Arch. Yaoundé, NF-2931.

4. Voir à ce propos C. Coquery-Vidrovitch, *Le Congo...* [129], chap. VI.

5. Cf. C. Coquery-Vidrovitch, Les conditions de la dépendance, *Décolonisations et nouvelles dépendances,* PU de Lille, 1986, p. 25-50, et *Review* IX, 1985, p. 85-110.

que le resserrement des profits outre-mer, agissent comme autant d'incitations à repenser un système devenu moins rentable, d'où une réorganisation de la Division internationale du travail[1].

Ainsi la période 1820-1850 (phase « B » de récession des prix) fut-elle, en Afrique noire occidentale, la phase clé de l'instauration d'une « économie de traite » prospère née de la révolution industrielle et du déclin de la traite négrière ; le volume du commerce « licite » (surtout des oléagineux) décupla, avant de se stabiliser dans la période de reprise suivante.

À nouveau, la « grande dépression » des années 1873-1895 correspondit à peu près exactement à celle de la conquête : elle détermina, dans la phase suivante d'expansion (1895-1929), l'épanouissement du système d'exploitation dit de la « 1re phase » coloniale, qui permit d'organiser sous la contrainte la force de travail « indigène ».

La grande crise des années 1930, en bouleversant l'économie occidentale, provoqua en Afrique l'accélération de l'accumulation du capital qui fit entrer la « réserve coloniale » dans le champ de l'impérialisme contemporain : d'où la genèse, précisément à cette époque, du phénomène du sous-développement, qui implique une restructuration des rapports d'exploitation entre monde développé et pays du Tiers Monde[2].

La brève mais violente récession qui suivit la crise mondiale de 1951-1952 ouvrit à son tour la voie à une mutation profonde des relations de domination/dépendance : elle correspond au démarrage du processus de décolonisation, dès lors préconisée par les milieux d'affaires intéressés puisque, à partir du moment où le régime colonial n'était plus en mesure de garantir des taux de profit privilégiés (et risquait en outre de les anéantir par le risque d'une guerre de libération nationale), il n'apparaissait plus comme indispensable : les indépendances accélérèrent à la fois l'intensification et l'internationalisation du capital. On peut prolonger l'analogie en évoquant la crise des années 1970, qui posa avec acuité le problème de la restructuration des relations Nord-Sud...

On se reportera, pour l'évolution économique post-indépendance, à D'Almeida-Topor [948], 3e éd. révisée, 2003, 4e partie : « L'Afrique entre ouverture et cloisonnement ».

Voir également, sur les développements récents de l'histoire économique africaine, le chapitre XVI et, sur la situation économique immédiatement contemporaine, le chapitre XVII (*addenda* de la 5e édition).

1. Cf. A. Tiano, *La dialectique de la dépendance*, Paris, PUF, 1977, 420 p.
2. *L'Afrique et la crise des années 1930* [654].

CHAPITRE V

Les Africains et la colonisation

L'économie occidentale impliquait, par destruction ou par contamination, le bouleversement des structures antérieures. Même si le nombre de gens effectivement touchés resta longtemps limité (en 1950, on estimait en Afrique française l'effectif des salariés à 2 % seulement de la population)[1], l'impact colonial modifia toutes les sphères de la vie africaine. Bien que l'on ait eu tendance à exagérer aussi bien la « paix coloniale » que les troubles antérieurs (surtout en pays de savane où les déplacements lointains existaient de longue date), le nouveau cadre sociopolitique facilita, à l'intérieur, les déplacements de population et le groupement en nouvelles unités, notamment dans les villes, centres du commerce colonial et de l'administration. Les paysans entrèrent dans le circuit d'exportation désormais dominé par les firmes européennes et les intermédiaires libanais, grecs ou indiens. L'autorité politique traditionnelle fut supplantée par le droit imposé depuis les métropoles. Les croyances se transformèrent au contact de l'islam et du christianisme. Une minorité croissante participa au mode de vie et de pensée occidental. Bref, les Africains furent progressivement amenés au contact quotidien de l'homme blanc et de l'économie monétaire[2].

Mais la situation coloniale, définie par cet affrontement, fut une situation de crise. Même quand elles avaient, au départ, accueilli sans défaveur le nouvel ordre économique dont la prospérité avait, au début du siècle, rejailli jusque sur les entrepreneurs africains, les populations appauvries et souvent décimées se découvrirent au temps de la grande crise dépouillées de toute initiative, au moment même où elles commençaient de prendre conscience à la fois de leurs aspirations et de leur déséquilibre.

1. Th. L. Hodgkin, *Nationalism in Colonial Africa* [187], p. 118.
2. M. Crowder, *West Africa under Colonial Rule* [88], p. 335.

A – LES CONTRAINTES

Pour la quasi-totalité des communautés africaines, l'intrusion de l'économie moderne se traduisit d'abord par la spoliation et la violence.

L'EXPROPRIATION DES TERRES

Le mouvement avait commencé dès la fin du XVIIIe siècle en Afrique du Sud, où la succession des guerres Xhosa (1811-1864) révéla la résistance farouche d'une population relativement sédentaire – plus nombreuse et plus solidaire que les hordes nomades des San et des Khoikhoi de l'ouest – à l'extension vers l'est de la frontière. Raids et contre-raids se multiplièrent entre colons blancs et Africains, dont le déséquilibre des forces en présence ne rendait pas l'issue douteuse. En 1835, par exemple, plus de 14 000 têtes de bétail furent capturées en un mois par les forces coloniales. Le butin de la campagne contre les Gcaleka, en 1877, fut d'au moins 15 000 bovins et de 20 000 moutons.

La spéculation foncière fut particulièrement intense au Natal, où moins de 300 immigrants accaparèrent, en trois ans, près de 550 000 ha[1]. Quinze ans plus tard, 8 000 Blancs se partageaient 2,4 millions d'hectares, contre 800 000 seulement réservés aux 250 000 indigènes. Quant aux États boers de l'intérieur, on sait comment le Grand Trek de 1836 fut animé par l'espérance de vastes terres à bon marché situées au bout du voyage. L'exploitation extensive ou inexistante de vastes domaines (qui pouvaient dépasser 100 000 ha) eut pour corollaire le surpeuplement de réserves soumises à un rythme de culture accéléré qui bouscula le modèle traditionnellement égalitaire de la répartition familiale des terroirs, et interdit la régénération des sols naguère assurée par de longues jachères. L'érosion qui s'ensuivit prit, dans certains cas, les dimensions d'une calamité nationale. Au Kenya, où les Kikuyu et les Masaï avaient été relégués sur des réserves à leur tour progressivement grignotées par la colonisation entre les deux guerres, la pression démographique coïncidant, on l'a vu, avec une législation de plus en plus restrictive sur l'immigration des travailleurs agricoles conduisit à stériliser des régions entières (tel le pays Kamba)[2].

1. Frankel, *op. cit.*, p. 45 ; C. W. de Kiewiet, *The Imperial Factor in South Africa*, Cambridge, 1937.
2. C. C. Wrighley, Kenya : The patterns of economic life, 1902-1954, *in* [367], II, p. 256.

En Afrique équatoriale, l'expropriation des communautés paysannes avait commencé avec la distribution des concessions. Le droit des Africains avait été, dès l'abord, écarté, puisqu'ils ne connaissaient pas la propriété privée, seule admise par le code métropolitain ; les juristes de l'époque ignorèrent le rôle du chef de terre, dont l'existence était pourtant attestée. On s'appuya sur l'abondance relative des terres, sur le mythe de la fertilité des sols de la zone forestière, enfin sur les densités très faibles des populations et leur mobilité pour élaborer la thèse des « terres vacantes et sans maître » dont la propriété revenait à l'État. Dans les faits, les compagnies jouirent de l'absolu privilège d'un propriétaire exclusif, et rémunérèrent les Africains non sur la base de la valeur des produits, mais seulement de leur travail de récolte.

Les concessionnaires de l'AEF reçurent environ 700 000 km^2, ceux de l'État indépendant près de 300 000 sans compter les terres domaniales. Si l'attribution des concessions fut loin de toujours entraîner une prise de possession réelle, elles ne purent être liquidées ensuite qu'au prix de la cession des meilleures terres en toute propriété. À ce titre, l'État français avait aliéné, en 1930, près d'un million d'hectares et le Congo belge plus de 16 millions (dont 12 au Comité national du Kivu).

Certes, les droits des Africains étaient, en principe, sauvegardés par la constitution de « réserves » villageoises. Mais, ou bien il fallait accorder à chaque village la totalité des territoires sur lesquels les habitants avaient pérégriné au cours de leur histoire et il ne restait guère de parcelle vacante dans toute la colonie, ou bien il ne fallait attribuer que les emplacements effectivement occupés, et l'on condamnait sciemment à la misère les générations suivantes devenues plus nombreuses. En AEF, faute de réussir à délimiter les terres réservées, on estima provisoirement à 6 % de la récolte moyenne de la Société les produits dont les Africains pouvaient s'estimer propriétaires. En fait, le monopole imposait aux producteurs de livrer encore au concessionnaire le produit de leurs réserves dont le bénéfice, remis au chef de village, ne leur revenait même pas[1].

Le Congo belge généralisa, entre les deux guerres, le système inauguré avec la Société Lever en 1911 : celui de « zones de protection » où les sociétés recevaient, contre l'engagement de moderniser leur équipement (huileries, égreneuses de coton, etc.), le monopole de l'achat à bas prix des produits agricoles aux paysans, celui de leur traitement et du recrutement de la main-d'œuvre[2]. On aboutit ainsi à un véritable partage foncier entre les grandes firmes : zones de l'huile, du coton, du café, de l'élevage. L'AEF créa des privilèges analogues pour l'achat du caoutchouc (Compagnie

1. C. Coquery-Vidrovitch, *Le Congo...* [129], chap. IX.
2. M. Merlier, *op. cit.*, p. 63.

forestière Sangha-Oubangui) et du coton, monopole que se partagèrent quatre sociétés en Oubangui-Chari-Tchad (Cotonfranc, Texaf, Cotonaf et Cotoubangui)[1].

TRAVAIL FORCÉ ET CULTURES OBLIGATOIRES

La mise en exploitation du pays supposait le concours actif des Africains. Mais, compte tenu de leurs besoins encore limités, des très médiocres salaires proposés et des techniques de récolte dont ils ignoraient à peu près tout, ceux-ci refusèrent généralement d'intervenir de leur plein gré. Sur tout le continent, que ce fût en Afrique du Sud, au Kenya, au Congo ou dans l'Ouest africain, le leitmotiv resta, au moins jusque dans les années 1930, la pénurie de la main-d'œuvre. Elle s'expliquait, certes, par le sous-peuplement ; mais les observateurs les plus avisés s'accordaient aussi pour reconnaître qu'une amélioration des rémunérations eût rapidement modifié la situation :

> « Comment un homme peut-il attendre de ses travailleurs une tenue décente, de l'honnêteté et un mode de vie civilisé, pour 10 shillings par mois pour lui et toute sa famille... Je suis convaincu que si les salaires étaient plus raisonnables, le marché du travail n'en serait pas là. »[2]

En quête d'une main-d'œuvre abondante à bon marché, les colons préférèrent réclamer l'institution du travail forcé, invoquant à l'appui de leur thèse le précédent – généralisé sur le continent noir – de l'esclavage domestique (qui fut d'ailleurs supprimé au Tanganyika en 1922 seulement)[3].

En principe, les métropoles s'y refusèrent. Le ministre français des Colonies, Decrais, le déclara « contraire à la liberté morale comme à nos sentiments d'humanité et comme à nos habitudes de colonisation »[4], et le gouvernement libéral l'interdit en 1908 dans l'Empire britannique. Le Portugal établit une subtile différence entre le « travail forcé » réservé au droit pénal et le « travail obligatoire » imposable six mois par an à tout Africain adulte, à son compte ou chez les autres (Code du travail indigène, 1928).

1. J. Cabot, *Le bassin du moyen Lagone* [488], p. 168-199, et C. Coquery-Vidrovitch, *op. cit.*, chap. XVII.

2. Commentaire d'un sergent de Fort Jackson, 1891, cité par F. Wilson Farming, 1866-1966, *in* [549], p. 122.

3. K. Ingham, Tanganyika : Slumps and short-term governor, 1932-1945, *in* [367], II, p. 558.

4. Min. Colonies Decrais au commissaire général de l'AEF, 14 mai 1901, Arch. SOM, Concessions XIV-B (2).

En fait, le travail forcé resta largement pratiqué sous la forme des prestations ou par le biais de l'impôt de capitation. Les prestations reprenaient en l'amplifiant la coutume traditionnelle du travail dû au chef pour les travaux communs du village, transposée au niveau de l'« intérêt général ». Mais les chefs, dotés d'un pouvoir administratif subalterne plus étendu, eurent tendance à en abuser à leur profit. Les Sangu du Tanganyika, par exemple, qui travaillaient sans mot dire sur les champs de Merere II, renâclèrent à lui construire gratuitement une maison en dur[1].

Le cas de l'Ouganda fut à cet égard exemplaire : entre les deux guerres, les paysans devaient à leur chef, outre deux mois par an pour les travaux publics et un mois pour les travaux d'intérêt local *(luwalo)*, une prestation en travail *(busulu)* et un tribut en nature *(envujo)* de 28 jours de travail ou 7 sh. 50 et le dixième des produits de la terre. En outre, les chefs furent un moment tenus d'organiser le travail obligatoire payé *(lasanvu)* à raison de 60 jours par an (1919-1923)[2].

Dans l'Afrique française, la contrainte du portage avait donné lieu, avant la Première Guerre mondiale, à de véritables opérations de ratissage. Les prestations furent codifiées en 1915 et portées en 1925 à quinze jours (en AEF et douze jours en AOF). En même temps, le ravitaillement des prestataires, laissé jusqu'alors à la charge du secteur paysan traditionnel, fut prévu pour ceux requis à plus d'un jour de marche de leur village. En dépit de sa durée limitée l'obligation, s'ajoutant aux recrutements imposés par le chemin de fer, fut très impopulaire.

Malgré ses dénégations l'administration fut, en effet, le premier demandeur de travail forcé. L'État indépendant organisa pour son chantier ferroviaire la réquisition de plusieurs milliers d'hommes, conduits au poste de recrutement enchaînés et engagés de trois à sept ans pour 3 à 6 F par mois plus la nourriture[3]. Il est probable que la construction des voies ferrées donna partout lieu à des exactions comparables à celles du Congo-Océan qui, pour à peine plus de 500 km construits entre 1921 et 1934, fit au moins 20 000 victimes parmi les 127 000 recrutés de force à travers toute l'AEF, du moins aussi longtemps que les conditions vivrières et sanitaires ne furent pas révisées[4].

Mais entre les deux guerres l'administration exerça surtout sa pression sur les cultures obligatoires. Au Congo belge, le système des « cultures gouvernementales » avait été introduit en 1897. L'obligation des champs de

1. O. F. Raum, German East Africa. Changes in African life under German Administration, 1892-1914, *in* [367], II, p. 193.
2. C. Ehrlich, The Uganda economy, 1903-1945, p. 428-429, et R. C. Pratt, Administration and politics in Uganda, 1929-1945, *ibid.*, p. 489 et 493.
3. Merlier, *Le Congo...* [508], p. 30.
4. G. Sautter, Notes sur la construction du Congo-Océan [473].

coton compta parmi les charges les plus lourdes et les plus redoutées de la paysannerie. En 1938, 200 000 familles travaillaient sur les « champs de l'État » qui couvraient plus d'un million d'hectares, la moitié en cultures vivrières et le reste en cultures d'exportation. Partout où n'existait aucune autre source d'argent frais susceptible d'assurer le paiement de l'impôt, l'exemple fut suivi : au Tanganyika allemand, les chefs avaient à distribuer les semences et faire travailler vingt-quatre jours par an aux plantations villageoises (1 200 ha en 1905) tous les adultes mâles non employés par les Européens[1].

En Afrique française, on pallia par des mesures coercitives la médiocrité des budgets agricoles (au mieux, 2,5 % du total avant 1914). Des milliers d'hectares constituaient, chaque année, « les champs du commandant », lourd tribut qui décourageait d'autant plus les paysans que les directives étaient fréquemment techniquement déficientes et les prix d'achat dérisoires : en 1908, le kilo de coton obligatoire était payé seulement 15 centimes au Soudan (contre 40 sur les marchés libres)[2]. Passé à 1 F en 1925-1926 en Oubangui-Chari (pour un cours au Havre de 12 F), le prix retomba à 60 centimes après la grande crise[3]. Cherchant à se dérober à ce travail ingrat et au recrutement forcé à destination de la Côte-d'Ivoire, les paysans Mossi (Haute-Volta) émigrèrent en masse vers les cacaoyères de Gold Coast défrichées à l'initiative des planteurs autochtones où le travail était mieux organisé et les salaires moins bas. Le courant s'inversa seulement après la suppression du travail forcé (1946).

Dans les territoires britanniques, en effet, où la tendance était davantage de faire appel au système traditionnel pour la production des cultures d'exportation, point n'était besoin, ni en Gold Coast (cacao), ni au Nigeria (palmiste), ni au Buganda (coton), d'imposer l'obligation des cultures. Au contraire, les colons, talonnés par la pénurie de main-d'œuvre, auraient volontiers freiné l'évolution : un technicien agricole du West Nile District fut même blâmé, en 1925, d'avoir encouragé localement la culture du coton, entravant le recrutement des travailleurs à destination du Buganda[4].

L'interdiction du travail forcé visait en principe le secteur privé, perpétuellement à court de bras. L'administrateur fut, néanmoins, mis à contribution, répercutant les offres sur les chefs de village qui gardaient fréquemment par-devers eux la plus grande part du salaire de leurs hommes. Ceux-ci ne firent guère le partage entre les prestations dues à l'État et le recrutement destiné aux chantiers privés. En Afrique française où l'on avait précisé, dès le début du siècle, l'engagement par contrat ratifié par l'adminis-

1. W. D. Henderson, German East Africa, 1884-1918, p. 144-145, et O. F. Raum, *op. cit.*, p. 175, *in* [367], II.
2. H. Cosnier, *L'Ouest africain français* [121], p. 148.
3. Suret-Canale, *L'ère coloniale* [210], p. 294-295.
4. C. Ehrlich, The Uganda economy, 1903-1945, *op. cit.*, p. 428.

tration locale, le travail fut définitivement régi par les arrêtés de 1922 en AEF et de 1925 en AOF.

L'administration devint, en fait, une vaste entreprise de fourniture de main-d'œuvre pour les planteurs et les forestiers qui passaient commande du nombre de travailleurs exigés. Débordée par le problème immédiat du recrutement, elle fut hors d'état de réprimer les nombreux abus (paiement en nature, insuffisance des rations, prolongation illicite de l'engagement, châtiments corporels, équipement sanitaire inexistant).

Au Kenya, la *Northey Circular* de 1919 s'orienta ouvertement vers le travail forcé, en autorisant les recruteurs à entrer librement sur les réserves et en incitant les administrateurs à « encourager la fourniture de main-d'œuvre (y compris femmes et enfants) pour les fermes et plantations du protectorat ». Bien qu'une violente campagne animée à Londres par les missionnaires eût contraint le gouvernement local à reculer, il fut abandonné au libre arbitre des fonctionnaires locaux de faire le partage... entre l'ordre et la persuasion. Avant la grande dépression, il n'y eut guère que le Tanganyika pour se préoccuper sérieusement d'améliorer les conditions de la main-d'œuvre (Labour Department créé en 1926). En tout état de cause, le travail forcé fut rétabli dans toute l'Afrique anglaise pendant la Seconde Guerre mondiale au nom de l'effort de guerre.

L'IMPÔT

Puisque l'administration refusait de cautionner officiellement le travail forcé, et qu'il ne suffisait pas de créer de nouveaux besoins pour mettre au travail des populations désorientées par la déstructuration de leur système social et affaiblies par la sous-alimentation chronique et les endémies, la coercition née de l'impôt apparut, aux théoriciens du début du siècle, comme l'instrument nécessaire de la mise en valeur puisqu'elle devait permettre, à la fois, de remplir les caisses de la colonie et d'obliger les paysans à gagner de l'argent. En un temps où la notion d' « aide aux pays sous-développés » était inconnue, on y voyait même la juste rétribution des efforts du colonisateur. Mais les Africains furent seulement sensibles à l'extorsion sans compensation des fruits de leur travail.

L'impôt de case ou de capitation apparut à peu près partout en même temps en 1897 au Tanganyika, en 1900 en Ouganda (3 roupies), en 1896 au Sierra Leone, entre 1897 et 1902 en Afrique française (de 1 à 3 F), en 1905 au Natal, avant la Première Guerre mondiale au Nigeria. Seule la Gold Coast, où les droits de douane avaient offert suffisamment tôt une alternative satisfaisante, retarda l'apparition de l'impôt jusqu'en 1936. Partout ailleurs, faute de numéraire, il fut d'abord payable en travail ou en nature (en Ouganda, un éléphant représentait 100 cases, un zèbre 20 et un hippopotame 10), et le resta parfois, faute d'ouverture sur l'économie monétaire, jusqu'en 1945 (par exemple au Tanganyika, où 50 % au moins du revenu national était encore fourni par l'économie de subsistance).

Certes, les taxes existaient auparavant, mais sous une forme collective, imposée à un lignage où le chef veillait à son équitable répartition. La taxe individuelle, en revanche, laissait sans recours le paysan ou l'éleveur pauvre qui pouvait se trouver contraint de se défaire de son unique vache. Seuls les chefs en tirèrent profit. Certains reprirent l'idée à leur compte et imposèrent, grâce à l'*Indirect Rule,* des taxes personnelles. Tous furent intéressés à la perception (7 % en territoire français ; de 10 à 30 % en Afrique orientale) : Kaligi, chef de Kagera (Tanganyika), gardait 1 roupie sur 4 reçues ; son revenu annuel était estimé de ce fait à 12 000 roupies ; celui du chef de Busaga (Kenya) à 5 000 £ en 1927. Malgré leur opposition le système fut remplacé, dans la décennie suivante, par la remise directe de l'impôt à la caisse régionale et le chef perdit ses prérogatives pour devenir un employé salarié.

L'extension de l'impôt suscita effectivement la création de marchés et le progrès de l'économie d'échanges. Nombreux furent ceux qui durent partir au loin chercher du travail. Mais, entre les deux guerres, l'impôt augmenta plus vite que les revenus. Au Kenya, il fut porté de 5 à 8 roupies, tandis que les planteurs affectés par la crise de 1921 abaissaient les salaires d'un tiers ; au Cameroun, le taux maximum passa de 20 F en 1926 à 41 F en 1939, en dépit de la stagnation des prix agricoles. En Ouganda, la capitation, qui en 1920 couvrait 50 % du revenu national, correspondit jusqu'en 1933 à la quasi-totalité des revenus africains. C'est d'ailleurs seulement à cette époque que l'on commença un peu partout d'introduire la notion de taux progressifs par catégorie de revenus. Mais, en 1940, la SCOA constatait encore que la moitié des gains des Africains étaient absorbés par l'impôt[1].

L'impôt contribua aussi à proroger certains non-sens économiques (telle, entre les deux guerres, faute de produit de remplacement, la cueillette meurtrière et inutile du caoutchouc sauvage de la Compagnie forestière au Congo), ou bien à grever fâcheusement l'avenir en promouvant la monoculture cotonnière au moment précis où la surproduction amorçait la dépréciation continue du produit.

Enfin, l'impôt et le travail forcé, supports de la monoculture d'exportation, contribuèrent à faire dangereusement délaisser les cultures vivrières qui, entièrement laissées aux mains des Africains, n'avaient reçu aucune amélioration technique. Le problème était grave quand la plupart des hommes travaillaient au loin. Il devint tragique lorsqu'en 1914-1918 la

1. Bilan annuel, Arch. Crédit lyonnais.

France exigea de ses colonies un « effort de guerre » disproportionné à leurs capacités, en organisant, à la fois, la conscription de 200 000 hommes et l'intensification des produits « stratégiques » ou de cultures vivrières destinées à l'exportation. La famine qui s'ensuivit démontra la fragilité de l'équilibre d'un pays que la traite épuisait, en dépit du gonflement des chiffres d'exportation. Partout, l'effort de guerre, les cultures obligatoires, les recrutements forcés de travailleurs et les effets de l'inflation (avilissement du pouvoir d'achat accentué par les hausses de la capitation) accélérèrent les déplacements de population et la désorganisation des rythmes vivriers générateurs, à leur tour, de famines et de révoltes qui agirent comme autant d'entraves à l'essor du pays.

B – L'ESSOR DU SALARIAT

De plus en plus nombreux, les Africains participèrent à l'économie moderne. Tout en restant liés à la communauté villageoise et à l'autosubsistance traditionnelle, ils le firent d'abord, tels les Mossi en Gold Coast ou les Navetanes au Sénégal, sous la forme d'un travail et d'une migration temporaires pour gagner le montant de l'impôt, sinon un léger surplus qui repartait aussitôt dans l'achat de quelques biens de consommation courante, le plus souvent à la boutique du chantier ou de l'entreprise de collecte des produits. Progressivement, les exigences accrues de l'administration, la pression démographique, parfois la stérilisation des sols, mais aussi après 1925, avec l'amélioration des conditions sanitaires et de travail, l'accroissement des besoins et la perspective de gains plus substantiels les attirèrent sur les chantiers et dans les villes. Migrations et rotation du travail devinrent systématiques.

En Afrique du Sud, le problème de la main-d'œuvre était né avec la suppression de l'esclavage, en 1834. Les colons avaient tenté d'y remédier par les lois sur le vagabondage (Cap oriental) ou l'apprentissage des enfants (Transvaal), et surtout par le *squatter system* qui autorisait les anciens tenants du sol, ou ceux chassés des réserves par la pénurie de terre, à résider sur les fermes des Blancs et à y faire pâturer leur bétail moyennant un travail de quatre-vingt-dix à cent quatre-vingts jours par an. Le système fut également pratiqué au Kenya, où le nombre des squatters Kikuyu doubla de 1933 à 1945 (200 000).

En Orange et au Transvaal, la *Plakkers Wet (Squatter's Law)* de 1890, cherchant à répartir la pénurie, interdit l'installation de plus de cinq familles par ferme et autorisa l'affectation autoritaire. Mécontents, les Africains émigrèrent en masse vers les mines. Ce furent d'abord des travailleurs temporaires qui restaient rarement plus de trois mois. Mais le travail s'organisa rapidement en vastes concentrations. Pour combattre la commercialisation illicite des diamants et lutter contre la désertion, des *compounds* furent créés autour de Kimberley et imités ensuite sur le Rand. Les Africains y étaient confinés pour la durée de leur contrat et tous les profits des boutiques allaient aux compagnies (en 1890, Rhodes annonçait à ce propos un bénéfice de 25 000 £ en deux ans). Les recommandations de la Commission de 1903-1905 sur l'installation des familles ne furent jamais adoptées sur les mines d'or.

Faute d'un approvisionnement suffisant en main-d'œuvre (au début du siècle la mortalité sur les chantiers était de l'ordre de 70 %), on fit appel à des immigrants chinois qui, en 1905, fournissaient aux mines, avec 50 000 hommes, un tiers de leurs effectifs. Les colonies portugaises se spécialisèrent dans un moderne trafic des esclaves ; les protestations internationales imposèrent la suppression du trafic angolais vers São Tomé en 1917. Le blâme fut renouvelé en 1930 à l'occasion du projet de convention sur le travail forcé adopté par la Conférence internationale du travail. Quant au Mozambique qui signa en 1909 avec le Transvaal une convention renouvelée à plusieurs reprises – prévoyant sous sa forme actuelle l'exportation annuelle de 100 000 mineurs – il fournissait encore dans les années 1950 près d'un million de « travailleurs sous contrat » aux pays demandeurs (Rhodésie, Union sud-africaine et Sud-Ouest africain plus une contrebande difficile à chiffrer vers le Congo)[1].

Sur les mines du Congo belge, le recrutement spontané resta exceptionnel jusque vers 1930. Les recruteurs soudoyaient ou menaçaient les chefs, ou rachetaient des esclaves pour le compte de l'Union minière. Cependant, la main-d'œuvre salariée, de 47 000 en 1917, avait décuplé dix ans plus tard et atteignit 530 000 en 1939 (dont la moitié dans les mines), soit 21 % des adultes valides. La progression rapide de la demande imposa de fixer des normes de recrutement et d'améliorer les conditions de travail : période d'acclimatement, contrôle sanitaire et meilleure alimentation. Les camps organisés par les grandes sociétés minières devinrent un modèle du paternalisme industriel congolais, s'opposant à la politique de mobilité, garante de bas salaires, pratiquée en Rhodésie du Nord où l'on redoutait que la « détribalisation » des quelque 20 000 mineurs du Copperbelt n'encourageât le développement de problèmes politiques spécifiquement urbains[2].

Mais, en dépit des apparences, il ne faudrait pas interpréter l'entre-deux-guerres comme une période d'amélioration continue des conditions de travail. Celle-ci n'intervint guère avant les toutes dernières années qui précédèrent la guerre. La décennie 1920-1930 fut, au contraire, une phase coloniale dure, car partout (sauf en Afrique du Sud) elle correspondit à l'accession accélérée du pays au système impérialiste mondial. L'affermissement des structures administratives enfin capables d'imposer, en brousse,

1. P. Anderson, *Le Portugal et la fin de l'ultra-colonialisme* [135], p. 52 et 188.
2. A. Roberts, The political history of 20th Century Zambia, *in* [444], p. 162-163.

les impératifs de la mise en valeur (impôt, travail, cultures) coïncida avec la détérioration du sort des populations ; celle-ci engendra de graves révoltes et aboutit à une misère dramatique au moment de la grande crise. C'est, paradoxalement, la stagnation qui s'ensuivit (la production ne connut plus guère, avant 1939, les chiffres records atteints en 1928) qui obligea de réviser les conditions de l'exploitation. Il serait souhaitable de confronter systématiquement l'évolution des prix et celle des charges d'une population que des indices dispersés montrent partout de moins en moins apte à faire appel, en cas de crise, au secours de l'autosubsistance villageoise ou au cadre désormais non sécurisant des structures sociales traditionnelles : l'évolution est évidente partout où l'on ne parvint pas à mettre sur pied un produit valable d'exportation (c'est-à-dire l'ensemble du Sahel et l'Afrique orientale). Mais il y a de fortes présomptions qu'elle fut ailleurs rarement aussi satisfaisante qu'en Gold Coast, où l'activité cacaoyère indigène était exceptionnelle[1], ou qu'au Gabon, exemple que nous avons eu l'occasion d'analyser de près[2].

Le pays était, en effet, privilégié dans la mesure où le cours du bois d'okoumé, en plein boom, connut à cette époque une ascension vertigineuse (de 30 ou 60 F la tonne en 1916 à 700 et 800 F à la veille de la crise). C'est sans doute pour cette raison qu'après la guerre la capitation (3 F au début du siècle, 10 en 1920 et 30 en 1928) ne crût pas sensiblement plus vite que les salaires. En revanche, ceux-ci ne suivirent pas la hausse des prix d'importation. Compte tenu de l'inflation, ils eurent même tendance à se dégrader : ceux d'après guerre restaient proportionnellement inférieurs aux sommes allouées à la veille de la colonisation, à une époque où les premiers Blancs s'étaient montrés plus généreux : les hommes, payés de 10 à 50 F (or) par mois en 1885 – en un temps où le caoutchouc était encore acheté 2 à 3 F (or) le kilo, contre 1 F (courant) seulement vers 1920 –, ne recevaient plus qu'une quinzaine de francs en 1913 et, au mieux, 50 F (dévalués) en 1928.

Lorsque, pendant la crise, le cours des produits agricoles s'effondra, ce furent les paysans qui souffrirent le plus. Heureux encore si les firmes européennes n'avaient pas suspendu leurs achats, ils étaient tenus de travailler trois ou quatre fois plus longtemps qu'auparavant pour acquitter leur contribution ; s'ils désiraient, en outre, mettre de côté le pécule indispensable à l'accumulation de la dot (dont les hausses excessives répercutèrent la prospérité du commerce des bois) ou à l'acquisition de quelques objets de première nécessité, leur effort, prolongé cinq, six mois ou davantage, devenait pour un pouvoir d'achat moindre bien supérieur à celui d'avant guerre.

Sur l'ensemble du continent, les mesures d'urgence imposées par la grande dépression (primes à l'exportation, essor des « caisses de pré-

1. G. B. Kay (éd.), *The Political Economy of Colonialism in Ghana*, Cambridge, 1972, 431 p.
2. C. Coquery-Vidrovitch, *Le Congo*... [129], chap. XVI.

voyance », etc.) firent sentir leurs premiers effets vers 1935. En République sud-africaine, en revanche, la récession de l'entre-deux-guerres exacerba la hargne des « petits Blancs », pour la plupart des Afrikaners qui affluaient vers les villes sans qualification et sans emploi et exigèrent non seulement de légaliser l'exclusion des Africains du travail qualifié, mais aussi d'occuper dans l'industrie, avec de meilleurs gages, les emplois subalternes qui étaient jusqu'alors occupés par des Noirs. Leur efficacité fut telle que le *poor White problem* fut résorbé en quelques années. Cent mille emplois supplémentaires pour Blancs furent assurés par la croissance de l'économie entre 1932 et 1939 (contre 400 000 pour non-Blancs). La pénurie de main-d'œuvre n'en fut pas résolue pour autant, puisque seule eût pu en venir à bout une meilleure répartition des tâches et des salaires qui aurait, notamment, freiné l'instabilité de la main-d'œuvre africaine, qui affluait de plus en plus massivement vers les villes en dépit des entraves de la législation *(Pass Laws)* pour tenter de faire vivre les familles affamées restées sur des réserves surpeuplées.

C – LES RÉVOLTES

Aux premières agressions coloniales, les Africains réagirent par la passivité ou la révolte. Refusant de se laisser recenser, de payer les impôts, d'approvisionner les marchés obligatoires ou de se faire déporter au loin, nombreux furent ceux qui désertèrent les grands axes de circulation et abandonnèrent leurs villages en quête de zones-refuges dans la forêt ou les montagnes.

Aux premières résistances à la conquête (1880-1900) – lutte de Samori dans l'Ouest africain, soulèvement Mahdiste au Soudan, rébellion Moorosi au Lesotho (1879), Massingire en Afrique orientale portugaise (1884), lutte d'Abushiri dans l'Est allemand (1888-1891), des Ndebele et des Shona en Rhodésie ou des Tlaping au Bechuanaland (1896-1897) – succéda toute une série d'explosions de colère. Aucune zone ne fut épargnée par ces mouvements dont il est révélateur de constater qu'ils éclatèrent à peu près partout en même temps, dans la décennie qui précéda la Première Guerre mondiale. Les troubles correspondaient à l'affermissement définitif d'une domination coloniale devenue de plus en plus exigeante, et la résistance fit, dans certains cas, l'union des chefs à l'échelle de régions entières qui tinrent en échec, plusieurs mois durant, les colonnes expéditionnaires : soulèvement des Temne-Mende au Sierra Leone (1898), « pacification » de la Côte-d'Ivoire (1900-1915), guerre Maji-Maji au Tanganyika (1905-1907), révoltes Manja en

Oubangui-Chari (1902-1904) ou Zulu au Natal (1906-1908). Les opérations de répression affolèrent les populations souvent massacrées par milliers.

Il s'agissait de mouvements de masse d'origine paysanne, sous-tendus par un messianisme prophétique qui sacralisa et popularisa des révoltes du désespoir ; celles-ci, dans un contexte de mutation accélérée par la pression administrative puis, dans les années 1930, par l'effondrement de la grande crise, exprimaient, au nom d'un retour à l'ordre social antérieur, moins des revendications qu'un refus global du nouveau pouvoir et de son idéologie, de son ordre « laïcisé, bureaucratisé et stratifié »[1]. Mais ces crises mirent aussi à nu le conflit opposant l'idéologie de la révolte aux réalités économiques et culturelles[2]. L'échec entraîna l'écroulement des croyances ancestrales et des valeurs sociopolitiques traditionnelles. Il favorisa de vastes mouvements d'adhésion aux religions nouvelles – Église éthiopienne d'Afrique du Sud (depuis 1892) ; protestants harristes de Côte-d'Ivoire (1914-1916) ; réformisme tidjaniste d'Hamallah en AOF[3] – et surtout exacerba les mouvements de syncrétisme religieux de type millénariste qui se multiplièrent au XXe siècle, du kimbanguisme Bakongo – aujourd'hui la seconde Église chrétienne d'Afrique – à l'Église Lumpa de Zambie (1955)[4], en passant, dans les années 1920, par la secte Abamalaki du Buganda, les mouvements zioniste ou Vapostori du Mashonaland ou surtout l'Église Watch Tower d'Afrique orientale[5].

Bien que la fréquence des soulèvements eût atteint un paroxysme au début du siècle, ces phénomènes d'affrontement furent une constante de la colonisation. Au début du XVIIIe siècle, l'ancien Kongo avait déjà connu le mouvement antonianiste soutenu par les prophéties de Béatrice. En Afrique du Sud, le grand soulèvement Xhosa de 1856 fut l'une des premières manifestations, et l'une des plus meurtrières, de la résistance à l'impérialisme militant. L'espoir désespéré de recouvrer les terres se traduisit par une exigence de purification radicale qui mêlait aux pratiques traditionnelles une vision apocalyptique héritée du christianisme : ordre fut donné par le devin Mhlakiza et sa prophétesse Nongquanse de sacrifier tout le bétail et de détruire les récoltes afin de voir naître les héros et revenir la prospérité d'antan, par un grand souffle libérateur qui rejetterait à la mer tous les Blancs. La dramatique famine qui s'ensuivit acheva de décomposer les communautés Xhosa, tombées de 100 000 à moins de 40 000 individus. Mais le thème de l'autodestruction salvatrice, repris au Natal en 1905 et au Transkeï en 1921, avait conservé la même force près d'un siècle plus tard, dans la grande révolte Baya animée par le prophète Karinou qui ravagea le pays situé aux confins du Congo, du Cameroun et du Tchad, entre 1928 et 1935[6].

1. J.-P. Chrétien, Une révolte au Burundi en 1934 [405], p. 1717.
2. Sur la problématique de ces mouvements, voir chap. XII.
3. P. Alexandre, Hamallism in French West Africa, *in* [153], p. 497-512.
4. A. D. Roberts, The Lumpa Church of Alice Lenshina, *ibid.*, p. 513-570.
5. T. O. Ranger, *The African Voice in Southern Rhodesia* [544], p. 215-218.
6. C. Coquery-Vidrovitch, *Le Congo...* [129], p. 202-212.

Jusqu'à nos jours, ces profonds courants mystiques qui puisaient leurs racines dans un héritage lointain de croyances et de désespoir ont marqué de leur empreinte les soulèvements paysans africains (révolte Mau-Mau du Kenya, mouvement muléliste du Kwilu ou, plus récemment, révolte des pasteurs Antandroy du sud de Madagascar, 1971). Progressivement, cependant, ces révoltes de type archaïque ont commencé de fusionner avec les revendications modernes d'émancipation et d'indépendance nationale.

D – LES PREMIÈRES LUTTES SYNDICALES ET POLITIQUES

Les Africains impliqués dans les transformations économiques nées de l'impérialisme occidental tentèrent de résister à la pression coloniale. L'histoire de la force et des migrations du travail rural et urbain s'est développée dans les années 1970-1980, de même que celle des formes « occultes » et « ouvertes » de la résistance[1]. Les premiers signes du malaise apparurent très vite dans les secteurs précocement touchés par l'économie moderne : concentrations minières, salariat urbain, producteurs paysans.

LE BOYCOTT

Ces derniers organisèrent les premiers boycotts efficaces au lendemain de la grande crise, lorsque, exaspérés par l'ampleur d'une chute des prix qu'ils étaient hors d'état de comprendre (de 122 £ à 18 £ la tonne de cacao entre 1920 et 1930) et acculés à la misère, ils eurent senti que l'union était leur seul recours : après les boycotts de 1930-1931 et de 1934, le plus spectaculaire fut en 1938 celui du cacao de Gold Coast, organisé durant sept mois par la *Gold Coast Farmers' Association* dirigée par John Ayew en réponse à la politique d'entente des firmes d'import-export qui s'étaient réparti l'année précédente les volumes et les prix d'achat. Sans aller jusqu'au boycott, le *Nigerian Youth Movement* multiplia, au même moment, les attaques contre le « pool » des dix firmes qui contrôlaient, à elles seules, 90 % des exportations, et certains planteurs tentèrent même de lancer un

1. Voir bibliographie complémentaire, thème 7. Travail et mouvements sociaux, p. 90-91, et [767].

National Cacao Council. Les chefs coutumiers, d'abord réticents, prirent la têt d'un mouvement irrépressible, qui contribua finalement à la mise en place, à l'occasion de la guerre, des *State Marketing Boards* destinés à contrôler le marché.

Le boycott resta, jusqu'à ces dernières années, une forme d'action fréquemment utilisée contre les groupes allogènes qui avaient accaparé, aux dépens des Africains, certains secteurs clés de l'économie : telle fut, en 1959 encore, au Buganda, l'action menée pendant un an contre les Asiatiques qui s'étaient, depuis le milieu du XIXe siècle, progressivement emparés de l'ensemble du commerce de gros et de détail. Bien que ces mouvements fussent demeurés l'exception, ils permirent à une couche rurale de plus en plus nombreuse de prendre la mesure de son poids politique : c'est elle qui, derrière N'Krumah, assura au Ghana le lien entre l'élite nationaliste et une masse paysanne encore largement inorganisée et toujours docile à la hiérarchie traditionnelle[1]. De même, au Buganda, malgré l'échec économique le boycott contribua, à la veille de l'indépendance, à renforcer l'unité politique des Ganda derrière leurs chefs héréditaires, face à un État ougandais unitaire au sein duquel ils craignaient de perdre leur identité.

LE SYNDICALISME[2]

C'est dans le prolétariat urbain et sur les mines que s'ébauchèrent d'abord les revendications syndicales et politiques.

Les manifestations d'opposition, traquées par le colonisateur, eurent peine à percer avant la Seconde Guerre mondiale. En Afrique du Sud, les pionniers des luttes politiques ne furent d'ailleurs pas les Noirs mais les Indiens groupés, depuis 1894, dans le *Natal Indian Congress* de Gandhi, qui lança ses premières campagnes de désobéissance civile en 1906-1908.

Le mouvement nationaliste africain, resté au niveau d'une libération religieuse (l'Église éthiopienne) jusqu'au début du XXe siècle, résulta de la déstructuration tribale née de l'urbanisation, de la prolétarisation et de la christianisation. La constitution de l'Union qui précisait l'exclusion politique des Noirs fut le tournant décisif. En 1912, la création du *South Africa. Native Congress* fut révélatrice de cette prise de conscience qui stimula contre la *Colour Bar* une brève période de trade-unionisme militant.

Après la guerre et l'échec, sur le Rand, du boycott des boutiques (1918) puis de la grève de 40 000 mineurs africains (1920), l'agitation fut reprise par l'*Industrial and Commercial Workers Union of Africa* (ICU) et surtout le Parti commu-

1. M. Crowder, *West Africa under Colonial Rule* [88], p. 300 et 477.
2. À compléter par Coquery-Vidrovitch et Cooper (cf. chap. XVI).

niste[1]. Mais les résultats négatifs de la tactique de résistance passive et la sévérité accrue de la législation paralysèrent le mouvement, déchiré entre les tendances de Jabavu (action politique interraciale), de Cetshwayo (création d'un front noir uni) et de Bambata (recours à la violence). Sous la pression de l'exclusion des Africains du droit de grève (sur les mines, depuis 1911) et de leur répression brutale, cette dernière force se développa surtout après la guerre, à la faveur de l'évidente contradiction entre le durcissement de l'*apartheid* et le nombre croissant d'Africains engagés dans le secteur moderne de l'économie (2 millions et demi en 1946).

Ailleurs, les mouvements revendicatifs furent longtemps étouffés, sinon paralysés par la constitution d'une « armée de réserve » de travailleurs voués au chômage pendant les crises, dont la désertion fut longtemps le seul mode de résistance. L'ICU fut pourchassée en Rhodésie du Sud où l'agitation restait néanmoins entretenue au sein des « sociétés de danse » et surtout du mouvement des Watch Tower, né au Nyasaland à la veille de la Première Guerre mondiale et de là importé sur les *compounds* rhodésiens puis, dans les années 1930, sur les réserves. À l'exception de la grève des 3 500 mineurs de Shamva, violemment réprimée en 1927, les grandes grèves – première action de masse depuis l'écrasement des révoltes – eurent seulement lieu en 1945 et 1948.

Elles démarrèrent plus tôt sur le Copperbelt (1935 et 1940), révélant la nécessité d'éliminer l'organisation tribale imposée aux mineurs en faveur d'une union syndicale réalisée en 1947 (le NRAMU). De même, au Congo, un syndicalisme africain très contrôlé fut autorisé en 1946 seulement.

Quant à l'Afrique française, la formation d'associations professionnelles y fut seulement autorisée en 1937 par le Front populaire, pour ceux qui pouvaient faire état d'une instruction élémentaire. Auparavant, seules les sections de la Ligue des droits de l'homme y étaient à la rigueur tolérées, telle celle apparue dans les années 1920 à Libreville, et l'on signale peu de mouvements comparables à celui qui, sous l'égide de jeunes Dahoméens évolués, rapprocha en 1923, à Porto-Novo, certains musulmans dissidents des adversaires dynastiques de la famille du roi Toffa[2]. La lutte syndicale prit surtout forme après la Seconde Guerre mondiale (grève générale violente de Douala, en septembre 1945, lancée à l'initiative des cheminots ; grèves de 1947 à Dakar).

L'élite intellectuelle en quête de son identité transcenda ses aspirations sous une forme littéraire (la revue *L'Étudiant noir* sortit à Paris en 1934), qui devait donner naissance au thème de la Négritude lancé en 1939 par le poète antillais Aimé Césaire et par Senghor.

1. Sh. W. Johns, III, Trade Union, political pressure group or mass movement ? The ICU, *in* [153], p. 695-755.
2. J. Ballard, The Porto-Novo incidents of 1923, *Odu*, II, 1965, p. 52-75.

En revanche, l'Afrique occidentale britannique fut le domaine pionnier de l'émancipation africaine, redevable à la fois à l'ancienneté de l'influence occidentale et à la relative tolérance de l'*Indirect Rule.*

En Gold Coast, les premiers signes d'un mouvement de protestation remontaient sans doute au *Hill's Gatherings* des chefs de 1852, deux ans après l'inauguration du Conseil législatif. Dès la fin du siècle, les nouvelles conditions économiques et sociales avaient créé les conditions d'une réaction à la situation coloniale. Le premier boycott recensé des marchandises européennes remonte à 1874, la première grève à 1896 (la plus sérieusement organisée fut celle des mineurs d'or d'Obuasi, en 1924), le premier trade-union à 1909 (orfèvres et forgerons). Dès 1897, la Société cultuelle *Mfantsi Amambuhu Fekum* (1889) avait donné naissance à un mouvement revendicatif organisé : l'*Aborigenes' Rights Protection Society*[1]. De même, à Lagos, dès 1886, une grève était signalée. Mais celle de 1897, provoquée par la prétention du gouvernement d'abaisser les salaires tout en intensifiant la productivité des quelque 4 000 manœuvres employés par la ville, fut la première manifestation majeure des travailleurs de la période coloniale[2]. Elle révélait l'ampleur de la révolution sociale impliquée par la suppression de l'esclavage et l'essor de la mobilité du travail et, contrairement aux thèses de l'époque, la sensibilité précoce de la main-d'œuvre aux stimulants monétaires. Mais l'élite d'alors, prudente et modérée, prit soin de garder ses distances. Elle restait seulement préoccupée d'objectifs politiques, au premier chef celui de retrouver sous la domination anglaise les prérogatives dont elle avait été dépossédée lors de la conquête en faveur des firmes britanniques ou de chefs traditionnels dociles mais dépassés. Le *National Congress of British West Africa,* qui incarna, à partir de 1920, les ambitions de cette bourgeoisie naissante, laissa donc échapper les occasions d'intervention pourtant offertes par l'accroissement du malaise paysan. D'où, à partir des années 1930, son recul devant le radicalisme d'une nouvelle génération de leaders politiques.

Au Ghana, la *Youth Conference,* créée en 1929 et réorganisée en 1934, joignait à la volonté de protéger les intérêts des « évolués » le souci de maintenir le contact avec les autres couches de la population : milieu des chefs traditionnels (Asantehene), mais aussi dirigeants des multiples associations de planteurs ou de petits « cols durs ». Ce fut l'origine, en 1946, de l'*United Gold Coast Convention,* dont l'aile radicale se détacha trois ans plus tard pour suivre le *Convention People's Party* (CPP) de N'Krumah.

Au Nigeria, des hommes comme Azikiwe ou Enahoro comprirent la nécessité d'intégrer à leur mouvement les revendications populaires. Cette union qui permit la grève générale de 1945 (quarante-cinq jours) contribua à lancer le courant nationaliste. Elle ne fut remise en cause qu'après l'indépendance : lors de la grande grève de 1964, 800 000 travailleurs firent, derrière les quatre centrales syndicales, l'union des marxistes et des

1. D. Kimble, *A Political History of Ghana, 1850-1928* [288], p. 330.
2. A. G. Hopkins, The Lagos strike of 1897, *Past and Present,* 35, 1966, p. 133-155.

neutralistes pour revendiquer une hausse générale des salaires face à l'élite corrompue au pouvoir, seule bénéficiaire du « néo-colonialisme ». L'action rend compte de l'accueil globalement favorable fait l'année suivante au putsch « populiste » du général Ironsi.

Ainsi trouvait ses racines, dans l'histoire perturbée de plus d'un siècle de cohabitation et de cinquante ans de domination coloniale, le processus qui devait, en quelques années, aboutir après la Seconde Guerre mondiale à l'indépendance.

CHAPITRE VI

De la décolonisation à l'indépendance

Les vingt-cinq dernières années ont vu la désagrégation rapide du système colonial. Dans l'atmosphère de réformes de l'immédiat après-guerre, en Angleterre comme en France, des idées généreuses furent lancées en matière d'évolution des territoires d'outre-mer. Mais la période 1945-1955 fut une phase de tâtonnements difficiles. Les déclarations d'intention ne furent guère ou pas suivies de réalisations concrètes. Quand elle eut lieu, l'évolution prudente vers le *self government* impatienta les élites auxquelles elle donna seulement l'occasion d'accélérer le mouvement. Le peu d'empressement des autorités coloniales à inscrire leurs intentions dans les faits développa surtout un sentiment de méfiance et de désillusion : les Africains doutèrent de la bonne foi d'une politique orientée concrètement vers le maintien de la domination blanche, et radicalisèrent leurs revendications au sein de formations politiques qui, pour la première fois, prirent l'allure d'organisations de masse.

En revanche, dès que les métropoles, sous la pression d'événements extérieurs (Inde, Bandoeng, guerres d'Indochine et d'Algérie), du renversement des vues économiques internes et des mouvements nationalistes africains, eurent compris le caractère irréversible de l'évolution, la décolonisation proprement dite (1957-1962) fut rapide et sans bavure. Les élites, préoccupées avant tout de leur indépendance politique, firent confiance aux conceptions institutionnelles des métropoles et adoptèrent aisément, suivant les cas, un régime inspiré du *Westminster model* ou de la Constitution française de 1958, ou calqué sur le modèle belge.

Mais, tandis que les gouvernements de colons et le Portugal s'inscrivaient résolument à contre-courant, créant les conditions d'une insurrection armée, l'apparente aisance de cette mutation ne réglait aucun problème. La décolonisation, inachevée, transmit un héritage lourd des troubles ultérieurs : politiques (tentation des dictatures militaires ou tentatives révolutionnaires d'un succès inégal), sociaux (compétitions sanglantes entre groupes rivaux) et surtout économiques (néo-colonialisme et sous-développement).

A – LE RÔLE DES MÉTROPOLES

LE RETOURNEMENT DE LA GUERRE

La Seconde Guerre mondiale eut, pour l'Afrique noire, une importance décisive.

À la différence de la guerre précédente, elle ne se contenta ni d'accroître la pression coloniale (production intensifiée, travail forcé) au nom de l'« effort de guerre », ni d'utiliser les hommes (près de 200 000 avaient été recrutés en Afrique française entre 1914 et 1918[1] ; la moitié seulement le furent entre 1943 et 1945 ; en revanche, la *West African Frontier Force* passa de 8 000 à 146 000 hommes ; plus de 160 000 Kenyans furent recrutés comme porteurs, et l'Afrique orientale dans son ensemble perdit près de 50 000 hommes). La guerre accéléra la diffusion, en Europe et en Afrique, d'une mentalité anticoloniale qui rendit rapidement caduc un régime considéré naguère comme intangible.

Les Africains furent largement utilisés hors du continent. Leur mise en contact avec d'autres idées et d'autres peuples (notamment en Extrême-Orient dans la guerre contre les Japonais) ébranla le postulat de la supériorité blanche. Les élites, pour leur part, furent promptes à saisir l'intérêt des propagandes anticoloniales, soviétique ou américaine. Des *Groupes d'études communistes,* soutenant la France libre, s'organisèrent dans les capitales de l'Afrique française. Si leur audience restait encore restreinte, les principes énoncés par la Charte de l'Atlantique signée par Roosevelt et Churchill (1941), qui proclamait, au nom de la démocratie et de la liberté, le droit de tous les peuples à disposer d'eux-mêmes, eurent un retentissement d'autant plus grand qu'ils furent solennellement repris par la Charte des Nations Unies (1945). Des hommes comme N'Krumah (Ghana) ou Azikiwe (Nigeria) venaient d'ailleurs d'achever leurs études aux États-Unis où ils avaient pu se familiariser avec le courant panafricain d'origine noire-américaine ou antillaise.

En Afrique même, les tergiversations des dirigeants de l'AEF où Félix Eboué, gouverneur du Tchad, réussit à imposer le ralliement à la France libre et l'élimination du gouverneur général, la volte-face de l'AOF, d'abord vichyste, dont la capitale fut bombardée par de Gaulle et les Anglais

1. M. Michel, La genèse du recrutement de 1918 en Afrique noire française, *RFHOM,* LVIII, 213, 1971, p. 433-450 : et l'*Appel à l'Afrique* [667].

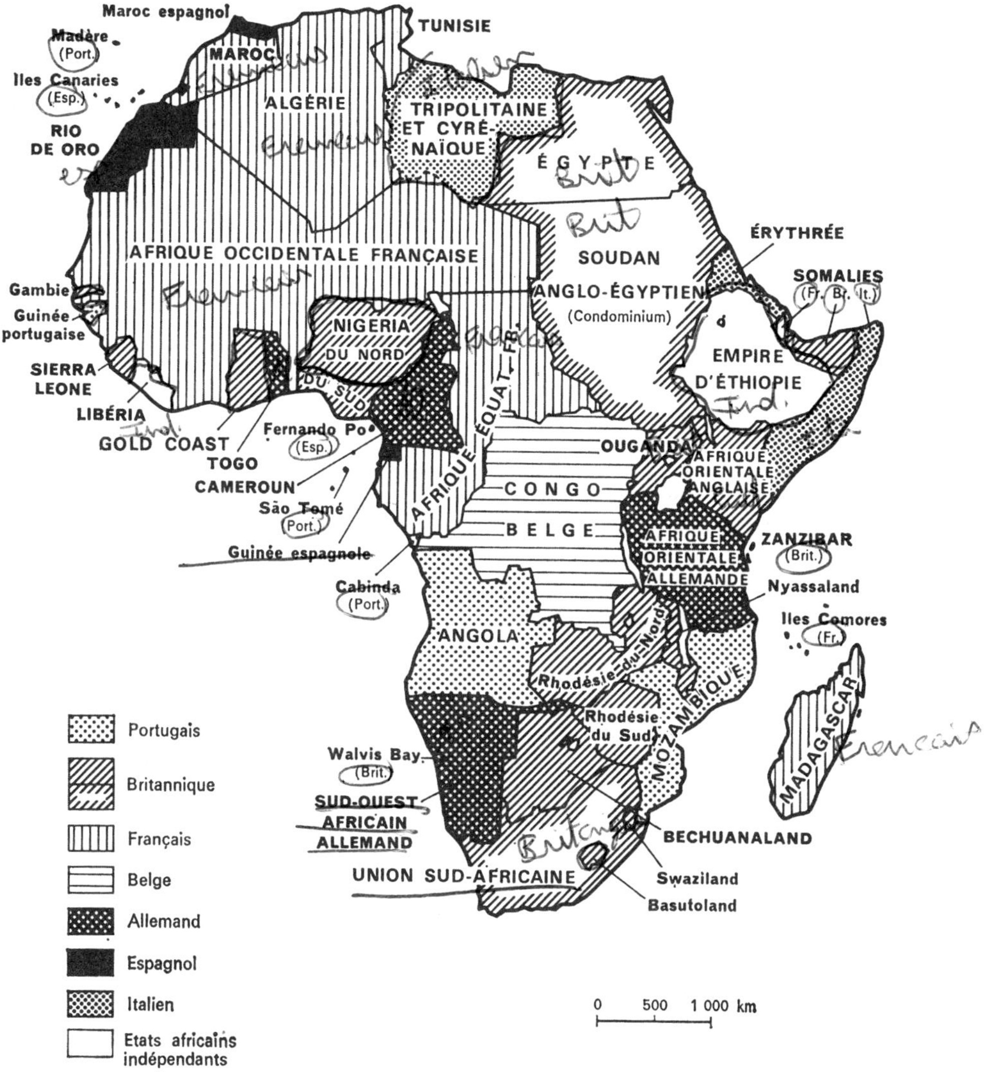

Fig. 7 *a.* – Situation coloniale en 1913

en 1940 puis, après le débarquement allié en Afrique du Nord (novembre 1942), accueillit de Gaulle en libérateur, enfin les difficultés militaires britanniques avaient démontré les faiblesses et les divisions du pouvoir blanc. Enfin, face au rôle stratégique vital du continent et compte tenu des difficultés de l'approvisionnement, les Alliés durent intensifier sur place l'exploitation de produits stratégiques (fer du Sierra Leone, étain du Nigeria) et surtout développer les industries de transformation (le commerce extérieur de l'Afrique occidentale britannique doubla entre 1938 et 1946, passant de 44 à 86 millions de livres)[1]. Ils furent amenés à garantir aux Africains une compensation politique, économique et sociale à leurs efforts.

LA DÉCOLONISATION BRITANNIQUE

À l'occasion de la guerre, les Anglais mirent en place les organismes de contrôle des grandes firmes, prélude aux *Marketing Boards* dont les réserves, en cas de hausse, devaient servir à compenser les risques de baisse des prix d'achat aux producteurs. Ils substituèrent au *Colonial Development Act* de 1929 le *Colonial Development and Welfare Act* (1940) qui prévoyait les crédits encore très modestes de 5 millions de livres pour dix ans, passés à 120 millions de livres en 1945. À partir de cette date, en effet, fut organisé un Office de développement et de reconstruction par territoire (le plan du Nigeria impliquait 55 millions de livres dont 13 fournis par le CD&W. Jugé très insuffisant par l'élite, il aurait pourtant été impensable quelques années auparavant). L'accent fut surtout mis sur l'essor de l'enseignement (création d'universités) ; le nombre de scolarisés passa de 185 000 (1946) à 456 000 (1957) au Ghana et dépassa le million au Nigeria dans les années 1950. Enfin, l'indépendance de l'Inde, prix de son loyalisme (1947), fit admettre par le *Colonial Office* la généralisation d'une évolution analogue au reste de l'Empire (« Livre bleu » du gouvernement travailliste, 1948), seulement récusée localement par les États-colons.

En Afrique, les modalités d'application furent, de ce fait, très variables.

L'Afrique de l'Ouest

Si l'on excepte le cas particulier de l'ancien condominium anglo-égyptien, devenu le Soudan indépendant en 1956, le rôle moteur fut joué

1. M. Crowder, *West Africa under Colonial Rule* [88], p. 481-513.

par l'Afrique occidentale où le gouvernement britannique avait, depuis longtemps, admis le principe de l'élection d'Africains au Conseil législatif (en 1922 au Nigeria, en 1924 au Sierra Leone et en 1925 en Gold Coast), mais surtout au profit des autorités traditionnelles. La réforme constitutionnelle de 1946 en Gold Coast (1947 en Nigeria) admit, pour la première fois, le principe d'une majorité africaine (18 des 31 membres du Conseil, bien que 5 élus seulement). Mais la pression des partis nationalistes contraignit le gouvernement travailliste à s'engager deux ans plus tard sur la voie de l'autonomie. Les élections de 1951 donnèrent une majorité écrasante au *Convention People's Party* de N'Krumah, que l'on sortit de prison pour le porter au ministère. Un référendum populaire assura, en 1954, le passage à la pleine responsabilité gouvernementale d'une assemblée entièrement éligible.

Malgré la tentative Ashanti d'une organisation fédérale, l'indépendance fut reconnue en 1957 à l'État unitaire du Ghana. En revanche, le système fédéral fut adopté en 1954 pour le Nigeria où l'indépendance, entravée par les dissensions politiques et le retard du Nord, fut proclamée en 1960.

La politique multiraciale

En Afrique occidentale, les Anglais avaient été pris de vitesse par la vitalité des forces politiques africaines. La marche à l'indépendance suivit ailleurs les mêmes étapes : *Responsible government,* où le gouvernement issu d'une assemblée représentative partageait la responsabilité du pouvoir avec le gouverneur du territoire ; *Internal self-government,* où le gouverneur perdait l'ensemble de ses compétences internes ; *Self-government* qui consacrait la responsabilité globale des élites africaines. Mais le processus, garanti par l'évolution constitutionnelle des organes existants (Conseil exécutif et surtout Conseil législatif, devenu par réformes successives entièrement éligible), fut vicié par la présence d'importantes minorités blanches qui entendaient bien en tirer le maximum de privilèges.

Leur revendication était ancienne d'une organisation politique commune aux différents territoires, ébauche d'un vaste dominion blanc inspiré de l'Union. L'entreprise, qui connut une existence éphémère en Afrique centrale (Rhodésies et Nyasaland, 1953-1963), échoua en Afrique orientale grâce à l'opposition nationaliste farouche des Ganda et aux réticences du *Colonial Office.*

Celui-ci tenta de concilier par la doctrine du « multiracialisme » les intérêts des groupes sociaux antagonistes.

Le principe était d'assurer à chaque communauté raciale (colons, Indiens, Arabes et Noirs), quelle que fût son importance numérique, la participation à l'exercice du pouvoir. En théorie, le système supposait une *communal representation* identique pour chacun des groupes. Cette forme achevée ne fut réalisée, tardivement et brièvement, que par le Conseil législatif du Tanganyika (1955). Ailleurs prévalut, au mieux, le système de la *balanced representation* – celle d'une communauté (blanche au Kenya, arabe à Zanzibar, africaine en Ouganda) bénéficiant d'un poids égal à celui de toutes les autres réunies. Mais la thèse généralement admise était celle de l'incapacité des autochtones à participer aux responsabilités politiques avant un long entraînement au niveau de la gestion des affaires locales : à cet égard, le multiracialisme relevait de la même idéologie paternaliste et conservatrice que l'*Indirect Rule*.

Le progrès résidait dans l'affirmation que le développement économique et social des communautés noires était le préalable indispensable à leur promotion politique. Mais, en ce domaine, l'intransigeance des colons paralysa les réalisations. Malgré la révolte Mau-Mau (1952-1956), les Blancs du Kenya, contraints d'accepter les réformes constitutionnelles (1954 et 1958), maintinrent l'exclusive raciale sur les Highlands. Ceux de Rhodésie du Sud qui avaient, avant guerre, réduit à presque rien la *Native Purchase Law* se contentèrent de promouvoir sur les réserves la destruction du bétail excédentaire, et de couper de la terre les salariés des villes en substituant la propriété privée au droit des communautés (1951). Les expériences d'agriculture mécanisée se soldèrent par des échecs techniques (telle la déconfiture du *Groudnuts Scheme* du Tanganyika méridional) qui ne firent qu'exaspérer contre le pouvoir des paysans restés, jusqu'alors, en marge de la modernité.

Le système, récusé par les colons, fut utilisé par les groupes minoritaires (Indiens du Kenya et surtout Arabes de Zanzibar). Mais il fut rejeté par les Africains aussitôt qu'ils en eurent épuisé les possibilités dans le domaine de la représentation politique. D'où le radicalisme de leur position dès qu'il s'agit de faire sauter le dernier verrou qui les séparait de l'exercice du pouvoir.

Après le coup d'accélération donné par l'Afrique occidentale et le Congo belge, le *Colonial Office* cessa de tenir compte des prétentions des minorités blanches et se rallia au régime majoritaire. Sous la pression de l'ONU, résolument hostile au multiracialisme, le Tanganyika, territoire sous tutelle, accéda sans problème à l'indépendance entre 1959 et 1961. L'Ouganda suivit en 1962, sous une forme semi-féodale et décentralisée qui ménageait le particularisme Ganda, puis le Kenya et Zanzibar (1963)[1]. Après la révolution de 1964 qui engendra la Tanzanie, ce sont les États africains qui aménagèrent à leur profit la communauté d'Afrique orientale (1967).

En Afrique centrale, la Fédération avait été conçue par les Européens comme un pas vers le pouvoir blanc. Si les colons finirent par l'emporter en Rhodésie du Sud où ils avaient obtenu, dès 1923, le contrôle d'un gouver-

1. Cl. Horrut, *Les décolonisations est-africaines* [150].

nement responsable, la réforme accéléra, paradoxalement, la marche vers l'indépendance du Nyasaland et de la Rhodésie du Nord, restés sous le contrôle du *Colonial Office*. Outre que la Fédération accentua la montée du nationalisme africain, elle déçut rapidement au nord les colons eux-mêmes qui, malgré leur croissance rapide (22 000 en Rhodésie du Nord en 1946, 72 000 en 1958), étaient nettement plus minoritaires (moins de 2 % de la population) et souffrirent rapidement de la supériorité économique et institutionnelle de la Rhodésie du Sud ; celle-ci renfermait la capitale fédérale, devenue le centre commun des affaires, et draina la majeure partie du budget et des grands travaux (le choix, au mépris de l'avis des experts techniques et financiers, de Kariba, sur le Zambèze, au lieu de la Kafwé comme future station hydro-électrique de prestige, sonna, dès 1955, le glas de la collaboration économique). La Zambie et le Malawi reçurent leur indépendance en 1964.

LES POLITIQUES D'« APARTHEID »

L'Union sud-africaine et la Rhodésie (dont seule l'arrivée au pouvoir, en 1949, du parti nationaliste Afrikaner empêcha le rapprochement) offrent l'exemple unique, en Afrique, de pays où le colonisateur s'est arrogé, sur place, le pouvoir d'une métropole, et a organisé la lutte contre le nationalisme ambiant sous la forme d'une contre-révolution blanche.

La République sud-africaine

Les nationalistes Afrikaners, gagnés à l'idéologie raciste nazie, surent mêler à leur propagande raciale l'épouvantail communiste et la peur d'une révolution sociale[1]. L'*apartheid*, mis en place par Voerwoerd (1950-1966), instaura les lois sur la ségrégation (mariage, école, commerce, résidence et propriété, 1950-1959), organisa la répression (*suppression of Communism Act*, 1950), interdit les partis nationalistes africains (1960) et fragmenta la résistance en ranimant les diversités tribales (usage des langues vernaculaires, enseignement de l'histoire locale) et en pratiquant l'*Indirect Rule* sous la forme des *Bantoustans* (en 1971, huit États africains séparés, ex-réserves). Devenue République, l'Union quitta le Commonwealth et fut contrainte de se retirer de l'Organisation internationale du travail (1961) et de l'Orga-

1. O. Guitard, *L'Afrique au XXe siècle* [9], p. 567-568.

nisation mondiale de la santé (1965). Elle a remédié à son isolement international par son activisme pro-occidental inspiré par un anticommunisme viscéral, et surtout par le « boom » intérieur des années 1960 : le commerce extérieur a quadruplé de 1946 à 1965, en dépit de l'embargo décidé en 1958, et l'on avait calculé qu'à ce rythme de croissance le revenu par tête en l'an 2000 aurait pu rattraper celui de la Grande-Bretagne en 1960.

L'essor soutenu depuis lors, bien que la balance des paiements soit devenue déficitaire, était menacé par les risques que faisait peser sur l'économie la pénurie de main-d'œuvre qualifiée (liée au refus de la formation professionnelle des Noirs et à la discrimination raciale dans l'industrie) et l'étroitesse du marché intérieur, où 14 des 18 millions d'habitants sont réduits à la misère[1]. Mais les résultats avaient permis d'imposer aux observateurs occidentaux une image de marque de république stable, riche et sûre, capable non seulement d'atténuer les tensions internes et d'éviter de souffrir de sanctions économiques ou militaires, mais aussi d'amorcer une politique active de rapprochement panafricain (Madagascar, Côte-d'Ivoire et Malawi), sans même parler des anciens protectorats britanniques (Botswana, Ngwane et Lesotho).

La Rhodésie

Depuis 1958, la Rhodésie (5 millions d'habitants, dont 250 000 Blancs) s'était engagée sur une voie analogue, précisée par la victoire électorale du Front rhodésien (1962), le renforcement de la répression contre les soulèvements de 1963 et l'arrivée au pouvoir, l'année suivante, du président Ian Smith qui proclama unilatéralement l'indépendance (1965). Malgré les efforts de négociations du gouvernement Wilson (après un essai de blocus économique), le pays s'orienta résolument vers l'*apartheid*. Mais le *gap* démographique et la lutte de libération ont fait en définitive triompher, en 1980 seulement, le gouvernement socialiste noir du président Mugabe.

LA POLITIQUE BELGE

Dans une colonie « modèle » caractérisée, depuis près d'un demi-siècle, par son immobilisme paternaliste, l'octroi précipité de l'indépendance, en 1960, résulta davantage de la crainte d'un « État-colon » que de

1. L'économiste C. Wilson [574 *bis*] démontre, sur l'exemple des mines d'or, les contradictions du système de l'*apartheid*, générateur de déséquilibre sinon de blocage.

l'action du nationalisme africain, encore balbutiant, qui se précisa surtout ensuite.

Le danger était grand, en effet, de voir les colons (100 000 environ) saper par leur intransigeance la lente maturation du plan d'émancipation belge inspiré du précédent franco-britannique, approuvé par l'Église désireuse de se démarquer d'un régime désormais compromis, et précisé à l'occasion de la crise du système colonial accentuée par la récession de 1955-1959. Le chômage et la chute des cours des produits agricoles et du cuivre intensifièrent surtout le malaise urbain, exacerbé par l'exode rural issu du boom intérieur (1950-1955)[1].

Dès 1955, le roi Baudoin, en visite au Congo, avait laissé entrevoir la perspective d'une vague « Communauté belgo-congolaise » que le Pr Bilsen prévoyait alors de voir déboucher, dans un délai de trente ans, sur l'indépendance. Si les fonctionnaires et les responsables des sociétés minières admettaient l'évolution, les colons – exploitants agricoles, agents locaux d'import-export et personnel à demeure sur les mines – s'opposèrent énergiquement à toute innovation. En 1958, la FEDACOL (Fédération des associations de colons) finit par accepter l'autonomie régionale, mais continua de refuser le suffrage universel ; ses sections de l'Est et du Sud envisageaient de résister par la violence au plan métropolitain. Les colons du Katanga fondèrent alors l'*Union kalangaise,* foyer du futur séparatisme local.

Les émeutes de Léopoldville (4-6 janvier 1959) provoquées par l'interdiction d'un meeting de l'*Abako* – association ethnopolitique des Bakongo – précipitèrent l'évolution. Le gouvernement belge promit aussitôt l'indépendance, accordée à peine un an plus tard au « Front commun » des partis nationalistes congolais réunis à la Table ronde de Bruxelles. Cette initiative, qui surprit par sa rapidité les Congolais eux-mêmes, répondait au souci de la Belgique de prendre de vitesse ses propres ressortissants qui menaçaient de faire sécession au sein d'un État blanc. Or, il fallait liquider l'économie coloniale, non rentable à partir du moment où elle exposait le pays à l'insurrection, au profit d'un impérialisme financier plus apte à ménager l'avenir des firmes métropolitaines[2]. De ce point de vue, Patrice Lumumba, émule du Parti libéral belge et chef du *Mouvement national congolais* (l'un des deux partis créés en 1958 qui visât une audience nationale), devenu Premier ministre de l'État indépendant, apparut (même si sa légende l'a ensuite dépassé) comme l'allié objectif du grand capital métropolitain, face à Tshombé, l'homme des colons du Katanga. Mais, au sein d'un gouvernement inadapté parce que calqué sur le modèle belge, face à la mutinerie de la force publique, à la sécession des provinces les plus riches et à la déser-

1. Merlier, *op. cit.,* p. 253.

2. A. Emmanuel, Le colonialisme des « poor-whites » et le mythe de l'impérialisme d'investissement ?, *L'Homme et la Société,* n° 22, oct.-déc. 1971.

tion de tous les cadres belges, Lumumba se trouva immédiatement confronté à des difficultés insurmontables. Quinze jours après l'indépendance, le pays sombrait dans le chaos[1].

LA DÉCOLONISATION FRANÇAISE

À la fin de la guerre, la Conférence de Brazzaville (janvier-février 1944), qui réunit le personnel administratif colonial autour des représentants du gouvernement d'Alger, ébaucha les grandes lignes du programme de réformes. Sous l'influence de Félix Eboué, le domaine social fut largement évoqué : suppression de l'indigénat, du travail forcé (dans un délai de cinq ans), de la corvée et des taxations en nature, projet d'Inspection du travail et progrès du syndicalisme, amélioration des services sanitaire et éducatif (Conférence sur l'éducation, Dakar, 1944), participation de l'élite à l'administration. Les perspectives de développement, axées sur l'industrialisation, marquaient enfin le revirement de la doctrine financière coloniale avec, en 1946, la création du Fonds d'investissement pour le développement économique et social (FIDES).

Néanmoins, les réformes politiques préconisées par Brazzaville restèrent extrêmement limitées. Loin de préfigurer une vision prophétique de l'indépendance, la Conférence avait nommément écarté « toute perspective de *self-government,* même lointaine », et les délégués, à l'exception de Cissoko qui parla d' « adaptation », restèrent fidèles au concept d'assimilation. La seule ouverture fut la reconnaissance d'une « personnalité » des territoires, qui se traduisit par une tendance à la décentralisation administrative contraire à l'idée de fédéralisme chère à Senghor.

En France, le député sénégalais Lamine Gueye soumit à la Constituante un projet qui aurait accordé l'autonomie interne avec la possibilité d'accéder à l'indépendance en vingt ans. Mais la proposition, retirée au dernier moment sur l'intervention du vieux radical Éd. Herriot, fut remplacée par la définition de l'Union française (1946). Celle-ci dota chaque territoire de Conseils généraux (assemblées territoriales en 1948) votant le budget et les impôts ; le gouverneur général fut assisté d'un Grand Conseil ; enfin, l'unité fut confirmée par la citoyenneté impériale des anciens sujets et leur représentation au sein du Parlement métropolitain (23 députés). Mais le suffrage était à deux collèges, de statut métropolitain ou local (diplômés et notables).

1. C. Coquery-Vidrovitch, La décolonisation en Afrique équatoriale, *in* [4], II, p. 515-534.

Sur place, les élites locales, regroupées au sein du Rassemblement démocratique africain (RDA), entreprirent d'utiliser les cadres existants, aussi modestes fussent-ils, pour revendiquer des réformes politiques et sociales (élargissement du corps électoral, accroissement de l'autonomie, etc.). Mais l'incitation majeure vint de l'extérieur : le conflit indochinois (1947-1954) et surtout la guerre d'Algérie (1955-1962) persuadèrent le gouvernement de la nécessité d'éviter tout nouveau risque d'affrontement sanglant, et la Conférence afro-asiatique de Bandoeng (1955), qui faisait un devoir aux pays libérés d'aider les peuples encore dépendants à accéder à la souveraineté, démontra l'inanité de la lutte contre le reflux anticolonialiste. La loi-cadre de 1956, qui institua le suffrage universel et créa des conseils de gouvernement à compétence interne élus par chaque assemblée territoriale, fut un pas décisif sur la voie de l'autonomie. Sur la lancée de l'évolution rapide de la Gold Coast, le gouvernement de Gaulle institua, en 1958, le régime de la Communauté, à laquelle seule la Guinée, derrière Sekou Touré, refusa de se rallier (97 % de non). Si les États membres demandèrent presque aussitôt le transfert à leur profit des fonctions communes, l'étape leur permit, néanmoins, d'accéder à l'indépendance sans rupture économique : après quelques essais malheureux de regroupements (Fédération du Mali, d'abord entre Sénégal, Soudan, Haute-Volta et Dahomey, puis réduite aux deux premiers ; « États-Unis de l'Afrique latine » avortés du dirigeant centrafricain Boganda ; projet sénégambien ; union mort-née Ghana-Guinée-Mali), les différents États, incapables de surmonter les rivalités de personnes et pour faire pièce à la politique française des accords bilatéraux, optèrent finalement tous pour l'indépendance en 1960.

B – L'ACTION POLITIQUE AFRICAINE

Il est vrai que l'adhésion des métropoles parut souvent décisive (Afrique française, Congo-Kinshasa) et qu'en cas de refus les mouvements nationalistes révélèrent leur incapacité à ébranler le pouvoir des colons (Rhodésie, Afrique du Sud, Afrique portugaise). Il serait néanmoins abusif de minimiser le poids des forces politiques africaines. Elles étaient effectivement hors d'état d'imposer leurs vues par la force. Mais leur action – qu'elle fût légale (partis politiques) ou violente (révolte des Mau-Mau, révolte Bamiléké) – détermina l'accélération du processus (Afrique occidentale) ou même la modification radicale de son orientation (Afrique orientale).

LE NOUVEAU NATIONALISME

Syndicalisme et partis politiques furent, sous leur forme moderne, une conquête de l'après-guerre. Certes, ils puisaient leurs racines dans la genèse difficile des formations antérieures, mouvements millénaristes, *Welfare Associations,* groupements de paysans ou de mineurs, cercles sociaux ou culturels. Mais, pour la première fois, ils sortirent du cadre restreint de l'*intelligentsia* ou de la classe moyenne en formation pour rallier un support de masse à des objectifs résolument modernisants : après avoir revendiqué la participation africaine à des réformes institutionnelles et sociales, ils firent l'union, à partir des années 1950, autour des mots d'ordre d'indépendance, de démocratie, voire de socialisme. Souvent encore imprégnés de régionalisme ethnique, mais plus solidement structurés et mieux gérés que par le passé par des cadres radicalisés et généralement formés à l'étranger, ils prirent appui sur les premières institutions électorales pour façonner, au sein des frontières aberrantes héritées de la colonisation, le nationalisme territorial des États à venir.

L'ACTION POLITIQUE DANS L'OUEST AFRICAIN

Si le Ghana fut le premier à accéder à l'indépendance, c'est qu'il fut aussi le premier à conduire la lutte politique. Sur le plan national, le *Convention People's Party* (CPP) de N'Krumah s'affirma d'emblée (1949) comme révolutionnaire : mot d'ordre du *self-government now* ; stratégie de l' « Action positive » (agitation politique légale, campagnes de presse, pratique, en dernier recours, de la grève, du boycott et de la non-participation)[1]. À la suite des émeutes d'Accra (1948), il put même prendre l'aspect d'une lutte de classe. Face aux éléments conservateurs (propriétaires, lettrés, chefs) qui rallièrent le traditionalisme Ashanti, il apparut comme un parti populaire revendiquant le contrôle de l'économie, une politique sociale et la destruction des anciens privilèges, qu'ils appartinssent aux chefs ou à l'*intelligentsia* anglicisée. Ce fut le triomphe du CPP aux élections de 1951, suivi de deux autres scrutins tout aussi unanimes, qui précipita l'évolution.

En revanche, les formations politiques nigérianes reflétèrent fidèlement les dissensions ethniques régionales. Le premier groupe fortement nationa-

1. Th. Hodgkin, *African Political Parties* [188], p. 128.

liste, parce que le mieux intégré aux activités économiques et administratives de l'ensemble du pays, fut celui des Ibo qui, sous la direction d'Azikiwé, anima le *National Council of Nigeria and the Cameroons* (NCNC, 1944). Mais il s'opposait au *Northern People's Congress* (NPC) des islamisés et au particularisme Yoruba exprimé dans l'*Action Group* d'Awolowo, dont la scission, en 1962, en deux branches soutenues respectivement par le NPC et le NCNC provoqua une crise complexe qui se solda par la création d'une nouvelle Mid-Western Region gagnée au NCNC, et provoqua des rivalités inexpiables (récusation des recensements de 1962 et 1964 avantageant le Nord et fraudes électorales de 1965) qui imposèrent le système fédéral. L'indépendance reposa sur l'équilibre instable instauré entre ces trois groupes culturels majeurs par la coalition NPC-NCNC.

LE RÔLE DES PARTIS EN AFRIQUE FRANÇAISE

Aux partis nationaux ou régionaux britanniques s'opposèrent les regroupements interterritoriaux de l'Afrique française. Tout « octroyée » que fût l'indépendance, elle n'en résultait pas moins, également, des revendications de formations politiques dont la plus ancienne était la section sénégalaise de la SFIO fondée par Lamine Gueye à l'époque du Front populaire. Mais, jusqu'en 1950, l'action politique resta viciée par le centralisme français. Au lieu de présenter un front commun d'opposition à la politique coloniale, les députés africains impliqués à l'Assemblée nationale dans les luttes métropolitaines se divisèrent en trois groupes principaux suivant leurs affinités politiques (socialistes, communistes et MRP). Le mouvement d'émancipation commença avec la constitution du Front commun, interpartis et interterritorial, du *Rassemblement démocratique africain* (RDA, 1947), affilié au Parti communiste jusqu'en 1950, date à laquelle Houphouët-Boigny imposa la rupture en faveur de l'UDSR (R. Pleven).

Le RDA œuvra dès lors à concilier les tensions idéologiques, régionales et personnelles opposant les divers partis membres jusqu'à la scission de 1958 provoquée par les propositions divergentes prises devant le référendum : *Parti démocratique de Guinée* – PDG – de Sekou Touré et *Parti du regroupement africain* (PRA), nouveau front soutenu par la métropole et regroupant tout ce qui n'était pas RDA, *Mouvement socialiste africain* (MSA-SFIO) et *Convention africaine* (ex-*Indépendants d'outre-mer* de Senghor).

Le RDA, par son action d'abord résolument progressiste, en dépit de la répression administrative, puis par son poids de parti de masse, véritablement africain et interterritorial, exerça une action décisive grâce à son succès aux élections des assemblées territoriales de 1950, renforcé en 1957. Mais il n'était représentatif que des préoccupations de la nouvelle élite bourgeoise (83 % des députés en 1957 – dont 27 % de fonctionnaires, 22 % d'enseignants, 20 % de professions libérales et 14 % dans le commerce ou l'industrie – contre 7 % de chefs, 3 % d'agriculteurs et 1 % de syndicalistes)[1]. Cette nouvelle élite n'envisageait guère encore d'aller au-delà de l'autonomie, la controverse se limitant à préciser la nature des liens entre la France et ses colonies (Fédération France-Afrique du RDA opposée à la Communauté africaine du PRA)[2].

LA LUTTE CONTRE LE « MULTIRACIALISME »

En Afrique centrale et orientale, la politique de ségrégation active menée par les colons dans des pays miniers à forte concentration urbaine accentua le rôle de résistance des organisations professionnelles. En Rhodésie du Nord, la *Federation of Welfare Societies* constituée dès 1946, qui donna naissance en 1948 au *Northern Rhodesia Congress*, préfiguration des partis nationalistes, travailla à faire abolir le système des *Tribal Representatives* en faveur de véritables associations syndicales (*Northern Rhodesia Africa Mineworkers' Union* ou NRAMU, 1949). Dès lors, leur pression imposa l'atténuation de la *Colour Bar* (1955 : ouverture aux Africains de postes « réservés » ; 1959 : droit à l'apprentissage ; 1960 : accès des cheminots noirs à la profession de chauffeurs de locomotives).

Ce fut la menace de spoliation des terres incarnée par la Fédération qui permit au nationalisme zambien de s'organiser sur le plan territorial, en ralliant les chefs ruraux à l'opposition des villes. Dès lors, le syndicalisme divisé par la modération des cadres et la pression des employeurs fit place au nationalisme politique animé par Kenneth Kaunda, dont le *Zambia African National Congress* (ZANC), interdit à peine formé, renaquit aussitôt sous le nom d'*United National Independence Party* (UNIP, 1959). Kaunda, sorti de prison pour en prendre la tête, fut accueilli en héros libérateur. La campagne de désobéissance civile qu'il organisa eut raison de l'opposition des colons à un gouvernement de majorité africaine (1962) dont les élections de 1964 lui assurèrent le contrôle.

Une évolution qui frappe par son identité chronologique fut suivie par le Nyasaland où un violent sentiment de frustration était né de la distorsion

1. Th. Hodgkin, *op. cit.*, p. 29.
2. On complétera utilement ce passage par Suret-Canale [211], chap. I.

entre le caractère rétrograde de l'économie et une avance intellectuelle, unique dans cette partie de l'Afrique, héritée de la *Livingstonia Mission*. Le *Nyasaland African Congress* fut, en 1944, la première formation politique d'Afrique centrale à s'organiser sur une base nationale. La Fédération fut le catalyseur qui permit à la nouvelle élite (fonctionnaires, négociants et salariés divers) de prendre dans l'opposition la place occupée, entre les deux guerres, par les enseignants et les commis d'administration, et de rallier les paysans exaspérés par le contrôle accru du gouvernement sur l'agriculture (émeutes rurales de 1953). Les jeunes radicaux firent appel au prestige du Dr Banda revenu après quarante ans de séjour à l'étranger (États-Unis et Grande-Bretagne) prendre la direction du Congrès, devenu en 1959 le *Malawi Congress Party*. Lui aussi fut, en 1960, extrait de prison pour prendre la direction de l'État.

La TANU *(Tanganyika African National Union)*, créée en 1954, fut sans doute le meilleur exemple de l'efficacité de la contestation politique en Afrique orientale. Stimulée par l'action de l'ONU et par l'amorce des réformes politiques entreprises au Kenya sous la pression de la révolte Mau-Mau, sa force fut d'apparaître comme la seule organisation légitimement représentative de l'ensemble des populations, derrière un dirigeant prestigieux (Julius Nyerere, revenu en 1952 de Grande-Bretagne). Celui-ci sut, en effet, rallier aux jeunes élites qui commençaient de faire leur apparition les chefferies traditionnelles encore puissantes et peu compromises avec l'autorité coloniale. En 1959, la TANU déclarait 1 million d'adhérents et s'affirma, dés lors, comme la seule force politique effective du territoire[1].

C – LES ÉPREUVES DE FORCE

KENYA ET CAMEROUN

Sans exclure des explosions localisées de colère – jacqueries paysannes ou émeutes provoquées par la répression des moyens légaux d'expression (meetings ou manifestations) –, la décolonisation africaine fut, dans l'ensemble, pacifique. Le recrutement social des dirigeants de l'opposition, qui appartenaient pour la plupart à l'élite bourgeoise, les prédisposait peu à l'épreuve de force. Celle-ci survint, cependant, dans certains cas privilégiés, une fois épuisées les autres formes de résistance.

1. Cl. Horrut, *op. cit.*, p. 100.

La révolte des Mau-Mau

La rébellion Mau-Mau révéla, en pays Kikuyu, l'exaspération d'une population en contact permanent avec la colonisation sans que sa cohésion eût jamais été, jusqu'alors, systématiquement brisée par la force.

La seule concession accordée depuis la guerre avait été la nomination de deux délégués africains au Conseil législatif (1946 et 1948). Mais, en dépit d'un très rapide essor démographique (les Kikuyu, un million en 1948, avaient doublé en moins d'un demi-siècle), rien n'était prévu pour remédier à la misère accrue d'un groupe dont les réserves surpeuplées, malgré leur sol épuisé, demeuraient inchangées, chassant les hommes vers les plantations et à la ville où ils allaient grossir la masse des chômeurs. Les marches de protestation contre la politique agraire dans les campagnes, les grèves ou les manifestations dans les villes se multiplièrent.

L'inefficacité de la *Kenya African Union* (KAU), qui avait repris les revendications de la *Kikuyu Central Association* (1946), aboutit, en dernier recours, au soulèvement de masse. La résistance débuta, en 1950, par un mouvement xénophobe de type messianique (serments et rites de sacrifice, destruction des églises, expulsion des Blancs, reprise des terres). Les premiers attentats, dirigés contre les « collaborateurs » noirs, survinrent en 1952. Les colons crièrent à l'extermination et le gouvernement répliqua par l'état d'urgence, la fermeture des écoles indépendantes, les punitions collectives, la dissolution de toutes les organisations syndicales et politiques et l'arrestation massive des dirigeants nationalistes (Jomo Kenyatta), bien que rien ne prouvât, à l'origine, leur participation. La répression ne fit que durcir une résistance désormais animée par les anciens combattants, éléments urbanisés et détribalisés. Peut-être 2 000 en 1952, les rebelles étaient 20 000 dans les forêts l'année suivante. Écrasée en 1956, la guérilla se prolongea jusqu'en 1960. Une répression brutale fit, officiellement, 10 000 morts Kikuyu (contre moins de 100 Blancs tués, civils et militaires !) et 80 000 prisonniers[1].

Échec militaire, la révolte des Mau-Mau n'en fut pas moins une victoire politique. Le front des colons fut brisé ; les modérés commencèrent à se faire à l'idée d'une majorité africaine. Le *Colonial Office* comprit l'urgence d'effectuer les premières réformes (constitution Lyttleton, 1954). Enfin les Africains, rendus à la vie civile ou sortis de prison, avaient pris conscience de leur force. Mais la lutte politique ultérieure fut entravée par les divisions entre la KANU *(Kenya African National Union)*, radicale et centraliste, et la KADU *(Kenya African Democratic Union)*, modérée et fédéraliste par crainte de

1. C. Rosberg et J. Nottingham, *The Myth of « Mau-Mau »* [426] ; A. Meister, *L'Afrique peut-elle partir ?* [162], p. 133-135 et 167-182 ; R. Buijtenhuijs, *Le mouvement Mau-Mau* [421] ; et Sh. Stichter [801].

l'hégémonie Kikuyu. Kenyatta, relâché en 1961 et président de la KANU, fit adopter une constitution de transition qu'il abandonna quelques mois après l'indépendance au profit du parti unique.

La rébellion malgache

Il y eut, en territoire français, un certain nombre d'insurrections populaires. Mais une répression brutale leur interdit généralement d'aboutir.

À Madagascar, où la tradition monarchique unitaire précoloniale était restée vivace et où la politique d'investissements était plus dynamique que sur le continent noir, ce sont les élections de novembre 1945 à la Constituante qui permirent aux premiers députés d'affirmer leur désir de recouvrer l'indépendance et entraînèrent, peu après, la fondation du *Mouvement démocratique de la rénovation malgache* (MDRM).

La situation, bientôt explosive, provoqua l'envoi du Gouverneur général socialiste de Coppet, réputé modéré. Mais l'antagonisme entre colons et nationalistes était tel qu'une politique d'équilibre s'avéra impossible. L'insurrection générale éclata dans la nuit du 29 au 30 mars 1947. La population attaqua un camp militaire ; il y eut 30 morts. En représailles, les Sénégalais incendièrent toute la ville voisine. Les gens gagnèrent la forêt. Au mot d'ordre de « l'indépendance dans l'Union française », le mouvement s'étendit en brousse, gagnant un septième du territoire et un quart de la population, surtout sur la côte orientale, zone des planteurs européens, et sur la falaise forestière. Les représailles furent immédiates et brutales. 10 000 hommes furent envoyés en renfort. La répression dura un an au moins, et les procès devant les tribunaux militaires se prolongèrent jusqu'en décembre 1949. Une quarantaine de condamnations à mort furent prononcées, dont celle des six principaux chefs du MDRM ; la plupart furent exécutées. L'estimation du nombre des victimes, extrêmement nombreuses, oscille de 10 000 à 100 000 morts[1]. Le MDRM fut interdit, mais l'opposition mise en sommeil n'en persista pas moins.

L'avènement de Mendès France, qui mit fin au conflit indochinois, redonna espoir aux nationalistes, d'autant que la métropole était consciente de la nécessité de remédier au marasme économique du pays, sorti chancelant de cette sanglante rébellion. Aussi, le problème malgache ne fut-il sans doute pas étranger à l'élaboration accélérée de la loi-cadre.

1. D'après un témoin, le général Valluy, de retour de Madagascar, déclarait en 1947 au maréchal de Lattre : « Nous en avons bien liquidé 80 000 ! »

Les troubles sénégalais

En Afrique continentale, il y eut une ébauche d'agitation au Sénégal. Mais celle-ci n'outrepassa pas les limites d'une mutinerie au camp Faidherbe, près de Dakar, où les tirailleurs protestaient contre le non-respect des engagements issus de la guerre (novembre 1944). La répression, particulièrement brutale, coupa court à toute agitation : on compte encore, au cimetière voisin de Thiaroye, 202 tombes anonymes toujours soigneusement entretenues[1]. En 1944-1945, il y eut ailleurs (comme dans la Volta occidentale) des révoltes violentes, mais localisées et encore très mal connues.

Le soulèvement bamiléké

La répression la plus brutale fut la fusillade organisée en septembre 1945 contre les émeutiers sans travail de Douala, à l'occasion de la grève générale[2].

L'*Union des populations camerounaises* (UPC) anima la seule insurrection populaire durable des territoires français ; le radicalisme des évolués regroupés, depuis 1948, autour du militant syndicaliste CGT Ruben Um Nyobé s'explique en partie, peut-être, par la relative autonomie d'un territoire sous tutelle attentif à se démarquer du reste du domaine colonial français, et surtout par le grave malaise social du groupe des Bamiléké qui, contraints d'émigrer de leur plateau agricole surpeuplé (100 000 départs, soit plus de 13 % du total, entre 1930 et 1958), mirent à profit leur dynamisme et leur solidarité tribale pour dominer les circuits de commerce et de transport des centres urbains, et ressentirent précocement la légitimité d'avoir à exercer les responsabilités politiques correspondant à leur poids économique.

Um Nyobé, lui-même Bassa, sut surmonter le particularisme ethnique pour donner au mouvement (affilié au RDA) une idéologie (marxiste), un but (l'indépendance et la réunification des deux Cameroun français et britannique) et une forte structure assurant la rapide diffusion des mots d'ordre du parti. Dès 1952, il avait fixé un délai de cinq ans pour l'indépendance. L'insurrection démarra en avril 1955, lorsqu'une grève générale entraîna l'intervention militaire française et une violente répression. Entrée dans la clandestinité, l'UPC organisa en pays Bassa et Bamiléké une rébellion durable, en dépit de l'exécution de Nyobé (1958), d'un total de 10 000 morts environ, de regroupements de villages qui touchèrent au moins 100 000 personnes et de la défection des modérés Bassa

1. Suret-Canale, qui décrit le déroulement de l'affaire ([211], p. 14), fait état, d'après les archives, d'un maximum d'une centaine de tués et blessés.

2. R. A. Joseph, The Douala Riots of 1945, *JAH,* XV, 4, 1974, p. 669-687.

(Mayi Matip). À nouveau autorisé à l'indépendance, le mouvement rentra bientôt dans la clandestinité contre le parti unique du président Ahidjo *(Union nationale camerounaise)*. Mais il se décomposa lentement, faute d'avoir su maintenir le contact entre le maquis et une direction divisée résidant à l'étranger, et surtout d'avoir pu substituer au mot d'ordre mobilisateur de l'indépendance un programme ultérieur précis, politique et économique[1].

Malgré son ampleur, il ne semble pas que l'insurrection politique des années 1955-1958 ait notablement influé sur le processus général de la décolonisation française – sinon sur les modalités de la réunification. Certes, l'UPC eut un rôle indéniable de catalyseur du sentiment national. Mais, paradoxalement, dans le Cameroun indépendant ce nationalisme finit par jouer contre le mouvement à mesure que s'accentuait le particularisme Bamiléké des insurgés. Le régime Ahidjo, qui se fit fort d'incarner l'intérêt national de sécurité et de progrès économique, sortit finalement renforcé de l'affrontement[2].

LE BASTION BLANC

Afrique du Sud et Rhodésie

Bien que dressé de longue date à la lutte, le nationalisme des Noirs d'Afrique du Sud incarné depuis 1949 par l'*African National Congress* fut impuissant à refréner le racisme Afrikaner. Malgré un effort d'Union des Congrès, la cohésion du mouvement fut entravée par les intérêts divergents des Noirs, des Indiens et des métis (émeute raciale de Durban, janvier 1949) et par la politique de division des Blancs qui opposèrent le ralliement des chefs séduits par les Bantoustans à l'élite détribalisée des villes (moins de 25 % de la population vers 1910, près de 47 % en 1960).

La résistance connut son apogée en 1952 dans le Cap oriental, zone la plus politisée (Albert Luthuli), mais malgré le succès de la résistance interraciale (*Defiance Campaign against unjust laws*, 1955) des arrestations massives en vinrent à bout. Le résultat fut de scinder l'opposition entre les modérés, disposés à la collaboration interraciale, et les radicaux qui revendiquèrent désormais, dans une optique socialiste, l'Afrique aux Africains (*Panafricanist Congress*, 1959).

Le gouvernement mit à profit la vague de violence prônée par Bambata et les émeutes de la misère dans les campagnes souvent animées par les femmes

1. C. Coquery-Vidrovitch, Décolonisation et indépendance en Afrique équatoriale, *in* [4], II, p. 522-524.
2. W. Johnson, The UPC in rebellion, *in* [153], p. 671-694.

(1957-1962) pour mener une répression policière brutale (Natal, pays Zulu, Pondoland). La proclamation de l'état d'urgence (1960) condamna les nationalistes à la clandestinité par l'arrestation arbitraire des dirigeants et l'interdiction des deux partis africains. Mais la dernière campagne de *Stay at home* (mai 1961) fut un échec, et le sabotage fut sanctionné par l'emprisonnement à vie des responsables (1963).

La résistance anti-*apartheid* resta longtemps grevée par les divergences idéologiques internes, les difficultés de la solidarité interraciale, les distorsions élites-chefferies, villes-réserves, industrialisation-autosubsistance, dans un pays où, de tout le continent, la population africaine, consciemment ou non, restait la plus intimement liée à l'économie moderne et la plus exposée aux séductions du *Western Way of life*.

Contrairement à ce qui se passa dans les colonies de la Couronne plus évoluées, la Fédération parut offrir à la petite bourgeoisie africaine de Rhodésie du Sud l'espoir d'une promotion politique, et retarda jusqu'en 1955 l'apparition des mouvements radicaux (*City Youth League* de Salisbury qui fusionna deux ans plus tard avec l'ancien Congrès de Bulawayo, aux traditions trade-unionistes, pour donner naissance au *Southern Rhodesian African Congress* – SRANC – interdit en 1959). Mais c'est seulement l'année suivante qu'apparut un mouvement de masse (*National Democratic Party,* puis *Zimbabwe African Peoples Union* ou ZAPU) comparable au *Malawi Congress Party,* à l'UNIP ou au TANU qui fit, pour la première fois, l'union de tous : salariés et paysans tirés de l'apathie par l'excès de leur misère (l'écart salarial entre ouvrier noir et ministre blanc était de 1 à 150), chômeurs urbains en nombre toujours croissant, négociants et intellectuels déçus par l'échec de la participation renouèrent avec les traditions de la résistance Shona de 1896-1897. Mais le parti, impuissant à résoudre ses tensions internes, se scinda en deux (ZAPU et ZANU), facilitant l'œuvre de répression gouvernementale (1963). La guérilla s'est ensuite organisée derrière la ZAPU (Joshua Nkomo).

Demeurèrent surtout les maquis de Namibie (Sud-Ouest africain, soumis à l'Afrique du Sud jusqu'en 1994).

Afrique portugaise

L'Afrique portugaise offre l'exemple d'une métropole attardée, elle-même sous-développée, qui s'est cramponnée au système colonial, seul moyen de préserver quelques bribes de son empire de la concurrence internationale. Mais elle a mené simultanément, avec près de 150 000 hommes et l'appui financier des États-Unis et de l'Allemagne fédérale, trois guerres de répression : en Angola depuis 1961 (Mouvement populaire de libération de l'Angola – MPLA – radical de Neto qui l'a emporté progressivement sur l'Union des peuples angolais – UPA – de Roberto Holden, mouvement modéré Bakongo soutenu par Kinshasa, les deux partis paraissant être parvenus récemment à un accord), en Guinée-Bissau depuis 1963 (Parti africain pour l'indépendance de la Guinée et du Cap-Vert – PAIGC – d'Amilcar Cabral), et au Mozambique depuis 1964 (Front de libération du Mozambique – FRELIMO – de Mondlane)[1].

Dans le premier tiers du siècle, la conquête coloniale avait achevé d'écraser les résistances tribales (défaite du Mokombe de Barwe en 1918, en pays Tete du Mozambique). Face à la hiérarchie coutumière soumise, le nouveau nationalisme se développa, depuis l'entre-deux-guerres, en dépit d'une répression féroce, dans le cercle très restreint des représentants de l'*intelligentsia* (intellectuels et étudiants), formée, pour le Mozambique, en Afrique du Sud, dont le problème fut de surmonter ses divisions idéologiques et de lutter contre les régionalismes ethniques pour arracher le monde rural à son esprit de résignation.

Face à l'opposition du Portugal à toute forme d'émancipation, le FRELIMO, le PAIGC et le MPLA – ce dernier réorganisé par Mario de Andrade (1964) sur une base révolutionnaire après le démantèlement urbain du réseau de Neto – ont préparé le soulèvement armé par une campagne d'information internationale et surtout l'entraînement préalable des cadres et des guérilleros : le FRELIMO, qui commença son action en septembre 1964 avec 250 hommes, comptait, vers 1967, 8 000 combattants équipés, non compris les milices populaires et les volontaires non armés. Il s'efforça après 1968 d'étendre son action au pays Tete, région économique clé du Mozambique, arrosée par le Zambèze et choisie par les Portugais comme site du gigantesque barrage de Cabora-Bassa.

La Guinée-Bissau offre un bon exemple des tensions internes que les insurgés se sont efforcés de résorber en milieu rural de façon pragmatique, par une activité intense d'enseignement agricole et d'alphabétisation (99,7 % d'analphabètes et 14 universitaires formés en cinq siècles de présence portugaise). Aux paysans animistes Balantes (30 % de la population), entrés dès le début dans la lutte parce que leur société segmentaire les rendait particulièrement vulnérables à l'arbitraire des chefs musulmans imposés par la puissance coloniale, s'opposaient les commerçants-transporteurs Dyula, catégorie entreprenante que gênait la suppression de l'économie monétaire dans les zones libérées, une petite bourgeoisie urbaine timorée et surtout les grandes familles islamisées, Foula ou Mandingues qui, avec certains chefs Mandjaques, s'étaient placés sous la protection portugaise. En contrôlant, à partir de sa base de Conakry, environ les deux tiers de la Guinée, le PAIGC a obligé les Portugais à se replier dans les villes et des camps fortifiés, sauf à l'est du pays. On sait que la chute du régime Salazar au Portugal, le 25 avril 1974, a accéléré le processus : la Guinée-Bissau est devenue indépendante le 10 septembre, et l'archipel capverdien l'année suivante.

En Angola le mouvement fut longtemps affaibli par les rivalités entre le gouvernement révolutionnaire en exil de l'UPA (devenue FLNA) et le MPLA.

1. G. Chaliand, *Lutte armée en Afrique* [242], p. 9. Les deux derniers dirigeants cités ont récemment été assassinés, sans que les forces en présence en aient été fondamentalement modifiées.

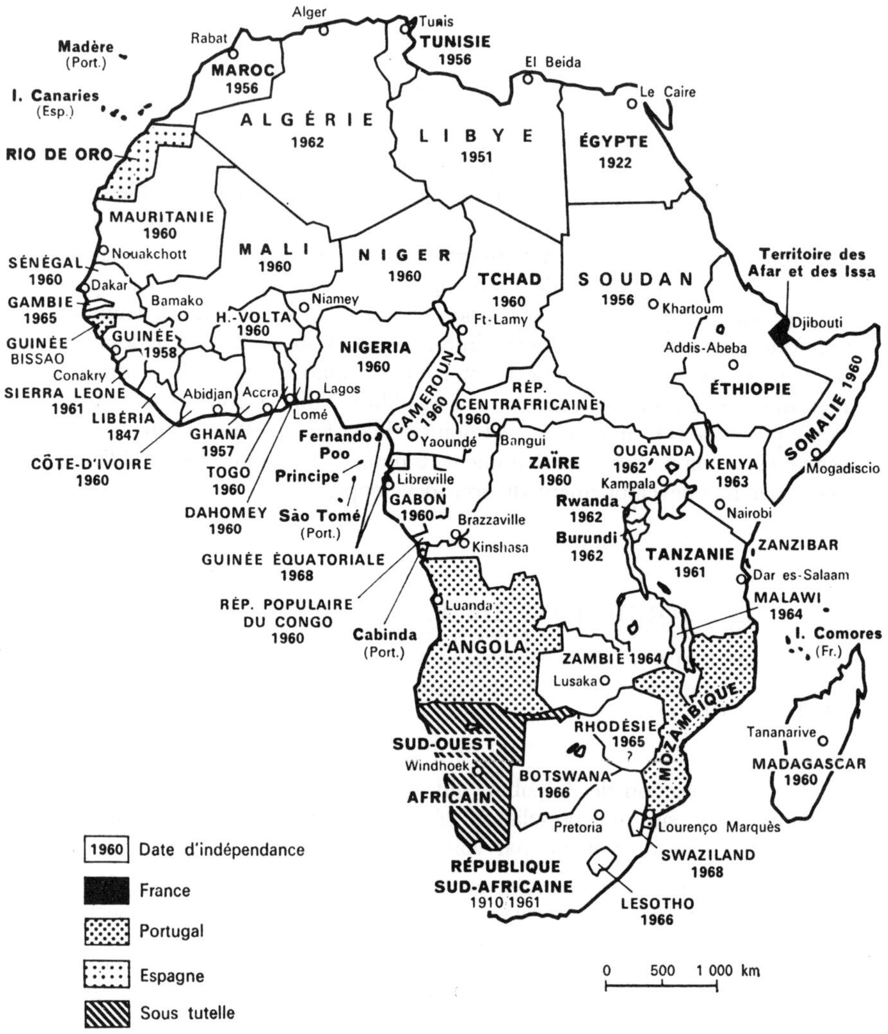

Fig. 7 *b*. – L'Afrique en 1972

Rahman Babu quelques centaines d'intellectuels marxistes préconisant la liquidation des propriétaires. L'idéologie procastriste et prochinoise du parti, plus constructive que le racisme limité de l'ASP, anima, un mois après l'indépendance, le coup d'État de janvier 1964.

La panique généralisée qui s'empara de la communauté arabe révéla la faiblesse extrême du gouvernement privé de soutien militaire par le départ des Anglais et dépourvu de tout support populaire. Dernier épisode de la lutte entre deux ethnies adverses dont le clivage était, dans une très large mesure, social, l'insurrection prit la forme d'une révolution de classe. Malgré les réticences des modérés, les militants de l'UMMA se retrouvèrent en masse dans le parti unique dont ils devinrent rapidement les principaux animateurs. Inquiète, l'ASP voulut canaliser la révolution en recherchant la caution du Tanganyika où les militaires regimbaient au même moment contre la tutelle tenace des officiers britanniques (mutinerie de Dar es-Salaam). En avril 1964 fut proclamée la république de Tanzanie. Bien que le processus révolutionnaire marquât dès lors un certain essoufflement, il ne fut pas endigué pour autant par le président Nyerere qui, après une première tentative plus modérée de gouvernement, s'était, sous la pression des éléments les plus progressistes de la TANU, fait le promoteur ardent du panafricanisme militant et du socialisme africain[1].

LE BUGANDA

La Fédération ougandaise était loin d'avoir réglé les problèmes d'une société extrêmement divisée où l'objectif unitaire de l'*Uganda People's Congress* (UPC,) fondé par Milton Oboté, était battu en brèche par le séparatisme du royaume Buganda. Le compromis qui confiait à Oboté la responsabilité du gouvernement, dans le cadre d'un État présidé par le Kabaka Ganda, ne fut pas viable. Oboté saisit l'occasion d'un coup d'État manqué de l'aristocratie traditionnelle pour éliminer le Kabaka Mutesa et abolir la féodalité et le système fédéral (1965). Il put désormais accélérer les réformes dans le cadre d'un socialisme ougandais défini par la « Charte de l'homme moyen », qui prévoyait notamment la redistribution des richesses pour améliorer le niveau de vie de l'ensemble des citoyens, le transfert au peuple des moyens de production et de distribution (nationalisations) et la recherche d'une relative indépendance financière (1969). Mais ce pro-

1. *Le Monde,* 21 et 26-27 janvier 1964, et Cl. Horrut, *Les décolonisations est-africaines* [150], p. 175-185.

gramme dressa contre lui les militaires : le général Amin s'empara, à son tour, du pouvoir ; d'abord soutenu, au nom de la lutte contre la corruption et le tribalisme (janvier 1971), par la bourgeoisie d'affaires et les chefs d'entreprise asiatiques, il s'est orienté dans une voie de plus en plus autoritaire, s'appuyant en fait sur les chefs coutumiers destitués par son prédécesseur. On sait que son régime a dégénéré dans une brutalité sans précédent, dont le pays arrive lentement à se relever aujourd'hui.

RUANDA ET BURUNDI

Ces petits pays laissés par le mandataire belge, dans le cadre de l'*Indirect Rule,* dans un état de dénuement quasi total, répondirent à la décolonisation accordée en 1962, après une brève période de démocratisation accélérée, de façon tout aussi violente qu'opposée. Le Ruanda, caractérisé par une coïncidence construite entre les divisions ethniques et la stratification sociale, fut avec la Tanzanie le seul exemple d'un État africain accédant à l'indépendance par la révolution, dans le cadre d'une authentique lutte de classes qui permit à la paysannerie Hutu sans terre, entraînée par les aspirations égalitaristes d'une élite occidentalisée, d'imposer la république (1961) aux dépens de l'oligarchie traditionnelle Tutsi – renforcée par l'administration belge – des propriétaires collecteurs d'impôt (massacres de 1959).

Le Burundi, en revanche, où la monarchie traditionnelle n'avait jamais disposé de moyens de pression aussi contraignants, connut une décolonisation politique apparemment harmonieuse ; mais elle s'acheva brutalement après l'indépendance par la suppression de la monarchie (1966). Encore le coup final ne fut-il pas, comme au Ruanda, asséné par les classes populaires, mais par le clan des militaires animé par un groupe de jeunes dirigeants, fonctionnaires ou étudiants, plus ou moins liés à l'aristocratie traditionnelle, bien que le nouveau régime pratiquât, depuis lors, l'élimination systématique des élites Tutsi placées naguère à tous les postes responsables[1]. On sait comment ceux-ci ont répondu brutalement, en 1972, par le massacre systématique des populations Hutu susceptibles de les dépouiller de la réalité du pouvoir.

1. R. Lemarchand, *Rwanda and Burundi* [413], p. 2-3.

LE « TRIBALISME » CONGOLAIS

De tous les États africains, le Zaïre fut celui où les troubles issus de la décolonisation furent les plus durablement traumatisants. L'immobilisme de la colonisation belge avait, jusqu'au dernier moment, interdit la formation d'une élite intellectuelle et politique ; même les réformes municipales de 1957 n'étaient pas supposées autoriser la constitution de partis à l'absence desquels suppléa d'abord à Kinshasa (Léopoldville) l'association ethnique largement majoritaire des Bakongo (l'*Abako* de Kasavubu). La persistance de la confusion entretenue, dès l'origine, entre mouvement politique et solidarité ethnique, dirigeant national et chef tribal, prolétariat rural et clientèle paysanne, fut à la base du « tribalisme congolais » qui fut, pour une large part, une création contemporaine alimentée par l'opposition à la puissance coloniale, puis par des rivalités internes visant à l'hégémonie politique.

Recrutés, au niveau de la masse, sur une base ethnique, les partis s'atomisèrent aussi, au niveau dirigeant, entre des tendances diverses, davantage sous la pression de rivalités de personnes que de divergences idéologiques ; l'éparpillement était tel que le Mouvement national congolais de Lumumba (MNCL), pourtant majoritaire au Parlement élu en 1960, n'obtint que 41 sièges sur 137.

Miné par la rébellion de la force publique qui entraîna la désertion de tous les cadres belges, la déroute économique soldée par la sécession katangaise (1960-1962) et le fédéralisme modéré du président Kasavubu, le gouvernement radical et unitaire de Lumumba (livré et exécuté au Katanga en janvier 1961) tint à peine deux mois. Le régime corrompu de la nouvelle caste dirigeante et la misère accrue par une situation agricole et financière catastrophique expliquent la violence des soulèvements de 1964 : dans tout l'est du pays (Kwilu, Kivu et Maniema), la masse paysanne répondit par une insurrection d'inspiration révolutionnaire au mouvement lancé, au nom de Patrice Lumumba, pour une « nouvelle indépendance » enfin garante de justice et de progrès social pour tous, et animé par Pierre Mulele qui diffusa parmi ses troupes un enseignement marxiste sommaire.

Mais le recours ambigu aux pratiques traditionnelles (caste des « Simba » combattants, pratiques de sorcellerie assurant l'immunité contre les balles ennemies, etc.) et le terrorisme accru firent dégénérer cette tentative d'une « République du peuple du Congo » centrée à Stanleyville, finalement écrasée par les mercenaires de Tshombé appelé au pouvoir à cet effet après le retrait des troupes de l'ONU (juin 1964).

Après l'élimination de Tshombé, la confusion et le marasme généralisés favorisèrent le putsch militaire de Mobutu (novembre 1965). Le régime est, depuis lors, exposé aux contradictions opposant l'urgence d'une politique d'austérité aux intérêts de la caste au pouvoir, les privilèges de l'armée au désespoir paysan et les impératifs de la reconstruction nationale à l'option pro-occidentale (nationalisation de l'Union minière du haut Katanga, devenue société d'économie mixte sous le nom de Gecomin en 1967, puis de Gécamines)[1].

LA GUERRE CIVILE AU NIGERIA

Par la lutte inexpiable que se livrèrent les différentes tribus, le Nigeria rappelle le cas moins connu du Soudan où le même héritage de disparité régionale entretenue et accentuée par l'*Indirect Rule* entraîna, à partir de 1955, une guerre civile larvée dont le sang répandu depuis lors (de quelques dizaines de milliers à un million de victimes, selon des estimations également partisanes) n'a fait qu'accentuer le fossé entre les deux camps.

Au départ des Anglais du Nigeria, les *Ibo* christianisés, doués d'une grande capacité d'assimilation des techniques modernes, tenaient les commandes d'un État fédéral divisé, mais contrôlé par les chefs musulmans du Nord accusés de truquer en leur faveur les résultats électoraux et de monopoliser le développement économique du pays (prolongement du chemin de fer et implantation d'énergie hydro-électrique). Après la grande grève de 1964 qui traduisait la désaffection des forces sociales à l'égard du régime, le point de rupture fut atteint en janvier 1966 quand le général Ibo Ironsi s'empara du pouvoir dont la moyenne bourgeoisie locale s'estimait frustrée. Son initiative dressa toutes les autres ethnies contre les cadres administratifs et militaires Ibo répandus partout dans le pays : un deuxième putsch détermina, en juillet, la mort d'Ironsi et le massacre des 30 000 Ibo du Nord et de l'Ouest. À Lagos, le général Gowon s'efforça de maintenir la collaboration avec le Nord et de réduire la menace Ibo en divisant en trois la Province orientale. Le 30 mai 1963, le général Ojukwu ripostait en proclamant l'indépendance de la République biafraise (75 000 km^2, 14 millions d'habitants dont 8 millions d'Ibo).

La guerre fut ressentie en Europe comme une crise du pétrole. Les deux tiers des ressources pétrolifères de la Fédération (10 millions de tonnes en 1963, 26 millions en 1969) se trouvaient, en effet, en zone biafraise : comme les ethnies maritimes de la région de Port-Harcourt ne sont pas des Ibo et avaient été, à ce titre, exclues de la province par le partage du gouvernement Gowon, on voulut voir dans cette sécession un renouvellement de l'expérience katangaise, déclenchée pour des misons surtout économiques.

Il est vrai que la sécession fut l'œuvre de la bourgeoisie d'affaires, dont Ojukwu était l'un des plus riches représentants, et que les peuples fronta-

1. C. Coquery-Vidrovitch, La décolonisation en Afrique équatoriale, *in* [4], II, p. 535-544.

liers, engagés à leur corps défendant, n'opposèrent guère de résistance aux fédéraux. Mais si le problème biafrais fut identifié au problème Ibo, c'est qu'il révélait aussi le conflit à la fois ethnique et socio-économique qui permit de mobiliser militairement et politiquement un groupe particulièrement dynamique sur un programme nationaliste régional. La division des soutiens diplomatiques soulignait d'ailleurs la complexité du problème. S'il était naturel que la Grande-Bretagne aidât le gouvernement fédéral qu'elle avait mis en place, pour des raisons aussi bien économiques que politiques, et qu'elle fût suivie par les États-Unis, on s'explique déjà moins bien le ralliement de l'URSS, sans doute à la fois pour se démarquer de la Chine qui prit parti pour le Biafra et démontrer aux gouvernants africains modérés qu'elle ne soutenait pas seulement les mouvements insurrectionnels. Surtout on comprend mal l'attitude des États africains. La plupart, longtemps passifs, furent respectueux de la charte de l'OUA qui avait, en 1963, répondu aux troubles congolais par la reconnaissance des frontières héritées de la colonisation. Mais on trouvait, soutenant les Biafrais, aux côtés de la Côte-d'Ivoire et du Gabon (ralliés à la position française hostile à une Fédération trop forte), du Portugal et de l'Afrique du Sud, les gouvernements progressistes de Tanzanie et de Zambie, sans doute sensibles au thème de libération nationale développé par les idéologues Ibo, face au parti pris conservateur du régime Gowon et à la responsabilité attribuée à l'intervention ouverte des grandes puissances.

Toujours est-il que celle-ci a porté au premier plan de la scène mondiale le drame nigérian, qui prit seulement fin en janvier 1970 avec la capitulation d'un réduit biafrais ravagé par la guerre et la famine. Restaient dès lors les problèmes de la réconciliation et de la reconstruction. L'accroissement du nombre des États fédérés (12 depuis 1967) devrait mettre fin aux risques hérités du système britannique des trois régions géantes. Surtout, l'écrasement du séparatisme Ibo a, vraisemblablement, porté un coup très rude au tribalisme et au régionalisme que personne ne devrait plus être tenté, du moins dans l'immédiat, d'utiliser comme moyen politique, d'autant que l'Afrique, dans son ensemble, réprouve la sécession. Mais, depuis les années 1970, le *boom* du pétrole pose au Nigeria un nouveau problème : celui de trouver l'équilibre entre la prospérité des affaires, la corruption généralisée... et la misère populaire.

d'État conçues comme les bases d'un système d'économie socialiste, mais qui mobilisa, comme ailleurs, le pouvoir en faveur de ses seuls intérêts de caste, et ne fit rien pour combler le fossé entre citadins et ruraux, intellectuels et analphabètes, et groupes tribaux antagonistes. Dans le cas particulier du Mali, l'intelligentsia, qui avait « utilisé, pour la prise du pouvoir, les commerçants traditionnels comme compagnons de route, le salariat comme masse de manœuvre, la paysannerie comme masse de réserve », vit se retourner contre elle les commerçants (Dyula) qui incarnaient, en l'absence de bourgeoisie classique, le seul pouvoir économique réel et le seul lien, fragile, entre la ville et la campagne[1].

Faute de parti d'opposition et face au désarroi, voire à la démission d'une grande partie de l'élite, ni les mouvements d'étudiants, ni les syndicats ne sont parvenus à remettre en cause les régimes. L'administration est pléthorique et sans espoir de débouchés dans un secteur économique déficient, les étudiants se trouvent plus ou moins condamnés au chômage ; mais leur agitation est sévèrement réprimée. Quant aux syndicats qui ont fréquemment exercé une action militante décisive dans la conquête de l'indépendance, ils ont été désarmés par les gouvernements qui les ont souvent intégrés au parti unique. Leur position est d'ailleurs mitigée, dans la mesure où la majorité de leurs adhérents, fonctionnaires ou assimilés, constituent par leur niveau de vie une classe relativement privilégiée face aux ruraux indifférents à leurs revendications salariales ou sociales.

Celles-ci restent d'autant plus malaisées à satisfaire que la quasi-totalité des pays africains souffrent d'un déficit budgétaire grave et d'un sous-développement économique sans issue. Même dans le cas de régimes apparemment stables, comme celui du Sénégal, où Senghor avait réussi à museler l'opposition tout en maintenant en principe le pluripartisme (sous la formule du « parti dominant »), on voit mal comment le pays, tenu à bout de bras par l'aide française (y compris 2 000 soldats stationnés au Cap-Vert), pourrait évoluer tant qu'il restera condamné au cadre étroit de ses frontières : les Sénégalais, dont l'aliment de base est le riz importé du Cambodge (besoin créé par la colonisation) ont refusé ces dernières années de fournir l'unique produit d'exportation, l'arachide, dont le tonnage n'a cessé de décroître depuis 1965-1966 (année record, avec un million de tonnes, contre 400 000 seulement en 1970-1971), faute d'en obtenir un prix d'achat suffisant (17 à 18 F CFA le kilo, prix inchangé malgré la hausse des cours). Ils sont retournés à l'autosubsistance fondée sur le mil. Des émeutes de la misère ont seulement été évitées par la remise générale de leurs dettes (1971), mesure sans effet à long terme, bien qu'une trompeuse accalmie des années de sécheresse et surtout une légère hausse des prix d'achat (3 F par kilo) aient, un moment, relancé la production arachidière (800 000 t

1. M. Diop, *Histoire des classes sociales dans l'Afrique de l'Ouest.* I : *Le Mali,* Paris, Maspero, 1971, p. 241.

en 1971-1972). On sait que la situation s'est trouvée, à nouveau, dramatiquement compromise par la reprise d'une sécheresse sans précédent (1973).

La baisse sensible du pouvoir d'achat des catégories les plus défavorisées résultant de la hausse des prix et du blocage des salaires explique la désaffection des masses africaines envers leurs gouvernants. En l'absence de tout moyen légal de contestation, l'armée, solidaire de ses chefs et disposant de moyens interdits aux civils, put apparaître comme la seule force capable de surmonter les rivalités ethniques et les disparités régionales, et de mettre fin au climat de corruption des cadres. Le cas le plus évident fut celui de l'Éthiopie : dans ce pays figé dans des structures féodales archaïques, l'armée a constitué le creuset privilégié de la nation, en même temps qu'un des seuls foyers intellectuels possibles du radicalisme politique. L'action conjointe des militaires, des étudiants et des syndicats, avivée par le désespoir paysan à la suite d'une famine sans précédent, a finalement abouti, en 1974, à la déposition du vieil empereur Haïlé Sélassié qui régnait en fait depuis la Première Guerre mondiale, en droit depuis 1936. En quelques semaines, on assista à l'effondrement d'un État théocratique au régime foncier de type médiéval où, au moins pour un moment, les paysans surent imposer la réforme agraire.

Il est, en tous les cas, significatif que nulle part en Afrique jusqu'aux revendications de démocratisation des années 1990 un courant populaire ait jamais tenté de résister à un putsch militaire. L'armée, au contraire, a souvent donné à sa prise de pouvoir des accents populistes et n'a eu, en ce cas, qu'exceptionnellement à faire usage de ses armes[1].

Mais le seul remède est, en fait, la promotion économique du pays dont il reste à se demander dans quelles conditions elle est possible et dans quelle mesure elle a pu faire croire, dans certains cas (Côte-d'Ivoire ? Zambie ?), à un démarrage démenti par la suite[2].

1. Ph. Decraene, *Le Monde*, 20 mai 1970.
2. Voir chap. XV et XVII.

Première section

Les sociétés africaines. Dynamisme et blocage

CHAPITRE VII

Systèmes de production et facteurs internes

Dans une perspective statique, fortement influencée par les travaux ethnographiques de la première moitié du XXe siècle, on a longtemps opposé la permanence des sociétés africaines « traditionnelles », sinon immobiles, du moins vivant dans la longue durée, au rythme d'une autosubsistance villageoise régie par un rite coutumier lentement élaboré et plus ou moins figé, à l'évolution des sociétés occidentales obéissant aux lois de l'économie de marché, plus « évoluées » et, de ce fait, implicitement considérées comme le modèle et le but à atteindre grâce à l'élan imposé par la pénétration européenne.

Le schématisme de ce modèle a engendré une série de lieux communs dont la banalité n'a d'égale que l'inexactitude. Néanmoins, il reste si vivace dans la pensée occidentale qu'il demeure nécessaire de tenter de résoudre un certain nombre de problèmes : dans quelle mesure serait-il légitime de parler de monde précolonial « traditionnel » ? Comment expliquer, notamment, le retard technologique des sociétés africaines ? Et que penser des concepts de mode de production « lignager », « tributaire » ou, plus généralement, « asiatique » élaborés à partir de ces sociétés apparemment rétives à participer de l'économie mondiale contemporaine ? Enfin, que reste-t-il aujourd'hui de ces hypothèses élaborées par les jeunes chercheurs marxistes des années 1970 ? Ce chapitre, conçu en 1974, est donc à revoir en fonction des correctifs apportés dans les éditions suivantes (cf p. 180-182 et chap. XVII).

A – LE CONCEPT DE « SOCIÉTÉ TRADITIONNELLE »

L'ETHNOCENTRISME

Nous ne mentionnerons que pour mémoire la querelle, aujourd'hui heureusement en voie de dépassement, et caractéristique de l'école africaniste française, entre « sociologues » et « historiens ». Non sans raison à l'époque, les premiers ont en effet reproché aux seconds l'« ethnocentrisme » qui leur fit voir dans les peuples africains des peuples « sans histoire » parce que sans écriture puis, au sein de l'« histoire coloniale » traditionnelle, imprégna leurs recherches d'un tenace « européocentrisme ». En fait, ce courant de pensée qui s'épanouit à la faveur de l'impérialisme triomphant de la fin du XIXe siècle et répondait au préjugé de la supériorité blanche et de la primauté de la culture occidentale ne fut pas réservé aux historiens. Les autres spécialistes en sciences sociales – géographes, économistes ou techniciens – tombèrent dans le même excès en privilégiant l'étude des sociétés industrialisées et les ethnologues eux-mêmes n'y échappèrent pas, qui agirent souvent en auxiliaires de la colonisation[1].

Dans la lignée de Marc Bloch, les historiens ont, de nos jours, commencé de faire la preuve qu'ils étaient capables d'élaborer, à partir d'un foisonnement de documents d'origine diverse (oraux, écrits, archéologiques, linguistiques, sociologiques[2]...), une histoire dégagée de l'occidentalisme.

LE MIRAGE « TRADITIONNEL »

Personne ne met plus en doute que les sociétés précoloniales ont une histoire. La seconde partie de cet ouvrage évoque la multiplicité des événements survenus dans ces formations politiques en constant devenir, révéla-

1. R. Jaulin (*La mort Sara,* Paris, Plon, 1971) a des phrases cinglantes contre l'ethnologie coloniale. Voir également P. Alexandre, De l'ignorance de l'Afrique et de son bon usage : notule autobiocritique, *CEA,* XII, 43, 1974, p. 450.

2. « Tout ce que l'homme dit ou écrit, tout ce qu'il fabrique, tout ce qu'il touche, peut et doit renseigner sur lui » (Apologie pour l'histoire ou métier d'historien, *Cahiers des Annales,* n° 3, Paris, 1949, p. 27).

teurs de la diversité des réponses aux impulsions reçues ; qu'il s'agisse d'États organisés ou non, d'hégémonies militaires (Samori), religieuses (État madhiste) ou commerciales (Yao, Nyamwezi, Chokwe), le XIXe siècle précolonial fut une ère de mutations progressives ou brutales. En fait, ces sociétés réputées stables jouissaient rarement du bel équilibre supposé rompu par l'impact colonial : l'Ouest africain était en pleine effervescence, secoué depuis le XVIIIe siècle par les vagues de conquête peule avant même les formations de résistance à l'emprise européenne (El Hadj Omar, Ahmadou, Samori, Mamadou Lamine) ; les royaumes négriers, en pleine crise, se voyaient contraints de répondre à l'amenuisement de la traite des esclaves en intensifiant l'exportation de biens agricoles. La cuvette congolaise fut le champ de bouleversements plus profonds encore, liés à la pénétration commerciale. Dans les deux cas, la révolution de la production finit par bouleverser les fondements de la structure politique. Quant à l'Afrique du Sud, elle vit l'essor et le déferlement Nguni qui rejaillirent jusqu'en Afrique centrale.

Jusqu'où devrait-on remonter pour constater cette stabilité « caractéristique » de la permanence précoloniale : avant la conquête portugaise, avant la pénétration de l'Islam, avant l'expansion Bantu ? Chacun de ces grands événements-charnières marqua, en effet, le renversement de mouvements séculaires au sein desquels se différenciait, à leur tour, toute une série de cycles plus courts, telles, par exemple, la succession des empires soudanais, ou même, plus brièvement, celle des mouvements de récession (1724-1740, 1767-1782, 1795-1811...) et de reprise de l'économie négrière au Dahomey[1]. Bref, le concept statique de société « traditionnelle » ne résiste pas à l'analyse de l'historien.

Les plus exposés aujourd'hui au reproche d'ethnocentrisme restent peut-être les économistes qui – quelle que soit leur option idéologique – inclinent à considérer comme absolues les lois du développement capitaliste et à universaliser l'expérience historique privilégiée de l'Angleterre et de l'Europe occidentale[2].

> Telle l'analyse, par ailleurs féconde, de M. Bairoch[3] qui a cherché dans l'histoire de l'essor occidental aux XIXe et XXe siècles l'explication du retard contemporain des pays sous-développés. Puisqu'il attribue, de ce fait, le rôle moteur à l'accroissement de la productivité agricole, mais puisque, en revanche, la pression démographique entraîne la faible progression ou même une baisse de cette production par habitant du Tiers Monde, doit-on, du même coup, voir celui-ci condamné sans appel ? La référence au schéma du développement occi-

1. Akinjogbin, *Dahomey and its Neighbours* [310].
2. I. Sachs, *La découverte du Tiers Monde*, Paris, Flammarion, 1971, p. 123.
3. *Révolution industrielle et sous-développement*, Paris, SEDES, 1963, 370 p.

dental considéré comme norme du développement, déjà dénoncée par Lévi-Strauss[1], risque de faire considérer la quasi-totalité des caractères originaux des pays sous-développés comme autant d'obstacles. Ne serait-il pas plus judicieux de concevoir de nouveaux éléments moteurs du développement, spécifiques de l'histoire de notre temps, comme, par exemple, la potentialité de ces masses démographiques énormes aujourd'hui sous-employées[2] ?

UNE SPÉCIFICITÉ AFRICAINE ?

De même, le schéma longtemps rigide suivant lequel les marxistes des années 1930 ont voulu insérer les formations socio-économiques du Tiers Monde dans l'un des trois stades de l'évolution « classique » définie en Europe occidentale (esclavage, féodalité ou capitalisme) s'est révélé peu opératoire. Puis, parce que Marx et Engels ont ébauché la définition d'un mode de production autre, le « mode de production asiatique », fallait-il pour autant, avec la découverte du monde africain, étendre sans ajustement à ce nouveau domaine un concept élaboré à partir des sociétés du Proche-Orient ou d'Asie du Sud-Est, comme l'a tenté J. Suret-Canale ? Celui-ci retrouve le mode de production asiatique en Afrique noire précoloniale au terme d'une évolution en trois phases : de la « communauté primitive » à la structure intermédiaire « tribo-patriarcale » des sociétés segmentaires dites « anarchiques » ou « sans État » où l'unité sociale fondamentale est la famille élargie (le « lignage »), puis à la société de classe nettement différenciée où, au-dessus du patriarcat villageois, l'apparition d'aristocraties privilégiées aurait déterminé la formation de l'État[3].

Certes, dans ses grandes lignes, ce schéma paraît plausible ; il n'en reste pas moins que l'opposition classique société à État-société sans État tend à apparaître en Afrique noire plus formelle qu'ailleurs. G. Balandier a démontré, sur le plan politique, la coexistence, au sein de toutes les sociétés africaines, étatiques ou anarchiques, d'éléments apparemment contradictoires[4]. Des unes aux autres, on peut retrouver sur le terrain toutes les formes de transition ; il est vrai que le passage vers une organisation centralisée marque l'ébauche d'une conception territoriale du pouvoir ; mais la différence est qualitative plutôt qu'essentielle : même dans le cas des sociétés les plus « despotiques » (royaumes soudanais médiévaux, royaume Kongo, royaumes Ashanti ou du Dahomey), le prestige du souverain (qui fut identi-

1. Cl. Lévi-Srauss, L'anthropologie sociale devant l'histoire, *Annales*, n° 4, 1960, p. 635.
2. J. Guilliot-Lagrat, *Annales*, n° 6, 1964, p. 1195-1207.
3. J. Suret-Canale, Les sociétés traditionnelles en Afrique noire et le concept de mode de production asiatique, *La Pensée*, n° 117, 1964, p. 19-42.
4. G. Balandier, *Anthropologie politique* [36].

fié hâtivement par les observateurs européens à un « monarque absolu ») ne gomma jamais l'autorité tribo-patriarcale ; il s'incarna, tout au plus, dans une bureaucratie surimposée, mais respectueuse des structures de la vie en brousse. Quant à la vie des peuples segmentaires, elle n'excluait ni l'autorité politique de responsables alors confondus avec les chefs lignagers, ni des formes économiques bien plus différenciées que ne l'aurait exigé la simple recherche de l'autosubsistance : telles les tribus courtières Boubangui du grand commerce congolais que leur structure atomisée n'empêcha pas de drainer sur d'énormes distances les produits et les hommes.

Si les divers modèles évoqués s'avèrent peu adéquats, c'est que l'évolution des sociétés « précoloniales » africaines fut originale – fondamentalement différente, au premier chef, de celle de nos sociétés occidentales[1]. Reste donc à élucider la nature de cette spécificité.

B – ÉCHANGES ET PRODUCTION

Le critère d'analyse privilégié du retard africain est évidemment celui de l'organisation socio-économique. Reste à savoir si l'on doit se placer au niveau des échanges comme les chercheurs ont eu, jusqu'à présent, tendance à le faire, ou à celui de la production.

LE NIVEAU DES ÉCHANGES

DES ÉCHANGES TRADITIONNELS À L'ÉCONOMIE DE MARCHÉ

L'un des premiers ouvrages à s'interroger sur l'originalité africaine fut celui de l'équipe d'anthropologues animée par Bohannan et Dalton[2]. À la suite d'une série d'études monographiques, ceux-ci se sont efforcés de clas-

1. L'évolution fut différente. Mais les structures d'origine étaient probablement comparables. C'est, du moins, ce que suggère la lecture du récent ouvrage de G. Duby, *Guerriers et paysans, VII*e*-XII*e *siècle. Premier essor de l'économie européenne,* Paris, 1973. Celui-ci, fortement influencé, de son propre aveu, par les travaux des anthropologues, « reconstruit » la société européenne archaïque sur le modèle des sociétés agraires dites « traditionnelles ». Mais, en Europe (qui bénéficiait en outre de l'héritage gréco-latin), l'impulsion de l'économie monétaire fut décisive...

2. P. Bohannan et G. Dalton (éd.), *Markets in Africa* [26].

ser les sociétés suivant leur appartenance à l'économie de marché, c'est-à-dire régie par un système de prix déterminés par la loi de l'offre et de la demande, indépendamment du lieu des transactions.

Ils ont défini trois catégories de sociétés considérées implicitement comme autant d'étapes vers leur intégration à l'économie mondiale :

1 / les sociétés sans marché local *(market-place)* ;
2 / les économies à marché « périphérique » où, même sur la place du marché, les transactions sont régies par des rapports coutumiers plutôt que par des lois économiques ;
3 / enfin, les sociétés plus ou moins intégrées à l'*économie de marché.*

En fait, on comprend mal pourquoi les auteurs distinguent les deux premières catégories suivant la présence effective ou non d'un lieu de marché : il s'agit du même ensemble, celui nouvellement couvert par le vocable peu précis de « sociétés traditionnelles » et catégoriquement opposé au troisième cas précisément défini, lui, par la prépondérance de la loi de l'offre et de la demande. L'apport de l'analyse reste, néanmoins, de démontrer la complexité de ces systèmes traditionnels, définis par la juxtaposition « multicentrique » de sphères de transaction rigoureusement isolées les unes des autres, aussi bien par leurs modalités que par leurs objectifs ; celles-ci sont au nombre de trois :

1 / La sphère régie par le principe de *réciprocité* où la circulation de biens de prstige (colliers, arcs, étoffes de qualité...) résulte de dons ou d'échanges socialement obligatoires, fondés notamment sur les obligations de parenté.

2 / La sphère de *redistribution* qui suppose un versement obligatoire préalable (sous forme de tribut, de corvée, de taxe...) des membres de la société à une autorité supérieure. Mais celle-ci (roi, chef, prêtre...) le redistribuera à la communauté, en fonction du statut social de chacun, à l'occasion de fêtes (« Coutumes » du Dahomey, funérailles des rois Ashanti...), de dépenses militaires, etc., dans le cadre d'une économie de type « ostentatoire »[1].

3 / Le système n'exclut pas une petite sphère d'*économie de marché* où s'échangent les vivres préparés et quelques ustensiles artisanaux (poterie, armes...). Mais, s'il y a déjà monnaie, ou équivalent monétaire, celle-ci varie d'une sphère à l'autre : ainsi, en Éthiopie, le bétail était-il évalué en thalers de Marie-Thérèse, mais payé en dollars éthiopiens ou en marchandises ; sur la côte occidentale, la traite atlantique connaissait toute une série de monnaies de compte (barre, once, « paquet »), mais le commerce vivrier utilisait exclusivement le troc ou les cauris. La constitution d'un système monétaire unifié rompt d'ailleurs, inéluctablement, l'étanchéité entre les sphères, puisque l'argent gagné au marché devient utilisable, par exemple, pour la constitution des dots ou par les sociétés de culte.

1. Cl. Meillassoux, Ostentation, destruction, reproduction, *Cahiers de l'ISEA, Économies et sociétés*, II, 4, 1968, p. 759-772.

Auparavant, il ne pouvait y avoir « fuite » d'un objet d'une sphère à l'autre que par un processus codifié que les auteurs désignent du nom de « conversion » : conversion *institutionnalisée* (de bas en haut) lorsqu'un homme entré, pour une raison ou une autre, en possession de biens de prestige pouvait, de ce fait, se trouver définitivement admis dans la catégorie supérieure ; conversion *conjoncturelle* (de haut en bas), lorsque, à la suite d'événements inhabituels (guerre, famine, épidémie...), une famille devait se défaire de biens de prestige, vendre ses trésors, donner ses esclaves en otage, etc. – le caractère exceptionnel de l'opération étant souligné par le fait que la « fuite » se faisait généralement hors du groupe tout entier.

Cette vision a eu le grand mérite de souligner que les sociétés « traditionnelles » n'en sont pas moins différenciées : il devient impossible de les opposer schématiquement, comme un tout homogène, aux sociétés « modernes », au nom du concept d' « économie dualiste » vulgarisé par certains théoriciens de l'économie : il n'y a pas dualisme entre, d'une part, un secteur traditionnel d'autoconsommation et, d'autre part, un secteur d'économie de marché imperméables l'un à l'autre, parce que le secteur traditionnel lui-même est multicentrique ; parce que l'économie de marché, et notamment l'usage de la monnaie, n'est pas un phénomène nouveau, même si elle ne constitua longtemps qu'une part minime de l'économie paysanne ; enfin, parce que, dès qu'il y eut influence extérieure – et nous avons insisté sur la précocité de ces influences en Afrique –, il y eut interaction entre les secteurs : depuis l'intervention de l'Islam, depuis la pénétration portugaise et, à plus forte raison, depuis l'essor des *cash crops,* le paysan, tout en continuant de vivre dans son cadre coutumier – c'est-à-dire sociologiquement « traditionnel » –, a dû, pour survivre dans son village, participer à l'économie de traite qui l'a incité à vendre sa récolte pour acheter non seulement des biens de consommation courante mais aussi les produits vivriers dont il négligeait de plus en plus la culture devenue moins « rentable ».

Cependant, comme l'ont remarqué Rey et Dupré[1], il demeure insuffisant de vouloir chercher dans l'analyse des échanges les fondements de l'évolution d'une société. Les échanges, phénomène le plus visible parce que manifestation immédiate de la vie de relation, reflètent l'organisation interne de la société ; mais ils résultent de l'organisation de la production plutôt qu'ils n'en sont la cause. Claude Meillassoux, qui est parti de l'analyse de Bohannan et Dalton, l'a enrichie en s'efforçant de rendre compte des origines de la circulation des biens[2].

1. P.-Ph. Rey et G. Dupré, Réflexions sur la pertinence d'une théorie de l'histoire des échanges, *CIS,* 1er sem. 1969, p. 133-162.

2. Cl. Meillassoux, Essai d'interprétation du phénomène économique dans les sociétés traditionnelles d'autosubsistance, *CEA,* I, 4, 1960, p. 38-67. Le passage suivant résume l'essentiel de son analyse.

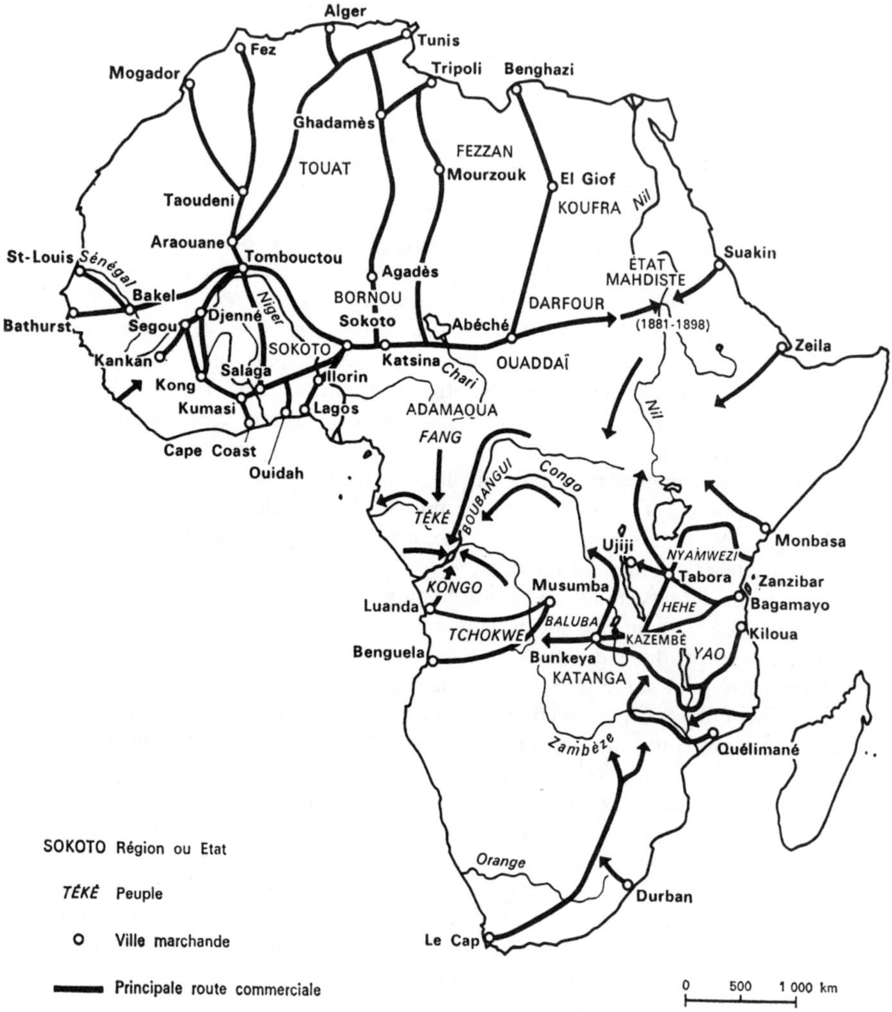

Fig. 8. – Les grandes routes commerciales au XIXe siècle

LE SYSTÈME LIGNAGER

Cette absence d'*échanges,* au sens économique du terme, entre les membres de la communauté au sein des sphères de « réciprocité » et de « redistribution », il l'a expliqué par l'importance des liens de parenté et la situation de dépendance des individus producteurs (les « cadets ») au sein de la communauté familiale dirigée par les « aînés ». Le transfert des objets se fait suivant un système de prestations et de contre-prestations dont les modalités sont liées à la situation sociale des protagonistes : dons réciproques au niveau des aînés ; prestations proprement dites des cadets aux aînés ; redistribution des aînés aux cadets.

Sur quoi se fonde cette autorité des anciens ? Certainement pas sur la force, puisque les aînés représentent la catégorie la plus faible, non seulement numériquement, mais aussi physiquement ; pas non plus sur le contrôle matériel des moyens de production (outils et terre) en raison de la technologie rudimentaire et de l'appropriation collective de la terre par la communauté. Leur prestige repose sur des liens personnels fondés sur le respect du savoir (savoir social, connaissance des coutumes, des généalogies, de l'histoire), identifié à l'âge de ses détenteurs et renforcé par une série de techniques (magie, divination, rites culturels, etc.) qui leur en garantissent l'exclusivité par des barrières institutionnelles (initiation) ou ésotériques (sorcellerie, médecine).

Le plus sûr garant de l'autorité des anciens sur les cadets reste le contrôle des femmes pubères, non pas tant par référence à leur fonction de travailleuses qu'à celle de génitrices : il importe, en effet, de s'opposer au processus de fragmentation qui détruirait l'autorité du « chef de lignage » au profit de cellules familiales restreintes. D'où l'importance du contrôle des mariages par l'institution de la dot : pour préserver leur autorité respective, une alliance s'impose entre les aînés de groupes voisins ; parmi tous les biens produits par la communauté – essentiellement par les cadets – certains leur reviennent de droit, qu'ils utilisent pour régenter l'accès aux femmes : c'est la sphère de réciprocité où les biens s'échangent moins entre eux qu'ils ne sanctionnent, en circulant, le contrôle d'une des parties sur la progéniture d'une femme émanant de l'autre partie. La dot, du moins avant qu'elle ne fût contaminée par l'économie de marché, surtout à partir du XIXe siècle, ne reflétait donc ni l'achat d'une femme, ni même un échange contre la femme, mais l'exigence d'un prestige social qui fixait l'accès aux femmes à un niveau inaccessible aux cadets.

L'exhibition de tels biens était une manifestation de prestige aristocratique. Leur destruction ostentatoire en demeurait la forme la plus achevée. D'où la disproportion fréquente, susceptible de heurter l'observateur occidental préoccupé de rentabilité, entre la valeur d'usage parfois nulle de ces biens et leur valeur sociale – tels les trésors d'ivoire thésaurisés par les chefs de la cuvette congolaise sans même servir à des fins décoratives, jusqu'à ce qu'ils se fussent trouvés, au XIXe siècle, déversés dans la sphère d'économie de marché introduite par la demande européenne.

De façon analogue, la redistribution des biens vivriers aux cadets ne représentait pas la rétribution de leur travail, mais la manifestation de l'autorité des aînés : donner, c'était manifester sa supériorité ; accepter sans rendre, c'était se subordonner.

Ce modèle, établi à partir de la société Gouro précoloniale de Côte-d'Ivoire[1], propose néanmoins une situation d'insularité économique restée, dans les faits, exceptionnelle en Afrique noire, même chez les sociétés lignagères, c'est-à-dire où le pouvoir politique se confondait avec l'organisation de la communauté familiale. Pourtant, le système n'interdisait pas une hiérarchisation des lignages : l'accroissement numérique de la collectivité pouvait, par exemple, se traduire par l'extension du contrôle des aînés à des groupes plus larges, manifestée par la détention d'attributs de prestige plus nombreux ou plus efficaces au fur et à mesure que l'on s'élevait dans la hiérarchie sociale. Une autorité qui se transmettait héréditairement, suivant le principe du droit d'aînesse, pouvait déterminer la prépondérance d'un *lignage aîné,* dont tous les membres jouissaient de prérogatives analogues, transformant les rapports primitifs aînés-cadets en rapports patrons-clients (comme au Buganda). C'était l'ébauche d'une hiérarchisation en classes sociales où le groupe dominant continuait de monopoliser, pour son usage personnel, des biens de prestige dont faisaient éventuellement partie les marchandises échangées avec l'extérieur.

Ainsi s'expliquerait que ces sociétés, même soumises à des rapports économiques intenses de type marchand (tels les royaumes négriers), aient pu tardivement préserver leurs structures patriarcales ; les deux systèmes coexistaient dans une même société, mais situés à deux niveaux apparemment imperméables l'un à l'autre : d'une part, l'autoconsommation villageoise, ; d'autre part, le grand commerce international, voire transcontinental.

ÉCONOMIE « ARCHAÏQUE » ?

Cette vision a permis à l'économiste américain K. Polanyi de dresser du Dahomey précolonial un schéma explicatif séduisant, bien qu'exagérément simplificateur[2]. Comme la plupart des historiens, l'auteur a été frappé par le contraste entre la puissance politique du souverain et la faible intégration économique de son royaume.

1. Cl. Meillassoux, *Anthropologie économique des Gouro...* [268].
2. K. Polanyi, *Dahomey and the Slave Trade* [323].

En brousse, en effet, la masse paysanne vivait en communautés d'autosubsistance soumises mais peu concernées, animées seulement de marchés locaux en nombre limité qui assuraient des échanges exclusivement vivriers pratiqués au comptant (en monnaie de cauris). Mais ces transactions n'auraient eu aucune liaison avec le commerce de traite : celui-ci, étatisé, reposait entre les mains d'un « despote » africain, seul propriétaire et, partant, seul marchand des esclaves fournis par ses razzias annuelles sur les marges du royaume. De ce fait, le grand commerce ne faisait que traverser le pays sans le pénétrer, grâce à une institution originale : le *Port de Traite* (Ouidah), soigneusement isolé du reste du royaume, dont l'activité était garantie par la fermeté de son administration commerciale, sa neutralité politique et ses commodités de transport.

Cette économie bureaucratisée, opposée à l'économie de marché, expliquait la stabilité des tarifs, en dépit des désordres intérieurs et de la concurrence effrénée à laquelle se livraient, de leur côté, les divers nationaux européens, puisque les tarifs de vente et des taxes locales ou douanières étaient fixés par décision royale, non en fonction des lois de l'offre et de la demande, mais de facteurs écologiques ou militaires (par exemple : le prix standard d'un esclave, l'estimation chiffrée de ses défauts, la sélection des « paquets », assortiment codifié et tarifé de marchandises de traite). D'où la valeur relativement stable du cauri durant un siècle et demi (32 000 c. = 1 once d'or), garantie par une politique étatique qui régla son usage et évita sa prolifération par le contrôle autoritaire de ses importations jusqu'à la veille de la conquête coloniale.

Ainsi le pouvoir était-il étroitement lié à une formule économique spécifique : la mainmise absolue du souverain sur un grand commerce étatisé non intégré, échange massif de produits plutôt que vrai commerce, puisque le roi ne cherchait pas tant le profit que l'obtention, par des actes d'échanges, de marchandises lointaines : les armes (condition de sa puissance et de son approvisionnement en esclaves), les tissus, l'alcool et la pacotille, fondement de sa générosité révélée par le défilé annuel des trésors de traite accumulés de génération en génération ; la fête des « Coutumes » assurait alors le regroupement et la redistribution périodiques des richesses du royaume.

L'analyse de Polanyi est séduisante. Elle rend compte, en particulier, de la capacité de résistance de l'économie traditionnelle soulignée par Rey et Dupré[1] : les biens fournis par le capitalisme européen, loin d'entraîner, *ipso facto,* l'expansion de l'économie de marché, furent absorbés par l'économie lignagère ; transformés en biens de prestige, ils étaient intégrés au niveau des échanges entre aînés où ils se substituèrent aux biens produits sur place (artisanat des forgerons, pagnes de raphia, etc.). Certes, le problème était de résorber un surplus croissant ; ce fut le rôle d'une thésaurisation abusive qui se traduisit parfois par un accroissement de la redistribution, plus souvent par la destruction ostentatoire ; car, si le but de l'ostentation était d'assurer le prestige social du chef, son effet fut de stériliser une partie de la produc-

1. *Op. cit.*

tion en la détournant vers des fins improductives n'intéressant ni la reproduction, ni la consommation[1]. Les cérémonies d'inhumation ou d'intronisation en furent l'exemple le plus frappant : ainsi les chefs Batéké réservaient-ils à leurs funérailles une masse considérable de cotonnades rouges d'Europe[2] ; le corps, momifié depuis deux mois, était enveloppé d'une couche épaisse de tissus qui lui donnait la forme d'un cyclindre. Cet emballage mortuaire, qui pouvait atteindre des proportions énormes, exerçait une ponction régulière de richesses, d'autant que les réjouissances sacrées qui accompagnaient la cérémonie prévoyaient les offrandes massives des familiers. Ce fut également la fonction des « Grandes Coutumes » célébrées au Dahomey à la mort du roi, et ce ne fut pas un hasard s'il s'y ajouta, à partir du XVIIIe siècle, c'est-à-dire parallèlement à l'essor négrier, l'institution de grandioses cérémonies *annuelles* d'anniversaire en l'honneur des ancêtres. C'était bien, pour le souverain, l'occasion de percevoir le tribut, mais surtout d'étaler aux yeux de son peuple rassemblé, plusieurs semaines durant, la richesse et la munificence de la dynastie, soit par le sacrifice public de centaines d'esclaves (manque à gagner certain), soit par la consommation d'alcools versés à flots, de cauris et de pagnes jetés à poignées du haut des estrades publiques[3]. Tout laisse à penser que les fêtes du royaume du Kongo, au temps de sa plus grande activité négrière, se déroulaient suivant un schéma analogue[4]. Certes, de tels épisodes stimulaient la vie économique du pays, en encourageant l'intense activité de traite nécessaire à l'approvisionnement de cette « foire » en produits de toutes sortes. Mais ils permettaient surtout de « régulariser » la production, en veillant à la maintenir à un niveau qui n'excédait pas les besoins de la Cour ajoutés à ceux de la simple reproduction des communautés.

LES LIMITES DE L'ANALYSE

S'il est éclairant, le modèle de Polanyi ne peut satisfaire pleinement l'historien. Il est d'abord trop schématique. Il ne faudrait pas exagérer l'étanchéité de cette césure idéale entre deux niveaux économiques effectivement hétérogènes, même dans le cas privilégié du Dahomey, exemple typique, selon Polanyi, d'une économie « archaïque » de transition entre l'économie « primitive » et l'économie de marché : les travaux en cours de

1. Cl. Meillassoux, *Cahiers de l'ISEA, op. cit.*, p. 759.
2. G. Sautter, Le plateau congolais de Mbé, *CEA,* I, 2, 1960, p. 37.
3. C. Coquery-Vidrovitch, La fête des Coutumes au Dahomey [313].
4. W. G. L. Randles, *L'ancien royaume du Congo* [511], chap. V : « La fiscalité ».

Marion Johnson tendent à prouver que la stabilité du cauri ne fut pas si parfaite, et que ses variations reflétaient assez bien les fluctuations du marché[1] ; le « despotisme » royal paraît avoir exagérément subi la contamination d'une notion occidentale et le « monopole » royal sur le commerce des esclaves n'excluait certainement pas l'existence d'une classe restreinte, mais essentielle, de riches marchands à Ouidah qui participaient du pouvoir politique tout en tenant les rênes de l'organisation commerciale – classe tampon, à la fois serviteurs du roi et agents du contact avec la masse paysanne, qui assurait le relais entre les deux réseaux commerciaux du pays, interne et externe. Car une partie des marchandises issues du commerce international finissait bien par aboutir sur les marchés locaux[2].

Polanyi affirme hâtivement qu'on ne trouvait sur ces derniers que des vivres préparés (kassava, huile de palme, etc.). Certes, les objets en vente, regroupés par quartiers, étaient surtout de facture traditionnelle (vivres, tissages, bijoux, médicaments et fétiches, etc.). Mais on y trouvait toujours deux éléments révélant au moins l'existence d'un lien avec le commerce à longue distance : d'une part, des produits africains d'autres régions (beurre de karité, mil et sorgho venus du Nord, poterie et vannerie de l'Est, gari, farine de manioc, poissons et crevettes des lagunes de l'Ouest) ; d'autre part, des objets manufacturés d'origine européenne. Les témoignages laissent, en outre, supposer un trafic existant, de relais en relais, jusqu'au Niger[3].

En sens inverse, les marchandises européennes suivaient bien aussi quelque filière pour aboutir sur les marchés de l'intérieur. Ceux-ci, dont Polanyi semble avoir, pour des raisons économiques (faible valeur globale des transactions), sous-estimé l'importance sociale, étaient, en fait, des foyers d'activité très vivaces ; traditionnellement, tout se commercialisait au marché, lieu de carrefour et occasion de rassembler, à jour fixe, les produits de l'industrie locale. L'habitude ancestrale s'est d'ailleurs conservée, pour le forgeron ou le potier, de venir régulièrement exposer son ouvrage, parfois à plusieurs kilomètres de son domicile même si l'acheteur devait être son voisin le plus proche[4]. Et ce caractère industrieux de la population dahoméenne, manifestement prête à s'adapter à tout commerce qui fît davantage appel aux ressources du pays, s'oppose à la vision schématique d'une masse paysanne passive indifférente aux échanges à longue distance.

Outre son schématisme, le modèle de Polanyi présente surtout l'écueil du genre : il offre l'image statique d'une société équilibrée où coexisteraient parallèlement deux systèmes économiques (l'autosubsistance et le commerce étatique) et deux autorités politiques (le chef lignager et le souverain territo-

1. M. Johnson, The ounce..., *JAH,* VII, 2, 1966, p. 197-214.
2. Voir le développement de cette thèse dans C. Coquery-Vidrovitch, De la traite des esclaves à l'exportation de l'huile de palme..., *in* [34], p. 107-123.
3. R. F. Burton, *A Mission to Gelele,* Londres, 1864, II, p. 26.
4. Brasseur et Brasseur-Marion [312], p. 111-117.

rial). L'historien sait bien qu'en Afrique comme ailleurs l'équilibre fut toujours instable et, de ce fait, exceptionnel. Lorsqu'il fut néanmoins réalisé, ce fut toujours pour des périodes limitées : le royaume du Kongo entra rapidement en décadence, ruiné par cette traite qui avait fait sa fortune. Les Batéké du plateau se heurtèrent, au XIXe siècle, aux Boubangui du fleuve, qui s'emparèrent à leur tour du contrôle du grand commerce congolais. Même le Dahomey négrier ne put répondre à ce schéma que durant une période relativement brève – celle du règne exclusif de la traite négrière, à partir du milieu du XVIIIe siècle ; or ce ne fut plus le cas dès le début du XIXe siècle, et surtout à partir de 1840 : parallèlement au trafic des esclaves, de plus en plus combattu par les humanitaristes européens, démarrait en effet le commerce de l'huile de palme puis des palmistes, appelé à prendre rapidement la première place. Cette nouvelle activité était évidemment intégrée au pays, ne serait-ce que parce que l'intervention devenue déterminante des paysans producteurs assurait un va-et-vient constant entre la sphère du commerce royal et celle de l'autoconsommation villageoise.

Sur cet exemple privilégié, on voit combien le modèle équilibré d'une société précoloniale multicentrique ne doit pas faire illusion. Au contraire, l'interférence, au sein du même ensemble, d'éléments contradictoires (structure tribale et lignagère à base familiale fondée sur l'autoconsommation ; organisation territoriale à tendance centralisatrice, portée parfois prépondérante du commerce à longue distance) ne pouvait être que génératrice de déséquilibre et de conflits. Le problème se pose finalement

> « en termes de la reproduction de deux modes de production coexistants et de leur relation : l'un, le secteur communautaire, économiquement dominant mais politiquement dominé, est maintenu dans les limites de la reproduction simple [= la perpétuation sans extension] par le contrôle royal sur les biens de production et par les restrictions imposées à la pénétration de l'esclavagisme [= le travail productif des esclaves]. L'autre, le secteur royal esclavagiste, qui se reproduit indépendamment du premier par la guerre pourvoyeuse d'esclaves et de guerriers producteurs de nouveaux esclaves, est également limité par la destruction des captifs excédentaires »[1].

Certes, en préservant l'un de l'autre les deux secteurs de production, le pouvoir pouvait entraver l'élargissement du système économique sur lequel il reposait ; d'où la tendance à renforcer le conservatisme social des traditions lignagères, à figer les institutions bureaucratiques de l'État, voire à neutraliser l'élément perturbateur incarné par les marchands en évitant de les intégrer dans la société : le royaume Ashanti les accepta seulement sous la forme de corporations d'étrangers, tout en limitant sévèrement les activi-

1. Cl. Meillassoux, *Cahiers de l'ISEA, op. cit.*, p. 770.

tés de négoce de ses propres ressortissants ; le Dahomey élabora le contrôle du « port de traite » confié à un dignitaire spécialisé, le *Yovoghan* (ou « chef des Blancs »).

Mais, sous peine de retomber sur le schéma déjà récusé d'une « société traditionnelle » condamnée à l'immobilisme, puisque supposée incapable de se reproduire autrement qu'identique à elle-même, il importe d'élucider suivant quel processus tel « despote », tel groupe privilégié, voire telle classe sociale put, à diverses reprises, un peu partout sur le continent, faire basculer le système à son profit, en imposant à une masse paysanne relativement peu concernée sa mainmise économique et politique.

LE NIVEAU DE LA PRODUCTION

À considérer ces sociétés non plus au niveau des échanges institutionnalisés, mais à celui de la production, on constate qu'elles se définissaient, globalement, par une production surtout agricole, caractérisée par une technologie peu développée et un faible degré de spécialisation et d'échange, au sein d'une organisation communautaire qui ignorait, notamment, l'appropriation privée du sol.

LE RETARD TECHNOLOGIQUE

Pour rendre compte de la spécificité socio-économique africaine, certains auteurs ont privilégié, parmi les critères ci-dessus énumérés, le bas niveau technologique. Le retard en ce domaine, indiscutable et prolongé tardivement, continue, en effet, d'intriguer les historiens.

On sait que le paysan africain, jusqu'au XXe siècle, a utilisé un nombre très restreint de machines, même élémentaires ; l'instrument de base reste la houe ; en Casamance (Sénégal méridional), la cueillette du riz continue de se faire brin à brin. Car l'invention fondamentale de la charrue, qui a pourtant gagné l'ensemble du continent eurasiatique, n'atteignit pas l'Afrique au sud du Sahara, même là où l'absence de la tsé-tsé aurait autorisé la traction animale. C'est que la *roue* n'a jamais été adoptée, bien qu'elle semble avoir traversé le Sahara dès le début de l'histoire à la fois par l'ouest (« Route des chars » du Tassili N'Ajjer) et par l'est (Éthiopie et Soudan oriental), et que l'Afrique ait connu la métallurgie du fer au début de notre ère (Méroé en Nubie ; civilisation de Nok au Nigeria). Il ne put donc y avoir ni traction animale ni traction humaine pour maîtriser l'énergie éolienne ou hydraulique. Tandis que dans les régions les plus sèches du continent eurasiatique la roue a joué un rôle déterminant pour élever l'eau des puits, l'Africain noir s'est contenté de procédés de stockage (citernes creusées dans la latérite de Gonja – Ghana septentrional – ou de Salaga, « la ville aux mille puits ») sans résoudre, sauf exception, le problème énorme de la distribution de l'eau, comme au Moyen-Orient ou même dans les oasis du Sahara (encore aujourd'hui les techniques de jardinage n'excèdent guère les abords immédiats du fleuve Niger)[1].

D'aucuns ont voulu faire de ce retard technologique le responsable du blocage de l'Afrique noire : sans roue, donc sans charrue, pas question d'accroître la superficie cultivable par homme, donc pas d'exigence de productivité ; pas d'accumulation possible d'un surplus permettant de subventionner un nombre accru d'artisans, de susciter des différenciations de fortune ou de style de vie détachées des contraintes agricoles et révélées par l'essor urbain et politique. Pas d'incitation, non plus, à délaisser les techniques extensives de l'agriculture itinérante, donc à fixer à la terre une classe moyenne d'entrepreneurs privés[2] : enfermé dans un cercle vicieux, le paysan africain serait condamné au sous-développement par manque de technicité.

Mais cette hypothèse aboutit seulement à reculer le problème : quelle est, en effet, la cause de ce retard technologique ? M. Malowist s'est aidé, pour tenter d'y répondre, d'une comparaison entre la société paysanne africaine et celle de l'Europe centrale médiévale[3] : pourquoi la zone soudanaise, en dépit de la prospérité des « Empires » médiévaux (Ghana, Mali...), continuait-elle de stagner alors que la Pologne amorçait son « décollage » ? Parce que l'Afrique aurait été dépourvue d'incitations économiques analogues ; les paysans y étaient assurés d'une existence somme toute prospère sans avoir à peiner exagérément, à la différence de ceux de l'Europe centrale moins dotée en richesses naturelles : la nécessité pour ces derniers de fournir un effort intense pour subsister aurait constitué un énergique stimulant, susceptible d'accroître la productivité et de modifier les structures sociales coutumières. Paradoxalement, le Soudan occidental aurait été condamné par sa « prospérité barbare ».

En fait, la thèse ne fait que reprendre sous une autre forme l'ancienne théorie de E. Huntington qui attribuait l'éclosion des plus grandes civilisations à l'influence d'un climat bénéfique à l'énergie humaine, à l'opposé des zones tropicales favorables à la « léthargie »[4]. C'est plus généralement l'argumentation de Toynbee qui voit dans ces civilisations une « réponse » au « défi » du milieu naturel[5]. Hopkins a beau jeu de dénoncer ce mythe tenace de la fertilité de

1. J. Goody, Economy and feudalism in Africa, *The Economic History Review,* XXII, 3, 1969, p. 393-405, développé *in* [30].

2. *Ibid.*

3. M. Malowist, The social and economic stability of the Western Sudan in the Middle Ages, *Past and Present,* n° 33, avril 1966, p. 3-25 ; A. G. Hopkins, The Western Sudan in the Middle Ages : Underdevelopment, et réponse de Malowist, *ibid.,* n° 37, juillet 1967, p. 149-156 et 157-162.

4. *Civilization and Climate,* New Haven, 1915, ou *Mainspring of Civilization,* New York, 1945.

5. Voir le résumé de la thèse de J. Toynbee, *in* D. C. Somervell, *A Study of History,* Oxford, 1960.

l'Ouest africain ; la zone des savanes, décrite avec enthousiasme par d'opulents voyageurs arabes qui n'en connaissaient que les routes les plus prospères liées au commerce transsaharien, le long desquelles ils étaient, de ce fait, particulièrement choyés, est loin de correspondre à cette image. Les sols y sont pauvres en éléments organiques, quand bien même il ne s'agit pas de carapaces latéritiques qu'il fallait défoncer à la houe afin d'y pouvoir faire quelque plantation ; la brièveté et l'irrégularité des pluies combinées à une longue et torride saison sèche ont toujours fait de la « soudure » entre l'ancienne et la nouvelle récolte une rude épreuve ; le manque de sel, produit biologiquement indispensable, obligeait à l'importer à grands frais du Sahara, et le handicap de troubles perpétuels – raids de village à village, razzias d'esclaves, guerres civiles – s'ajoutait aux carences alimentaires, aux épidémies et aux famines qui rythmaient la vie de la communauté agricole. Au contraire, un tel milieu, loin de donner confiance aux hommes dans le contrôle qu'ils pouvaient exercer sur l'environnement (sans même parler des contraintes plus oppressantes encore de la forêt dense) inciterait tout au plus à penser que la « réponse » était faible parce que le « défi » était insurmontable.

En réalité, ce type de spéculation nous paraît mal engagé : il revient à faire de la technologie le moteur de l'alternative blocage/développement. Or le faible niveau des forces productives, signe le plus criant du blocage, n'en est pas nécessairement, pour autant, l'origine. On sait, en effet, que les paysans africains n'ont pas ignoré tout un éventail diversifié de techniques agricoles : culture intensive des « jardins de cases » ; culture extensive remarquablement adaptée aux conditions écologiques (sol abondant mais peu fertile)... ; il y eut, de tout temps, un surplus agricole potentiel. S'il ne fut pas exploité, ce fut peut-être moins à cause du fatalisme du milieu naturel ou de l'ignorance des hommes qu'en raison d'un choix économique résultant de l'ensemble des composantes sociales. Lorsqu'elles furent adoptées, les améliorations technologiques servirent tout au plus, à chaque famille, non pas à produire trois fois plus, mais à travailler trois fois moins pour le même résultat : la productivité ne serait-elle pas restée basse parce que la structure de la demande et l'absence de division du travail et de spécialisation, c'est-à-dire l'organisation de la société dans son ensemble, ne se prêtaient pas à la reproduction élargie du système ? Sans négliger, pour autant, le poids de l'intervention d'éléments exogènes (impact arabe ou européen), il importe de s'attarder d'abord sur le rôle de ces facteurs internes qui contribuent à éclairer l'extraordinaire capacité de résistance aux innovations d'une société relativement équilibrée.

C'est à ce niveau que le concept marxiste de « mode de production » devient opératoire puisqu'il permet de décomposer en deux temps l'examen du système socio-économique, par l'analyse des *forces productives* (ressources, force de travail et niveau technologique) et celle des *rapports sociaux de production,* c'est-à-dire des relations existant entre ceux qui produisent et ceux qui contrôlent les moyens de production (appropriation de la terre, rapports aînés-cadets, patrons-clients, maîtres-esclaves, etc.). Encore faut-il introduire une précision : la notion de « mode de production » doit être entendue comme celle d'un modèle théorique. Concrètement, les sociétés ne le restituent pas sous cette forme schématique. Leur organisation reflète un agencement complexe de la production, où peuvent interférer toute une série de facteurs divers hérités de l'histoire du groupe considéré, révélant les influences parfois contradictoires qu'il a subies et les institutions originales qu'il en a inférées. Tout au plus peut-on définir un « mode de production dominant » au sein d'un ensemble économique donné, qui peut présenter par ailleurs des caractères relevant d'un autre mode de production : ainsi tenterons-nous de définir un « mode de production africain », variante du « mode de production asiatique » (ou, plus généralement, « tributaire ») dont il n'élimine pas certains des traits fondamentaux, non plus que des éléments parfois loin d'être négligeables témoignant du type esclavagiste ou même féodal.

L'ÉCONOMIE VILLAGEOISE DE SUBSISTANCE OU SYSTÈME LIGNAGER

La terre étant, par définition, l'élément dominant de l'économie dans une civilisation agraire, l'économiste américain Stephen Hymer découvre précisément là, dans la nature égalitaire du système foncier, la clé de la stabilité relative du système[1].

> Chaque famille constituait, en effet, un centre autonome de production et de consommation, portant sur un large éventail d'activités : elle fournissait ses vivres, édifiait son logement, fabriquait son mobilier, son équipement, ses vêtements – bref, se suffisait à peu près à elle-même. Au niveau du village, la coopération entre familles portait sur des activités délimitées, rythmées par des fêtes rituelles : défrichement, construction des cases, chasse, défense. Certains étaient bien spécialisés dans des activités religieuses, politiques ou artisanales (griots, forgerons, potiers...). Mais très peu s'y consacraient à plein temps, puisque, sans division du travail élaborée, chaque chef de famille devait finalement veiller à assurer au groupe sa propre subsistance. Chaque membre de la communauté recevait, pour ce faire, une part de terre, sans qu'il y ait place pour une classe inactive vivant exclusivement des revenus de la rente foncière. Du moins en était-il ainsi pour le modèle considéré, c'est-à-dire celui d'une société segmentaire type, repérable surtout en pays Bantu forestier où les entraves à la circulation ont probablement favorisé l'éclatement des lignages. La tendance à l' « éga-

1. Economic forms in precolonial Ghana, *The Journal of Economic History*, XXX, 1, 1970, p. 33-50.

litarisme » était beaucoup plus réduite dans la zone soudanaise, où l'on retrouvait une hiérarchisation de la société plus ou moins castée (cas, notamment, des griots et des forgerons), et où la pyramide sociale, depuis le chef à coloration féodale jusqu'à l'esclave du plus bas niveau, reflétait au moins partiellement le legs de l'Islam : tels les Haoussa du Nigeria septentrional ou les Toucouleurs du Sénégal précolonial, où l'on perçoit même parfois l'ébauche d'une appropriation des terres[1]. En dépit de cette restriction, le paysan gardait, néanmoins, partout son droit à une parcelle du terroir de la communauté lignagère dont il relevait.

Comment donc expliquer l'absence de rente foncière ? On a mis, avec raison, l'accent sur la faible densité de population et son corollaire, l'abondance relative de la terre. L'Afrique précoloniale, dans son ensemble, ignora la « faim de terre ». Cela ne signifie pas que celle-ci était libre, au sens où n'importe qui aurait pu en disposer à son gré de façon illimitée ; les droits sur le sol, propriété du groupe, étaient jalousement gardés par les institutions (d'où le rôle éminent du « chef de terre », qui veillait à sa répartition équilibrée). Certains individus – étrangers ou captifs – ne pouvaient en disposer qu'à titre de serviteurs ou d'esclaves. Mais ces exclusives étaient limitées et comme, finalement, tout individu relevait d'une communauté, très peu étaient contraints de travailler pour d'autres : tout se passait comme si le système foncier visait à protéger le groupe contre une création artificielle de pénurie de terre, en empêchant qu'elle ne pût s'accumuler entre les mains de quelques privilégiés.

Un tel système n'excluait d'ailleurs pas certaines inégalités dans la répartition des tâches : au sein de la famille, les femmes et les hommes jeunes accomplissaient la plupart des travaux au profit des vieillards qui en consommaient la majeure partie. Mais comme chaque homme finissait par parcourir au long de sa vie l'ensemble des classes d'âge, l'équilibre restait finalement maintenu. De même, s'il existait des échanges entre villages, le volume des denrées concernées restait limité face à celui de la production locale. Les marchés représentaient donc moins un organe économique qu'une institution multifonctionnelle à la fois sociale, religieuse et politique. C'était patent, par exemple, dans le cas des Mossi de Haute-Volta[2] ou des Mawri du Niger[3] : le marché permettait de rassembler à date fixe, d'une périodicité variable (qui définissait d'ailleurs la « semaine » africaine, généralement entre quatre et neuf jours), un grand nombre de gens unis par des liens sociaux et politiques diffus. Nœud de communication, occasion d'échange et de nouvelles et parfois aussi de rencontre des sexes, le marché assurait alors la concentration et la dissémination de l'information ; moyen pour les chefs de rassembler leur clientèle, il avait aussi un rôle

1. K. Deme, Les classes sociales dans le Sénégal précolonial, *La Pensée*, n° 130, 1966, p. 11-31.
2. Skinner, *in* Bohannan et Dalton [26].
3. M. Piault, Cycles de marchés et espaces sociopolitiques, *in* [34], p. 285-302.

politique, car il pouvait être avantageux de contrôler à la fois le peuple qui le fréquentait et les produits qui y étaient proposés (tels les marchés de la kola de Sanaga ou du bétail d'Atebubu dans la mouvance de l'Ashanti). L'autorité politique s'engageait, en retour, à assurer la sécurité du marché en exerçant une fonction de police et de justice, voire un rôle religieux dont le cérémonial garantissait le maintien de la paix.

Sous cette forme idéale, le système aurait défini une économie où tous les membres, unis par le sang, la langue et les coutumes, participaient à une production ordonnée, répartie au sein de la famille ou par réciprocité et redistribution à l'exclusion du travail rémunéré, sans qu'il fût possible de différencier les lois économiques des institutions politiques et sociales. Quelle que fût l'origine de cet état de fait (Hymer suggère le legs d'un passé de chasseurs, impliquant une organisation sociale de type « démocratique » capable d'assurer la coordination des activités, sous la direction d'un chef dont la mission essentielle était alors de préserver le principe d'équilibre, donc l'égalité sociale, vital pour la cohésion du groupe), cette organisation foncière égalitariste aurait entravé le progrès économique précisément parce que, en interdisant de séparer le producteur de son moyen de production (la terre), elle faisait obstacle à la concentration de la richesse et du pouvoir, donc à la différenciation en classes sociales consacrant une division sociale du travail.

A contrario, en effet, une aristocratie dominante, d'origine généralement guerrière puisque capable de s'approprier autoritairement la terre pour s'en assurer la plupart des revenus, aurait encouragé le formation d'un secteur artisanal à son service en consacrant les surplus prélevés sur la terre à l'achat de vivres et autres biens de consommation (bijoux, tissus, etc.), et renforcé le secteur agricole, dorénavant tenu de nourrir la population dans son ensemble, en réservant une partie de ses revenus à l'intensification de la production (routes, systèmes d'irrigation et autres travaux d'infrastructure) ; ainsi se seraient trouvées encouragées toute une série d'innovations technologiques susceptibles, à leur tour, d'accélérer la division du travail et, partant, de favoriser la maturation d'une « civilisation » au sens occidental du terme, comparable à celles d'Inde, de Chine, de l'Égypte ou du Proche-Orient – ce que Marx a appelé le « mode de production asiatique ».

LE GRAND COMMERCE

Le cas se produisit parfois en Afrique noire, mais jamais à partir du secteur agricole. En effet, si le « mode de production lignager » fut dominant au sein des sociétés paysannes africaines, il ne fut, sauf exception, pas exclusif. Parallèlement à l'agriculture d'autosubsistance se développèrent des activités de guerre et de commerce qui firent, de tout temps, la prospérité de vastes ensembles politiques ; des Empires soudanais médiévaux ou du royaume de Zimbabwé (le « Monomotapa » des découvreurs portugais) aux formations modernes qui nous intéressent plus directement ici, les exemples abondent : Empire Lunda, royaumes du Kongo ou du Dahomey, Buganda, États Mossi, principautés Haoussa, chefferies courtières du fleuve ou de la cuvette congolaise, royaume Zulu... C'est à partir de cette constatation d'ensemble que nous avons tenté de définir ailleurs un « mode de production africain » caractérisé, précisément, par cette coexistence apparemment contradictoire de l'autoconsommation villageoise et du grand commerce international, voire transcontinental[1]. Cette primauté du grand commerce (si l'on excepte le cas particulier du royaume Zulu, exclusivement guerrier) nous paraît différencier ce modèle de celui du classique « mode de production asiatique ».

Ce dernier suppose bien d'un côté les mêmes communautés villageoises fondées sur une activité productrice collective, mais combinées à une « unité supérieure » qui, sous la forme d'un régime étatique, fut capable d'astreindre collectivement au travail la masse de la population – cet « esclavage généralisé » révélant le « haut commandement économique » d'un despote qui « exploite ces communautés en même temps qu'il les dirige »[2]. Car nulle part en Afrique (sauf peut-être dans les constructions pseudo-cyclopéennes des « bâtisseurs de pierre » d'Afrique australe, XIVe-XVIIIe siècle) on ne retrouve cet « esclavage généralisé » qui sut faire de l'État un entrepreneur capable d'imposer, malgré un niveau technique peu élevé, d'énormes travaux, hydrauliques (États fluviaux du Proche- et du Moyen-Orient), militaires (Muraille de Chine) ou prestigieux (pyramides). En Afrique, au contraire, la minorité aristocratique qui se dégagea parfois domina et exploita les communautés « sans intervenir directement dans leurs conditions de production »[3]. Les prélèvements effectués avec l'aide de la classe dominante par les souverains qui, çà et là, prirent le pouvoir ne le furent guère sur la paysannerie, puisque le continent noir était précisément le lieu du monde où l'agriculture était sans doute la moins à même de produire de la plus-value. Apparemment aucun souverain n'eut jamais besoin pour vivre de prélever en quantité des vivres sur la production villageoise ; il se contentait, au plus, d'organiser à son profit une exploitation de type familial sous la responsabilité de ses femmes (cas du Dahomey, par exemple), à l'aide d'un « esclavage domestique » qui n'était comparable ni à l' « esclavage généralisé » ni à l'esclave-force de travail du monde antique. Ainsi que nous le verrons dans le chapitre suivant,

1. Recherches sur un mode de production africain [28].

2. J. Chesneaux, Le MPA. Quelques perspectives de recherches, *La Pensée*, n° 114, 1964. D'une façon générale, consulter le recueil des articles de *La Pensée* concernant le sujet jusqu'en 1968 inclus (1re éd.) et au-delà (2e éd., 1973).

3. M. Godelier, La notion de MPA et les schémas marxistes d'évolution des sociétés, *CERM*, Paris, 1963, 42 p.

il semble en effet que l'esclavage en tant que mode de production (c'est-à-dire qui faisait du travailleur esclave le moyen essentiel de production), bien qu'il ne devînt nulle part dominant, prit son essor à la suite de contacts accrus avec l'extérieur par la traite lointaine, d'abord maghrébine puis, surtout, atlantique. De même, l'organisation pseudo-féodale des sociétés les plus hiérarchisées (royaumes Ouolof...) fut relativement tardive ; jusqu'alors, les tributs levés par les « despotes » les plus organisés (Bénin, Dahomey, Ashanti, royaume Lunda) étaient moins destinés à la rétribution de services ou au financement général qu'à être thésaurisés, immédiatement consommés ou même détruits. Bref, les prestations exigées avaient surtout une valeur symbolique de garant des structures sociales.

Le despote africain exploitait moins ses propres ressortissants que les tribus voisines. C'est des échanges à longue distance que provenait la majeure partie du surproduit. Pour ce faire, deux moyens étaient offerts : la guerre et le commerce. La guerre était la forme de production caractéristique des « États militaires-parasitaires » : tels apparaissaient les royaumes Mossi ou le Buganda, dont l'appareil d'État s'identifiait à une entreprise de déprédation extérieure en quête de butin – esclaves, bétail, objets de prestige – destiné aux chefs d'armées et aux guerriers les plus valeureux ; il était susceptible, de ce fait, de mobiliser la majeure partie de la population pour ses deux campagnes annuelles ; tel était également le Dahomey où la vie était rythmée par les expéditions lancées à chaque saison sèche vers le pays Ashanti à l'ouest ou les cités Yoruba à l'est pour ramener le contingent d'esclaves exigé par l'économie négrière ; ou bien encore les États Foulbé héritiers d'Ousman dan Fodio qui eurent au XIXe siècle la haute main sur la traite arabe approvisionnant le Soudan tout entier (lamidats peuls du plateau de Ngaoundéré), ou les sultanats du haut Oubangui et du Bahr el-Ghazal ; tels furent, enfin, les peuples razzieurs de bétail (Masaï contre Kikuyu du Kenya ; Ndebele contre Shona de Rhodésie ; Nama contre Herero du Sud-Ouest africain).

Néanmoins, une grande partie des échanges à longue distance procédait par des voies pacifiques entre zones complémentaires : après les Empires soudanais médiévaux, ce fut le cas des Ashanti qui échangeaient les produits de la forêt (kola) contre les cotonnades venues du Nord, ou des tribus courtières dites « anarchiques » ou « sans État » qui, l'auraient-elles voulu, n'auraient pas disposé des ressources militaires suffisantes pour s'imposer par la force : tels les Boubangui du Congo qui acquéraient « à des prix dérisoires » le manioc des Batéké ou des Mbochi et revendaient cinq ou six fois, voire dix fois plus cher au Pool le bois rouge, l'ivoire ou les esclaves achetés en amont[1].

1. C. Coquery-Vidrovitch, *Brazza* [128], p. 105-110.

Dans les deux cas, cette circulation exogène était assimilable à une forme de production – mais une production immédiate et apparente qui s'avérait, en fait, abâtardie et déprédatrice, puisque les marchandises ne faisaient que traverser le pays (à la façon du Portugal des grandes découvertes) quand elles ne le stérilisaient pas au lieu de l'enrichir, soit qu'il s'agît d'un prélèvement effectif de forces vives (ponction négrière), soit même de thésaurisation : ainsi, chez les Masaï, la capitalisation en têtes de bétail excluait-elle d'en tirer profit, puisque le troupeau incarnait non un « surplus » exploitable, mais l'essence même de la richesse (était riche l'homme qui possédait le plus grand nombre possible de bêtes) ; c'est pourquoi les Masaï s'obstinèrent à razzier le bétail dont ils regorgeaient plutôt que d'autres biens (produits vivriers, par exemple) qui leur faisaient cruellement défaut. Le système n'interdisait donc pas l'accumulation de richesses ; mais leur usage était alors paralysé par l'organisation socio-économique.

UN « MODE DE PRODUCTION » AFRICAIN MODÈLE À RÉVISER ?

En Afrique comme en Orient, l'organisation socio-économique relevait du mode de production tributaire[1], dans la mesure où elle se caractérisait par la contradiction permanente entre la communauté et la négation de la communauté par l'État[2]. Mais la spécificité africaine reposerait dans la combinaison d'une économie agraire patriarcale à faible surplus interne et de l'emprise exclusive d'un groupe sur les échanges à longue distance. La nature de ce groupe aurait déterminé la forme du pouvoir à un moment donné ; si les responsables en coïncidaient avec les chefs lignagers de l'autosubsistance au niveau villageois, leur prééminence était incontestée : dans le cas des Fang ou des Boubangui, elle fut menacée seulement par l'instabilité des groupuscules rivaux associés dans la même entreprise.

En revanche, si, au sein d'un appareil politique plus différencié, une classe privilégiée, à la faveur d'un recrutement héréditaire de caste ou à la suite d'une ébauche d'accumulation de capital, avait réussi à mettre la main sur le trafic à longue distance, le régime exprimait une synthèse plus ou moins cohérente entre le système tribo-patriarcal et des ambitions territo-

1. Terme moins exclusif que l'expression trop géographique de « mode de production asiatique ». Le concept doit d'ailleurs être compris dans un sens plus général, incluant toute une série de variantes, depuis le « mode de production lignager » jusqu'au « mode de production asiatique » proprement dit.

2. S. Amin, *Mode de production, formations sociales... Introduction aux concepts*, séminaire IDEP, Douala-Kinshasa, 1972 (74 p. ronéot.). Repris dans *Le développement inégal* [154].

riales d'un type nouveau. Les Empires soudanais médiévaux traduisaient, par exemple, l'utilisation des structures animistes traditionnelles par une aristocratie arabisée maîtresse des échanges ; la fonction de ces Empires était de contrôler et d'exploiter le commerce entre le Soudan occidental et l'Afrique du Nord ; leur but était la domination d'autrui pour le profit : cet objectif économique permet de rendre compte de leur forme politique.

L'histoire du royaume du Dahomey révèle une autre tentative pour résoudre des contradictions internes du même ordre. Le royaume se constitua progressivement à la faveur du vide politique laissé par la décadence des structures ancestrales Aja, minées par l'introduction de la traite. On vit se superposer aux institutions communautaires la notion nouvelle d'un État reposant sur des assises territoriales, où chaque sujet devait servir le roi et non plus seulement le chef patriarcal. Le paradoxe fut que le royaume, apparu d'abord pour tenir tête aux influences corrosives de la traite, fut voué à une construction économique et administrative fondée sur la traite : ce fut le sens du règne d'Agadja (1708-1740) dont la mutation en négrier fut à l'origine de l'épanouissement du XIXe siècle[1].

Enfin, la perte, par un groupe privilégié ou par un despote, de son emprise sur les échanges à longue distance entraînait la ruine de son pouvoir politique :

ce fut le cas au royaume du Kongo ; dès que le souverain perdit le contrôle des échanges avec l'Europe, l'autorité sur les provinces lui échappa : les chefs de la côte du Loango et du Soyo (au nord de l'embouchure du fleuve) et de l'Angola (au sud) profitèrent de l'éloignement de la capitale pour s'emparer du marché, avec la complicité des marchands portugais de Saõ Tomé ; ces populations périphériques et maritimes se libérèrent peu à peu de la domination de l'empire de l'intérieur ; les vassaux se firent courtiers, et tirèrent du commerce une puissance qui leur permit de rivaliser avec l'ancienne autorité à laquelle ils refusèrent désormais de se soumettre[2].

Les exemples cités ne prétendent pas à eux seuls fonder une loi générale. En l'état actuel de nos connaissances, ils apparaissent simplement comme autant de solutions originales apportées au problème de la coexistence d'éléments économiques et politiques contradictoires. Ce qui rendit cette cohabitation possible, c'est précisément le fait que les minorités au pouvoir étaient davantage tournées vers l'exploitation de leurs voisins que celle de leurs sujets : aucun régime politique africain, aussi despotique fût-il, ne ressentit le besoin d'éliminer, au sein de ses frontières, des structures communautaires villageoises qui n'interféraient guère avec son processus d'exploitation. Le village, à condition de transmettre son tribut au chef de

1. Akinjogbin, *Dahomey and its Neighbours* [310].
2. W. G. L. Randles, *L'ancien royaume du Congo* [511], chap. IV et XI.

district ou de province, gérait à sa guise la vie de la collectivité ; les anciens assuraient de plein droit le culte des ancêtres du clan ; le chef de terre attribuait de sa propre autorité à chaque famille et à chaque génération son domaine cultivable ; les associations de femmes régentaient les transactions des marchés vivriers locaux. Il n'était même pas besoin de fournir au souverain un contingent de travailleurs des plantations ou de porteurs de caravanes, charges généralement assurées par les esclaves royaux razziés en pays étranger. Les obligations les plus fréquentes se limitaient à l'enrôlement dans l'armée en cas de conflit ou, comme au Dahomey, à l'affectation d'un certain nombre de filles au harem ou dans le corps des « Amazones », guerrières d'élite du roi[1].

LE RÔLE DÉTERMINANT DE L'IMPACT EXTÉRIEUR

Ainsi paraît s'éclairer un élément essentiel du blocage africain : l'évolution était conditionnée par celle d'une organisation socio-économique fondée sur une structure de type « dualiste » (autosubsistance et grand commerce). Un dépassement de cet état de fait aurait impliqué que l'emprise de l'aristocratie sur le reste de la population, jusqu'alors indirecte (révélée surtout par la jouissance exclusive des marchandises lointaines), s'exerçât directement. Or, dans ces sociétés paysannes, l'emprise directe passait nécessairement par le contrôle du moyen de production majeur : la terre. Celui-ci aurait naturellement entraîné la disparition de l'économie communautaire.

En vérité, à partir du moment où le processus de l'État était engagé, on comprend mal pourquoi ce dépassement n'eut pas lieu : la domination indirecte aurait dû entraîner son corollaire, la domination directe, surtout dans le cas privilégié où l'on comptait parmi les « biens réservés » les armes de traite, qui impliquaient à la fois l'un et l'autre : par leur acquisition, le souverain pouvait s'assurer du même coup le pouvoir de contrôler les enrôlements dans l'armée, le versement des tributs et surtout le travail des plantations favorisant à leur tour l'accumulation de surplus exportables.

Certes, l'organisation sociale était un handicap, mais, quelle que fût son

1. On pourra compléter et discuter cette vision par le commentaire d'E. Terray sur la thèse de J. Goody, *op. cit.* (Technologie, État et tradition en Afrique, *Annales,* septembre-octobre 1973, p. 1331-1338), paru au moment où nous mettions sous presse notre 1re édition – stimulant mais pas toujours convaincant. Il tend, en effet, à faire de l'exploitation *interne* des esclaves par l'aristocratie dirigeante à la fois le mobile et le moteur de la guerre et du commerce extérieur. Ce faisant, il réintroduit l'idée d'un mode de production esclavagiste *dominant,* ce qui, en l'état actuel de nos connaissances, paraît quand même exagéré. Voir, à ce propos, chap. VIII, p. 188-191 et 208-209.

importance, sur laquelle nous avons longuement insisté, il n'en faudrait quand même pas faire une fatalité : l'histoire de toute civilisation n'est-elle pas celle des mutations progressives ou brutales de ses propres structures ? Même si le pouvoir s'exerçait davantage sur les hommes que sur la terre, à travers le contrôle des femmes et des esclaves, des fusils et des chevaux, il était capable de rassembler les communautés paysannes autour d'un État centralisé.

La solution du problème semble reculer une fois encore : il faut déterminer pourquoi les structures sociales africaines, déjà peu favorables en elles-mêmes au changement, sont restées, la plupart du temps, radicalement figées.

C'est qu'à l'époque moderne elles n'ont pas trouvé à l'extérieur les incitations au changement dont elles étaient déjà dépourvues au sein du système. Certes, l'influence arabe médiévale a favorisé à travers l'ensemble du continent l'éclosion de civilisations marchandes qui finirent par accumuler des richesses non négligeables. Ce qu'elles n'étaient pas parvenues à faire, c'est à rendre ce surplus productif. Lorsque, avec le déclin du monde musulman, les profits faciles du commerce devinrent aléatoires, pourquoi le passage ne se fit-il toujours pas ? C'est qu'au même moment l'intervention portugaise allait bouleverser les données socio-économiques du continent.

Conclusion-addendum (3e édition, 1994)

Ce qui préoccupait les chercheurs des années 1960-1970, c'est le processus de transition au capitalisme.

Aux travaux des historiens s'était jointe, de la part de sociologues (Meillassoux [268], Rey [472]) et d'économistes (Samir Amin [154], Tibor Mende [161 *bis*]), une réflexion pour déterminer les facteurs d'inertie des structures dites « communautaires », des aristocraties et des États qui leur étaient surimposés et qui ont hypothéqué le processus d'accumulation et d'innovation : une fois posées les dynamiques spécifiques des formations non européennes, comment expliquer la non-émergence d'un capitalisme et d'une classe de bourgeois conquérants analogues à l'Occident ? Le présent chapitre avait été rédigé dans cette perspective.

En a découlé la « théorie de la dépendance », comme l'ont surnommée les Anglo-Saxons, fondée sur l'articulation « centre/périphérie » (cf. chap. XV) ; elle apparaît dorénavant en sommeil. On n'ose plus guère non plus parler de « mode de production », concept qui fut naguère privilégié comme moyen d'investigation des mécanismes sociaux d'interférence entre sociétés du Tiers Monde et sociétés capitalistes occidentales. Le numéro spécial de la *Revue canadienne des Études africaines* (1986) sur « les défis africains » – ou le mode de production quinze ans après – a fait provisoirement figure de point final à la réflexion... L'absence d'une problématique de substitution a provoqué un certain vide conceptuel : cf. J. Copans, *La longue marche de la modernité africaine,* Paris, Karthala, 1990, 406 p.

Si l'on réserve au *mode de production* une acception large, incluant les processus sociaux fondant le système économique (le médiéviste Guy Bois propose de lui préférer le concept de systèmes sociaux [*La mutation de l'an mil,* Fayard, 1989]), les conclusions de ce chapitre demeurent, *grosso modo,* valables. Mais les recherches récentes ont tendance à insister sur les facteurs internes de développement, jusqu'alors négligés. C'est sur cette articulation entre économies locale, régionale et interrégionale qu'il y aurait à compléter ce chapitre. Il vaut mieux parler de *subsistance* que d'autosubsistance, car villes et États se greffèrent toujours sur un environnement favorable : agriculture locale et complémentarités régionales furent à l'origine de noyaux économiques prospères, sans lesquels les activités du commerce à longue distance n'auraient pas suffi à générer ces formations ; ce fut le cas dans l'arrière-pays ghanéen dès le XVIIe siècle (cf. Kea [864]), dans les cités-États Yoruba sur lesquelles la bibliographie est abondante, et même en Afrique orientale où la domination islamisée mit en place une solide exploitation esclavagiste.

Le chaînon manquant pourrait être ce facteur sur lequel la recherche récente a beaucoup insisté : celui du formidable essor, au XIXe siècle, d'un système de *production esclavagiste autochtone* ; cf., outre Lovejoy [626 *bis*] :

BOTTE (R.) (dossier dirigé par), L'ombre portée de l'esclavage. Avatars contemporains de l'oppression sociale, *Journal des Africanistes,* t. 70, 1-2, 2000, 413 p.

COOPER (F.), *From Slaves to Squatters,* Yale University Press, 1980, 328 p.

COQUERY-VIDROVITH (C.), *L'Afrique et les Africains au XIXe siècle,* Paris, A. Colin, 1999, chap. 7.

CORDELL (Denis), *Dar el Kuti and the Last Years of the Trans-Saharan Slave Trade,* Madison, The University of Wisconsin Press, 1985.

FALOLA (T.) et LOVEJOY (P.), *Pawnship in Africa. Debt Bondage in Historical Perspective,* Boulder, Westview Press, 1994, 341 p.

KLEIN (M.), *Slavery and Colonial Rule in French West Africa,* Cambridge University Press, 1998, 355 p.

LAW (R.), *From Slave Trade to « Legitimate » Commerce : The Commercial Transition in Nineteenth-Century West Africa,* Cambridge University Press, 1995, 278 p.

MEILLASSOUX (Claude), *Anthropologie de l'esclavage. Le ventre de fer et d'argent,* PUF, 1988, 375 p.

MEMEL-FOTÉ (H.), *L'esclavage dans les sociétés lignagères d'Afrique noire. Exemple de la Côte-d'Ivoire précoloniale, 1700-1920,* thèse d'État, Université Paris V - EHESS, 1968, 3 vol.

TERRAY (Emmanuel), *Une histoire du royaume Abron de Gyiaman, des origines à la fin du XIXe siècle,* Paris, Karthala, 1999, 1 058 p.

Il est un autre domaine, neuf en Afrique, à compléter : celui de l'histoire des femmes, actrices majeures de production et de reproduction. Sur la bibliographie de la question, voir :

Histoire des femmes en Afrique, Cahier du Groupe Afrique noire n° 10, L'Harmattan, 1989, à compléter par la bibliographie révisée de C. Coquery-Vidrovitch [863] (2e éd.). Voir aussi, du même auteur, *Les Africaines. Histoire des femmes d'Afrique noire du XIXe au*

XXe siècle, Paris, Desjonquères, 1994, 395 p. On renvoie aussi à [851], [879], [885], [896], [923], [924], [925], [934], [940] et [944], et au développement complémentaire chap. XVI (5e éd.).

En somme, on conçoit de plus en plus les sociétés africaines comme partie intégrante de l'histoire sociale du monde. Leurs spécificités, issues d'évolutions historiques données, n'en font plus des sociétés singulières isolées des processus sociaux et politiques considérés comme universels (voir complément anthropologique, p. XL-XLIII). Sur un inventaire de ces regards nouveaux récents, se reporter en fin de volume à l'*addendum* 5e édition sur les nouveaux thèmes de la recherche (chap. XVI).

CHAPITRE VIII

Économie de traite et facteurs externes

C'est ici que se pose le problème controversé des incidences des traites négrières sur l'évolution interne des sociétés. Si les derniers travaux semblent avoir établi que le prélèvement fut quantitativement moins important qu'on ne le supposait naguère, il n'en faudrait pas inférer hâtivement l'influence moindre du système. Celui-ci eut des effets d'une portée incommensurable dans deux domaines au moins : le développement général d'une société de type esclavagiste et l'essor localisé de régimes militaires fondés sur l'exportation des esclaves.

A – L'ÉPOQUE NÉGRIÈRE

LE PROBLÈME QUANTITATIF ET LES INCIDENCES DÉMOGRAPHIQUES

Nous n'avons pas à revenir ici sur l'histoire de la traite atlantique qui, en dépit d'un trafic encore intense, fut en principe condamnée dans la première moitié du XIXe siècle. Mais il importe de s'interroger sur son bilan démographique.

Au terme d'un comptage minutieux fondé sur le dépouillement systématique des travaux ou des sources existant sur l'arrivée des esclaves dans les îles ou sur le continent américain, l'historien américain Ph. Curtin a estimé le nombre total des Africains transportés, du XVIe au XIXe siècle inclus, à 10 millions environ (de 9 à 12 millions, suivant un pourcentage d'erreur de l'ordre de 20 %), soit moitié moins que le chiffre jusqu'alors communément admis[1]. Sur cette base, la contribution de l'Afrique occidentale (Cameroun et Congo exceptés) serait de l'ordre de 6 millions en trois siècles, soit une moyenne de 20 000 par an (ou, plus précisément, de 10 000 avant le XVIIe siècle, de 40 000 par an ensuite jusqu'au milieu du XIXe siècle, avec un « plateau » de l'ordre de 60 000 entre 1750 et 1820).

En raison de la modicité relative de ce volume global, mais aussi de l'étalement dans le temps et des variations dans l'espace des zones de recrutement, Curtin aurait tendance, avec un certain nombre d'auteurs contemporains, à minimiser l'importance de la traite sur le dépeuplement du continent. Vers 1780, par exemple, environ 80 % des esclaves exportés – et presque la moitié de ceux sortis d'Afrique – provenaient de la portion de côte comprise entre la Côte-de-l'Or et le Cameroun inclus ; or cette zone, qui devrait apparaître désertée, est restée au contraire l'une des plus densément peuplées (pays Ibo). Mais, d'une part, il peut s'agir d'une réaction démographique vitale, qui aurait intensifié au maximum la fécondité ; d'autre part, le « Middle Belt » nigérian frappe, en revanche, par ses faibles densités de populations, même si l'on a voulu démontrer que le sous-peuplement de Nupe préexistait aux raids des Empires musulmans du XIXe siècle[2] : la région n'aurait-elle pas déjà souffert de la chasse aux esclaves des siècles antérieurs ? Enfin, le « vide » gabonais ou, au Congo, les faibles densités des savanes du Niari ou du plateau Batéké semblent bien coïncider avec l'un des principaux foyers de recrutement.

En fait, les chiffres ne deviennent significatifs qu'une fois confrontés au volume total de la population.

On se heurte ici au difficile problème de la démographie africaine. Les sondages encore très incertains sur le peuplement du continent ont commencé seulement depuis quelques années. Ceux de l'époque coloniale procédaient le plus souvent par évaluations « au jugé », sinon sur le papier, à partir de rares échantillonnages auxquels leur situation privilégiée (généralement à proximité des voies de passage) déniait toute valeur exemplaire. C'est dire notre ignorance sur le passé, en dépit d'un certain nombre d'hypothèses[3] (voir tableaux ci-contre).

Le déficit d'hommes caractéristique de la majeure partie de l'Afrique noire au milieu du XXe siècle fut-il une constante de son histoire ? Ou doit-on incriminer, avant tout, une série de facteurs conjoncturels favorables au dépeuplement ? Gilles Sautter, qui a effectué la plus sérieuse étude de cas

1. Sans même parler de l'estimation de 50 à 100 millions du P. D. Rinchon, *La traite et l'esclavage des Congolais par les Européens. Histoire de la déportation de 13 250 000 Noirs en Amérique,* Paris, 1929. Ph. Curtin, *The Atlantic Slave Trade* [70] et P. Loveloy [628].

2. Michael Mason, Population density and slave raiding. The case of the Middle Belt of Nigeria, *JAH,* X, 4, 1969, p. 551-564.

3. W. A. Hance, *Population...* [32], p. 16 et 35. Voir surtout [608].

Continent africain. Évolution du peuplement

Année	*Population (en millions)*	*% de la population mondiale*
1000	50	18,2
1650	100	21,2-18,3
1750	95-100	13,6-13,7
1800	90-100	9,9-10,8
1850	95-100	8,7- 8,5
1900	120-150	7,6- 9,5
1920	140	7,7
1950	222	8,8
1960	278	9,3
1967	328	9,6

Estimation des taux d'accroissement démographiques annuels moyens en Afrique noire

1750-1800	0,0
1800-1850	0,1
1850-1900	0,4 à 0,8
1900-1930	0,6
1930-1950	1,3
1958-1965	2,3
1960-2000	2,6

dans le cadre de l'Afrique équatoriale, ne se prononce finalement pas, tout en laissant préjuger d'un relatif dépeuplement[1] : il est vrai que la forêt gabonaise, tout entière secondaire, semble témoigner, dans un pays aujourd'hui presque vide, du défrichement de la forêt primaire et, partant, d'une occupation du sol de grande ampleur ; mais les effets en furent peut-être multipliés par les techniques culturales d'une population itinérante, pas nécessairement très dense. Quant au problème de la salubrité, il n'a sans doute pas constitué un facteur dominant tant que put subsister un certain équilibre entre l'homme et la nature ; or celui-ci s'est prolongé relativement tard : le passé lointain ne semble pas témoigner de fléaux analogues à ceux qui jalonnèrent la découverte du continent américain, car la pénétration portugaise en Afrique fut à la fois beaucoup plus médiocre et d'ordinaire

1. *De l'Atlantique au fleuve Congo* [446].

pacifique. S'il y eut déficit démographique, il fut ultérieur, provoqué, à partir de la fin du XVIIe siècle, précisément par la traite négrière, puis par les guerres de conquête : grandes famines et épidémies apparurent surtout avec les bouleversements récents issus du choc colonial[1] ; elles ont, dans les régions que nous avons étudiées, fait probablement chuter la population d'un tiers au moins entre 1890 et 1925[2]. Mais le fait est qu'elles s'attaquaient à des peuples déjà affaiblis et en perte de vitesse.

Le premier tableau ci-dessus semble indiquer que la démographie africaine, jusqu'alors en fort bonne posture, amorça dès le XVIIe siècle un retard sur le reste du monde qui ne fit que s'accentuer jusqu'à l'ère coloniale incluse. Le second tableau l'explique en faisant état, à tout le moins, de la stagnation de la population jusque vers la première moitié du XXe siècle. Le préjudice fut-il encore plus grave, de nature à inverser le peuplement d'un continent qui se serait jusqu'alors situé dans une honnête moyenne ou même davantage ? C'est un problème que les estimations actuelles, trop aléatoires, ne permettent guère de résoudre, mais dont la solution serait du plus haut intérêt pour éclairer l'évolution des peuples africains. On ne saurait trop souhaiter que des études systématiques soient lancées en ce domaine, mettant à contribution les techniques les plus diverses aujourd'hui accessibles : archéologie, certes, mais aussi analyse des écosystèmes à partir de la répartition et de la mise en corrélation des principales données du milieu (étude des paléoclimats et des paléosols, paléontologie végétale et animale, etc.).

C'est dans ce cadre général qu'intervient la question controversée des effets de la traite négrière. Dans l'Ouest africain, par exemple, par des extrapolations avec les recensements du XXe siècle et des estimations sur l'accroissement démographique, on peut évaluer la population à 25 millions au moins au début du XVIIIe siècle, avec un taux d'accroissement naturel d'environ 15 ‰, passé à 19 ‰ une centaine d'années plus tard[3].

À première vue (60 000 départs par an), les effets de la traite à son paroxysme auraient donc été négligeables, et bien moindres encore pour les siècles précédents. Mais il faut évidemment corriger ces estimations brutes, au premier chef en tenant compte des morts imputables directement ou indirectement aux activités de traite à l'intérieur du continent. Dans ce domaine nous en sommes malheureusement réduits à des conjectures. Tout dépend de l'hypothèse choisie : doit-on supposer que pour un nègre arrivé en Amérique il put y avoir un mort en Afrique ? Ou doit-on pousser jusqu'à quatre ? Car, en ce cas, la traite aurait bien stoppé l'augmentation de

1. Voir chap. V.
2. *Le Congo...* [129], p. 494-503.
3. J. D. Fage, Slavery and the slave trade in the context of West African History [72].

la population, le taux des prélèvements annulant celui de l'accroissement naturel. Il faut enfin considérer le caractère sélectif du trafic qui, friand en jeunes adultes, en femmes (un tiers environ des effectifs) et en enfants, s'exerçait aux dépens des meilleurs procréateurs, ce qui donna à la ponction démographique et aux conduites sociales consécutives (polygamie...) une grande résonance à long terme. Enfin, même si le prélèvement ne fut pas énorme dans un pays déjà sous-peuplé, ne suffit-il pas à empêcher la population de franchir précisément le seuil de densité en deçà duquel le domesticage du milieu environnant – et, du même coup, la formation de sociétés assez vigoureuses pour amorcer la constitution d'États –, devenait aléatoire, pour ne pas dire impossible ?

Comme l'introduction du manioc aurait autorisé, par exemple, la densification de la cuvette congolaise, d'où la formation des Empires Luba-Lunda, l'hémorragie négrière aurait condamné le royaume du Kongo à se désagréger faute de dominer une population suffisamment groupée pour reconnaître une autorité supérieure. Telle est du moins l'hypothèse, qui mériterait d'être approfondie, de l'école anthropologique américaine qui privilégie le critère démographique pour différencier sociétés lignagères et sociétés étatiques[1].

Et le résultat pourrait bien démentir l'intuition du Pr Curtin qui met en balance, d'un côté, les exportations d'esclaves et, de l'autre, l'introduction parallèle en Afrique des plantes vivrières américaines (maïs ou manioc) pour se demander finalement si le déficit d'hommes ne fut pas compensé par la disparition des risques de pénurie vivrière. Car (outre que les bienfaits d'une « civilisation du manioc », qui ne résolvait d'ailleurs pas le problème des carences alimentaires, prêtent à discussion) cette appréciation strictement quantitative omet de tenir compte de tous les corollaires de la traite : razzias, insécurité, troubles politiques, etc. Or, pendant toute la durée du trafic négrier, il y eut *interaction* entre Africains et Européens, réponse favorable et adaptation interne des systèmes sociaux et politiques intérieurs.

C'est pourquoi il est insuffisant d'évaluer la nocivité ou la non-nocivité du système en fonction des seules données numériques : que la moyenne des exportations d'esclaves de la côte occidentale d'Afrique fût de 20 000 au lieu de 40 000 individus par an ne modifie guère les données. Dans l'un ou l'autre cas, c'est fort peu. Mais cela suppose une réponse économique interne, une hiérarchie sociale organisée autour d'une activité non produc-

1. Voir à ce propos les travaux de Elman Service, *Primitive Social Structure,* 1962 ; Julian Steward, *The Theory of Social Change,* 1955 ; Sanders and Price, *Mesoamerica. The Evolution of a Civilisation,* 1968. On trouvera une application de ces idées au continent africain dans R. F. Stevenson, *Population and Political System in Tropical Africa* [45]. Voir aussi complément bibliogr., 3e éd., p. 102 sq.

trice et non rentable à long terme, en dépit des apparences. L'analyse ne doit pas se bloquer sur une étude quantitative indispensable mais non exclusive : elle doit faire entrer en ligne de compte l'évaluation de données politiques, militaires, sociales, voire psychologiques. De ce point de vue, tout, ou presque, reste à faire[1]. Mais il est hautement probable que, par sa durée et sa stabilité, la traite négrière a pesé d'un poids considérable sur l'avenir du pays.

LE DÉVELOPPEMENT DE L'ESCLAVAGE INTÉRIEUR

On a beaucoup discuté sur la nature de l'esclavage africain. Car l'homme-outil utilisé jusqu'à la limite de ses forces par le système implacable de l'économie de plantation était tout autre que l'esclave « domestique » de la communauté lignagère. Celui-ci, aussi inaliénable que l'homme de condition franche, finissait par s'intégrer à la famille au sein de laquelle il travaillait. Ses descendants restaient parfois esclaves ; mais le plus souvent, comme au Dahomey, le fils d'esclave était reconnu homme libre sur le sol qui l'avait vu naître. Même s'il continuait de relever d'une caste distincte, il pouvait accéder aux postes de responsabilité, et le cas ne fut pas rare d'esclaves devenus riches entrepreneurs ou même chefs (tel Jaja de Bonny, fondateur d'Opobo vers 1860), soit pour le compte de leur maître, soit finalement en leur nom propre.

Laissant de côté ce statut particulier, le problème est de déterminer si l'esclave au sens occidental du terme, c'est-à-dire l'être humain possédé par un autre individu, dont le travail avait une valeur économique et la personne une valeur marchande, fut une institution africaine ou importée d'Europe[2]. Avant le XVIe siècle, les textes arabes sont peu explicites. Il est probable que l'esclavage existait, peut-être importé du Maghreb à la faveur de transactions d'un volume néanmoins limité. Mais il est incontestable qu'ainsi défini l'esclavage était répandu à l'intérieur du continent au temps de la traite atlantique. De son analyse de la situation en haute Guinée (de la Gambie au Liberia), Rodney infère une étroite corrélation entre l'essor de la traite et l'extension d'une catégorie d'esclaves commercialisables à usage interne[3]. Dès le XVIe et le XVIIe siècle, la situation était analogue en Côte-de-l'Or où les communautés connaissaient bien les prix et les circuits

1. Citons cependant l'article important de W. Rodney, African slavery and other forms of social oppression, *JAH*, VII, 3, 1966, p. 431-444.
2. J. D. Fage, *op. cit.*, et Meillassoux (éd.) [627].
3. Rodney, *op. cit.*

de vente et où chefs et nobles utilisaient des esclaves comme cultivateurs, mineurs ou artisans, porteurs sur les routes du commerce ou commerçants eux-mêmes, soldats, serviteurs ou courtisans.

Mais alors que dans les États négriers de la côte l'aspect déprédateur de la traite l'emporta, portant sur des produits d'extraction, de chasse ou de cueillette et surtout sur l'esclave réduit à l'état de marchandise, l'esclavage intérieur, dont l'essor fut parallèle, n'eut pas nécessairement un rôle négatif. Comme le signale Cl. Meillassoux[1] et comme le démontre Y. Person à propos de l'Empire de Samori[2], le commerce continental ne concernait pas seulement les esclaves. Il assurait la complémentarité d'échanges interrégionaux qui portaient sur un produit de grande consommation (le sel) et sur toute une gamme de biens agricoles et artisanaux (grains, gomme, kola, cotonnades) dont les témoignages contemporains (Pack, Mollien, Caillé) soulignaient constamment l'importance. En 1795, Mungo Park estimait que les trois quarts de la population du Sahel soudanais étaient composés d'esclaves ; ceux-ci assuraient non seulement la production commercialisable, mais aussi le transport des marchandises par caravanes ou par pirogues, et même la production d'autres esclaves, puisqu'ils fournissaient une grande part des effectifs militaires[3].

Autrement dit, dans la première moitié du XIXe siècle au moins, il semble que l'on ait assisté, dans l'ensemble du Soudan occidental, à l'évolution d'un système de production reposant (toujours parallèlement à l'autosubsistance paysanne traditionnelle) sur « deux classes à la fois antagonistes et solidaires, celle des aristocraties guerrières et celle des commerçants »[4].

La première, qui assurait, par la guerre ou le brigandage, la capture d'éléments étrangers au milieu social ou familial (car en règle générale les communautés ne vendaient ni leurs ressortissants ni leurs esclaves domestiques), était indispensable à la mise en circulation de l'esclave-marchandise. Elle prédominait sur la côte où elle cédait directement son butin aux Européens. Elle y donna naissance aux royaumes négriers précédemment évoqués.

Mais elle devait, dans l'arrière-pays, compter avec la classe des marchands, seule « capable de transformer l'esclave-marchandise en esclave-producteur » en le revendant sur des marchés éloignés d'où il ne pouvait ni s'évader ni être délivré. Il n'était pas rare de voir ainsi un esclave capturé aux confins du désert parcourir en quelques mois, voire en quelques années, la distance qui le séparait de la côte et du navire d'embarquement sur l'Atlantique, tantôt marchandise, tantôt producteur, au gré des ventes

1. Cl. Meillassoux, *L'évolution du commerce en Afrique de l'Ouest* [34], p. 7-16.
2. Y. Person, *Samori* [270], II, p. 924-932.
3. Cl. Meillassoux, *op. cit.*, p. 6.
4. *Ibid.*, p. 10 et [628].

et des haltes plus ou moins longues qui jalonnaient sa route : tel au XVIIIe siècle Olaudah Equiano du Niger qui, kidnappé à 11 ans dans la province du Bénin, tantôt travailleur, tantôt porteur, tantôt marchandise, fut vendu à sept reprises avant de parvenir à la côte en 1756, ou, un demi-siècle plus tard, Ali Fisami du Bornou capturé en 1810, qui passa de main en main jusqu'à Porto-Novo où il aboutit seulement huit ans plus tard[1].

En pays musulman, la couche commerçante intermédiaire eut tendance à jouer un rôle dominant : les corporations marchandes Dioula du Fouta, Diakhanké du haut Niger à la Gambie[2], Kooroko du Mali méridional[3] favorisèrent parfois la formation de puissantes familles maraboutiques, caution des marchands de passage recherchée par les chefs locaux qui les invitaient à s'installer dans leur village « pour y attirer les marchands et pour les faire bénéficier de leur savoir surnaturel »[4] : telle la colonie Haoussa de Sanaga qui monopolisa une part importante du commerce Ashanti de la kola[5], ou, mieux encore, l'ascension foudroyante de Samori, Dyula qui éleva son empire sur le commerce et voulut le fonder sur l'Islam.

Aussi, dans les deux premiers tiers du XIXe siècle, le commerce septentrional ne souffrit-il guère de la concurrence européenne, au contraire : C. W. Newbury a montré avec raison que le commerce atlantique, pourtant en plein essor, était encore trop lointain pour entrer directement en compétition avec le trafic maghrébin.

Outre le Maroc et Tunis qui captaient à eux seuls les deux tiers du trafic, le siècle vit l'essor de Tripoli qui redistribuait surtout vers l'intérieur des textiles de facture européenne ; la valeur des marchandises en provenance du Soudan (ivoire, or, plumes d'autruche ou esclaves), en léger accroissement à Tripoli depuis les années 1830, y dépassait £ 40 000 au milieu du siècle et approchait de £ 60 000 vers 1860 : en 1871, elle atteignit £ 73 000 pour l'ivoire et les plumes d'autruche seulement, avec un taux de profit de l'ordre de 36 à 40 % pour les produits en provenance de Kano ! À cette époque, la valeur globale des exportations vers le nord (un demi-million de livres, soit près de 13 millions de francs) égalait au moins celle de l'huile de palme exportée vers la côte et le volume total du commerce dépassait probablement le million de livres[6].

Cette civilisation du négoce paraissait donc en voie non seulement de s'adapter à la traite atlantique, mais aussi de drainer les échanges d'une grande partie du continent, et d'en tirer profit pour amorcer une transformation de l'économie fondée sur l'extension de l'esclavage productif. Pour-

1. Ph. Curtin, *Africa Remembered* [69], p. 60-98 et 199-216.
2. Ph. Curtin, Pre-colonial trading networks and traders : The Diakhanké, *in* [34], p. 228-239.
3. J.-L. Amselle, Parenté et commerce chez les Kooroko, *ibid.*, p. 253-265.
4. *Ibid.*, p. 11, d'après A. B. Diop, Amadou Bamba..., *BIFAN*-B, XXVIII, 1965, p. 493-589.
5. I. Wilks, Asante policy towards the Hausa trade in the 19th century, *in* [34], p. 124-144.
6. C. W. Newbury, North African trade in the 19th century, *JAH,* VII, 2, 1966, p. 233-246.

quoi finit-elle pourtant par avorter comme l'avaient fait, avant elle, les Empires du Moyen Âge ? L'économie soudanaise médiévale avait été bouleversée par l'intrusion portugaise et le trafic négrier. Celle de l'époque moderne fut brisée par les conquêtes économiques de l'Europe industrielle.

B – L'ÉCONOMIE DE TRAITE AU XIXᵉ SIÈCLE

L'ACCÉLÉRATION DES ÉCHANGES

LE VOLUME

Au début du XIXe siècle, les recherches quantitatives en cours font apparaître, du côté européen, un fait majeur : le commerce avec l'Afrique devint de plus en plus rémunérateur. Le prix de revient des marchandises importées en Afrique baissa brutalement – souvent de plus de la moitié entre 1820 et 1850 – tandis que le prix de vente en Europe des produits africains s'élevait assez sensiblement.

La baisse des marchandises européennes résultait directement de la révolution industrielle qui permit de produire davantage au moindre coût : les cotonnades britanniques tombèrent d'un shilling le yard en 1817 à 3 pence et demi seulement en 1850 ; le sel, de 6 pence à 3 pence et demi dans le même temps ; la poudre de traite, de 8 pence et demi la livre à 5 pence dès 1825. La hausse en Europe des produits africains, bien que moins brutale, fut également nette. Les produits majeurs (huile de palme, arachides, bois) atteignirent dès 1820 leurs taux les plus élevés ; le prix de la gomme copal centupla, celui de l'ivoire quadrupla de la fin du XVIIIe siècle à 1830. Ensuite les prix eurent tendance à se stabiliser ou même à régresser légèrement, sauf l'arachide qui augmenta encore de 350 à 430 F la tonne entre 1847 et 1865[1].

Autrement dit, la marge bénéficiaire des négociants européens s'accrut dans des proportions considérables. Le résultat, ce fut l'essor et la diversification du commerce de traite – non plus seulement traite des esclaves, mais aussi, puis surtout, traite des marchandises. Par « commerce de traite » – ou, plus généralement, « économie de traite » –, il faut entendre, en effet,

1. C. W. Newbury, Price and profitability in early 19th century West African trade, *in* [34], p. 91-106.

la transaction intervenant entre deux systèmes de production non harmonisés : contre des produits bruts ou semi-bruts issus d'une économie de type agricole aux techniques restées traditionnelles sont échangés des biens manufacturés à la consommation immédiate et courante.

Dans le sens Afrique-Europe, le cas le plus significatif fut celui de l'importation britannique d'huile de palme qui passa, entre 1820 et 1850, de 900 à 22 000 t. Quant aux importations françaises d'arachides, elles doublèrent en quatre ans (de 6 700 à 13 500 t entre 1845 et 1849). Les exportations africaines de bois triplèrent entre 1817 et 1837. On pourrait multiplier les exemples, tout en notant en revanche que les produits traditionnels qui avaient fait la prospérité de la période précédente (esclaves, ivoire, cire, gomme, indigo ou même or) marquaient le pas.

Dans le sens Europe-Afrique, le volume des importations de marchandises fit un bond comparable : entre 1820 et 1850, les cotonnades britanniques passèrent de 350 000 à 16 millions de mètres ; les alcools, de 450 000 à près de 700 000 l ; le sel, de 1 million et demi à 5 millions et demi de litres ; le fer, de 600 à 3 700 t. On vit aussi augmenter les importations de quincaillerie, de tonneaux, de barriques (utilisés pour le transport des huiles) et de cauris. La France accrut également ses envois d'alcools, de vins, de cotonnades, de poudre et de munitions. Enfin, dans la seconde moitié du siècle, le fait dominant devint l'importation des armes à feu.

LE COMMERCE DES FUSILS

Jusqu'au XIXe siècle, l'usage des fusils s'était limité à la côte. Les armes ne sortaient guère des royaumes négriers (Ashanti, Denkyira, Akwamu ou Dahomey) qui en contrôlaient la distribution vers le nord : tout au plus en trouvait-on quelques-uns à Dagomba, dépendance septentrionale de l'Ashanti, ou au Borgou – présents faits aux chefs du pays par les souverains d'Abomey. Le volume importé était déjà considérable : en 1829, la Grande-Bretagne expédia 52 000 fusils et environ 1 000 t de poudre ; en 1840, Cape Coast reçut à lui seul près de 3 000 caisses d'armes et plus de 20 000 tonneaux de poudre[1]. Mais les gens de l'intérieur avaient appris à se protéger des tireurs de la côte par des assauts de cavalerie en rangs serrés. Les fusils de traite, chargés par la gueule, étaient souvent défectueux ; les balles, rarement calibrées, étaient produites par les forgerons locaux à partir des débris les plus divers, et la poudre, apparemment plus chère que

1. R. A. Kea, Fire arms and warfare on the Gold and Slave Coast from the 16th to the 19th century, *JAH*, XII, 2, 1971, p. 185-213.

l'arme elle-même, était un mélange de fabrication locale et européenne beaucoup trop fort : les explosions fréquentes risquaient de rendre le tout plus dangereux pour l'utilisateur que pour ses adversaires. Même tardivement, l'examen des victimes des corps expéditionnaires prouvait que les flèches (empoisonnées) étaient au moins aussi meurtrières : en 1894, par exemple, à la bataille de Boussé (nord-ouest de Haute-Volta), les Français saisirent sur les Marka, qui avaient résisté jusqu'au dernier, 80 mousquets de toute taille et de toute qualité ; mais les deux tiers des blessés (80 sur 117) l'avaient été par des armes de jet[1].

Médiocrement efficaces à la guerre, les fusils jouèrent certainement un rôle plus novateur dans la chasse (notamment celle de l'ivoire dans la cuvette congolaise) et la protection des cultures : à ce titre il serait peut-être judicieux de mettre en parallèle leur expansion et celle des plantes américaines. Ils étaient surtout utilisés pour leur bruit dans la célébration des fêtes – funérailles, victoires, fin du Ramadan, ouverture des marchés – ou, à la rigueur, à des fins défensives ou d'intimidation, plus utiles pour effrayer les gens que pour les capturer[2]. Aussi, bien que les fusils ne fussent pas inconnus dans l'arrière-pays (les Marocains les avaient utilisés contre le Songhaï dès 1596 et la cavalerie Mossi en possédait quelques-uns), les Jihad de la première moitié du XIXe siècle en firent peu usage[3]. À la fin du siècle le cheval coûtait encore dix fois plus cher que le fusil à Kong (Binger)[4]. Lorsque, en 1818, Sheku Ahmadou combattit au Macina, il sut répliquer aux fusils Bambara en lançant à l'assaut le bétail qui leur fit gaspiller les munitions et, affolé par le feu, les dispersa en se ruant contre eux.

Quand les fusils commencèrent-ils d'être utilisés pour la chasse aux esclaves ? Dans l'Ouest, Lander fut en 1827 l'un des premiers à en faire présent à un Peul. Progressivement, les fusils se mirent à compter dans l'équilibre des pouvoirs, surtout pour les premiers acquéreurs : Chokwe ou Nyamwezi en Afrique centrale, ou Samori dans le haut Niger ; celui-ci y fut le premier souverain à procurer des fusils à la totalité de ses hommes, leur garantissant ainsi une supériorité tactique qui assura sa prépondérance[5].

C'est dans le dernier tiers du siècle que l'utilisation des armes à feu modifia profondément les rapports de force en Afrique centrale et méridionale. C'est ainsi que, dans le Sud-Ouest africain (Namibie), la suprématie des Nama sur les Herero, assurée de 1835 à 1860 à l'aide des bandes

1. M. J. Echenberg, Late 19th century military technology in Upper Volta, *ibid.*, p. 241-254.
2. G. White, Fire arms in Africa, an introduction, *ibid.*, p. 173-184.
3. H. J. Fisher et V. Rowland, Fire arms in the Central Sudan, *ibid.*, p. 215-239.
4. Un esclave contre un fusil, mais 5 à 10 esclaves pour un cheval, M. J. Echenberg, *op. cit.* Le taux d'échange était encore en 1907 d'un fusil modèle 74 et de 40 cartouches contre un esclave, Fisher et Rowland, *op. cit.*
5. Y. Person, *Samori* [270], II, p. 905.

armées du Khoi Jonker Afrikaner, fut ébranlée seulement lorsque les Herero se mirent, à leur tour, à acquérir des armes[1]. Ce nouvel équipement rendit possible la longue résistance qu'ils opposèrent à la colonisation allemande. C'est aussi à l'occasion de la lutte contre les Blancs que les Xhosa se procurèrent leurs fusils.

On peut d'ailleurs noter l'attitude très variable des Africains à l'égard de l'armement européen. Il semble que les peuples naguère les plus pacifiques, et par suite les plus menacés, soit par leurs voisins, soit par la colonisation, furent les plus rapides à saisir l'intérêt défensif des armes à feu, et les plus aptes à adopter à bon escient cet équipement moderne : tels les Sotho du Basutoland ou les Shona de Rhodésie. En revanche, les nations les plus guerrières, confiantes dans un système traditionnel qui avait fait ses preuves, furent plus rétives à l'innovation technologique, et ne surent pas modifier leur tactique en conséquence. Ce conservatisme militaire fut, notamment, caractéristique des Zulu et des Ndebele[2].

Mais les armes restaient chères et difficiles à acquérir. Au nord, le Darfour et le Ouadaï étaient tributaires du Maghreb ou de l'Égypte qui, soucieux de conserver le contrôle du Sud, n'encourageaient guère ce commerce[3]. En dépit de l'habileté des artisans forgerons à réparer les fusils hors d'usage, le problème majeur, aggravé par la distance, restait celui des munitions et des pièces de rechange. À Mourzouk, un Grec albanais avait été amené de Tripoli pour fabriquer la poudre du prince local (1845-1846). Vers 1870, le sultan du Ouadaï utilisait des Turcs et des Égyptiens pour fabriquer de petits canons de bronze. On commença aussi d'envoyer des ouvriers locaux acquérir les techniques à l'étranger : Nachtigal en vit un au Baguirmi[4] ; beaucoup plus tard, les sultans du haut Oubangui firent de même en expédiant vers 1903 trois armuriers se former à Hambourg[5]. Mais la plupart des armes des sultans (2 000 à 3 000 par arsenal en moyenne) étaient conservées comme des pièces de musée, faute de techniciens, et il fallut attendre les exigences de la conquête coloniale pour voir s'ébaucher une fabrication locale, comme celle de Kropatschek (fusils Gras à répétition) et de munitions organisée par Samori au Soudan[6], ou encore par Béhanzin qui possédait à Kana et Abomey un véritable atelier pyrotechnique[7], ou enfin par les Shona de Rhodésie[8].

1. Sh. Marks et A. Atmore, Fire arms in Southern Africa : A survey, *JAH,* XII, 4, 1971, p. 520-521.

2. A. Atmore, J. M. Chirenje et S. I. Mudenge, Fire arms in South Central Africa, *JAH,* XII, 4, 1971, p. 545-556 ; Sue Miers, Notes on the Arras trade and government policy in Southern Africa between 1870 and 1890, *JAH,* XII, 4, 1971, p. 571-577.

3. Fisher et Rowland, *op. cit.*

4. *Ibid.*

5. C. Coquery-Vidrovitch, *Le Congo...* [129], p. 150.

6. Y. Person, *op. cit.,* p. 907-912.

7. Kea, *op. cit.*

8. A. Atmore, J. M. Chirenje et S. I. Mudenge, *op. cit.*

En fait, la fourniture d'armes à l'Afrique fut liée aux innovations de la technologie militaire européenne. La première impulsion vint des stocks accumulés à la suite des guerres napoléoniennes (Birmingham, qui fournissait seulement 30 000 fusils par an en 1775-1800, en avait alors presque 1 million à écouler). L'élan majeur fut donné par la généralisation, entre 1866 et 1878, du fusil à culasse à canon d'acier (Chassepot, 1866, et Gras, 1874, Snider et Martini-Henry) qui lança sur le marché une masse énorme de rebut susceptible de remplacer les antiques fusils « à pierre ». Enfin, l'apparition du fusil à répétition (Winchester américain à partir de 1877-1878 ; Lebel français en 1885 ; Mannliecher autrichien en 1886 et Lee Metfort britannique en 1888) relança le trafic. Liège devint le centre mondial de la remise en état des fusils de traite (1 million produit annuellement vers la fin du siècle). Apparus plus tard sur le marché, les Américains se spécialisèrent dans l'exportation des fusils à tir rapide. Entre 1865 et 1907, on peut estimer à 20 millions le total des armes expédiées sur le continent noir, pour un prix de moins en moins élevé (9 sh. en 1845 et seulement 6 sh. 9 pence en 1907 le fusil de Birmingham)[1].

Cependant, pour des raisons évidentes de sécurité, les grandes puissances s'étaient préoccupées de limiter ce flux. L'Acte général de Bruxelles, en 1890, contrôlait en principe sévèrement l'importation des fusils et des munitions du 22° lat. nord au 22° lat. sud, de l'Atlantique à l'océan Indien, dans les zones où sévissaient les razzias d'esclaves. Mais l'interdiction des armes de guerre ne visait guère les « fusils de traite », d'autant qu'un certain nombre de puissances (parmi lesquelles la France qui exportait vers le Congo, au tournant du siècle, environ 20 000 fusils à silex et 150 t de poudre par an) avaient refusé le droit de visite[2].

Théoriquement, l'Afrique du Sud n'était pas concernée ; les mesures unilatérales des Britanniques, prises dès 1870-1880, n'étaient guère respectées par les trafiquants Boers en liaison avec les négociants de Lourenço Marques ; Cecil Rhodes n'obtint-il pas, lui-même, une concession de Lobengula contre le paiement, entre autres, de 1 000 Martini-Henry ouvertement envoyés par le Bechuanaland avec l'approbation du High Commissioner du Cap[3] ? Les peuples du haut Veld continuèrent tardivement de s'approvisionner en armes, soit par le trafic de l'ivoire (en 1877, le revenu passé à Shoshong, capitale des Tswana, était estimé à 150 000 lb., équivalant la production de 12 000 éléphants), soit, après la conquête, par l'envoi des travailleurs sur les mines de diamant du Griqualand West : fin 1873, ils se procuraient déjà par ce biais 18 000 fusils, parfois de bonne qualité.

Dans la zone allemande, le monopole gouvernemental aboutit en fait à organiser en grand ce commerce à gros profits, et les mesures restrictives eurent pour seul résultat d'intensifier les canaux de distribution arabes[4]. Ce fut la grande époque de l'armement, depuis les trafiquants du Soudan et du Bahr el-Ghazal (parmi lesquels Rabah qui soumit grâce à ses armes à feu le baguirmi et

1. G. White, *op. cit.*
2. C. Coquery-Vidrovitch, *Le Congo...* [129], chap. VI.
3. A. Atmore *et al.*, *op. cit.*
4. R. W. Beachey, The arms trade in East Africa..., *JAH,* III, 3, 1962, p. 451-458.

le Borgou comme son maître Zobeir l'avait fait du Darfour) jusqu'à Charles Stokes (l'ancien pourvoyeur de la CMS) en Ouganda ou Tippou Tib aux Stanley Falls. Lorsque, à partir de 1892-1893, les Arabes furent désorganisés par la conquête, le relais fut pris par Djibouti, centre d'approvisionnement de Ménélik armé par les Français contre les Italiens, et favorisé depuis 1896 par l'achèvement du chemin de fer de pénétration[1].

Le commerce prit seulement fin en 1909, avec l'application du Protocole de Bruxelles signé l'année précédente qui prohibait définitivement « l'importation, la vente et la détention d'armes destinées à l'usage des indigènes » (encore la France dénonça-t-elle le traité en 1913 en représailles contre la contrebande allemande et belge).

LA FIN DE LA TRAITE NÉGRIÈRE ATLANTIQUE

Quoi qu'il en soit, le progrès du commerce fut bien antérieur à la prise en main coloniale. Il permet de rendre compte de l'aisance relative de l'adaptation africaine au déclin du trafic négrier.

Il serait, en effet, exagérément simplificateur d'attribuer à la seule action des anti-esclavagistes prônant l'attrait de produits rentables de remplacement les transformations commerciales de l'Afrique de l'Ouest dans la première moitié du siècle. Quelque réelle qu'ait été leur influence, les campagnes en faveur du « commerce licite » apparaissent comme un corollaire plutôt qu'une cause majeure. Le fait économique domine : le commerce dit licite s'instaura et connut une progression rapide, d'abord parce qu'il s'annonçait comme le plus rentable. Devant ces nouvelles perspectives de profit, il était normal que les Européens eussent tendance à délaisser la traite négrière qui relevait du système économique des plantations, naguère le plus florissant, mais dorénavant en perte de vitesse.

LE RÔLE DÉCISIF DE LA RÉVOLUTION INDUSTRIELLE

La traite négrière était née de l'organisation des vastes plantations sucrières des Caraïbes (Barbade et Jamaïque britanniques, Saint-Domingue français, Cuba espagnol) qui avaient connu leur apogée à la fin du XVIIIe siècle.

1. A. Picquart, Le commerce des armes à Djibouti, *RFHOM,* LVIII, 213, 1971, p. 407-432.

À cette époque, la Grande-Bretagne, avec près de 2 millions d'esclaves de 1741 à 1807, assurait à elle seule plus de la moitié des transports[1]. En 1795, Liverpool possédait les cinq huitièmes de la flotte négrière britannique et les trois septièmes de la flotte négrière européenne.

Bien que certains chercheurs aient pu récemment mettre en doute les profits tirés des îles à sucre en estimant que la Grande-Bretagne aurait gagné davantage à placer en métropole ce qu'elle avait investi aux Antilles[2], le commerce triangulaire constitua probablement un secteur stratégique de l'économie mercantile sans commune mesure avec son importance quantitative effectivement réduite (un septième du commerce extérieur). Il donna une impulsion décisive à l'industrie britannique en encourageant les constructions navales garanties par le monopole des lois sur la navigation, en favorisant les manufactures textiles de Manchester liées au commerce de Liverpool, en créant des industries nouvelles nées de l'importation des sucres bruts. Fin XVIIIe siècle, il n'existait pas en Angleterre de ville commerçante ou manufacturière qui ne fût touchée par ces activités.

Or, à la fin du XVIIIe siècle, ces intérêts restaient prospères, mais ils n'étaient plus les seuls de l'Angleterre industrielle. La Révolution américaine, en démontrant l'inanité des craintes jusqu'alors énoncées contre la liberté du commerce, marqua le début d'une ère nouvelle. Si le commerce triangulaire avait contribué à financer partiellement la révolution technologique, cette part devint minime dès lors que le processus fut amorcé. Les marchés antillais n'étaient plus en mesure d'absorber l'augmentation de la production. Les hommes d'affaires réclamèrent d'acheter et de vendre comme ils l'entendaient, dans le monde entier, sans être liés par des taxes restrictives[3].

L'INFLUENCE DE LA CAMPAGNE ANTI-ESCLAVAGISTE

Le mouvement philanthropique, inspiré à la fois par les idées philosophiques du siècle des Lumières et le renouveau religieux wesleyen ou piétiste, fit de l'anti-esclavagisme une cause populaire qui venait à son heure.

Jusqu'à la fin du XVIIIe siècle, il n'y avait guère eu qu'une poignée d'intellectuels ou de prélats (Daniel Defoe ; le poète Cowper ; l'abbé Raynal) pour s'élever contre la traite.

1. Curtin [70], p. 13.
2. R. Thomas, The sugar colonies of the Old Empire : Profit or loss for Great Britain, *Economic History Review*, 1968, p. 30-45.
3. E. Williams [77], amendé par S. Drescher, Le déclin du système esclavagiste britannique..., *Annales*, n° 2, 1976, p. 414-435.

Toutes les classes de la société avaient par ailleurs soutenu le trafic des esclaves. Les planteurs antillais liés, en métropole, à l'aristocratie terrienne, à la bourgeoisie commerçante et aux premiers entrepreneurs, constituaient un groupe de pression exerçant une influence considérable au Parlement. L'Église n'était pas la dernière à apporter sa caution. Espagnols et Portugais avaient traditionnellement vanté l'occasion de convertir les païens ; néanmoins, les planteurs n'étaient pas sans redouter la christianisation de leurs esclaves qui menaçait leur docilité, donc leur valeur. À la Barbade, la Société pour la Propagation de la Bible alla donc jusqu'à interdire l'instruction religieuse de ses esclaves ; quant à Sherlock, futur évêque de Londres, il assurait que « le christianisme et le fait d'embrasser la doctrine de la Bible ne changeaient rien à la propriété civile »[1].

Brusquement, l'opinion se retourna. En 1772, à l'occasion du célèbre procès de l'esclave maltraité James Somersett suscité par Granville Sharp (futur fondateur, avec l'appui des Quakers, du « Comité pour l'abolition de la traite des esclaves »), il fut statué que « le cas n'était ni permis ni approuvé par la loi anglaise ». De ce jour, l'esclavage devint illégal sur le sol britannique[2].

Contre la pression tardive du groupe de pression négrier, entêté à réclamer le maintien de privilèges périmés, le rôle des philanthropes fut loin d'être négligeable. Il contribua à arracher la suppression de la traite (1807), en même temps que les États-Unis mais plusieurs années avant le reste de l'Europe (1815)[3].

Il paraît, enfin, significatif que la plupart des entrepreneurs capitalistes des nouveaux centres industriels (Birmingham, Manchester, Sheffield) aient pris fait et cause pour l'abolition, et que la croisade humanitariste ait finalement triomphé en même temps que l'économie libérale (émancipation des Noirs : 1833 ; triomphe du libéralisme : 1846). E. Williams a sans doute affaibli sa thèse en cherchant à démontrer que la suppression de la traite résultait d'un plan économique précis élaboré par le ministre William Pitt[4] ; il n'en reste pas moins que le coup de grâce fut donné par le ralliement du principal centre négrier, Liverpool lui-même (en 1807, 1 bateau sur 24 seulement y pratiquait la traite, contre 1 sur 12 en 1792).

Si la suppression de la traite correspondait à une situation économique globale en métropole, elle posa sur place des problèmes graves, dans la mesure où les intérêts locaux y étaient mal préparés : c'est à ce niveau que le mouvement philanthropique exerça surtout son action. Car, faute de produit de remplacement, les négriers, aussi bien européens qu'africains,

1. Williams, *op. cit.*, p. 62.
2. H. Brunschwig, *L'avènement de l'Afrique noire* [7], chap. 2.
3. Sauf le Danemark dès 1802-1805.
4. Williams, *op. cit.* ; R. T. Anstey, Capitalism and slavery : A critique, *Economic History Review*, 1968, p. 307-320.

résistèrent durablement à la suppression du trafic qui faisait leur fortune. Vers 1830, la traite de contrebande exportait sans doute plus d'esclaves qu'un siècle auparavant. D'après l'étude quantitative très fouillée de Curtin[1], de 1741 à 1810 la moyenne annuelle des départs atteignit le plateau de 60 000 par an. Ensuite, bien que les données numériques de la traite de contrebande fussent devenues, de ce fait, extrêmement difficiles à déceler, il ne semble pas que les effets de l'abolition se soient fait sentir avant 1840. De 1800 à 1855, au moins 1 250 000 esclaves furent débarqués au Brésil, d'autant que la traite portugaise resta légale au sud de l'Équateur jusqu'en 1830 et tolérée jusqu'au milieu du siècle[2]. Une estimation présentée en 1848 par le *Foreign Office,* probablement fort exagérée pour justifier les crédits nécessaires à l'escadre de répression, allait jusqu'à évaluer à 135 000 esclaves le nombre moyen des départs annuels entre 1835 et 1839 ; il est vrai qu'une autre enquête du même Office, fondée sur les navires effectivement repérés (donc, en revanche, sous-estimée), faisait état de 30 000 seulement.

La chute fut plus brutale entre 1840 et 1865 (de 40 000 à moins de 10 000 par an) ; mais la traite atlantique ne disparut à peu près définitivement qu'à la suite de la guerre de Sécession (1865) puis de l'abolition de l'esclavage au Brésil (1888) qui continua tardivement de s'approvisionner au Mozambique.

Dans la première moitié du siècle, les Britanniques eurent seulement pour recours, dans leur lutte contre la contrebande, une police des mers entravée par le mauvais vouloir des autres grandes puissances : le nombre des libérés débarqués à Freetown n'excédait pas 427 en 1820 et 6 899 en 1835[3]. À partir de 1840, elle multiplia également les missions de persuasion auprès des chefs locaux, destinées à arracher la promesse de mettre fin au « commerce honteux » : traités de 1840 et 1842 avec les chefs du Cameroun, de 1843 avec le Calabar, de 1841 et 1848 avec les chefs de Bonny ; *Bond* de 1844-1845 avec les chefs Fanti pour abolir les « coutumes barbares » ; missions au Dahomey (Forbes en 1845 et 1849-1850, Wilmot en 1863, Burton en 1864) ; installation d'un consul en 1845 dans le port négrier de Lagos annexé en 1861.

1. [70].

2. Leslie Bethell, *The Abolition of the Brazilian Slave Trade,* New York, Cambridge University Press, 1970.

3. H. Brunschwig [7], chap. 2, et Ch. Lloyd, *The Navy and the Slave Trade* [74].

L'ESSOR DU COMMERCE « LICITE »

Il serait abusif d'interpréter les changements économiques du XIXe siècle comme redevables à l'action unilatérale de l'Europe, comme une rupture exclusivement imposée par l'action conjuguée des entrepreneurs et des humanitaristes britanniques. Cette vision des faits, qui tend à opposer structurellement la phase négrière à la phase ultérieure, révèle une appréhension « européocentrique » du problème. Certes le premier réflexe des Africains qui n'étaient pas encore prêts, au début du XIXe siècle, à renoncer à ce qui leur avait assuré une relative prospérité fut négatif ; mais ils ne tardèrent pas à réagir favorablement.

LES CONSÉQUENCES IMMÉDIATES

Dans les zones les plus soumises au commerce européen, la diminution de la demande atlantique eut des effets immédiats. Force fut aux chefs confrontés à la baisse du prix des esclaves de multiplier leurs prises et de hausser le montant des coutumes pour maintenir leurs revenus, situation d'autant plus paradoxale que les captifs trouvaient de moins en moins preneurs[1]. Dans le bas Niger, il s'ensuivit une aggravation de l'insécurité qui envenima les guerres Yoruba de la fin du siècle. La transformation radicale de l'économie ne fut assurément pas étrangère à la profonde crise sociale et religieuse qui secoua le Soudan à partir du milieu du siècle, à la suite des entreprises d'El Hajj Omar et de Samori. Mais les conquérants musulmans, devenus à leur tour grands pourvoyeurs de captifs qu'ils jetèrent sur le marché pour se procurer armes, chevaux et vivres, alimentèrent, de ce fait, une traite intérieure croissante qui, dorénavant sans autre débouché que l'économie soudanaise, contribua à accélérer l'évolution vers une société de type esclavagiste. On a vu comment la vogue de l'ivoire et l'introduction massive des armes à feu favorisèrent en Afrique centrale un processus analogue de bouleversement des structures politiques[2]. Tout dépendait, en fin de compte, de l'éventualité d'un produit de remplacement.

1. Cl. Meillassoux [34], p. 11-12.
2. Voir p. 192-196.

L'ADAPTATION[1]

À la différence des nations européennes, commerce négrier et commerce licite ne représentaient pas pour les Africains deux activités contradictoires. Au contraire, leur complémentarité jusque dans les années 1860 facilita l'évolution.

En effet, il n'y eut pas seulement, de la part des souverains locaux, soumission aux desiderata occidentaux. Il y eut adaptation, souplesse, et même initiatives d'États dont on peut apprécier l'habileté, tout au long du siècle, à défendre l'intégrité de leurs institutions traditionnelles. On oublie que les nouvelles activités n'étaient pas seulement rentables pour les Européens. De 1750 à 1850, les termes de l'échange étaient favorables à l'Afrique, puisque, tandis que le prix d'achat des produits restait stable ou même en légère hausse, le prix des marchandises d'échange accusait une baisse sensible. Il y eut donc ajustement interne des systèmes sociopolitiques et réponse aux nouvelles conditions du marché atlantique.

La zone soudanaise

À l'intérieur du Soudan, on a déjà montré comment les communautés manifestèrent constamment leur disponibilité à tirer profit du nouveau contexte économique. En dépit d'une instabilité croissante, le mouvement ne se démentit pas dans la seconde moitié du siècle. L'exemple de Gumbu du Sahel (Mali) analysé par Cl. Meillassoux est à cet égard exemplaire : à Gumbu, les esclaves issus de la traite interne devinrent une main-d'œuvre affectée au tissage des bandes de coton, puis à l'écoulement de cette production. D'où l'ébauche d'une division sociale du travail et, par suite, face à l'apparition d'une catégorie croissante de producteurs, l'accumulation de richesses en faveur de la classe dirigeante qui se poursuivit au-delà de la conquête coloniale, jusqu'aux environs de 1900[2].

La côte orientale

De même, lorsque, après 1860, la chasse aux esclaves autour du lac Tanganyika se raréfia, puis que l'exportation en fut interdite en 1873, les entrepreneurs arabes et Swahili convertirent la quasi-totalité des esclaves encore dispo-

1. C. Coquery-Vidrovitch, La dépendance de l'Afrique noire, XIXe-XXe s., *Cahiers d'études africaines*, n° 61-62, 1976, p. 7-58.

2. Cl. Meillassoux, Le commerce précolonial et le développement de l'esclavage à Gumbu du Sahel, *in* [34], p. 182-198.

nibles à la production des cultures d'exportation (canne à sucre, coconut, sésame ou riz) sur les vastes plantations organisées autour des cités marchandes de la côte. Là, l'évolution fut coupée nette par la conquête allemande et la confiscation des terres, mais elle se poursuivit à Zanzibar devenu le premier exportateur mondial de clou de girofle. Plus au sud, l'exploitation de l'ivoire permit aux Nyamwezi (Tanzanie) d'amorcer une série d'activités qui leur assurait une relative indépendance par rapport à l'économie traditionnelle d'autosubsistance. Cependant, autour du lac Nyassa, le trafic des esclaves battait encore son plein, et les ravages exercés par les trafiquants arabes du dernier tiers du siècle firent que ces expériences tournèrent court.

L'Ashanti

À la suite du déclin de la traite négrière, les Ashanti démontrèrent aussi leur capacité à développer le commerce de la kola avec la zone soudanaise, et à créer au nord-est le marché d'Atebubu dont l'évolution prouva l'adaptation permanente du commerce du XIXe et du XXe siècle, puisque les traitants africains surent tirer parti de la présence européenne en adjoignant au marché traditionnel le commerce du bétail et celui des vivres, devenus de plus en plus lucratifs avec l'expansion administrative.

Les « Rivières de l'Huile »

C'est dans le delta du Niger, où les cités-États avaient constitué l'un des plus grands centres négriers du XIXe siècle, que se développa dès 1820 l'exploitation des palmeraies naturelles de la zone forestière de l'arrière-pays. La traite n'en cessa pas pour autant. C'est seulement vers 1840 que l'extension et la rentabilité du commerce (plus de la moitié de l'huile exportée d'Afrique[1]) conduisirent progressivement les courtiers africains à renoncer au trafic négrier, de plus en plus aléatoire. Connue, dès cette époque, sous le nom de « Rivières de l'Huile », la région exportait, en 1880, 50 000 t ; le produit était utilisé non seulement comme lubrifiant industriel, mais surtout à la place des graisses animales dans la fabrication du savon, puis, après 1870, dans celle de la margarine[2].

Les palmistes au Dahomey

Avec un certain décalage, le mouvement fut suivi par le Dahomey. Il fut redevable à l'initiative d'un négociant de Marseille, Régis, qui obtint en 1851 du roi Ghezo le monopole virtuel de l'exportation d'huile jusque vers 1890. Bien que le tonnage y fût très inférieur (3 400 t en 1850, 13 000 t maximum

1. O. Dike, *Trade and Politics...* [338], p. 100-101.
2. Définitivement mise au point en 1910.

en 1872[1]), il traduisait la même évolution : pendant une période transitoire d'une vingtaine d'années au moins, le nouveau commerce, loin de se substituer à la traite, lui fut complémentaire, car les grands négriers devinrent les principaux traitants d'huile. Parce que les structures de la classe marchande de Ouidah l'habilitaient à affecter ses esclaves au nouveau trafic, elle organisa rapidement de vastes plantations où ils furent dorénavant préposés à la cueillette des régimes et à l'affinage du produit.

Ainsi les grandes familles existantes constituèrent-elles au cours du siècle un patrimoine dont elles avaient la possession précaire, mais durable. Certaines sont restées dans l'indivision jusqu'à nos jours, confiant au chef de famille la gestion des biens de plusieurs milliers d'ayants droit. Ces derniers apparaissent comme les survivants d'un système tributaire en vigueur depuis l'époque de la traite négrière, mais dans lequel était intervenu un élément nouveau : la terre.

Ni le roi ni les cabécères n'avaient donc intérêt à s'opposer au nouveau trafic qui, sans porter atteinte à l'organisation antérieure, se traduisait seulement par un accroissement de leurs revenus. Tous avaient intérêt à faire appel à l'autorité du souverain pour imposer un contrôle rigoureux des palmeraies[2]. Quant à la population, au fur et à mesure de la disparition des esclaves, elle s'inséra tout naturellement dans le nouveau circuit.

La traite « licite » triompha, certes, parce que l'Europe y trouvait de plus solides assurances, mais aussi parce que les structures marchandes de nombreux États africains s'y prêtaient volontiers. Autrement dit, le second partenaire du commerce atlantique, l'Africain, s'il ne jouait pas un rôle décisif, n'en agissait pas moins, s'adaptait, tirait profit du marché – bref, se comportait en interlocuteur responsable : à nouveau la société africaine, en dépit des handicaps internes ci-dessus décelés, s'avérait susceptible d'évolution. Et là où triompha un « commerce licite » laissé aux mains des producteurs locaux, comme dans les « Rivières de l'Huile » ou au Dahomey, le système économique, jusqu'alors déprédateur et destructeur, fit dorénavant intervenir une production réelle. En substituant à la razzia des esclaves le commerce de l'huile, il amorçait le passage vers un mode de production de type nouveau, au sein duquel la classe paysanne intervenait désormais directement. Cette évolution se prolongea jusqu'à la colonisation et même au-delà ; car dans une première phase, tant que le pouvoir métropolitain intervint de façon plus politique qu'économique, l'économie commerciale africaine s'adapta aux structures coloniales comme elle s'était adaptée aux structures précoloniales.

1. B. Schnapper, *La politique et le commerce français dans le golfe de Guinée...* [83], p. 140.

2. C. Coquery-Vidrovitch, Le blocus de Whydah (1876-1877)..., *CEA*, II, 7, 1962, p. 384, et De la traite des esclaves à l'exportation de l'huile de palme, *in* [34].

C – LE CHOC IMPÉRIALISTE

LE PROLONGEMENT TARDIF DES STRUCTURES COMMERCIALES « PRÉCOLONIALES »

Le fait que le volume des transactions eût à augmenter pour maintenir dans le « commerce licite » des profits comparables à ceux du trafic négrier constituait, certes, une pression économique considérable. Mais il s'agissait moins d'une révolution que de l'accélération d'un processus amorcé depuis longtemps, depuis que les peuples courtiers avaient renoncé à vivre en autarcie pour s'adonner au grand commerce. Dans les zones d'économie de traite, la première phase coloniale se contenta d'exploiter, sans guère les modifier, les structures économiques existantes.

Au Dahomey, les négociants européens, une fois levé l'obstacle royal, songèrent bien à essaimer vers l'intérieur. Mais c'était « une grosse erreur dont ils sont revenus »[1]. Les réseaux internes du commerce suffisaient à la tâche. Dans les villes, surtout à Porto-Novo, on assista seulement à une hypertrophie du commerce traditionnel. C'est seulement après 1920 que de nombreux traitants africains, Nago pour la plupart, allèrent, grâce aux camions, s'adresser directement aux producteurs.

L'EXEMPLE SÉNÉGALAIS

Au Sénégal, ce fut encore plus net. Certes, l'exportation des arachides remontait presque au début du XIXe siècle. En liaison avec Bordeaux, les commerçants Maurel et Prout, arrivés en 1822, s'étaient attachés à vulgariser cette plante dont les amandes étaient utilisées dans l'alimentation locale. Favorisé par la loi de 1841 qui réduisait les droits de douane sur les oléagineux transportés sur navires français, un trafic régulier s'instaura à partir de 1844. La première huilerie fut installée à Bordeaux en 1857. Mais l'essor de l'arachide fut surtout consécutif à la conquête qui favorisa les conditions économiques et sociopolitiques de son expansion : le chemin de fer Dakar-Saint-Louis achevé en 1885 permit de gagner le Cayor à la culture. De 1885 à 1890, les exportations firent un bond de 50 000 à 150 000 t.

1. E. Foa, *Le Dahomey,* Paris, 1895, p. 194.

Paradoxalement, malgré leur défaite devant les Français, les guerriers marabouts qui avaient contribué à ruiner l'autorité des royaumes ouolof en furent les premiers bénéficiaires. Face aux petits chefs traditionnels ruinés et méprisés parce qu'à la solde de la puissance coloniale, ils mirent à profit leur autorité morale et religieuse pour adonner leurs disciples à la production arachidière, renforçant, ce faisant, jusqu'à nos jours leur puissance politique[1]. Mais, en même temps, le maintien de leur suprématie contribua à paralyser l'essor économique de la région. Les Mourides prorogent, en effet, le mode de vie ostentatoire ancestral ; en dépit de leur puissance économique et des tentatives de réforme de leur chef actuel, ils investissent très peu, sinon dans l'immobilier, se contentant de dilapider leurs profits par la munificence d'un train de vie (villas luxueuses, automobiles Mercedes, harems surpeuplés...) qui continue de symboliser, aux yeux des fidèles, la réalité de leur pouvoir.

LES PLANTEURS GHANÉENS DE CACAO

L'exemple le plus frappant de la continuité économique caractéristique de la première phase coloniale fut celui de la Gold Coast (Ghana). On a vu à quel point le pays Fanti était, depuis des siècles, le foyer d'une intense activité tournée vers l'Atlantique. L'action conjuguée du négoce, de l'influence missionnaire et de la pénétration administrative contribua à préparer une révolution des mentalités et des techniques susceptible d'amorcer le démarrage économique. Cependant, l'absence tardive d'un produit de remplacement paralysa l'évolution.

En 1891, un peu de palmistes, de la poudre d'or et, depuis peu, du caoutchouc étaient exploités dans un cadre purement traditionnel, l'autorité coloniale, comme les firmes européennes, restant cantonnée aux alentours d'Accra. Vingt ans plus tard, la Gold Coast était devenue, avec 40 000 t, le premier exportateur mondial de cacao, dans le cadre d'une production presque exclusivement africaine.

L'expansion des cultures fut le fait des planteurs Akwapim, migrants venus du Sud qui, faisant preuve d'un rare esprit d'initiative, achetèrent leurs terres dans la forêt avec les profits du commerce antérieur, puis de leurs premières récoltes. Tandis que la progression des achats de terre suivait celle des cours mondiaux du caoutchouc, ces hardis entrepreneurs investirent £ 50 000, au moins dans l'infrastructure routière, prouvant ainsi qu'ils participaient sans problème à l'économie de marché[2].

Ainsi, au Ghana, le contrôle de la terre par les Africains prit-il, d'emblée, une forme précapitaliste. On pourrait en rapprocher l'exemple du Buganda, lui aussi favorisé par le caractère progressif de l'*Indirect Rule*,

1. D. Cruise O'Brien, *The Mourides of Senegal* [233], p. 32-33.
2. P. Hill, Ghanaian capitalists Cocoa-farmers, *in* [160], p. 21-29.

qui encouragea la révolution foncière sans briser les fondements du système précolonial : si l'empire Ashanti ou le royaume du Buganda étaient restés intacts, peut-être auraient-ils entrepris le développement agricole et minier sur une vaste échelle, car, comme le royaume du Dahomey, ils possédaient les moyens de le faire, en richesse et en pouvoir. Mais l'intervention britannique, qui favorisa aux dépens du pouvoir central les structures villageoises coutumières, encouragea une économie d'exploitation fondée sur de petits fermiers plutôt que sur de vastes plantations.

Le *Colonial Office* refusa en effet d'interférer directement dans la propriété du sol, sachant que pour s'emparer de la terre, élément vital de la société ghanéenne, il aurait fallu utiliser la force. Les structures foncières du secteur d'exportation évoluèrent donc à partir du système traditionnel. En dépit des prédictions de Lord Lever qui aurait souhaité organiser l'exploitation en grand dans le cadre d'un État agricole moderne, le système foncier s'avéra très souple, et la transformation des terres jusqu'alors non exploitées fut rapide et efficace : puisqu'elles étaient abondantes, le marché était compétitif et les prix bas. Cela permit en revanche des salaires relativement élevés, accentués par une forte demande d'emploi et le choix relatif entre les villes, les mines et les plantations.

Les planteurs purent, à leur gré, émigrer d'une région à une autre, en achetant ou louant la terre à bas prix. Celle-ci finit par se concentrer entre les mains d'un certain nombre de privilégiés, et la société se polarisa autour d'un petit groupe de possédants, prémices d'une bourgeoisie locale fondée sur l'accumulation du capital par le commerce extérieur[1].

Ce thème est fondamental. Il permet de remettre en cause, pour l'étude des phénomènes économiques, la rupture traditionnelle entre situation précoloniale, c'est-à-dire antérieure à 1880, et situation coloniale. Dans les zones habituées de longue date au commerce de traite, que l'existence d'un produit d'exportation en même temps qu'une faible occupation administrative mettaient à l'abri d'une économie de pillage de style congolais ou rhodésien, la réponse africaine à l'essor de la demande européenne, voire à la conquête, fut une adaptation plutôt qu'une rupture. Certes, il arrive un moment où les transformations progressives de l'organisation socio-économique impliquent le franchissement d'un seuil qualitatif. Dans cette mesure, on peut parler d'une mutation intervenue vers le milieu du XIXe siècle, à partir du moment où la traite des marchandises l'emporta définitivement sur la traite des esclaves.

Mais le point de rupture fut plus tardif. Il correspondit à la prise en main effective du pays, au moment où le plein emploi militaire et civil auto-

1. St. Hymer, Economic forms in precolonial Ghana, *The Journal of Economic History*, XXX, 1, 1970, p. 33-50.

risa réellement les métropoles à imposer leur domination politique et à substituer à des échanges jusqu'alors théoriquement égaux, ou à peu près, des échanges inégaux.

LA RUPTURE

Bien avant que ne devînt effective la prise en charge progressive du fait colonial par le fait impérialiste, la pression européenne avait fait sortir de lui-même le « mode de production » africain. Comme le font remarquer Rey et Dupré[1], l'apparition de formes économiques modernes ne résulta en aucun cas du déroulement logique du passage d'une économie sans marché à une économie de marché par le truchement du « marché périphérique » et le simple jeu de la progression pacifique de la loi de l'offre et de la demande en pays traditionnel (suivant le modèle suggéré par Bohannan et Dalton). Le déroulement historique réel fut celui du heurt de deux modes de production hétérogènes, capitaliste et « africain », et le bouleversement de l'un par l'autre.

Qu'elle marquât ou non le déclin des chefs quasi féodaux de la période précapitaliste, l'intervention européenne détermina l'apparition d'une nouvelle génération de grands propriétaires fonciers (marabouts) ou de petits capitalistes locaux (Ghana), à la fois producteurs et commerçants, qui saisirent l'opportunité offerte. Le fait nouveau était qu'à la différence de la traite négrière, qui supposait l'existence d'une catégorie sociale guerrière exerçant une forte influence, en même temps qu'un nombre restreint de riches entrepreneurs chargés de pourvoir aux investissements exigés par l'équipement des expéditions et les aléas du commerce, le commerce licite était accessible à tous : pour la première fois, le paysan africain ordinaire, dans le cadre de la vie familiale, pouvait y participer. Cet usage plus intensif, en Afrique même, des ressources en travail pour la récolte, la préparation et le transport des produits fut l'un des facteurs déterminants du bouleversement des structures politiques et sociales internes, souvent générateur de conflits entre chefs ou, au sein du même État, entre dirigeants et peuples soumis[2].

Si le rôle des Européens s'était arrêté là, aurait-on pu voir éclore des formes africaines modernes, dénaturées mais autocentrées ? Cette crise

1. Réflexions sur la pertinence d'une théorie de l'histoire des échanges, *CIS*, 1969, p. 133-262.
2. A. G. Hopkins, Imperialism in Lagos, *op. cit.* [858].

d'adaptation, sans précédent, ne pouvait en effet trouver de réponse dans la sphère politique et diplomatique traditionnelle des États africains. Cela ne peut être que matière à spéculation. Car les Européens, pour répondre aux troubles dont ils étaient eux-mêmes les responsables, imposèrent un système radicalement autre : tout fut brisé par la mainmise impérialiste.

Alors, les responsables du commerce africain se trouvèrent définitivement dépossédés. Partout les intermédiaires traditionnels – créoles de Saint-Louis ou du Sierra Leone, Dyula de la zone soudanaise, Fanti acculturés de Gold Coast, « Brésiliens » du Dahomey, métis d'Angola ou du Mozambique, Nyamwezi ou Yao de la côte orientale, furent brutalement ou progressivement éliminés pour entrer, à titre de commis subalternes, au service des grandes firmes de traite européennes (SCOA, Unilever...) qui prirent tout en main, sauf aux niveaux inférieurs. Déçue par les restrictions que lui imposait la colonisation, l'élite locale n'eut d'autre issue que de constituer les bases des mouvements nationalistes d'opposition qui allaient se développer au XXe siècle.

Cette nouvelle phase qui, elle, détruisit les structures africaines et stoppa net une évolution jusqu'alors relativement cohérente intervint assez tardivement, et s'épanouit entre les deux guerres mondiales.

Les sociétés africaines n'étaient sans doute pas moins que d'autres capables, quitte à assimiler des éléments venus de l'Occident, de surmonter leurs contradictions et de s'intégrer, sans rupture fondamentale d'équilibre, à un système économique rénové. Mais l'intervention brutale de l'impérialisme économique les fit basculer vers un système adultéré de type colonial ou néocolonial, « où le rapport de production capitaliste est étroitement combiné à des rapports archaïques, pour le plus grand profit des privilégiés »[1].

Alors seulement, en effet, cette possibilité de progrès des structures internes, déjà amorcée dans certains cas, entra en conflit irréductible avec l'épanouissement d'une économie définie puis entièrement dominée par les puissances coloniales.

Outre l'insistance apportée aux mécanismes internes de l'esclavage (cf. chapitre précédent), la connaissance des traites (atlantique, arabe et islamisée, vers la Méditerranée et vers l'océan Indien) s'est affinée :

Actes de la Conférence internationale sur la traite des Noirs (Nantes, 1986), Société française d'Histoire d'outre-mer, 1989, 2 vol.

BECKER (Charles), Note sur les chiffres de la traite atlantique française au XVIIIe siècle, *Cahiers d'Études africaines*, 104, XXVI-4, 1986, p. 633-679.

DAGET (Serge), *La traite des Noirs. Bastilles négrières et velléités abolitionnistes*, Rennes, Éditions Ouest-France Université, 1990.

1. Y. Lacoste, *Géographie du sous-développement* [161], p. 229-230.

DAGET (Serge), Note de lecture. La traite des Noirs par l'Atlantique depuis 1988, *Revue française d'Histoire d'outre-mer,* t. LXXVII, n° 292, 1991, p. 397-404.

ELTIS (David), *Economic Growth and the Ending of the Transatlanlic Slave Trade,* Oxford University Press, 1987.

Esclavage, colonisation, libérations nationales, Paris, L'Harmattan, 1990, 354 p.

KLEIN (M.), *Slavery and Colonial Rule in French West Africa,* Cambridge University Press, 1998, 355 p.

LAW (R.), *From Slave Trade to « Legitimate » Commerce : The Commercial Transition in Nineteenth-Century West Africa,* Cambridge University Press, 1995, 278 p.

MANNING (Patrick), *Slavery and African Life,* Cambridge University Press, 1990.

MIERS (Suzanne) et ROBERTS (R.), *The End of Slavery in Africa,* Madison, The University of Wisconsin Press, 1988.

MILLER (Joseph C.), *Way of Death. Merchant Capitalism and the Angolan Slave Trade,* 1730-1830, Madison, The University of Wisconsin Press, 1988.

PÉTRÉ-GRENOUILLEAU (Olivier), *Les traites négrières : essai d'histoire globale,* Paris, Gallimard, 2004, 468 p.

POSTMA (J. M.), *The Dutch in the International Slave Trade, 1600-1815,* Londres, A Probsthain, 1990.

RENAULT (François) et DAGET (Serge), *Les traites africaines,* Paris, Karthala, 1985, 236 p.

Enfin, importance de la revue annuelle *Les Anneaux de la Mémoire,* Nantes.

Deuxième section

De l'anthropologie à l'histoire

CHAPITRE IX

Les temps précoloniaux et le mouvement social : l'Islam au XIXe siècle

Fonder l'histoire des sociétés africaines, c'était chercher enfin leur mouvement. Donc rompre avec le réemploi « naturel » des catégories et des modèles reçus de l'histoire européenne, comme avec les ethnologies antiquaires, ou trop uniquement culturelles, ou fonctionnalistes. Trois orientations au moins y ont contribué.

L'une, la plus récente, repose sur les apports tout neufs de l'anthropologie économique, et sur l'étude renouvelée des sollicitations économiques externes (traite, commerce, impérialisme naissant...) comme facteur de l'évolution des peuples africains. Les chapitres VII et VIII lui sont consacrés.

Une autre, plus circonscrite, a pour objet les révolutions d'inspiration musulmane, si nombreuses et si vigoureuses dans le Soudan du XIXe siècle. Son assise documentaire propre – notamment toute une production écrite africaine, de langue arabe ou au moins d'écriture arabe, découverte ou réexaminée depuis quinze ans – et sa référence nécessaire à l'islamologie en font un secteur particulier de la recherche, qui n'en débouche pas moins sur l'histoire sociale.

Enfin, plusieurs courants contemporains de l'anthropologie ont déjà cultivé l'étude du mouvement social, et de sa variété, même dans les sociétés précoloniales, dans des voies où les rejoignent aujourd'hui les historiens. On en sacrifiera l'examen, faute de place.

Dans toutes les régions qu'il a déjà touchées, et notamment au Soudan, l'Islam, au XIXe siècle, semble occuper le devant de la scène : il progresse, en profondeur et en surface ; sous son enseigne se mènent toute une suite de révolutions sociales, ethniques et politiques, tout au long de la période, comme surgissent les prédicateurs et les leaders subversifs ; dans son climat se rénovent d'anciennes puissances[1]... Sans doute tire-t-on trop commodément, d'une description événementielle et décousue, pour les réunir dans une entité univoque appelée Islam, des réalités qui ne le mettent pas en cause de la même façon. En quoi, en tout cela, l'Islam est-il facteur, ou conséquence, ou expression ? fait décisif ou second ? Et, dans tant de mouvements, qu'il y a-t-il de commun et quoi de foncièrement divers, où sont les filiations et les convergences ?...

On affine aujourd'hui, et l'on démultiplie, les questions que posent l'évaluation et l'explication, tant de l'Islam et de sa place générale dans l'histoire africaine que des révolutions sociopolitiques. C'est qu'il y avait déjà des réponses plus anciennes, ici. Dès la fin du XIXe siècle, et dans les premières décennies de la colonisation, une littérature traite de ces thèmes avec plus de décision que d'autres. Pourquoi ? L'Islam, déjà connu par un secteur de l'érudition et par les entreprises européennes au Maghreb et au Proche-Orient, dépayse moins que les civilisations négro-africaines, ce qui prédétermine parfois l'observation et l'interprétation de sa réalité africaine, mais stimule le jugement. Les besoins de l'administration en auxiliaires, les recherches d'une « politique indigène », avec ses choix et ses pronostics..., poussent à des réflexions comparatives sur les caractères respectifs des sociétés islamisées et des sociétés païennes ; deux camps opposés, dont aujourd'hui frappent surtout le commun schématisme et les préoccupations coloniales, soupèsent l'Islam noir et se réfèrent à son passé récent et à ses œuvres. Enfin, des systèmes étatiques, nés d' « événements » encore chauds dans les traditions, et plus encore consignés dans des textes écrits, risquaient le moins, alors, d'échapper à une curiosité historique. Des années 1880 à la Seconde Guerre mondiale, un premier traitement du sujet permet une mise en perspective des faits et des acteurs, et propose des interprétations générales, parallèlement à quelques éditions de documents[2]. Il reste, aujourd'hui encore, d'un intérêt capital[3].

Et, cependant, quel renouvellement profond est en cours, depuis les environs de 1955, en un domaine où l'étude plus exigeante des textes écrits, et l'augmentation sensible de leur nombre par la quête systématique des manuscrits disponibles[4], ont particulièrement aidé le progrès plus général de la recherche au même moment ! Ce renouvellement apparaît encore insuffisamment dans les manuels et les livres de synthèse[5], mais il est éclatant dans les études de détail. Il se manifeste à la fois par des abandons et par des gains.

1. Voir deuxième partie, chap. I, parties A et B.

2. On renvoie, pour les références, aux synthèses postérieures, nécessairement récapitulatives, celles de A. Gouilly [62], J. C. Froelich [61], V. Monteil [66]. Pour les diverses révolutions et formations politiques musulmanes, cf. la Bibliographie régionale.

3. L'œuvre de Paul Marty, par exemple, demeure un réservoir très riche de matériaux et de réflexions.

4. Cf. première partie : « Les sources écrites africaines », p. XXXIV-XXXV.

5. L'ouvrage de V. Monteil, *L'Islam noir,* 1964 [65], est assez décousu : suite de réflexions les plus variées au fil des multiples expériences de l'auteur. Et, pourtant, une série de passages denses d'histoire et de sociologie de l'Islam en pays noir, dispersés, suffisent à en faire le livre réellement

Les abandons sont ceux de vues extrêmes, schématiques, ou trop simples, dont l'empire fut grand, et n'est pas toujours éteint. Ainsi dépérissent deux représentations fortunées, divergentes de contenu mais idéologiquement parentes : telle de l'Islam étranger, celle de l'Islam nigrifié. L'Islam, étranger culturel et politique, hétérogène à la civilisation négro-africaine, intrus qu'on peut mettre en parallèle avec le colonisateur... après des siècles d'une histoire dont les acteurs et les penseurs musulmans furent des Noirs, répondant à des problèmes et visant des projets propres à leur milieu social et géographique, où mainte synthèse culturelle à composante islamique s'est montrée plus viable et durable que bâtarde, la proposition est intenable. L'est-elle davantage, celle d'un Islam fétichisé, absorbé, gommé, changé, face à ces foyers d'orthodoxie, de savoir et de piété qui jalonnent l'espace et le temps du Soudan, face aussi à l'état de l'Islam « populaire » dans les pays les plus classiquement musulmans ? Cela reconnu, de vrais problèmes sont rendus à la recherche : l'étude comparée des symbioses et des conflits sociopolitiques et culturels, dans chaque contexte historique réel, entre Africains musulmans et non musulmans, et aussi entre Africains distincts par d'autres critères – la différence entre l'Islam et le fonds négro-africain est réelle, elle a donc des conséquences propres, mais elle ne joue jamais seule, non « située », ni de façon univoque. Ou encore : que sont les cas d'orthodoxie, d'islamisation partielle[1], de syncrétisme[2]... également « situés », et référés à la problématique générale de l'histoire sociale et religieuse plutôt qu'à la « nature » particulière de l'Islam noir ? Et quelle est l'originalité de cette « province culturelle » de l'ensemble musulman, jugée à la même aune que celle des autres[3] ?

Quant aux révolutions sociopolitiques menées sous le signe de l'Islam, l'abandon touche quelques explications proposées, jadis et naguère : le fanatisme musulman, ou l'emploi de la religion comme simple prétexte au service de convoitises matérielles, ou la lutte foncière des ethnies et la vigueur propre à l'une d'elles (les Peuls)... Aucune ne remplit son rôle, aucune ne peut conserver aujourd'hui sa formulation.

Le progrès des connaissances, le tissu des interrogations nouvelles se font dans plusieurs voies.

C'est d'abord la vigueur de l'Islam en Afrique noire qu'on s'attache à mieux évaluer. On recherche les vecteurs et les modalités de sa diffusion et

novateur et décisif, au rayon des études d'ensemble, en langue française. L'œuvre collective éditée par I. M. Lewis [63] présente une forte unité, notamment grâce à la substantielle introduction écrite par le maître d'œuvre (1966). Depuis longtemps, Th. Hodgkin a fait beaucoup pour diffuser, synthétiser et relancer les nouvelles interprétations. Important aussi, D. McCall et R. Bennett [64].

1. Étude modèle de M.-J. Tubiana, chez les Zaghawa [494]. Remarques très suggestives de H. J. Fisher, Independency and Islam : The Nigerian Aladuras and some Muslim comparisons, *JAH*, XI, 2, 1970, p. 269-277.

2. Tour d'horizon introductif commode, plus attaché au XXe siècle, par M. Quéchon, Réflexions sur certains aspects du syncrétisme dans l'Islam ouest-africain, *CEA*, XI, 42, 1971, p. 206-230, et surtout I. M. Lewis, *op. cit.*, introduction.

3. V. Monteil, *Le monde musulman*, Paris, 1963.

de son entretien, ce qui renvoie notamment à deux réseaux, où sont forts les liens familiaux, ethniques, professionnels et mentaux : celui des communautés marchandes au long des routes de commerce qui sillonnent l'Afrique de l'Ouest[1], celui de l'enseignement et du savoir qui, des centres les plus réputés ou des plus modestes, diffuse savants et maîtres d'école, imam, juristes, secrétaires, conseillers... vers les communautés musulmanes et vers les cours. Il y a plusieurs agencements régionaux de ces réseaux ; les études majeures de Nehemia Levtzion et d'Ivor Wilks les ont remarquablement décrits aux XIXe siècle et aux époques précédentes, dans la zone centrale (Nord Ghana et Côte-d'Ivoire actuelle, aire voltaïque)[2].

Les guerres saintes, au moins les plus importantes du siècle, sont souvent des révolutions d'intellectuels : les leaders écrivent, enseignent, expliquent et se justifient beaucoup. On ne peut les comprendre, ni les concevoir, sans reconnaître l'arrière-plan du savoir islamique au Soudan, riche et ancien ; des centres, sahéliens surtout (Mauritanie, Tombouctou, Agadès...), ont entretenu ensemble – mais avec des conjonctures propres différentes – une ligne continue de pensée depuis les XIVe-XVe siècles, dont les maîtres, les thèmes et les filiations intellectuelles internes surgissent aujourd'hui à la lumière des œuvres découvertes ou redécouvertes[3]. L'apport personnel des leaders du XIXe siècle, leur personnalité, leur participation aux courants généraux du monde musulman sont encore lentement reconnus[4].

Ainsi enracinés intellectuellement, surgissant dans des sociétés où se côtoient souvent vrais musulmans, semi-islamisés et païens, où le pouvoir politique, quand il fait une place à l'Islam, la limite et prend ses aises avec la *sharī'a,* les mouvements de révolution animés par ces leaders sont « revivalistes », distincts des réformismes proche-orientaux qui veulent répondre au défi européen et restaurer l'Islam en fonction d'une situation contemporaine nouvelle ; il s'agit ici

1. Réflexions de Cl. Meillassoux [34], Introduction, et de certains de ses collaborateurs, *passim.*

2. N. Levtzion, *Muslims and Chiefs...* [289] ; I. Wilks, The transmission of islamic learning in the Western Sudan, *in* J. Goody (éd.), *Literacy in Traditional Societies,* Cambridge, 1958, p. 162-197. Consulter A. Samb, *Essai sur la contribution du Sénégal...,* cité p. XXXIV.

3. Cf. notamment A. D. H. Bivar et M. Hiskett, The Arabic literature of Nigeria to 1804 : A provisional account, *Bull. of the School of Oriental and African Studies,* XXV, I, 1962, p. 104-148 ; M. Hiskett, An Islamic tradition of reform in the Western Sudan from the XVIth to the XVIIIth century, *ibid.,* XXV, 3, 1962, p. 577-596.

L'héritage n'est pas seulement d'une pensée, mais aussi d'un souvenir historique, même s'il est sollicité, celui de l'Empire Songhai et de son souverain l'*askia* Muhammad ; sur cet épisode, la place de l'Islam dans cette histoire et déjà le rôle des intellectuels, cf. J. Hunwick, Religion and state in Songhay empire 1464-1591, *in* I. M. Lewis (éd.), *op. cit.,* p. 298-315. Voir encore Th. Hodgkin, The islamic literary tradition in Ghana, *ibid., op. cit.,* p. 442-459.

4. Par exemple N. Tapiero, Le grand shaykh peul Uthmān ibn Fudi..., *Revue des Études islamiques,* XXXI, I, 1963, p. 49-88 ; Y. Marquet, Des Ihwan al Safa à al Hajj Umar, *Arabica,* XV, I, 1968, p. 6-47.

de créer, de réaliser les principes de l'Islam, d'assurer l'avènement d'une foi pure et d'un État orthodoxe sur les modèles premiers (le temps du prophète et des premiers califes, celui de l'*askia* Muhammad...), le défi vient du syncrétisme ou du paganisme[1]. Mais cette pensée n'en est pas moins vigoureusement adaptée au milieu concret qu'elle affronte, en ce sens elle n'est pas artificiellement passéiste[2]. Elle se heurte, d'autre part, à un problème délicat, celui de la nature des ennemis combattus dans la guerre sainte : des pratiques hétérodoxes ou laxistes suffisent-elles à définir certains d'entre eux comme non-musulmans ? Le combat fut plus d'une fois mené contre des voisins clairement connus comme croyants ; la justification s'en trouvait alors plutôt dans leur attitude hostile à la cause des *mujahiddin*[3].

Mais la question fondamentale demeure : pourquoi et comment, en tels lieux et à tels moments, l'Islam put-il mobiliser les foules et couvrir une révolution sociale et politique, si, ailleurs et à d'autres temps, il resta pacifique, conservateur ou sans écho ? C'est une deuxième voie des recherches en cours, celle des ressorts sociaux des subversions soudanaises, celle de l'insertion des idéologies dans le mouvement global de l'histoire.

Le cas du pays Haoussa est déjà éclairé dans cette lumière. Les sources suggèrent assez bien la situation économique difficile, à la fin du XVIIIe siècle, de beaucoup des habitants du Gobir, la fiscalité lourde et diversifiée frappant la masse citadine et rurale au profit d'une élite urbaine, l'arbitraire et l'insolence de la couche dirigeante ; s'additionnent ainsi le mécontentement global et matériellement défini des paysans Haoussa et des pasteurs peuls, celui des clercs peuls sensibles à leur dépendance envers la générosité des Haoussa influents, et le sentiment de précarité même des Peuls « installés ». Ces griefs étaient sans doute hétéroclites, et Osman dan Fodio ne s'est pas présenté avec un programme économique et social. Mais qu'il ait longtemps dénoncé les taxes et les abus de façon cohérente et systématique, dit son fait aux princes et aux grands, et prêché un État plus juste parce qu'orthodoxe, que l' « ordre établi », d'autre part, ait un jour jugé dangereux ce prédicateur entouré de disciples et l'ait forcé à choisir entre l'effacement et la survie par le combat, alors les fortes tensions sociales ont pu se manifester brutalement : les mécontents avaient un leader, une perspective d'action, un espoir commun, une expression organisée de leurs désirs de changement. Un terrain social explosif, un terrain idéologique anciennement entretenu, jusque-là autonomes, se sont prêté de quoi rendre leurs virtualités agissantes. L'Islam ou le sentiment peul

1. Cf. J. R. Willis, Jihâd fî Sabîl Allâh, its doctrinal basis in Islam and some aspects of its evolution in XIXth century West Africa, *JAH,* VIII, 3, 1987, p. 395-415.

2. Sur un point particulier, qui a piqué les curiosités récentes relatives au modernisme ou au traditionalisme d'Osman dan Fodio, son attitude envers la femme et le meilleur statut qu'il lui veut assurer, voir, parmi d'autres, I. A. Ogunbiyi, The position of muslim women as stated by Uthman b. Fûdî, *Odu,* II, octobre 1969, p. 43-60.

3. M. Al Hajj, The Fulani concept of Jihâd, *Odu,* I, juillet 1964, p. 45-58.

eussent été bien impropres à mettre en branle la paysannerie Haoussa païenne, active dans le jihad[1].

Deux autres régions ont fait l'objet d'études dans lesquelles l'adoption et le succès de l'Islam sont directement liés à la transformation des conditions économiques et sociales, qui lui donnent ses chances comme idéologie universaliste et novatrice : le Sénégal surtout[2], le Fouta-Dyalon dans une mesure plus légère[3]. Quant à la « révolution Dyula », Yves Person en a reconstitué minutieusement le cours social et politique, l'Islam intervenant ici de façon plus discrète et épisodique[4].

Une troisième voie d'étude, enfin, analyse les constructions politiques nées et entretenues sous le signe de l'Islam : institutions, arbitrage du jeu des groupes sociaux, souveraineté et décision, moyens d'action et de domination de l'espace, relations extérieures[5]. Elle permettra peut-être, un jour prochain, une étude comparative fructueuse.

Beaucoup des recherches récentes ainsi commodément regroupées sur trois lignes récapitulatives laissent le sentiment d'une importance majeure des facteurs locaux. Certes, le Soudan musulman vit branché, intellectuellement et moralement, sur l'ensemble du monde musulman, et ses leaders ont parfois passé maintes années au Proche-Orient ; mais les influences des mouvements de pensée et d'action qui animent aux XVIIIe et XIXe siècles les régions centrales de l'Islam ne sont pas décisives : dès la fin du XVIIe siècle, la chaîne des guerres saintes et des contestations sociopolitiques qu'elles supportent s'est accrochée en Mauritanie et sur les rives du Sénégal, et s'est déroulée au XVIIIe siècle sur les deux Fouta[6]. Dans chaque société, chaque aire régionale, le jeu des rapports ethniques, des traditions intellectuelles, des tensions sociales détermine une évolution particulière, avec une « présence » très diversifiée de l'Islam. Les leaders qui foisonnent relèvent au

1. Cf. Marylin R. Waldman, The Fulani jihâd : A reassessment, *JAH,* VI, 3, 1965, p. 333-355 : P.-F. Lacroix, Le jihâd peul, communication ronéotée à un colloque sur l'Islam en Afrique noire (s.d. ; 1964, Institut d'Études islamiques, Sorbonne) ; M. G. Smith, The jihâd of Shehu dan Fodio, some problems, *in* I. M. Lewis (éd.), *op. cit.,* p. 408-420. Et, pour le Cameroun, prolongement des considérations sociales chez P.-F. Lacroix, L'Islam peul de l'Adamawa, *ibid.,* p. 401-406.

2. M. A. Klein, Social and economic factors in the Muslim revolution in Senegambia, *JAH,* XIII, 3, 1972, p. 419-441.

3. W. Rodney, Jihad and social revolution in Futa Djalon in the XVIIIth century, *Journal of the Hist. Soc. of Nigeria,* IV, 2, 1968, p. 269-284, et J. Suret-Canale, *Essai sur la signification sociale et historique des hégémonies peules (XVIIe-XIXe siècle),* Paris, CERM, 1964, 46 p. ronéot.

4. Y. Person [270].

5. Ainsi P. M. Holt pour le Soudan mahdiste [380], D. M. Last [342] et R. A. Adeleye [330] pour le Sokoto, Y. Person déjà cité, pour Samory, Y. Saint-Martin [260] et B. O. Oloruntimehin [258] pour l'Empire Toucouleur, Th. Diallo [240] pour le Fouta-Dyalon.

6. Ph. D. Curtin, Jihad in West Africa : Early phases and inter-relations in Mauritania and Senegal, *JAH,* XII, I, 1971, p. 11-23 ; H. T. Norris, Znaga Islam during the XVIIth and XVIIIth centuries, *Bull. of School of Oriental and African Studies,* XXXII, 3, 1969, p. 496-526.

moins de deux types, l'un plus pragmatique, tel Lat Dior, l'autre pieux et « prophète » d'abord, dont le pouvoir tient surtout à son message et à sa personnalité, comme Ma Bâ[1] ; et le contraste est clair entre les « théocraties » du Sokoto ou du Macina, exigeantes et permanentes, et l'adoption beaucoup plus limitée et circonstancielle d'une politique intensément musulmane par Samori. Quant à la résistance islamique à la conquête européenne, elle fut souvent vive ; on notera seulement, d'une part, qu'elle aussi se détermina d'abord dans le jeu des conjonctures locales et temporelles, ce qu'une appréciation globale postérieure de la lutte anticolonialiste peut masquer ; d'autre part, au Sokoto au moins, les diverses formes de résistance fréquentes dans toute l'Afrique reçurent une systématisation et une théorisation propres au milieu musulman[2].

On ajoutera à toutes ces références la bibliographie de S. ZOGHBY, *Islam in Sub-Saharan Africa. A Partially Annotated Guide,* Washington, 1978, 318 p. ; les maîtres chapitres de M. HISKETT au vol. 5 de la *Cambridge History...* [592], 1976, et de M. LAST au vol. 2 de l'*History of West Africa* [681], 1974 ; le bilan de J.-L. TRIAUD, L'Islam en Afrique de l'Ouest, problèmes de lecture historique, dans *L'Islam de la seconde expansion,* Paris, Assoc. pour l'avancement des études islamiques, colloque 1981, 18 p. ronéo ; M. HISKETT, *The Development of Islam in West Africa,* Londres, 1982, 352 p. ; G. NICOLAS, *Dynamique de l'Islam au sud du Sahara,* Paris, 1981, 336 p. ; N. LEVTZION, Patterns of islamization in West Africa, dans son livre (éd.) *Conversion to Islam,* New York, 1979, p. 207-216 ; C. STEWART, Southern Saharan scholarship and the Bilâd al-Sûdân, *JAH,* XVII, I, 1976, p. 78-93 ; J. WILLIS, The Torodbe clerisy, a social view, *ibid.,* XIX, 2, 1978, p. 195-212 ; L. SANNEH, *The Jakhanke : The History of an Islamic Clerical People of Senegambia,* Londres, 1979, 278 p. ; les trois études de cas africains contenues dans J. GOODY (éd.), *Literacy in Traditional Societies,* Cambridge, 1968 ; M. ZOUBER, *Ahmad Baba de Tombouctou (1556-1627). Sa vie, son œuvre,* Paris, 1977, 213 p.

Sur les grands leaders, M. HISKETT, *The Sword of Truth : The Life and Times of the Shehu Usuman dan Fodio,* New York, 1973, 194 p. ; F. DUMONT, *L'anti-sultan, ou al hajj Omar Tal du Fouta, combattant de la foi (1794-1864),* Dakar-Abidjan, 1974, 244 p. (cf. aussi Sidi Mohamed Mahibou et J.-L. Triaud cités p. XXXIV) ; J. WILLIS (éd.), *Studies in West African History,* vol. I : *The Cultivators of Islam,* Londres, 1979, 325 p. ; B. G. MARTIN, *Muslim Brotherhoods in XIXth Century Africa,* Cambridge, 1977, 278 p.

Études de cas : T. GBADAMOSI, *The Growth of Islam among the Yoruba 1841-1908,* Highlands, NJ, 1979, 265 p. ; C. STEWART, *Islam and Social Order in Mauritania,* Oxford, 1973, 204 p. (le personnage de Shaykh Sidiyya al Kabir, dans le contexte social et politique mauritanien).

Sur les grands ensembles politiques islamisés, sous leurs divers aspects : R. O'FAHEY, *State and Society in Dar Fur,* New York, 1980, 210 p. ; L. BRENNER, *The Shehus of Kukawa,* Oxford, 1973, 145 p. (Bornou) ; M. JOHNSON, The economic foundations of an Islamic theocracy, the case of Masina, *JAH,* XVII, 4, 1976, p. 481-495 ; J. SMALDONE, *Warfare in the Sokoto Caliphate. Historical and Sociological Perspectives,* Cambridge, 1977, 288 p. ; S. ABUBAKAR, *The Emirate of*

1. M. A. Klein, art. cité.
2. R. A. Adeleye, The dilemma of the wazir..., *Journal of the History Society of Nigeria,* IV, 2, 1968, p. 285-312.

Fombina. A Political History of Adamawa, 1809-1901, Londres, 1977, 190 p. ; M. NJEUMA, *Fulani Hegemony in Yola (Old Adamawa) 1809-1902,* Yaoundé, 1978, 311 p. ; D. ROBINSON, *Chiefs and Clerics...* [711].

Un excellent instrument d'information et de liaison existe depuis 1987 : *Islam et sociétés au sud du Sahara,* Paris, Cahiers annuels pluridisciplinaires, Paris, Éd. de la MSH.

Quelques travaux récents :

BOYD (J.), *The Caliph's Sister : Nana Asma'u, 1793-1865 : Teacher, Poet and Islamic Leader,* Londres, Frank Cass, 1989, 168 p.

CONSTANTIN (F.), *Les voies de l'Islam en Afrique orientale,* Paris, Karthala, 1987, 148 p.

CRUISE O'BRIEN (D.) et COULON (C.) (éd.), *Charisma and Brotherhood in African Islam,* Oxford, Clarendon Press, 1988, 223 p.

HARRISSON (C.), *France and Islam in West Africa, 1860-1960,* Cambridge, CUP, 1988, 242 p.

KAGABO (J.), *L'Islam et les « Swahili » au Rwanda,* Paris, EHESS, 1988, 176 p.

LEVTZION (N.) et POUWELS (R. L.) (éd.), *The History of Islam in Africa* [995].

MEUNIER (O.), *Les routes de l'Islam. Anthropologie politique de l'islamisation de l'Afrique de l'Ouest en général et du pays hawsa en particulier du VIIIe au XIXe siècle,* Paris-Montréal, L'Harmattan, 1997, 204 p.

MEUNIER (O.), *Les voies de l'Islam au Niger dans le Katsina indépendant du XIXe au XXe siècle (Maradi, pays hawsa),* Paris, Publications scientifiques du Muséum, 1998, 235 p.

PEEL (J. D.) et STEWART (C. C.) (éd.), *Popular Islam South of the Sahara,* Manchester, MUP, 1985, 128 p.

POPOVIC (A.) et VEINSTEIN (G.) (dir.), *Les Voies d'Allah. Les ordres mystiques dans le monde musulman, des origines à aujourd'hui,* Paris, Fayard, 1996 : chapitres de Constant Hames, « La Mauritanie », p. 413-416, et de J.-L. Triaud, « L'Afrique occidentale et centrale », p. 417-442.

Revue canadienne des Études africaines, 19, 2, 1985, p. 259-370, groupe d'articles sur « Les défricheurs de l'islam » (Table ronde, Paris, MSH, 1982, sur « Les agents religieux islamiques en Afrique tropicale »).

ROBINSON (D.), *After the Jihad : The Reign of Ahmad al-Kabir in the Western Sudan,* East Lansing, Michigan State University Press, 1991, 410 p.

ROBINSON (D.), *La guerre sainte d'al-Hâjj Umar...* [926].

SAAD (E. N.), *Social History of Timbuktu : The Role of Muslim Scholars and Notables, 1400-1900,* Cambridge, CUP, 1983, 324 p.

SANANKOUA (B.), *Un empire peul au XIXe s...* [931].

SCHMITZ (J.), L'État géomètre : les leydi des peul du Fuuta Tooro (Sénégal) et du Massina (Mali), *CEA,* XXVI (3), 103, p. 349-394.

TRIAUD (J.-L.), Les études en langue française sur l'islam en Afrique noire. Essai historiographique, *Lettre d'information de l'AFEMAM,* Aix-en-Provence, 2, décembre 1987, p. 65-80.

TRIAUD (J.-.L), *La légende noire de la Sanûsiyya* [938] (thèse majeure).

TRIAUD (J.-.L) et ROBINSON (D.) (dir.), *La Tijâniyya. Une confrérie musulmane à la conquête de l'Afrique,* Paris, Karthala, 2000, 512 p.

Il vaut aussi de mentionner ici, même si son accentuation porte sur la période coloniale, le colloque tenu en mai 2002 à Northwestern University (Evanston, Ill.), par l'Institute for the Study of Islamic Thought in Africa (ISITA), sur *African Muslim Responses to the State, with Special Reference to the Colonial Period,* dont la publication est prévue chez Brill (Leyde).

CHAPITRE X

Idéologies

Ce n'est que dans l'Afrique récente – celle de la dernière phase coloniale et des indépendances – qu'on trouve des idéologies politiques au sens communément reçu dans l'Occident contemporain : expressions directes et explicites d'une pensée qui se réfère, quoique non exclusivement, à un domaine politique distingué comme tel, avec un jeu d'arguments dans un débat contradictoire, avec l'accent mis sur un programme et sur une mobilisation à son service. En fait, déjà les révolutions soudanaises d'inspiration musulmane, et les États qu'elles mirent en place, pratiquaient largement l'élaboration et la prédication idéologiques, par l'oral et par l'écrit. Les autres sociétés précoloniales ont aussi construit leurs représentations de l'ordre social et de sa cohérence, forgé et inculqué les raisons d'y participer et d'y situer chacun, connu, sur ce plan aussi, les oppositions. Et la réaction idéologique à la colonisation ne se résume pas à sa seule affirmation politique ouverte. On entendra ici par « idéologies » des ensembles liés d'idées, de représentations, de croyances et d'interprétations qui touchent à la structure et à l'organisation de la société, à son identité aussi et à sa survie. Elles remplissent en général une fonction didactique – expliquer, organiser, commenter l'ordre établi, la situation vécue... –, une fonction justificatrice – valider cet ordre, ou son renversement –, une fonction programmatique – proposer le respect et l'entretien de cet ordre, l'attente ou la préparation d'un autre, ou sa substitution imaginaire... Acception large, peu exigeante, mais pratique, qui doit permettre de suivre un même réseau de questions au long des trois périodes : précoloniale, coloniale et contemporaine.

A – SOCIÉTÉS PRÉCOLONIALES

Les idéologies des sociétés précoloniales se manifestent sur des modes variés, de façon diffuse, médiate et parfois implicite. Quels sont les matériaux et les démarches de leur reconnaissance ? G. Balandier s'est attaché depuis quelques années à recenser ces moyens, à les évaluer et à les coordonner[1].

Ces matériaux sont d'abord ceux des traditions orales qui contiennent le plus intensément et « naturellement », par leur genre, cette idéologie : d'une part, les mythes ; d'autre part, les traditions de type historique (récits, généalogies... notamment officiels).

Étudié souvent en tant que savoir global et contraignant, cosmogonie et genèse, sagesse et connaissance, le mythe est aussi, comme Malinowski jadis l'avait déjà souligné, *charte sociale,* qui rend compte de l'organisation de la société, de la répartition en elle des pouvoirs, des avantages et du contrôle des biens. Il renvoie aux temps originels, où interviennent à la fois les dieux, créateurs, et les premiers hommes ou les plus lointains ancêtres, dont les aventures et les comportements construisent aussi l'ordre existant – par exemple au cours d'épreuves qu'instituent les dieux : les hommes y manifestent leurs qualités différentielles, à la suite de quoi les dieux décident des affectations sociales et culturelles. Explication et validation fondées dans les temps primordiaux, fortes de la double intervention mêlée, divine et humaine, qui ménage et la garantie du sacré et l'initiative des hommes. Ainsi les mythes du Rwanda justifiaient-ils l'étagement inégalitaire des trois couches de population (parfois appelées « castes ») – Tutsi, Hutu, Twa – et l'institution de la royauté. Sous les variantes de détail, quelques thèmes majeurs s'y inscrivent : l'origine céleste des Tutsi, les différences fondamentales, et prouvées dès l'origine, entre les membres des trois « castes », l'importation par les Tutsi d'une civilisation supérieure et l'acceptation spontanée par les Hutu et par les Twa de se mettre à leur service, les sanctions divines contre la révolte, l'investiture divine du roi[2]...

Les traditions de type « historique » – celles qui racontent des événements, déroulent des séquences, ordonnent et décrivent un passé humain auquel s'adosse le temps présent – proposent assez souvent à l'historien un témoignage idéologique, plutôt que le témoignage événementiel apparent. Ce n'est pas surprenant : une tradition orale[3] se conserve parce qu'elle remplit une fonction

1. G. Balandier, Réflexions sur le fait politique : le cas des sociétés africaines, *CIS,* XXXVII, 1964, p. 43-50.

2. J.-J. Maquet, chap. « Rwanda », *in* D. Forde (éd.) [54] ; M. d'Hertefelt, Mythes et idéologies dans le Rwanda ancien et contemporain, in *The Historian in Tropical Africa,* Londres, 1964, p. 219-238. Bibliographie dans d'Hertefelt... [407].

3. Voir première partie : « Les sources orales », p. 28.

sociale – elle appuie des droits, justifie une installation, conforte des privilèges et des prestiges ; les situations où c'est le récit fidèle du passé qui est recherché et conservé, par vertu de réalisme et par goût, c'est-à-dire encore fonctionnellement, sont bien plus rares que celles où il doit être traité de quelque façon, et selon une démarche de pensée qui n'est pas forcément « historienne ». Une tradition ne se conserve aussi qu'en conformité avec les centres d'intérêt et les catégories mentales du milieu social qui la contrôle. Ainsi l'idéologie s'exprime-t-elle par des manipulations des traditions ; ou, plus largement, elle informe et organise la représentation décantée du passé qui survit, et le genre d'utilité – didactique, politique... – qui lui est accordé.

À un niveau modeste de l'organisation sociale, on a déjà remarqué comment, dans les sociétés lignagères, les changements réels dans la constitution des groupes sociaux et dans leurs rapports mutuels sont souvent enregistrés et justifiés dans le langage de la parenté, dans le moule « constitutionnel » des généalogies, par remaniement de celles-ci. Mais la nature idéologique d'un langage apparemment historique est plus remarquable encore dans les sociétés à État, où les souverains se sont entourés des spécialistes de cette histoire utile.

Il y a d'abord l'élaboration, autour du roi et du noyau dirigeant, d'une histoire officielle, qui non seulement éclipse les histoires plus « basses » et plus marginales, par les moyens de manifestation dont elle dispose, mais qui pratique délibérément la sélection, l'orientation et la falsification des faits, des filiations et généalogies... pour donner à des actes et à des hommes la sanction de la fidélité à un ordre et celle de sa continuité. Au Rwanda, le genre dit *ibiteekerezo* (récits généraux), sous sa forme officielle, était le fruit d'une rédaction organisée à la cour, où les matériaux étaient censurés, arrangés, triés ; et la généalogie dynastique avait des spécialistes prévus pour sa transmission. Les arrangements et les falsifications que l'historien décèle servent à confirmer les thèmes majeurs de l'idéologie ainsi soulignés : identité de la royauté depuis sa fondation mythique jusqu'au roi vivant, grandeur du Rwanda sous sa direction, pérennité de la structure de « caste » par vérification toujours renouvelée de la supériorité Tutsi[1].

Au-delà de ces manipulations, les traditions historiques expriment un idéal politique et un sens de l'histoire, par leur organisation et leur découpage du temps, par le mode d'intervention des rois et des hommes, par les déterminismes qu'elles dégagent, par les séquences et les personnages qu'elles mettent en scène. Dans les traditions *mérina,* chaque règne, unité et cadre chronologiques, est le maillon d'une histoire conçue comme continuité et progrès aux mains précisément de la royauté[2]. Au Rwanda s'exprime une prédestination du cours des choses, la répétition cyclique de règnes types, des correspondances sont établies entre les événements nouveaux et ceux retenus du passé afin de leur donner un sens, une action royale trouve un précédent pour la justifier, tout révèle le génie Tutsi et la position seconde des Hutu[3]. Des récits événemen-

1. J. Vansina [418].
2. A. Délivré, *L'histoire des rois d'Imerina. Interprétation d'une tradition orale,* Paris, 1974, 447 p.
3. J. Vansina, *op. cit.* ; Cl. Vidal, Anthropologie et histoire, le cas du Rwanda, *CIS,* XLIII, 1967, p. 143-157 ; A. Coupez et Th. Kamanzi, *Récits historiques du Rwanda,* Tervuren, 1962, 327 p.

tiels expriment aussi d'une autre façon la conception du pouvoir et le fondement des relations sociales, plus symboliquement : les aventures personnelles et les actes exceptionnels du souverain fondateur d'un royaume – cette fois dans le temps des hommes – énoncent la rupture et justifient le désordre initial qui ont fondé l'ordre nouveau ; les qualités attribuées à ce héros définissent l'essence de la royauté ; des histoires, anecdotiques d'apparence, jouent et interprètent les rapports de fait établis entre occupants antérieurs et conquérants, entre vainqueurs et vaincus...

L'idéologie politique des sociétés précoloniales se découvre aussi de façon plus fortement médiate, d'une part dans les autres genres de la tradition et de la production littéraire, d'autre part dans les manifestations rituelles et cérémonielles du pouvoir.

Étudiant la partie sociohistorique des œuvres de six poètes peuls de l'Adamaoua, composées au XXe siècle, P.-F. Lacroix retient, parmi les thèmes majeurs traités, celui du souverain *(lamido)*, dans une société où, au début du XIXe siècle, les Peuls ont institué, à leur profit, et le pouvoir et l'Islam. Les textes envisagés cachent ou déforment les différenciations historiques réelles entre chefferies, mais ils mettent vivement en lumière l'essence du pouvoir – il est de création divine, et exercé par choix divin –, les qualités attribuées au chef – sage, bienveillant, généreux, juste –, les manifestations extérieures de l'autorité – le *lamido* a le monopole des symboles qui le placent hors du commun, sa fortune entretient celle de la société –, le rôle du souverain – chef des croyants avant tout, protecteur des pauvres, maure qui ordonne. Soit une représentation idéale du pouvoir, expression de l'idéologie passée (et de sa valorisation persistante : la décadence coloniale est, en ce domaine, passée sous silence)[1].

Rituels et cérémonies associés au pouvoir manient des symboles et montrent des prééminences. Ils peuvent receler des éléments fondamentaux du système idéologique qui rend compte des relations sociales et de l'exercice de l'autorité. Il faut, bien sûr, les étudier par référence à l'ensemble du donné culturel, puisque leur seule description ne livre pas les clés de leurs symbolismes, et d'une façon globale et compréhensive, puisque c'est dans leur ordre propre d'exposition et d'expression, et dans leur domaine propre d'exercice, qu'ils affirment une croyance, un état social et une conception de celui-ci.

J. Beattie analyse ainsi, dans le royaume Nyoro, les rites protégeant la santé du souverain, qui reposent sur la notion de royauté divine, les rites qui manifestent la différence distinguant le souverain des autres mortels, les rites de l'accession au trône, passage à une nature nouvelle en même temps qu'au pouvoir, et ceux de la délégation d'autorité, où se marque son monopole, mais aussi l'idée qu'elle ne lui appartient pas inconditionnellement[2]. De l'étude du déroulement, des pratiques et des symboles des rituels royaux Swazi, T. O. Beidelman

1. P.-F. Lacroix, étude à tous égards remarquable (édition des textes, commentaire littéraire, analyse sociologique, notes historiques) : *Poésie peule de l'Adamawa*, Paris, 1965, 2 vol., 645 p.

2. J. Beattie, Rituels of Nyoro Kingships, *Africa*, XXIX, 2, avril 1959, p. 134-144 ou [402].

dégage la vision du lien qui unit le roi aux groupes constitutifs du peuple, et le thème de sa séparation, qui le rend libre pour porter et exercer les pouvoirs surnaturels de sa charge[1]. Une des pièces maîtresses des traditions officielles du Rwanda était le code secret de son rituel royal, ensemble de procédures fixées par lesquelles agissait la sacralité du roi, au profit du pays, dans telles circonstances (avènement, guerre, peste bovine...) ; il n'expose, tel quel, aucune idéologie, c'est un code d'action ; mais, à la lumière des autres matériaux traditionnels qui éclairent son symbolisme et sa portée, il peut parfaire l'élucidation du système idéologique dominant[2].

G. Balandier relève enfin deux autres voies d'accès. L'une, où l'idéologie est la plus implicite, est constituée par l'analyse des notions définissant le pouvoir, par l'examen d'ensemble du vocabulaire politique indigène[3]. L'étude, à partir de tout le corpus traditionnel disponible, des domaines lexicaux, des termes qui y figurent et des relations qui les opposent et les unissent, de l'appréhension de la réalité (ici socioculturelle) qui est ainsi instituée..., est en effet une démarche féconde pour la saisie des systèmes idéologiques, bien qu'elle ne se confonde pas avec leur recherche[4]. L'autre voie d'accès, la plus explicite, est l'expression directe que chefs, notables et sujets peuvent donner des principes du système politique ; elle a les avantages de l'enquête directe, mais aussi ses limites : vue partielle, vue tardive que, selon les cas, la période coloniale a pu déformer ou durcir. Au Rwanda toujours, J. Maquet a construit une image officielle du système politique ancien à partir d'un questionnaire adressé à plusieurs centaines de notables, après un demi-siècle de colonisation[5].

Les systèmes idéologiques précoloniaux ainsi retrouvés[6] reposent fortement sur l'argument d'autorité. Celle-ci est servie par les dieux, par les ancêtres, par le passé – un passé moins historique qu'illustratif d'un modèle réalisé ou pensé dans le présent. L'idéologie s'exprime dans la tradition, qui impose la conformité, sous peine de sacrilège ; le passé, adéquatement traité, détermine, annonce ou informe le présent, il cautionne l'ordre établi, il n'annonce pas des lendemains nouveaux.

Il s'agit bien d'idéologie, soit une élaboration qui présente un écart avec la réalité sociale qu'elle rationalise et justifie, avec la réalité historique

1. T. O. Beidelman, Swazi royal ritual, *ibid.*, XXXVI, 4 octobre 1966.

2. M. d'Hertefelt et A. Coupez, *La royauté sacrée de l'ancien Rwanda,* Tervuren, 1964 : publication et traduction du texte, introduction et notes. Malheureusement, les commentaires auxiliaires de ce rituel, autre tradition orale parallèle à celle-ci, ne sont pas accessibles aujourd'hui.

3. Il propose, dans l'article cité, une étude du vocabulaire Mossi et renvoie aussi à J. Beattie, On the Nyoro concept of *mahano, African Studies,* XIX, 3, 1960.

4. Délivré, *op. cit.,* Deuxième partie, chap. II.

5. J.-J. Maquet, *Le système des relations sociales dans le Rwanda ancien,* Tervuren, 1954, 221 p.

6. Représentative d'un autre courant de recherche est l'étude majeure de Mme A. Lebeuf [491].

qu'elle invoque, et qui présente aussi des discordances internes : ne lui faut-il pas enseigner et proclamer un ordre inégalitaire, mais aussi, pour aider à l'intégration des groupes soumis, le masquer ou le compenser sur le plan de l'imaginaire ? Elle n'en mérite pas moins d'être étudiée pour elle-même, et la distinguer comme objet particulier a déjà le mérite de mettre l'historien ou l'anthropologue à distance plus critique des traditions et des informateurs, au lieu de leur faire simplement écho. Mais l'élaboration idéologique d'un groupe n'est instructive que par son « incarnation » dans une action, par sa manifestation dans une pratique[1], au sein des rapports sociaux réels avec lesquels elle montre un « écart ».

Il faut aussi relativiser l'impression unitaire et fixiste qui vient d'être donnée. Si tradition et autorité sont le registre principal de l'argumentation, on a vu qu'elles se prêtent à couvrir, aussi bien que la répétition, les innovations qui relèvent de l'initiative des hommes et les changements dus à toute détermination historique. Les systèmes idéologiques eux-mêmes se construisent et évoluent progressivement[2] – ils peuvent aussi perdurer, par inertie, au-delà de modifications réelles. Il est, d'autre part, des cas de leur remise en cause complète, une idéologie de rechange accompagnant un bouleversement de l'ordre social : États nés d'une conquête et placés sous le signe d'un héros civilisateur, renouvellement des fondements du sacré par islamisation profonde. Enfin, l'idéologie dominante rencontre des concurrences. Son impérialisme, son monopole, sa permanence, sa valorisation, chez certains auteurs anthropologues, peuvent résulter partiellement de divers facteurs : une étude résolument fonctionnaliste et anhistorique ; la seule écoute d'informateurs privilégiés et de milieux officiels liés à cette idéologie, pratiquement et sentimentalement ; son durcissement, en tant que « trait culturel », dans la désintégration globale entraînée par la colonisation ; la cristallisation et le renforcement, par le colonisateur et pour ses besoins, d'une hiérarchie sociale et politique – en sous-ordre – qui était moins parfaite et moins assurée avant son arrivée – et donc aussi de son image... Mais, outre la dégradation de l'adhésion idéologique avec la moindre intégration de groupes ou de provinces au système politique, dans les ensembles étatiques complexes, il y avait dans l'Afrique précoloniale des oppositions idéologiques, notamment sous la forme de mouvements religieux. La religion ne sert pas que l'intégration à l'ordre établi, et sa validation. Elle sait aussi nourrir la protestation, le séparatisme, la contestation et la révolte, sur le seul plan de l'imaginaire, en dessinant une idéologie de compensation, ou mobilisatrice, inspirant une opposition ; cultes nouveaux et prophétismes le montrent.

1. Cl. Vidal, art. cité.
2. J. Vansina [418] situe les étapes de l'élaboration de l'idéologie officielle du Rwanda.

Au Rwanda encore, deux mouvements intéressent l'historien. Le *Kubandwa,* culte initiatique du héros légendaire *Ryangombe,* bien enraciné à la fin du XVIIIe siècle, est-il, comme le propose Luc de Heusch à la suite d'une étude étendue[1], une manifestation de contestation politique de l'ordre établi et des sujétions imposées aux Hutu par les Tutsi, exprimée dans la société imaginaire instituée par l'initiation, avec vertu thérapeutique et eschatologie de salut, ou, selon Claudine Vidal, plus convaincante[2] ? Joue-t-il au contraire par son rituel, justement dans les régions les mieux intégrées, la subordination de toutes les strates sociales à la royauté, la reconnaissance par les sujets d'une royauté dont la sacralité ici n'est plus perçue comme donnée originellement, mais comme acquise historiquement sur l'anarchie ? L'autre mouvement, le culte de Nyabingi, se diffuse à partir du milieu du XIXe siècle, dans des régions qui résistent à la pénétration Tutsi, laquelle ne les encadre enfin qu'à la veille de la colonisation. Le personnage féminin de Nyabingi est associé aux anciens souverains du Ndorwa, royaume qui vient, lui, d'être réduit par le Rwanda après une longue résistance. Un culte dont l'organisation dépasse le cadre limité des groupes lignagers, et un mythe qui ressuscite une royauté disparue et récupère une histoire voisine dont les vicissitudes sont connues, deviennent bientôt, autour de prêtres, les moyens d'une contestation réelle, par les Hutu, du pouvoir Tutsi menaçant et d'une mobilisation contre lui[3].

B – LA PREMIÈRE ÉPOQUE D'UNE IDÉOLOGIE AFRICAINE DE TYPE « MODERNE »

Avant la sujétion généralisée du monde noir et les formes successives de réaction idéologique qu'elle a provoquées, plusieurs régions côtières de l'Afrique occidentale – Nigeria méridional, Gold Coast, Liberia, Sierra Leone... – ont été le lieu d'un combat intellectuel africain de type nouveau, exprimé par l'écrit, en langue européenne – essentiellement l'anglais. Si son auditoire et son impact peuvent paraître relativement limités, il préfigure, par son caractère et par son contenu, les développements nationalistes et panafricanistes issus de la pleine domination coloniale, et sa signification n'est pas modeste dans l'histoire de l'Afrique de l'Ouest.

1. L. de Heusch, Mythe et société féodale. Le culte du Kubwandwa dans le Rwanda traditionnel, *Archives de sociologie des religions,* XVIII, 1964, et, plus largement, *Le Rwanda et la civilisation interlacustre,* Bruxelles, 1966.
2. Cl. Vidal, art. cité ; A. Arnoux, Le culte de la société secrète des Imandwa au Rwanda, *Anthropos,* VII et VIII, 1912 et 1913, pour le rituel.
3. Cl. Vidal, art. cité ; M. Pauwels, Le culte de Nyabingi (Rwanda), *Anthropos,* XLVI, 3-4, 1951.

Quelques données majeures situent l'activité de cette élite instruite à l'occidentale :

— Une vigoureuse implantation missionnaire, surtout protestante, ainsi en Nigeria à partir de 1840. Évangélisation, enseignement, presse... façonnent une « nouvelle élite », apte à pratiquer diverses formes du jeu européen, et à exprimer dans ce langage ses propres aspirations. Mais la chrétienté noire, prosélyte, rencontre bientôt, face aux missions, le problème de son autonomie et de son africanité. Accoucheur et pédagogue, révélateur, manipulateur et obstacle, tel est le fait missionnaire[1].

— L'abolition de la traite et ses séquelles, la création du Sierra Leone et du Liberia, les retours d'Amérique. Sensible est l'influence des missionnaires, enseignants, commerçants, agents administratifs... noirs venus des Amériques (États-Unis et Indes occidentales). Le Sierra Leone, qui recevait les esclaves trouvés à bord des bateaux négriers arraisonnés, en a redistribué plus d'un, instruit, chrétien et « occidentalisé » (Samuel Crowther et J. Africanus Horton furent de ceux-là)[2]. La tenue d'une assemblée constituante au Liberia en 1847, la déclaration d'indépendance et la constitution adoptée ont pu aiguiser les sentiments nationalistes des milieux ici évoqués[3].

— L'existence de communautés à peuplement européen, restreintes, mais lieux d' « acculturation », où Blancs, métis, Noirs exercent côte à côte des activités économiques, politiques, intellectuelles... où émergent individualités et idées[4].

— Les diverses formes de la pression blanche. Il y a l'héritage de rapports séculaires de type esclavagiste, les jugements de valeur péjoratifs et le paternalisme toujours présents, il y a l'évolution de l'attitude missionnaire qui, au Nigeria, passe d'un comportement favorable à des cadres africains, dans la ligne de l'humanitarisme, à la mise en question de leur capacité dans les années 1880. Il y a l'implantation politique européenne progressive, puis l'avancée générale de la colonisation.

Ce durcissement multiple de la contrainte extérieure et la maturation propre à cette *intelligentsia* expliquent que celle-ci devienne peu à peu plus vigoureuse dans le ton, le contenu et la variété de ses revendications[5]. Au milieu du siècle, l'évêque Crowther, pédagogue et missionnaire, défend la

1. Cf. les deux ouvrages importants et contrastés de A. Ajayi [331] et de E. A. Ayandele [336], et aussi J. B. Webster, *The African Churches among the Yoruba, 1888-1922,* Oxford, Clarendon Press, 1964, 217 p.

2. Un aperçu dans J. H. Kopytoff, *A Preface to Modern Nigeria the « Sierra-Leonians » in Yoruba, 1830-1890,* Madison, 1965.

3. Une place importante leur est accordée dans l'anthologie de H. S. Wilson, *Origins of West African Nationalism,* Londres, 1969.

4. Ces communautés, y compris les sénégalaises, sont commodément présentées dans R. W. July [190]. Une étude précise : P. E. H. Hair, Africanism, the Freetown contribution, *Journal of Modern Afr. Studies,* V, 4, 1967, p. 521-539.

5. La réédition de ces textes anciens a commencé depuis quelques années : la série *Africana Modern Library,* chez Frank Cass, Londres, avec pour *general editor* E. U. Essien-Udom, la série *African Heritage Books,* Édimbourg, Edinburgh University Press, dirigée par G. Shepperson...

dignité africaine[1]. Dans les années 1860, J. Africanus B. Horton examine la situation politique de la Gold Coast, s'intéresse au gouvernement africain et se révèle exceptionnellement sensible aux nécessités d'une modernisation. La génération du dernier tiers du siècle et du début du XXe siècle est offensive : à la figure de Crowther, mesuré et politiquement conformiste, répond celle de James Johnson, d'un christianisme résolument anti-impérialiste[2]. Au Nigeria encore, Majola Agbebi défend une Église africaine qui soit compatible avec les institutions et les traditions des sociétés noires. En Gold Coast, deux juristes, acteurs importants dans le mouvement nationaliste attisé par le *Lands bill* et les menaces pesant sur les terres, décrivent et commentent les institutions africaines dont ils montrent la valeur fonctionnelle : J. M. Sarbah dans *Gold Coast Customary Law* (1897) et C. Hayford dans *Fanti National Institutions* (1903). L'histoire nourrit une part importante des publications de cette *intelligentsia* ; elle est cultivée plutôt pour son enseignement propre ou plutôt pour sa valeur d'illustration culturelle[3].

Edward W. Blyden est sans doute le plus important de tous ces auteurs. Né aux Indes occidentales en 1832, passé par les États-Unis, arrivé au Liberia dans les années 1850, il est, après des études étendues, clerc de l'Église presbytérienne, universitaire, homme politique et administrateur (en Liberia, Sierra Leone, Nigeria), diplomate, conférencier, journaliste, grand voyageur. La plupart de ses idées maîtresses se ramènent à l'affirmation et à la défense de la race noire. Il adhère à la vision d'un monde divisé en races, différentes par leurs qualités, mais elles sont, pour lui, égales en dignité, et leur interaction doit faire l'histoire, selon le plan divin ; métissage et cohabitation sont inopportuns : les Africains de l'intérieur sont restés plus purs que ceux des régions côtières remaniées par les Européens, et le retour des Noirs d'Amérique sur leur continent est souhaitable. Il faut défendre l'intégrité de la race noire, en la préservant des influences dénaturantes, parmi lesquelles l'ecclésiastique Blyden compte le christianisme, tellement accaparé par les Blancs qu'il est plus ou moins désespéré que sa vérité profonde réapparaisse – en assurant en revanche le développement de ses propres forces : ainsi par la religion, par l'éducation, par l'histoire... Il faut cultiver les deux facteurs d'intégrité qui sont la religion africaine (le « paganisme ») et l'Islam ; Blyden a connu celui-ci en Orient et dans l'arrière-pays guinéen, et a été frappé par son unité, son respect des races, et par le contraste entre la mise en tutelle des Noirs soumis aux missions sur la côte et l'initiative et les réalisations des habitants du Soudan musulman. Il a longtemps médité un nouveau système d'éducation – qui, dans son ouverture extérieure, aux niveaux supérieurs, préférerait les auteurs arabes et gréco-latins aux auteurs européens, toujours pour les mêmes raisons. Il a vu dans l'ignorance et le mépris du passé afri-

1. A. Ajayi, *op. cit.* [331].
2. E. A. Ayandele, *op. cit.* [336].
3. R. July, West African historians of the XIXth century, *Tarikh,* II, 2, 1968, p. 12-24.

cain un élément de démoralisation, et la restauration qu'il vise doit aussi s'appuyer sur la recherche historique.

Blyden, qui a travaillé à diverses reprises avec les autorités anglaises, distingue entre un impérialisme exploiteur, méprisant et sans principe, qu'il condamne et qui ne peut mener qu'à la révolte, et des contacts régénérateurs avec l'étranger, fondés sur le respect et la réciprocité. Sa puissance et sa vigueur apparaissent surtout dans sa défense et son illustration de la race noire, face au courant péjoratif et anti-nègre diffus dans le monde blanc – à l'écoute soigneuse duquel il se tenait – et dans son souci de faire sentir aux « évolués » de l'Afrique occidentale sous contrôle anglais, déjà sensibilisés à l'obtention de leur propre gouvernement, leur affinité avec tous les Noirs d'Afrique et d'Amérique[1].

Personnalité africaine, négritude, panafricanisme, en somme... un combat politique inclus dans un combat moral et intellectuel plus général où sa place peut être mineure, l'histoire pour réhabiliter, une expression en langue européenne... Bien des thèmes et des caractères de l'idéologie nationaliste africaine du milieu du XXe siècle sont déjà là, chez ces auteurs. Similitudes des conditionnements, part respective des convergences et des héritages : deux lignes de recherche.

Aux environs de 1900 se manifeste d'ailleurs, dans des réunions et des institutions, un courant panafricaniste mûri notamment dans le contexte américain. En 1897 s'est fondée une *African Association,* qui devient la *Pan-African Association* à la *Conférence* panafricaine de Londres, en 1900 ; Noirs des Indes occidentales et des États-Unis y prédominent largement, mais les Africains d'Afrique n'y sont pas absents. Avant le Ier *Congrès* panafricain de 1919, et la confirmation qu'il donne de ce déplacement des lieux de l'activité idéologique, il vaut de signaler encore Mohamed Ali Duse, de père égyptien et de mère soudanaise, qui a fréquenté l'Angleterre et les États-Unis ; il publie, en 1911, *In the Land of the Pharaohs,* histoire récente et anticolonialiste de son pays ; puis, avec l'aide de la bourgeoisie noire de l'Afrique occidentale anglaise, il anime de 1912 à 1920 un périodique qui n'est pas destiné aux seuls peuples noirs, *The African Times and Orient Review*[2].

1. H. R. Lynch, *Edward Wilmot Blyden, Pan-Negro Patriot,* Londres, 1967.

Une réédition : E. W. Blyden, *Christianity, Islam and the Negro Race,* avec une introd. de Ch. Fyfe, Édimbourg, 1967 (un des deux recueils d'articles, conférences et textes réunis de son vivant, celui paru en 1887).

Une publication : E. Holden, *Blyden of Liberia (an Account of the Life and Labors of E. W. Blyden... as Record in Letters and in Print),* New York, 1966.

2. Son activité militante africaine durera d'ailleurs jusqu'à sa mort au Nigeria en 1945. *In the Land of the Pharaohs* a été réédité à Londres, en 1968, avec une introduction de Khabil Mahmud.

C – COLONISATION ET PASSAGE À L'INDÉPENDANCE

Les idéologies de l'époque coloniale continuent de s'exprimer largement dans des formes distinctes des expressions politiques directes, écrites et de facture occidentale. Ce n'est pas seulement l'effet d'une continuité socioculturelle, qu'aucune « modernisation » n'annule et n'efface très vite, même si la sujétion la dénature, et qu'une faible scolarisation ne menaçait à ce titre qu'à très long terme. Il y a que la colonisation s'est attachée précisément à stériliser la vie politique et l'expression politique indigènes (sauf l'entretien en façade d'éléments maintenus et domestiqués de l'ordre ancien), poussant au transfert, sur d'autres plans de la vie sociale, des manifestations politiques. Les matériaux et le terrain de l'étude des idéologies restent donc notamment les récits de type mythique, les expressions orales de nature « littéraire », les mouvements religieux, les rébellions populaires... S'y élaborent des prises de conscience, et des traitements (explicatifs, justificatifs, programmatiques...) de la situation sociale et politique issue de la colonisation, et de la décolonisation[1].

Conquête, dépossession et sujétion ont pu mener d'abord à « situer » cette nouveauté catastrophique et imparable. Récits, légendes, expressions littéraires... manifestent alors une conscience aiguë de la richesse et de la force du Blanc, de la pauvreté et de l'infériorité matérielle du Noir ; c'est l'inégalité et la différence des races qui sont soulignées. Dans le registre mythique, cette donnée de fait trouve son explication et sa validation dans des événements originels, des épreuves notamment où les conduites respectives du Noir et du Blanc entraînent les privilèges du second, au besoin ratifiés divinement. Cette malédiction originelle exprime une idéologie de la résignation au fait colonial, et cette résignation très pénible a besoin de la double caution des dieux et des ancêtres, chacune porteuse à la fois de consolation et d'autorité. Le mythe intègre la disparité des destins dans le système habituel des explications fondamentales, mais la laisse en pleine clarté, et justifie une certaine façon de vivre avec elle, et non pas la démission totale ou un refus global jugé plus dommageable encore ; bénisseur et compensateur d'une acceptation si difficile, il laisse concevoir, dans ses récits, des prises possibles sur l'avenir. C'est un type de premier temps du contact colonial, ici perçu comme conjoncture inéluctable et misérable, mais qui n'a pas passé le seuil d'intolérabilité ; le mythe contient et contrôle les tensions, il

1. Article initiateur de G. Balandier, Mythes politiques de colonisation et de décolonisation, *CIS,* XXXIII, 1962, repris dans [12], p. 202-214, et étude approfondie de J. Merlo, *Sources populaires de l'idéologie de l'indépendance nationale,* th. 3e cycle, Sorbonne, ronéot., 1967, 371 p.

conserve au groupe sens et cohésion. Une disproportion éclatante des forces, un espoir ténu de survivre dans le nouvel ordre... assurent un moment d'acceptation provisoire, avant d'autres réactions au fil de la déstructuration[1].

Ces réactions, variées, ont pour fonds commun le *refus* de l'infériorité et de la dépossession, la réhabilitation du passé perdu et de l'initiative, qu'elles inspirent des actions réelles ou des libérations rêvées, qu'elles prennent moyens, arguments et justifications à l'héritage traditionnel – contre-acculturation, passé idéalisé – ou – syncrétisme et acculturation – au christianisme, à la Bible, à l'Occident..., qu'elles soient mouvements religieux réanimés, ou nouveaux et prophétiques[2] ou révoltes populaires[3]. Partout s'y lisent, hors du langage politique moderne, dans les mythes et les récits, les enseignements et les comportements, les pratiques religieuses ou sociales, la violence ou l'imaginaire..., le rejet d'une situation dégradée, la conception d'une reconstruction à partir du chaos.

Que les mythes de l'ordre précolonial aient survécu, notamment accrochés aux éléments de cet ordre maintenus par le colonisateur, ils peuvent alors tenir encore leur place, quand le jeu politique moderne impose un autre registre d'argumentation et d'expression. Au Rwanda, tutelle belge et missions catholiques ont longtemps préservé la hiérarchie sociale, renforçant l'idéologie de la supériorité Tutsi. Mais les évolutions économiques qui changent la conscience des relations sociales, le développement d'un milieu lettré Hutu, les réformes politiques et notamment l'apparition de la pratique électorale créèrent dans les dernières années de la colonisation les conditions d'une opposition et d'une revendication politiques, où tout l'ordre établi fut réexaminé. Tandis que la plupart des militants Hutu invoquaient une idéologie égalitaire nouvelle, d'autres, et les leaders Tutsi « éclairés », réanimaient la part « intégratrice » du corpus mythique traditionnel, celle qui n'ignore pas la fraternité des « castes » du fait de leur ascendance commune, celle surtout qui souligne l'unité et l'harmonie du Rwanda par les soins d'une monarchie transcendant les castes – les Tutsi comme preuve de la valeur permanente de cet ordre, les Hutu pour justifier des réformes[4].

1. Voir les textes réunis par Merlo, l'analyse et les commentaires qu'il en donne.

Comme pour le passé précolonial, il faudrait faire place aussi aux sociétés musulmanes, dont l'activité idéologique se manifeste par l'écrit et se nourrit aux courants de la théologie, du droit et de l'histoire de l'Islam. Un article de Adeleye analyse quelles élaborations intellectuelles justifient, dans l'Empire de Sokoto, face à l'invasion européenne, la fuite (hégire), ou l'opposition sourde et le repli sur soi dans la soumission extérieure *(tagiyya)* (art. cité, p. 217, n. 2).

2. Voir chap. XII.

3. Voir, dans la très bonne étude de R. Buijtenhuijs [421], l'aspect de renouveau culturel, de restaurateur de la culture et de la société Kikuyu, que revêt le mouvement Mau-Mau.

4. M. d'Hertefelt, Mythes..., art. cité. Et aussi J.-J. Maquet, La participation de la classe paysanne au mouvement d'indépendance du Rwanda, *CEA*, IV, 16, 1964, p. 552-568, et L. de Heusch, Nationalisme et lutte des classes au Rwanda, dans W. Fröhlich, *Afrika in Wandel seiner Gesellschaftsformen*, Leyde, 1964, p. 96-108.

Au reste, cette élaboration idéologique plus diffuse, déjà, et aussi bien l'élaboration idéologique contemporaine, écrite et de style moderne, se nourrissent aussi largement des mythes de l'Occident, confisqués et contrebalancés par leur emploi symétrique : la Bible[1], le génie de la race, l'histoire et ses prestiges... Le contraire serait étonnant. L'effort de réhabilitation qui sous-tend ces idéologies veut dénoncer et combattre les thèmes mêmes par lesquels les Africains ont été mentalement « déracinés » (dans l'enseignement, la prédication, les attitudes et paroles quotidiennes..., en sus de la déstructuration plus générale de leurs sociétés) ; il veut reprendre à son profit l'efficacité, la valeur mobilisatrice ou sentimentale... des armes adverses ; il n'est pas toujours à seul usage interne, et vise à répondre aux « arguments » que le dominateur a développés pour justifier son privilège à ses yeux et à ceux des Africains. Aussi croyances, doctrines, stéréotypes, rationalisations... qui ont défini la vision et la pratique coloniales de l'Occident réapparaissent-ils normalement, transmutés, dans les idéologies africaines, qui sont une riposte, dans un jeu où les règles et le langage sont en partie imposés de l'extérieur.

La production idéologique écrite contemporaine est foisonnante. Elle a frappé longtemps, et frappe encore, par l'importance en elle du fait culturel et littéraire, surtout dans sa part de langue française. C'est sur le plan culturel que l'aliénation coloniale a d'abord été ressentie, et exprimée, par le petit nombre de ceux qui furent en mesure d'accéder à la culture occidentale, et seuls aptes longtemps, en raison de l'évolution sociale de l'Afrique colonisée, à manifester une opposition de type moderne. La littérature antillaise et africaine de langue française qui se cherche dans les années 1930 et se développe après la guerre, et tous les auteurs, variés par ailleurs, qui gravitent à partir de 1947 autour de la revue *Présence africaine,* montrent l'engagement de l' « homme de culture », le refus d'une oppression culturelle, l'angoisse d'un partage entre deux mondes dont l'un soit trop perdu et l'autre illusoirement gagné, une recherche des sources et de l'authenticité, une volonté de restauration de la personnalité africaine et donc de l'histoire africaine. Libération politique et libération culturelle sont conçues comme nécessairement liées, mais moyens et contenus culturels sont plus richement développés. Sainville a pu ainsi regrouper les textes de son anthologie autour des trois fonctions reconnues à l'écrivain africain par le IIe Congrès des écrivains et artistes noirs (Rome, 1959) : porte-parole de son peuple (il célèbre la civilisation précoloniale, la terre et la société), éducateur (il l'éclaire sur la civilisation occidentale et sur la situation présente), libérateur (il dénonce le colonialisme)[2].

1. Voir G. Balandier, art. cité.

2. L. Sainville, *Anthologie de la littérature négro-africaine,* t. I : *Romanciers et conteurs,* Paris, 1963. Une bonne analyse de L. Kesteloot, *Les écrivains noirs de langue française. Naissance d'une littérature,* Bruxelles,

On sait aussi qu'en Afrique noire le nationalisme *(senso latu)* ne se lie pas à la résurgence d'entités nationales précoloniales – culture ou État, sauf exception. La colonisation, les déstructurations qu'elle a provoquées, les remaniements sociaux, politiques, territoriaux, linguistiques... qu'elle a dirigés – gigantesque chirurgie sociale – ont trop largement brisé les cadres anciens, ou trop changé le contexte des continuités profondes. D'autre part, le mépris du nègre, de son passé et de ses civilisations a été largement global. Le ressourcement s'est donc fait souvent avec l'ensemble du passé nègre, par la recherche d'une civilisation négro-africaine, par la conscience d'une solidarité à large échelle (fraction du continent, tout le continent, tous les Noirs d'Afrique et d'Amérique...).

Les thèmes majeurs des idéologies politiques contemporaines ont été très solidement sériés, analysés et situés dans l'évolution historique par Yves Benot[1] : indépendance, unité africaine[2], socialisme, parti unique et démocratie, neutralisme positif, renaissance culturelle. On ne peut que renvoyer à cet ouvrage dense, qui est la synthèse de départ et le guide de recherches le plus utile actuellement[3].

Consulter encore :

COQUERY-VIDROVITCH (C.), FOREST (A.) et WEISS (H.) (dir.), *Rébellions/révolutions au Zaïre...* [861].

Genève-Afrique, Des Africains revendiquent leur histoire, vol. XXV, 2, 1987.

HOLST PETERSEN (K.) (éd.), *Criticism and Ideology. Second African Writers' Conference,* Stockholm, 1986, Uppsala, Scandinavian Institute of African Studies, 1988, 223 p.

LAST (M.) et RICHARDS (P.) (éd.), *Sierra-Leone...* [898].

1965. Il vaut de parcourir la collection de la revue *Présence africaine,* et notamment, en 1956 et 1959, les comptes rendus des débats des deux Congrès des hommes de culture noirs (tenus à Paris et à Rome).

Face au faisceau des écrivains marqués par la domination et par la fréquentation françaises, celui des écrivains marqués par le milieu anglais peut être abordé à travers E. Mphalele, *The African Image,* Londres, 1962, en contraste avec certains sentiments caractéristiques de *Présence africaine,* et par la revue *Black Orpheus* (Nigeria).

1. Y. Benot [180]. Dans un style vulgarisateur, et moins approfondi, une revue cependant suggestive et nourrie est donnée par Cl. Wauthier, *L'Afrique des Africains,* Paris, 1964. Des remarques méthodologiques précieuses dans P. Bonnafé et M. Cartry, Idéologies politiques des pays en voie de développement, *Revue fr. de science politique,* avril 1962, p. 417-423, et dans V. L. Allen, The study of African trade-unionism, *Journal of Modern Afr. Studies,* VII, 2, 1969, p. 289-307.

2. Sur le panafricanisme, I. Geiss [189], et, du même, un raccourci, Notes on the development of panafricanism, *Journal of the Historial Society of Nigeria,* III, 4, 1967, p. 719-740.

3. Mais on utilisera avec beaucoup de fruit la somme de J. A. Langley, *Pan-Africanism and Nationalism in West-Africa, 1900-1945. A Study in Ideology and Social Classes,* Oxford, 1973, 421 p., le choix de textes édité par le même, *Ideologies of Liberation in Black Africa, 1856-1970. Documents on Modern African Political Thought from Colonial Times to the Present,* Londres, 1979, 858 p., et l'article alerte et pertinent de E. M'Bokolo, Forces sociales et idéologies dans la décolonisation de l'AEF, *JAH,* XXII, 3, 1981, p. 393-407. Du même, Historicité et pouvoir d'État en Afrique noire..., *Relations internationales,* 34, été 1983, p. 197-213.

LIAUZU (C.), *Aux origines des tiers-mondismes...* [899].

LONSDALE (J.), La pensée politique kikuyu et les idéologies du mouvement mau-mau, *CEA*, XVII (3-4), 107-108, 1987, p. 329-358.

MUDIMBE (V.), *The Invention of Africa. Gnosis, Philosophy and the Order of Knowledge*, Bloomington/Indianapolis, Indiana UP, 1988, 241 p.

MUDIMBE (V.) (éd.), *The Surreptitious Speech.* Présence africaine *and the Politics of Otherness, 1947-1987,* The Univ. of Chicago Press, 1992.

TERRAY (E.) (dir)., *L'État contemporain en Afrique,* Paris, L'Harmattan, 1988, 80 p.

TRAORE (S.), *Les intellectuels africains face au marxisme,* Paris, L'Harmattan, 1988, 80 p.

TRAORE (S.), *La Fédération des étudiants...* [936].

TUBIANA (J.) (réunis par), *La révolution éthiopienne comme phénomène de société. Essais, témoignages et documents,* Paris, L'Harmattan, 1990, 243 p.

Sur les écrits, notamment historiens, de l'intelligentsia africaine du XIXe siècle :

DE MORAES FARIAS (P. F.) et BARBER (K.) (eds), *Self Assertion and Brokerage : Early Cultural Nationalism in West Africa,* Birmingham, Center of West African Studies - Univ. of Birmingham, 1990.

JENKINS (P.) (éd.), *The Recovery of the West African Past. African Pastors and African History in the Nineteenth Century : Carl C. Reindorf and Samuel Johnson,* Bâle, Basler Afrika Bibliographien, 1998, 212 p.

MANCHUELLE (F.), Assimilés ou patriotes africains ? Naissance du nationalisme culturel en Afrique française (1853-1931), *CEA*, 138-139, 1995, p. 333-368.

MOURALIS (B.), Les *Esquisses sénégalaises* de l'abbé Boilat, ou le nationalisme sans la négritude, *CEA*, 140, 1995, p. 819-837.

CHAPITRE XI

La situation coloniale

L'histoire des sociétés colonisées a été plus délaissée encore que celle des sociétés précoloniales.

Il y a eu une *histoire coloniale* ; quand il lui est arrivé de traiter des colonisés autrement que comme objets, passifs ou rétifs, d'une œuvre civilisatrice, elle a donné des descriptions extérieures de l'évolution des sociétés africaines, à partir de documents, d'observations et de points de vue pertinents relativement aux actions, aux projets et aux représentations des Occidentaux. Il y a eu une importante *ethnologie* de terrain, au long de l'époque coloniale ; mais elle a enfermé le plus souvent les peuples étudiés dans une spécificité non « située ». La faiblesse fondamentale de ces deux attitudes n'est pas dans l'usage, à chaque fois, de matériaux trop partiels – tous étaient virtuellement très utiles –, ni dans les préoccupations trop peu africanistes de la première – car l'action du colonisateur était bien un constituant vigoureux de l'histoire des colonisés – ou dans les soucis trop peu historiens de la seconde – car une telle ethnologie ignorait d'abord une lourde partie de ce qui lui était contemporain. La faiblesse est que ces démarches intellectuelles contournaient le fait colonial.

Cette anémie problématique affecte aussi d'autres courants d'études et de réflexions. Ainsi l'histoire à deux colonnes, où s'inscrivent *bienfaits* et *méfaits* de la colonisation ; elle peut être un progrès sur les épopées ou les polémiques résolument partiales ; mais elle se place moralement dans les termes mêmes où l'opinion a vécu la question coloniale, intellectuellement dans le système qu'il faudrait d'abord analyser. Ainsi encore les études relatives à l'acculturation, aux changements et aux emprunts *culturels*, à la rencontre ou à l'imperméabilité des civilisations ; elles sont illusoires quand elles oublient deux choses : d'une part, ne se rencontrent pas des cultures – entités idéales si on les isole, et chacune faisceau de possibles –, mais des sociétés qui vivent et rejouent leur héritage culturel ; d'autre part, la nature et la portée des échanges culturels, ou leur refus, ne se repèrent pas de façon univoque et mécanique hors des conditions dans lesquelles ils se produisent. Ainsi la mise en lumière de la *modernisation*, constatée dans l'augmentation des nouveautés de type occidental reconnues à leurs signes extérieurs, ou dans le langage qui la revendique nommément – ou celle du *développement*, à partir de mesures, d'indices et de projets qui seraient adéquats à le définir en toute situation. Ainsi, enfin, l'étude *séparée* des aspects de l'évolution coloniale (salariat, évangélisation...), comme si la distinction et l'autonomie des divers registres de la réalité sociale étaient assurées au même degré et concevables de même façon en tout contexte historique. Dans tous ces cas, il n'y a pas seulement la méconnaissance des héritages et des dynamismes propres aux sociétés colonisées, mais aussi celle de la situation coloniale, du rapport généralisé de dépendance dans lequel ont été placés les peuples africains, et qui a dirigé l'ensemble de leur devenir ; de celui-ci, rien ne peut être saisi sans référence première à celui-là.

La réalité coloniale n'a certes pas échappé à quelques auteurs. Dès 1902 par exemple, Maurice Leenhardt, étudiant le mouvement « éthiopien » créateur d'Églises noires séparées en Afrique du Sud, et en recherchant l'intelligence, allait tout droit, en termes aussi précis que simples, à l'ensemble des rapports sociaux inégaux institués ou entraînés par la situation coloniale[1]. C'est par référence à cette domination, à ses ressorts économiques majeurs, à leur enchaînement dans le temps et leurs manifestations différentielles dans l'espace, que Monica Hunter, en 1936, dans un livre pionnier, analyse l'évolution des Pondo[2]. Max Gluckman, en 1940, propose à la réflexion anthropologique une ligne de réflexion féconde[3]. Mais c'est à Georges Balandier qu'il evient d'avoir explicité et placé en position centrale la notion de situation coloniale et la problématique qu'elle inspire, imprégnant plus ou moins fortement, depuis, un large secteur des études africanistes[4]. Postérieurement, à partir de domaines géographiques plus divers, Pierre Bourdieu, Gérard Althabe et Nathan Wachtel ont apporté également une contribution vigoureuse à cette problématique[5]. À la convergence de ces études, on peut retenir quelques propositions.

La situation coloniale met en présence deux sociétés fortement hétérogènes l'une à l'autre, inégales techniquement et matériellement, profondément différentes dans leurs édifices sociaux, leur système économique, leur éthos.

1. M. Leenhardt, *Le mouvement éthiopien...* [563].
2. M. Hunter, *Reaction to Conquest...* [561].
3. Cité p. IX, n. 1.
4. G. Balandier, La situation coloniale, approche théorique, *CIS*, XI, 1951, p. 44-79 ; les articles regroupés sous le titre Dépendances, *in* [12], *Sociologie actuelle...* [478] ; Dynamique des relations extérieures des sociétés archaïques, *in* G. Gurvitch, *Traité de sociologie*, II, Paris, 1re éd., 1960, p. 446-462.

Voir aussi P. Mercier, Contacts de civilisation en Afrique..., *Cahiers d'histoire mondiale*, III, 3, 1957, p. 625-646. Traitant d'un cas de façon synthétique, G. Condominas, La situation coloniale à Madagascar..., *CIS*, XXX, 1961, p. 67-74.

5. P. Bourdieu et A. Sayad, *Le déracinement (la crise de l'agriculture traditionnelle en Algérie)*, Paris, 1964 ; G. Althabe, *Oppression et libération dans l'imaginaire (les communautés villageoises de la côte orientale de Madagascar)*, Paris, 1969, 354 p. ; N. Wachtel, *La vision des vaincus (les Indiens du Pérou devant la conquête espagnole)*, Paris, 1971. Et aussi les deux œuvres foisonnantes de J. Berque et de R. Bastide.

Cette différence est vécue dans un rapport de subordination-domination. Domination imposée, la colonisation sécrète tensions ou conflits, ouverts ou larvés ; elle repose, en premier et en dernier ressort, sur la violence, manifestée ou disponible, sous des formes variables. Aussi distincts et même séparés que soient éventuellement les groupes qui la constituent, la société coloniale est un tout, où la minorité numérique constitue la majorité sociologique ; tel est le milieu réel des contacts. La sujétion subie, virtuellement extensible à tous les domaines de la réalité sociale et culturelle, les menace ou les atteint tous, même indirectement ; c'est une pression globale, totale, structurée comme telle et ressentie comme telle, comme est globale la réaction à cette pression ; même distincts et décalés, économie monétaire, contrôle administratif, prédication missionnaire... relèvent d'un même ensemble de conditions, renvoient à la logique et au visage de la pression étrangère. La société colonisée prend un aspect instrumental, manipulé : fixation de frontières, déplacements de main-d'œuvre et de villages, remaniement de l'habitat, remplacement ou création d'institutions administratives, dépossession de terres, substitution de pôles économiques, imposition d'un droit, de valeurs, de prestiges nouveaux... L'interventionnisme colonial est grandiose, la société soumise est un objet que d'autres organisent à leur aune.

C'est indiquer le caractère irréel des réflexions et des études sur les contacts et changements culturels – et sur la compatibilité réciproque des civilisations – qui ne prennent pas d'abord considération du fait colonial. Celui-ci ne régit pas des emprunts sélectifs et délibérés, et il modifie le contexte de l'usage par une société de son propre héritage culturel, que de plus il altère ! L'interventionnisme colonial met « sans cesse la société dominée devant le fait accompli », il fait « à sa place les choix les plus fondamentaux » (Bourdieu). Ainsi sont modifiés, par rapport à une situation non coloniale, et la nature des emprunts culturels, imposés, et leur rythme, énormément accéléré de façon délétère. La logique de ces modifications est celle de l'économie, du pouvoir, de l'éthos dominants, et celle du rapport colonial, mais non celle de la société manipulée, dont au contraire les mécanismes d'intégration et de cohérence sont déréglés ou brisés.

L'histoire des sociétés colonisées devient ainsi, dans la ligne des auteurs cités, celle de leur déstructuration, sous l'impact multiforme, direct ou indirect, de la domination étrangère. Elle impose un point de vue global, et non analytique, mettant en évidence comme « totalité » et la situation coloniale et les sociétés touchées. Les domaines où se manifeste l'action coloniale, et ses modalités, sont variables : pression économique, majeure, mais traduite tour à tour par les réquisitions, l'expropriation, l'impôt et l'usage de la monnaie, les cultures d'exportation, la traite prédatoire ou le salariat..., pression administrative (*Indirect Rule* ou contrôle plus direct...), culturelle, religieuse (catholique ou protestante, superficielle ou triomphante...)[1]... Mais toujours, de proche en proche, l'ensemble des équilibres passés – équilibres approximatifs, certes, comme en toute société – est mis en cause ; réseaux d'activités, institutions, formes de groupements, systèmes de valeurs... s'altèrent ou se décomposent au long *d'un* processus de désorganisation sociale et culturelle, enchaîné, même si les apparences font voir d'abord des jeux isolés de facteurs ou des domaines autonomes. Cette déstructuration peut être lente et tardive, détérioration des moyens d'intégration et amorce très progressive de transformations[2], ou brutale, crise majeure mettant rapidement en jeu les assises démographiques, sociales et morales des sociétés touchées[3], où le sociologue, ne retrouvant que les débris des constructions socioculturelles anciennes, coupés de leurs conditions de viabilité et de cohérence, est tenté de parler, de façon imagée mais équivoque, de « pathologie sociale »[4].

Cette histoire est aussi, du même pas et dans la même perspective globale, celle des résistances, des formes de réaction (compromis, dérobade, opposition... dans les faits, le mythe ou l'imaginaire...), des reprises d'initiative et des essais de reconstruction sociale et culturelle. De tels essais peuvent s'exprimer sur le plan religieux, ou économique ou politique, etc., mais avant d'illustrer les rubriques générales du messianisme, de l'économie de plantation ou du parti politique, ou d'être éclairés par les domaines correspondants de l'histoire et de l'anthropologie, ils sont d'abord significatifs du devenir de peuples désorganisés qui remodèlent de nouveaux centres de vie, de nouveaux cadres de groupement et d'action, qui manifestent leur opposition à la pression étrangère et leur dynamisme rénovateur dans des entreprises à fonctions multiples, réactions globales à la crise et à l'emprise coloniale, selon leur état global au *moment* de ces initiatives[5].

1. Pour une récapitulation d'ensemble des éléments du système colonial et de ses conséquences, voir par exemple l'étude approfondie de J. Suret-Canale, *Afrique noire...*, II ; *L'ère coloniale* [210].

2. Voir l'étude de P. Mercier, L'affaiblissement des processus d'intégration..., *BIFAN*-B, XVI, 1-2, 1954, p. 143-166, à propos d'une région où l'emprise étrangère est restée modeste (celle de Djougou, au Dahomey septentrional), et sa thèse sur les Somba, *Tradition...* [320].

3. G. Balandier, *Sociologie...* [478], pour les Fang et les Bakongo.

4. Il n'y a pas coïncidence rigoureuse nécessaire entre la répartition sociologique des situations de dépendance et de leurs effets, et la répartition géographique des zones officiellement colonisées au sens politico-juridique. À l'intérieur même des empires coloniaux, quelques groupes sociaux ont pu persister longtemps relativement peu touchés par la pression étrangère.

5. Voir les analyses et les interprétations pénétrantes données, par G. Balandier, *Sociologie...* [478], du culte Bwiti ou du mouvement de regroupement clanique chez les Fang, du messianisme Bakongo, etc. Une autre ligne féconde de recherches est celle de T. O. Ranger. Son article, Connexions... [152], met en lumière les liens, les enchaînements, la portée et les traits communs des diverses formes d'opposition et d'action au long de la période coloniale et postcoloniale (résistance militaire, mouvements religieux, politiques, syndicaux, intellectuels...). Voir aussi [543] et [544].

La notion de situation coloniale est ainsi profondément historique. Dans la mise en place de ses mécanismes de domination, dans les désorganisations qu'elle entraîne, dans les reconstructions partielles qu'elle provoque, la situation coloniale est un long *procès,* qu'une seule définition structurale et synchronique échouerait à cerner. La vie économique et politique des colonisateurs lui transmet ses phases et même ses conjonctures courtes. L'action réciproque du colonisateur et des sociétés colonisées dessine pour chacune de celles-ci un mouvement original[1], sous la double détermination de son propre héritage socioculturel, très variable, et de la nature et des modalités successives de l'impact colonial, fort diverses selon les lieux au-delà de ses caractères fondamentaux.

Cette notion doit encore retenir l'historien, au-delà des indépendances politiques, pour l'époque postcoloniale, même si certaines sujétions s'effacent, changeant très largement les conditions du jeu social. D'une part, d'autres sujétions demeurent, tout particulièrement économiques, dont l'effet global persiste. D'autre part, un héritage de déstructurations, d'aliénations, de situations et d'êtres contradictoires ne disparaît pas simplement par la disparition du cadre où tout cela fut engendré[2]. Enfin, la structure coloniale de subordination elle-même fait souvent partie de cet héritage, abandonnée par les colonisateurs à des gestionnaires nouveaux[3]. Au reste, la double référence à l'ensemble des rapports sociaux et à leur procès historique de transformation demeure nécessaire à l'appréciation des faits couramment, et trop commodément, rangés sous les deux étiquettes de la tradition et de la modernité ; il est, en fait, bien des figures et des emplois de la tradition : traditionalisme fondamental ou formel, maintenu ou réinterprété, simple langage, moyen, ou vrai principe d'action[4] ; et ce qui est dit « tradition » peut être très différent de l'ancienne formation sociale et culturelle.

Deux remarques méritent d'être encore soulignées.

Dans ce jeu d'actions réciproques enchaînées entre déterminations externes (colonisateurs) et internes (colonisés), et eu égard à l'imbrication des divers facteurs dans un processus global d'évolution, l'étude comparative de plusieurs sociétés est particulièrement efficace, propice à dégager le poids propre de chaque « variable ». Et de fait, l'étude de Gérard Althabe mise à part, toutes

1. Ce mouvement heurté et varié n'exclut pas les retours en arrière ; cf. G. Althabe, *op. cit.* : la répression de la révolte de 1947 réinstalle à Madagascar, jusqu'à la veille de l'indépendance, un style coercitif de domination coloniale du type d'avant guerre, alors que les autres pays de l'Afrique noire française connaissent une libéralisation progressive et relative.

2. Par exemple, cf. P. Bourdieu et A. Sayyad, *op. cit.*, chap. VIII.

3. Voir G. Althabe, *op. cit.*

4. G. Balandier [36] et [12], p. 99-110. L. de Heusch, Tradition et modernité politique en Afrique, *CIS,* XLIV, 1968, p. 63-78.

celles qu'on a citées comme majeures la pratiquent. Déjà Monica Hunter comparait les Perrin des réserves, ceux de la ville et ceux des grandes exploitations européennes. G. Balandier confronte les changements sociaux chez les Fang, société patrilinéaire lignagère relativement peu liée à la terre, colonisée en pleine phase de dynamisme, et chez les Bakongo, matrilinéaires, agriculteurs solidement implantés, héritiers malheureux d'anciennes gloires politiques. Et le géographe Gilles Sautter ne met pas moins de six régions en perspective, dans une œuvre excellemment historienne consacrée à l'espace Gabon-Congo[1], où l'évolution coloniale est fermement retracée. Dans tous ces cas, la démarche comparative est décisive pour la démonstration établie et pour sa force de conviction.

L'autre remarque est que la situation coloniale, beaucoup plus encore que toute situation sociale partout et toujours, exclut une lecture trop simple et trop directe des discours, des comportements et des apparences. Elle est par nature particulièrement génératrice d'inauthenticité, de stéréotypes, et de manifestations de dérobades (Balandier). Elle engendre l'opacité et le dédoublement des discours, et l'impossible neutralisation de l'observateur[2] ; l'étude de G. Althabe recherche avec beaucoup de finesse les diverses « communautés de dialogue » où discours et conduites organisent une communication. D'autre part, la situation coloniale bloque, interdit, « gèle » certains domaines d'expression (politique, notamment) ; elle mutile et renouvelle à la fois le stock de matériaux culturels disponibles et bouleverse leurs conditions d'usage ; elle favorise ainsi les transferts d'expression et les réinterprétations (Balandier). Le colonisé accède à l'éthos nouveau et garde une participation altérée à l'ancien, sans que lui soient permises les conditions de fonctionnalité et de cohérence de l'usage de l'un et de l'autre : nouveau type d'homme défini par ce qu'il n'est plus et n'est pas encore, dédoublement et « sabir culturel »... ; cela perçu, et analysé historiquement, des réponses simples à des questions simples redeviennent significatives, qui n'auraient été que bizarres ou superficielles (enquête de P. Bourdieu sur le travail paysan).

(Un colloque a été tenu en avril 2001 en l'honneur de G. Balandier, *1951-2001 : Transatlantic Perspectives on the Colonial Situation,* La Maison française, New York University.)

1. G. Sautter, *De l'Atlantique...* [446].
2. Voir aussi, par exemple, R. Jaulin, *La mort Sara,* Paris, 1967.

CHAPITRE XII

Mouvements religieux

À côté de la survie des religions « traditionnelles », des progrès de l'Islam, de la permanence du christianisme d'Éthiopie, et des chrétientés d'origine missionnaire, le tableau religieux de l'Afrique noire aux XIXe et XXe siècles présente une prolifération remarquable de mouvements nouveaux. C'est bien au-delà de l'histoire proprement religieuse qu'ils retiennent aujourd'hui l'attention des chercheurs. C'est tout le mouvement social qu'ils éclairent, et ces innovations sont un moment du débat entre sujétion et liberté, entre tradition et modernité, institué par la situation coloniale. La variété en est grande, et donc multiples leurs études et leurs descriptions ; on commencera donc par rendre sensible cette variété, au fil de quelques choix régionaux[1].

L'Afrique méridionale est un premier domaine d'élection. Dès le début du XXe siècle, guerres et dépossessions imposées par les Blancs font surgir des prophétismes de la résistance ou du désespoir, chez les Xhosa, où déjà sont présents ingrédients et caractères (syncrétismes, attente du salut...) des mouvements qui nous retiennent[2]. Mais le fait majeur ici est la création d'Églises séparatistes.

1. S'il sera souvent question du christianisme dans ce chapitre, on ne se propose pas d'y traiter des missions et de leur action. On suggère seulement, à cet égard, de partir du recueil collectif riche et récent mis au point sous la direction de G. Baeta, *Christianity...* [60], et, pour une réflexion nourrie d'études de cas, on peut retenir :

— La synthèse dense de R. Bureau, Flux et reflux de la christianisation camerounaise, *Archives de sociologie des religions,* 17, 1964, p. 97-112.

— L'étude de Cl.-H. Perrot, *Les Sotho...* [588], sur un cas d'implantation missionnaire politiquement approuvée dans une société africaine indépendante, affrontée ensuite au retour de la vitalité religieuse traditionnelle.

— Un bilan des jugements entraînés par l'action missionnaire au Ghana, par H. W. Mobley, *The Ghanaian's Image of the Missionary,* Leyde, 1970, 181 p.

— L'étude majeure de R. Oliver, *The Missionary...* [82].

Pour cette note et pour quelques thèmes du chapitre, J. Van Slageren, *Les origines de l'Église évangélique du Cameroun. Missions européennes et christianisme autochtone,* Leyde, 1972, 298 p.

2. Une introduction pratique par Francine Dreyfus, Nationalisme noir et séparatisme religieux en Afrique du Sud, *Le Mois en Afrique,* juillet 1967, p. 12-32.

Dès le milieu du siècle, l'action des missions protestantes est vigoureuse et va croissant ; elles répandent leur éducation, ordonnent des ministres noirs et leur confient des responsabilités, éditent la Bible dans les langues indigènes, créant ainsi une élite nouvelle et un lieu de réflexion, d'expression et d'organisation. Mais parallèlement sont ressentis la pression économique blanche plus forte, les changements sociaux défavorables qu'elle entraîne, l'inégalité et la ségrégation... et les missionnaires eux-mêmes font montre d'un contrôle plus autoritaire et d'attitudes nouvelles de discrimination et de méfiance envers leurs confrères africains. Alors se détache une première Église noire séparée, au Transvaal, en 1882, d'autres suivent, et en 1896 le pasteur Mokone fonde l' « Église éthiopienne », expression dans laquelle Maurice Leenhardt vit une « trouvaille politique » : la nouvelle Église se rattachait directement aux temps et à la tradition chrétienne bibliques, excluant la filiation par l'Occident, manifestant un christianisme africain et non une importation étrangère[1]. Un autre pasteur, Dwane, aide Mokone à élargir l'assise matérielle et morale de son action en se tournant vers les dynamiques Églises noires d'Amérique ; ils ont notamment l'appui de l'Église méthodiste épiscopale, et les ressentiments des prédicateurs qu'elle envoie, hérités des temps de l'esclavage, confluent avec ceux des ministres africains. L'Église nouvelle connaîtra les scissions, d'autres apparaissent encore, mais l'important est dans cette vague d' « éthiopisme » qui attire des milliers d'Africains. Bible et christianisme sont repris comme arme de contestation, et de combat contre l'aliénation de la race noire. La libération de la tutelle missionnaire sert d'amorce à la libération totale, souhaitée, de la domination européenne. C'est un langage de style « panafricain » qui véhicule prise de conscience de l'oppression et revendication des droits, au-delà des langages et particularismes traditionnels. La contestation n'est pas religieuse – l'institution ecclésiale et le dogme ne sont pas modifiés – mais sociale et globale, comme M. Leenhardt l'a observé dès 1902 : « L'éthiopisme est un mouvement social d'un peuple réclamant ses droits au moment précis où il prend conscience de lui-même et de l'oppression dont il est l'objet de la part d'un gouvernement étranger » (p. 125). Le principe fondamental en est : « l'Afrique aux Africains ». Il n'est pas un mouvement politique, et il s'en défend ; il n'en favorise pas moins l'esprit d'opposition, et les révoltes du début du XXe siècle y trouvent des animateurs. Le courant éthiopien a persisté, « moderniste » et d'un christianisme relativement peu teinté d'insertions traditionnelles ; sa fragmentation a facilité le retour à des horizons plus locaux. Les Églises sont restées des centres de vie collective africaine, pour une couche sociale moderniste et « respectable ». Elles ont éduqué les cadres du mouvement nationaliste mais, en tant que telles, se sont fait une place autonome et libre dans un système inégalitaire plus qu'elles ne l'ont ébranlé.

À partir de 1904, elles sont doublées d'un autre courant de création d'Églises, dites « sionistes »[2], qui a, lui aussi, prospéré et persisté jusqu'à nos jours[3]. Alors que le mouvement éthiopien a touché des fidèles déjà « occidentalisés » et

1. M. Leenhardt, *Le mouvement...* [563].
2. Allusion biblique à la montagne de Sion.
3. Le livre fondamental est celui de S. Sundkler, *Bantu Prophets...* [178].

instruits – une « bourgeoisie », pour dire très vite –, qu'il est né et s'est fixé dans les villes pour rayonner de là sur les campagnes, le courant sioniste a touché les Africains moins bien situés socialement, plus incultes et mal adaptés à une modernisation imposée ; il s'est installé dans les campagnes et a rayonné de là sur les villes. Les Églises sionistes naissent d'un prophète, dont les qualités personnelles et la prédiction assurent le succès, et qui fonde alors une « cité sainte » et fixe sa communauté. Loin de reproduire un cadre institutionnel déjà reconnu, et seulement rendu autonome, elles sont modelées par ce chef charismatique, mené par l'inspiration de l'Esprit saint. Il y a contestation religieuse ; beaucoup reste pris du christianisme et de la Bible, mais les croyances, les symbolismes et les cérémonies, les modes de communication avec les fidèles réutilisent fortement le fonds religieux « traditionnel » ; l'arme du combat est aussi dans la restauration de l'ancienne culture. Ce prophétisme, greffé sur un héritage prophétique bantou et sur le libre recours à la Bible, anime une espérance de salut et de libération terrestre associés, l'espoir ou l'utopie d'un retour à la justice et à la pureté. La liaison avec les implications très concrètes de la situation coloniale est nette ; plusieurs auteurs ont bien remarqué la place du problème foncier dans ces mouvements, et le souci, réalisé de diverses façons partielles, de retrouver la terre des ancêtres et, sur elle, le retour à des conditions normales. Les Églises sionistes instaurent une communauté de vie intense, dans des cadres renouvelés, avec une armature géographique (la cité sainte, les temples...) et sociale (hiérarchie et organisation du groupe). Une fois instituées, elles ont rencontré, après le temps du prophète, le problème de leur direction et de leur orientation : accent plus spirituel ou plus terrestre du salut, attitude pratique plus moderniste et tournée vers la réussite et l'initiative économique, ou plus traditionaliste. Mais, dans ces divers styles, elles ont, elles aussi, plus bâti des centres d'activité autonomes, distincts des Blancs, qu'ébranlé la domination de ceux-ci. Éclatantes réactions globales à la sujétion, produit et moteur à leur première époque d'une fermentation opposante, durement traitées ou suspectées à ce titre par le pouvoir, elles n'ont pas dépassé politiquement cette fonction expressive et éducative de départ[1]. Dans la veine sioniste encore, les temps plus récents ont vu surgir des Églises où prédomine la consolation physique et morale assurée par un leader-guérisseur, dans les milieux désadaptés des migrants vers la ville (le type « Besheda » de Sundkler).

1. L'une des plus importantes et des plus connues des Églises sionistes est la Nazaretha, fondée en 1911 par Isaïe Shembe, qui établit en 1916 la cité sainte d'Ekiphakameni. Ce « Christ noir » des Zulu a rétabli des rites, des croyances et des institutions traditionnelles, et ranimé à son compte les pouvoirs et les prestiges de l'ancienne royauté (faiseur de pluies, fêtes des prémices...). Par son influence sur les chefs traditionnels de son ethnie, il obtint des terres dans les réserves, et attacha sa communauté à des temples et à des fermes. Après sa mort en 1935, l'Église, déjà plus instituée que prophétique, se heurta aux problèmes d'orientation et de compromis avec le « modernisme » qu'on a signalés.

Cette Église est présentée par G. Sundkler, *op. cit.,* par l'étude anthropologique de terrain de Jacqueline Eberhardt, Messianisme en Afrique du Sud, *Archives de sociologie des religions,* 4, 1957, p. 31-56, et par G. C. Oosthuizen, *The Theology of a South African Messiah,* Leyde, 1967, 158 p., étude attentive des hymnes et textes composés par le fondateur de l'Église, réunis et publiés en Zulu en 1940, avec valeur de catéchisme par la communauté.

Une autre région d'élection des innovations religieuses est l'Afrique centrale (Congo et marges). Ici encore, le XIXe siècle connaît déjà des mouvements syncrétistes, de résistance à l'étranger et de renouveau social[1]. Au XXe siècle, deux courants s'imposent à l'attention : le kimbanguisme et le Kitawala[2].

En 1921, en pays Bakongo, « belge », Simon Kimbangu, formé par les missions protestantes, prêche l'Évangile et guérit les malades, à la suite d'une révélation ; sa renommée s'étend sur les deux rives du Congo, on l'appelle Messie, c'est le Christ des Noirs, son village devient la nouvelle Jérusalem. Il est arrêté et déporté. Mais une religion est née, en période aiguë de crise pour la société Bakongo, dont il vaut de noter aussi qu'elle est très anciennement implantée là, riche d'un héritage socioculturel vénérable, et qu'elle a connu très tôt les influences chrétiennes. D'autres prophètes, prenant le relais du leader écarté, vont structurer la nouvelle foi diffuse. Combattant magie et sorcellerie, redonnant vigueur au culte des ancêtres, instaurant une vie religieuse nourrie du christianisme (la Bible, le baptême et la confession, la liturgie...), le kimbanguisme propose à un peuple écrasé par la déstructuration et la sujétion une sécurité psychologique au lieu de la peur, l'action et l'espoir du salut en place de la passivité et du désarroi, la résurgence culturelle et la création d'un cadre social nouveau, un lieu et un langage pour exprimer sa protestation, quelques perspectives d'action : cristallisation d'une prise de conscience et d'un refus, reprise d'initiative, réaction sociale globale. Création religieuse aussi, qui pose une Église noire face aux Églises d'importation ; le développement de la littérature sacrée, de l'espoir en l'intervention divine, de la structuration de la communauté, va relativement diminuer la part de contestation plus directe de l'ordre colonial ; mais le kimbanguisme demeure expressif d'une réaffirmation culturelle Bakongo, mûrissant ainsi une idéologie nationaliste. Tandis qu'à la veille de la Seconde Guerre mondiale le kimbanguisme contamine le mouvement d'abord politique, à base « amicaliste », d'André Matswa (au Congo « français »), il est aussi, à partir de 1939, relancé, radicalisé et plus rigoureusement organisé par Simon-Pierre Mpadi qui renouvelle ainsi, par un mouvement inverse, sa portée politique et oppositionnelle.

Depuis, le kimbanguisme s'est à la fois étendu à l'ensemble du Zaïre – étendant sa résonance Bakongo à celle d'une religion nationale et d'État – officialisé, et morcelé, reflétant les contradictions socioculturelles de l'époque postcoloniale[3].

Le Kitawala est l'avatar proprement africain du Watch Tower, dissidence de l'adventisme. Après une histoire déjà complexe en Rhodésie et au Nyasaland, il pénètre au Katanga en 1925 et gagnera de là une grande partie du Congo belge. Mouvement clandestin, solidement organisé, il se repère surtout

1. Pour l'Angola et ses marges, du XVIIIe siècle à nos jours, une bonne étude par A. Margarido, I movimenti profectici e messianici angolesi, *Rivista Storica Italiona*, LXXXI, 3, 1968, p. 538-592.

2. Courte présentation, par Claudine Vidal, Innovations religieuses au Congo-Léopoldville, *Le Mois en Afrique*, mai 1966, p. 61-77.

3. Parmi les études majeures sur le kimbanguisme, G. Balandier, *Sociologie...* [478] ; E. Anderson, *Messianic Popular Movements in the Lower Congo*, Uppsala, 1958, 287 p. ; Martial Sinda, *Les messianismes...* [177]. Beaucoup d'autres sont utiles, voir Paul Chassard, Essai de bibliographie sur le kimbanguisme, *Archives de sociologie des religions*, 31, 1971, p. 43-49.

aux révoltes qu'il anime. Unissant millénarisme importé et prophétisme Bantou, il prend, ici, un aspect de révolte active contre la situation coloniale, de revendications concrètes, et d'action terrestre pour aider à les satisfaire ; il prospère dans les milieux citadins et miniers de travailleurs du Katanga, et dans des zones rurales où ses concordances avec des croyances, une sensibilité religieuse et des institutions traditionnelles le rendaient apte à formuler le refus des misères contemporaines[1].

La veine prophétique et millénariste ne doit pas faire oublier des innovations religieuses d'un autre type, syncrétistes toujours mais sans leader, comme le culte Bwiti des Fang du Gabon. Ceux-ci ont emprunté les éléments originels de leur construction aux fonds culturels voisins, les ont remaniés et y ont incorporé des apports chrétiens. Ce culte surgit et se répand au plus fort de la déstructuration et de la dépossession de cette ethnie, et manifeste une réaction organisée et globale. Ce système religieux, largement ouvert, rompt avec les cadres de la parenté – ce que les pratiques d'entrée manifestent – comme avec les limites claniques et tribales. Face à la désagrégation des anciens cadres sociaux et psychologiques, et contre la religion étrangère et enseignée qu'est le christianisme, il propose un nouveau centre de vie sociale, appuyé sur l'ensemble des ancêtres, un nouveau lieu de la connaissance, une sécurité retrouvée, une religion vivante découverte intensément dans l'initiation[2].

Riche encore en mouvements religieux, l'Afrique occidentale, dans les pays du golfe de Guinée. Un Libérien touché par l'éducation protestante, Harris[3], emprisonné à la suite d'une révolte, reçoit en vision la révélation de sa mission de prophète ; en 1913-1915, il prêche en basse Côte-d'Ivoire dans une société désorganisée où l'action missionnaire prend mal ; il baptise par l'eau et la Bible, guérit, fait détruire les fétiches, enseigne une vie simple et morale et l'attente du salut, répand la confession publique. Il propose une pensée universaliste de type chrétien qui ne récuse pas les traditions et les institutions africaines ; il épure les pratiques anciennes et libère les individus de la sorcellerie. Son succès foudroyant inquiète l'administration, qui l'expulse. Mais des Églises harristes, actives et plus résolument opposantes, se développent jusque peu avant 1930. Après une période de latence, la veine harriste resurgit avec la Seconde Guerre mondiale. La basse

1. Sur ce dernier point, D. Biebuyck, La société Kumu face au Kitawala, *Zaïre,* XI, 1, janvier 1957, p. 7-40. Plus largement, J.-B. Paulus, Le Kitawala au Congo belge, *Revue de l'Institut de sociologie* (Bruxelles), II, 3, 1956. Voir aussi J.-E. Gérard, *Les fondements syncrétiques du Kitawala,* Bruxelles, CRISP, 1969, 119 p., et R. Kaufmann, *Millénarisme et acculturation,* Bruxelles, 1964, 134 p.

Le Kitawala mérite une étude de l'ensemble de ses courants en Afrique centrale, dans les Rhodésies notamment où son implantation est plus ancienne et sa physionomie différente. M. Spindler, Le mouvement Kitawala en Afrique centrale, *Le Monde non chrétien,* 87, juillet 1968, p. 30-41, analyse la thèse de théologie de H. J. Grescat, *Kitawala. Ursprung, Ausbreitung und Religion der Watch-Tower-Bewegung Zentralafrika,* Marbourg, 1967.

L'Afrique centre-orientale est, au reste, une autre zone importante d'effervescence religieuse variée. Pour le Malawi, voir ainsi la réévaluation précieuse de la révolte de 1915 par J. et I. Linden, John Chilembwe and the New Jerusalem, *Journal of African History,* XII, 4, 1971, p. 629-651.

2. G. Balandier, *Sociologie...* [478].

3. G. Haliburton, *The Prophet Harris,* Londres, OUP, 1971, 272 p.

Côte-d'Ivoire et le Ghana sont restés fertiles en mouvements religieux, héritiers institués du harrisme, ou développant, à partir de son inspiration, un aspect particulier comme celui de culte de guérison des corps et des esprits[1] ou syncrétismes fortement nourris du fonds local[2]. Nigeria et Ghana, marqués tôt et vivement par les missions protestantes, ont connu aussi séparatismes et prophétismes[3].

Cette impressionnante et durable floraison d'innovations religieuses est longtemps restée négligée par la recherche. De tels mouvements recevaient descriptions et jugements péjoratifs, de la part des administrateurs et missionnaires qui, le plus souvent, les combattaient ou les dénonçaient pour des raisons d'abord pratiques ; mais ils n'étaient pas mieux évalués en milieu intellectuel ou politiquement militant ; ils évoquaient la pathologie, le dérèglement sanglant ou utopique, l'archaïsme rétrograde, la déformation caricaturale du christianisme... Ils n'avaient pour eux ni l'aspect devenu rassurant et familier, une fois domestiqué par l'anthropologie, des « sociétés traditionnelles », ni les apparences d'une évolution moderne et efficace. La lucidité d'un Maurice Leenhardt, étudiant au reste un cas d'indépendance institutionnelle seulement, dans le christianisme, reste exceptionnelle. Ce n'est que vers les années 1950 que paraissent, pour l'Afrique, quelques études importantes : Sundkler, Schlosser, Balandier[4]. Désormais, les innovations religieuses sont bien considérées comme un fait social original et instructif, qui a ses racines et son évolution, ses caractères, ses fonctions et ses significations. En témoignent coup sur coup en l'espace de quelques années autour de 1960 une série d'études générales, où l'Afrique du reste n'est pas seule en cause[5]..., qui se sont poursuivies[6], et les nombreux articles des

1. Ainsi le culte du prophète Atcho, à Bregba, cf. J. Rouch, Introduction à l'étude de la communauté de Bregba, *Journal de la Société des Africanistes,* XXXIII-1, 1963, p. 129-202, et la secte des Water Carriers au Ghana, cf. E. Cerulli, La setta dei Water Carriers, *Studi e Materiali di Storia della Religioni,* XXXIV, 1, 1963, p. 27-59.

2. Denise Paulme, Une religion syncrétique en Côte-d'Ivoire, le culte Deima, *Cahiers d'études africaines,* 9, III, 1, 1962, p. 5-90. Pour la Côte-d'Ivoire, B. Holas, *Le séparatisme religieux en Afrique noire. L'exemple de la Côte-d'Ivoire,* Paris, 1965, 410 p.

3. G. Baeta, *Prophetism in Ghana,* Londres, 1962. Pour les pays Yoruba, étude historique documentée du séparatisme par J. B. Webster, *The African Churches among the Yoruba, 1888-1922,* et pour les Églises Aladura, à partir des environs de 1920, H. W. Turner, *History of an African Independent Church,* 2 vol., Oxford, 1967, 207 p. et 372 p., et J. D. Peel, *Aladura, a Religious Movement among the Yoruba,* Londres, OUP, 1968, 300 p.

4. S. Sundkler, *op. cit.* [178] ; K. Schlosser, *Propheten...* [176] ; G. Balandier, *op. cit.* [478].

5. G. Guariglia, *Prophetismus und Heilserwartungs bewegungen...,* Vienne, 1959, 322 p. ; V. Lanternari, *Les mouvements religieux des peuples opprimés,* 1962, 399 p. (1re éd. italienne, 1960) ; R. Köbben, Prophetic movements as an expresion of social protest, *Intern. Archives of Ethnography,* XLIX, 1, 1960, p. 117-164 ; W. Mühlmann, *Chiliasmus and Nativismus,* Berlin, 1961 ; trad. française abrégée ; *Messianismes révolutionnaires du Tiers Monde,* Paris, 1968 ; *Devant les sectes non chrétiennes,* XXXI, Semaine de Missiologie, Louvain, 1961, 317 p.

6. E. Benz (herausgeg.), *Messianische Kirchen...* [168] en 1965 ; J. Chesneaux, Les hérésies coloniales, dans *La naissance des dieux* (ouvrage collectif), Paris, 1966 (esquissé déjà dans *Recherches intern. à*

Archives de sociologie des religions (Paris) et, depuis 1967, du *Journal of Religion in Africa / Religion en Afrique* (Leyde).

De cette production récente, mais déjà foisonnante, on peut retenir d'abord la préoccupation typologique – nécessaire et vite formelle à la fois – et terminologique[1]. On a déjà distingué des Églises, constituées par sécession, d'autres Églises, chrétiennes encore par des références fondamentales, mais « prophétiques ». Le terme de « messianisme », parfois très largement entendu, peut être limité à un type voisin par ailleurs du prophétisme, où le leader aurait avec Dieu un lien plus direct que celui d'une élection et d'une mission ; mais d'autres proposent d'appeler messianismes les mouvements millénaristes qui préparent activement une rédemption terrestre sous la direction d'un chef inspiré par Dieu, le prophétisme étant alors une manifestation plus provisoire et plus limitée[2]. D'autres mouvements religieux apparaissent surtout comme des synthèses non chrétiennes. Selon la dose d'éléments chrétiens incorporés, de reviviscence délibérée du fonds culturel ancien, d'affirmation de la personnalité (tribale, « nationaliste »...) du groupe face à l'étranger, etc., ils reçoivent parfois, sous la bannière « païenne » ou « néo-païenne », les dénominations respectives de syncrétismes, revivalismes, nativismes, etc. Mais on devine l'hétérogénéité et l'approximation de clivages qui devraient trouver leur principe dans plusieurs registres différents à la fois.

Ces mouvements peuvent donner matière à bien des approches, et notamment, d'abord, à des études assez directement « religieuses » – phénoménologie, comparatisme formel..., histoire et comparaison des diverses influences chrétiennes rivales, caractères et intensité de l' « agression » missionnaire, etc. On retiendra surtout les recherches qui leur restituent toute leur richesse historique, en les situant dans un univers social, à un moment de son évolution sur lequel ils témoignent et sur lequel ils agissent. On peut, dans cette perspective, relever trois orientations fécondes, trois problématiques, au reste pleinement compatibles et que les mêmes auteurs servent parfois.

La première est délibérément liée à la sociologie religieuse. Elle porte attention *et* à la spécificité relative des catégories socioreligieuses qu'elle

la lumière du marxisme, VI, mars 1958, p. 170-188) ; Maria Isaura Pereira de Queiroz, *Réforme et révolution dans les sociétés traditionnelles,* Paris, Anthropos, 1968, 394 p. ; D. B. Barrett, *Schism and Renewal* [167].

1. Parmi les ouvrages indiqués aux deux notes précédentes, cf. notamment G. Guariglia, qui se résume lui-même dans un chapitre de *Devant les sectes* ; R. Köbben... Mais on consultera surtout deux articles précis et suggestifs : J. W. Fernandez, African religious movements, types and dynamics, *Journal of Modern African Studies,* II, 4, 1964, p. 531-549, et H. W. Turner, A typology for African religions movements, *Journal of Religion in Africa,* I, 1, 1967, p. 1-34.

2. La mesure dans laquelle ces messies sont la reprise d'un héritage chrétien, ou n'en donnent que le nom et les références extérieures à ce qui est héritage mythique proprement africain, est discutée.

cerne *et* à leur insertion dans un milieu social, dans un héritage culturel et dans une conjoncture historique. Ainsi, Maria Isaura Pereira de Quciroz[1], isolant une sorte de mouvement religieux qu'elle appelle messianisme, en recherche bien les conditions religieuses (des conceptions de type millénariste, une religion « active » et « rétributive », des mythes et des comportements appropriés – en des conditions sociales et historiques toutes semblables, un autre fonds religieux et culturel entraînerait d'autres manifestations que le messianisme...) et les caractères religieux... mais du même pas elle informe et légitime cette « catégorie » en référence à ses conditions sociohistoriques d'apparition (le sentiment aigu d'un péril, anomique ou d'origine extérieure... ; la nature de cette menace détermine l'orientation du messianisme) et à ses caractères sociologiques d'ensemble. Roger Bastide[2], Henri Desroches illustrent aussi une ligne de pensée où toute la richesse propre au registre religieux et mythique, sa logique, son autonomie et ses significations sont vigoureusement étudiées, sans jamais pourtant être séparées de leur insertion dans le mouvement des sociétés. Cette ligne mérite d'être développée ; il y aurait paradoxe pour l'historien soit à se complaire dans la seule description d'une créativité religieuse luxuriante, sorte de trait culturel que l'on constaterait comme donné, soit à oublier que ces mouvements sociaux globaux sont aussi ce pour quoi ils se donnent dans leur langage et sous leurs apparences : des religions.

Une deuxième orientation retient la grande ressemblance générale des conditions sociohistoriques qui ont fait surgir en aussi grand nombre, aux XIXe et XXe siècles, ces mouvements religieux, et souligne, par là, leur signification historique globale dans le monde contemporain. Les innovations religieuses, actives, contestataires, syncrétistes... se repèrent au long des siècles, dans les sociétés dites « historiques » et dans celles qui sont dites « ethnologiques », à la suite de dérèglements internes ou de pressions externes... ; mais leur prolifération dans l'histoire contemporaine, les caractères et les significations qu'elles y prennent, renvoient largement et fondamentalement à la généralisation d'une situation de dépendance (coloniale, semicoloniale, indirecte...), imposée par l'Occident au reste du monde, et contre laquelle elles sont une réaction. Ce sont, selon le titre même du livre de Vittorio Lanternari, les mouvements religieux des peuples opprimés. Jean Chesneaux[3] a bien résumé leurs traits communs : prendre au christianisme des Blancs son efficacité supposée, rompre (partiellement) avec les valeurs, les institutions et les cadres sociaux anciens, quand ils sont discrédités par

1. *Op. cit.* Que ce livre fasse à l'Afrique une part très mineure ne lui enlève en rien, ici, valeur de référence.

2. Dont on trouvera, au début du livre cité de M. Sinda [177], une étude sur les *Christs noirs*.

3. Art. cité.

l'échec, inaptes à la rénovation ou désagrégés par la sujétion, réaffirmer (partiellement) le passé et l'héritage culturels, préparer ou espérer le retour à l'autonomie, poser l'égalité des colonisés et des Blancs, alimenter ainsi (au moins au départ et au moins indirectement) la lutte de libération. Il vaut alors de situer ces mouvements dans l'ensemble des réactions à l'Occident, d'en évaluer la vigueur et les limites, leur rôle d'étape dans les luttes sociales et politiques. Et, de façon complémentaire à ce jugement global, les insérer, pour chaque société, dans la série de toutes les autres réactions, repérer entre elles les filiations et les ruptures[1].

Enfin, vus « de l'intérieur » des sociétés qui les fabriquent, les mouvements religieux se manifestent, de façon privilégiée, comme des réactions globales à leur déstructuration et à leur dépossession. Tout se prête à ce que cette réaction se fasse notamment dans le langage religieux : le colonisateur exclut l'expression proprement politique, les notions traditionnelles ne dissocient pas le sacré et le reste, le traumatisme subi et l'impuissance matérielle favorisent le recours à l'imaginaire, aux « techniques du sacré », à l'affirmation culturelle. Mais, dans l'histoire de la société dominée, cette réaction religieuse est bien une réaction totale. Elle surgit dans les lieux et les moments où la colonisation se fait la plus perturbatrice. Elle cristallise la prise de conscience et le refus, organise la protestation ; elle est instrument d'opposition, plus ou moins délibéré et direct, plus ou moins provoqué par les répressions administratives. Cette réaction administrative n'est pas insensée, si elle est parfois maladroite et improvisée ; car ces mouvements sont fondamentalement antinomiques à l'ordre colonial : ils disent l'initiative d'une construction sociale, d'une rénovation authentique, d'un lieu nouveau de vie et d'expression. D'objet, le colonisé devient acteur, un acteur qui mêle à sa convenance l'héritage, l'emprunt et l'innovation. Les religions nouvelles sont une réponse fonctionnelle aux besoins du moment : sociaux (reconstruire des cadres sociaux, plus vastes ou plus ouverts), psychologiques (vaincre la peur, la sorcellerie, le désarroi), intellectuels (retrouver une connaissance, qui soit recevable et qui réponde aux angoisses du temps)... Combien cette réponse est durable et efficace est une autre question, qui renvoie aux moments suivants de l'histoire. Il reste que ces mouvements religieux doivent être étudiés dans le procès d'évolution de chaque peuple qu'ils concernent, et qu'en eux confluent momentanément beaucoup des ingrédients de leur histoire. C'est cette « saisie globale » dans le cours d'une histoire dont Georges Balandier a montré l'exemple à propos du messianisme Bakongo et du culte Bwiti des Fang[2], sans se priver pour

1. On renvoie de nouveau aux études de T. O. Ranger, dont son lumineux article, Connexions... [152].

2. *Op. cit.* [478].

autant de la rigueur des analyses « religieuses », ni négliger la portée anticoloniale de cette catégorie de mouvements.

Ce domaine privilégié d'accès à l'histoire des sociétés africaines demeure, bien que son privilège se soit largement émietté au profit d'autres formes d'expression. Dans une situation de mutation sociale et culturelle accélérée, les communautés religieuses assurent toujours aux individus une insertion sociale (un groupe défini, une place, un rôle, une action collective) et les cadres sociaux d'une connaissance (par l'expression orale et par le spectacle, pratique et symbolique, éthique et explicative..., porteuse de tradition et de modernité...). Réponses différentes distribuées selon les clivages sociaux, ambiguës, inconciliables... « plus des religions de l'homme en cours de décolonisation que des réponses de l'homme décolonisé » (Guy Bernard)[1].

Complément bibliographique :

ASCH (S.), *L'Église du prophète Kimbangu,* Paris, Karthala, 1986.

BUREAU (R.), *La religion d'Eboga. Essai sur le bwiti fang,* Université de Lille III (reprod. des thèses), 1972, 242 p.

BUREAU (R.), *Le prophète de la lagune. Les harristes de Côte-d'Ivoire,* Paris, Karthala, 1996, 224 p.

COMAROFF (J.), *Body of Power Spirit of Resistance...* [857].

DESROCHE (H.) et RAYMAKERS (P.), Départ d'un prophète, arrivée d'une Église, *Archives de Sciences sociales des religions,* XLII, 1976, p. 117-162.

DOZON (J.-P.), *La cause des prophètes. Politique et religion en Afrique contemporaine,* suivi de *La leçon des prophètes,* par M. Auge, Paris, Le Seuil, 1995, 300 p. (les prophètes comme « bons analyseurs des sociétés en train de se faire »).

DOZON (J.-P.), Gbahié Koudou Jeannot. Le prophète annonciateur de la crise, *CEA,* 138-139, 1995, p. 305-331.

ELPHICK (R.) et DAVENPORT (R.) (eds), *Christianity in South Africa. A Political, Social and Cultural History,* Berkeley, The Univ. of California Press, 1998, 512 p.

FIELDS (K.), *Revival and Rebellion in Colonial Central Africa...* [878].

HACKETT (R.) (éd.), *New Religious Movements in Nigeria,* Lewiston (NY), The Edwin Mellen Press, 1987, 2 345 p.

JANZEN (J. M.) et MACGAFFEY (W.), *An Anthology of Kongo Religion : Primary Texts from Lower Zaire,* Lawrence, Kansas, 1974, 163 p.

KAMPHAUSEN (E.), *Anfänge der kirchlichen Unabhangigkeitsbewegung in Süd Afrika. Geschichte und Theologie der äthiopischen Bewegung, 1872-1912,* Berne et Francfort-sur-le-Main, 1976, 657 p.

LAN (D.), *Guns and Rain. Guerilla and Spirit Mediums in Zimbabwe,* Londres, James Currey, Univ. of California Press, 1985, 244 p.

MACGAFFEY (W.), The implantation of kimbanguism in Kisangani, Zaire, *JAH,* XXIII, 3, 1982, p. 381-394.

1. L'article de G. Bernard, Diversité des nouvelles Églises congolaises, *CEA,* X, 38, 1970, p. 203-227, est remarquable, tant par sa démonstration de la nécessité d'une étude attentive de l'histoire propre à chaque mouvement que par sa lumineuse appréciation de la variété des fonctions et des caractères des Églises dans la situation socioculturelle actuelle.

MACGAFFEY (W.), *Modern Kongo Prophets. Religion in a Plural Society*, Bloomington, Indiana UP, 1983, 286 p.
MARTIN (M. L.), *Kirche ohne Weisse*, Bâle, 1971 ; trad. anglaise, *Kimbangu : An African Prophet and his Church*, Londres-Oxford, 1975, 198 p.
MARY (A.), *Le défi du syncrétisme : le travail symbolique de la religion d'Eboga (Gabon)*, Paris, EHESS, 1999, 513 p.
PIAULT (C.) (dir.), *Prophétisme et thérapeutique. Albert Atcho et la communauté de Bregbo*, Paris, 1975, 324 p.
SHANK (D. A.), *Prophet Harris. The « Black Elijah » of West Africa*, Leyde, Brill, 1994.
SUNDKLER (B.), *Zulu Sion and some Swazi Zionists*, Londres, 1976, 337 p.
SUNDKLER (B.) et STEED (C.), *A History of the Church in Africa* [1011].
SURGY (A. de), *Le phénomène pentecôtiste en Afrique noire. Le cas béninois*, Paris, L'Harmattan, 2001, 469 p.
TURNER (H. W.) (éd.), *Religious Innovation in Africa : Collected Essays on New Religious Movements*, Boston, 1978, 305 p.
USTORF (W.), *Afrikanische Initiative : das aktive Leiden des Propheten Simon Kimbangu*, Berne et Francfort-sur-le-Main, 1975, 457 p.
WALKER (S.), *The Religious Revolution in the Ivory Coast. The Prophet Harris and his Church*, Chapel Hill (NC), Univ. of North Carolina Press, 1983.

CHAPITRE XIII

Les villes contemporaines

Le développement urbain récent de l'Afrique noire est un autre domaine privilégié pour l'étude des dynamismes sociaux. Anthropologues et géographes ont déjà aménagé ce champ de recherche et de réflexion, où l'historien trouve son bien et a transporté sa manière.

La colonisation a créé des villes, dès l'origine de son emprise. Depuis 1945-1950, parfois plus tôt, leur population s'est fortement accrue, et la croissance s'en est maintenue, en s'accélérant. Cette urbanisation massive et galopante est un des faits saillants de l'évolution sociale de l'Afrique noire au milieu du XXe siècle, dont elle est à la fois symptôme, effet, facteur et lieu essentiel. Elle est propre à rendre apparents les ressorts principaux et les lignes directrices de l'histoire africaine en situation coloniale et postcoloniale, illustrant tout ensemble

— l'imposition d'une initiative étrangère – manifestation d'une mise en sujétion où l'Afrique et ses peuples sont modelés comme des objets – et, aujourd'hui, la persistance des effets de domination ;
— la décomposition sociale et culturelle qui résulte de l'intervention coloniale, l'addition d'incohérences et de misères entraînées par cette déstructuration ;
— les réactions à ces crises et à ces menaces, le façonnement de nouvelles réalités humaines, la vie sociale toujours recommencée, au confluent des déterminations externes et internes, où chaque situation nouvelle remanie les conditions dans lesquelles le passé sert, pèse ou s'efface.

L'Afrique précoloniale eut ses villes et ses civilisations citadines : villes soudanaises, marchandes, politiques, intellectuelles... des empires médiévaux jusqu'au XIXe siècle... villes de l'Afrique orientale littorale, capitales des États forestiers de l'Afrique occidentale, de ceux des savanes du Sud, de l'Éthiopie... et le pays Yoruba se signalait par le nombre et l'importance de ses cités et par leur organisation spécifique (administration, groupement des métiers...). Il y a là un grand thème d'étude, un peu dégrossi[1], à prendre sur le temps long, en relation avec les sociétés et les économies qui sécrètent chacune leur genre de villes... y compris au XIXe siècle précolonial. Le déclin de nombre de ces cités avant la colonisation, le fait que beaucoup ne se soient pas réinsérées dans la vague urbaine contemporaine ou ne l'aient fait qu'avec un fort remaniement, l'urbanisation actuelle de vastes régions jusque-là vierges à cet égard... indiquent la nouveauté sociohistorique radicale du fait urbain contemporain, et la coupure historiographique qui l'isole des temps précoloniaux.

Création étrangère[2], les villes coloniales le sont par l'initiative de départ, par les besoins servis alors et les moyens utilisés, par leur localisation... Elles le restent par l'héritage colonial dont témoignent encore leur morphologie, leurs fonctions et leurs activités.

Deux besoins du colonisateur ont engendré les villes. Les unes ont suivi l'installation de centres administratifs et de points d'appui militaires, dès la conquête et par complément ultérieur du réseau de centres secondaires. Les autres ont surgi aux points vitaux de l'emprise économique : comptoirs côtiers, puis ports modernes, lieux de rupture de charges fleuves-voies ferrées et carrefours routiers ou ferroviaires... selon les sollicitations d'une économie à dominante de ramassage et de traite... et lieux d'exploitation et de traitement primaire des ressources naturelles, mines surtout – ainsi dans les régions du Katanga et du Copperbelt zambien, encore que cette exploitation n'ait pas fait naître rien que des villes, mais parfois seulement des campements de travailleurs.

Dans tous les cas, non seulement il y a eu création *ex nihilo* (ou à partir d'un lieu habité modeste), mais la localisation des villes et leur articulation ne renvoient aucunement à la logique des sociétés africaines, mais à celle du colonisateur et à ses perspectives : implantation administrative et militaire dictée par le déroulement de la conquête et les partages entre puissances européennes, implantation économique à partir du front littoral, et drainage des ressources. C'est un des aspects majeurs du bouleversement de la géographie économique au service d'intérêts extérieurs. Et souvent la fonction unique ou principale de départ caractérise aujourd'hui encore les cités d'origine coloniale : ville-port, ville minière, capitale...

C'est aussi le paysage, la structure et le développement de l'espace urbain qui sont marqués du signe de l'action étrangère. Très vite – et sauf

1. Voir W. G. L. Randles, Precolonial urbanization in Africa South of the Equator, *in* P. J. Ucko *et al.* (éd.), *Men, Settlement and Urbanism,* Londres, 1972, p. 891-897.

2. Présentation des caractères et des problèmes propres aux villes dans J. Denis, *Le phénomène urbain en Afrique centrale,* Bruxelles, 1958, 401 p., dans R. W. Steel, The town of tropical Africa, *in* K. Barbour et R. Prothero (éd.), *Essays on African Population,* Londres, 1961 ; et dans P. Vennetier, *Les villes d'Afrique tropicale,* Paris, 1976, 192 p.

dans les quartiers anciens de quelques villes précoces comme Saint-Louis –, la ville a présenté une dichotomie entre la « ville européenne » – aujourd'hui largement africanisée dans son peuplement – à l'aspect « urbain » au sens reçu du terme, avec spécialisation fonctionnelle des quartiers (commerces, administration, résidence...), rôle important de la puissance publique dans la construction des résidences et des bâtiments de service..., d'une part, et, d'autre part, la « ville africaine », séparée et distincte de l'autre, manifestant ainsi la distance des rapports sociaux en situation coloniale, dessinée par un autre type d'intervention publique et son débordement par une croissance spontanée, avec un équipement plus que médiocre, et dans la dépendance économique de la ville « blanche ». Les années récentes, depuis les indépendances politiques, ont nuancé, mais non pas annulé, ces traits étrangers de la ville.

Les villes coloniales, remplissant leurs fonctions économiques et administratives d'encadrement des pays assujettis, et utilisant des acteurs noirs, se sont progressivement grossies de la décomposition des sociétés « traditionnelles », qu'elles ont entretenue et développée en retour. Elles ont orienté et accéléré, par là, les changements socioculturels délétères, et les flux de population. Elles ont aussi manifesté, avec grossissement, les discordances et les indigences accumulées par la désagrégation des groupes sociaux. Tout cela s'est essentiellement révélé au cours du deuxième tiers du XXe siècle, et perdure.

L'énorme croissance urbaine s'est nourrie, et se nourrit encore fortement, de la migration – migration effectuée parfois à fort longue distance et à travers les frontières coloniales. Dans l'effritement de l'ancien ordre social, mobiles répulsifs aux lieux de départ et mobiles attractifs à la ville se combinent inextricablement.

Les facteurs et mobiles de la migration des zones rurales vers les villes sont fondamentalement économiques. L'affaiblissement multiforme des économies villageoises, les ponctions en travail et en produits imposées par le colonisateur, et deux tendances contraires – d'une part, le progrès des cultures d'exportation aux dépens des cultures vivrières et des sols ; d'autre part, après les bouleversements démographiques qui ont marqué parfois la première génération de la colonisation, une croissance de la population – ont dégradé la situation de nombreux milieux ruraux. L'économie monétaire, la recherche de signes monétaires résument et manifestent au mieux les besoins qui ont poussé tant d'Africains à la ville. L'argent est devenu nécessaire pour payer l'impôt, pour acheter des biens de consommation d'utilité nouvelle ou moins accessibles à l'ancienne mode, pour constituer la dot du mariage. Or la ville est apparue comme un lieu de travail salarié, comme une occurrence de revenus plus variés, plus nombreux..., comme un lieu de moindre prix des produits diffusés par le commerce ; elle est aussi possibilité de formation et d'instruction, gage de plus de sécurité et d'aisance. Chaque crise aiguë d'un milieu rural, chaque vague d'investissements créatrice d'embauche en ville, provoque une poussée migratoire.

Mais à ces flux ne correspondent pas de reflux. Il y a, certes, une marge de population flottante, instable, pratiquant les retours, sursitaire de l'urbanisation ; mais c'est un autre phénomène. La ville est loin de perdre ce qu'elle a gagné quand cessent les conditions conjoncturelles propices à un afflux. Elle gagne plus ou moins, absorbe plus ou moins vite, mais elle ne perd pas.

C'est que le mouvement a bien d'autres ressorts que la seule adaptation mécanique à des offres d'emplois et de signes monétaires. C'est toute la décomposition sociale et culturelle qui est en cause, créatrice notamment de tensions plus vivement ressenties, ou nouvelles, dans les communautés rurales (autorité des anciens à la fois plus pesante et moins assurée, conflit avec eux pour l'accès au mariage, limites pénibles de l'horizon et du milieu villageois ou familial alors que se répandent les moyens et les raisons de lui échapper...) ; la ville est un milieu lointain, nouveau, anonyme, libéré des contraintes immédiates, c'est un lieu de distraction, de vie plus diversifiée et prestigieux, de dilution de l'insupportable.

De façon plus circonstanciée, l'installation en ville a parfois résulté d'une fuite devant les contraintes administratives exercées en brousse tant que le travail forcé exista en fait, et, dans le Congo (Zaïre) d'après 1960, devant l'insécurité de nombreuses zones (rébellions et répression)[1].

Dans la croissance de l'espace urbain provoquée par ces afflux répétés, l'anarchie et la spontanéité l'emportent de loin sur la réglementation[2]. Les quartiers dessinés et quadrillés par l'administration coloniale, avec attribution de parcelles, ont été débordés extérieurement par un bourgeonnement de nouveaux lotissements mal contrôlés et, intérieurement, par redécoupage plus libre des parcelles. Les régularisations postérieures et quelques équipements récents n'ont pu qu'atténuer ce caractère.

C'est aussi la population des villes qui s'est longtemps présentée et peut apparaître encore sous le signe de l'hétéroclite et de l'aberrant, à trois titres au moins :

— Une partie sensible des résidents est encore flottante, exposée à des retours en brousse ou au passage en d'autres villes.

— La ville est ethniquement hétérogène, de deux façons. Elle juxtapose, selon l'ordre colonial, une population européenne ou de souche coloniale

1. Une étude approfondie du dépeuplement rural, mais qui n'envisage pas principalement le départ à la ville : Jacqueline Thomas, *Les Ngbaka...* [487]. L'attraction urbaine, ses mobiles et ses caractères ont été particulièrement bien étudiés à Brazzaville, par G. Balandier, *Sociologie des Brazzavilles noires,* Paris, 1955, 275 p., travail pionnier par R. Devauges, *Le chômage à Brazzaville en 1957... Étude sociologique,* Paris, ORSTOM, 1958, 206 p. ; par G. Sautter, *De l'Atlantique...* [446]. Étude de la migration Mossi vers Abidjan, par R. Deniel [266], et celle de l'abondante migration des Toucouleurs par A. B. Diop [223].

2. En Afrique du Sud toutefois, la *location* (faubourgs africains de la ville réservée aux Blancs) est délimitée plus strictement.

blanche, d'autres minorités non africaines (Libano-Syriens en Afrique occidentale et, surtout, en Afrique orientale et méridionale, originaires du subcontinent indien), des métis, des Africains. Chez ceux-ci, elle regroupe des immigrants de régions, d'ethnies, de cultures différentes.

— Plus encore, la démographie de la société urbaine africaine reste longtemps très anormale : prédominance des hommes jeunes, déséquilibre prononcé tant des sexes que des âges (pas de vieillards, peu d'enfants), avec les conséquences démographiques, sociales et morales d'une telle situation.

Ce qu'on pourrait appeler l'équipement sociologique et culturel semble pauvre, empirique, décousu. La population est mal intégrée et mal structurée dans des institutions de fortune. Selon le regard jeté, les auteurs ont insisté sur la « détribalisation », la rupture des rapports avec le milieu socioculturel d'origine, avec ses normes, ses institutions et ses comportements, ou sur la persistance partielle et dénaturée de ceux-ci, ainsi que de relations propres à satisfaire, dans le vide urbain, les besoins psychologiques et sociaux. Les deux images sont complémentaires plutôt que contradictoires, et toutes deux négatives.

Enfin, la ville frappe par ses insuffisances et ses incohérences économiques. Le développement de l'urbanisation est sans commune mesure avec celui de l'industrialisation, ou même sans corrélation. La masse urbaine semble hypertrophiée eu égard aux fonctions remplies par la cité. L'examen des activités montre souvent une prédominance importante du secteur tertiaire (administration et services publics, commerce, transports, domesticité). Le nombre des emplois disponibles est très inférieur à la demande et aux disponibilités humaines, et le chômage, total ou partiel, est important. Comment vivent les citadins ? Par la prolifération d'activités additionnelles non productives (commerce de micro-détail, services et travaux occasionnels...) qui redistribuent quelque peu les ressources monétaires des bénéficiaires de revenus, et par l'entretien des inactifs par les actifs, ainsi la ville semble-t-elle abriter beaucoup de parasitaires. Et dans l'ensemble complexe des rapports entre communautés rurales d'origine et citadins salariés, où se tisse un échange des services, de dépannages et de solidarités réciproques au long des chenaux familiaux, il y a finalement entretien par le secteur agricole d'une partie des besoins des citadins[1].

En schématisant beaucoup, se sont imposées ainsi des impressions toutes négatives : déracinement, agrégat hétéroclite, remaniement de la misère, parasitisme et non-fonctionnalité, terrain vague sociologique et fausse urbanisation. Il n'y a pas illusion : la logique de la situation coloniale a bien mené là. Mais la vie sociale ne s'arrête pas, et une coupe faussement synchronique

1. Nombreuses illustrations, par exemple, dans les études déjà citées sur Brazzaville, et dans C. Lasserre, *Libreville...* [481].

au plus fort des déstructurations et des incohérences n'en rend pas vraiment compte. D'autre part, les définitions négatives supposent une référence positive (tribalisation, urbanisation vraie, fonctionnalité économique, etc.) ; or il faudrait en vérifier la validité dans le domaine sociohistorique étudié, et ne pas opposer des modèles abstraits et des rationalités techniques à des processus sociaux. Enfin, incohérences et insuffisances prennent place dans une évolution sociale et économique qui trouve, elle, sa cohérence dans les rapports mondiaux de dépendance, et les rend significatives[1].

Toujours en schématisant beaucoup, la littérature disponible sur les villes africaines a répandu aussi, avec un certain décalage et surtout depuis une bonne dizaine d'années, par contraste, d'autres « impressions » qui complètent ou remanient les précédentes : la ville comme champ social nouveau, comme lieu de création et d'effervescence sociale et culturelle, les aspects adaptatifs et fonctionnels de ses activités, les ressorts propres de sa croissance et de son pouvoir... Au-delà de la dichotomie complaisante sur laquelle est bâti cet exposé, il y a le témoignage d'une évolution des études urbaines elles-mêmes, imposée par l'évolution apparente des villes, par la reconnaissance de leur propre variété, mais aussi par un progrès méthodologique et conceptuel. Il peut donc être utile de situer sommairement les étapes de ces recherches.

Longtemps la ville n'a guère retenu l'attention des ethnologues ou anthropologues, qui n'y voyaient ni leur objet – un monde instable et hétérogène, au lieu de sociétés « traditionnelles », pures et organisées –, ni le lieu propre à l'emploi de leurs méthodes. Les études pionnières ont touché l'Afrique du Sud, où le fait urbain était plus précocement affirmé : Ellen Hellmann, dès 1935, par l'étude d'un faubourg de Johannesbourg[2], Monica Hunter, dont l'analyse comparative de la société Pondo inclut les Pondo citadins[3], R. E. Philipps, cernant quelques problèmes généraux de la vie urbaine[4], construisent une première orientation. Peu après la Seconde Guerre mondiale, deux articles du géographe Jean Dresch

1. Ainsi, le dernier trait cité – l'entretien par le secteur agricole d'une partie des besoins citadins – souligne ce fait que le salaire n'a pris encore que partiellement, en pays dépendant, la place et la fonction qu'il a en économie capitaliste. C'est un salaire d'appoint. Le secteur capitaliste intègre le travail familial rural à son système d'exploitation, en lui laissant toujours la charge des improductifs, des travailleurs engagés dans le secteur commercial et même d'une partie des besoins des salariés. Voir les remarques de Cl. Meillassoux, *Anthropologie...* [268], p. 344-348.

Pour une problématique de l'ensemble du développement urbain en pays dépendant, on lira l'étude stimulante de Manuel Castells, Structures sociales et processus d'urbanisation : analyse comparative, *Annales ESC*, juillet-août 1970. Mais la transposition des réalités latino-américaines à l'Afrique est évidemment exclue.

2. E. Hellmann, *Rooiyard : A Sociological Survey of an Urban Native Slum Yard* (Rhodes Livingstone Papers, 13), Lusaka, 1948, 125 p. L'étude, en fait, date de 1934-1935 ; du même auteur, Methods of urban fieldwork, *Bantu Studies,* IX, 3, 1935, p. 185-202.

3. M. Hunter, *Reaction...* [561].

4. R. E. Philipps, *The Bantu in the City,* Lovedale, 1938.

ont à leur tour, d'une autre façon, pour un autre public, et d'autres Afriques, présenté et défriché vigoureusement ce champ d'étude[1].

La ville devient alors un des thèmes reconnus de la recherche africaniste en langue française, dans la ligne des géographes[2], et dans celle des anthropologues[3] ; en langue anglaise, sur quelques aires : Afrique du Sud[4], Zambie, Afrique occidentale[5]... En témoignent aussi bientôt quelques séminaires et ouvrages communs consacrés entièrement ou largement aux faits urbains[6], et des recueils collectifs sur une ville[7].

Le développement des études urbaines a été lié à une évolution méthodologique : adoption et adaptation des techniques et des démarches « sociologiques » plutôt qu'« anthropologiques », questionnaires et enquêtes sur échantillon, recherche de données quantitatives et, par là, établissement de *social surveys*... Progrès majeur à maints égards.

Mais parallèlement, et plus généralement, l'anthropologie s'orientait, derrière certains de ses représentants (Gluckman et ses collaborateurs et disciples de Manchester, et Balandier, Mercier...), vers l'étude des dynamismes sociaux, du changement social et culturel, du conflit... aux lieu et place, pour dire bref, d'une anthropologie fonctionnaliste aimant les modèles de stabilité et d'intégration. La ville apparut bientôt à ce titre comme un laboratoire d'étude, un matériau privilégié. Elle fut alors étudiée de plus en plus « en situation ». Non à partir de catégories abstraites (contact culturel, modernisation, tradition), mais comme pratique sociale, indiquant elle-même la portée et l'usage possible de ces catégories. Non par distinction, opposition et contraste de deux entités – zone « tribale » et ville – mais dans leurs relations mutuelles et leur évolution commune dans le même contexte économique, social et politique global. En voyant dans la ville moins la juxtaposition d'éléments qu'un univers social, certes complexe, fluctuant et grinçant, un champ de relations sociales nouées en réseaux, avec des séries systématisées de comportements, des normes conflictuelles et des choix significatifs... qu'on peut découvrir par l'observation de situations concrètes sur un certain temps. Pour cette étude de processus sociaux,

1. J. Dresch, Villes d'Afrique occidentale, *Cahiers d'outre-mer,* III, 2, 1950, p. 200-230 ; Villes congolaises. Étude de géographie urbaine et sociale, *Revue de géographie humaine et d'ethnologie,* I, 3, 1948, p. 3-24.

2. G. Lasserre, *Libreville...* [481], puis G. Sautter, *De l'Atlantique...* [446] ; P. Vennetier, *Pointe Noire...* [476] ; A. Seck, *Dakar...* [229]... et bien des articles des *Cahiers d'outre-mer.*

3. P. Mercier (dir.), *L'agglomération dakaroise...,* Dakar, IFAN, 1954, 83 p. ; G. Balandier, *op. cit.* ; Cl. Tardits, *Porto-Novo* [324 *bis*].

4. Ainsi la trilogie *Xhosa in Town* : I. D. H. Reader, *The Black Man's Portion...,* Le Cap, 1961, 190 p. ; II. Ph. Mayer, *Townsmen or Tribesmen...,* *ibid.,* 1961, 306 p. ; III. B. A. Pauw, *The Second Generation...,* *ibid.,* 1963, 218 p.

5. Cf. *infra.*

6. D. Forde (éd.), *Aspects sociaux de l'industrialisation et de l'urbanisation au sud du Sahara,* Paris, Unesco, 1956, 800 p. ; A. Southall (éd.), *Social Change in Modern Africa,* Londres, 1961, 337 p. ; P. Lloyd (éd.), *The New Elites...* [173].

7. Ch. Fyfe et E. Jones, *Freetown, a Symposium,* Freetown, 1968, 232 p. ; P. Lloyd *et al.,* *The City of Ibadan,* Cambridge, 1967, 280 p. ; M. Sankale, L. V. Thomas et P. Fougeyrollas, *Dakar en devenir,* Paris, 1968, 517 p.

parfois microsociologie prenant des airs de microhistoire, les mesures et les *social surveys* ne suffisaient plus, aptes surtout à mieux cerner les cadres et les déterminants de la vie sociale (*sex ratio,* catégories professionnelles, mobilité..., mais non celle-ci), plus propres à préciser les catégories utilisées qu'à les renouveler. Sans abandonner les efficaces techniques sociologiques, l'étude des sociétés urbaines les a pour l'instant intégrées dans un retour à des méthodes plus anthropologiques et qualitatives[1].

De tels travaux alors, au-delà du jargon et de quelques préoccupations qui leur sont propres, sont assez proches d'une histoire sociale des villes contemporaines de l'Afrique noire, dont il serait besoin. Ils s'en approchent bien davantage encore quand ils suivent leur objet sur une assez longue période : A. Epstein, à Luanshya, dans le Copperbelt zambien, a étudié le développement, de 1930 à 1953, des institutions et des manifestations par lesquelles les Africains ont vécu les rapports d'autorité et se sont exprimés politiquement ; M. Banton, par l'étude des associations, suit l'évolution de Freetown sur la même période ; P. Gutkind observe au long du XXe siècle la vie de la capitale traditionnelle du Buganda et de son adjonction africaine moderne (distincte de Kampala)[2]. Et Paul Mercier souligne heureusement que les conditions spécifiques du développement de chaque ville commandent l'utilisation correcte des problématiques générales forgées par l'anthropologie urbaine africaniste, et que celle-ci doit repérer les *phases* de l'évolution d'une cité, où se manifestent le caractère cumulatif des changements sociaux, et les *seuils* significatifs de ces processus de changement[3]. Progressivement, les études urbaines ont ainsi reconnu la variété des situations citadines, et traité de faits sociaux originaux.

1. Voir les articles récapitulatifs et programmatiques de l'un ou l'autre de trois des meilleurs spécialistes du groupe de Manchester, qui développent aussi plus précisément qu'il n'y a lieu de le faire ici leurs propres préférences terminologiques et méthodologiques. J. Cl. Mitchell, Theoretical orientations in African urban studies, *in* M. Banton (éd.), *The Social Anthraopology of Complex Societies,* Londres, 1966, p. 37-68 ; A. L. Epstein, Urbanization and social change in Africa, *Current Anthropology,* VIII, 4, 1967, p. 275-295 ; P. C. W. Gutkind, Orientation and research methods in African urban studies, *in* D. G. Jongmans et P. C. W. Gutkind (éd.), *Anthropologists in the Field,* Assen, 1967, p. 133-169, et, du même, African urban smdies : Past and accomplishments, future trends and needs, *Canadian Journal of African Studies,* II, 1, 1968, p. 63-80. Plus propre à cette dernière étape des études, et à cette orientation, J. C. Mitchell (éd.), *Social Networks in Urban Situations,* Manchester, 1969.

2. A. L. Epstein, *Politics in an Urban African Community,* Manchester, 1958, 283 p. ; M. Banton, *West African City. A Study of Tribal Life in Freetown,* Londres, 1957, 228 p. ; P. C. W. Gutkind, *The Royal Capital of Buganda...,* La Haye - Paris, 163, 330 p. Dans les trois cas, variété des documents, profondeur chronologique et thèmes instructifs.

Étude historique aussi, pour Brazzaville et le *Stanley Pool,* par G. Sautter, *op. cit.* Le tome II de la *Oxford History of South Afrika* [549] contient un chapitre nourri d'histoire urbaine, pour lequel D. Welsh a su décanter les apports des anthropologues.

3. P. Mercier, L'urbanisation au Sénégal, *in* W. Fröhlich, *Afrika im Wandel seiner Gesellschaftsformen,* Leyde, 1964, p. 48-70.

La migration vers la ville n'est pas qu'un exode rural traduisant, aux moindres frais de distance, un appauvrissement imposé et une décomposition subie. Elle a ses principes et ses articulations, son faisceau de facteurs répartis dans tout l'espace social et géographique, ses déterminations venues de situations passées et présentes, ses impératifs économiques extérieurs et ses initiatives. Ainsi, courants, directions et distances peuvent reprendre de façon très précise de vieilles routes commerciales depuis longtemps « tracées » (par exemple les migrations qui ont mené des régions du Niger, et du nord de la Nigeria, du Dahomey et du Togo vers les centres de la Gold Coast-Ghana, répondent à l'appel contemporain de ceux-ci, mais se moulent sur un axe caravanier précolonial animé). Un réseau articulé de villes et d'échanges interurbains a pu se constituer au long du temps, comme au Sénégal assez précocement urbanisé où les centres secondaires servent de relais et d'étape préparatoire aux grandes villes, où celles-ci diffusent des « cadres » vers ceux-là[1]. Les départs à la ville, leur échelonnement, le placement de nouveaux migrants auprès de citadins déjà installés, les envois d'argent et les échanges de services, les retours... traduisent souvent toute une stratégie des individus et des groupes, adaptative et « fonctionnelle »[2].

Les villes ne se nourrissent plus seulement de l'afflux extérieur, mais de leur propre croissance. Il est en gros trois étapes dans leur histoire rapide, que chacune a connues ou connaîtra à son rythme : après l'étape de domination masculine, vient celle du « rattrapage » ; le courant migratoire comprend de plus en plus de femmes et d'enfants, le déficit féminin s'atténue, le nombre des jeunes et celui des adultes jeunes se rapprochent. Puis c'est l'essor démographique, les femmes sont au moins aussi nombreuses que les hommes (migration de femmes seules), la natalité est forte et la part des jeunes croît plus vite que celle des adultes[3].

La solidarité qui assure en ville l'entretien des inactifs par les parents pourvus d'un travail peut sembler moins parasitaire que fonctionnelle ; l'aide peut être, à terme, alternative, et faire ainsi partie d'un vaste réseau familial d'assurance. Socialement elle soutient l'urbanisation, au-delà des variations conjoncturelles[4]. D'autre part, maints citadins peuvent se livrer, dans la ville ou à ses marges, à des activités de type agricole ; les pêcheurs du Stanley Pool, qui quittent les cités pour leur voisinage immédiat, agissent en fait en « supercitadins », conservant mentalités et comportements du nouveau milieu, et ne fuyant géographiquement que la pression sociale « villageoise » prise à leurs yeux par la ville[5].

1. *Ibid.*
2. Par exemple G. Balandier, *op. cit.*
3. P. Vennetier, art. cité.
4. G. Sautter, *op. cit.*
5. *Ibid.*

Enfin, aussi artificiels qu'aient été au départ, relativement aux sociétés africaines, la localisation des villes et le dessin des voies de communication et des circonscriptions, ces données n'ont pas impunément duré au long de l'ère coloniale. La nouvelle géographie économique et administrative a « pris », s'imposant progressivement aux hommes qui devaient mouler sur elle leurs déplacements, leurs intérêts, leurs entreprises. Le passage, tardif souvent, à une économie moins primaire que l'économie de traite a rendu plus dynamique cette nouvelle structuration de l'espace. Alors, plutôt que bourgeonnement pathologique ou corps étranger, les villes apparaissent aussi comme douées de « pouvoir régionalisateur », même si c'est de façon limitée et ambiguë[1].

Les études urbaines ont vainement cherché à cerner le passage à la « citadinisation » des individus, à distinguer entre ceux qui sont « acquis » résidentiellement, socialement et culturellement, et les « flottants », par des indices fondés sur la durée du séjour, les aspirations exprimées, la dose de comportements traditionnels et nouveaux, la quantité de liens avec le milieu « tribal », etc. ; ces indices ne manient jamais que mécaniquement des données abstraites des contextes sociaux et des histoires qui leur donnent, en fait, des significations et des portées changeantes. Même l'insertion « structurelle » dans le cadre social urbain et l'adaptation « culturelle » de valeurs et de comportements nouveaux ne sont pas en concordance directe. Au reste, la « culture traditionnelle » n'est pas un jalon de référence bien ferme quand se mêlent en ville des originaires d'ethnies variées, quand ladite culture s'altère déjà dans les zones rurales soumises aussi au changement, et quand la tradition exaltée, pratiquée ou condamnée diffère de la vie traditionnelle réelle. On voit bien ici l'utilité du retour à des démarches plus « anthropologiques »[2] et la nécessité d'étudier non une « acculturation » isolée, mais le processus d'un changement social où se lient faits sociaux et culturels[3].

Les travaux fructueux envisagent donc ensemble insertion « structurelle » et « insertion culturelle », nouveaux rapports sociaux (professionnels, libres, stéréotypés...), nature et portée des comportements anciens et des comportements nouveaux, champ spécifique de la ville et liens extérieurs conservés ou renoués[4]...

1. *Ibid.* (réflexions sur les cadres de l'investigation régionale).

2. Un premier obstacle à lever fut celui de la notion de « détribalisation », notion négative – perte d'une identité qui aurait continué d'exister simplement pour d'autres –, notion héritée du langage et des points de vue des coloniaux (administrateurs, entrepreneurs, missionnaires...), avec le stéréotype sous-jacent : homme resté en brousse = homme resté bon, homme passé à la ville = perverti. Deux critiques par J. C. Mitchell, Urbanisation, détribalisation, stabilisation..., dans D. Forde (éd.), *op. cit.*, et par M. Gluckman, Tribalism in modern British Central Africa, *CEA*, I, 1, 1960, p. 55-70.

3. K. Little, *Urbanization as a Social Process : An Essay on Movement and Change in Contemporary Africa*, Londres, 1974, 153 p.

4. Ainsi la trilogie déjà citée de D. H. Reader, Ph. Mayer et B. A. Pauw, sur East London (où, par exception, la population africaine est ethniquement homogène : Xhosa), l'étude de Cl. Tardits sur Porto-Novo...

Il peut être efficace d'étudier cette « urbanisation » au long d'une institution ou d'un faisceau d'activités et de comportements dont les manifestations et les implications ramifiées aient valeur récapitulative, point de convergence des problèmes, propre à saisir à la fois la ville comme ensemble, comme système, et des rapports interpersonnels et de petits groupes : ainsi le mariage[1]. L'étude d'un domaine comme la vie politique peut avoir aussi cette valeur récapitulative[2].

La recherche porte particulièrement, bien sûr, sur les groupes sociaux. L'intérêt s'est porté notamment sur les « associations volontaires », à juste titre : leur création délibérée et leur nature les délimitent bien pour l'étude, et assurent à celle-ci des matériaux directs ; elles sont un bon témoignage de ce que la ville est un lieu de création sociale et culturelle, pour résoudre les problèmes d'adaptation et d'intégration des individus, en donnant aux besoins nés de situations nouvelles des réponses qui savent réutiliser l'ancien et forger du nouveau. On peut en suivre la naissance, la prolifération, l'évolution et les fonctions dans l'étude, étalée dans le temps, de Michael Banton sur Freetown[3] : ces associations – dont le principe dominant apparent est variable : ethnique, religieux... – répondent aux effets des clivages sociaux successifs (créoles-non créoles, puis différenciations du groupe non créole) et servent dans la lutte pour la mobilité et l'ascension sociales. Elles ont une multiplicité d'activités (d'entraide, religieuses, récréatives, etc.), aident à l'intégration des individus dans l'ethnie et dans la ville, assurent un encadrement moral, procurent une « place » sociale. Elles sont une adaptation aux conditions nouvelles rencontrées dans la cité, rénovant en cela des pratiques, des institutions et des rapports « traditionnels » au profit de rôles nouveaux et de buts « modernistes ». Une lumineuse synthèse de K. Little, à partir d'exemples ouest-africains variés, montre bien la fonction historique et les caractères de ces associations volontaires[4].

D'autres groupes partagent l'univers social urbain, non « institués » ceux-là (bien que les institutions puissent contribuer à leur fixation), dont les divers critères qui les définissent sont cimentés pratiquement par des stéréotypes réciproques (entre groupes) et des types de comportements communs (dans le groupe), dans les diverses circonstances de la vie

1. Cf. P. Mercier, Étude du mariage et enquête urbaine, *CEA,* I, 1, 1960, p. 28-43.

2. Cf. P. Mercier, La vie politique dans les centres urbains du Sénégal, *CIS,* XXVII, 1959, p. 55-84.

3. M. Banton, *op. cit.* Pour Freetown encore, voir aussi K. Little, Voluntary associations in urban life : A case study of differential adaptation, *in* M. Freedman (éd.), *Social Organization Essays presented to Raymond Firth,* Londres, 1967, p. 153-165.

4. K. Little, *West African Urbanization : A Study of Voluntary Associations in Social Change,* Cambridge, 1965, 179 p. Et Cl. Meillassoux, *Urbanization of an African Community : Voluntary Associations in Bamako,* Washington, 1968, 165 p.

publique. Une première série de distinctions est celle des groupes ethniques (africains). Les études urbaines montrent au moins autant la persistance et la vigueur du lien ethnique, ou sa réapparition comme moyen d'adaptation, avec au besoin changement d'échelle, décantation et simplification de la mosaïque ethnique théoriquement héritée des diversités d'origine, que l'affaiblissement d'une réalité sociale cependant minée par le brassage citadin... Deux remarques qui ne sont contradictoires que si on les prend de façon synchronique, et abstraite de leurs manifestations sociales réelles[1]. Pour les résidents, en effet, la solidarité ethnique peut remplir partiellement les fonctions intégratrices des liens lignagers traditionnels disparus. Et les oppositions et compétitions entre ethnies ne sont pas seulement des obstacles à la constitution d'une société urbaine ; elles sont aussi « l'acceptation d'un jeu commun fondé sur la reconnaissance des diversités » (P. Mercier)[2]. Un deuxième principe de clivage est celui des races. Toute situation coloniale aligne hiérarchiquement les races et sécrète en permanence des occasions de se situer dans l'un des groupes raciaux, avec un cortège de stéréotypes qui intériorisent et définissent cette répartition, avec la manifestation renouvelée d'une distribution différentielle des attitudes et des pouvoirs (de droit et de fait) ; mais l'Afrique méridionale, où l'inégalité a été systématisée, donne à ce clivage une grande vigueur[3]. La société urbaine se divise encore en classes, et ce clivage de rang et de statut n'est pas indépendant des autres[4]. Des groupes se dessinent et se

1. Parmi beaucoup de références possibles, G. Sautter, *op. cit.*, *passim*, et notamment les chapitres relatifs à l'ethnie (partie générale du t. I) et au *Stanley Pool* : P. Mercier, Remarques... [195] ; M. Banton, *op. cit.*

2. Art. cité ; P. Mercier, à ce sujet, renvoie à l'étude classique de J. C. Mitchell, *The Kalela Dance*, Rhodes Livingstone Papers, n° 27, 1956, relative aux villes du Copperbelt zambien.

L'étude de Suzanne Bernus sur Niamey, *Particularismes ethniques en milieu urbain...*, Paris, 1969, 262 p., en témoigne aussi, mais d'une tout autre façon. Capitale née tard (vers 1930), dans une région moins ébranlée par l'impact colonial, Niamey reproduit plutôt le modèle ancien des villes soudanaises, avec la complémentarité des ethnies réunies, leurs comportements d'alliance et d'amalgame, le rôle de liant social de l'Islam... – réalité sociohistorique régionale de longue durée – que le modèle de la vague urbaine purement contemporaine.

3. Voir par exemple l'étude de P. L. Van der Berghe, *Caneville, the Social Structure of an South African Town*, Middletown, 1964, 276 p. (Caneville est le nom fictif d'une ville sucrière du Natal, où la hiérarchie Blancs-Indiens-Africains est bien soulignée.)

4. M. Fraenkel, *Tribe and Class in Monrovia*, Londres, 1964, 244 p. Mais, sous l'enseigne de la classe, les sociologues africanistes, comme les autres, réunissent souvent des problématiques hétéroclites. L'usage le plus riche de cette notion dépasse évidemment les statuts et les modèles conscients qui les sanctionnent, et appelle une analyse plus large de la structure sociale.

L'article de Cl. Meillassoux, The social structure of modern Bamako, *Africa*, XXXV, 2, 1965, p. 125-142, montre que la structuration en classes sociales fondées sur les rapports économiques modernes de type contractuel ne se dégage pas clairement des anciens rapports de nature personnelle, qui perdurent et ne coïncident pas toujours avec ceux-là. On trouve les deux formes d'emplois dans les deux foyers sociaux majeurs que les fonctions de Bamako entretiennent : celui des marchands riches, de culture arabo-islamique ; celui des fonctionnaires d'administration, de culture européenne.

reconnaissent enfin selon l'ancienneté d'installation à la ville (vieux citadins et citadins plus récents, citadins et « migrants ») et selon les comportements, l'éducation, le genre de vie... Ici encore, les types de clivages précédemment indiqués interfèrent. Ainsi, les travailleurs migrants Xhosa arrivant dans les villes sud-africaines se répartissent déjà entre *Red People* et *School People* mais sont perçus globalement par les citadins installés comme peu civilisés, grossiers et païens[1]. Les quatre vieilles communes du Sénégal ont leurs anciens citadins, dont la distinction d'avec les vagues postérieures du peuplement est apparue de diverses façons, notamment dans la vie politique[2]. Freetown et Monrovia ont leur groupe de « créoles » (au sens local) et d'Américano-Libériens, au sommet d'un clivage socioculturel et de prestige[3].

On vient de rencontrer les deux premières rubriques de la typologie des rapports sociaux observables entre membres de la société urbaine selon J. Clyde Mitchell[4] : relations « structurelles » (dans des cadres nettement délimités, des normes et types de rapports fortement structurés, les rôles et les statuts des partenaires formant un ensemble ordonné : relations de travail, associations volontaires, syndicats et partis, institutions matrimoniales...), relations « catégorielles » (dans des situations quotidiennes, non structurées, où se manifeste un classement des résidents en catégories définies par quelques critères extérieurs et par des stéréotypes, et où les différences internes au groupe sont alors ignorées...), à quoi s'ajoutent les relations « personnelles » (réseaux sociaux personnels, construits par l'individu autour de lui, débordant éventuellement la ville). Loin d'isoler chacun de ces ordres de rapports sociaux, la recherche anthropologique actuelle, qui se présente comme « analyse situationnelle de réseau », veut repérer leurs enchaînements mutuels dans un même univers social, celui de la ville, qui trouve une certaine cohérence par leur structure d'ensemble (Mitchell, Epstein, Gutkind).

1. Les *Red People* ont été appelés ainsi parce qu'ils se coloraient le visage avec de l'ocre. Ils soulignent vigoureusement les comportements traditionnels, la fidélité aux ancêtres, ils sont païens, méfiants envers l'école et refusent ce qui est importé. L'école est la chose des chrétiens, des *School People.* Ceux-ci s'adaptent plus facilement à ce qui est moderne, donc à la ville, et se font souvent à l'idée de s'y installer. Quant aux citadins eux-mêmes, leurs comportements et valeurs les différencient à leur tour ; cf. Ph. Mayer, *op. cit.* ; B. A. Pauw, *op. cit.* ; M. Wilson et A. Majefe, *Langa, a Study of Social Groups in an African Township,* Le Cap, 1963, 190 p.

2. P. Mercier, L'urbanisation... et La vie politique..., art. cité.

3. Pour Freetown, ajouter aux études citées A. Porter, *Creoledom, a Study of the Development of Freetown Society,* Londres, 1963, 151 p. Pour Monrovia, M. Fraenkel, *op. cit.*

4. J. C. Mitchell, Theoretical orientation..., art. cité.

Pour complément bibliographique, on peut proposer d'une part quelques dossiers :

Villes africaines [622] (avec deux mises au point très riches de P. Mercier et G. Sautter).
Villes africaines au microscope [623] (qui illustre avec une richesse foisonnante le progrès des études sociales).
GUGLER (J.) et FLANOGAN (W.) [618].
P. GUTKIND (P.), *Urban Anthropology* [618 *bis*],

et d'autre part quelques monographies :

FETTER (B.), *The Creation of Elisabethville, 1910-1940,* Stanford, 1976, 211 p.
GIBBAL (J. M.), *Citadins...* [720] (sur Abidjan) [720].
GOUELLAIN (R.), *Douala...* [742].
JEWSIEWICKI (B.), Histoire économique d'une ville coloniale, Kisangani, 1877-1960, *Cahiers du CEDAF,* n° 5, 1978, 44 p.

Quelques références plus récentes – le guide de Catherine Coquery-Vidrovitch, dans *African Studies Review,* étant quasiment exhaustif à cette date, avec une bibliographie commentée de plus de 800 titres.

CAHEN (M.) (dir.), *Bourgs et villes en Afrique lusophone,* Paris, L'Harmattan, 1989.
COQUERY-VIDROVITCH (C.) (dir.), *Processus d'urbanisation en Afrique,* 2 vol., Paris, L'Harmattan, 1988, 135 et 169 p.
COQUERY-VIDROVITCH (C.), *Histoire des villes d'Afrique noire, des origines à la colonisation,* Paris, Albin Michel, 1993, 442 p.
COQUERY-VIDROVITCH (C.), The process of urbanization in Africa from the origins to the beginning of colonization, *African Studies Review,* 34, 1, 1991, p. 1-98.
GOERG (O.) et DULUCQ (S.) (dir.), *Les investissements publics urbains en Afrique de l'Ouest francophone, 1935-1980,* Paris, L'Harmattan, 1990.
KIPRE (P.), *Histoire des villes en Côte-d'Ivoire...* [895].
MABOGUNJE (A.), Urban planning and the post-colonial State in Africa. A research overview, *African Studies Review,* 33, 2, 1990, p. 121-203.
POINSOT (J.), SINOU (A.) et STERNADEL (T.), *Les villes d'Afrique noire entre 1650 et 1960. Politique et opérations d'habitat entre 1650 et 1960,* Paris, ORSTOM-ACA, 1989, 346 p.

On constate le renouvellement, marqué par la réédition de *Sociologie des Brazzaville noires* (1955) de G. Balandier (Presses de la Fondation nationale des Sciences politiques, 1985, 306 p.), de l'intérêt pour le rôle dynamique des villes dans le passé même lointain de l'Afrique. La ville, haut lieu de médiation culturelle et de syncrétisme, y fut un phénomène aussi « banal » que dans le reste du monde. Elle est dorénavant appréhendée comme un pôle de créativité africaine, et non plus de simple « adaptation » de paysans naguère vus comme « traditionnels » et donc par nature opposés à une « modernité » urbanisée occidentale. Il n'y a jamais eu émergence de ville en Afrique sans l'élément *interne* toujours présent d'une organisation de la production locale et régionale conditionnant l'approvisionnement en vivres de ses habitants et nécessaire à leur spécialisation non agricole. C'est cet élément préalable qui a souvent interféré avec le facteur *externe* du commerce à longue distance – fait du prince et fondement de son pouvoir. Quant aux *villes coloniales,* au lieu de se demander quelles villes les colonisateurs ont *créées,* on devrait plutôt examiner, renversant le courant dominant, quelles furent celles qui *s'imposèrent* à eux, ne serait-ce que par leur volonté déjà affirmée de collaborer à l'ordre nouveau : depuis toujours vecteurs de « modernisation », les villes devinrent alors synonymes d'ouverture à la colonisation, c'est-à-dire de dépendance de l'Occident. Cette évolution favorisa en Afrique – de façon prématurée compte tenu du niveau de développement d'alors – les signes prémonitoires des grandes villes du Tiers Monde d'aujourd'hui : habitat précaire (dit improprement « spontané ») et société et travail dits « informels » – phénomènes bien antérieurs à leur « découverte » récente par les experts... – puisque les prémices s'en trouvent déjà dans les villes précoloniales (cf. Catherine Coquery-Vidrovitch et Serge Nédelec (éd.), *L'informel en question ?*, Paris, L'Harmattan, 1991).

Voir enfin, sur l'histoire du syndicalisme africain au XXe siècle, les 100 pages qui lui sont consacrées *in* Jean Sagnes (éd.), *Histoire générale du syndicalisme,* Toulouse, Privat, 1994.

Le thème, très renouvelé, est sensiblement développé dans le chapitre XVII : s'y reporter.

Troisième section

Problèmes actuels

CHAPITRE XIV

Les nations africaines

L'époque coloniale fut brève : à peine plus d'un demi-siècle dans la majeure partie des cas. Elle a pourtant marqué le pays d'une empreinte indélébile, et légué des ferments de transformation profonde.

Le fait sans doute le plus visible fut la création de frontières nouvelles tracées sur des fonds de carte approximatifs, au hasard du coup de crayon de diplomates européens peu informés (l'incorporation au Congo du Katanga, née d'une impulsion du roi lui-même qui reprit la carte déjà remise à Bismarck pour y reporter ce qu'il appelait le « grand tracé », fut un exemple caricatural du genre)[1]. Ces frontières n'en sont pas moins devenues, bon gré mal gré, une réalité. Leur remise en cause par certains gouvernements sécessionnistes (Katanga, Biafra) a jusqu'à présent toujours échoué. Même dans le cas français, le démantèlement des Fédérations n'entama pas l'intégrité des divers territoires, à l'exception de quelques très rares rectifications de frontière (entre Gabon et Congo par exemple). *A contrario,* presque aucun regroupement n'a encore abouti à ce jour, si l'on excepte le cas de la Fédération camerounaise (qui obéissait d'ailleurs au mot d'ordre de la reconstitution du Cameroun allemand à partir des territoires français et britannique), celui, partiel, de la Somalie qui revendique toujours le territoire des Afars et des Issas et ambitionnait de constituer avec l'Éthiopie la « Grande Somalie », et le succès à ce jour exceptionnel de la Tanzanie, seule fédération apparemment réussie[2] après l'échec, entre autres, du Mali (Sénégal plus Soudan) et les tentatives toujours velléitaires, depuis bientôt un siècle, de la Sénégambie. Le fait contemporain essentiel

1. J. Stengers, Léopold II et l'annexion du Katanga, suppl. à la *Revue d'Histoire moderne et contemporaine,* n° 4, 1963, p. 1-5.
2. En dépit d'une tentative de coup d'État à Zanzibar en avril 1972.

est d'ailleurs la reconnaissance officielle, par les États africains soucieux d'éviter une nouvelle expérience katangaise, des frontières héritées de la colonisation (Charte de l'OUA, Conférence d'Addis-Abeba, 1963) – ce qui a permis de rendre compte de l'attitude de la plupart d'entre eux face à la sécession biafraise.

Face au caractère récent, relativement artificiel, de ces États regroupant des peuples socialement et culturellement hétérogènes, dotés de langues variées et d'une histoire contrastée, le problème majeur reste celui de la genèse de nations modernes rassemblées autour d'une langue étrangère (celle de l'ex-métropole) – seules, à côté de l'Éthiopie (où l'on parle l'amharic), la Somalie et la Tanzanie ayant à ce jour adopté une langue nationale (le somali et le swahili) –, en fonction d'une constitution plaquée, réplique d'un modèle étranger, enfin à l'aide d'une bureaucratie inadaptée parce que héritée de l'administration coloniale, et de plus dangereusement hypertrophiée : au Congo (Brazzaville), par exemple, on dénombrait 15 000 agents de l'État en 1967 dont 8 200 fonctionnaires, contre 4 800 seulement en 1963, pour un pays de moins de 1 million d'habitants ; les dépenses de fonctionnement de l'État atteignaient 4,9 milliards de francs sur 5,3 de dépenses publiques (89,8 %) ; ce pourcentage était passé à 92,4 % en 1968 (14,2 milliards sur 15,8). Au Congo-Kinshasa, en 1962, le coût des salaires de la fonction publique atteignait 15 milliards sur un budget global de 17 milliards – et 22 sur 28 l'année suivante.

Au poids d'un appareil bureaucratique que les jeunes États ne surent pas maîtriser s'ajoutait toute une série de handicaps hérités d'un passé où l'organisation tout entière du territoire était conçue en fonction de la métropole : urbanisation exagérée des anciennes capitales fédérales à la taille dorénavant disproportionnée à celle de leur État (Dakar, Brazzaville...) et qui, cependant, n'ont cessé de s'accroître depuis lors, cassure profonde entre un sous-prolétariat urbain illettré et sous-employé et une moyenne bourgeoisie cultivée formée au moule colonial, enfin économie extravertie d'une monoculture d'exportation alourdie par la présence parfois menaçante d'un colonat blanc, tout semblait, au départ, conduire les États à la faillite. Dans quelle mesure l'avenir économique de ces pays demeure encore incertain, sinon dramatique, tel sera l'objet du prochain chapitre. Nous nous bornerons ici à examiner les formules politiques qu'ils se sont efforcés d'élaborer pour résoudre leurs problèmes : comment la genèse de partis encore souvent hybrides, écartelés entre l'héritage traditionnel et la nécessité de s'adapter aux exigences de la modernité, comment aussi la recherche tâtonnante d'une idéologie sous-jacente ont finalement contribué à mettre en place les conditions nécessaires à la naissance d'États modernes.

A – LES PARTIS POLITIQUES

Comme l'a signalé G. Balandier[1], le parti politique a rempli la fonction de catalyseur du nationalisme contemporain, et s'est manifesté comme l'instrument majeur de la modernisation en revendiquant de multiples fonctions : il s'est donné pour tâche de définir l'État naissant ou renaissant et a voulu orienter l'économie nationale, organiser la suprématie du politique et contribuer au remaniement des structures sociales. Cette participation fut d'autant plus active que le parti, au terme de l'évolution des quinze dernières années, s'est finalement imposé comme unique, c'est-à-dire incarnation du « mouvement national », et qu'il s'est, pour ce faire, annexé la quasi-totalité des forces du pays : politiques, mais aussi syndicales et militaires. L'armée, en particulier – souvent définie, du moins à l'origine, par une violente opposition entre la masse des soldats illettrés et l'élite des officiers coloniaux ou acculturés (d'où la rébellion de la force publique au lendemain de l'indépendance congolaise, ou les factions hostiles au Nigeria) –, joue en Afrique un rôle politique privilégié et souvent contradictoire : elle est, certes, à l'origine des coups d'État incessants du continent, mais a pu également agir comme une force progressiste dans la mesure où des officiers réputés tels s'en sont parfois assuré le contrôle.

Comme l'armée, le parti politique africain reflète une situation ambiguë où s'affrontent tradition et modernité, courants antagonistes dont la combinaison a donné lieu à toute une série de variantes.

LES PARTIS ARCHAÏQUES

Les partis les plus traditionnels se présentent comme la reproduction du modèle archaïque d'autorité. Le cas est net en pays musulman, dans les sociétés très stratifiées où restent vivaces des structures de type pseudo-féodal : l'*Union progressiste mauritanienne* ou le *Northern People's Congress* du Nigeria du Nord ont ainsi reflété le legs du système précolonial.

Avant l'indépendance, certaines de ces formations ont d'ailleurs été soutenues ou même suscitées par le pouvoir colonial, soucieux de tirer parti des forces latentes régionales ou ethniques. Il s'est alors toujours agi de partis de

1. *Anthropologie politique* [36], p. 212.

l'élite, reposant sur les dons issus de protecteurs puissants ou d'organes corporatistes, voire, comme en Afrique française, de l'administration ou de firmes occidentales, qui s'ingéniaient à utiliser les particularismes ou le renom traditionnel des notables pour favoriser la prolifération de groupements modérés, dont l'exiguïté garantissait la docilité et dont la multiplicité affaiblit les jeunes indépendances : en 1959, il existait au Cameroun 84 partis politiques déclarés dans un pays qui, dix ans auparavant, n'en possédait pas un seul ; l'année suivante, 386 candidats se disputaient les 56 sièges du Sud. La dispersion des forces politiques était du même ordre au Zaïre[1].

LE NÉO-TRADITIONALISME

De l'héritage précolonial, on retrouve aussi l'empreinte dans des groupements politiques apparemment modernisés, tel le *Parti démocratique de Guinée* qui a puisé une partie de sa force dans la référence à Samori Touré, ou l'Union soudanaise du Mali qui s'est réclamé de l'Empire d'El Hadj Omar[2]. L'appui massif des populations reste alors lié à l'utilisation, par les chefs reconnus, de leur emprise traditionnelle à des fins électorales (relations de castes, de patrons à clients, voire de maîtres à esclaves...). Néanmoins, le parti même le plus lié au passé se manifeste alors comme une création originale qui va utiliser la tradition pour justifier des fins modernes – ce que Balandier appelle le « néo-traditionalisme ». De tels partis utilisent fréquemment le cadre ethnique pour se faire l'écho d'un véritable nationalisme à l'échelle régionale, soit qu'il hérite d'un passé culturel et institutionnel précis (les Yoruba de l'ancien Empire d'Oyo ou les Ashanti de Kumassi), soit qu'il corresponde à des formations plus lâches (tels les Kikuyu, les Ibo ou les Ewe ou, au Zaïre, le peuple Mongo qui permit d'exprimer, du lac Léopold II au Maniema, le « supertribalisme » de tribus jusqu'alors dépourvues de structures politiques centralisées). Dans ce cas, la réponse à la déstructuration coloniale s'est exprimée par un élan de regroupement, dit parfois « renaissance tribale ». Les partis ont alors commencé par refléter une quête d'unité culturelle, comme celle des Bakongo d'abord regroupés au-delà des frontières coloniales (qui les ont écartelés entre Zaïre, Congo et Angola) dans l'Association *Abako* de Kasavubu.

À la limite, on a même pu assister à l' « invention » d'une ethnie destinée à soutenir localement les revendications du groupe : telle l'ethnie

1. Voir chap. VI, p. 119.
2. Hodgkin, *African Political Parties* [188], p. 18.

Basongye, véritable création des intellectuels de Luluabourg pour renforcer l'unité de la province du Lomani, ou la fédération du « Liboke-Lya Bangala » (50 000 membres en 1957), formation de résistance à la suprématie Bakongo de Kinshasa, bon exemple de « genèse » d'une ethnie puisqu'elle regroupait, en fait, un amalgame de peuples courtiers du fleuve dont le seul lien avait été à l'origine l'usage du Lingala comme « sabir » commercial.

LA MODERNISATION DES PARTIS

Au sommet de l'évolution se constituent enfin des partis qui n'apparaissent plus comme réductibles ni à des « partis de chef », ni à des « partis ethniques », mais à des forces politiques à but territorial ou interterritorial. Ils cherchent, néanmoins, à utiliser et intégrer les groupes hérités du passé précolonial. Tel fut, dans une certaine mesure, le Mouvement national congolais/Lumumba (MNC/L) fondé sur le Maniema. Même au Ghana, la force du *Convention People's Party* reposait en partie sur l'adhésion des « Young men », ou hommes du commun, qui avaient été dépossédés par la colonisation de leurs droits traditionnels de représentation fondés sur leur organisation communautaire semi-militaire (d'origine Akan) des compagnies *Asafo*[1].

Ces liens avec l'époque précédente sont accentués par le fait que les partis ne sont pas nés de l'exercice parlementaire, mais restent les héritiers d'organismes antérieurs à vocation diffuse, dans le cadre de groupements traditionnels (unions tribales, sociétés de funérailles, *dancing « compin's », Improvement ou Welfare Associations*), souvent repris en ville pour apporter protection, aide mutuelle et sentiment de fraternité au travailleur isolé, perturbé par les migrations de masse, la croissance du prolétariat et l'importation d'un cadre institutionnel étranger[2]. La confusion reste encore grande, surtout à la base, où les responsables politiques cherchent naturellement appui auprès des coutumes et des clans locaux.

Néanmoins, les partis acquièrent progressivement une structure moderne fondée sur une organisation et un financement populaire suscité dans un but économique à fonction éducative. On retrouve dans tous les partis de masse – à vocation révolutionnaire (PDG de Guinée, CPP du Ghana, SYL de Somalie) ou non – le même souci de renforcer à la base le

1. A. K. Datta et R. Porter, The Asafo system in historical perspective, *JAH*, XII, 2, 1971, p. 279-297.
2. Voir à ce propos la bonne évocation des associations Mossi à Abidjan dans R. Deniel, *De la savane à la ville* [266], p. 126-137.

sens de la responsabilité civique. Le cas de l'*Union progressiste sénégalaise* en offre un bon exemple. Au niveau le plus élevé, les organes de direction (bureau politique et secrétariat permanent) apparaissent comme les émanations du Conseil national. Six régions sont animées chacune par un bureau et une commission administrative qui supervisent à leur tour les différentes coordinations (six pour la région du Cap-Vert - Dakar). Au-dessous, les sections se subdivisent en sous-sections qui regroupent de deux à quatre ou cinq comités de quartier. Ce niveau élémentaire (comptant par exemple, dans le quartier Derklé de Dakar, environ 150 cotisants) est administré par une assemblée générale qui élit un bureau d'une quinzaine de membres (secrétaires général, politique, administratif, trésorier général, délégués à l'organisation et à la propagande, aux relations avec les femmes, chargé des jeunes). Pour les contrôler en même temps que pour les former à la vie politique, femmes et adolescents sont, en effet, regroupés en organismes parallèles avec délégations réciproques aux différents niveaux : l'UPS s'honore, à ce titre, de compter à ce jour... une femme député sur 80 parlementaires.

Cette solide charpente se contente cependant, dans la plupart des cas, de transmettre les directives du sommet à la base. La voix populaire ne semble guère encore se faire entendre, peut-être parce que ces partis, même dits « de masse », sont longtemps restés caractérisés par leur relative faiblesse numérique : l'*Action Group* du Nigeria ne comptait guère que 185 branches en 1951, chiffre tombé à 52 seulement l'année suivante, et remonté à 81 en 1953 sous l'impulsion momentanée de la campagne électorale... L'essor récent des cotisants paraît indiscutable, mais l'adhésion plus ou moins impérative au « parti unique » ne doit pas faire illusion sur la vitalité politique de masses trop souvent déçues dans leurs espérances de réformes sociales et populaires.

B – LES OBJECTIFS POLITIQUES

L'INDÉPENDANCE

Dans un premier temps, l'unité s'est cristallisée autour de l'objectif relativement clair de l'autodétermination, puis de l'émancipation politique. Dans cette phase de décolonisation, le nationalisme conquérant donna à la plupart des partis une allure révolutionnaire : CPP (1949-1950), NCNC (1945-1947), RDA (1947-1950), UPC... Cependant, l'unité perdit sa raison d'être avec l'indépendance. Deux groupes de tendances contradictoires se firent alors jour, sans nécessairement se recouper l'un l'autre : le radicalisme révolutionnaire s'opposa au réformisme modéré, dans une optique tantôt fédéraliste, tantôt unitaire.

Le problème était de déterminer au profit de qui se faisait l'indépendance. Pour la plupart des nouveaux États, l'idéal restait celui d'un gouvernement démocratique à l'occidentale qui se contenta, dans un premier temps, de transplanter dans l'Afrique moderne les institutions britanniques, françaises ou belges. Le transfert de l'autorité politique étrangère au « peuple » africain prit souvent, en fait, l'allure d'une passation des pouvoirs à la bourgeoisie locale incarnée par les dirigeants du parti. Elle ne s'en accompagna pas moins de l'affaiblissement des loyautés traditionnelles : l'élimination des forces coutumières fut tantôt progressive, comme au Ghana où les déficiences des conseils de chefs furent systématiquement battues en brèche par le procédé de l'enquête judiciaire, tantôt brutale, comme en Guinée qui abolit d'un coup l'institution des chefs de cantons, remplacés par des conseils de circonscription élus au suffrage universel[1].

LE CENTRALISME

Au niveau gouvernemental, le modernisme impliquait la centralisation des pouvoirs. Mais l'État, qui renonçait de ce fait au prestige coutumier, se trouvait aux prises à de nombreux obstacles. Privé du secours d'un système d'alliance sûr avec les chefs, il prêchait l'égalité de tous tout en exigeant la subordination à l'ordre nouveau, sans disposer de moyens réels, notamment militaires, pour l'imposer. D'où l'option radicale d'un Sekou Touré, suivant lequel la démocratie implique nécessairement, dans les États nouvellement indépendants, une forme de « dictature démocratique et populaire », ou d'un N'Krumah, pour lequel le pays n'avait pas les moyens de s'offrir le luxe d'une démocratie à l'occidentale. Dès lors, l'évolution vers le parti unique paraissait inéluctable, qu'il s'agît d'un gouvernement de type révolutionnaire ou d'une dictature militaire, celle-ci puisant sa justification dans le recours à un corps réputé dévoué à l'État et considéré, à tort ou à raison, comme un rempart contre la corruption ambiante.

Radicaux ou modérés, les derniers États pluripartistes disparaissent progressivement : telle la Zambie où Kaunda, maître à penser du « socialisme humaniste », a opté pour le parti unique (février 1977) suivant une méthode

1. Hondgkin, *op. cit.*, p. 159.

d'absorption plus nuancée au Sénégal où la thèse du « parti dominant » a d'abord été une fiction permettant à Senghor de canaliser, à l'occasion de chaque législature et moyennant la cession de quelques sièges électoraux, les forces d'opposition dépourvues de base réelle et bientôt démantelées par leur politique de collaboration.

Si le putsch apparaît comme une déviation de plus en plus fréquente, c'est que les États africains ne reposent pas encore sur de solides bases internes. En dépit du nationalisme ambiant, la malédiction des partis reste d'incarner des intérêts et des aspirations formés à l'étranger. La démocratie parlementaire ne correspond pas encore aux intérêts constitués d'une classe cohérente. Certes, la Côte-d'Ivoire commence de façonner une ploutocratie locale d'hommes d'affaires avisés ; le Nigeria et le Ghana, surtout, comptent de nombreux commerçants entrepreneurs et même quelques banquiers ; mais ceux-ci constituent encore des groupes opposés rivalisant pour le pouvoir politique, au lieu de présenter un front commun d'investisseurs autonomes.

Même difficulté pour le « socialisme africain », dont nous analyserons les fondements socio-économiques dans le chapitre suivant, et qui continue de souffrir d'un manque analogue de support de classe – écartelé entre un paysannat à la conscience encore floue, une force ouvrière rarement dense et relativement privilégiée et un sous-prolétariat très largement inorganisé.

D'où, une fois encore, la justification du parti unique, au nom de l'absence en Afrique de « lutte de classe », c'est-à-dire de forces politiques tranchées reposant sur de profonds antagonismes socio-économiques : suivant Nyerere, en effet, le parti africain, constitué d'abord contre les étrangers, a une vocation plus nationaliste que politique et, de ce fait, se doit d'incarner (comme le TANU) les intérêts et les aspirations de la nation tout entière.

LA NÉGRITUDE

Faute de base sociale, le nationalisme africain a souvent pris, jusqu'à présent, des formes culturelles. On a déjà vu comment le concept de « négritude » était né en Afrique occidentale de la politique assimilationniste française, qui subordonnait l'intégration des Africains au renoncement des valeurs ancestrales et les reconnaissait citoyens à part entière dans la mesure seulement où ils faisaient leur le mode de penser occidental. D'où ce courant visant à la quête et à la reconquête de la dignité et de l'authenticité de l'homme noir jugulé par le colonialisme. Il se manifesta d'abord sur le plan littéraire comme une réaction à toute valeur imposée et, de ce fait, aliénante, l'une des revendications caractéristiques des écrivains noirs étant de ployer la langue française aux désirs et aux volontés de leur inspiration[1]. Le mouvement joua, en son temps, un rôle non négligeable puisqu'il exprima, suivant le mot de Frantz Fanon, une forme transitoire de la combativité. Mais il révéla aussi la contradiction vécue par cette élite acculturée, admirablement incarnée par le poète-président Senghor, où le réflexe de négritude se trouve, en fait, revendiqué paradoxalement par les plus assimilés des « nègres blancs ». D'où la déviation contemporaine de la doctrine sénégalaise : au nom d'une francophilie exacerbée, la négritude, affirmée comme l'expression privilégiée de la francophonie africaine, a été érigée par la bourgeoisie occidentalisée au pouvoir en système de gouvernement. Celui-ci implique une subordination économique inconditionnelle à l'ancienne métropole, au prix du frein mis à une sénégalisation des cadres qui risquerait, elle, de déboucher sur une authentique contestation politique, d'autant plus dangereuse que la couche supérieure de l'élite africaine, sénégalaise ou immigrée, atteint un niveau exceptionnel pour l'Afrique francophone.

Les anglophones, en revanche, sont restés rétifs, sinon hostiles, à ce mouvement. Ceux d'Afrique occidentale parce que, moins exposés à l'agression culturelle directe, ils ont été non moins profondément mais plus insidieusement occidentalisés par le biais de l'esprit d'entreprise, de l'individualisme et du dynamisme économique britanniques : aussi ne trouve-t-on aujourd'hui, ni au Nigeria, ni même au Ghana, le radicalisme verbal de leurs voisins, et la difficulté du dialogue entre anglophones et francophones reflète assez fidèlement les antagonismes hérités de la tendance à l'abstraction conceptuelle latine opposée au pragmatisme anglo-saxon.

Quant aux Noirs d'Afrique du Sud, ils récusent d'autant plus énergiquement la négritude qu'elle leur apparaît comme une variante du racisme : c'est précisément au nom d'un « développement séparé » *(apartheid)* que les Blancs, les acceptant seulement à la condition de les voir rester en dehors de la sphère occidentale, leur refusent l'accès au monde moderne. La revendication majeure des Africains du Sud reste, au contraire, l'indivisibilité universelle de la culture.

LE PANAFRICANISME

La négritude fut, en son temps, la traduction littéraire du panafricanisme. Les deux mouvements sont d'ailleurs, sous leur forme culturelle, d'origine extra-africaine : l'ancêtre du panafricanisme, W. E. Burghardt Du

1. H. Aguessy, La phase de la négritude, *Présence africaine*, n° 80, 1971, p. 33-48.

Bois (1868-1963), était un intellectuel noir américain. C'est en 1908 qu'il créa la *National Association for the Advancement of Coloured People,* luttant contre le particularisme des Noirs américains par la référence élargie au panafricanisme. Il fut, à ce titre, l'initiateur des premiers congrès panafricains. Dans un autre style, le Jamaïcain Marcus Garvey galvanisa les foules noires en créant pour la première fois en eux un sentiment de solidarité lié à la conscience messianique de leur origine ; enfin le Haïtien Price-Mars donna au mouvement ses bases littéraires en publiant en 1928 un essai ethnographique révolutionnaire *(Ainsi parla l'oncle...).* Il fut, à ce titre, l'inspirateur d'Aimé Césaire et de Senghor, qui lancèrent en 1933-1935 la notion de négritude, soutenue à partir de 1947 par le groupe de « Présence africaine » qui diffusa l'idéologie en publiant plusieurs ouvrages de synthèse et de combat destinés à incarner l' « âme africaine » (*La philosophie bantoue* du P. Placide Tempels, 1948, et *Nations nègres et cultures* de Cheikh Anta Diop, 1955)[1].

C'est après la Seconde Guerre mondiale, en effet, que prit forme le panafricanisme politique et anticolonialiste, sous l'impulsion de l'Antillais George Padmore, conseiller de N'Krumah (*Pan-Africanism or Communism,* 1955), qui le définit comme « visant à réaliser le gouvernement par des Africains pour les Africains, en respectant les minorités raciales et religieuses qui désirent vivre en Afrique avec la majorité noire ».

Le n'krumahisme n'a, certes, pas eu que des aspects positifs, ni dans le domaine politique (où le mouvement restait encombré des relents messianiques du chef charismatique), ni dans le domaine financier (où le legs excessif des investissements d'équipement se fait toujours durement sentir). Mais on ne peut dénier à N'Krumah la clairvoyance dont il fit preuve en insistant sur la nécessité économique d'une fédération à l'échelle continentale. Pour lui, en effet, le panafricanisme impliquait la réalisation de groupements fondés sur la proximité géographique, l'interdépendance économique et les affinités linguistiques et culturelles des États africains, seul rempart possible contre la poussée néo-colonialiste d'après l'indépendance, et seul moyen de réaliser la communauté panafricaine. À ce titre, le chef de l'État ghanéen, désireux de se démarquer des Conférences de Solidarité afro-asiatiques issues de Bandoeng en prévision de l'accession à l'indépendance, dans un avenir prochain, de nombreux territoires africains, lança la première Conférence des États africains indépendants (avril 1958) regroupant quatre États nord-africains (Maroc, Tunisie, Libye, Égypte) et quatre États d'Afrique noire (Soudan, Éthiopie, Ghana et Liberia), et suscita l'organisation de Conférences panafricaines des Peuples, dotées d'un secrétariat permanent à Accra, dont la première se tint en décembre de la même année. Mais le radicalisme de N'Krumah, qui récusait à la limite tout fédéralisme partiel risquant de contrevenir à l'objectif final d'unification panafricaine et se présentait comme le chef de file du « socialisme africain », impliquant un transfert

1. Ph. Decraene, *Le panafricanisme* [183], p. 24-30.

rapide du pouvoir aux Noirs et la garantie dans tous les domaines (administratif, diplomatique, militaire et économique) d'un minimum de dépendance vis-à-vis de l'Occident grâce à une politique d'équilibre entre les blocs, souleva bientôt la défiance des gouvernements les plus conservateurs, partisans d'une passation ordonnée et progressive des responsabilités, du maintien de liens privilégiés avec l'ex-métropole et d'une orientation extérieure résolument pro-occidentale. La scission devint évidente dès 1959. Elle se précisa en 1960 en deux camps irréductibles : le groupe radical de Casablanca, le plus petit, rassemblait cinq États dirigeants (Guinée, Ghana, Mali, Maroc, Égypte) auxquels s'adjoignit l'Algérie ; il réclamait un panafricanisme positif dirigé par une unité politique supérieure, assez forte pour exister par elle-même ou, du moins, négocier sur des bases neutralistes une aide extérieure sans contrepartie contraignante ; il se prononçait pour une révolution économique et sociale active sous-tendant la révolution politique.

Le groupe de Monrovia, en revanche, comptait une vingtaine d'États prudents (États de l'Union africaine et malgache relevant du « Groupe de Brazzaville », Nigeria, Liberia...) pour qui la résorption préalable des problèmes internes, par une élite bourgeoise pro-occidentale héritée de la période coloniale, conditionnait la coordination interafricaine.

C'est sur une base régionale, limitée aux territoires des Fédérations anglophones, que naquit vers la même époque le Mouvement plus combatif, à l'origine plus ou moins clandestin, de la *Liberté pour l'Afrique centrale, orientale et méridionale* (PAFMECA, puis PAFMECSA, après l'inclusion, en 1962, de l'Afrique méridionale), qui organisa la lutte contre la Fédération rhodésienne et tenta de lier les mouvements d'insurrection contre les gouvernements de colons. Mais, en dépit de sa volonté de jouer un rôle dans les événements d'Afrique australe, le mouvement fut supplanté par une alliance plus large, l'*Organisation de l'Unité africaine* (OUA) créée à Addis-Abeba en mai 1963[1]. Celle-ci, qui réussit d'abord à se faire admettre à la fois des révolutionnaires et des modérés sur le mot d'ordre de la lutte contre les régimes coloniaux, se dota d'un « Comité de Coordination », dit Comité des neuf, pour harmoniser l'assistance aux pays africains, et d'un « Fonds spécial » pour l'aide matérielle et financière aux mouvements de libération. Le fonctionnement n'alla d'ailleurs pas sans mal, et les radicaux eurent beau jeu de taxer l'OUA de partialité devant sa lenteur à reconnaître le Mouvement populaire de Libération de l'Angola (MPLA), avant la décomposition de l'Union modérée des Peuples angolais (UPA).

Depuis lors, les perspectives panafricaines semblent de moins en moins réalisables à court terme, battues en brèche comme elles le sont par des oppositions idéologiques qui se traduisent souvent par la susceptibilité particulariste de nations encore en gestation, ressentant le besoin de s'affirmer vis-à-vis des voisins proches (expulsion de ressortissants, ruptures diploma-

1. Les mouvements panafricains depuis 1958, *Notes et Études documentaires* [197], et Les regroupements d'États en Afrique, *ibid.*, n° 3159, 1965.

tiques et campagnes de presse virulentes, comme entre Congo et Zaïre ou Sénégal et Guinée...).

Le rôle des anciennes métropoles est-il, en ce domaine, déterminant ? Il est certain que celles-ci ont intérêt, suivant le vieil adage « diviser pour régner », à favoriser des accords bilatéraux évitant la formation d'un bloc panafricain hostile. Mais le reproche de « balkanisation de l'Afrique » vaut sans doute moins pour le système britannique, qui a toujours concentré ses efforts sur la mise en valeur économique ; celui-ci, pour cette raison, se montra hostile aux forces centrifuges du Buganda ou du Kenya et refusa énergiquement d'entériner les particularismes ethniques du Nigeria, pourtant cultivés à la faveur de la colonisation : l'indépendance fut subordonnée au maintien de la Fédération.

LA FRANCOPHONIE

La voie française, en revanche, fidèle au principe de l'assimilation, a effectivement été d'axer la Communauté sur Paris, préférant au mythe des « États-Unis d'Afrique » celui de l' « Eurafrique ». Cette attitude s'est traduite par la prolifération des organismes interafricains mis en place par l'administration française dans l'orbite de la métropole, soit dans le cadre des fédérations (Union douanière occidentale et Union douanière équatoriale en 1959), soit pour l'ensemble des pays francophones (Zone franc). Le prolongement de cette politique fut entériné par une Conférence interétatique à caractère économique réunie à Brazzaville en décembre 1960. Un projet de résolution fut immédiatement adopté par les 12 participants, un Comité de coordination créé, une Conférence économique projetée à Dakar : la Charte de l'*Organisation africaine et malgache de Coopération économique* (OAMCE, UAMCE après 1964) fut signée à Yaoundé en 1961, et l'organisme éphémèrement coiffé par un office politique, l'*Union africaine et malgache* (UAM, 1961-1963) qui se saborda au bénéfice de l'OUA en gage d'adhésion à l'idéal panafricain de coopération continentale[1].

L'attraction unilatérale de l'ancienne métropole continue néanmoins de grever la politique des États indépendants. À la suite de l'échec de l'OUA, elle explique la vogue de la « francophonie », concept vague qui sous-tend la politique française outre-mer, impliquant une organisation « verticale » de coopération franco-africaine, qui tisserait avec l'ex-métropole des liens de plus en plus étroits, dans les domaines culturel (par l'Université), poli-

1. M. Hippolyte, *Les États du Groupe de Brazzaville* [186], p. 28-29.

tique (par le biais parlementaire) et, bien sûr, économique. Malgré sa confusion, l'idée exerce une séduction d'autant plus grande que les Fédérations ont laissé à certaines des anciennes colonies des souvenirs cuisants, telle la rancœur du Gabon qui souffrit pendant un demi-siècle de financer l'essor de la capitale fédérale congolaise, ou celle des territoires les plus misérables de l'ancienne AOF contre le traitement privilégié réservé aux « originaires » des quatre communes du Sénégal. Ce passé contribue sans nul doute à accentuer les réticences des pays les mieux dotés, comme la Côte-d'Ivoire, qui rechignent à endosser le risque d'avoir à sacrifier une partie de leur jeune et toute relative prospérité au profit des plus déshérités. Ceux-ci, en retour (RCA, Tchad, Haute-Volta...), peuvent avoir le sentiment que l'aide directe de l'ancienne métropole présente des garanties plus sûres.

Il n'en reste pas moins que la constitution d'ensembles cohérents apparaît dorénavant à tous les experts, aussi bien occidentaux qu'africains, comme une nécessité vitale pour l'avenir du continent.

La voie actuelle, renonçant à surmonter les obstacles nationalistes, paraît s'orienter vers la consolidation ou la recherche d'ententes économiques entre zones de production et d'échange complémentaires : accords douaniers (UDEAC, *Union douanière des États d'Afrique centrale,* Banque centrale des États de l'Afrique centrale et du Cameroun, Union monétaire ouest-africaine) ou grands travaux d'infrastructure (OERS, *Office des États riverains du fleuve Sénégal*). Mais, en ce domaine, les rivalités politiques internes restent des freins puissants : l'UDEAC est partiellement paralysée par l'incompatibilité idéologique fondamentale isolant la République populaire du Congo de ses voisins, aussi bien que par la rancœur des pays les plus démunis – telle la RCA qui, déçue de faire figure de parent pauvre, s'est détournée de ses partenaires, de février à décembre 1968, en faveur du Congo-Kinshasa (UEAC, *Union des États de l'Afrique centrale*). Tout récemment encore, la Guinée s'est retirée de l'OERS contraint de se reconstituer à trois en mars 1972 (Mali, Mauritanie et Sénégal).

On voit mal comment le continent peut espérer résoudre les problèmes de l'aménagement de l'espace par la création de vastes ensembles économiques autocentrés, susceptibles d'organiser le marché intérieur, sans poser le préalable d'une authentique concertation politique. Mais celle-ci ne peut être fondée que sur une unité de vue idéologique dont l'éventualité semble de moins en moins probable, en butte comme elle l'est aux forces sociales internes divergentes et faussées par le nationalisme étroit de petits pays divisés en blocs hostiles et subordonnés aux grandes puissances.

Le révélateur de ces contradictions est le caractère aigu des conflits frontaliers, devenus monnaie courante aujourd'hui. Ils relèvent d'une double incompatibilité : d'une part, celle de la superposition du modèle occidental sur la conception autochtone préexistante, où la frontière était moins une *ligne* qu'une *zone d'interférence* entre deux centres politiques exerçant le contrôle de l'État en auréoles concentriques de plus en plus diffuses ; d'autre part et surtout, celle de la distorsion existant entre deux acceptions – toutes deux importées d'Europe – de la frontière : l'une ancienne et « fermée », celle du partage de souveraineté qui permet d'utiliser le conflit pour détourner des problèmes intérieurs, et génère du même coup le phénomène des réfugiés ; l'autre moderne et « ouverte » à tous les flux, née de l'internationalisation du capital et du travail.

Accrochés de façon quasi ritualiste au principe revendiqué par l'OUA de l'intangibilité des frontières coloniales, les États africains se trouvent aujourd'hui coincés entre deux exigences : celle de l'intégration nationale – voulue mais pas encore réalisée – et celle de l'intégration à l'économie mondiale : c'est bien la raison pour laquelle, face à ces pulsions contradictoires, les tentatives d'intégration régionale demeurent à la traîne[1].

1. *Problèmes de frontières dans le Tiers Monde,* Paris, L'Harmattan, 1982, 203 p.

CHAPITRE XV

Dépendance et sous-développement

Le continent noir relève dans son ensemble aujourd'hui du monde sous-développé, en dépit de l'avance de la République sud-africaine ; bien que celle-ci présente des traits évidents d'archaïsme issus d'une politique raciale qui est loin d'avoir disparu des esprits, même si l'apartheid est révolu, nous laisserons de côté le cas de ce « bastion blanc » qui doit, depuis les années 1860, sa prospérité à la diversification de l'exploitation minière[1], au développement considérable de l'industrie (qui a progressé de 11 % par an contre 6 % à l'agriculture), à l'apport d'une main-d'œuvre qualifiée assurée par l'immigration, et à l'abondance de l'argent à un taux d'intérêt assez faible pour encourager les investissements nationaux : l'Afrique du Sud produit actuellement 60 % de l'électricité de l'Afrique, 90 % du charbon, du fer et de la fonte. Près de 45 % du parc automobile africain, 50 % des équipements téléphoniques et 60 % du trafic ferroviaire y sont concentrés.

Il n'entre pas dans notre projet de refaire, à propos du reste de l'Afrique noire, un exposé général sur le sous-développement. Plusieurs excellents traités sont désormais à la portée de toutes les mains[2]. Il n'en reste pas moins indispensable d'essayer de dégager du contexte général au Tiers Monde des traits spécifiques de la dépendance africaine. Car la politique actuelle des États reflète essentiellement leur option face aux diverses solutions préconisées pour sortir, tirer parti ou vivre de cette dépendance : choix interne (socialiste ou libéral), alliances extérieures et prises de position

1. B. Dézert, Les nouveaux développements miniers de la République sud-africaine, *L'information géographique*, n° 5, 1971, p. 224-232.

2. Sur le mécanisme de la dépendance, consulter notamment : Y. Lacoste, *Géographie du sous-développement* [162] ; H. Magdoff, *L'âge de l'impérialisme*, Paris, Maspero, 1970, 203 p. ; S. Amin, *L'accumulation à l'échelle mondiale* [155] ; T. Mende, *De l'aide à la recolonisation* [161 *bis*].

face aux problèmes qui se posent chaque jour avec plus d'acuité : explosion démographique, urbanisation accélérée, sous-emploi, retard technologique, choix des investissements.

A – LES ORIGINES

L'IMPÉRIALISME COLONIAL

Depuis le XVIe siècle, le commerce extérieur du continent dépendait en grande partie du marché européen mais les formations politiques locales étaient, dans une certaine mesure, parvenues à contrôler leur dépendance durant la période négrière. Dans la première moitié du XIXe siècle, leur progressive accoutumance au marché mondial les rendit même susceptibles d'absorber sans heurt majeur les bouleversements engendrés par le « boom » des échanges. Mais la distorsion était trop grande entre le niveau des économies en présence. L'expansionnisme européen eut raison des sociétés africaines : l'ère coloniale inaugura un processus accentué de dépendance.

Bien que l'élaboration des empires coloniaux fût une affaire de longue haleine, il y eut, en effet, dans le dernier tiers du siècle une accélération du rythme correspondant à une mutation des mentalités européennes : le *scramble* détermina en quelques années, de 1878 à 1895, l'achèvement du partage de l'Afrique.

Arguant de la faible rentabilité du continent, les spécialistes se sont interrogés sur les mobiles de l'expansion en mettant l'accent sur les causes non économiques du processus, chacun, d'ailleurs, avec la tentation de faire de « sa » région le moteur de l'ensemble. Les historiens britanniques Robinson et Gallagher[1] ont insisté sur le jeu politique des rapports de force entre gouvernements métropolitains et groupes de pression locaux dominés davantage par les missionnaires, les administrateurs ou les militaires que par les hommes d'affaires. L'intervention britannique en Égypte à des fins stratégiques (la route des Indes) aurait été déterminante. Newbury, en revanche, met l'accent sur les rivalités politiques et commerciales franco-britanniques en Afrique occidentale[2]. H. Brunschwig, pour sa part, assigne à Brazza un rôle décisif (1880)[3]. Mais, comme le fait l'historien

1. *Africa and the Victorians* [101].
2. *The Western Slave Coast and its Rulers* [321].
3. *L'avènement de l'Afrique noire* [7].

belge Stengers, il est aussi permis d'insister sur l'œuvre personnelle du roi Léopold II, qui cherchait depuis des années à créer une vaste entreprise commerciale que la collaboration de Stanley lui permit de situer au Congo (1879-1885). Ses ambitions inquiétèrent les Britanniques et ranimèrent les prétentions portugaises sur la côte. Le tout, joint au désir de détourner la France de ses préoccupations européennes, incita Bismarck, jusqu'alors réticent, à intervenir à son tour.

Certes, le rôle économique de l'Afrique était alors, et est longtemps demeuré négligeable. Faut-il, pour autant, rejeter en bloc toute explication d'ordre économique au profit d'une sorte de mégalomanie politique ? Cette dichotomie n'est plus de mise, et reviendrait seulement à repousser le problème. Toutes les « causes » indiquées ci-dessus étaient autant de réflexes locaux, de réponses à une situation globale qui dépassait de beaucoup le continent africain, pièce effectivement mineure de l'échiquier mondial. Ce qui fit l'originalité de cette période, ce fut l'intervention, non plus de l'Angleterre seule, mais de toutes les grandes puissances devenues, elles aussi, mûres pour l'expansion. Ainsi s'imposait, du même coup, la nécessité de codifier le partage, amorcé depuis un siècle, entre des Empires concurrents[1]. Cette interaction fut particulièrement lisible dans le champ clos du continent africain, schématisée comme elle le fut par la Conférence de Berlin (1885), qui créa l'État indépendant du Congo et fixa les « règles du jeu » pour les violer d'ailleurs aussitôt (reconnaissance des zones d'influence subordonnée à leur occupation et liberté commerciale sur le Congo et le Niger).

À ce phénomène majeur – l'arrivée de l'ensemble du monde capitaliste occidental à un niveau économique comparable – s'ajoutait le fait que l'action britannique et, secondairement, française avait depuis longtemps amorcé la désintégration politique de communautés africaines minées par l'économie de traite. Face à une situation locale devenue contradictoire avec les exigences de l'expansion, il devenait urgent de mettre la main sur des territoires devenus particulièrement vulnérables aux risques nouveaux de concurrence européenne. Les officiers d'Afrique, au nom de l'cxaltation de l'idée nationale, et les négociants locaux, attentifs aux menaces que le nationalisme ambiant faisait peser sur l'économie libérale, firent chorus pour réclamer l'intervention.

Ces motivations convergentes trouvèrent leur expression idéologique dans la croyance générale en la « mission » occidentale, exaltée par la littérature du temps (Kipling) et popularisée par la prolifération des sociétés et

1. Voir le développement *in extenso* de ce thème dans C. Coquery-Vidrovitch, De l'impérialisme britannique à l'impérialisme contemporain : l'avatar colonial, *L'Homme et la Société,* n° 18, 1970, p. 61-90.

des revues géographiques et coloniales : ce fut l'époque du thème britannique du « fardeau de l'homme blanc », de la volonté française de retrouver son rang de grande Puissance après l'humiliation de la défaite, et de l'éclosion du pangermanisme, le tout fondé sur des thèses pseudo-scientifiques exaltant la supériorité de la race blanche et de la civilisation européenne (Gobineau, Saussure).

LES INVESTISSEMENTS COLONIAUX : LE CAS FRANÇAIS

Même si la domination européenne se traduisit en Afrique par une série d'effets sociaux et politiques qui débordèrent largement du seul domaine économique (déstructuration tribale et transformation du pouvoir, acculturation et genèse d'une société et d'une mentalité nouvelles, etc.), le système colonial eut d'abord des répercussions majeures sur la mise en valeur. En dépit de l'intérêt du problème, ni les historiens, ni les économistes ne paraissent, à ce jour, s'être véritablement préoccupés de mesurer le poids de cet héritage. Du côté britannique, les recherches sur les investissements coloniaux en Afrique n'ont guère progressé depuis les travaux de Frankel, lacune récemment soulignée par la réédition, à trente ans de distance, d'un ouvrage déjà ancien (1938)[1]. Du côté français, on dispose de quelques rares essais de synthèse ; le géographe J. Dresch, dans deux articles lucides, s'est notamment efforcé de corriger les données de Frankel par celles d'une enquête entreprise en 1943 par le gouvernement de Vichy auprès des sociétés coloniales[2]. Deux études récapitulent les investissements publics outre-mer[3]. Un bilan quantitatif tout récent fait le point sur l'évaluation et le mouvement du PIB et des revenus extérieurs[4]. On trouvera dans J. Suret-Canale le tableau des investissements coloniaux français en Afrique noire d'après les sources actuellement disponibles[5]. Il reste à développer l'analyse systématique des répercussions de l'orientation caractéristique de la politique des investissements coloniaux. C'est pourquoi nous commencerons

1. [201].

2. SOM, série Affaires économiques 1920-1940, carton 52. Les conclusions de cette enquête étaient fortement surévaluées, car il s'agissait d'estimer les compensations éventuellement exigibles des Allemands contre la cession des territoires. Voir J. Marseille, cf. p. 402, n. 1.

3. L'investissement dans les territoires dépendants, *Cahiers de l'ISEA*, série A, n°s 8 et 9, 1951, 211 p., et La zone franc [110].

4. B. Maldant et M. Haubert, *Croissance et conjoncture dans l'Ouest africain* [117 *bis*].

5. *De la colonisation aux indépendances* [211], p. 380-392.

par présenter ici les premières conclusions d'une enquête en cours sur « Commerce, investissements et profits dans l'outre-mer français, 1900-1960 »[1]. Le domaine français fut, en effet, celui où la politique d'investissement fut la plus malthusienne. Aussi est-ce en Afrique francophone que peut s'analyser, de la façon la plus schématique, le handicap de l'héritage colonial.

LE CONTEXTE IMPÉRIAL

Le trait dominant de l'impérialisme colonial français fut de revêtir une importance relativement mineure par rapport à l'économie nationale. Ce caractère s'accentuait encore hors Maghreb : suivant un bon indicateur, celui du commerce extérieur, en 1938 non seulement le commerce général avec l'Afrique du Nord représentait à lui seul 48 % du commerce colonial français (15,2 milliards de francs sur 31,7 dont 10,6 avec l'Algérie), mais encore celui-ci, dans son ensemble, dépassa rarement le quart du commerce extérieur : 13 % en 1927, 15,4 % en 1929, 25 % en 1932, 30,4 % en 1936, point culminant du repli sur l'Empire. Cet essor ne doit d'ailleurs pas faire illusion, car il traduisait non un accroissement du volume des échanges coloniaux, mais la réduction de moitié du commerce avec l'étranger, résultat du protectionnisme renforcé par l'ensemble des grandes puissances à la suite de la dépression. Le pourcentage retomba d'ailleurs à 26 % en 1937, dès que le Front populaire eût libéralisé quelque peu l'économie à la suite de la dévaluation de 1936, et resta remarquablement stable depuis lors (33 % en 1952, sommet d'après guerre à la suite de la montée exceptionnelle des cours ; 28,9 % en 1957, à la veille de la décolonisation).

Le domaine des investissements apparaît plus significatif encore. Certes, au total, les investissements outre-mer ont considérablement augmenté entre les deux guerres, passant de 4 milliards (sur 45 milliards d'investissements extérieurs) en 1913 à une vingtaine de milliards de francs-or en 1939[2] ; ils auraient alors représenté à peu près la moitié des investissements extérieurs français[3], et seuls autorisé le maintien des capitaux français vers l'extérieur, à la différence du recul britannique (de 4,5 à un peu moins de 4 milliards de livres au total). Mais cette impression favorable s'efface si l'on fait abstraction du Maghreb : l'Algérie, à elle seule, avait probablement absorbé en 1939 la moitié des investissements outre-mer, et l'Afrique du Nord dans son ensemble les deux tiers,

1. C. Coquery-Vidrovitch, enquête entreprise en 1970, subventionnée par le CNRS, listing consultables à l'Université de Paris VII, Laboratoire Tiers Monde.

2. Cf. J. Marseille, L'investissement français dans l'Empire : l'enquête du gouvernement de Vichy, 1943, *Revue historique*, n° 512, 1974, p. 409-432.

3. Les investissements à l'étranger (outre-mer exclu) sont estimés en 1940 à une vingtaine de milliards seulement (soit moitié moins qu'en 1913) suivant les chiffres de l'OECE (ONU, 1950).

contre 7 milliards-or seulement destinés au reste de l'Empire[1] ; 49 à 50 % des investissements d'origine publique s'étaient déversés au Maghreb ; pour les emprunts coloniaux, ce pourcentage monta à 83 % en 1914-1930 (2,5 sur 3 milliards de francs-or) et s'élevait encore à 41 % en 1931-1939, bien que, fait nouveau, cette part (5,6 milliards de francs-or) fût enfin égalée par celle de l'Afrique noire et de Madagascar (dépassant de beaucoup celle de l'Indochine : 1,7 milliard)[2].

En fait, jusqu'à la Seconde Guerre mondiale au moins, la France resta très malthusienne en matière coloniale. Comme pour le reste de l'Occident et surtout pour l'Angleterre, puissance impériale traditionnelle, le « repli sur l'Empire » reflétait un phénomène mondial de récession : remis en francs constants, le volume du commerce colonial, comme celui du commerce général ou de la production métropolitaine, ne connut plus avant la Seconde Guerre mondiale les chiffres maxima atteints à la veille de la grande crise et égalaient à peine, au mieux, ceux de 1913.

LES INVESTISSEMENTS EN AFRIQUE NOIRE

Dans ce contexte, les intérêts de la France en Afrique noire, champ d'expansion tardif de l'impérialisme en raison de ses potentialités économiques moins évidentes qu'ailleurs, furent nécessairement limités. L'évaluation précise des investissements reste extrêmement difficile à tenter : les confrontations entre les auteurs concordent rarement ; en outre, l'estimation en valeur courante correspond mal à celle en francs-or et, surtout, l'incertitude règne en ce qui concerne les investissements privés. Disons, en première analyse, que dans l'Empire, Maghreb exclu, l'AOF arrivait en seconde position (derrière l'Indochine) suivie de près par Madagascar, tandis que l'AEF, « Cendrillon » du domaine français, restait très loin derrière (dix fois moins d'investissements et de commerce qu'en AOF).

Une caractéristique de l'Afrique noire était d'être, de tous les grands territoires coloniaux, celui où le déséquilibre était le plus marqué entre capitaux publics et capitaux privés. C'est dire l'extrême indigence de ces derniers. Frankel (qui, néanmoins, sous-estimait nettement les investissements privés)[3], évaluait à 54 % en AOF, à 71 % en AEF la part des capitaux d'origine publique. Il est vrai que si l'on se réfère à l'enquête de 1943, on trouve un pourcentage moyen des investissements publics pour l'Afrique noire de 34 % du total[4] ; il n'en reste pas

1. 11,8 milliards suivant Dresch [112] ; un peu plus de 7 seulement (70 milliards 1940) suivant le travail de J. Marseille après correction de l'enquête surévaluée de 1943 (110 milliards 1940).
2. Bloch-Lainé [110], p. 109.
3. Voir chap. VII, p. 180.
4. J. Marseille, *op. cit.*

moins supérieur à celui de l'Indochine (26 %, soit 1,7 milliard de francs-or d'emprunts publics contre 4,7 milliards d'investissements privés)[1], et plus encore à celui de Madagascar (24 %)[2], champ relativement privilégié des investissements privés – sans même parler du Maghreb où la situation était radicalement différente (1 milliard-or de capitaux publics en Algérie, soit environ 10 % et bien moins encore au Maroc).

Cette misère des investissements rejaillit naturellement sur l'exploitation du pays. On a vu à quel point l'économie de traite, caractéristique de l'AOF, exigeait peu de capitaux. Mais c'était une économie commerciale fragile et précaire, et ce d'autant plus que l'Afrique française représentait davantage pour la métropole un boulet qu'un facteur d'expansion ou même d'équilibre, entraînant, plutôt qu'elle ne freinait, la fuite des devises puisque les colonies achetaient à l'extérieur beaucoup plus qu'elles n'y exportaient : à la veille de la Seconde Guerre mondiale (1936), les balances commerciales des Fédérations africaines avec l'étranger étaient très déficitaires (– 338 millions de francs), à l'opposé de Madagascar tout juste équilibré avec + 29 millions de francs, et surtout de l'Indochine (+ 228 millions de francs)[3]. C'était une différence fondamentale avec le Commonwealth au sein duquel, aux côtés de l'Inde, la balance commerciale fortement positive avec l'étranger de l'Afrique occidentale contribuait à compenser le déficit chronique de la balance des paiements britanniques[4].

LES CONSÉQUENCES SUR LA « MISE EN VALEUR »

La fin de la Première Guerre mondiale se traduisit par une reprise vigoureuse des échanges avec la métropole ; elle fut suivie d'une brève mais forte dépression en 1921-1922. La période fut surtout caractérisée par l'inflation formidable du franc jusqu'en 1926, suivie d'une stabilisation officialisée par la dévaluation (« franc Poincaré » 1928 qui ne représentait plus que 20 centimes-or).

1. D'après Dresch, Recherches sur les investissements dans l'Union française, *BAGF*, n°s 231-232, 1953, p. 2-13. Sur la base de l'enquête également surévaluée de 1943, SOM, *op. cit.*

2. Pourcentage tiré des estimations de Dresch *(ibid.)* : 450 millions-or d'emprunts publics contre 1,4 milliard privé, correspondant à celles de Marseille, *op. cit.*

3. Hoffher [115], p. 27-55. La situation africaine ne faisait d'ailleurs que reproduire celle de l'ensemble de l'outre-mer pour lequel le déficit de la balance commerciale avec l'étranger dépassait le milliard.

4. Voir S. B. Saul, *Studies in British Overseas Trade, 1870-1914,* Liverpool, 1960, 246 p., et le bilan dressé par C. Coquery-Vidrovitch, *Études africaines, Hommage à Henri Brunschwig,* EHESS, 1982, p. 237-252.

Les effets économiques furent contradictoires en France et en Afrique. Les échanges commerciaux firent un bond formidable : les années 1925-1928 furent celles du boom colonial ; en francs courants, les produits tropicaux connurent à nouveau un cours élevé ; les firmes modernes d'import-export prirent leur essor. La contrepartie fut que la métropole songea enfin à une politique d'équipement sérieuse en dehors des investissements ferroviaires : pour la première fois, les importations en AEF prirent le pas sur les exportations et comptèrent une proportion importante de matériel industriel (scieries, voies Decauville, wagonnets et remorqueurs des exploitations forestières du Gabon en pleine expansion) ; des travaux furent entrepris, notamment pour la construction des pistes nécessaires à l'introduction outre-mer des véhicules automobiles ou la réalisation de la dernière grande entreprise ferroviaire : le chemin de fer Congo-Océan, construit entre Brazzaville et la mer de 1922 à 1934 au prix de 20 000 morts sur les chantiers[1].

Pour les peuples, en effet, ce fut en revanche une période particulièrement dure puisque, sans bénéficier des effets dynamiques de l'inflation (les produits coloniaux restèrent à peu de chose près payés au producteur au prix d'avant guerre, tel le kilo de caoutchouc sauvage maintenu à 1 F), ils durent acquérir les biens d'importation suivant les prix métropolitains[2].

Sur ces entrefaites intervint la grande dépression, qui sévit en Afrique française de 1931 à 1935 : effondrement des cours, arrêt des achats au producteur, misère effroyable... Paradoxalement, 1931, point culminant de l'idéologie impérialiste de l'époque, incarnée par le retentissement de l'Exposition coloniale internationale, fut en fait un coup d'arrêt brutal à l'expansion qui engendra une ère de troubles sociaux et politiques dont le monde devait se remettre seulement après la Seconde Guerre mondiale.

Le redémarrage, ou plutôt le coup d'envoi de l'exploitation coloniale de type moderne, ne fut pas amorcé avant fin 1935. C'est à cette époque que l'on constate, par exemple, sur la courbe du volume des exportations de l'AEF, la fin du monopole de l'okoumé grâce à la diversification des produits primaires (coton du Tchad, or et diamant d'Oubangui-Chari) issue des efforts de la période précédente révélés par le bond des importations antérieur à 1930 (cf. fig. 9).

Mais cet élan fut rapidement interrompu par la guerre. Il reprit seulement ensuite, dans les années 1948-1950. Ainsi, à part quelques bribes d'efforts vite avortés, et généralement si mal conduits qu'ils restèrent à peu près stériles (tel l'Office du Niger dans les années 1930*)*, la grande époque de l'impérialisme africain français fut, en fait, la période 1949-1958.

1. G. Sautter, Note sur la construction du chemin de fer... [473].

2. Sur le détail de l'exploitation de l'entre-deux-guerres, voir C. Coquery-Vidrovitch, *Le Congo...* [129].

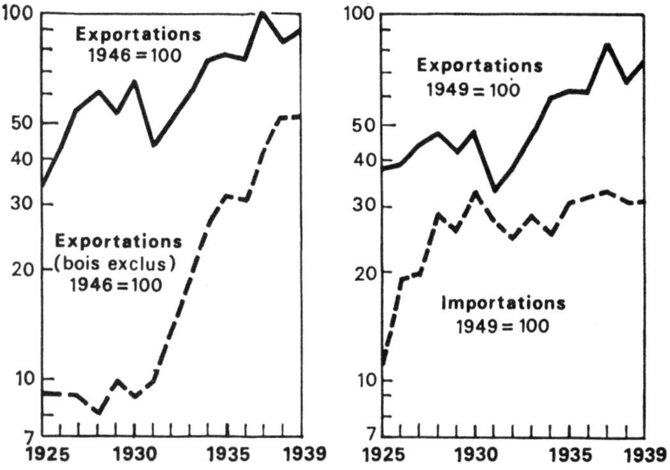

Fig. 9. – Indice du volume du commerce extérieur de l'AEF

(Base 100 = 1946 et 1949)

LES PROJETS AVORTÉS DE L'ENTRE-DEUX-GUERRES

C'est seulement après la Seconde Guerre mondiale qu'entrèrent en application les premiers plans de mise en valeur. Certes, les initiatives remontaient aux années 1920. Mais, faute de ressources, elles restèrent longtemps lettre morte.

Le plan d'Albert Sarraut, ministre des Colonies en 1921, resta la charte de tous les programmes postérieurs. Les travaux, détaillés par territoire et chiffrés à l'époque à 4 milliards de francs (100 milliards 1951) devaient s'échelonner sur dix à quinze ans. Malheureusement, aucun financement n'était inclus dans le projet qui fut ajourné *sine die,* les efforts de la métropole restant réservés à la reconstruction intérieure d'après guerre.

On ne pouvait, néanmoins, remettre éternellement le problème. En 1929, le ministre Maginot déposa un projet d'emprunt destiné à financer le développement économique colonial et la protection sanitaire des autochtones : les lois de 1931 autorisèrent finalement l'émission en dix ans, garantie par l'État, de 5 puis 7 milliards (à nouveau 100 milliards 1951). Le service de la dette représenta pour les territoires emprunteurs une lourde charge, qui atteignait déjà en 1935 le cinquième de leurs prévisions budgétaires normales, précisément au moment où la crise économique les plongeait dans le marasme financier. La métropole adopta donc une politique de soutien aux produits coloniaux par des taxes d'importation perçues sur les consommateurs : ces « primes à la production », qui bénéficièrent surtout aux firmes d'import-export, atteignirent de 1932 à 1936, pour le caoutchouc, le coton, le sisal et le café, un total de 513 millions (10 milliards 1951).

Devant l'insuffisance de ces mesures, une conférence économique de la France métropolitaine et d'outre-mer se tint en 1934 « pour dresser l'inventaire exact des possibilités impériales, étudier les conditions d'exécution d'un programme de soutien des activités rentables et le développement des relations de l'Empire avec le reste du monde »[1].

Ce programme prévoyait un montant global de travaux de 15 milliards (490 milliards 1950) dont 3,8 pour le chemin de fer transsaharien et la ligne Douala-Tchad (toujours inachevée à ce jour). L'assemblée dut se contenter d'émettre le vœu de voir créer un Fonds national pour l'Outillage public de la France d'outre-mer inspiré du *Colonial Development Fund* instauré dès 1929 par la Grande-Bretagne. Le projet, repris par la Conférence des gouverneurs généraux en 1936, fut voté par la Chambre des députés l'année suivante mais resta en instance devant le Sénat. Un nouveau programme, plus réduit, fut alors présenté par G. Monnerville ; l'idée de faire contribuer financièrement la métropole au développement économique des territoires fut enfin reprise en 1940, et un plan décennal élaboré en 1941. Mais les réalisations ne commencèrent pas avant 1946.

LE FIDES ET LA CAISSE CENTRALE

Jusqu'alors la France avait laissé à chaque pays le soin de financer son équipement, soit sur ses propres ressources, soit sur fonds d'emprunt, se bornant à ouvrir son marché financier et à garantir les échéances. La notion d' « aide » aux pays sous-développés était, à l'époque, inconnue : le point de vue des expansionnistes était aux antipodes, puisque le bien-fondé d'une colonie était précisément de rapporter à la métropole ; d'où la loi de 1900 sur l'*autonomie financière des colonies,* qui prévoyait que chaque territoire devait vivre sur ses propres ressources (impôt de capitation et taxes douanières) à l'exclusion de subventions métropolitaines, tolérées seulement à titre provisoire parce que implicitement considérées comme des mises de fonds remboursables et au-delà.

Mais la Conférence de Brazzaville, en posant le principe d'une intervention française directe dans les investissements d'équipement outre-mer, marqua une véritable révolution de l'orientation, confirmée par la création du FIDES (devenu après l'indépendance le FAC, *Fonds d'aide et de coopération*)

1. Cité par Bourcier de Carbon, L'investissement dans les territoires dépendants, *op. cit.*

qui finança essentiellement l'équipement de l'Afrique noire et de Madagascar – l'Indochine se trouvant exclue par la guerre et l'Algérie relevant directement du ministère de l'Intérieur.

Le FIDES était alimenté par une dotation annuelle de la métropole (55 %) complétée par la contribution des territoires (45 %). Comme les ressources propres des colonies (taxes locales et fonds de réserves) étaient notoirement insuffisantes, un rôle prépondérant fut joué par la *Caisse centrale de la France d'outre-mer* (puis *de Coopération économique*), organisme de financement placé sous la tutelle conjointe des ministères des Finances et de la Coopération, chargé de la gestion du FIDES, des avances complémentaires aux territoires et de la promotion des investissements privés.

Pour les budgets coloniaux, bien que le remboursement calculé sur vingt ans envisageât un taux d'intérêt faible (1 à 2 %), des annuités chaque année croissantes s'ajoutèrent à l'augmentation continue des dépenses de fonctionnement, puisqu'on estime à 20 % des investissements nouveaux les charges sociales et sanitaires correspondantes. L'« aide » plaça donc rapidement les territoires dans une situation financière difficile : d'où, depuis 1953, à commencer par l'AOF, la nécessité de recourir à des subventions d'équilibre budgétaire versées par la métropole, dont le montant global s'accrut rapidement (3,3 milliards en 1953, 7 milliards en 1954, déjà plus de 10 milliards en 1955). Celles-ci rendent compte de la vigueur contemporaine de la poussée « cartiériste » qui redécouvrait le coût de la politique coloniale ; la presse économique spécialisée *(Entreprise, Le Monde)* commença d'estimer plus rationnel d'exploiter un pays sans en avoir la charge politique et financière[1] ; Raymond Cartier vulgarisa ces idées auprès du grand public[2]. Milieux d'affaires et mouvement d'opinion s'unirent alors pour prôner une « décolonisation de droite » qui n'eut « rien de démocratique. Elle a été dictée par l'argent, dans l'indifférence du peuple français »[3]. Le mouvement, qui ne désarma pas depuis lors, devait reprendre avec force dix ans plus tard contre une « aide » estimée trop peu rentable[4].

De 1947 à 1955, les ressources du FIDES se sont élevées à 313 milliards de francs (dont 179 à la charge de la métropole), le reste étant en majeure partie assuré par les avances de la Caisse centrale. Quant à celle-ci, non compris les opérations faites pour le compte du FIDES ou du FAC, elle fournit à l'Afrique noire et à Madagascar, de 1946 à 1962, 220 milliards d'anciens francs, dont 64 % au secteur public ou semi-public et 56 % (près de 80 milliards) à titre

1. *Le Monde,* 26 et 29 juillet 1956 (sur le thème : « Le niveau de vie français pâtirait davantage de la dévastation du département du Nord que de la ruine du continent africain ») ; 25 septembre 1958 : « L'ensemble économique franco-africain ne peut demeurer dans le statu quo » ; J. Ehrhard, *Le destin du colonialisme,* Paris, 1957 (thème : « La colonisation n'est pas rentable »).

2. En France noire avec R. Cartier, *Paris-Match,* 1er septembre 1956.

3. G.-G. Delavignette cité par X. Yacono, *Histoire de la colonisation française,* Paris, PUF, « Que sais-je ? », 1970, p. 103.

4. Série retentissante des articles de R. Cartier sur le thème : « La France dilapide son argent », *Paris-Match,* février-mars 1964. Ouvrage du sénateur Éd. Bonnefous sur *Les milliards qui s'envolent,* Fayard, 1964.

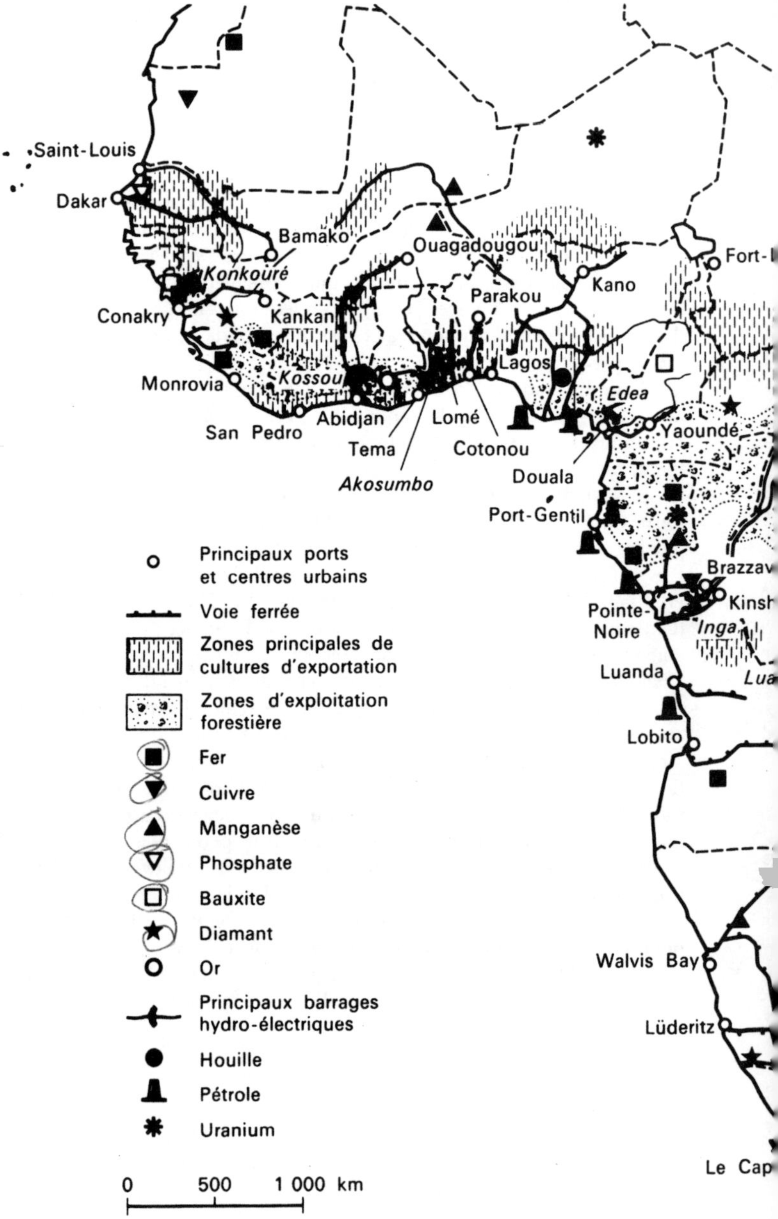

Fig. 10. – Données

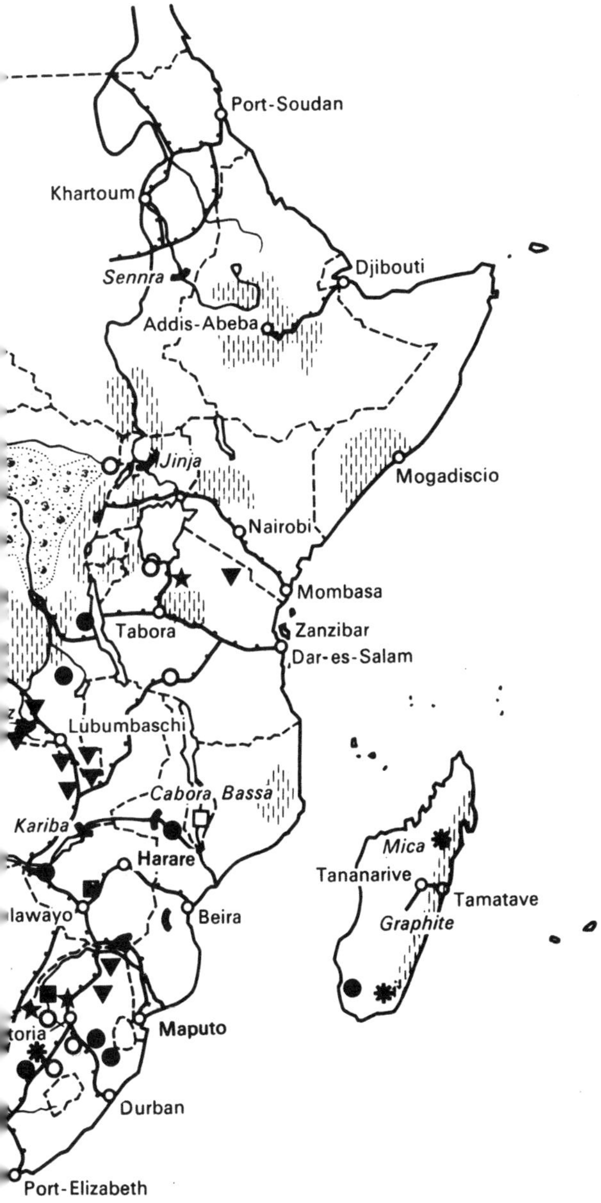

s contemporaines

d'encouragement aux investissements privés, sous la forme d'avances généralement à long terme au taux de 2,5 à 3 % l'an[1].

Les résultats ne furent pas entièrement négligeables. Certes, l'accent fut mis sur les échanges entre les colonies et la métropole, suivant le vieil idéal de l'exclusif. Mais l'effort fut également porté sur la production vivrière, jusqu'alors abandonnée aux Africains. D'où une série de programmes d'hydraulique agricole, tel celui de l'aménagement du fleuve Sénégal et de l'*Office du Niger* qui prévoyait non seulement un vaste ensemble cotonnier, mais aussi l'intensification de la riziculture. Certains pays furent le champ d'expériences positives, comme le Cameroun où la Société d'économie mixte CFDT (Compagnie française pour le développement des fibres textiles), fondée en 1949 pour « promouvoir outre-mer la production, l'encadrement des cultivateurs et la commercialisation des récoltes de fibres végétales », inaugura, dans le nord du pays, la culture industrielle du coton en 1951-1957 avec traction animale à partir de 1955. Elle fut à l'origine de la *Cotonnière industrielle du Cameroun* (CICAM) qui, depuis 1966, a supplanté l'importation grâce à son usine de filature et de tissage de Garoua et à celle de teinture et d'impression de Douala (capacité de 9 à 10 millions de mètres). Le Cameroun fut surtout, à partir de 1954, le champ d'implantation d'un gigantesque complexe de production d'aluminium lancé par Péchiney et Ugine autour de l'usine d'électrolyse d'Édéa (17 milliards de francs anciens 1956) mise en service en 1967 sous le nom d'Alucam (50 000 t par an), approvisionnée en énergie par le barrage de la Sanaga et reliée au port de Douala par une voie ferrée et une route goudronnée permettant d'assurer l'approvisionnement en matière première (100 000 t d'alumine par an) et l'exportation du produit fini.

Néanmoins, en dépit de leur caractère dispendieux, les réalisations restèrent médiocres : le coût élevé des aménagements de l'Office du Niger (44 milliards anciens 1961 pour 48 000 ha, soit près de 1 million l'hectare, contre moins de 100 000 F ailleurs) a privé l'opération de son intérêt économique[2] ; bien qu'elle eût absorbé 56 % des crédits d'équipement de l'agriculture pour une production prévue de 300 000 t de coton, elle n'en fournissait encore que 1 000 en 1956. Cette insuffisance provenait d'abord des lenteurs de l'exécution ; en 1950, un dixième seulement des investissements publics du plan décennal avait été mis en œuvre. En outre, le FIDES dut, à plusieurs reprises, faute de ressources, réduire le volume des programmes primitifs. Un gaspillage énorme souligna le coût de multiples projets produits par une quantité de missions d'études restées sans objet puisque non suivies d'action ultérieure[3]. Enfin, les experts occidentaux, mal informés des conditions particulières du milieu local, eurent tendance à projeter sans précaution des modèles et des techniques forgés dans un tout autre contexte : on counnaît l'expérience catastrophique du vaste programme arachidier entrepris dans les années 1950 au

1. *États africains d'expression française et République malgache,* Juillard, 2e éd., 1964, 329 p.

2. R. Dumont, *L'Afrique noire est mal partie* [157], p. 38, et S. Amin, *L'Afrique de l'Ouest bloquée* [85], p. 154.

3. T. Mende, *De l'aide à la recolonisation* [161 *bis*], p. 76.

Tanganyika où les agronomes comprirent trop tard le danger d'imposer au sol pauvre et fragile des zones tropicales une mécanisation intensive, non seulement excessivement coûteuse, mais finalement inefficace et dangereuse[1]. Ce type de mésaventure ne fut pas isolé ; on en retrouve des exemples un peu partout : ainsi, au Sénégal, le programme de la CGOT (Compagnie générale des oléagineux tropicaux) qui lança parallèlement une entreprise de mise en culture arachidière en moyenne Casamance (centre expérimental de Sefa), léguant à l'État sénégalais indépendant une affaire hyper-mécanisée grevée d'un passif considérable (la dépense aurait excédé 3 milliards)[2], une autre à Boulel-Kaffrine, à peu près abandonnée depuis lors, et l'énorme programme rizicole de Richard Toll, sur le fleuve Sénégal, qui fut loin de rendre ce que l'on aurait pu attendre du volume des capitaux mis en œuvre[3].

L'ESSOR DE L'ÉCONOMIE DE TRAITE

En dépit de ses faiblesses, l'effort financier de la métropole réagit sur l'expansion de l'économie coloniale. Celle-ci fut également encouragée par la création, en décembre 1945, de francs coloniaux d'une valeur différente de celle du franc métropolitain (en Afrique noire : 1 F CFA = 1,70 puis 2 F anciens métro.). Il s'agissait de réduire la disparité entre les prix à l'exportation (restés à peu près stationnaires dans les territoires isolés par la guerre) et ceux à l'importation qui avaient subi l'inflation française, mais aussi de récompenser, par un traitement différentiel, la France libre (AEF surtout) de la France libérée (Afrique du Nord)[4] ; les grands bénéficiaires furent, à l'usage, les firmes et le personnel français dont les profits, du seul fait de leur rapatriement en métropole, se trouvèrent pratiquement doublés (en sens inverse, en revanche, les salaires renvoyés dans leur pays par les travailleurs immigrés en France sont automatiquement diminués de moitié).

Favorisés par la Caisse centrale, les investissements privés firent un bond en avant. En AOF, la production de traite prit son essor ; le taux d'accroissement des importations, de l'ordre de 100 % entre 1949 et 1955, fut distancé par celui des exportations (115 %) avec suprématie des exportations agricoles : ce fait révélait que la mise en exploitation prenait le pas sur la politique d'équipement,

1. P. Gourou, Une expérience d'agriculture mécanisée en Afrique orientale. Le plan des arachides, *Cahiers d'outre-mer,* VIII, 1955, p. 105-118.
2. R. Dumont, *L'Afrique noire est mal partie* [157], p. 42.
3. *Ibid.*, p. 265.
4. F. Bloch-Laîné, *La Zone franc* [110] ; *Marchés coloniaux,* n°s 8, 10 et 11, 5, 19 et 26 janvier 1946.

	SCOA				CFAO			Niger français		
	Chiffre d'affaires	*Capital appelé*	*Immobilisations non amorties*	*Bénéfice net*	*Capital appelé*	*Immobilisations non amorties*	*Bénéfice net*	*Capital appelé*	*Immobilisations non amorties*	*Bénéfice net*
				(En millions de francs courants)						
1928-1929 ([1])	576	157	17	15	25	10	22	29	14	1,5 (Perte)
1934-1935	300	68	2,5	0,6	25	21	8	29	11	0,3 (Bénéfice)
1938-1939	800	125	17	32	75	21	26	29	10	4,3 (Perte)
1945-1946	3 600	200	14	65	125	24	61	29	8	48 (Bénéfice)
1951-1952 ([2])	40 000	1 500	3 200	860	1 200	62	630	79	100	271
1958-1959	50 000	6 000	3 400	500	1 200	340	500	?		
				(En millions de nouveaux francs)						
1967-1968 ([3])	753	112	38	8	50	63	10 ([4])	?		
1970-1971	1 155	140	52	12	60	16	18	?		

([1]) Chaque fois : exercice 1928-1929 pour la SCOA et le Niger français, 1929 pour la CFAO.
([2]) Exercice 1950-1951 pour le Niger français.
([3]) Ex. 1967-1968 et 1970-1971 pour la CFAO, également.
([4]) Chiffre d'affaires (non consolidé) de 888 millions de nouveaux francs en 1967-1968, de 980 millions en 1970-1971.

sans pour autant compenser, en valeur absolue, l'accroissement des déficits des territoires.

L'analyse des bilans des deux plus grosses firmes de l'AOF, la CFAO et la SCOA, est à cet égard instructive : la première, fidèle à la gestion prudente qui lui avait permis de traverser sans dommage l'épreuve de la grande dépression, resta longtemps caractéristique de l'exploitation de traite traditionnelle, avec un capital limité, des investissements restreints et une activité exclusivement commerciale garantissant des taux de profit exceptionnellement élevés pour l'après-guerre. C'est seulement après la décolonisation que fut entreprise la modernisation de la firme qui, à partir de 1965, se lança dans des investissements métropolitains à l'instar de la SCOA. En effet celle-ci qui, bien qu'elle eût seulement connu avant guerre deux années de déficit (1931-1932), n'avait redémarré qu'en 1935, suivit plus tôt une politique dynamique soulignée par un effort d'investissement remarquable dans les années 1950. Son souci d'autofinancement réduisit sensiblement les bénéfices distribués ; le groupe essuya même des pertes de 1955 à 1957, et se rétablit finalement l'année suivante à un niveau de profit analogue à celui de la CFAO, en dépit d'une assise beaucoup plus large. Mais cela lui permit, au tournant de l'indépendance, de s'intégrer sans problème aux affaires métropolitaines dont la SCOA avait déjà adopté les méthodes (grandes surfaces de vente, placements immobiliers, etc.)[1], tout en conservant outre-mer une place prédominante : elle vient par exemple de constituer en 1972, en collaboration avec l'État malgache, une société de collecte et de distribution (SOMACODIS, 34 % des actions à l'État, 66 % à la SCOA, sur un capital de 700 millions FMG).

B – LA DÉPENDANCE APRÈS L'INDÉPENDANCE

C'est précisément ce que les Africains reprochent, avant tout, aux investisseurs étrangers : une mise en valeur orientée vers et pour la métropole. L'opposition doctrinale est irréductible : pour les tenants de l'économie libérale, en effet, si « les exigences de la rationalité économique voudraient que, logiquement, les flux de capitaux fussent orientés des pays mieux fournis vers les pays moins bien dotés », il est normal « que le facteur principal de cette attirance résid[e] dans un écart suffisamment marqué des possibilités de rendement »[2]. Or, ce sont précisément les taux de profit jugés exorbitants

1. Évolution comparable à celle de la Compagnie Optorg (qui s'était d'abord reconvertie, après la guerre d'Indochine, en Afrique noire, absorbant la SHO en AEF et Peyrissac en AOF) et plus récemment, à celle de la Compagnie forestière Sangha-Oubangui. Voir notre enquête en cours sur « Commerce, investissements et profits dans l'outre-mer français, 1900-1960 ».

2. G. Leduc, préface à L. Durand-Réville (ex-PDG de la SHO et vice-président d'Optorg), *Les investissements privés au service du Tiers Monde*, Paris, France-Empire, 1970, p. 7.

réalisés par les entrepreneurs capitalistes dans le Tiers Monde qui rendent intolérable aux Africains le sentiment de leur dépendance, puisque les investissements ont davantage pour objet de bénéficier à l'Europe ou aux États-Unis que de contribuer à la mise en valeur de leur propre pays : Davidson, au contraire, s'indigne du flux de capitaux rapatriés chaque année en Grande-Bretagne à partir des 1 500 millions de livres probablement investis en Afrique noire (en Afrique du Sud : taux de profit annuel moyen de 15 %, soit £ 130 millions sur £ 860 millions, en dépit de la protection du capitalisme interne assurée par un niveau de développement exceptionnel sur le continent). Les pays les plus démunis subissent une déperdition bien supérieure, qui peut atteindre 50 % des profits (Gold Coast, 1949 : £ 3 millions sur les 6,4 fournis par les exportations d'or, ou £ 2 millions sur les 4 fournis par le manganèse. Rhodésie du Nord, 1956 : sur les profits réalisés par les compagnies, £ 50 millions ont servi à rémunérer les actionnaires étrangers)[1].

L'ÉCHANGE INÉGAL

LE REFLUX DES PROFITS

Le fait est que l'Afrique, jusqu'alors relativement moins défavorisée parce que plus tardivement assistée, rattrape rapidement le reste du Tiers Monde, en passe d'« aider » les pays riches. Suivant l'estimation très modérée de Tibor Mende, le rapatriement des bénéfices d'Afrique a absorbé entre 1956 et 1967 les deux tiers au moins de l'aide nouvelle et des investissements étrangers pénétrant sur le continent ; le bilan, déjà négatif pour l'Amérique latine, l'est devenu depuis 1967 pour la Zambie[2].

Les chiffres donnés par P. Jalée sont plus criants encore : pour 540 millions de dollars (moyenne 1967-1968) de nouveaux investissements directs plus bénéfices réinvestis, 1,4 milliard – soit près de trois fois plus – auraient été officiellement rapatriés d'Afrique à titre de revenus des investissements privés étrangers[3].

1. B. Davidson *Which Way Africa* [14], p. 120 ; J. Woodis, *The Roots of Revolt*, Londres, 1960, p. 227.

2. T. Mende, *De l'aide à la recolonisation* [161 *bis*], p. 103, d'après *Review of International Trade and Development*, 1969-1970, UNCTAD, Genève.

3. P. Jalée, *Le Tiers Monde en chiffres*, Maspero, 1971, tableaux V-3 et V-5, d'après OCDE, *Aide au développement*, Examen 1969, tableau V-6, et *Balance of Payment Yearbook*, FMI, vol. 20 (1969) et 21 (1970).

Ces données paraissent confirmées par les calculs de S. Amin, qui mesure, pour l'AOF, l'évolution 1960-1970 du solde entre le flux d'entrée des capitaux étrangers privés – y compris les réinvestissements des entreprises étrangères – (taux de croissance de 3,2 % l'an), et le reflux, nettement supérieur, des profits plus épargne qu'il engendre (taux de croissance de 3,8 %) : d'où le déficit tendanciel de la balance des paiements, résorbable seulement par une croissance si forte de l' « aide » extérieure qu'elle ôte à l'indépendance toute signification[1].

L' « AIDE »

Il importe, en effet, de ne pas assimiler l'investissement extérieur privé à l' « aide » publique. Le premier obéit aux seules lois du profit, tandis que la seconde, issue des anciennes métropoles, des organismes internationaux patronnés par les États-Unis ou des pays socialistes, est théoriquement destinée à promouvoir le développement du continent[2].

En fait, les incidences financières de l'aide ne sont pas moins inquiétantes puisque l'estimation pour 1977 était que l'Africain devrait rembourser sur chaque centaine de dollars accordée quelque $ 121, contre 130 pour le Latino-Américain et 134 pour l'Extrême-Oriental[3].

En s'intensifiant depuis l'indépendance, l' « aide » a accentué le cycle infernal des annuités de la dette déjà décelable du temps de la colonisation. En 1936, le remboursement des emprunts absorbait 40 % des recettes du budget général de l'AOF ; le phénomène s'est rapidement accéléré dans les dernières années : la dette publique extérieure de l'Afrique est passée, entre 1961 et 1968, de 3,3 à 8,7 milliards de dollars, et les remboursements de 172 à 625 millions de dollars. Ce faisant, l'aggravation de la situation sur le continent correspond à l'accélération moyenne des charges dans l'ensemble des 91 pays les plus pauvres du monde (taux moyen d'augmentation des remboursements de 1957 à 1967 : 15,7 % ; du total de la dette publique : 14 %. Le processus ne fait d'ailleurs que s'accélérer avec une dette publique extérieure globale de $ 45 milliards en 1967, et déjà de 60 milliards en 1970)[4].

1. Sénégal, moyenne annuelle 1960-1970 : flux, 12 milliards de francs CFA, reflux, 25 milliards. Côte-d'Ivoire, flux 1960 : 20 milliards, 1970 : 30 milliards, reflux 1960 : 25 milliards, 1970 : 45 milliards. – Autres pays, flux 1960 : 11 milliards, 1970 : 17 milliards, reflux 1960 : 25 milliards, 1970 : 40 milliards. *L'Afrique de l'Ouest bloquée* [86], p. 301-302.

2. L' « aide » dans son ensemble désigne habituellement, outre l'aide publique, le remboursement des crédits privés à l'exportation ou crédits fournisseurs, particulièrement onéreux (Mende [161 *bis*], p. 84).

3. Mende, *op. cit.*, p. 85.

4. Mende, *op. cit.*, p. 83.

La situation est telle que, entre 1957 et 1973, 11 pays au moins ont dû demander des répits à leurs créanciers, parmi lesquels, en Afrique noire, le Liberia et le Ghana. Le service de la dette absorbe entre un quart et un tiers de ce que les pays sous-développés gagnent par leurs exportations[1]. Or, ce pourcentage augmente d'autant plus rapidement que la détérioration des termes de l'échange a entraîné la chute absolue ou relative des produits agricoles ou miniers d'exportation, tandis que les articles industriels d'importation ont connu, en revanche, une hausse accentuée : le prix payé au producteur ghanéen de cacao a diminué de moitié entre 1955 et 1965, tombant de 80 à 40 shillings la charge de 30 lb.[2] ; même le cours du cuivre zambien qui, après une baisse sensible dans les années 1950 (tombé de £ 351 à 197 la tonne[3] entre 1955 et 1958), s'était maintenu de façon remarquable depuis 1963, atteignant en 1969 le cours record de £ 621, accuse aujourd'hui une baisse catastrophique pour l'économie du pays. À supposer que la détérioration tende à se stabiliser, on estimait que le Nigeria – pourtant l'un des pays les moins défavorisés – devrait, en 1977, consacrer 10 % de ses exportations, au lieu de 5 % en 1970, au service de la dette qui aura presque quadruplé en dix ans (de $ 750 millions à 2 750 millions)[4]. La charge apparaît d'autant plus lourde que l'économie extravertie des pays africains dépend exclusivement du commerce extérieur : le budget zambien est alimenté à 90 % par les exportations de cuivre ; même au Cameroun, pays dont la situation est considérée comme relativement satisfaisante, les douanes fournissent 85 à 95 % du budget de l'État et représentent les deux tiers des ressources du pays.

L'aide est donc restée, pour les pays qui ont dû renoncer à leur Empire, un moyen de prolonger leur influence. La Grande-Bretagne, la France et la Belgique ont conservé des liens économiques étroits avec leurs anciennes colonies africaines (sur chaque centaine de livres d'aide britannique, 80 s'adressent au Commonwealth). Même l'Italie a concentré son apport sur la Somalie, en raison de ses intérêts anciens dans le pays. Quant au Portugal, s'il s'est obstiné dans un colonialisme condamné, c'est précisément en raison de sa faible envergure économique, qui lui a interdit de substituer à une sujétion archaïque un système d'avantages financiers et commerciaux qui serait passé sinon entièrement dans l'orbite des États-Unis et de l'Afrique du Sud.

C'est que le financement du développement apparaît comme une subvention déguisée aux exportations des pays fournisseurs : les deux tiers de l'aide britannique sont « dépensés en Grande-Bretagne, fournissant ainsi des commandes et des emplois à l'industrie britannique »[5]. Dans le cas de

1. Si l'on inclut les crédits et les profits des investissements privés, ces pourcentages sont encore beaucoup plus élevés.
2. P. Garlick, *African Traders...* [285], p. 20.
3. Tonne anglaise de 1 016, 04 kg.
4. Mende [161 *bis*], p. 86.
5. *What is British Aid ?*, HMSO, Londres, 1970, p. 6.

la France, et surtout de la Belgique, la quasi-totalité revient sous forme de marchandises ou de transferts de fonds.

Une des critiques à la fois les plus mesurées et les plus rigoureuses de l' « aide » a été fournie par le rapport de la Commission Gorse remis au Premier ministre français[1] : en particulier, estimait le « Comité des Sages », les crédits à l'exportation procèdent d'un mercantilisme à courte vue et ne sauraient être assimilés à une aide véritable, car ils bénéficient de telles garanties que les entrepreneurs sont dispensés de considérer la rentabilité de l'opération dans le pays concerné, où le remboursement risque de n'être assuré que par un nouveau prêt, au profit des seuls intérêts des industries de l'ex-métropole. Le procédé le plus communément employé consiste à exploiter le souci de prestige à peu près général en Afrique, qu'il s'agisse d'opérations somptuaires (telle la patinoire de l'hôtel Ivoire à Abidjan), ou d'équipement lourd – tel le gigantesque barrage du Kouilou prévu par le gouvernement Fulbert Youlou au Congo, dont les travaux durent être interrompus faute de crédits, ou la grandiose réalisation du port de San Pedro sur laquelle ont travaillé huit entreprises de travaux publics (cinq françaises, deux allemandes et une italienne) employant plusieurs centaines de techniciens et d'experts européens, destinée à créer de toutes pièces, en plein « Far West » ivoirien, un nouveau pôle de développement dans une zone où les obstacles naturels (pluies torrentielles, glissements de terrain, forêt dense) ont rendu le coût excessif pour l'État ivoirien.

Le résultat aboutit trop souvent à désavantager les entreprises nationales au profit de ses concurrents étrangers, soit que ceux-ci agissent directement (cas, au Sénégal, de la SODEC à capitaux français qui entrave les opérations de traitement des arachides de la SODAICA, société d'État), soit qu'ils exercent une influence occulte sur les organismes locaux de crédit (au Sénégal, CEGEPI – Société de conseil aux entreprises industrielles – et SONAGA – prêts commerciaux – dont les listes de prioritaires sont contrôlées par le gouvernement).

L'ÉCHANGE INÉGAL

L'aide, qui prend de plus en plus l'allure d'une contribution de fait des pays exploités aux puissances industrialisées, a été analysée comme telle sous la forme de l'*Échange inégal*[2] – théorie de l'*Accumulation à l'échelle mondiale*[3]

1. Ph. Decraene, M. Gorse suggère une révision profonde de l'aide française, *Le Monde*, 22 septembre 1971.
2. Analyse théorique d'A. Emmanuel, Maspero, 1969, 365 p.
3. Samir Amin [317].

suivant laquelle le reflux des capitaux se fait toujours au profit du Centre : d'où le blocage du Tiers Monde, caractérisé par le « développement du sous-développement »[1].

La meilleure étude de cas existant à ce jour est celle de Vanhaeverbeke sur l'économie sénégalaise[2] : il montre comment, au cours des cinquante dernières années, l'expansion arachidière s'est bloquée essentiellement en raison de la dégradation de la rémunération des producteurs. Celle-ci résulte moins d'une baisse des prix d'achat que de la distorsion sans cesse accrue avec les salaires français. En effet, le prix d'achat de l'arachide, exprimé en monnaie constante, est resté à peu près stable – satisfaisant jusqu'en 1914, très affecté par la dépression de l'entre-deux-guerres, mais contrôlé depuis 1952 par un système de prix garantis (21 F le kilo en 1953 et 22,75 F en 1959, ramenés à 18,40 F en 1967 puis 17 F, avant de remonter au-dessus de 20 F en 1971). Mais cette politique a tout juste permis de freiner la détérioration accélérée des termes de l'échange (environ 20 % de 1957 à 1966).

Jusqu'à la Première Guerre mondiale, la rémunération horaire du paysan arachidier était, en dépit de l'archaïsme des techniques de production, comparable à celle du manœuvre métropolitain (l'infériorité du pouvoir d'achat résultait surtout du coût des transports et des marges de commercialisation très lourdes des biens importés). De nos jours, en revanche, si l'on mesure l'évolution de la quantité de travail contenue dans un « panier importé » (en baisse constante en raison des progrès de la productivité du travail français), échangée contre les arachides obtenues avec une quantité constante de travail (dans le cadre d'une productivité stagnante), on constate que le paysan sénégalais touche au moins cinq fois moins que le manœuvre de province, en dépit d'une évolution assez proche du coût de la vie[3] : le réajustement de la rémunération du producteur (en valeur réelle, c'est-à-dire en pouvoir d'achat) suffirait à rapprocher le prix de l'huile d'arachide (multiplié par 2,5) de celui de l'huile d'olive : ce qui permet à S. Amin d'évaluer les transferts de profits correspondants, depuis les débuts de la colonisation, à près de 400 millions de nouveaux francs (1970), soit environ 200 F par an et par Sénégalais pour une population qui, au milieu de la période, ne dépassait guère 2 millions d'habitants[4].

Poussant cette analyse à son point extrême, l'économiste marxiste A. Emmanuel a démontré que la distorsion des salaires (à quantité de travail comparable) se trouve à la base de l'exploitation contemporaine du Tiers Monde, plutôt qu'un simple transfert de valeur de pays « agricole traditionnel » à pays « industriel »[5] : cette opposition est, en effet, en passe de devenir caduque, puisque les exportations des pays africains reposent de

1. Suivant l'expression de l'économiste A. Gunder Frank, spécialiste de l'Amérique latine.
2. [230]. Résultats résumés par S. Amin, *L'Afrique de l'Ouest bloquée* [86], p. 23-64.
3. Vanhaeverbeke, *op. cit.*, p. 188-189.
4. S. Amin, *L'Afrique de l'Ouest...*, *op. cit.*, p. 31.
5. *L'échange inégal*, *op. cit.*

plus en plus sur l'essor de secteurs de pointe à haute productivité (usines, plantations, industries). Ainsi, à côté d'une industrie pétrolière en pleine expansion (Nigeria, Gabon, Congo, Zambie...)[1] se développe rapidement l'électrolyse d'aluminium, industrie jeune et dynamique (taux de croissance supérieur à 7,5 % l'an), précisément parce que la compétitivité mondiale lui impose de multiplier les sources d'énergie au coût le plus bas possible : d'où l'implantation de Péchiney-Ugine au Cameroun (barrage d'Édéa), de la Kaiser, troisième producteur américain, au Ghana (barrage d'Akossumbo lancé par N'Krumah sur la Volta) et au Zaïre (barrage d'Inga, entré en service fin 1972). La théorie visant à prouver que, de ce développement parfois spectaculaire, le grand bénéficiaire demeure l'investisseur étranger, contredit la thèse classique suivant laquelle à une hausse même sectorielle de la productivité correspond une résorption du dualisme global de l'économie sous-développée[2].

S'attaquant au problème du Zaïre, l'économiste belge J. Ph. Peemans a, lui aussi, montré que la convergence des prix avec la métropole, favorisée par l'intégration croissante de vastes régions continentales au commerce international grâce à l'essor d'un réseau moderne de transports, a été impuissante à compenser, dans le domaine des salaires, les effets de la détérioration des cours mondiaux des matières premières et la division internationale du travail héritée du régime colonial : entre 1910 et 1950, le travail qualifié congolais a enregistré un recul brutal par rapport au travail belge ; même si, après 1950, il a eu tendance à résorber son retard, la disparité ne fait que s'accentuer en défaveur des non-qualifiés urbains ou ruraux, en raison de la structure désarticulée d'un marché du travail surabondant[3].

Il n'entre pas dans notre propos de discuter au fond cette thèse qui a donné lieu à de savantes controverses entre spécialistes chevronnés[4]. Il n'en reste pas moins tentant d'exercer ce type de raisonnement sur l'ensemble des produits exploités en Afrique noire. S. Amin, à partir d'une hypothèse vraisemblable (le travail serait rémunéré dans le secteur exportateur du Ghana à la moitié de sa valeur en Europe), chiffre la ponction exercée par le « Centre » à 17 % du PIB[5] : là résiderait la clé de la stagnation du pays en dépit de son niveau élevé de mise en valeur, puisque la disponibilité en

1. Où l'ENI a conclu, en 1970, un accord de coopération avec l'Indeco, Société Holding de l'État, pour le raffinage et la distribution (investissement initial de £ 20 milliards, capacité de raffinage de 1,1 million de tonnes de brut).

2. L.-H. Dupriez, Productivité, rémunération et prix dans les pays industriels, 1946-1963, *Synopsis Rev. de l'Office belge pour l'accroissement de la productivité,* n° 73, mai 1964, p. 1-8.

3. J.-Ph. Peemans, *Le cas Congo-Belgique 1900-1960* [510], p. 393-405.

4. Cf. la discussion poursuivie entre A. Emmanuel et Ch. Bettelheim dans *Politique aujourd'hui,* décembre 1969 - janvier 1970.

5. *L'Afrique de l'Ouest bloquée* [86], p. 280-281.

capitaux par tête y est égale à celle du Japon. Quel que soit le caractère polémique de certains présupposés (difficulté de mesurer l'écart des productivités ; problème de savoir dans quelle mesure les profits rapatriés auraient été judicieusement utilisés sur place ; postulat occidental de la « juste » rémunération des efforts outre-mer...), il serait utile de quantifier systématiquement, de façon aussi approchée fût-elle, la déperdition subie par les pays africains, en mesurant la détérioration de leur pouvoir d'achat à l'aide des « termes de l'échange factoriels doubles », fonction à la fois des termes de l'échange marchandises et de la productivité du travail[1]. Cette analyse, qui nécessiterait la collaboration des historiens et des économistes, permettrait de mieux apprécier les effets de l'exploitation coloniale, qui a légué aux États indépendants une situation catastrophique de mono-exportation imposée dans le seul intérêt des métropoles.

LES EXPÉRIENCES

Est-ce à dire que tout espoir de promotion interne est exclu, l' « assisté » ne recueillant que les miettes des profits réalisés à ses dépens ? On a longtemps opposé à ce schéma un certain nombre de cas exemplaires, tels que le Gabon, le Cameroun et surtout la Côte-d'Ivoire.

Depuis l'indépendance, le Gabon a connu effectivement un essor remarquable (1960-1965 : taux de croissance du PIB de 9,4 % à prix courant, soit un taux réel de 4,6 %)[2], dû, outre l'okoumé, à son exceptionnelle richesse minérale (manganèse, or, pétrole, uranium, bientôt fer). Le revenu annuel moyen par tête est l'un des plus élevés d'Afrique (80 000 F CFA), de même que le taux de scolarisation (plus de 80 %)[3]. Mais ces chiffres ont une signification limitée, en raison de l'extrême sous-peuplement du pays (moins de 500 000 habitants, avec un taux d'accroissement démographique de 0,6 % seulement).

1. $$T = \frac{P(x)}{P(m)} : \frac{Z(x)}{Z(m)}$$

P étant l'indice des prix (*x* : à l'exportation ; *m* : à l'importation), Z l'indice de la productivité. Sur ce problème, voir notamment Ch. Kindleberger, *The Terms of Trade,* Londres, 1956, et H. Denis, L'évolution séculaire des termes de l'échange entre l'Europe industrielle et les régions sous-développées, *Cahiers de l'ISEA,* série P, n° 7, janvier 1963, p. 1-16.

2. S. Amin, *Histoire économique du Congo* [469], p. 171.

3. C. Coquery-Vidrovitch, *in* [4], II, p. 527.

LA CÔTE-D'IVOIRE

La Côte-d'Ivoire a fait davantage problème. Sous l'impulsion du président Houphouët-Boigny, elle a paru pendant longtemps constituer, dans le cadre d'un « capitalisme sauvage » résolument pro-occidental, l'exemple de la réussite offrant « le spectacle d'un pays pacifique qui a gagné la confiance des États les plus puissants du monde, qui a su attirer à lui, sans perdre son indépendance, les capitaux indispensables à sa mise en valeur, et qui a choisi délibérément les voies du modernisme et du progrès »[1].

Effectivement, depuis l'indépendance, le volume des échanges extérieurs a doublé et la balance commerciale s'est maintenue à un niveau largement excédentaire, en dépit de l'essor des importations d'équipement. Le taux de croissance annuel du PIB à prix constant, déjà de 7 à 8 % entre 1950 et 1960, a atteint le niveau, exceptionnel dans le monde, de 10 à 12 % entre 1960 et 1965.

Mais ce bel optimisme entretenu par des intérêts politiques et financiers considérables a commencé d'être dénoncé dans un rapport confidentiel du Fonds monétaire international[2]. Le dynamisme apparent d'une économie capable, entre 1960 et 1966, d'assurer ses investissements par ses propres ressources dans la proportion honorable de 75 % et de soutenir à la fois la construction du gigantesque barrage de Kossou et du port de San Pedro (coût respectif de $ 92 et 146 millions) ne doit pas faire illusion : ces opérations trop coûteuses ont creusé un gouffre dans les finances publiques ; les emprunts contractés au-dehors équivalent aujourd'hui au budget annuel, d'où un accroissement de la dette publique extérieure de 30 % par an. Le service de la dette est passé de 45 % de l'épargne publique en 1971 à 96 % en 1980, précisément au moment où s'approfondit la dépression qui accentue la baisse des produits tropicaux après les cours exceptionnellement favorables des années 1968-1970, puis à nouveau, 1975-1977.

Or, en dépit d'un effort certain de diversification des produits agricoles, 75 % des exportations restent couvertes par le café (troisième producteur mondial), le cacao (quatrième) et le bois. La moindre récession menace d'avoir des répercussions sociales d'autant plus catastrophiques que la hausse des prix à la consommation a été de 7 à 10 % en 1969, à la suite de la dévaluation du franc, et que la rapide concentration urbaine du littoral (30 % de la population ; accroissement annuel de 9 % à Abidjan) accélère le processus du sous-emploi.

On doit à l'économiste S. Amin l'hommage d'avoir prévu ce blocage en pleine euphorie (1966-1967)[3], le phénomène de l' « échange inégal » entraînant inéluctablement une « croissance sans développement », c'est-à-dire impulsée de l'extérieur, sans qu'il soit possible d'envisager un passage ulté-

1. *Le Monde,* La Côte-d'Ivoire, suppl. au n° 7363, 15-16 septembre 1968, p. 7-16.
2. G. Comte, Côte-d'Ivoire, *Le Monde diplomatique,* 14 mars 1972.
3. *Le développement du capitalisme en Côte-d'Ivoire* [262].

rieur assuré au développement national autocentré. Estimant le total des transferts à 40 % du produit, il conclut en 1971[1] : « Il n'est pas exagéré de dire que tout le surplus engendré en Côte-d'Ivoire – et au-delà – est transféré vers les centres du capitalisme mondial. On est donc loin du "décollage" primitivement annoncé, précisément, pour 1970. »[2]

LE SÉNÉGAL

À cinquante ans de distance, on assiste, à un rythme beaucoup plus rapide mais pour les mêmes raisons, à un blocage de la Côte-d'Ivoire analogue à celui du Sénégal colonial. En effet, en raison de son avance historique et malgré l'essor ivoirien récent, l'industrie sénégalaise reste la première de l'Afrique noire francophone.

Mais, depuis l'élimination des partisans du socialisme à la Mamadou Dia, le Sénégal a choisi la voie d'un taux de croissance modeste et « réaliste », susceptible d'être absorbé sans heurt par le système existant. De même que la Côte-d'Ivoire porte son effort sur les industries de montage (cycle, appareillage électrique...), il continue de se fonder sur l'industrie de transformation (brasseries, conserveries, textiles...), secteur dont l'essor ne fait qu'accroître le besoin en consommation de biens intermédiaires d'importation : d'où, dans l'un et l'autre pays, le freinage relatif du taux de croissance des exportations, dont la contrepartie est l'augmentation du reflux des bénéfices et de l'épargne.

Aussi S. Amin a-t-il un moment préconisé autour des installations privilégiées de Dakar – un des ports les mieux équipés d'Afrique tropicale mais sous-utilisé –, la mise en place d'un vaste complexe industriel lourd fondé, dans le cadre d'une collaboration interafricaine, sur les ressources exceptionnelles des territoires voisins, énergétiques et minérales (fer de Mauritanie et du mont Nimba, bauxite de Guinée, uranium du Niger...). En luttant contre la spécialisation excessive des territoires orientée suivant les impératifs des firmes étrangères (Ghana et Cameroun n'importent-ils pas la bauxite dont ils possèdent pourtant de riches gisements inexploités), l'ensemble pourrait servir de base à des échanges égaux capables de financer la modernisation des autres secteurs – agriculture et industrie légère – jusqu'à présent impulsée de l'extérieur[3].

1. *L'Afrique de l'Ouest bloquée* [85], p. 206.
2. Perspectives décennales et bilan 1960-1965 des investissements en Côte-d'Ivoire, *BAN*, n° 417.
3. *L'Afrique de l'Ouest bloquée* [86], p. 53, et *L'avenir industriel de l'Afrique* [672].

LE CAS GHANÉEN

Cette ample politique d'infrastructure a été entreprise par le Ghana. Mais elle s'est alors heurtée au problème insoluble du financement. Après l'échec de l'expérience néo-coloniale, le gouvernement N'Krumah, abandonnant l'espoir de voir « les capitalistes de la classe moyenne faire le travail », promulgua en 1962 un plan de sept ans d'expansion du secteur d'État : il racheta une partie des mines d'or, entreprit de reprendre aux Levantins le commerce de détail, de créer des fermes d'État et surtout de promouvoir le secteur industriel de base. L'année suivante, le High Commissioner reconnaissait que « de tous les pays d'Afrique tropicale le Ghana présente les meilleures perspectives économiques »[1]. Mais, en revanche, la dette publique, négligeable en 1960, passa à plus de 60 % du PIB en 1967, dont près de 30 % à l'extérieur. D'où la crise intérieure, la faillite politique du régime et le retour à un libéralisme pro-occidental qui résolut d'autant moins les problèmes que l'abandon de la politique d'industrialisation et le coup d'arrêt porté aux investissements publics (passés de 150 à 92 millions de new cedis de 1965 à 1967) accentuèrent la stagnation. Le nouveau putsch (décembre 1971), acculé aux mêmes difficultés, n'a pu asseoir un semblant d'équilibre budgétaire qu'en proclamant irrecevable un tiers de la dette contractée au temps de N'Krumah.

L'impasse financière à laquelle s'est heurté le socialisme ghanéen, aussi bien que le blocage prévisible du « miracle » ivoirien illustrent la gravité des obstacles rencontrés par des États aux options politiques pourtant, en apparence, radicalement opposées.

LE « SOCIALISME » AFRICAIN

Selon les tenants de l' « échange inégal », le libéralisme occidental paralyse à coup sûr le développement interne. Au mieux, l'essor se fait au profit d'une bourgeoisie locale très restreinte, formée à l'image de ses anciens maîtres, qui continue d'utiliser les techniques de la traite coloniale dont la spéculation orientée vers le Centre contribue à accélérer l'hémorragie de devises[2]. La recherche exclusive du profit corrode l'esprit public ; l'objectif

1. *Daily Graphic,* 1er juillet 1963.

2. Cl. Rivière, Les mécanismes de construction d'une bourgeoisie commerçante en République de Guinée, *CEA,* XI, 43, 1971, p. 378-399.

se limite à s'enrichir sur la base de l'intégration coloniale au marché mondial, en assurant l'exclusivité du pouvoir à une aristocratie bureaucratique méprisée par la masse défavorisée, en raison de ses exactions et de sa corruption.

LENTEURS ET DIFFICULTÉS DES EXPÉRIENCES SOCIALISTES

On sait que les expériences dites socialistes se sont soldées par un échec caractérisé. À la suite du Ghana ou du Mali, la Guinée s'est enlisée dans un régime autocratique qui a décroché de la réalité, tandis que la République populaire du Congo a oscillé entre intellectualisme et populisme militaire ; la première surtout a cherché à remédier à une impopularité grandissante par le recours spectaculaire aux complots et aux procès politiques qui ont poursuivi l'anéantissement des élites.

Certes, de tels régimes se sont d'abord préoccupés de réagir contre la domination extérieure, d'éliminer progressivement le capital étranger, de mettre en place un secteur économique d'État qui a tout naturellement commencé par se porter sur le commerce extérieur, domaine jusqu'alors réservé des firmes expatriées : création de la SOMIEX (Société malienne d'import-export), de l'Office national de Commercialisation (OFNACOM) à l'importation, et de l'ONCPA à l'exportation des produits agricoles (Congo). Mais l'effort a visé aussi les transports, les travaux publics, la prospection minière et pétrolière, l'agriculture de pointe (la SIACONGO a repris les installations sucrières de la SIAN – des Grands Moulins de Paris – et de la société d'Économie mixte qu'elle contrôlait en fait, la SOSUNIARI), avec la promotion de coopératives rurales destinée à gagner la paysannerie à des formes d'organisation socialiste[1]. Néanmoins, quelles que fussent la rigueur personnelle et la bonne volonté de l'équipe au pouvoir, les difficultés inhérentes à ces pays exigus, où une mince couche dirigeante se trouvait à peu près totalement coupée des masses rurales, rendaient à court terme le succès quasiment impossible. L'absence de contrôle effectif de l'appareil d'État, la rareté, l'incurie ou la corruption des cadres et des techniciens et la pénurie financière entraînèrent la gestion défectueuse d'un secteur public régulièrement déficitaire. Les réalisations positives, notamment dans le domaine scolaire ou sanitaire, ne suffirent pas à compenser l'aggravation du malaise économique et social accentué par une inflation galopante. Le tout provoqua la désaffection ou l'exode aussi bien des élites que d'une masse rurale misérable et sensible aux tracasseries d'un appareil bureaucratique trop souvent inutilement maladroit.

1. Cf. sur le Mali, *L'Afrique de l'Ouest bloquée* [86], p. 258-260.

Aussi le socialisme africain, qui se contenta le plus souvent de faire des nationalisations la panacée universelle, fut-il la forme caricaturale d'un dirigisme étatique mal conçu et maladroitement réalisé. Si le « neutralisme » impliquait au moins la liberté du choix quant à l' « aide » désirée, il la diversifia sans l'atténuer.

Le cas de la Guinée est, à cet égard, exemplaire : ce pays africain relativement petit (peut-être 4 millions d'habitants pour 245 000 km^2), en dépit de la diversité exceptionnelle de son climat et de ses ressources (plaine forestière maritime, terres de savane à céréales, massif pastoral du Fouta-Djalon, richesses minérales) fut en 1958, à la suite de sa rupture avec la France, hors d'état de surmonter seul les obstacles. Le problème de la survie vivrière fut en partie résolu par un retour à l'économie de subsistance et de troc ; mais la mise en place d'une infrastructure industrielle nationale était impossible, faute de ressources mais aussi de marché intérieur : le secteur moderne s'est développé en marge du socialisme d'État, au prix de sa dépendance du capital étranger. Troisième producteur mondial de bauxite, la Guinée a confié sa production d'alumine à la Compagnie Fria (38,5 % du capital à la Compagnie Olier Mathieson et 22,2 % à Péchiney). Dans la Compagnie mixte des Bauxites de Guinée, le groupe Halco (capitaux américains dominants) est majoritaire avec Péchiney, Kuhlmann et la Montecatini. La bauxite de Kindia fut exploitée sur un emprunt russe remboursable en minerai, et la prospection de fer du mont Nimba entreprise par cinq sociétés étrangères[1] : la situation n'a pas fondamentalement différé de celle d'un État comme le Niger où la *Société des Mines de l'Aïr* (Somaïr), qui a mis en exploitation l'un des plus riches gisements d'uranium du monde, est un consortium réparti entre le Commissariat à l'Énergie atomique (33,50 %) et des intérêts privés français (33,50 %), allemands et italiens (16,25 %), contre 16,75 % seulement à l'État[2].

Face à ces contraintes financières, certains dirigeants ont élaboré la doctrine du « socialisme humaniste », tels Kaunda en Zambie ou Nyerere en Tanzanie, pour lequel le socialisme africain serait surtout un « état d'esprit », répondant à la volonté de fonder la société sur la propriété publique des moyens de production, de distribution et d'échange. Avec une sagesse certaine, ces pays se sont engagés dans un programme de rénovation dénué d'une trop grande précipitation. En avril 1968, Kenneth Kaunda a annoncé une « révolution économique » visant à « zambianiser » l'économie du pays dans le cadre d'un « capitalisme populaire » : 25 compagnies étrangères ont été invitées, moyennant indemnité, à céder au gouvernement 50 % de leur capital. Puis les firmes productrices de cuivre ont dû vendre à l'État 51 % de leurs actions. Mais, sur le plan idéologique, le pacifisme du Président était difficilement conciliable avec les impératifs éco-

1. *L'Afrique de l'Ouest bloquée* [86], p. 111-112.
2. *Les Échos*, 9 février 1970.

nomiques nationaux, puisque le marché du cuivre reposait largement... sur la guerre du Viêt-nam. En outre, devant la détérioration financière (chute des cours et crise de l'agriculture), le gouvernement a aussi interdit les grèves dans le Copperbelt et gelé les salaires ; d'où la relance de l'agitation et le désenchantement accentués par la pression de l' « Afrique blanche »[1].

Les derniers espoirs déçus furent ceux de la Tanzanie et surtout du Mozambique. Restait le Zimbabwe. Certes, en Tanzanie, Nyerere, face à la pénurie monétaire, a progressivement imposé l'identification Parti/gouvernement qui tendit à oblitérer le contrôle populaire ; mais les nationalisations restèrent prudentes (l'État a, par exemple, acquis la moitié des parts des mines de diamant) ; au niveau rural, la tentative de mobiliser les efforts villageois au nom des traditions communautaires ancestrales (l'*Ujamaa*) n'a pas atteint le niveau des coopératives de production, et les notables ont été prompts à récupérer les opportunités nouvelles à leur profit ; mais au moins a-t-on assisté à un travail en profondeur (le seul de ce genre en Afrique noire) de remise en question fondamentale de l'enseignement, dans la perspective d'une adaptation aux conditions propres du pays, au lieu de continuer de projeter les modèles importés d'Occident. Au Mozambique, la volonté de faire table rase des contraintes et des préjugés du passé au nom d'une révolution sociale marxiste diffusée dans les campagnes par la création autoritaire des « villages communautaires » s'est heurtée aux traditions paysannes, et surtout à la situation de guerre entretenue par l'adversaire limitrophe sud-africain. Le résultat fut catastrophique. Quant au Zimbabwe, l'avenir dira dans quelle mesure la politique naguère relativement modérée du gouvernement de Mugabe va pouvoir limiter les dégâts.

UNE VOIE RADICALE ?

Les théoriciens les plus radicaux estiment cependant que le développement est possible seulement à la condition d'échapper à la dépendance – c'est-à-dire au prix de la rupture avec le marché mondial, seul moyen d'échapper au cycle infernal de l'aide et de l'endettement susceptible tout au plus de perpétuer le système : celui d'une économie extravertie, consolidée par une cohérence politique et sociale protégée par les puissances aidantes, au moyen d'une assistance technique téléguidée, d'un enseignement calqué sur celui des anciennes métropoles et du contrôle politique des États indociles.

1. J. Knecht, *Le Monde,* 3 novembre 1971.

Seul l'isolement provisoire, en bouleversant les données de l'échange inégal, permettrait le rétablissement spectaculaire des revenus internes. Telle fut, du moins, l'hypothèse d'A. Emmanuel, qui a appliqué sa théorie à un cas de simulation historique : celui d'une Afrique du Sud d'où disparaîtrait la disparité des salaires entre Noirs et Blancs, cause fondamentale, à ses yeux, du blocage relatif de cette ancienne « colonie blanche » par rapport aux autres dominions[1]. Supposons, dit-il, que demain les Sud-Africains massacrent les Bantu et les remplacent par des colons blancs à haut salaire (ou, tout aussi bien, que les Bantu éliminent les Blancs et décident unilatéralement une hausse générale des salaires) ; le résultat immédiat serait, évidemment, catastrophique. Mais l'issue finale serait un bond en avant du pays, qui rattraperait rapidement les nations les plus développées. L'Afrique du Sud fournit, en effet, 75 % de la production d'or du monde occidental (60 % si l'on inclut les ventes de l'ex-URSS). Si le cours mondial actuel était maintenu, la plupart des mines africaines, où le coût de production le dépasserait de beaucoup, seraient contraintes de fermer. Devant une telle menace de déséquilibre du marché libre, les États-Unis devraient, en fin de compte, renoncer à l'embargo pour relever les prix, et l'amélioration des termes de l'échange apporterait au pays un surplus considérable.

L'historien aura beau jeu de reprocher au théoricien l'irréalisme de son hypothèse. Car, outre qu'une telle option suppose, au préalable, une révolution politique interne qui a pris une tout autre voie, et que l'Afrique du Sud est favorisée du fait d'une production de base indispensable à l'équilibre financier mondial, la rupture avec le « Centre » implique la capacité des États dissidents à se suffire à eux-mêmes dans le court terme. Ce qui serait à la rigueur concevable au Centre – puisque les échanges des pays développés entre eux couvrent 80 % de leur commerce extérieur – l'est beaucoup moins pour la périphérie qui, en revanche, consacre 80 % de son commerce au Centre.

Certes, ce changement radical a naguère été réalisé en URSS à la suite de la Révolution de 1917. C'est que la rupture fut facilitée par l'existence d'un immense espace intérieur, où des zones complémentaires auraient pu non seulement affronter la subsistance des populations concernées, mais aussi permettre un marché interne considérable susceptible d'absorber l'accroissement rapide de la production. Ce n'en fut pas moins un échec. L'hypothèse même est difficilement concevable au sein des frontières exiguës de la plupart des États africains actuels, dans le cadre de leur économie extravertie héritée du passé colonial.

1. *L'échange inégal, op. cit.*, p. 161-163.

C – LES PROBLÈMES ACTUELS

Les problèmes majeurs restent ceux des débouchés et de la diversification de la production.

LA DÉGRADATION RURALE

L'agriculture continue d'être grevée par la détérioration des termes de l'échange qui fait plus qu'absorber les améliorations de productivité obtenues çà et là. Les prix agricoles, quand ils n'ont pas baissé (cas du cacao), ont été relevés dans des proportions ridiculement faibles (coton, RCA : de 24 F CFA en 1956 à 28 F en 1968 ; Tchad : de 25 F en 1951 à 26 F depuis 1957 ; sans parler de l'arachide déjà cité). La hausse parallèle du coût de la vie a entraîné une baisse du pouvoir d'achat de l'ordre de 30 à 50 % entre 1955 et 1967[1]. D'où le repli sur l'économie de subsistance d'une paysannerie réduite à la résistance passive, dont il importe de secouer l'apathie par des mesures immédiates d'encouragement et des efforts à long terme d'investissements (coopératives, routes, éducation...), susceptibles de lutter contre une dégradation rurale qui accélère le mouvement de migration vers les villes.

LE PROBLÈME DÉMOGRAPHIQUE

LES EFFECTIFS

Longtemps considérée comme sous-peuplée, l'Afrique noire est, en effet, en passe de rattraper la situation du reste du Tiers Monde. La population, de l'ordre de 150 millions en 1965 (non compris l'Afrique du Sud), atteint quelque 300 millions en 1980. La catégorie active disponible (de 15 à 64 ans) est passée dans le même temps de 44 à 80 millions. L'accroissement

1. S. Amin, *Histoire économique du Congo* [469], p. 183.

naturel atteint, de nos jours, un rythme inégalé dans le reste du Tiers Monde avec un taux brut de reproduction[1] de 3,1 (taux brut moyen de natalité de 49 ‰, atteignant 55 ‰ au Togo par exemple).

Le taux annuel d'accroissement ne fait que s'accélérer (0,6 % de 1900 à 1930 ; 1,3 % de 1930 à 1950 ; 2,5 % pour la période 1960-1962, contre 2,3 % seulement en Afrique du Nord)[2]. Dès à présent, la situation est celle d'un surpeuplement relatif – expression à ne pas confondre avec celle de forte densité, qui désigne le rapport entre le nombre d'habitants et la superficie, sans préciser ni le niveau technologique des habitants ni la qualité des terres, souvent exceptionnelle dans les zones à densité élevée.

LE PROBLÈME PAYSAN

Or, cet accroissement intervient précisément dans le secteur de subsistance où, à la différence du secteur moderne, la productivité tend à demeurer stationnaire[3]. Jusqu'à présent (sauf dans le cas limite des réserves), les niveaux de vie n'en avaient pas été affectés outre mesure, grâce à la colonisation des « terres neuves » (telle l'expansion arachidière dans le Sénégal oriental) ou à une rationalisation modérée adaptable à l'économie tribale (fumure par exemple). Mais le système agricole traditionnel, s'il est bien adapté aux conditions tropicales d'un sol pauvre et instable (comme le défrichement par abattage et brûlis), est statique et peu susceptible de s'adapter aux nouvelles cadences démographiques[4]. La majeure partie des populations rurales pratiquent encore le système des cultures itinérantes où les densités optimales restent faibles (3 par km^2 pour l'agriculture Chitemene des Bemba de Zambie)[5]. En outre, le système communautaire, peu favorable aux dépenses d'investissement, encourage moins un effort de productivité qu'une subdivision compensatoire des terres avec réduction dangereuse des jachères. Enfin, le processus d'appropriation privée du sol, accéléré par l'extension des cultures commerciales, a intensifié la pénurie de terres et, de plus en plus, les jeunes s'expatrient en quête d'autres perspectives[6].

1. Le taux brut de reproduction exprime, compte non tenu de la mortalité des femmes, le nombre moyen de naissances féminines par femme au long de sa période de fécondité.
2. J. C. Caldwell, Introduction, *La population de l'Afrique tropicale* [27], p. 4. Voir également le tableau p. 289.
3. E. Van de Walle, Rapport entre l'évolution démographique et le développement économique en Afrique tropicale, *ibid.*, p. 483-484.
4. Voir à ce propos : P. Gourou, *Les pays tropicaux*, Paris, 1947.
5. A. I. Richards, *Land Labour and Diet in Northern Rhodesia*, Londres, 1939.
6. P. H. Gulliver, Land tenure and social change among the Nyakyusa, *East African Studies*, n° 11, EAISR, Kampala, 1958, p. 2.

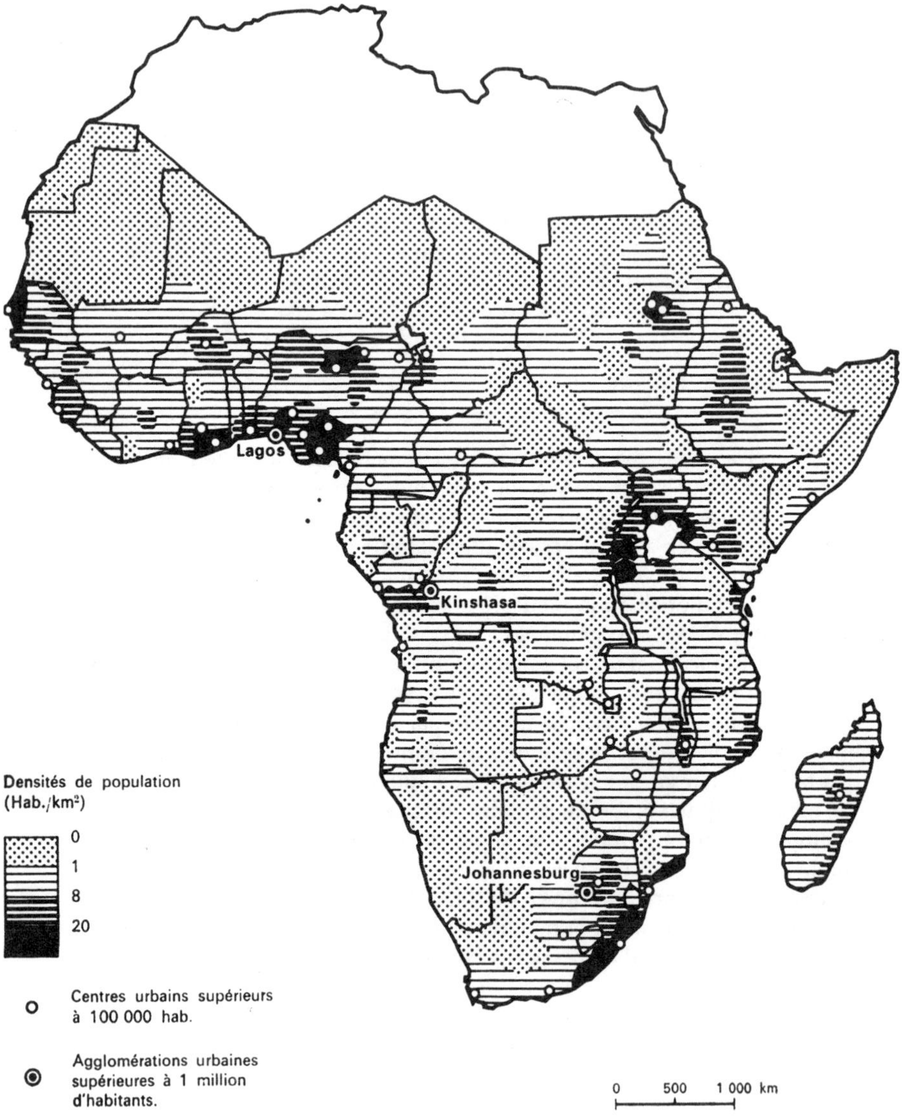

Fig. 11. – Peuplement de l'Afrique noire en 1975

On a calculé que, la population d'Afrique occidentale ayant augmenté de 2,3 % l'an entre 1965 et 1980, il lui faudrait investir chaque année 9,2 % du revenu national simplement pour compenser l'accroissement des effectifs (contre 6,8 % en Afrique centrale et 10,8 % en Afrique orientale).

Puisque l'épargne représente seulement 6 % du PNB en Afrique noire, le recours aux investissements étrangers dans le domaine agricole apparaît inévitable. Encore ne doit-on pas postuler le caractère inéluctablement bienfaisant de tels investissements. Une nécessité impérative est le soutien au domaine rural traditionnel (par la mise en œuvre des virtualités tribales, la recherche scientifique, l'éducation, la commercialisation...). Celui-ci doit être considéré en tant que tel, comme source de vivres, de capital et de devises et marché intérieur pour la production industrielle, et non plus seulement comme une réserve de main-d'œuvre bon marché pour un secteur urbain relativement pléthorique[1].

L'ESSOR URBAIN

On estime, en effet, que si, entre 1956 et 1975, le nombre de travailleurs potentiels s'est accru de près de 25 millions d'individus en Afrique tropicale, celui des emplois dans l'industrie, de moins en moins consommatrice de main-d'œuvre à l'image de la technologie occidentale, a augmenté de 1 million seulement.

Il est vrai que l'Afrique noire reste la moins urbanisée des grandes régions du monde, avec seulement 9 % de la population vivant dans des centres de plus de 20 000 habitants (moyenne mondiale 1966 : 21 %). Mais la situation se modifie rapidement. Sur les 7 millions d'habitants supplémentaires par an, au moins 1 million et demi se dirigent vers les grandes villes (de plus de 100 000 habitants). Certes, la migration n'est pas à sens unique, et il y a un nombre important de retours dans les villages, soit en raison de l'étroitesse du marché du travail urbain, soit par le mécanisme entretenu des migrations temporaires du travail (comme pour les Mossi voltaïques d'Abidjan), renforcée par la permanence de la symbiose entre la ville et la brousse[2]. Néanmoins, vers 1960, près d'un quart de la population ghanéenne vivait déjà dans des centres de plus de 5 000 habitants (30 % dix ans plus tard)[3]. Mais au Sierra Leone, où l'urbanisation est moitié moindre, le nombre de ces centres est passé de 2 à 18 depuis 1927. Au Congo le cap des 50 % de population urbaine est désormais franchi. Le chômage

1. B. F. Johnston et J. W. Mellor, The role of agriculture in economic development, *The American Economic Review,* septembre 1961, p. 566 sq.
2. Cf. J. Gugler, Life in a dual system : Eastern Nigerians in town, 1961, *CEA,* XI, 43, 1971, p. 400-421.
3. S. K. Gaisie, Ghana, *Profils démographiques,* Population Council, New York, mars 1971, 22 p.

industriel s'accroît, et la situation a favorisé l'hypertrophie d'un secteur public en voie d'être saturé à son tour.

Le phénomène contemporain est celui de la constitution d'un espace régional complexe, dominé par un milieu urbain composé de forces sociales multiples (« bourgeoisie bureaucratique hypertrophiée et *prolétariat* insuffisamment développé »), mais aussi et de plus en plus secteur dit improprement « informel », composé d'une masse croissante et en réalité diversifiée et hiérarchisée de « petits métiers », de chômeurs ou de semi-ruraux marginalisés ; les interrelations entre ville et campagne deviennent de plus en plus étroites, et l'on s'interroge aujourd'hui sur le bilan des flux financiers et sociaux : dans quelle mesure les citadins bénéficient-ils des surplus extorqués aux ruraux qui fournissent une force de travail dont l'entretien reste largement à la charge du mode de production coutumier ? Ou bien, au contraire, les paysans ne survivent-ils que grâce aux bribes redistribuées des villes, où ils envoient leurs enfants à l'école et les jeunes qu'ils ne parviennent plus à nourrir ? Les villes apparaissent dès lors comme le dernier recours de la paupérisation africaine[1].

LES POLITIQUES DÉMOGRAPHIQUES

Est-ce à dire que l'explosion démographique est un handicap absolu ? C'est, notamment, la tendance américaine adoptée aux premières Conférences africaines de la population (Ibadan, 1966, et Accra, 1971). Bien qu'au sud du Sahara il n'existe encore aucune politique officielle de régulation des naissances (sinon au Ghana et au Kenya), l'attitude des gouvernements paraît moins défavorable qu'on aurait pu le soupçonner[2].

Néanmoins, les délégués africains se sont montrés, à Accra, résolument hostiles à un programme mené à grand renfort d'experts et de financement spécialisés. Tout en se prononçant pour la diffusion de l'information et des moyens médicaux au niveau des services déjà existants (dispensaires de protection maternelle et infantile et services sanitaires ruraux), ils estimaient douteux le succès d'une solution purement technique allant à l'encontre de traditions enracinées, religieuses (en pays musulman) ou sociales (en pays animiste), fondées sur le culte de la famille et le rôle de l'enfant.

En outre, moins pessimistes que les démographes, les économistes africains se refusent à considérer leur accroissement démographique comme

1. Cf. R. Sandbrook, *The Politics of Basic Needs* [620].

2. D. Nortman, Programmes de population et de planning familial, *Bull. de démographie et de planning familial*, New York, juillet 1971, 113 p.

intégralement nocif : une population plus nombreuse est le gage d'une force de travail accrue en même temps que la promesse d'un marché interne élargi ; même l'urbanisation accélérée est loin d'être un mal absolu, car la ville agit comme un puissant diffuseur de la modernité : le Cap-Vert, avec 27 % de la population sénégalaise, absorbe 70 % des emplois commerciaux et 80 % des emplois industriels et consomme 95 % de l'électricité du pays. Lagos, moins isolé dans un Nigeria beaucoup plus urbanisé (seulement 2,5 % de la population), consomme pourtant encore 46 % de l'électricité du pays et diffuse 20 % des journaux et 80 % des revues[1]. Le flot de fonds, de biens et de migrants qui, de ce fait, refluent dans de lointains villages est un véhicule d'évolution économique et socioculturelle.

Enfin, le courant moderniste africain estime qu'une véritable régulation des naissances ne peut s'instaurer que dans le cadre d'une transformation politique globale, où la remise en cause de l'ensemble des structures autoriserait la mise en place d'une politique générale d'amélioration des niveaux de vie, par l'accession accélérée à la modernité.

LE RECOURS

Certes, l'industrialisation en profondeur est urgente, mais les revenus ruraux décrochent de plus en plus des revenus urbains. Dans ces pays où le secteur agricole reste prédominant, il serait dangereux de se bloquer sur l'alternative « industrie » ou « agriculture ». Celle-ci doit aussi être encouragée avec énergie. Mais avec quelles ressources ? Pour remédier à la dépendance actuelle vis-à-vis des grandes puissances, la seule issue paraît être celle d'une entente interne étendue à l'ensemble du continent noir, capable de mettre en œuvre l'aménagement cohérent d'un vaste espace économique autocentré. Des industries de base localisées de façon rentable (à l'exclusion de réalisations nationales de prestige économiquement aberrantes, telles que la juxtaposition concurrente des vastes ports modernes, inadaptés à l'exiguïté de l'arrière-pays, de San Pedro-Abidjan-Tema-Lomé-Cotonou) s'assureraient d'abord un marché intérieur susceptible, à la fois, de se protéger contre les tendances centrifuges héritées des circuits commerciaux coloniaux, et de développer ses capacités d'absorption par une politique d'amélioration du pouvoir d'achat des populations, en commençant par les masses rurales.

Sans nécessairement entraîner, au départ, une rupture radicale avec le « Nord », inconcevable en l'état actuel de l'interdépendance mondiale, une

1. W. A. Hance, *Population...* [32], p. 209-210, et *Banque mondiale.*

telle concertation économique supposerait, non seulement de surmonter le nationalisme à courte vue des petits États actuels, mais aussi de le faire dans le cadre d'une refonte interne des structures politiques et sociales. Ceci impliquerait, à tout le moins, la volonté d'affirmer la libre détermination des États africains face aux grandes puissances. L'OUA semblait l'avoir compris qui, afin de promouvoir en Afrique les conditions d'un « Nouvel Ordre économique mondial », préconisait en 1980 la mise en œuvre, d'ici la fin du siècle, d'un « marché commun » panafricain. L'avenir dira si cet objectif vital aura raison des forces centrifuges actuelles, nationalistes et idéologiques. « Nous unir ou périr », le panafricanisme militant de N'Krumah qui a tant inquiété ses voisins, quelles que fussent, par ailleurs, les faiblesses doctrinales du personnage, permettrait seul, pourtant, de commencer à réduire les problèmes du sous-développement.

Conclusion (addendum 3ᵉ édition)

Il y aurait beaucoup à ajouter à ce chapitre. Contentons-nous de souligner la distance prise avec les interprétations des années 1970. L'historiographie coloniale fut alors fortement influencée par l'école marxiste, soit par réaction contre elle, soit par adéquation à la théorie (sous-développement, modes de production, Tiers Monde...). Le débat portait sur les rapports entre impérialisme et colonisation : les Européens avaient-ils bâti leurs empires parce que créer des colonies était une affaire rentable ? Les historiens non marxistes, Robinson et Gallagher en Grande-Bretagne [101], Henri Brunschwig en France [105], avaient eu beau jeu de démontrer, chiffres en main, le caractère peu convaincant de ce postulat, en Afrique du moins. Un compromis semblait avoir momentanément réconcilié tout le monde – celui précisément proposé dans ce chapitre – (C. Coquery-Vidrovitch, Les débats actuels en histoire de la colonisation, *Revue Tiers Monde,* t. XXVIII, n° 112, 1987, p. 777-780) : non, l'Empire, dans sa première phase surtout, n'était pas rentable ; la Conférence de Berlin (1884-1885) avait néanmoins provoqué l'accélération de l' « impérialisme colonial » pour des raisons internes au capitalisme occidental hautement concurrentiel en cette fin de siècle. Le hasard fait que les études économiques précises de la colonisation, insistant sur les exactions, expropriations, travail forcé et autres méthodes coercitives au demeurant peu efficaces, ont porté sauf exception presque exclusivement sur l'Afrique noire. Il faut ajouter aux textes classiques (Merlier [508] ; Suret-Canale [210] ; Vanhaeverbeke [203] ; Coquery-Vidrovitch [129] ; Coquery-Vidrovitch et d'Almeida (éd.) [654]) :

ALMEIDA-TOROR (Hélène d') [951].

LAKROUM (Monique), *Chemins de fer et réseaux d'affaires en Afrique occidentale, 1885-1960,* thèse d'État, Université de Paris VII, 1987.

SCHREYGER (Émile), *L'Office du Niger au Mali, 1932-1962,* Wiesbaden, Steiner (et L'Harmattan), 1984, 384 p.

SURET-CANALE (Jean), *Afrique et capitaux. Géographie des capitaux et des investissements en Afrique tropicale d'expression française,* Paris, L'Arbre verdoyant, 1987, 2 vol., 860 p.

D'où un certain biais donné à l'analyse, du fait du caractère tardif du capitalisme en Afrique tropicale française.

Jacques Marseille (*Empire colonial et capitalisme français. Histoire d'un divorce,* Paris, Albin Michel, 1984) a balayé tout cela en démontrant que l'Empire avait bel et bien été, dès l'origine, rentable, au moins pour un lobby d'intérêts coloniaux. Mais cet engouement avait freiné la modernisation capitaliste de la France en permettant à des industries archaïques (sidérurgie, textile) de se maintenir en dehors de la concurrence internationale, grâce à un marché protégé par le « repli sur l'Empire ».

Il faudrait, enfin, compléter la prospective africaine par les données en gestation aujourd'hui, dont la connaissance est encore embryonnaire : d'une part, sur le plan démographique, l'hypothèque tragique proposée par l'apparition récente et l'ampleur à moyen terme dramatique du sida. Les historiens ne l'ont pas encore intégré à une réflexion pourtant en plein essor sur l'histoire de la démographie africaine, cf. :

BECKER (Charles) et COLLIGNON (René), *Santé et population en Sénégambie des origines à 1960. Bibliographie annotée,* Paris, INED, 1989, 554 p.

CORDELL (D.) et GREGORY (J.) (éd.), *African Population and Capitalism. Historical Perspectives,* Westwiew Press, 1987, 302 p.

DOMERGUE (D.), *La santé en Côte-d'Ivoire, 1905-1958,* Toulouse, Académie des Sciences d'outre-mer et Université de Toulouse, 1987, 2 vol., 1 313 p.

TABUTIN (Daniel) (éd.), *Population et sociétés en Afrique au sud du Sahara,* Paris, L'Harmattan, 1988, 550 p.

D'autre part, dans le domaine politique, les objets de réflexion se renouvellent chaque jour, par les facteurs décelables d'une évolution aussi soudaine qu'apparemment profonde, en particulier dans les États francophones, par la vague des émeutes populaires urbaines dites « du FMI », dues au moins en partie à la rigueur des politiques d'ajustement structurel proposées par les instances financières et bancaires internationales ; et, sans doute peu séparables des précédentes, par les aspirations des masses urbaines, et notamment des jeunes, à des formes politiques se réclamant des démocraties occidentales : cf. *Histoire des jeunes en Afrique* [950], *Actes* d'une conférence internationale (Paris, 1991) suivis de plusieurs thèses novatrices sur le même sujet (cf. chap. XVI). Enfin, outre l'évidence d'une géopolitique mondiale à repenser après l'effondrement des régimes « marxistes-léninistes », notons la nécessité, plus que jamais, de « revisiter » l'histoire sud-africaine à la lumière des derniers épisodes de l'après-*apartheid.*

Se reporter, pour de plus amples informations, au chapitre XVI, sur les nouveaux thèmes de la recherche.

Quatrième section (addendum 5e édition)

État des lieux

CHAPITRE XVI

L'historiographie de l'Afrique noire des XIXe et XXe siècles aujourd'hui

A – QUELQUES TRAITS SPÉCIFIQUES

On fréquentera utilement les trois forts bilans réflexifs et méthodologiques constitués par Bogumil Jewsiewicki et David Newbury [1055], Valentin Mudimbe et Bogumil Jewsiewicki [1079][1], Robert Bates, Valentin Mudimbe et Jean O'Barr [1024].

Au départ, dans les années 1950-1960, le signalement de cette historiographie nouvelle pouvait invoquer quelques originalités et quelques ressorts : l'élaboration explicite et la pratique d'une méthodologie des sources orales, les apports intellectuels forts et décisifs de certaines anthropologies et sociologies novatrices et les apports documentaires mêlés des diverses « sciences coloniales », les problématiques de l'impérialisme et de l'insertion de l'Afrique dans le système mondial, les écrits d'intellectuels africains redonnant à l'Afrique une historicité jusqu'alors déniée et confisquée et sa dignité culturelle, la mobilisation de l'histoire dans les nouveaux cadres nationaux à partir des indépendances.... Tel était encore son portrait au moment de la rédaction de ce livre (cf. notre Avant-propos). Qu'en est-il aujourd'hui de ces traits – en limitant bien sûr ici nos remarques aux recherches et aux intelligibilités qui portent sur l'histoire des XIXe et XXe siècles ?

1. Compte rendu par H. Moniot, L'histoire à l'épreuve de l'Afrique, *CEA*, 138-9, 1995, p. 647-656.

SES LIENS AVEC LES AUTRES SCIENCES SOCIALES

La cause des sources orales est aujourd'hui gagnée. Elle continue d'être servie, notamment au titre des récits de vie (cf. des exemples p. XXXVII). Mais l'intérêt qu'elles soulèvent toujours se fond souvent dans le dossier des rapports de l'oral et de l'écrit dans la vie sociale, hier et aujourd'hui, et dans celui des mémoires et des consciences historiques (cf. p. XLII-XLIII et, ici même, *infra*).

La force tirée de la fréquentation ou de l'exercice direct de l'anthropologie reste aussi, mais avec des fortunes variables.

La raison de fait constituée par l'intérêt documentaire potentiel de l'ensemble des anciennes sciences exotiques et coloniales de l'Occident (où l'anthropologie n'est pas seule) demeure, et suscite d'ailleurs aujourd'hui beaucoup d'études pertinentes. Les unes sont des appréciations et des enquêtes globales : Claude Blanckaert [1034], Emmanuelle Sibeud [1086], Marie Albane de Suremain [1087], Tai Li Chuan [1088], ou des appréciations spécifiques : Anne Piriou et Emmanuelle Sibeud [1082], Bernard de l'Étoile [1065], Kusum Aggarwal [1017] (qui contient une évaluation vive de l'africanisme français), Jean-Louis Triaud [1092], Catherine Coquery-Vidrovitch [1045] et [1046]) ; d'autres portent attention à tel auteur majeur, comme Delafosse (Jean-Loup Amselle et Emmanuelle Sibeud [1018]) ou Faidherbe (Abdoulaye Bathily [1025] et Anna Pondopoulo [1083]) ou étudient un cas et le rendent significatif (François-Xavier Fauvelle [1050] ; Adam Kuper [1064]).

Persistent aussi de fortes contributions d'anthropologues contemporains, pétries de problématiques et d'intelligences historiennes : Georges Dupré [874], Michel Izard [890] et [957], Emmanuel Terray [1090], Andrew Apter [1021], Jean Bazin et E. Terray [1030]. Et les anthropologues, mêlés intimement aux historiens, continuent de travailler à la réappréciation de l' « ethnie » (cf. p. XLII-XLIII)[1].

Certes, la stature et le statut publics de l'anthropologie ont perdu de leur prestance (cf. Coquery-Vidrovitch [1043]), mais on ne peut méconnaître ses manifestations toujours vives (ainsi la revue *L'Homme*, la part anthropologique des *Cahiers d'études africaines*...), les relances originales de ses perspectives générales avec la mondialisation (Arjun Appadurai [1019], Marc Augé [1022], Jean-Loup Amselle [1018 *bis*]), les expressions autocritiques utiles qu'appelle la pratique du « terrain », qui témoignent de lucidité

1. Pour une introduction à l'anthropologie allemande, trop mal connue en France : Youssouf Diallo, L'africanisme en Allemagne, hier et aujourd'hui, *CEA*, 161, 2001, p. 13-43.

plutôt que de crise (Jean Bazin [1028] et [1029]), ni davantage méconnaître la communauté cognitive foncière de toutes nos sciences sociales (Jean-Pierre Olivier de Sardan [1080]).

En revanche, le compagnonnage actif et inventif de la science politique est aujourd'hui patent, notamment en France. La revue *Politique africaine* publie de très riches débats critiques et réflexifs, les travaux du Centre d'études d'Afrique noire (CEAN) de l'Université de Bordeaux et ceux du Centre d'études des relations internationales (CERI) de l'Institut d'études politiques de Paris sont gros porteurs d'histoire et l'inspiration de Jean-François Bayart a beaucoup compté pour la vivacité de notre discipline – que les analyses, les prises conceptuelles et les problématiques y soient menées « par le bas » (la société) ou par le haut (l'État) [842], [952], [1026], [1027]..., cf. aussi Christian Coulon et Denis-Constant Martin [865], Martin [1068], Terray [1089]. Symétriquement, des études d'historiens nourrissent très directement le propos d'une science politique (Florence Bernault [1032], Pierre Boilley [1035]...).

Un bilan critique du faisceau de nos diverses sciences sociales, fait à l'enseigne du développement, concerne très souvent l'Afrique noire, organisé par Catherine Choquet, Olivier Dollfus, Étienne Le Roy et Michel Vernières [1039][1].

L'INTÉRÊT PORTÉ AUX CONSCIENCES ET AUX USAGES DU PASSÉ

Mais, pour précieux que soient ces compagnonnages, le temps est peut-être venu où, au sein des études sur l'Afrique, l'histoire est « la discipline qui mène la ronde ». Faisant cette remarque en 1990, Jean Copans [1042] notait aussi judicieusement à quel point cette question est solidaire d'une autre, dédoublée, qui taraude heureusement plus d'un chercheur (qu'il ait l'étiquette d'historien, d'anthropologue, de sociologue ou de politiste...) : en quoi cette connaissance savante rencontre, alimente ou reprend les consciences publiques ? en quoi conscience historique, mémoires, argumentations, énonciations, représentations du passé sont ingrédients et enjeux au sein même de la vie sociale ?

Sur l'histoire comme ingrédient intellectuel et social, cf. Joseph Ki-Zerbo [1062], Bogumil Jewsiewicki [1056], John Lonsdale [1067]... La question s'examine aussi du point de vue de la mémoire (Jean-Pierre Chrétien et Jean-Louis Triaud [1040], Bogumil Jewsiewicki ([1057], [1058], [1060]), ou

1. Avec notamment, p. 19-41 : Histoire coloniale et décolonisation. Le cas impérial français, par Catherine Coquery-Vidrovitch.

au sein d'études sociologico-historiques (John Lonsdale [1066], David Cohen et E. S. Atieno-Odhiambo [1041], Bruce Berman et John Lonsdale [1031]), dans des études de cas très directement centrées sur cet usage public de l'histoire (Mamadou Diouf [1047], Daphna Golan [1052], Martin Kalulambi Pongo [1061], Achille Mbembe [1069], Harris Memel-Fôté [1073]). Elle mobilise aussi l'usage des images et des objets (deux livraisons des *Cahiers d'études africaines* consacrées aux images et aux musées [1036] et [1037]).

UNE HISTOIRE TOUJOURS PLUS FRÉQUEMMENT ÉCRITE PAR DES AFRICAINS

L'historiographie de l'Afrique est largement aujourd'hui le fruit d'historiens africains, dans les universités africaines, et présents aussi dans des universités nord-américaines et européennes. Les originalités de divers lieux de recherche universitaire ont assez tôt porté à désigner des « Écoles » historiques (celles de Dar Es-Salam, d'Ibadan, de Makerere, de Dakar...). Plusieurs contributions de *African Historiographies...* [1055] présentent ces originalités, et on peut consulter aussi Boubacar Barry [1023], Chantal Chanson-Jabeur et Catherine Coquery-Vidrovitch [1038], Catherine Coquery-Vidrovitch, Odile Goerg et Hervé Tenoux [1044], et les actes d'un colloque tenu par trois universités africaines et par celle d'Aix-en-Provence [1085], qui contient des mises au point sur la recherche au Cameroun, en République centre-africaine, au Congo Brazza, au Mali.

Une Association des historiens africains s'était créée en 1972 à Dakar sur initiative francophone, elle s'était étendue aux pays anglophones et au Maghreb à Yaoundé en 1975, et donné une revue, *Afrika Zamani*. Elle a relancé récemment ses activités, notamment par la tenue à Bamako, en 2001, de son 3e Congrès, refondateur, avec pour thème « Historiens africains et mondialisation », sur un argumentaire rédigé par Joseph Ki Zerbo[1].

On notera aussi l'activité du CODESRIA (Council for the Development of Social Science Research in Africa / Conseil pour le développement de la recherche en sciences sociales en Afrique), institution interdisciplinaire constituée aussi à Dakar en 1973, sous l'impulsion, entre autres, de Boubacar Barry et de Samir Amin... et réseau interafricain (BP 3304, Dakar ; site web: http://www.codesria.org/).

1. Certaines interventions sont publiées dans *Afrika Zamani* ; une autre sélection est sous presse, Karthala, 2005, aux soins de l'Association des historiens maliens (ASHIMA), qui a réalisé déjà sur ce congrès un CD-Rom : ASHIMA, « 3e Congrès de l'Association des historiens africains (AHA), Bamako, 10-14 septembre 2001 », CD-Rom, Bamako, 2001.

Il n'y a pas un seul modèle propre à cette historiographie africaine. Elle conjugue de diverses façons l'inspiration nationale de « décolonisation » de l'histoire, celle des fiertés africaines restaurées, le rapport de connaissance méthodiquement construite et celui de connivence élective qui sont imparablement instaurés ensemble dans toute posture historienne, des formes de lucidité sur le statut historique de la période coloniale, sur le rapport à établir avec l'ensemble du savoir énoncé en quelques siècles par l'Occident au sujet de l'Afrique ainsi « inventée » – ce que Valentin Mudimbe a appelé la « bibliothèque coloniale » [1074] – et dont il peut y avoir reprise originale et libre autant que critique et rejet. Le parti le plus utile est sans doute de renvoyer plutôt à quelques pensées fortes, pas toutes historiennes, mais dont l'inspiration est significative et repérable dans les analyses et les intelligibilités qui sont données des XIXe et XXe siècles (en délaissant ici un rapport non moins vif et non moins suggestif à l'ensemble de l'histoire africaine) : Joseph Ki-Zerbo [1062] et [1063], Achille Mbembe [908], [1070], [1071], Elikia M'Bokolo [1072], Valentin Mudimbe ([1074], [1075], [1076], [1077], [1078]), Kwame Anthony Appiah [1020], Paulin Hountondji [1053] et [1054]... et on y ajoutera l'analyse de la problématique d'Amadou Hampaté Bâ par une de leurs collègues de l'Université de Delhi, Kusum Aggarwal [1017].

QUELQUES PENSÉES DIRECTRICES

Cette historiographie récente – africaine et étrangère aussi bien – a particulièrement cultivé un certain nombre de thèmes spécifiques, que le prochain développement signale. Elle se propose aussi quelques thèmes plus généraux ou quelques postures d'intelligibilités plus larges, qui peuvent fructifier dans beaucoup de thèmes spécifiques.

Ainsi en est-il du souci de remettre des questions dans la perspective de la longue durée, propre à dégager les ruptures et les permanences dans les réalités récentes et contemporaines, cf. Catherine Coquery-Vidrovitch [863].

C'est aussi le cas du traitement attentif et explicite de la validité des jugements induits par la façon de penser la période coloniale avec un statut de « parenthèse » : Mamadou Diouf [1049], Marc Piault [1081].

Il en va aussi de l'appréhension des espaces d'étude : Ibrahima Thioub [1091].

L'Université de Toulouse-Le Mirail a tenu, en 2001 et 2002, deux journées d'études sur les rapports entre écriture de l'histoire, fait colonial et décolonisation et sur les approches, les problématiques et les débats qui travaillent les historiographies du continent africain et de l'Amérique latine. Un livre en a publié les fruits (Dulucq et Zytnicki ([1131 *bis*]). La publication de la Table ronde organisée en novembre 2001 par le Labo SEDET, Université de Paris 7, sur le thème « Écrire l'histoire de l'Afrique autrement ? » fait le point sur la question (Awenengo *et al.*, 2004 [1097 *bis*]).

La domination mondiale des savoirs et des interprétations de l'Occident, qui a si bien confisqué l'universel à son crédit dans leur construction même, a pu justifier l'idée et le projet de rendre « provinciales » son historiographie et sa science sociale – dans un monde qui n'aurait plus de capitale sémantique. On peut au moins, en saine perspective historienne, y penser, et on peut aussi en saisir quelques prémices ou quelques jalons dans notre champ.

Bogumil Jewsiewicki vient de formuler soigneusement, dans les *Annales* [1059], la proposition d'un pluralisme épistémologique dans les sciences sociales, qui n'écarterait pas la question de l'universel, mais offrirait au contraire la possibilité de formuler des modèles qui ne seraient la généralisation d'aucune expérience historique particulière et autoriseraient plus réellement le comparatisme et le dialogue.

Dans les vingt dernières années, un groupe d'historiens indiens et bengalis, celui des *Subaltern Studies,* a publié des études renouvelant l'histoire des classes dominées dans leur sous-continent, celle de leur place dans la résistance à la colonisation et dans l'épopée de l'indépendance et ensuite, contre l'historiographie élitiste et nationaliste installée. Intellectuellement, cette nouvelle historiographie s'est construite en rebondissant de façon originale sur la pensée d'historiens radicaux anglais et sur celle de Gramsci. Son impact s'est élargi et remanié depuis, en divers lieux, à l'enseigne forte du « postcolonial » (cf. Jacques Pouchepadass [1084]). De ces textes, l'historien sénégalais Mamadou Diouf a constitué une anthologie traduite en français [1048], il y commente le sens et les évolutions de ces recherches et, par cette réflexion sur les modèles historiographiques imaginables dans les pays postcoloniaux, il invite en somme à de nouveaux rebondissements originaux.

Symétriquement Florence Bernault [1033], en se référant précisément à des données et à des études spécifiques, plaide pour la prise en compte, dans les recherches historiques sur l'Occident, de singularités historiques qui s'affirment en Afrique, et pour la circulation, dans les deux sens, de nos problématiques.

Ainsi les historiographies deviennent-elles – quelque peu – à la fois chacune provinciale et toutes possiblement communicantes (cf. aussi Steven Feierman [1051]).

B – QUELQUES NOUVEAUX THÈMES DE LA RECHERCHE

L'HISTOIRE ÉCONOMIQUE : UN RÉVEIL ?

L'histoire de la période coloniale sous l'angle économique demeure un des points forts de la recherche française. Aux auteurs déjà cités en addendum du chapitre XV, il faut ajouter un regain d'intérêt récent, y compris dans le monde anglophone : d'Almeida – Topor et Lakroum [1095], Bonin et Cahen [1108], Zeleza [1186], Lynn [1158], Dumett [1132], Boone [1109], Harding [1144], Law [1155 *bis*], Lunn [1157], Mlambo, Pangetti et Phimister [1163].

Le renouvellement vient de l'intérêt désormais porté aux manifestations autochtones de « modernisme » économique (comme l'industrie du fer au XIXe siècle, Kriger [1155]), d'une vision plus afrocentrée de la question (Jalloh et Falola [1151]), de l'attention apportée aux interactions entre économie et environnement (Webb [1182]) et à de nouveaux agents : les femmes, les acteurs de l'informel. Historiquement, ces deux éléments se recoupent souvent, car ce sont les femmes qui, exclues de l'éducation et des activités offertes par la colonisation, ont précocement et massivement investi ce secteur de marginalité économique apparu dès les prémices du pouvoir colonial urbain, formalisé et contrôlé (cf. House-Midamba et Ekechi [1148], Mac Gaffey et Bazenguissa-Ganga [1159], Marfaing et Reinwald [1162], Seyni Ndione [1174]).

Enfin, *a contrario,* les historiens s'attaquent à la question de la mondialisation, mettant en doute l'idée trop répandue que le continent africain en aurait été exclu. Outre Appadurai [1019], cf. Davidson [1129], Bayart [1102], Coquery-Vidrovitch [1124], Hopkins [1147] (notamment pour la contribution de Lonsdale).

EXPLOSION DE L'HISTOIRE URBAINE

L'histoire urbaine, dont le démarrage était annoncé dans notre 3e édition (cf. fin du chapitre XIII), a pris son envol : jusqu'alors elle n'avait été entreprise que par les anthropologues et sociologues, dont l'apport nourrissait tout ce chapitre XIII (rappelons l'excellence de l'ouvrage déjà cité de Balandier de 1955, réédité en 1985 : *Les Brazzavilles noires*). L'initiateur en langue anglaise est l'historien Frederick Cooper [859] et [1116]. La recherche en langue française s'est notamment distinguée par des thèses magnifiques, la plupart publiées. D'abord sous la forme monographique, les travaux aussi bien d'historiens que de géographes se sont ensuite attachés à comparer les processus d'évolution entre types de villes et de colonisations différentes (Dulucq [1131], Gervais-Lambony [1136], Goerg [1139] et [1140], Gondola [1141]). Ces avancées permettent une utile comparaison avec les pistes de recherche déjà amorcées dans d'autres zones urbaines dans l'espace et le temps : ainsi celle des échanges réciproques ville/campagne (Baker [1098], Chaléard [1112], Coquery-Vidrovitch [1119], [1125], [1126], [1120]), la problématique espace public / espace privé (Fourchard [1134]), la question de la gestion urbaine (Dulucq [1131], Goerg [1139]) et de ses interférences avec la constitution du pouvoir, la notion de citadinité et les autres identifications identitaires de l'Africain des temps modernes. Une fois encore, la dichotomie « moderne/traditionnel » apparaît définitivement obsolète : les villes africaines sont un tout dont les colonisateurs ont arbitrairement privilégié un espace minimal, celui de la ville dite « moderne », c'est-à-dire réservée à une minorité généralement infime de colons privilégiés – c'était exclure absurdement les neuf dixièmes des réalités et des populations citadines des villes dites « coloniales », dont la recherche actuelle s'efforce de restituer les réalités complexes et imbriquées.

Il faut se référer aussi à Anderson et Rathbone [1096], Cooper [1116], Falola et Salm [1133 *bis*] et [1133 *ter*], Goerg [1140] et [1140 *bis*], Antoine, Ouedraogo et Piché [1097] et [1167], Dubresson [1130], Jaglin [1150], Le Pape [1156], Sinou [1176] et [1177], Sissao [1178], Sotindjo [1179], Onana [1166].

L'histoire des villes en Afrique du Sud est en train d'exploser, avec des livres superbes, aussi bien en français : Guillaume [1143] qu'en anglais : Beall et Crankshaw [1102 *bis*].

Le thème de la violence urbaine, et celui des déviations et marginalités, mérite une mention particulière. Il a donné l'occasion de colloques internationaux organisés par l'IFRA (Institut français de recherches africaines) :

— en Afrique de l'Ouest à deux reprises, tous deux publiés : *Les jeunes, la culture de la rue et la violence urbaine en Afrique,* 2 vol., IFRA, 1997, en coopération avec African Book Builders Ltd., Ibadan ; et *Sécurité, crime et ségrégation dans les villes d'Afrique de l'Ouest du XIXe siècle à nos jours* (Laurent Fourchard et Isaac Olawale Albert, éd.), Paris, Karthala / Ibadan (Nigeria), IFRA, 2003, 451 p. ;
— au Kenya (Naivasha) : « Crime in Eastern Africa : Past and Present Perspectives » (8-11 juillet 2002), compte rendu par H. Médard sur la *Gazette du MALD*, 4 novembre 2002, Univ. Paris 1, et texte des interventions sur le site internet du *British Institute for Eastern Africa* (BIEA).

Noter aussi le numéro spécial des *Cahiers d'études africaines* [1111], Pérouse de Montclos [1169] et Vidal [961].

Un thème est prometteur, celui de l'historicité démontrée par Iliffe [887] de la pauvreté née dans les campagnes et devenue visible en ville. L'étude de la conceptualisation et l'analyse régionale de la pauvreté sont désormais en cours (cf. Onana [1166], et thèse attendue de V. Bonnecase sur l'évolution de la notion de pauvreté au Niger).

TRAVAIL, MIGRATIONS

Les deux thèmes précédents – l'économie et la ville – conduisent naturellement à l'analyse des facteurs humains qui les conditionnent, parmi lesquels le travail et les migrations. Ce dernier thème est en examen, après avoir été oublié pendant près de trente ans (après Amin [609] et Parkin [778]) au profit des migrations internationales, alors que les mouvements internes de populations leur furent et demeurent bien supérieurs. On découvre (Manchuelle [1160], œuvre indispensable) que l'on peut faire remonter au moins au XIXe siècle les mouvements internes « modernes » de populations en Afrique, c'est-à-dire liés aux bouleversements nés du passage à l'économie capitaliste occidentale. Les historiens s'appliquent, là aussi, à se détacher du seul secteur formalisé pour appréhender l'émergence des activités dites « informelles » et l'étroite interdépendance (et non pas seulement « articulation » comme l'on disait naguère) de l'ensemble de ces composantes, souvent indissociablement enracinées dans l'héritage culturel et social.

Cf. Coquery-Vidrovitch, Goerg, Mandé et Rajaonah [1127], Cordell, Gregory et Piché [1128], Egg et Herrera [1133], Frost [1135], Harris [1145], Mandé [1161].

Quant à l'histoire du travail salarié sous la colonisation, la connaissance en est transformée par la somme de Fred Cooper [1117], désormais traduite en français. Cf. aussi Coquerey-Vidrovitch [1121].

HISTOIRE DES FEMMES ET DU GENRE

Un autre thème a explosé récemment en langue française : l'histoire des femmes. Jusqu'alors, comme à l'accoutumée, les pionniers – souvent des pionnières – avaient été ethnologues et anthropologues. La fondatrice fut

Denise Paulme en 1960 [41]. En histoire, Coquery-Vidrovitch fait en 1994 le point de nos savoirs à cette date [1122], alors dus en majeure partie à la littérature historienne de langue anglaise. Depuis lors, la production en cette langue sur les relations de genre est si abondante qu'il apparaît vain d'en offrir un aperçu. Les quelques titres indiqués ci-dessous ont juste pour objet de signaler la variété des thèmes abordés. Pour plus ample information, on se reportera, outre à la bibliographie de cet ouvrage [1122], à celles des travaux de synthèse qui en sont le pendant en langue anglaise, ceux de Hafkin et Bay [832], plusieurs fois réédité, et de Berger et White [1103]. En France, l'histoire des femmes est en train de mûrir, des thèses non publiées ou presque achevées vont transformer nos connaissances sur la question. Sur un plan théorique, le travail d'Oyewumi [1168] a l'intérêt de remettre en cause la valeur « universelle » du concept de genre tel que défini par l'Occident. On se référera notamment ici à Barthelemy [1101], Barnes [1100], B. Cooper [1115], Coquery-Vidrovitch [1123], Hodgson [1146], Hugon [1148 *bis*], Konaré [1154], Jeater [1153], House-Midamba et Ekechi [1148], Robertson [1171], Rondeau [1172], Savineau [1173], Sheldon [1175], Suad [1180]. Et on rappelle quelques études majeures antérieures à 1994 : de [629 *bis*] à [634], et [924], [925], [927], [934], [940], [944].

HISTOIRE CULTURELLE : UN CHAMP OUVERT

L'histoire sociale et surtout culturelle, si développée au sujet des sociétés occidentales, manquait encore de thématique solide sur l'Afrique. Cette lacune est comblée à marche forcée.

Il est normal que, dans des sociétés où les jeunes sont devenus largement majoritaires, leur histoire ait attiré les historiens. Abordé il y a dix ans par un gros colloque [950], le thème a donné lieu depuis à des travaux de qualité : Bancel [1099], Nédélec [1164], Tshimanga [1181] et la thèse récente de Jézéquel [1153 *bis*].

Plus récent est le thème des intellectuels africains, où l'on renonce à la notion classique d' « élite » pour s'attacher à l'histoire de leur formation et de leur devenir : Charton [1113], Gueye [1142].

Les thèmes les plus variés, voire provocateurs, sont désormais abordés sans complexe, y compris par les historiens nationaux. Certains sujets sont plus sereins, comme celui de l'évolution de la notion de fête (Goerg [1140]), celui du rôle de la publicité, de la consommation et de la révolution des usages de l'hygiène (d'Almeida [1094], Burke [1110], Janssens, Kivits et Vuylsteke [1152]) ou des incidences coloniales sur la maternité (Hunt [1149]) ; d'autres révèlent l'approfondissement riche et récent de sujets naguère initiés dans d'autres sociétés, que ce soit par Foucault (l'enfermement : Bernault [1105], Bernault, Boilley et Thioub [1106]) ou par Kapferer (la rumeur : White [1183]) ; d'autres enfin sont abordés de front comme partie prenante des sociétés contemporaines, ainsi l'imbrication entre sorcellerie et politique (Bernault [1104], Bernault et Tonda [1107], Geschiere [1137]), ou bien le sujet encore tabou de l'alcool, voire de l'alcoolisme (Akyeampong [1093], Willis [1185]).

Enfin, mention spéciale doit être faite d'un effort récent, en voie d'expansion, pour étudier, en historiens du contemporain, non pas seulement l'influence occidentale sur les sociétés africaines, mais d'abord l'effet en retour des interactions colonisés/colonisateurs et, plus généralement, des interférences entre traditions culturelles multiples (locales, régionales et continentales, mâtinées entre autres, mais pas seulement, de religions du terroir, d'islam et de christianisme). Le point de départ en fut l'œuvre magistrale de Glassman [1138][1], qui donne de l'Afrique orientale dans son ensemble une version africaine de son histoire au XIXe siècle, y compris pour la phase de conquête. Les métissages culturels et sociaux en marche sont analysés de l'intérieur, ce qui rompt définitivement avec le point de vue de l'homme blanc en faisant des Africains les acteurs de leur histoire. Cf. Chevrier [1114], Cooper et Stoler [1118], Northrop [1165], Raison-Jourde et Randrianja [1170], O. White [1184].

En définitive, l'accent est mis de plus en plus sur le décryptage des processus de mixage interculturel et de syncrétisme dans tous les domaines, y compris celui de l'histoire politique (voir Bernault [1032], Boilley [1035] et Mbembe [908] et [1071], voir aussi Mamdani [999]) et Dozon [984 *bis*], et bien entendu dans le champ religieux (voir à ce propos l'addendum au chapitre XII). Cette analyse multiculturelle a détruit comme a-historique l'idée de réalités africaines « authentiques » ou « traditionnelles » jadis élaborée par l'imaginaire colonial. Les historiens préfèrent souligner l'enchevêtrement des référents identitaires qui font que, plus qu'ailleurs peut-être, la pluralité des répertoires et les loyautés multiples sur lesquelles peuvent s'appuyer les Africains font à la fois la richesse, la complexité et, partant, la difficulté de leur histoire.

1. Compte rendu détaillé par C. C.-V. in *Cahiers d'études africaines,* 150-152, XXXVIII-2-4, 1998, p. 688-701.

C – INTERNET ET L'AFRIQUE

Les outils traditionnels du savoir – bibliographies imprimées notamment – naguère abondants et présentés au début de ce livre ont perdu partie de leur intérêt pour les ouvrages récents en raison des outils modernes d'investigation : banques de données consultables sur Internet, de même que les fichiers informatisés et les documents et illustrations de toute sorte mis en ligne par les bibliothèques internationales et les réseaux spécialisés. On trouvera ci-dessous une approche des principales possibilités actuelles, qui ne cessent de se modifier et de s'enrichir.

DONNÉES GÉNÉRALES

— Les catalogues de la Bibliothèque nationale de France (BNF) : <http://www.bnf.fr>, de la Bibliothèque publique d'information (BPI) : <http://sbib.ck.bpi.fr/> et de la Bibliothèque de documentation internationale contemporaine (BDIC) : <www.bdic.fr> sont en ligne.

— Les banques de données se sont multipliées, notamment sous l'égide du CNRS. Les centres les plus actifs sont de langue anglaise. Se reporter, auprès de la BNF François-Mitterrand, aux inventaires de banques de données, notamment *WorldCat (OCLC),* Catalogue collectif international qui signale aux bibliothèques tout type de document : livres, périodiques, manuscrits, cartes, enregistrements sonores, films, etc. (mise à jour quotidienne). Le corpus est accessible seulement aux bibliothèques affiliées.

— Consulter également ABES *(Agence bibliographique de l'enseignement supérieur)* : (www.abes.fr). En attendant la disponibilité définitive du site, le catalogue du *Sudoc* (*Système universitaire de documentation* : http://www.sudoc.abes.fr/) permet d'effectuer des recherches bibliographiques sur les collections des bibliothèques universitaires françaises et autres établissements d'enseignement supérieur. Le SU, interrogeable gratuitement, comprend actuellement environ 3,5 millions de notices (monographies, thèses, périodiques...). Il permet la localisation des documents dans les bibliothèques universitaires françaises et, pour les périodiques, dans 2 900 établissements documentaires de tous types.

— En attendant une base à jour ABES consacrée aux thèses soutenues, les notices sont consultables via le SUDOC. Elles ont l'avantage de présenter le travail par auteur, par thème ou par directeur de thèse.

— Le Fichier central des thèses sur Internet : http://fct.u-paris10 enregistre les sujets de thèses de doctorat en préparation dans les universités françaises (Lettres, Sciences humaines et sociales, Droit, Science politique, Sciences économiques et de gestion). Il regroupe actuellement plus de 85 000 références.

INTERNET ET L'AFRIQUE

— <www.histoire-afrique.org> est un site particulièrement utile pour les historiens de l'Afrique de l'Ouest : il inclut tout ce qui concerne les historiens et l'histoire écrite dans les Universités de Bamako, Lomé, Ouagadougou, Dakar et Niamey.

— *Revues.org* est une fédération de revues en sciences humaines soutenue par le ministère de la Recherche : http://www.revues.org. La section *Virtual Library* recense des périodiques en ligne. La rubrique *Afrique* conduit notamment vers les sites suivants :

— *Cahiers des sciences humaines,* publiés par l'Institut de recherche sur le développement (IRD) ; l'intégralité des articles sont disponibles en ligne au format pdf. (jusqu'à l'année 1996) : <http://www.bondy.ird.fr/tdp/sci_hum/>.

— Toujours à l'IRD, le site *« Pleins textes »* vise à rendre accessible en ligne le texte intégral de l'ensemble du fonds documentaire. Des milliers de documents allant de la simple note à la thèse sont déjà disponibles, concernant notamment l'archéologie et l'histoire coloniale : <http://www.bondy.ird.fr/pleins_textes>.

— La revue *Politique africaine* est consultable en ligne, à l'exception des « dossiers » des derniers numéros, dont on ne peut lire que les résumés : <http://www.politique-africaine.com>.

— Sont recensés également, avec une petite note informative : *AfriNet, Bibliothèque Pierre-Alexandre, Le Centre d'études et de documentation économiques, juridiques et sociales* (CEDEJ), *Le Centre d'études et de recherches en lettres, sciences humaines et sociales de l'Université de Ouagadougou* (CERLESHS), *Clio en Afrique, Héliopolis, Méga-Tchad, Polis, Revue des Mondes musulmans et de la Méditerranée* (REMMM), *Sociétés en développement dans l'espace et dans le temps* (SEDET), *Le Laboratoire de préhistoire et d'ethno-archéologie* de l'Université de Genève, *Mots pluriels, Villes marocaines.*

— À signaler tout particulièrement le réseau d'informations sur les études africaines mis en place par Columbia University (New York), riche et constamment remis à jour : « African Civilizations – Internet Resources and Reference Sources in Print » : <www.columbia.edu/cu/libraries/indiv/area/Africa/AfCivIT.html>.

— Intérêt de la banque de données sur l'esclavage et la diaspora atlantique de York University (Canada) : <yorku.ca/nhp/>.

— La meilleure bibliothèque mondiale en histoire africaine, toutes langues confondues, est l'*Africana Library* de la NorthWestern University (USA) : <http://nucat.library.northwestern.edu/> – suivie de près par l'*Africana Bibliography* de l'Université du Wisconsin (Madison) : <http://www.library.wisc.edu> – et par la bibliothèque de Binghamton University (SUNY, NY) : <http://library.lib.binghamton.edu/>.

— La bibliothèque de la SOAS (School of Oriental and African Studies, Université de Londres) est également en ligne : <http://www.soas.ac.uk/Library>. L'inconvénient de ses fiches est de ne pas donner le nombre de pages des ouvrages.

— À signaler la publications de textes anciens et de collections par la BNF (bibliothèque numérique), catalogue Gallica, série « Voyages en Afrique » provenant de ses fonds, documents en mode texte : <http://gallica.bnf.fr/VoyagesEnAfrique/>.

— En naviguant sur le site des grandes bibliothèques américaines, on en trouvera bien d'autres. Beaucoup de documents sont désormais en ligne, notamment ceux de la Banque mondiale, du FMI, des Nations unies, du PNUD, etc.

— Les revues spécialisées sur l'Afrique se multiplient, et les Américains ont entrepris de mettre la totalité de ces articles sur Internet, via le projet MUSE, auquel collaborent l'*Association of African Universities* (AAU), l'*African Studies Association* (ASA), le *Council for the Development of Social Science Research in Africa* (CODESRIA), et Michigan State University (MSU). Comme pour World Cat, le corpus est accessible seulement par bibliothèques affiliées ; la BNF l'est pour une sélection de ces revues.

On trouvera l'état du programme et les tables de contenus H-Net de 178 revues *(Africana Journals)*, la plupart mais pas toutes de langue anglaise, sur : <http://www.isp.msu.edu/AfricanStudies/aejp/>.

Actuellement, la *Eastern Africa Social Science Research Review* est en ligne : <http://muse.jhu.edu/journals/eastern_africa_social_science_research_review/toc/eas18.1.html>, de même qu'un ensemble important de revues portant sur le droit africain.

— La presse africaine commence à être publiée sur Internet, comme *Fraternité-Matin* (Côte-d'Ivoire : <http://www.africaonline.co.ci/>) ou *Le Soleil* (Sénégal : <http://www.lesoleil.sn/>). À signaler également : <http://www.syfia.com/premiere/index1.asp> : L'Afrique au quotidien avec l'agence de presse SYFIA.

Il existe bien d'autres sites, parmi lesquels :

— <http://www.orst.edu/groups/msa/quran/index_f.html> (Le Coran en texte intégral) ;
— <http://www.soumbala.com/> (Soumbala, librairie africaniste, Africana bookseller) ;
— <http://www.africa-photo.com/e_index_frames.html> (Banque de données image sur l'Afrique) ;
— <http://www.afrik.com/journal/internet/?net-630-6.htm> : le site africa-onweb est une encyclopédie sur le continent noir, dont les liens, repères historiques et géographiques, sans être complets, sont utiles ;
— <http://www.africabib.org/> : le site propose les références bibliographiques depuis 1995, par auteur, titre, année de publication et titre du journal.

— Les étudiants avancés de doctorat peuvent être admis sur le réseau internet universitaire d'histoire africaine H-AFRICA : <http://h-net.msu.edu/~africa> (dominante américaine) qui a donné naissance à plusieurs sous-groupes spécialisés par région (Afrique de l'Ouest, Afrique du Sud....) ou par thème (Histoire de l'art...).

— Enfin on doit consulter le site des DEA (Histoire) : « Histoire de l'Afrique » des Universités de Paris 1 et Paris 7, « Dynamiques comparées des sociétés en développement » des Universités de Paris 7 et Paris 8 : <http://dea-histoire-afrique.univ-paris1.fr> et <http://www.sedet.jussieu.fr>, de même que le site de l'Université de Provence (DEA Histoire des Outre-Mers).

— Consulter également les sites des *Instituts français de recherche africaine* de Nairobi (IFRA : <www.ifra-nairobi.net>), d'Ibadan (<http://www.skannet.com/ifra/>) et de l'*Institut français d'Afrique du Sud* de Johannesburg (IFAS : <www.ifas.org.za/>) qui, chacun, publient un bulletin régulier d'informations scientifiques (et offrent des bourses et allocations de recherche sur place).

— On pourra être aidé par un inventaire récapitulant les principaux sites scientifiques sur l'Afrique répertoriés en 1997 (ils se sont démultipliés et parfois modifiés par la suite) : B. Humbaire, L'internet et l'Afrique : ressources documentaires, *Afrique contemporaine,* n° 182, 2e trimestre 1997 (15 p.).

CHAPITRE XVII

L'Afrique au seuil du IIIe millénaire

A – UN BILAN APPAREMMENT TRAGIQUE

LA RÉGRESSION POLITIQUE

Après la Seconde Guerre mondiale, Charte de l'Atlantique et Charte des Nations unies aidant – plus quelques bonnes guerres de libération nationale –, il avait bien fallu reconnaître aux peuples africains le droit de disposer d'eux-mêmes. Les suffrages élargis permirent une certaine vie politique. Alors, dans une période brève mais décisive, entre 1951 et 1958, les syndicats ont forgé leurs militants, les personnalités politiques africaines se sont multipliées, les élections ont joué leur rôle, et la revendication politique nationale s'est enracinée dans ce qu'on appelait encore les territoires. Sekou Touré, Houphouët-Boigny, Mamadou Dia et Léopold Sedar Senghor, et plus encore Jomo Kenyatta au Kenya et Julius Nyerere en Tanzanie, et même Léon Mba au Gabon ou Fulbert Youlou au Congo ont été des hommes politiques au sens plein du terme. Le dépouillement des bureaux électoraux démontre que ces militants l'ont emporté lors de campagnes électorales précises, où les votes étaient très loin d'être ethniques ou tribaux, mais bien politiques et nationaux. Ces années où se sont succédé de nombreuses élections ont été des années d'apprentissage. Seulement le moment fut bref. Après l'indépendance, les anciens parlementaires devenus chefs de l'État voulurent accélérer le processus de façon artificielle en proclamant que le temps de l'État serait le temps nécessaire pour construire la nation.

Or identifier l'État à la nation par le Parti et le Syndicat unique, c'était nier la seconde au profit du premier. Il ne suffit pas de doter le pays de constitutions formelles démarquées du modèle européen pour créer la démocratie. Le régime présidentiel fit des ravages. Plusieurs des anciens militants virèrent au despote implacable. On a vu (chap. VI) que la première période de l'indépendance se transforma en une phase de régression politique qui a permis toute une série de dérives totalitaires, civiles ou militaires, au nom du libéralisme comme en celui du communisme.

Ces avatars furent un temps dissimulés par ce que Kwame Nkumah a dénommé *neo-colonialism.*

LE NÉO-COLONIALISME

Au tournant des indépendances, un boom provisoire du prix des minerais et des produits agricoles d'exportation avait donné le change. Sur la pression des puissances coloniales impliquées (France et Belgique), l'Europe en formation fit entrer les colonies africaines dans la Communauté européenne (traité de Rome, 1956). Cet accord privilégié, élargi aux ACP (Afrique, Caraïbes, Pacifique), a survécu jusqu'à nos jours.

Mal conseillés par les experts, tous européens, les nouveaux dirigeants s'orientèrent vers une politique économique calquée sur le modèle occidental : l'Europe était « développée », l'Afrique ne l'était pas ; il fallait donc transférer en Afrique le modèle industriel et urbain qui avait fait ses preuves en Occident. Les programmes, peu différents au demeurant de ceux des années 1950, furent dans l'ensemble trop ambitieux et mal adaptés aux conditions locales. Les Africains devaient tout importer : la technologie, l'équipement, le personnel qualifié qui leur faisait cruellement défaut. La même voie fut suivie pour pallier les déficits en aide sanitaire, scolaire, ou de transports. En quelques années, les États entrèrent définitivement dans le cycle infernal de l'aide et de l'endettement déjà amorcé auparavant. Ils eurent besoin d'exporter toujours davantage leurs matières premières minérales ou agricoles pour produire les devises nécessaires à leurs annuités de remboursement. Le vieux schéma colonial d'extraversion se renforça, tandis que les termes de l'échange commençaient à se détériorer de façon dramatique. Un exemple parmi d'autres est celui de la Ghanaian Valco Aluminium Company, à laquelle le Ghana consentit d'énormes avantages en hydro-électricité dans l'espoir que l'entreprise transformerait sur place la bauxite du pays. Or l'entreprise, de capitaux américains, importa sa propre bauxite de la Jamaïque, et quand au début des années 1980 les prix de l'électricité furent réajustés, elle ferma son usine. Même quand les gouvernements nationalisèrent partie ou totalité de leurs compagnies minières, ce qui fut fréquent, les prix payés, très bas, continuaient d'être imposés par le marché mondial. La France exerça un contrôle particulièrement étroit sur ce qu'elle appelait les « pays du champ » par le maintien de la zone franc, une aide militaire considérable et l'envoi d'un très nombreux personnel coopérant de substitution. Elle négocia pays par pays, dans les années 1960, des accords de coopération qui liaient étroitement les États francophones à leur ancienne métropole. Ces accords ne furent révisés dans un sens moins léonin qu'au début des années 1970, à la suite de forts mouvements nationaux de xénophobie.

Pourtant, les progrès économiques étaient loin d'être négligeables : dans beaucoup de cas, dans les années 1970, la croissance du PNB avait dépassé les 6 % ; selon la Banque mondiale, le taux de croissance de la production agricole au Botswana avait dépassé 8,5 %, il était très positif aussi bien au Kenya qu'en Côte-d'Ivoire, même si, évidemment, les résultats étaient variables selon les cas : la guerre avait au contraire fait reculer la production en Angola de 10 %. Néanmoins, les programmes de promotion interne furent retardés ou supprimés, alors que les besoins étaient démultipliés par une croissance urbaine accélérée. Le sous-emploi se généralisa, et l'écart entre riches et pauvres devint énorme. Car, entre-temps, le désarroi et l'inadaptation des régimes mis en place conduisirent à peu près partout à des putschs qui donnèrent le pouvoir à une série de dictateurs militaires ou civils.

Il serait simpliste de faire porter la responsabilité de ces résultats désastreux exclusivement par le marché international, ou bien d'incriminer l'incapacité des Africains à trouver les solutions. Le travail et les performances des agriculteurs, des commerçants et des ingénieurs africains peuvent être aussi positifs qu'ailleurs. Leur connaissance technique et culturelle du terrain est souvent supérieure à celle des experts internationaux. Mais l'initiative individuelle ne suffit pas à elle seule à provoquer le développement. Les politiques économiques suivies ont été nocives, notamment en imposant lourdement les exportations agricoles pour financer l'industrialisation.

Le néo-colonialisme a aggravé plutôt que corrigé l'extraversion des économies africaines. Il a aussi confirmé ce qu'avait établi la loi coloniale : un mélange d'autoritarisme étatique et, pour raisons d'économie et de conservatisme social, de recours aux usages locaux à travers des organes coutumiers tels que les *native courts* et les chefs dits traditionnels utilisés comme petits médiateurs administratifs chargés de collecter l'impôt et de recruter les travailleurs réclamés par l'autorité coloniale.

Les populations ont pris l'habitude de jouer à la fois sur les deux registres, le coutumier et le colonial. Par exemple, un cultivateur pouvait acheter *cash* un lot de terre ou de bétail, mais en même temps recourir au chef coutumier pour défendre ses intérêts. Un entrepreneur allait, de même, recourir à sa parentèle pour lancer son affaire, ce qui le faisait échapper au contrôle officiel : non parce qu'il était lié par des obligations coutumières qui lui auraient interdit l'accès à l'innovation, mais parce que, au contraire, le droit coutumier lui offrait de meilleures opportunités d'accès aux forces productives et au pouvoir. Investir dans les relations patrimoniales et dans les obligations sociales traditionnelles devint ainsi un moyen d'accéder à la propriété, de mobiliser la force de travail et de maximiser les profits.

Les pratiques patrimoniales furent donc encouragées par le colonialisme, et se perpétuèrent à l'indépendance sous la forme du clientélisme (Davidson [1129]). Pour se faire élire, les hommes politiques furent les premiers à invoquer leur appartenance ethnique, et ils promirent à leurs électeurs assimilés à leur parentèle de les faire profiter de ses avantages, en leur faisant octroyer des écoles, des routes et du travail. Ces pratiques ne firent qu'accentuer les régionalismes ; les conflits ainsi engendrés furent à leur tour générateurs d'un recours redoublé aux pratiques patrimoniales. Avec la détérioration des économies qui s'accentua dans les années 1970, les leaders eurent plus que jamais recours à ces pratiques pour se maintenir au pouvoir. De leur côté, les populations entrèrent dans le système, seul moyen pour elles d'obtenir les prébendes désirées. Le système tout entier consiste pour les hommes politiques à favoriser leur accès aux ressources productives et à disposer de ce que les Nigérians appellent le *national cake,* et non plus à poursuivre l'objectif d'en accroître la production. Le recours généralisé à la corruption n'est que l'exacerbation de ces tendances.

Depuis les années 1990, la Banque mondiale a cherché à mettre fin au gâchis en imposant aux gouvernements une politique drastique de restrictions et de contrôle des dépenses de l'État, notamment en personnel tertiaire jugé pléthorique, sous le nom de Programmes d'ajustement structurels (PAS). La mesure préconisée du côté francophone fut la dévaluation qui mit fin à la parité entre franc CFA et franc français (ancien) instaurée en 1945-1947. Les résultats strictement économiques sont discutés, mais les incidences sociales en ont été catastrophiques, notamment en matière de consommation des ménages, d'enseignement et d'équipement sanitaire.

Jusqu'aux années 1980, l'évolution s'est faite suivant trois lignes de force : la régression politique interne allait de pair avec une économie dépendante et, malgré un essor incontestable de la production, avec un boom démographique sans précédent qui, dans l'immédiat au moins, fut facteur de sous-emploi et de misère. La conjonction de ces éléments défavorables a entraîné des crises violentes, sources de conflits armés, de famines et de pauvreté.

L'ÉCONOMIE PARALLÈLE DITE INFORMELLE OU « POPULAIRE »

Pratiquement partout, le nombre des enfants (de la naissance à 14 ans) avoisine 45 % de la population totale, et celui des moins de 25 ans avoisine les trois quarts. On s'en rend compte avec effroi depuis peu, puisque le *baby boom* des années 1960 ne s'est traduit que depuis deux décennies par l'afflux des jeunes adultes sur le marché du travail. Faute d'un engagement net dans la phase dite de transition démographique (où la chute des taux de mortalité provoquée par l'amélioration des soins de santé est « compensée » par un début de réduction des taux de natalité), le poids croissant des nouvelles générations risque fort de se prolonger jusque vers le milieu du XXIe siècle. Il pèse de tout son poids dans un phénomène contemporain : celui de l'essor des villes « millionnaires » : deux seulement au début des indépendances, près de quarante aujourd'hui.

Or ces villes sont envahies par l' « informel » – terme inventé en 1972 par l'Organisation internationale du Travail – devenu majoritaire en ville dans les emplois et sans doute dans les revenus (internes, s'entend) ; l'informel – qui ne l'est que de nom – en vient à désigner tout ce qui n'est pas contrôlé par l'État, tout ce qui n'est pas réductible directement au marché capitaliste industriel occidental. Il concerne aussi bien le domaine économique (petit artisanat, activités de services, petit et grand commerce de détail et même de gros, en poisson, en tissus, en contrebande) que les faits de société qui lui sont liés : habitat précaire des périphéries urbaines, lotissements non contrôlés (sinon par des propriétaires « coutumiers »), organisation des quartiers « par le bas » en dehors de toute législation officielle... L'informel signifie que les gens ont pris, depuis longtemps – en fait depuis les débuts de la colonisation –, l'habitude de « se débrouiller », en assurant eux-mêmes, sans ou contre les pouvoirs publics, leur habitat, leurs structures sociales et leur survie. L'informel a été massivement investi, en ville, par deux groupes de population qui, jusqu'alors, n'avaient pas voix au chapitre : les femmes et les jeunes.

Les femmes, beaucoup moins scolarisées que les hommes, tiennent la plupart des professions liées à l'approvisionnement, c'est-à-dire à la subsistance de la majorité de la population, celle-là même qui n'a pas les moyens de consommer à l'occidentale. Ce qui était sous la colonisation le privilège des femmes d'Afrique de l'Ouest est devenu depuis les années 1970 la règle dans la quasi-totalité des villes d'Afrique centrale et orientale : petit commerce de rue et de marché, voire distribution à grande échelle de produits de forte consommation (comme le poisson séché au Sénégal ou au Congo ou les pagnes au Togo ou au Ghana) sont aux mains de l'informel féminin. Quant aux jeunes, ils investissent l'informel parce que les activités instables et mal payées qu'il peut leur offrir est la seule alternative au manque d'emplois.

Le continent est très faiblement intégré aux circuits mondiaux officiels. Ce n'est pas le cas pour les circuits parallèles, dans le double sens vers l'Afrique et à partir d'elle. Dans le premier cas, on doit placer le trafic international des armes qui, de Russie, de France ou des États-Unis, approvisionne largement la guerre interne internationale d'Afrique centrale, et a fait du Togo ou de l'Angola, parmi d'autres, des plaques tournantes du commerce. Il est largement payé par une intense contrebande du diamant (Angola, Sierra Leone, Congo, Centrafrique) et autres métaux précieux abondants sous le sol congolais ou namibien, entre autres. Dans l'autre sens, à partir d'Afrique, on peut faire une place de choix à la diaspora sénégalaise tenue par la confrérie mouride, qui couvre de ses réseaux de commerce informel l'ensemble du monde occidental, de la France à l'Italie ou à l'Europe centrale et aux pavés de New York, et qui s'approvisionne largement sur les marchés asiatiques. Les 20 000 marchands mourides de New York sont la démonstration que la « mondialisation » n'obéit pas seulement aux normes occidentales (Perry [1214]). Particularismes et hétérogénéité demeurent dans une économie globale dont il reste à mesurer le volume et l'ampleur de l'informel qui s'y est inséré.

Une grande majorité de la population évite ou ignore délibérément les règles de l'économie officielle. Cette économie parallèle est une composante essentielle de l'économie africaine. Loin d'être marginale, elle contribue largement à la structuration de la production, de la consommation et des revenus, représentant jusqu'à la moitié sinon davantage (au Congo ou au Sierra Leone) de la production, de la consommation et des revenus, voire de l'organisation financière non régulière. Lorsqu'elle tire sa source des relations avec l'étranger, l'économie parallèle est souvent orchestrée par un groupe de commerçants, de transporteurs ou de trafiquants bien organisés, bénéficiant de l'appui de fonctionnaires de l'administration centrale, locale et douanière, relayés par une multitude d'intermédiaires couvrant toutes les couches de la société. Un transfert monétaire international peut en venir à être plus rapide par cette voie que par celle d'une banque en place. Cela dit, surtout lorsqu'elle provient d'activités internes, l'économie informelle correspond généralement à des stratégies de survie tirant profit des carences administratives, le lien entre secteur moderne et informel étant assuré par une multitude d'intermédiaires nationaux et locaux (Libanais, Grecs, Indiens). L'informel constitue donc, pour la masse déshéritée, une soupape de sécurité au même titre que l'État-providence pour les pays riches. C'est un compromis social de redistribution des revenus permettant à l'élite de maintenir et de conforter un pouvoir, et aux déshérités d'accéder au moindre coût à un niveau de consommation minimale (Nyambal [1212]). Le consensus social autour de telles pratiques rend difficile toute approche strictement économique.

LES POLITIQUES D'AJUSTEMENT STRUCTUREL

En réponse, la politique financière de la Banque mondiale est fondée depuis les années 1980 sur les politiques d'ajustements structurels (PAS), c'est-à-dire la réduction drastique des frais de l'État pour ajuster les dépenses aux recettes, celles-ci fort maigres. L'hypertrophie de la fonction publique est combattue ; néanmoins on revient un peu aujourd'hui sur la réduction dramatique des recrutements en matière sociale (éducation et santé) qui en est résulté. À la suite du premier choc pétrolier, compte tenu du quadruplement du prix du baril, les pays importateurs, c'est-à-dire presque tous sauf le Nigeria, l'Algérie, la Libye, le Gabon et le Congo, se sont vus lourdement pénalisés, tandis que les pays producteurs ont confié leurs profits aux banques occidentales. Entre 1973 et 1982, la dette a connu une augmentation constante, pour des résultats décevants : à l'issue de cette période, les résultats d'une étude portant sur 16 pays (hors Afrique du Sud) qui regroupent 70 % de la population et totalisent près des trois quarts du PNB africain sont catastrophiques : sur 343 grands projets analysés, 274 étaient en dysfonctionnement dont 79 arrêtés, et 20 % seulement utilisaient une capacité de production satisfaisante sans forcément être rentables (Péan [1213]).

Face à la misère et à la perversion de l'État, la privatisation est donc à l'ordre du jour. La politique du FMI vise à assurer la flexibilité de l'économie et à casser le système de prébendes pour faire émerger des acteurs plus innovants. Dans la zone franc, mettre fin à la surévaluation du taux de change a eu pour objectif immédiat de rééquilibrer les comptes extérieurs par une hausse des exportations et une baisse des importations de consommation. On voit mal néanmoins comment cette politique de libéralisme intégral peut convenir à des pays qui auraient au contraire besoin de protéger leurs activités économiques naissantes. En 2000, la situation de la dette globale était à ce point désespérée que les États du G8 (les Grandes Puissances industrielles), où les principaux créanciers sont la France et le Japon, cédant à leurs opinions publiques, ont consenti une annulation de la dette des pays les plus pauvres, dont la plupart sont africains. Mais on ne connaît encore ni les modalités précises, ni à plus forte raison les effets de cette mesure d'annonce : les États industriels ont du mal à articuler à la réalité leur discours de lutte contre la pauvreté, lutte en principe intégrée aux nouveaux objectifs de l'aide.

POPULATION, FAMINES, SANTÉ

Un hasard malheureux a voulu que ces années rendues déjà difficiles par la double mutation démographique et politique (du fait du passage aux indépendances) aient été, depuis la fin des années 1960, celles d'une phase répétitive (bien que loin d'être exceptionnelle dans l'histoire longue du continent) d'années de sécheresse telles que les récupérations en années normales n'ont pas eu le temps de se produire. Cela a abouti en 1972-1974, puis à nouveau dans la décennie des années 1980, à des famines catastrophiques. La différence avec les épisodes antérieurs, c'est que les densités de populations, aussi bien en hommes qu'en bêtes, ont atteint un niveau tel que l'équilibre écologique paraît en passe d'être définitivement rompu. Des politiques malencontreuses ont ajouté à la détresse des populations : ainsi, plusieurs régimes socialistes, le Mozambique, la Tanzanie, l'Éthiopie, la Somalie, avaient entrepris de créer au début des années 1980 une agriculture collectivisée par un vaste mouvement de « villagisation » dans des régions où l'habitat dispersé ou le nomadisme entravaient la modernisation agricole. Ces mouvements, effectués dans la hâte et par la force, ont provoqué ou accentué des famines dramatiques.

Enfin, le tout fut aggravé par la dépression économique mondiale qui, là encore depuis le début des années 1970, a fait chuter dramatiquement le cours des produits primaires d'exportation, agricoles et miniers, chute confirmée avec le second choc pétrolier. Là où l'on criait encore au « miracle » – comme en Côte-d'Ivoire où le café et le cacao, qui constituaient à eux seuls 80 % des exportations, se sont vendus à des prix culminant en 1977-1978 avant de s'effondrer durablement dans les années suivantes et où s'épanouissait jusqu'alors un « capitalisme sauvage » –, on est bien obligé de faire, aujourd'hui, un constat de faillite aussi bien des régimes intérieurs que des politiques d'aide pratiquées jusqu'à présent. L'aide sanitaire, en particulier, est inexistante face au fléau moderne du sida qui annonce quelque 30 millions de morts dans les années à venir (sur une population totale heureusement croissante d'environ 800 millions d'habitants).

Le problème le plus criant est l'état et l'avenir de la démographie dont le reste découle en grande partie. Car l'espérance de vie en Afrique est aujourd'hui la plus brève du monde, en même temps que la croissance démographique y demeure la plus rapide du monde.

La plupart des grandes famines opèrent désormais en Afrique. Or, sauf dans certaines régions particulièrement vulnérables comme la Corne de l'Afrique, ce n'est plus du seul fait de la sécheresse que l'on meurt de faim aujourd'hui, comme cela arrivait encore jusqu'en 1972. La famine est désormais due à une conjonction de facteurs où c'est l'action de l'homme qui apparaît prédominante (guerre, dictature de pillage, etc.). Ces catastrophes ont considérablement fait progresser, aussi bien sur le plan national que sur celui de l'aide internationale, les prévisions climatiques et par conséquent la politique de prévention. Or on constate dans le même temps que, à l'exception du Bangladesh et du Cambodge dans la période 1971-1975 et de la Corée du Nord en 1996-1998, toutes les grands famines des trente dernières années se sont succédé en Afrique, et la quasi-totalité d'entre elles à la faveur de l'intervention humaine, soit par déplacements massifs de populations, en particulier lors des campagnes de « villagisation » autoritaire entreprises à l'époque par les régimes socialistes (Tanzanie à la fin des années 1970, Éthiopie à partir de 1981, Mozambique entre 1977 et 1982-1983, Somalie en 1988), soit (et parfois en même temps) du fait de guerres civiles (von Braun [1190]). En « année normale », selon les statistiques internationales, 100 millions d'Africains au moins (sur un total estimé à environ 800 millions) souffrent de faim ou de malnutrition. Nul doute que localement des phénomènes épidémiques et, en tous les cas, une grave dégradation des soins de santé en résultent, sans qu'il soit possible d'en mesurer exactement les conséquences. Mais cela signifie aussi que, dès que ces actions prédatrices prennent fin, un équilibre alimentaire minimal peut se rétablir assez vite, ce qui est par exemple le cas aujourd'hui au Rwanda ou au Mozambique.

La malnutrition et la faim sont des facteurs majeurs d'épidémies, en affaiblissant des populations incapables de répondre à la maladie autrement que par l'aide nationale ou internationale. Néanmoins, les taux de natalité demeurent si élevés (en moyenne 45 ‰, malgré l'arc de stérilité qui traverse le centre de l'Afrique du Gabon au Kenya) que la population africaine a crû de façon rapide depuis la fin des années 1950, surtout en Afrique du Nord et en Afrique tropicale, malgré les difficultés climatiques et un environnement politique et économique souvent défavorable. Elle est globalement passée de 222 millions en 1950 à 642 millions en 1992 (680 millions en comptant l'Afrique du Sud). La raison en est, au lendemain de la Seconde Guerre mondiale, une baisse rapide des taux de mortalité, tombés à 15 ‰ à la suite des premières mesures sanitaires sérieuses. Cela implique un taux de croissance de l'ordre de 3 % par an, ou un doublement en vingt-trois ans ; on estime que d'ici 2025, compte tenu de la très grande jeunesse de la population actuelle (plus des trois quarts des habitants ont moins de 25 ans), celle-ci doublera à nouveau, avec une projection de l'ordre de 1,6 milliard. Mais cette augmentation va désormais être fort différenciée : surtout en Afrique orientale et occidentale une demi-douzaine de pays vont quadrupler leur population, près de trente vont la tripler, une quinzaine vont la doubler. En revanche, le taux de croissance est en passe de sensiblement se ralentir en Afrique du Sud et du Nord.

La mortalité n'en apparaît pas moins excessive, compte tenu de la déficience relative accrue des soins portés à une population de plus en plus nombreuse, et à l'augmentation des déplacements forcés de populations : on estimait à moins d'un million et demi, en 1975, le nombre d'Africains réfugiés hors des frontières de leur pays d'origine. Ce chiffre est monté à plus de trois millions vers 1980, et a sans doute triplé aujourd'hui. On peut ne pas dramatiser à plus long terme en songeant que l'espérance de vie d'un Africain à la naissance augmente en moyenne de six mois par an. Cela s'explique par le fait que, en principe aujourd'hui, ce sont les maladies infectieuses et parasitaires qui sont, plus que les épidémies, les plus meurtrières (tuberculose, malaria). Ainsi au Kenya, dont les conditions sanitaires sont relativement plus satisfaisantes qu'ailleurs, plus de 40 % des décès sont dus à ces deux groupes de maladies. Avec un minimum d'amélioration des soins aux jeunes enfants, la mortalité infantile est globalement passée de 128 à 106 ‰ en dix ans (1981-1991). Mais ce chiffre ne doit pas masquer que l'Afrique connaît globalement les taux de mortalité les plus élevés du monde, avec une espérance moyenne de vie de 52 ans en 1985-1990, et de 45 ans seulement en Gambie où la couverture sanitaire serait pourtant de 90 %, soit une espérance de vie analogue à celle d'un Mozambicain ou d'un Nigérien, dont la couverture sanitaire serait de moins de la moitié (Tarver [1219]) : ce qui laisse au demeurant sceptique sur la qualité relative des statistiques nationales.

Les améliorations sensibles des soins de santé dans beaucoup de régions d'Afrique ont été masquées ces dernières années par l'expansion du sida. En 1993, l'OMS estimait que sur les 13 millions d'adultes séropositifs dans le monde, les deux tiers concernaient l'Afrique subsaharienne, plus un demi-million de nouveau-nés. Dans les grandes villes d'Afrique centrale et orientale, au moins un tiers de la tranche d'âge des 15-49 ans serait infecté. En Ouganda, on comptait 1,3 million de séropositifs sur une population totale de 17 millions. La situation serait la pire de toutes en Afrique du Sud. L'épidémie affecte prioritairement la classe d'âge la plus active, celle des 15 à 50 ans, qui contractent la maladie surtout par transmission sexuelle. Or ces hommes et femmes jeunes sont ceux qui font vivre leur famille, jeunes enfants comme parents plus âgés. En outre, à la différence des autres maladies endémiques, le sida s'adresse de façon privilégiée aux citadins et n'épargne pas les couches éduquées de la population, qu'elle prive ainsi de ses cadres ; au Rwanda par exemple (comme au Congo-Kinshasa et en Zambie) il existe une corrélation nettement positive entre le cas de femmes contaminées et la situation sociale de leur partenaire : 18 % des femmes séropositives ont un partenaire qui a fait moins de huit ans d'études, contre 34 % dans le cas contraire (Essex [1201]). En Tanzanie, le sida est devenu la cause majoritaire de la mortalité des adultes d'âge productif, et risque de devenir la cause majeure de décès des enfants. Vers 2010 la Tanzanie aura perdu près de 15 000 enseignants du fait du sida, et 27 000 en 2020. En outre, les enfants devenus orphelins du sida ont moins de chance que les autres d'aller à l'école. Ainsi sont touchées les forces vives de la nation en trois points essentiels : les maisonnées, la formation et les entreprises.

Les Africains ayant contracté la maladie représentent probablement plus de la moitié des cas mondiaux, et plus de 50 000 en seraient morts, chiffre très sous-estimé. Certes, on meurt encore beaucoup plus en Afrique de la malaria ou de la rougeole que du sida. Néanmoins, la longue incubation de la maladie et la faible portée des politiques de prévention font prévoir dans les années à venir des chiffres globaux élevés de décès, de l'ordre de 30 millions si rien n'est tenté pour enrayer l'épidémie. En 1992, l'OIT (Organisation internationale du Travail) avait d'ores et déjà estimé que, avant l'an 2000, environ 10 millions d'enfants de moins de 10 ans auraient perdu leur mère morte du sida, dont peut-être 90 % au sud du Sahara.

Le coût du traitement est hors de portée de la plupart des bourses. Il est à Kinshasa de 90 $ par patient, soit trois fois le revenu moyen de la famille, auquel il faut ajouter une centaine de dollars déjà dépensés avant l'admission à l'hôpital. Quant au coût du cercueil et des funérailles, il peut dépasser 200 $. Cela revient à onze mois de revenu, dont la charge repose la plupart du temps sur le travail informel des femmes. Aucune étude n'a encore chiffré à ce jour ce que représenterait pour un pays africain le traitement de tous ses malades du sida. Il est néanmoins évident que, confronté au PIB, il serait astronomique. On a estimé que le coût potentiel, pour les malades actuels, représenterait plus de 40 % du budget total de la santé en Tanzanie et plus de 65 % au Rwanda.

Devant l'ampleur de la tâche, la Banque mondiale a recommandé d'étudier les possibilités d'aide sanitaire « par le bas », à partir des communautés elles-mêmes (village, quartier, secteur...) supposées définir et financer directement leurs besoins, y compris en faisant appel à la pharmacopée traditionnelle beaucoup moins coûteuse (Carrin [1193]). Mais, sauf pour les classes urbaines les plus aisées et les possesseurs d'un emploi salarié, le problème majeur demeure l'accessibilité financière des services de santé et l'achat des médicaments. Un cri d'alarme vient d'être lancé contre la politique meurtrière de l'ajustement structurel et l'égoïsme des firmes pharmaceutiques internationales en matière de santé : car alors que les pays en développement dépensent en moyenne 41 $ par tête en ce domaine, soit déjà 50 fois moins que les pays industrialisés, ce chiffre tombe à 14 $ seulement en Afrique subsaharienne (Turshen [1222]). D'où la nécessité d'un financement massif par les pays les plus riches, d'une part, des recherches sur les maladies les plus meurtrières en zone tropicale et, d'autre part, de la fabrication de médicaments bon marché (donc les moins rentables pour les firmes internationales concernées). On risque sinon d'affronter en Afrique, dans les années qui viennent, un cycle de « régulation démographique naturelle », selon le vocabulaire des historiens de l'époque pré-moderne : les épidémies à peu près maîtrisées risquent de reprendre une dimension comparable à celle du sida et de faire disparaître en priorité une bonne partie des plus pauvres du continent. Il n'y a pas si longtemps, entre 1880 et 1920, le choc colonial a fait régresser la population africaine du tiers probable de ses effectifs.

Le même problème se reproduit en matière d'éducation. On distingue trois phases : une croissance continue des effectifs scolaires en début d'indépendance due à un taux d'accroissement annuel des effectifs légèrement supérieur à la croissance démographique ; puis une période de déscolarisation relative au début des années 1980 due à la désaffection de l'école qui n'était plus garante de promotion sociale et économique ; mais, depuis les années 1990, se dessine à nouveau l'explosion des effectifs malgré la dégradation des conditions de scolarisation : le changement est politique, en relation directe avec l'émergence de la démocratisation. Ainsi, au Mali, il s'amorce brutalement à la chute du dictateur Moussa Traoré en 1991 ; entre cette date et 1997 les effectifs du primaire ont plus que doublé, passant de 340 000 à près de 800 000. Comme pour la santé, l'État n'est pas en mesure d'assurer le choc, et la demande scolaire s'exprime par l'explosion d'initiatives privées et/ou communautaires auxquelles participent de nombreux bailleurs de fonds (Banque mondiale, USAID, Coopération française, ONG...). Le pourcentage d'enfants scolarisés est au moins dix fois supérieur à celui qui existait en fin de colonisation. Mais il reste insuffisant : en moyenne, aujourd'hui, plus de la moitié des garçons, mais encore à peine un tiers des filles sont scolarisés. Dans certains pays (Côte-d'Ivoire, Botswana), 90 % des garçons vont à l'école. C'était le cas au Congo (Brazzaville) avant la guerre civile. Car ce n'est, hélas, pas le cas là où les conflits sévissent, qui vont donner naissance à des générations sacrifiées, voire dangereuses. Mais, là encore, il faut se garder de porter à partir de l'actualité des diagnostics négatifs à long terme. Le cas sud-africain est là pour nous rappeler que l'histoire peut avoir, après de longues phases de latence, de ces sauts qui changent la face du monde.

PAUVRETÉ RURALE, MIGRATIONS, URBANISATION

Le nombre de pauvres est en accroissement au moins aussi rapide que celui de la population. À l'exception de la Gambie, du Malawi et de la Tanzanie, guère plus de la moitié de la population, et parfois moins (Cameroun, Guinée, Mozambique ou Zaïre), a eu accès aux soins primaires de santé entre 1985 et 1991 (dont 49 % de ruraux contre 78 % de citadins). En 1991, moins de la moitié de la population totale (45 %) avait accès à de l'eau potable (en 1995 : 35 % de ruraux contre 73 % de citadins) (Sahn *et al.* [1217]). Une étroite corrélation existe entre l'accès aux soins de santé, le revenu et le niveau d'éducation. Cela confirme le constat que la pauvreté est un phénomène essentiellement rural. La misère sanitaire concerne au premier chef les grandes maisonnées à régime polygame, celles où le chef de famille est le plus âgé et le nombre de dépendants le plus nombreux. Paradoxalement, les réfugiés, qui comptent parmi les plus pauvres, ne sont pas nécessairement les plus dépourvus en ce domaine, en raison de l'activité internationale.

Car le continent est devenu plus que jamais celui des migrations : les migrations urbaines et les migrations forcées. Les réfugiés sont de diverse nature (Mohamed Salih [1218]) : aux déplacements de population directement liés à la guerre, on doit ajouter les déplacements induits par des politiques autoritaires (au Soudan par exemple), mais aussi au nom du développement (« villagisation » ou construction de grands barrages) ou même de la protection de l'environnement (cas des parcs nationaux). Les camps de réfugiés contrôlés ne peuvent faire oublier la masse de ceux dont on ne sait rien, sinon que les transferts massifs de population, générateurs de famine, de malnutrition et de massacres, ont toujours provoqué d'énormes pertes humaines : un demi-million dans le cas de la guerre du Biafra, peut-être un million en Éthiopie et sans doute autant au Soudan, au Mozambique, au Rwanda et au Congo.

Quant aux migrations urbaines, elles suivent un schéma analogue à celui de la période coloniale : elles sont la réponse à des politiques de développement fondées sur l'exportation des matières premières, le développement des infrastructures de communication, et celui des écoles et des centres de santé dans les zones minières ou portuaires urbaines. Au Sénégal, en Zambie ou au Gabon, des régions entières furent quasi vidées de leur population au profit des zones de concentration urbaine. D'autres pays prometteurs d'emplois, comme la Côte-d'Ivoire, le Nigeria ou les foyers industriels sud-africains, devinrent des zones d'attraction migratoire pour des pays voisins, Burkina Faso, Mali ou Lesotho. Depuis les indépendances, sauf en Tanzanie, le même schéma a produit les mêmes effets. La moindre crise de subsistance accroît cette tendance dans un contexte de progression démographique rapide et de faim grandissante de terres. Le mouvement n'a donc fait que s'accélérer depuis la longue phase de sécheresse des années 1970-1990. Par exemple au Zimbabwe en 1991-1992, la sécheresse a violemment affecté une agriculture dont le développement surtout fondé sur le maïs était pourtant présenté par les observateurs comme une *success story*. Face à une récolte au cinquième de sa production normale, bientôt 4,5 millions de gens eurent besoin d'assistance vivrière, et plus de 2 000 t de céréales durent être importées d'urgence. La crise de l'agriculture a pris dans certains pays, comme au Lesotho, en Centrafrique, en Zambie ou dans les pays sahéliens, des proportions qui ont affecté l'ensemble du système économique et éducatif rural. L'équilibre est toujours fragile : au Rwanda, un des pays les plus densément peuplés d'Afrique (270 hab./km^2), au moins 800 000 individus ont été massacrés en 1994, mais ils ont été remplacés par presque autant d'émigrés de retour au pays. On estime, compte tenu du taux de croissance rapide de la population (3,2 % par an), qu'en 2010 plus de 25 % de la population (425 000 maisonnées) se retrouveront sans terre, dans un pays qui n'a pour l'instant guère d'autres ressources. Sécheresse et crises de subsistance accroissent l'afflux des pauvres en ville, et c'est à la ville de résoudre la misère résultant de la fragilité rurale. Le revenu par tête ou par maisonnée en ville est nettement supérieur à celui de la campagne : quatre fois plus au Botswana, cinq fois plus au Nigeria, malgré un sous-emploi ou un non-emploi qui a doublé en vingt ans. L'exode rural a partout pris une ampleur inégalée, vers les villes d'Afrique du Sud, les mines de diamant de Centrafrique, le Zimbabwe, ou la Côte-d'Ivoire qui comptait 36 % d'étrangers en 1998.

La situation crée dans des villes comme Dakar ou Lagos, où la croissance du secteur dit informel ne permet pas de résoudre le problème structurel du sous-emploi, une situation explosive. La pression démographique urbaine, due davantage aujourd'hui à la jeunesse des citadins qu'à la migration rurale, pèse de tout son poids pour désorganiser les services d'infrastructure économique et sociale. Les systèmes de santé, les écoles, le réseau routier et de transport, l'approvisionnement en eau et en électricité, tout fait problème. Il en résulte un développement urbain à deux vitesses avec l'accentuation rapide de schémas de ségrégation résidentielle. L'extension des *gated cities* (quartiers urbains bourgeois fermés et gardés par des services privés de sécurité) est aussi forte à Johannesburg qu'à Los Angeles. C'est que l'autre pan du tableau est la croissance de l'insécurité, de la drogue et de la prostitution comme moyens de survie, dont la responsabilité est rejetée à tort ou à raison sur les immigrés : d'où la montée de courants de xénophobie qui se sont traduits un peu partout (Burundi, Gabon, Congo, Nigeria, Rwanda, Sénégal, Côte-d'Ivoire) par des mesures d'expulsion, voire des massacres.

INSÉCURITÉ, VIOLENCE, MASSACRES

Les troubles en Afrique noire attirent particulièrement l'attention des médias internationaux, au point qu'on en oublierait tout le reste. On verra *infra* que les aspirations à la démocratisation sont loin d'être négligeables dans un nombre assez élevé de pays : Afrique du Sud évidemment, mais aussi Botswana, Bénin, Mali, Burkina Faso, Sénégal, voire Ouganda ou Tanzanie... Il n'empêche que l'Afrique est aussi un continent où des événements particulièrement inquiétants ont récemment eu lieu. Les différends frontaliers, témoignages de problèmes divers (ethniques, commerciaux, miniers...) dont les racines sont souvent anciennes, ont donné ou donnent encore lieu à de trop fréquents accrochages entre pays voisins (entre Éthiopie et Érythrée, entre Burkina et Mali, entre Sénégal et Guinée-Bissau...) ou à des explosions de guerres civiles aux cruautés parfois déchirantes (au Liberia, au Sierra Leone, voire en Côte-d'Ivoire...). Les rivalités entre éleveurs nomades et paysans sédentaires ne sont pas nouvelles, mais elles ont parfois pris des formes violentes, accentuées par les sécheresses récurrentes, l'essor démographique et le manque de terre : ainsi les oppositions entre riverains du fleuve Sénégal ont-elles dégénéré en massacres ethniques ou raciaux (Blancs contre Noirs) en Mauritanie et au Sénégal (1989). Au Soudan, l'opposition nord-sud se double depuis des années d'une opposition à la fois politique, culturelle et religieuse (maîtres et esclaves, islam et christianisme). Les franges du Sahara ont connu des violences graves entre Touaregs du Nord opposés à un pouvoir central détesté parfois brutal ; une politique de décentralisation au demeurant intelligente a pu en calmer certaines (Mali). Mais, dans d'autres pays, des innovations génocidaires apparues dans le monde dans la première moitié du XXe siècle ont repris en Afrique de façon effroyable dans des proportions jusqu'alors jamais connues. Cela avait commencé par le massacre des Arméniens en 1915 suivi surtout, évidemment, par le drame de la Shoah, sommet et prototype de la « solution finale » hitlérienne, ou éradication raciste politiquement concertée d'une partie de l'humanité. Or ce qui paraissait marqué du « jamais plus » fait mine de réapparaître périodiquement ailleurs. Les massacres entre Tutsi et Hutu ont paru un moment spécifiques à l'Afrique ; les tragédies de l'ex-Yougoslavie marquées par les massacres entre Serbes et

Croates et Serbes et Kossovars, ou ceux plus récents en Tchétchénie indiquent qu'il n'en est rien.

Le cas des petits États du Rwanda et du Burundi est exemplaire. C'est pourquoi nous disposons à ce propos d'un nombre d'études récentes assez important[1]. L'impasse économique a été et demeure, au moins autant que l'incurie politique, responsable de l'explosion des haines ethniques exploitées de façon génocidaire. Les massacres et les guerres civiles dans les deux pays ont au moins autant comme explication les facteurs démographiques et sociaux prégnants que des antagonismes identitaires manipulés à loisir depuis au moins un siècle et qui en sont la résultante : les grands propriétaires « tutsi », chassés du Rwanda par la révolution agraire de 1959 qui avait permis aux paysans hutu de se partager leurs terres, mais rentrés d'Ouganda en 1994, voulaient récupérer leurs biens. Le génocide traduit donc surtout la crise foncière, même s'il a été « justifié » en termes raciaux (Mamdani, 2001). En effet, l'essor démographique accentué par une tradition coloniale catholique conservatrice dans cette région déjà exceptionnellement peuplée, où les densités peuvent aujourd'hui dépasser 600 habitants au kilomètre carré, a rendu le choc insupportable : les massacres de Tutsi (et aussi de Hutu modérés) perpétrés au nom d'un racisme nationalitaire prônant la purification ethnique rendent compte de l'impasse totale où s'est trouvé le pays, incapable de résoudre la survie économique de ses habitants dans le cadre de l'économie rurale quasi exclusive où l'avait enfermé la colonisation belge.

L'inverse s'est produit au Burundi en 1965, puis à nouveau en 1972, où le massacre de près de 200 000 Hutu (dont quasi toute l'intelligentsia) par des extrémistes Tutsi a permis en définitive à une minorité aristocratique de maintenir son autorité pratiquement exclusive sur le reste des populations. Depuis lors en effet, les putschs, réussis ou avortés, ne cessent de se succéder, de même que des massacres plus ou moins localisés ; les tentatives de réconciliation nationale ont échoué à trois reprises : d'abord lorsqu'en octobre 1993 le président, pour la première fois un Hutu modéré, Melchior N'Dadaye, fut assassiné par des militaires tutsis cent jours après avoir été porté au pouvoir ; puis à nouveau avec la mort du président Cyprien Ntaryamira tué en avril 1994, en compagnie du président rwandais Juvénal Habyarimana, dans un attentat contre leur avion. Le pays fut alors livré à une nouvelle lutte sanglante opposant l'armée tutsi aux milices hutu. Fin 1994, les massacres interethniques faisaient à nouveau des milliers de morts. La tentative d'un nouveau président hutu, Sylvestre Ntibantunganya, dura à peine deux ans, renversé à nouveau par un putsch en 1996.

1. Cf. Braeckman [1189], Chrétien [1195], Chrétien et Mukuri [1196], Guichaoua [1203], Lemarchand [1206], Mamdani [1208], Prunier [1216], *Temps modernes* [1220].

Paradoxalement, malgré le drame génocidaire rwandais la même année 1994, le gouvernement actuel du Rwanda semble davantage tenter une politique d'intégration qui refuse la constitution d'enclaves ethniques à la façon de l'ex-Yougoslavie. Une réforme agraire s'impose : mais le seul moyen trouvé jusqu'à présent pour augmenter la productivité, compte tenu des progrès rapides de l'appropriation privée, est de favoriser la promotion foncière des gros fermiers aux dépens des paysans pauvres pour lesquels aucune mesure sociopolitique n'est actuellement envisagée.

À côté de ces cas extrêmes, le désastre politique n'est pas moins évident dans nombre d'autres. L'incurie politique et l'avidité inépuisable de dirigeants mus par la « politique du ventre » (Bayart [842]) ont entravé toute démarche collective lorsque le contexte l'aurait permis, comme dans les États vastes et peuplés du Nigeria riche en pétrole ou du Congo minier. La Côte-d'Ivoire s'embourbe dans des combats et débats internes où les relents xénophobes jouent un rôle inquiétant.

Le cas du Congo ex-belge apparaît exemplaire. Le pays est à la fois en ruine et riche d'extraordinaires potentialités, en hommes comme en ressources. Cet État vaste (de plus de 2 millions de kilomètres carrés) et peuplé (environ 35 millions d'habitants aujourd'hui), à la diversité ethnique élevée – les variantes de langues et de peuples ne se comptent pas, même si quatre langues de communication dites « dominantes » ont pu y être définies (dont les deux principales sont le swahili à l'est et le lingala à l'ouest) – n'en constitue pas moins, à la surprise internationale, une nation. En dépit ou même peut-être à cause de deux guerres civiles au moins (en 1963-1965 avec l'insurrection muléliste du Congo oriental – d'inspiration à la fois populaire et maoïste – et à la suite de la sécession katangaise de Moïse Tschombe, tentative reprise en 1977-1978), dans leur très grande majorité les Congolais se sont prononcés contre l'idée de partition.

Mais l'idée de nation congolaise est à la fois menacée et renforcée par les attaques extérieures ; les gouvernements limitrophes (Ouganda et Rwanda d'un côté, Angola et Zimbabwe de l'autre) réussiront peut-être ce qu'ils visent : une partition de fait du Congo ou du moins l'officialisation d'aires d'influence. Mais, imposée par l'étranger, elle ne peut qu'exacerber le sentiment national. Qui plus est, la nation congolaise a son héros fondateur : Patrice Lumumba. Il joue le rôle d'un mythe refondateur d'une unité naguère imposée par le pouvoir colonial, mythe largement refabriqué, développé et utilisé, de façon paradoxale (puisque Lumumba est un héros démocratique), par l'ex-dictateur Mobutu, inventeur de l' « authenticité » zaïroise.

Ce qui gêne dans le cas congolais c'est, face à cette volonté nationale, l'absence à la fois d'un État de droit et d'une « boussole » économique. Voilà, en somme, une nation qui se reconnaît comme telle, mais qui ne s'est pas encore retrouvée dans un État cohérent, tandis que le pouvoir d'État (avec l'aide active de ses voisins et des puissances internationales) ne fait que dilapider son patrimoine économique. La solution pourrait reposer sur l'édification d'un État de droit capable de réorganiser la mise en valeur des fantastiques potentialités du pays : autrement dit, l'invention d'un pouvoir démocratique répondant aux intérêts économiques et sociaux des habitants. C'est, au moins partiellement, le sens de certains des mouvements d'insurrection récents, face à une situation qui paraît avoir atteint un paroxysme d'absurdité. On est encore loin d'une solution ; on assisterait plutôt dans l'immédiat à la multiplication de chefs de guerre locaux aux intérêts contradictoires.

C'est que le passif est énorme : l'explication du drame actuel est aussi à trouver dans une histoire séculaire particulièrement éprouvante (Merlier [508]) ; compte tenu de cette histoire, il n'est pas étonnant que le pays se débatte dans de telles difficultés. Ce qui serait surprenant au contraire, c'est qu'elles aient pu être résorbées en à peine plus d'une génération.

B – LA FUTURE RENAISSANCE AFRICAINE ?

La situation de dépendance internationale dans laquelle se trouvent la plupart des États africains leur permet-elle d'envisager un avenir moins désespéré ? Les progrès encore timides mais néanmoins encourageants des sociétés civiles autorisent-ils de prévoir leur futur rapproché de façon plus optimiste ? Tant que la cohérence économique demeure aussi floue, on peut en douter. Comme ailleurs dans le monde, les tentations de repli identitaire sont menaçantes (ainsi le concept d' « ivoirité » développé en Côte-d'Ivoire face au nombre croissant des immigrés, aujourd'hui un tiers de la population du pays) ; il y a néanmoins des signes suggérant que, de façon encore incertaine et douloureuse, la gestation est en cours d'une réadéquation entre le projet politique, les potentialités économiques et le vouloir des peuples

Quarante ans après l'indépendance, malgré une situation économique déplorable, les choses changent très vite en Afrique depuis le début des années 1990 et la chute du mur de Berlin. Celle-ci a fait redémarrer le processus : élimination du pouvoir blanc au Zimbabwe en 1980, chute de l'*apartheid* entre 1990 et 1994, conférences nationales à partir de février 1990 (Bénin). L'aspiration démocratique est évidente. Les droits à l'émancipation humaine sont en passe de devenir une revendication populaire exprimée par le plus grand nombre. Depuis 1976, l'indépendance syndicale a été officiellement rétablie au Sénégal, et depuis 1991 en Tanzanie... L'évolution récente est si rapide et contrastée que, en dépit de l'« afro-pessismisme » ambiant actuel, beaucoup d'espoirs sont permis. Dans cette perspective, les soubresauts parfois effroyables du temps présent ne sont pas à considérer comme une fatalité : ils sont plutôt l'expression d'une difficile et douloureuse mais probablement inévitable phase de transition.

Si le *boom* démographique pose d'énormes problèmes à court terme, on oublie qu'il s'agit de combler un terrible retard. À l'aube du XVIIe siècle, avant que ne démarre la traite négrière atlantique massive corrélative à l'extension des plantations sucrières du Brésil et des Caraïbes, l'Afrique représentait probablement le cinquième de la population mondiale. En 1900, elle n'en représentait plus que 9 % : 100 millions d'habitants en 1600, 95 millions à la fin du XIXe siècle. La reprise a été tardive pour l'Afrique intertropicale, seulement autour et surtout au lendemain de la Seconde Guerre mondiale. Elle ne fut pas due à une hausse de la fécondité qui était déjà proche du maximum biologique, mais à l'effet des premières politiques de prévention de la mortalité (vaccinations systématiques notamment). Le continent est passé en une génération de 150 à 500 millions d'habitants, il dépasse probablement aujourd'hui les 700 millions ; mais avec environ 16 % de la population mondiale, le pourcentage ancien probable n'est pas atteint.

Sur le plan politique et économique, on peut, de façon analogue, souligner la brièveté des délais au nom desquels les experts prononcent des jugements définitifs du genre « L'Afrique est mal partie » (R. Dumont, en 1962 [157]) – comme si les Africains avaient attendu l'indépendance pour exister –, ou « L'Afrique peut-elle partir ? » (A. Meister, en 1966 [162]). Or les Africains possèdent précisément l'histoire la plus longue du monde. En dépit, au cours des temps, d'une accumulation apparemment exceptionnelle de phases particulièrement douloureuses (invasion arabe et colonisation directe du sultanat de Zanzibar en Afrique de l'Est, invasion portugaise, traites négrières dans tous les sens, colonisation européenne tardive et meurtrière), ce sont eux qui ont aujourd'hui la vitalité démographique la plus rapide du monde.

Le cas de l'Afrique du Sud est là pour montrer que, après de longues phases de latence, l'évolution politique peut être très rapide. Jamais la répression issue de l'*apartheid* n'avait été plus féroce que dans les années 1960. C'est à partir du milieu de cette décennie que les nationalistes ont cessé toute politique d'urbanisme ségrégué, dont le corollaire était en définitive d'accepter de loger les travailleurs noirs en ville. Dès lors, l'explosion urbaine, accentuée par la misère des bantoustans ou « États noirs » qui avaient rendu les Africains étrangers dans leur propre pays, provoqua l'extension d'un habitat de squatters misérables « illégaux » par définition. L'opinion internationale ne voyait d'issue que dans un bain de sang. Nelson Mandela, emprisonné depuis l'échec de la clandestinité armée dès la fin des années 1950, n'ignorait pas, au moment où il commençait à négocier de sa prison, que le combat de l'ANC avait pratiquement échoué sur le terrain. Certes, le retournement de l'opinion américaine et le blocus économique jouèrent leur rôle, les intérêts anglo-africano-américains du diamant et de l'or exigeant le desserrement d'une *colour-bar* qui finissait par paralyser la force de travail et, partant, l'économie du pays. Mais c'est aussi parce que l'ANC et Mandela, le premier, avaient réussi à retourner la situation sur le plan psychologique et humain. La transition fut aussi rapide que pacifique de sa sortie de prison (1990) à son accession à la présidence de la République d'un État à volonté démocratique (1994). On ne saurait trop recommander, pour comprendre l'histoire de l'ensemble de la période, de se reporter à l'autobiographie traduite en français de Nelson Mandela [1209], à la fois chef-d'œuvre d'intelligence et d'humanité, et source irremplaçable pour l'historien.

Quant à la plus grande partie du continent, dans toute son ampleur intertropicale, elle s'est trouvée autour des années 1960 face à un quadruple défi dont on ne peut qu'admirer la façon dont les Africains ont su y répondre :

— Le défi politique : l'indépendance, grand acquis moral et politique, du moins en principe, mais moment d'extrême perturbation. Il y avait déficit gigantesque de cadres, non formés par la colonisation, nécessité de construire de toutes pièces des régimes sur le mode occidental, d'autant plus inadaptés que jusqu'alors les métropoles n'avaient introduit que des modèles totalitaires, qui détruisirent ou pervertirent des institutions préexistantes construites sur des valeurs tout à fait différentes. Or le grand chef blanc prônait tout à coup la démocratie. Ce revirement, s'il fut compris par quelques intellectuels initiés, ne le fut pas par les masses populaires, en immense majorité rurales à l'époque et pour la plupart analphabètes : en moyenne 15 % de gens vivaient en ville en 1950, pourcentage qui ne dépassait pas 3 ou 4 % dans un pays comme la Mauritanie ou le Niger ; les citadins étaient encore moins de 30 % en 1980.

— Or le *boom* démographique commença précisément à produire ses effets au moment où les institutions étaient fragilisées ou inexistantes : en Afrique intertropicale il s'amorça en 1950, et se précipita à partir de 1960, doublé d'une migration énorme vers les grandes villes. Une ville comme Kinshasa (Léopoldville à l'indépendance) comptait 200 000 habitants. Elle en comptait 2 millions vingt ans plus tard (probablement 5 à 6 millions aujourd'hui) : comment assurer la surveillance sanitaire de cet afflux de population, comment envoyer tous ces enfants à l'école, comment, une vingtaine d'années plus tard, trouver des emplois pour tous les jeunes, sans moyens, sans cadres, sans formation ou si peu ?

— Car, malchance complémentaire, s'ouvrit alors, entre 1970 et 1990, une des périodes les plus dramatiques de longue phase de sécheresse comme l'Afrique n'en connaît guère plus d'une par siècle (la précédente de cette ampleur avait eu lieu dans les deux dernières décennies du XIXe siècle, au moment même de l'achèvement de la conquête coloniale, ce qui explique en partie pourquoi celle-ci fut à la fois si aisée et si meurtrière).

— Ajoutons à cela la dépression économique mondiale, qui s'abat d'un seul coup et en même temps avec le premier (1973) et le second (1979) choc pétrolier sur ces pays particulièrement fragilisés, puis perdure et s'accroît depuis les années 1990.

On ne peut, en vérité, que s'étonner de la résistance des populations, et de la vitalité avec laquelle elles ont globalement réagi.

Dans le domaine politique, on souligne bien entendu la fréquence et la gravité des putschs militaires dont le premier intervint en 1963 avec la prise de pouvoir d'Eyadema au Togo et qui continuent à affecter en 2002 la Côte-d'Ivoire pourtant longtemps apparemment préservée. L'opinion internationale est attentive aux guerres civiles et aux manquements aux droits de l'homme. Mais on oublie tout le reste : que la société civile, contrariée depuis près de deux siècles au moins, est en gestation, que la démocratie se conquiert. Or beaucoup de ces sociétés ont été maintenues dans un état quasi létal par des siècles de régimes infernaux – les traites négrières et l'esclavage interne ont atteint leur maximum au XIXe siècle précolonial, le régime colonial a imposé l'État d'exception en permanence. Tous ces gens niés pendant des décennies dans leur humanité et dans leur existence quotidienne doivent apprendre à transgresser la loi pour la dépasser et la refonder, cela ne peut se faire ni en un jour ni en une génération. L'évolution est rapide depuis la chute du mur de Berlin et l'éclosion des « conférences nationales » au début des années 1990.

Que les États africains n'aient pu résoudre leurs problèmes en une génération n'a rien d'étonnant, il est même compréhensible qu'ils aient commencé par réagir par une période de régression, révélée par la multiplication des putschs et des dictatures militaires ou civiles. Mais, contrairement aux assertions afro-pessimistes, il est faux, par exemple :

— que la production diminue en Afrique. Elle a crû parfois dans d'énormes proportions, notamment le marché vivrier approvisionnant les villes, mais pas aussi vite que la population ; encore faudrait-il y regarder de plus près, car on connaît très mal l'économie populaire dite, d'un mot si inexact, informelle ;

— que le nombre de réfugiés soit astronomique (de l'ordre de 8 à 9 millions aujourd'hui) : le chiffre en est même modéré si on le compare aux plus de six millions de réfugiés européens au lendemain de la Seconde Guerre mondiale. La comparaison, dira-t-on, est oiseuse, car le niveau de développement n'est pas comparable ; mais elle ne l'est pas plus que le chiffre absolu avancé comme preuve du désespoir. Le drame des réfugiés demeure entier ; mais il peut parfois se résoudre plus vite qu'on ne le croit : la solution est affaire politique, et les règlements politiques sont parfois inattendus ;

— que l'essor démographique soit incontrôlable : l'Afrique entre lentement mais incontestablement dans la phase de « transition démographique ». Mais les effets, pour s'en faire sentir, demandent encore au moins une génération ;

— que l'urbanisation galopante soit un mal absolu : au contraire, à terme, l'urbanisation est inséparable du développement. Les pays les plus développés sont aussi les plus urbanisés du monde (80 % de la population ou davantage). L'agriculture la plus productive est celle qui a le moins besoin de bras ;

— que l'éducation soit en baisse : ce peut être le cas du taux de scolarisation, compte tenu de l'explosion démographique ; mais en quantité le nombre d'enfants scolarisés a été multiplié depuis les indépendances, et le nombre des filles, bien que minoritaire, ne cesse d'augmenter. L'école est certes insuffisante, les maîtres sont débordés, souvent mal préparés ; mais ce qui est essentiel, c'est que le maximum d'enfants apprennent à lire et à écrire, donc à entrer dans le monde moderne, à en comprendre les ressorts et la façon de penser afin de pouvoir à leur tour agir sur lui. Quant aux bibliothèques universitaires, elles sont délabrées, mais le réseau informatisé se répand de façon rapide ; l'initiative privée démultiplie à tous les coins de rue des stations Internet à un prix relativement accessible, qui transforment la vie quotidienne et les relations au savoir. Enfin, le rôle des diasporas noires est à double sens : certes le *brain-drain* est inquiétant à terme, mais il assure aussi un relais essentiel entre les Africains de l'intérieur et leurs *alter ego* dispersés dans tous les centres développés du monde ;

— que la démocratie n'existe pas : les sociétés civiles ont encore du mal à se faire entendre, mais leur nombre croît. On devrait au contraire admirer la vitalité de peuples qui, sortis successivement de régimes précoloniaux inégalitaires et des autocraties coloniales et postcoloniales, sont en train de franchir, en à peine deux générations, des étapes que nos démocraties occidentales ont mis au moins un siècle à parcourir (combien d'empires et de révolutions en France entre la Révolution de 1789 et l'adoption définitive de la IIIe République ?) ;

— que la corruption soit plus forte qu'ailleurs : elle n'a pas les même formes. Clientélisme et népotisme ont l'utilité de remplacer des services sociaux inexistants. La corruption quotidienne est plus forte dans le service public que dans le monde des affaires. Mais les sommes en jeu sont probablement loin d'atteindre les sommets du capitalisme international actuel ;

Il n'est même pas sûr que le sida, tragique aujourd'hui, laisse à terme (au bout de deux ou trois générations) des séquelles indélébiles. Car ce qui pèse dans l'évolution démographique à long terme, ce n'est pas le taux de mortalité mais le taux de fécondité ; or celui-ci aurait plutôt augmenté en moyenne dans les vingt-cinq dernières années (de 6,3 à 6,6 %) : une épidémie, aussi meurtrière soit-elle, ne laisse guère de séquelles de longue durée tant que le taux de fécondité des mères n'en est pas affecté, les stratégies de récupération s'empressant de combler les trous ainsi faits dans la population atteinte.

UNE RENAISSANCE AFRICAINE ?

Bref, il est absurde d'extrapoler en prospective une situation certes dramatique, mais qui concerne le court terme. Bien des signes, au contraire, indiquent que les choses sont en passe de changer aussi bien sur le plan démographique (où s'amorce le repli) que sur le plan économique (où les instances internationales mêmes s'étonnent des performances africaines), et que de grands mouvements sous-jacents d'idées et d'inventions politiques et culturelles sont à l'œuvre. On doit mesurer l'importance de la création qui sous toutes ses formes sort d'Afrique, et l'admiration empressée pour ces créations de ceux-là mêmes qui crient à l'afro-pessimisme : musique, danse, arts plastiques, littérature, mais aussi sciences sociales revisitées, aujourd'hui cinéma, demain informatique – tous mouvements en pleine effervescence, ce qui justifierait à soi seul un chapitre complémentaire.

Le XXIe siècle sera-t-il africain, comme l'a proclamé Thabo Mbeki, président de l'Afrique du Sud, lors de son investiture en 1999 ? L'idée s'en développe de plus en plus (Éla [1200], Chemillier-Gendreau [1194], Pourtier [1215], Yamgnane [1223]). Le programme sud-africain est celui d'un « renouveau de l'Afrique en termes de démocratisation ainsi que de développement économique et culturel ». Ce discours, dans la continuité de la « réconciliation nationale » de Nelson Mandela, prend soin d'englober toutes les communautés, rejetant toute discrimination raciale ou ethnique. Tout en confortant les valeurs néo-libérales de la bourgeoisie noire émergente, il s'adresse aussi à la communauté des affaires dans son ensemble. Il répond aux critiques virulentes de la confédération syndicale de la COSATU à l'encontre du programme GEAR *(Growth Employment and Redistribution)* qui, par la politique macro-économique de rigueur du gouvernement, fait la part belle à l'initiative privée. Enfin, il fait du thème le principal pilier de la politique internationale de l'Afrique du Sud au sein du continent africain. Pretoria a intégré l'*Organisation de l'Unité africaine* (OUA, remodelée en 2002 en UA ou *Union africaine*) et la *Southern Africa Development Community* (SADC), et s'est engagé dans la résolution de différentes crises africaines (Grands Lacs, Congo, Mozambique, Lesotho, Côte-d'Ivoire...). Le thème exprime enfin l'intérêt économique envers les autres pays d'Afrique, devenus des partenaires primordiaux bien qu'encore mineurs du commerce international et des investissements sud-africains. Il renforce le statut de *leader* dont l'Afrique du Sud dispose *de facto* sur le continent, grâce à sa puissance économique et militaire. Le pays, en dépit de ses immenses difficultés, se présente ainsi comme le modèle d'une renaissance africaine dont il a largement façonné les contours à son image, autour de son expérience de démocratisation.

Reste que, pour l'instant, l'ancrage au sein des grands blocs économiques mondiaux, Union européenne, États-Unis et Asie, reste prioritaire : d'où une logique de méfiance des États d'Afrique tropicale à l'égard des risques d'hégémonie de l'Afrique du Sud, tout particulièrement de la part de son voisin le plus proche, le Zimbabwe. L'idée de *Renaissance africaine* n'en est pas moins progressivement reprise sur le reste du continent, où la norme démocratique qu'elle véhicule sert de plus en plus de référence. Or l'avenir économique de l'Afrique dépend de son avenir politique. Ce qui manque à ce continent, ce ne sont plus les compétences, elles existent ; ce sont des institutions économiques viables et incitatives, et une société civile mise en situation de contrôler l'appareil d'État. Ce n'est plus à l'élite de monopoliser le pouvoir, mais à la société tout entière de veiller à ce qu'il soit exercé dans l'intérêt public. La *Renaissance africaine* incarne une convergence d'intérêts susceptible, et c'est là sa force principale, de catalyser des dynamiques multiples, parfois contradictoires, mais capables de favoriser à terme la réhabilitation de l'Afrique dans les dynamiques mondiales.

Index[1]

1. Les noms de personnes sont imprimés en PETITES CAPITALES ; les noms d'auteurs en PETITES CAPITALES avec un astérisque (*) ; les noms géographiques (de peuples et de lieux) en *italiques* ; les noms d'associations et autres personnages collectifs en *italiques* avec un astérisque (*) ; les noms de matières en romain.

L'index renvoie au texte, à l'exclusion de la première partie (bibliographie) et, sauf exception, des notes infrapaginales. On a omis les mots revenant à une fréquence trop élevée (tels que commerce, colonisation, État, France ou Grande-Bretagne, paysan, population...), pour lesquels il est recommandé de se reporter à la table des matières.

Table des cartes et graphiques

1. Pour 1879, on se reportera à la carte publiée par J.-L. Miège, *Expansion européenne et dissémination*, Paris, PUF, 1973 (« Nouvelle Clio », n° 28, p. 176).

Table des matières

DEUXIÈME PARTIE

L'ÉTAT DES CONNAISSANCES

TROISIÈME PARTIE

PROBLÈMES ET DIRECTIONS DE RECHERCHE

Première section

Les sociétés africaines. Dynamisme et blocage

Deuxième section

De l'anthropologie à l'histoire

Troisième section

Problèmes actuels

AUTRES OUVRAGES DES AUTEURS

Catherine COQUERY-VIDROVITCH

Ouvrages :

La découverte de l'Afrique : l'Afrique noire atlantique, des origines au XVIII*e* *siècle*, Paris, Julliard, coll. « Archives », 1965, 255 p. ; Gallimard, 1970 ; édition portugaise, 1980.

Brazza et la prise de possession du Congo. La mission de l'Ouest africain, 1883-1885, Paris - La Haye, Mouton, 1969, 502 p.

Le « Congo français » [ex-AEF] *au temps des grandes compagnies concessionnaires, 1898-1930*, Paris - La Haye, Mouton, 1972, 690 p. ; 2e éd., Éd. de l'EHESS, 2001.

En collaboration :

Afrique noire, Magnard, coll. « Espace-Temps », 1984, 64 p. (manuel du secondaire).

Afrique noire. Permanences et ruptures, Paris, Payot, 1985, 440 p. ; 2e éd. révisée, L'Harmattan, 1992, 440 p. (trad. en anglais et en italien).

Histoire des villes d'Afrique noire des origines à la colonisation, Paris, Albin Michel, coll. « L'Évolution de l'humanité », 1993, 412 p. (trad. en anglais).

Les Africaines. Histoire des femmes d'Afrique noire du XIX*e* *au* XX*e* *siècle*, Paris, Desjonquères, 1994, 395 p. (trad. en anglais).

L'Afrique et les Africains au XIX*e* *siècle. Mutation, révolutions, crise*, Paris, Colin, 1999, 350 p.

Direction d'ouvrages collectifs :

Connaissance du Tiers Monde. Approche pluridisciplinaire, Paris, 10/18, 1978.

Sociétés paysannes du Tiers Monde, Presses Universitaires de Lille, 1981 ; 2e éd., L'Harmattan, 1991.

Problèmes de frontières dans le Tiers Monde, Paris, L'Harmattan, 1982.

Entreprises et entrepreneurs en Afrique, XIX*e* *et* XX*e* *siècles*, 2 vol., Paris, L'Harmattan, 1983.

Décolonisation et nouvelles dépendances : modèles et contre-modèles, idéologiques et culturels, Presses Universitaires de Lille, 1985.

The Workers of African Trade (en coll.), Paris, Sage, 1985.

Rébellions/Révolution au Zaïre, 1960-1965 (en coll.), Paris, L'Harmattan, 1986.

Pour une histoire du développement (en coll.), Paris, L'Harmattan, 1988.

Processus d'urbanisation en Afrique, 2 vol., Paris, L'Harmattan, 1988.

Histoire africaine du XX*e* *siècle. Sociétés-villes-cultures*, Paris, L'Harmattan, 1993.

L'informel en question ?, Paris, L'Harmattan, 1991.

*Colonisateurs et colonisés dans l'ex-*AOF (en coll.), 2 vol., Paris, La Découverte, 1992.

Les jeunes en Afrique, XIX*e* *et* XX*e* *siècles* (en coll.), 2 vol., Paris, L'Harmattan, 1992.

Parmi les derniers numéros des *Cahiers du Groupe « Afrique noire »*, Paris VII, L'Harmattan :

N° 11, 1988 : *Histoire des femmes en Afrique noire*, Paris, L'Harmattan ;

N° 16, 1995 (en coll.) : *L'histoire africaine en Afrique. Recensement analytique des travaux universitaires inédits soutenus dans les universités francophones d'Afrique noire* ;

N° 17-18, 1998 (en coll.) : *Les historiens africains en Afrique. L'histoire d'hier et d'aujourd'hui : logiques du passé et dynamiques actuelles* (travaux d'historiens en poste dans les universités africaines) ;

N° 19-20, 2001 (en coll.) : *Histoire et devenir de l'Afrique noire au* XX*e* *siècle. Travaux en cours* (travaux des doctorants de l'Université Paris 7).

Les échanges ville-campagne en Afrique francophone : mobilité des hommes, circulation des biens, diffusion des modèles (en coll.), Paris, L'Harmattan, 1996.

La ville européenne outre-mer : un modèle conquérant ? (en coll. avec Odile Goerg), Paris, L'Harmattan, 1996.

« Femmes d'Afrique », numéro spécial *Clio. Histoire, Femmes et Sociétés*, n° 6, 1996.

Être étranger et migrant en Afrique (en coll. avec O. Goerg, I. Mande et F. Rajaonah), Paris, L'Harmattan, 2004, 2 vol.

Participation à, entre autres :

Colonialism in Africa, 1, Cambridge UP, 1969 (H. Gann et P. Duignan éd.).
Histoire générale de l'Afrique noire, II, Paris, PUF, 1971 (H. Deschamps éd.).
The Development of Indigenous Trade and Market in West Africa, OUP, 1971 (Cl. Meillassoux éd.).
Sociologie de l'impérialisme, Paris, Anthropos, 1971 (A. Abdel Malek éd.).
Perspectives on the African Past, Boston, Little, Brown & Co., 1972 (édité par G. Wesley Johnson et M. Klein).
Sur le mode de production asiatique (2e éd.), Paris, Éditions Sociales, 1973.
Relations of Production, D. Seddon éd., F. Cass, 1976.
Cambridge History of Africa, t. VI et VII (1985 et 1986).
Histoire générale de l'Afrique, Unesco, t. VII (1987) et VIII (1998).
Histoire de la France coloniale, t. II : *1914-1990,* J. Thobie, G. Meynier, C. Coquery-Vidrovitch, C. R. Ageron, A. Colin, 1990.
Histoire du syndicalisme dans le monde des origines à nos jours, Toulouse, Privat, 1994.
La France et l'outre-mer. Un siècle de relations monétaires et financières, Paris, Comité pour l'histoire économique et financière de la France, 1998.
Histoire d'Afrique. Les enjeux de mémoire (J.-P. Chrétien et J.-L. Triaud, éd.), Paris, Karthala, 1999.
Fêtes urbaines en Afrique. Espaces, identités et pouvoirs (Odile Goerg éd.), Paris, Karthala, 1999.
Négoce blanc en Afrique noire. L'évolution du commerce à longue distance en Afrique noire du XVIIIe au XXe siècle (H. Bonin et M. Cahen, éd.), Publ. de la Société française d'histoire d'outre-mer / Alterna, 2001.
L'électrification outre-mer de la fin du XIXe siècle aux premières décolonisations (D. Barjot, D. Lefeuvre *et al.,* éd.), Publ. de la Société d'histoire d'outre-mer, 2002.
Le livre noir du colonialisme (M. Ferro, éd.), Paris, R. Laffont, 2003.

Édition et direction de :

(En coll. avec H. Moniot) : Histoire africaine, Constatations, Contestations, *Cahiers d'études africaines,* 61-62, 1976.
(En collaboration avec H. d'Almeida) : L'Afrique et la crise de 1930, *Revue française d'histoire d'outre-mer,* 232-233, 1976.
(En coll. avec Ch.-A. Julien et Y. Person) : *Les Africains,* Jeune Afrique, 12 vol., 1977-1978.
(En collab. avec G. Laclavère) : *Atlas historique de l'Afrique* adapt. franc., Éd. du Jaguar, 1988.

Henri MONIOT

Les civilisations de l'Afrique, Tournai, Casterman, coll. « L'Histoire des hommes », 1987.
Didactique de l'histoire, Paris, Nathan, 1993 (traduction grecque, 2000).

Édition et direction de :

Le mal de voir (Ethnologie et orientalisme), Paris, UGE, « 10/18 », Cahiers Jussieu 2, 1976.
Enseigner l'histoire. Des manuels à la mémoire, Berne, Nancy, Francfort, New York, Éd. Universitaires, Peter Lang, 1983.
(Avec Bogumil Jewsiewicki), *Dialoguer avec le léopard ? Pratiques, savoirs et actes du peuple face au politique en Afrique noire contemporaine,* Paris, L'Harmattan / Sainte-Foy, Safi, 1988.
(Avec Maciej Serwanski), *L'histoire en partage. Le récit du vrai,* Paris, Nathan, 1994.
L'explication en histoire. Problèmes historiographiques et didactiques, Poznan, Instytut Historii Univ. Adam Mickiewicz, 1996.
L'histoire et ses fonctions. Une pensée et des pratiques au présent, Paris, L'Harmattan, 2000.

Participation à :

Histoire générale de l'Afrique noire, I et II, Paris, PUF, 1970 et 1971 (dirigé par H. Deschamps).
Dictionnaire des civilisations africaines, Paris, Hazan, 1968 (dirigé par G. Balandier et J.-J. Maquet).

Faire de l'histoire, vol. I, Paris, Gallimard, 1974 (dirigé par J. Le Goff et P. Nora).
Questions à la sociologie française, Paris, PUF, 1976 (dirigé par G. Balandier).
Les Africains, vol. 4 et 11, Paris, Jeune Afrique, 1977 et 1978 (dirigé par Ch.-A. Julien *et al.*).
Fonti orali. Anthropologia e storia..., Milan, Franco Angeli éd., 1978 (a cura di B. Bernardi *et al.*).
Storia dell'Africa e del Vicino Oriente, Florence, La Nuova Italia, 1979 (a cura di A. Triulzi).
Essais de pédagogie universitaire en sciences sociales..., Montréal, Guérin, 1982 (dirigé par G. Racette *et al.*).
Geschichtsunterricht und Geschichtbewusstsein..., Dortmund, Dortmunder Gesellschaft für Schulgeschichte, 1983 (hrsg von H. G. Kirchhoff und D. Tiemann).
African Historiography, Beverly Hills, Sage, 1986 (ed. by B. Jewsiewicki and D. Newbury).
Histoire d'Afrique. Les enjeux de mémoire, Paris, Karthala, 1999 (dirigé par J.-P. Chrétien et J.-L. Triaud).
Between Memory and History, Chur, Harwood Academic Publ., 1990 (M.-N. Bourguet, L. Valensi et N. Wachtel, éd.).
Périodes. La construction du temps historique, Paris, EHESS et Histoire au présent, 1991.
Die Deutsche Frage im 19. und 20. Jahrhundert als west- und osteuropäisches Problem. Fachliche und didaktische Aspekte, Wiesbaden, Harrassowitz Verlag, 1994 (hrsg Dieter Tiemann).
Mémoire privée, mémoire collective dans l'Amérique pré-industrielle, Paris, Berg Intern., 1994 (dir. Elise Marienstras et Marie-Jeanne Rossignol).
Le temps et la mémoire du temps, anthropologie et histoire, Paris, L'Harmattan, « Bibliothèque Peiresc », 1995 (réuni par Marie-José Tubiana).

NOUVELLE CLIO

Claude BAURAIN — Les Grecs et la Méditerranée orientale. Des « siècles obscurs » à la fin de l'époque archaïque

P. BRIANT, P. LÉVÊQUE, P. BRULÉ, R. DESCAT et M.-M. MACTOUX — Le monde grec aux temps classiques
T. 1 : Le Ve siècle

Pierre BRULÉ, Raymond DESCAT — Le monde grec aux temps classiques
T. 2 : Le IVe siècle

Jean CHAGNIOT — Guerre et société à l'époque moderne

Pierre CHAUNU — Conquête et exploitation des nouveaux mondes

Pierre CHAUNU — L'expansion européenne du XIIIe au XVe siècle

Jean CHESNEAUX — L'Asie orientale aux XIXe et XXe siècles

François CHEVALIER — L'Amérique latine de l'Indépendance à nos jours

Philippe CONTAMINE — La guerre au Moyen Âge

Catherine COQUERY-VIDROVITCH et Henri MONIOT — L'Afrique noire, de 1800 à nos jours

Bernard COTTRET — Histoire d'Angleterre, XVIe-XVIIIe siècle

Jean DELUMEAU, Thierry WANEGFFELEN — Naissance et affirmation de la Réforme

Jean DELUMEAU, Monique COTTRET — Le catholicisme entre Luther et Voltaire

Renée DOEHAERD — Le haut Moyen Âge occidental : économies et sociétés

Jean-Baptiste DUROSELLE — L'Europe de 1815 à nos jours : vie politique et relations internationales

C. FOHLEN, J. HEFFER, F. WEIL — Canada et États-Unis depuis 1970

Robert FOSSIER — Enfance de l'Europe (Xe-XIIe siècle). Aspects économiques et sociaux
T. 1 : L'homme et son espace
T. 2 : Structures et problèmes

José GARANGER et divers auteurs — La Préhistoire dans le monde, nouvelle édition de *La Préhistoire* d'André LEROI-GOURHAN

Jean-Claude GARCIN et divers auteurs — États, sociétés et cultures du monde musulman médiéval (Xe-XVe siècle)
T. 1 : L'évolution politique et sociale
T. 2 : Sociétés et cultures
T. 3 : Problèmes et perspectives de recherche

Paul GARELLI, Jean-Marie DURAND, Hatice GONNET et Catherine BRENIQUET — Le Proche-Orient asiatique
T. 1 : Des origines aux invasions des peuples de la mer

Paul GARELLI et André LEMAIRE — Le Proche-Orient asiatique
T. 2 : Les Empires mésopotamiens. Israël

Léopold GENICOT — Le XIIIe siècle européen

Paul GERBOD — L'Europe culturelle et religieuse, de 1815 à nos jours

Jacques GODECHOT — L'Europe et l'Amérique à l'époque napoléonienne (1800-1815)

Jacques GODECHOT — Les Révolutions (1770-1799)

Bernard GUENÉE — L'Occident aux XIVe et XVe siècles : les États

Jacques HEERS — L'Occident aux XIVe et XVe siècles : aspects économiques et sociaux

Jacques HEURGON — Rome et la Méditerranée occidentale jusqu'aux guerres puniques

Hervé INGLEBERT et divers auteurs — Histoire de la civilisation romaine

François JACQUES et John SCHEID — Rome et l'intégration de l'Empire (44 av. J.-C. / 260 apr. J.-C.)
T. 1 : Les structures de l'Empire romain

Pierre JEANNIN — L'Europe du Nord-Ouest et du Nord aux XVIIe et XVIIIe siècles

Jerzy KŁOCZOWSKI, Natalia ALEKSIUN, Daniel BEAUVOIS, Marie-Élizabeth DUCREUX, Henryk SAMSONOWICZ, Piotr WANDYCZ — Histoire de l'Europe du Centre-Est

Claude LEPELLEY et divers auteurs — Rome et l'intégration de l'Empire (44 av. J.-C. / 260 apr. J.-C.)
T. 2 : Approches régionales du Haut-Empire romain

J. LICHARDUS, M. LICHARDUS-ITTEN, G. BAILLOUD et J. CAUVIN — La protohistoire de l'Europe. Le Néolithique et le Chalcolithique entre la Méditerranée et la mer Baltique

Robert MANDROU et Monique COTTRET — La France aux XVIIe et XVIIIe siècles

Robert MANTRAN — L'expansion musulmane (VIIe-XIe siècle)

Pierre MARAVAL — Le christianisme de Constantin à la conquête arabe

Hervé MARTIN — Les mentalités médiévales (XIe-XVe siècle). T. 1 et T. 2

Frédéric MAURO — L'expansion européenne (1600-1870)

Frédéric MAURO — Le XVIe siècle européen : aspects économiques

Jean-Louis MIÈGE — Expansion européenne et décolonisation, de 1870 à nos jours

Cécile MORRISSON et divers auteurs — Le monde byzantin
T. 1 : L'empire romain d'Orient (330-641)

Lucien MUSSET — Les invasions : les vagues germaniques

Claude NICOLET et divers auteurs — Rome et la conquête du monde méditerranéen
T. 1 : Les structures de l'Italie romaine
T. 2 : Genèse d'un empire

Jacques PAUL — L'Église et la culture en Occident (IXe-XIIe siècle)
T. 1 : La sanctification de l'ordre temporel et spirituel
T. 2 : L'éveil évangélique et les modalités religieuses

Jean-Pierre POLY et Éric BOURNAZEL — La mutation féodale (Xe-XIIe siècle)

Claire PRÉAUX — Le monde hellénistique
T. 1 et T. 2 : La Grèce et l'Orient de la mort d'Alexandre à la conquête romaine de la Grèce (323-146 av. J.-C.)

Francis RAPP — L'Église et la vie religieuse en Occident à la fin du Moyen Âge

Roger RÉMONDON — La crise de l'Empire romain

Harmut O. ROTERMUND et divers auteurs — L'Asie orientale et méridionale aux XIXe et XXe siècles

Marcel SIMON et André BENOIT — Le judaïsme et le christianisme antique d'Antiochus Epiphane à Constantin

Jean SOLCHANY — L'Allemagne au XXe siècle. Entre singularité et normalité

René TREUIL et divers auteurs — Les civilisations égéennes du Néolithique et de l'Âge de bronze

Claude VANDERSLEYEN — L'Égypte et la vallée du Nil
T. 2 : De la fin de l'Ancien Empire à la fin du Nouvel Empire

Jean VERCOUTTER — L'Égypte et la vallée du Nil
T. 1 : Des origines à la fin de l'Ancien Empire (12000-2000 av. J.-C.)

Imprimé en France
par Vendôme Impressions
Groupe Landais
73, avenue Ronsard, 41100 Vendôme
Avril 2005 — N° 52 099